Veröffentlichungen des Leipziger Arbeitskreises
zur Geschichte des Buchwesens

Schriften und Zeugnisse zur Buchgeschichte
Band 17

2007
Harrassowitz Verlag · Wiesbaden

Christine Haug

Reisen und Lesen im Zeitalter der Industrialisierung

Die Geschichte des Bahnhofs- und Verkehrsbuchhandels in Deutschland von seinen Anfängen um 1850 bis zum Ende der Weimarer Republik

2007
Harrassowitz Verlag · Wiesbaden

Gedruckt mit Unterstützung der Deutschen Forschungsgemeinschaft.

Lektorat: Dr. Bernd Vielsmeier, Maikammer.

Bibliografische Information der Deutschen Nationalbibliothek
Die Deutsche Nationalbibliothek verzeichnet diese Publikation in der Deutschen Nationalbibliografie; detaillierte bibliografische Daten sind im Internet über http://dnb.d-nb.de abrufbar.

Bibliographic information published by the Deutsche Nationalbibliothek
The Deutsche Nationalbibliothek lists this publication in the Deutsche Nationalbibliografie; detailed bibliographic data are available in the internet at http://dnb.d-nb.de.

Informationen zum Verlagsprogramm finden Sie unter
http://www.harrassowitz-verlag.de

Gedruckt auf alterungsbeständigem Papier.
Druck und Verarbeitung: Memminger MedienCentrum AG
Printed in Germany
ISSN 0942-4709
ISBN 978-3-447-05401-0

Inhalt

Vorwort

Die vorliegende Studie, die im Jahr 2003 als Habilitationsschrift vom Fachbereich Geschichte der Johannes Gutenberg-Universität angenommen wurde, verdankt ihre Entstehung hauptsächlich einem zweijährigen Habilitandenstipendium der Deutschen Forschungsgemeinschaft, die mir nicht nur die erforderlichen Rahmenbedingungen geschaffen hat, sondern insbesondere auch mit einem großzügigen Reisekostenzuschuß die Auswertung von wichtigem Quellenmaterial u.a. in Schweden und in den USA ermöglichte.

Mein Dank gilt aber allererst meinen Kolleginnen und Kollegen am Institut für Buchwissenschaft in Mainz, vor allem Herrn Prof. Dr. Ernst Fischer und Herrn Prof. Dr. Stephan Füssel sowie meinen Freunden der internationalen Arbeitsgruppe „Digitale Edition der Werke von Karl Ferdinand Gutzkow", die die Arbeit mit zahlreichen Anregungen, Hinweisen und freundlicher Kritik begleitet haben.

Besonderen Dank schulde ich den Mitarbeiterinnen und Mitarbeitern des Deutschen Buch- und Schriftmuseums in Leipzig für die generöse Gastfreundschaft und stets anregende Arbeitsatmosphäre. Dank gebührt auch Herrn Hermann Staub (Archiv und Bibliothek des Börsenvereins des deutschen Buchhandels, Frankfurt/M.), dem ich nicht nur zahlreiche fachliche Hinweise verdanke, sondern auch ungebrochenen Zuspruch in den schwierigen Arbeitsphasen, die bei einem solchen Forschungsvorhaben nicht ausbleiben.

Herr Prof. Dr. Georg Jäger begleitete meine Forschungsvorhaben von Anbeginn, ermutigte mich, trotz der so desaströs wirkenden Quellensituation das Thema zu bearbeiten, und ist maßgeblich daran beteiligt, daß die Geschichte der Bahnhofsbuchhandels nun geschrieben ist. Deshalb: Dank auch ihm.

Herrn Dr. Mark Lehmstedt und Frau Dr. Barbara Krauß vom Harrassowitz Verlag danke ich für die Aufnahme der Arbeit in die Reihe „Schriften und Zeugnisse zur Buchgeschichte" und nicht zuletzt ein weiteres Mal der Deutschen Forschungsgemeinschaft, die den Druck mit einem großzügigen Druckkostenzuschuß gefördert hat.

In Dankbarkeit widmen möchte ich die Arbeit Frau Dr. Elisabeth Kohler für die stete Unterstützung und freundschaftliche Begleitung nicht nur bei diesem Projekt.

München, im Dezember 2006

1 Reisezeit ist Lesezeit – Die Entstehung von neuen Leseorten im Zeitalter der Industrialisierung

1998/1999 starteten die Stiftung Lesen in Mainz und der Spiegel-Verlag in Hamburg eine Befragung von Bahnreisenden über ihre Lesegewohnheiten während der Reise.[1] Die Studie basierte auf einer empirischen Untersuchung und führte zu dem Ergebnis, dass die Bahn nach dem ungestörten Platz zu Hause und dem Bett der beliebteste Leseort war. Im Zeitraum von Herbst 1997 bis Frühjahr 1998 wurde das Leseverhalten von insgesamt 3.191 Reisenden in den Fernzügen ICE, IC und EC sowie in den Interregios beobachtet. 1.126 Passagiere – Pendler, Wochenendreisende und Urlauber – wurden schriftlich interviewt.[2]

Die Ergebnisse der Pilotstudie zeigten, dass die Bahn ein „Biotop für Leser" darstellte, 63 Prozent der Frauen und vierzig Prozent der Männer hatten während ihrer Reise ein Buch zur Hand. Nur jeder vierte Passagier führte keine Lektüre mit sich und begnügte sich mit dem Blick aus dem Fenster oder einem Gespräch mit dem Mitreisenden. Das Reisemotiv spielte für die Lektürewahl eine wesentliche Rolle: Geschäftsreisende und Pendler favorisierten Zeitungen und Zeitschriften sowie Arbeitsunterlagen als Lektüre, der Freizeitreisende dagegen bevorzugte Unterhaltungsromane. Unterhaltende Literatur führten darüber hinaus vor allem diejenigen Passagiere mit sich, die eine längere Bahnfahrt planten. Mehr als ein Drittel der Reiselektüre kauften die Passagiere im Bahnhofsbuchhandel. Neben Büchern wurden vor allem Tagesschrifttum, Zeitungen und Illustrierte im Bahnhofsbuchhandel oder am Bahnhofskiosk erworben. Führend bei der im Zug gelesenen Unterhaltungsliteratur waren die Kriminalromane.[3]

Die ermutigenden Ergebnisse der Studie bewogen die Deutsche Bahn AG Ende der neunziger Jahre, ihren Reisenden einen besonderen literarischen Service anzubieten. Mit dem Slogan „Reisezeit ist Lesezeit" warb das Unternehmen für die neu eingerichteten Handbibliotheken in seinen ICE-Zügen, die für Passagiere ein begrenztes Angebot von Gegenwartsliteratur bereithielten.[4] Das aufwändige Projekt – die Organisation der Ausleihe oblag dem Bahnpersonal – wurde jedoch schon nach kurzer Zeit wegen des nur geringen Interesses seitens der Passagiere wieder eingestellt.

---

1 Seit 1998 war der Leseort „Eisenbahn" auch Thema beim Welttag des Buches. 1998 und 1999 erschienen die Bände *Ich schenke dir eine Geschichte. Geschichten vom Reisen auf Schienen*, die in Zusammenarbeit der Verlagsgruppe Bertelsmann, der Deutschen Bahn AG und der Stiftung Lesen in hoher Auflage an Kinder abgegeben wurden. 2001 warb die Deutsche Bahn in verschiedenen Städten auf Großflächenplakaten und City-Light-Postern für das Lesen während der Reise. Vgl. Bbl. Nr. 8 vom 26. Januar 2001, S. 13.

2 Zu den exakten Ergebnissen der Befragung, über die Befragungskriterien sowie über die Modalitäten ihrer Durchführung vgl. Lesen in der Bahn, S. 8.

3 Vgl. Lesen in der Bahn, S. 8ff.

4 Ebd. S. 27.

Die Reisenden favorisierten ganz offensichtlich die im Bahnhofsbuchhandel erworbene oder von Zuhause mitgenommene Lektüre. Als Auftakt für die Pilotstudie über die Lesegewohnheiten in der Bahn war bereits 1997 das Buch *LeseReise. Stuttgart–Hamburg* erschienen. Das Konzept dieses Bändchens sah vor, dass die einzelnen Kapitel die Reisenden auf der Strecke von Stuttgart nach Hamburg literarisch-unterhaltsam von Bahnhof zu Bahnhof begleiten sollten. Sie beschrieben historische Orte entlang der Bahnstrecke: „Während draußen die Landschaft vorbeirauscht, erfahren Sie, was links und rechts der Strecke im Laufe der Zeit so alles passiert ist. Immer wieder soll dabei auch von Büchern die Rede sein, von Literatur und vom Lesen".[5] Dem jeweiligen Kapitel vorangestellt waren die Lese- sowie die Reisezeit. So konnte der Fahrgast die Dauer der Lesephasen exakt kalkulieren.[6]

Nun war die Idee einer umfassenden Versorgung von Reisenden in Eisenbahnzügen allerdings nicht neu. Sie entstand schon in der Mitte des 19. Jahrhunderts vor dem Hintergrund einer fortschreitenden Expansion des Verkehrswesens und des Reisemarktes. Bereits mit der Eröffnung der ersten Eisenbahnlinien in Europa in den 1840er Jahren bemühten sich Buchhändler und Verleger um eine systematische Versorgung von Passagieren mit Büchern und Presseartikeln. Aus den provisorischen Verkaufsständen der örtlichen Buchhändler entwickelte sich in der zweiten Hälfte des 19. Jahrhunderts der Bahnhofs- und Verkehrsbuchhandel als eigenständige Teilbranche des verbreitenden Buchhandels und wurde zur wirkungsmächtigsten – aber auch umstrittensten – Vertriebsinstanz für populäre Lesestoffe.

1.1 Fragestellungen und Methodik

Gegenstand der vorliegenden Studie ist die historische Rekonstruktion der Geschichte des Bahnhofs- und Verkehrsbuchhandels in Deutschland von seinen Anfängen in den 1850er Jahren bis zum Ende der Weimarer Republik. In diesem Zusammenhang werden die spezifischen literarischen Distributionsmodelle für Literatur auf dem Reisemarkt (Einrichtung von Bahnhofs- und Schiffs- sowie Badebuchhandlungen, Reiseleihbüchereien, Hotelbuchhandlungen, Kiosken entlang der Stadt- und Untergrundbahnen), die Lesepraktiken und Lektürepräferenzen von Reisenden und das typische, vom jeweiligen Fortbewegungsmittel und Reisemotiv abhängige Kauf- und Leseverhalten des Käuferpotenzials untersucht.

Einen weiteren Schwerpunkt der Untersuchung bildet die Darstellung der sozio-kulturellen, buch- und lesehistorischen sowie literarischen Voraussetzungen für die Entstehung von organisierter Reiselektüre in der zweiten Hälfte des 19. Jahrhunderts. Die speziell für Reisende entwickelten Buchreihen stellen ein in der Forschung bislang kaum beachtetes Segment der populären Kultur mit ganz spezifischen Produktions-, Distributions- und Rezeptionsformen dar. Es gilt das innovative, stark marktorientierte literarische Produkt in seiner charakteristischen Doppelfunktion, nämlich Publikations- wie auch Vertriebsform zu

5 Winterroll: LeseReise, S. 5.

6 Ebd.

sein, die verschiedene literarische Gattungen subsumieren konnte, zu rekonstruieren und zu analysieren.

Dabei werden drei Untersuchungsperspektiven eingenommen: Der erste Untersuchungsschritt fragt nach den Lesepraktiken von Reisenden und ihrem typischen, vom jeweiligen Fortbewegungsmittel und Reisemotiv abhängigen Kauf- und Leseverhalten (Kap. 3). Die zweite Perspektive beschäftigt sich mit der Publikations- und Vertriebsform der organisierten Reiselektüre als einem wichtigen Segment der literarischen Unterhaltungsindustrie um die Jahrhundertwende (Kap. 4). Hier werden die besonderen von den äußeren Bedingungen und vom Wandel der Reisekultur abhängigen Textsorten sowie ihre inhaltlichen und äußeren Spezifika untersucht. Der dritte Schritt macht sich die historische Darstellung der Geschichte des Bahnhofs- und Verkehrsbuchhandels in Deutschland von seinen Anfängen in den 1850er Jahren bis zum Ende der Weimarer Republik zur Aufgabe und fragt nach seinen spezifischen literarischen Distributionsmodellen (Kap. 5–7). Auf der Grundlage von bislang unveröffentlichten Quellen und der Auswertung von buchhändlerischen Fachperiodika des 19. und frühen 20. Jahrhunderts werden die Voraussetzungen für die Entstehung des Bahnhofs- und Verkehrsbuchhandels in Deutschland, die zunehmende Konsolidierung der Branche als konstituierendes Element des modernen Reisemarktes, und die branchenimmanenten Mobilisierungs- und Professionalisierungstendenzen dargestellt; diese Entwicklung stand in enger Wechselbeziehung mit der fortschreitenden Industrialisierung und Verstädterung Deutschlands sowie der Technisierung und Kommerzialisierung des Reisens bis zur Ausbildung eines modernen Massentourismus in der Weimarer Republik. Intention der Untersuchung ist es, das branchenübergreifende und internationale Distributionssystem, das eine wesentliche logistische Voraussetzung für eine schnelle Distribution von Reiselektüre darstellte, vollständig zu entfalten.

Die Rekonstruktion der Entstehungsvoraussetzungen und der weiteren Entwicklung des Bahnhofs- und Verkehrsbuchhandels bis zum Ende der Weimarer Republik machte es notwendig, eine immense Materialfülle zu bewältigen. Wegen der Komplexität und des Umfangs dieses Untersuchungsgegenstands erscheint es zweckmäßig, eine zusätzliche Untersuchungsebene einzuführen, die die notwendige Strukturiertheit und Stringenz der vielschichtigen und facettenreichen Darstellung gewährleisten soll. Ein Phasenmodell beschreibt deshalb die Entstehungs- und Entwicklungsgeschichte des Bahnhofs- und Verkehrsbuchhandels in drei – auch zeitlich eingrenzbaren – Entwicklungsschritten:

1. Die Konstitutionalisierung der Branche, d.h. die Etablierung des Bahnhofs- und Verkehrsbuchhandels als selbstständige Teilbranche des verbreitenden Buchhandels vor dem Hintergrund einer fortschreitenden Kommerzialisierung des Reisemarkts in der zweiten Hälfte des 19. Jahrhunderts.
2. Die fortschreitende Konsolidierung der Branche durch eine nachdrückliche Abgrenzung des Bahnhofs- und Verkehrsbuchhandels von anderen Teilbranchen des verbreitenden Buchhandels – zunächst vor allem vom herkömmlichen Sortimentsbuchhandel – statt.

Dieser Abgrenzungsprozess geht einher mit der Artikulation eines eigenen Branchenverständnisses und der Gründung einer Standesvertretung nach der Jahrhundertwende.

3. Die zunehmende Professionalisierung und Internationalisierung der Branche in den Jahren der Weimarer Republik, u.a. durch eine gesetzliche Verankerung des Sonderstatus der Branche im Gewerbe- und Arbeitsrecht (z.B. Ladenöffnungszeiten, Sonn- und Feiertagsarbeitszeiten) als Nebenbetrieb der deutschen Reichsbahn, aber auch durch eine branchenübergreifende Kooperation des Bahnhofs- und Verkehrsbuchhandels mit anderen Reiseanbietern im In- wie auch im Ausland.

Der historischen Darstellung der Entstehungs- und Entwicklungsgeschichte des Bahnhofs- und Verkehrsbuchhandels schließt sich ein weiterer Untersuchungsschritt an, der die Frage nach der Wirkungsmacht der Branche als das wichtigste Vertriebssystem für industriell gefertigte Massenliteratur fokussiert (Kap. 8). Der Bahnhofs- und Verkehrsbuchhandel besaß als Vertriebsinstanz für Massenliteratur eine kulturhistorisch und lesesoziologisch bedeutsame Doppelfunktion, nämlich sowohl als wirkungsmächtiger Distribuent von sog. literarisch wertvoller als auch von moralisch und politisch diskreditierter Literatur, war doch der Bahnhofsbuchhandel von Anbeginn an immer auch dem Vorwurf ausgesetzt, wesentliche Vermittlungsinstanz von sog. „Schmutz- und Schundliteratur“ zu sein.

Die anhaltenden Auseinandersetzungen des Verkehrsbuchhandels mit den Zensurbehörden prägten die Verbandsarbeit der Bahnhofsbuchhändler nachhaltig. Nachdem der Verein Deutscher Bahnhofsbuchhändler 1911 im Zusammenhang mit der Reichstagsdebatte um Pressefreiheit und Serienliteratur durchsetzte, dass die Schutzbestimmungen des geltenden Strafgesetzbuches auch für den Bahnhofsbuchhandel als ausreichend befunden wurden, sah sich die Branche um 1913 den massiven Angriffen des Sittlichkeitsvereins *Dürerbund* ausgesetzt. Es gilt deshalb, die Rolle des Verkehrsbuchhandels, der sich wegen der anonymen Verkaufssituation und hohen Umschlagsgeschwindigkeit von Titeln einem effizienten zensorischen Zugriff entzog, auch im Kontext der kontrovers geführten Unterhaltungsliteraturdebatte des 19. und frühen 20. Jahrhunderts aufzuarbeiten und darzustellen.

1.2 Forschungsstand

Die Erforschung der literarischen Produktionsbedingungen sowie der Distributionsstrukturen im 19. Jahrhundert weist noch immer erhebliche Defizite auf. In den vergangenen Jahren wurden vermehrt verschiedene Einzelaspekte der Buchherstellung und Buchdistribution im Kaiserreich behandelt, u.a. zur periodischen Presse, zur Presse- und Zensurpolitik, zu Leih- und Lesebibliotheken, Nachdruck und Urheberrecht.[7] Es fehlen aber historische

7 Vgl. Martino: Die deutsche Leihbibliothek, A. Estermann: „Die besten aller Zeiten und Literaturen“, S. 259ff., Wilke: Die periodische Presse im Kaiserreich, S. 221ff., Jäger: Der Kampf gegen Schmutz und Schund, S. 163ff., Jäger/Valeska: Die deutschen Leihbibliotheken, S. 198ff., Wittmann: Der Sorti-

Übersichtsdarstellungen für den Bahnhofs- und Verkehrsbuchhandel wie auch für die anderen Teilbranchen des verbreitenden Buchhandels, z.B. für den Sortimentsbuchhandel, den Reise- und Versandbuchhandel,[8] den Antiquariats-, Warenhaus- oder Musikalienbuchhandel.[9]

Der werbende Buch- und Zeitschriftenhandel rückte erst jüngst in das Blickfeld der buchhistorischen Forschung. Aus Anlass eines Jubiläums erschien 2001 eine Geschichte des Pressevertriebs in Deutschland.[10] Auch der Versuch einer Rekonstruktion des Kolportagebuchhandels für die zweite Hälfte des 19. Jahrhunderts liegt inzwischen vor, und beide Studien zeigen nachdrücklich die Probleme auf, die eine Erforschung dieses Untersuchungszeitraums so schwierig gestalten:[11] Es fehlt an einschlägigen und gedruckten Quellen, die die soziale Praxis von literarischen Distributionsprozessen ausreichend dokumentieren und deshalb für eine differenzierte Untersuchung eine wesentliche Voraussetzung darstellen.[12]

Die Buchwissenschaft reagierte auf diese schwierige Ausgangslage mit der Einrichtung des von der DFG und dem Börsenverein des Deutschen Buchhandels geförderten und von den Historikern Wolfram Siemann (München) und Lothar Poethe (Leipzig) geleiteten Projekts *Inventar archivarischer Quellen zur Geschichte des deutschen Buch- und Verlagswesens im 19. und 20. Jahrhundert*, das seit 1992 auf der Grundlage von Akten zur Buchhandels- und Verlagsgeschichte in allen staatlichen, kommunalen und kirchlichen Archiven Deutschlands eine Datenbank erarbeitet. Diese Datenbank, die inzwischen im Internet zur Verfügung steht, war ein wichtiges Hilfsmittel für den fraglichen Untersuchungszeitraum[13]

---

mentsbuchhandel im Kaiserreich, S. 231ff., Wittmann: Buchmarkt und Lektüre im 18. und 19. Jahrhundert, Cazden: Der Nachdruck deutschsprachiger Literatur, S. 193ff. und Vogel: Die Geschichte des Urheberrechts im Kaiserreich, S. 203ff.

8 Vgl. aber Haug/Kruse: Die Geschichte des Reise- und Versandbuchhandels.

9 Historische Abrisse über die Geschichte des Warenhaus- und Musikalienbuchhandels im 19. und 20. Jahrhundert erscheinen demnächst in den ersten beiden Teilbänden und dem zweiten Band von Geschichte des deutschen Buchhandels im 19. und 20. Jahrhundert. Das Kaiserreich 1870–1918 (Bd.1/2), Weimarer Republik (Bd. 2). Im Auftrag des Börsenvereins des Deutschen Buchhandels herausgegebenen von der Historischen Kommission. Frankfurt/M.: Buchhändler-Vereinigung GmbH (erscheint voraussichtlich Herbst 2007). Vgl. Haug/Kruse: Geschichte des Versandbuchhandels.

10 Vgl. Dorn/Vogel: Geschichte des Pressevertriebs sowie die in den 1970er Jahren erschienene Übersichtsdarstellung von Elsner: Beiträge und Dokumente.

11 Scheidt: Der deutsche Kolportagebuchhandel 1869–1905 und Bachleitner: „Spekulanten auf die menschlichen Kloaken-Instinkte“, S. 181ff., sowie jüngst Storim: Ästhetik im Umbruch.

12 M. Estermann: „Geschichte des deutschen Buchhandels im 19. und 20. Jahrhundert“, S. B 1ff. und Wittmann: Der Sortimentsbuchhandel im Kaiserreich, S. 231ff.

13 Vgl. Siemann/Zimmermann/Grünert: Inventar archivalischer Quellen zur Geschichte des deutschen Buch- und Verlagswesens, S. B 104ff. und M. Estermann: Geschichte des deutschen Buchhandels im 19. und 20. Jahrhundert, S. B 1ff. Die Datenbank ist über die Homepage der Deutschen Nationalbibliothek in Leipzig zugänglich: Homepage:
http://www.d-nb.de/sammlungen/dbsm/kataloge/index.htm
Zur Benutzung vgl. Lothar Poethe: Inventar archivalischer Quellen zur Geschichte des deutschen Buchhandels und Verlagswesens im 19. und 20. Jahrhundert: http://tamino.ddb.de:1900/ddbarchiv/index.htm

und stellt auch für ein weiteres vom Börsenverein für den Deutschen Buchhandel initiiertes Projekt, das sich zur Aufgabe macht, die Entwicklung des Buchhandels und Verlagswesens von der Gründung des Deutschen Reichs im Jahr 1870 bis in die Gegenwart in historischen Übersichtsdarstellungen zu beschreiben, eine wichtige Voraussetzung dar. Das auf mehrere Bände angelegte Projekt „Geschichte des deutschen Buchhandels im 19. und 20. Jahrhundert" versteht sich als Fortsetzung der Buchhandelsgeschichte von Friedrich Kapp und Johann Goldfriedrich aus den Jahren 1886 bis 1913, deren Berichtszeitraum mit Ausgang des 19. Jahrhunderts endet.[14]

In den vergangenen Jahren entstanden vermehrt buchwissenschaftliche Untersuchungen über wichtige Teilaspekte der Buchherstellung[15] sowie über moderne Publikationsformen, z.B. über die populären Unterhaltungsreihen und Klassikerbibliotheken sowie Fortsetzungs- und Feuilletonromane.[16] Doch von wenigen Einzelstudien abgesehen,[17] bleiben Untersuchungen über die literarische Unterhaltungsindustrie im Kontext einer fortschreitenden Industrialisierung und Verstädterung in der zweiten Hälfte des 19. Jahrhunderts und die Frage nach ihren innovativen Vertriebsstrukturen und ihren speziellen, auf eine Massenverbreitung ausgerichteten, literarischen Produkten aufgrund der beschriebenen Quellensituation unterrepräsentiert.[18]

Eine völlig unzureichende Forschungssituation war für den Fokus der hier vorgelegten Studie gegeben. So feierte zwar der Verband der Deutschen Bahnhofsbuchhändler im April 2005 seinen 100. Gründungstag – Anlass genug für den Verband, das Jubiläum mit einer kleinen Fachtagung in Leipzig zu begehen –, doch der Festakt, flankiert von der Herausgabe von zwei kleinen Verbandspublikationen, widmete sich nicht der eigenen Geschichte, sondern richtete den Blick auf die Entwicklung der Branche im 21. Jahrhundert.[19]

---

14 Geschichte des deutschen Buchhandels im 19. und 20. Jahrhundert. Bd. 1: Das Kaiserreich 1871–1918; Bd. 2: Weimarer Republik (2007), Bd. 3: Drittes Reich (in Vorbereitung), Bd. 4: Deutsche Demokratische Republik (in Vorbereitung), Bd. 5: Bundesrepublik Deutschland (in Vorbereitung). Im Auftrag des Börsenvereins des Deutschen Buchhandels herausgegeben von der Historischen Kommission. Frankfurt/M.: Buchhändler-Vereinigung GmbH 2001ff.

15 Vgl. Fallbacher: Taschenbücher im 19. Jahrhundert, Biesalski: Die Mechanisierung der deutschen Buchbinderei, Hanebutt-Benz: Studien zum deutschen Holzstich im 19. Jahrhundert, S. 581ff.

16 Bachleitner: Kleine Geschichte des deutschen Feuilletonromans, Bachleitner: Littérature industrielle, S. 159ff., Bachleitner: Der englische und französische Sozialroman des 19. Jahrhunderts, Langewiesche: „Volksbildung" und „Leserlenkung", S. 108ff. sowie Jakoby: Massenliteratur und ihre wissenschaftliche Bewältigung.

17 Vgl. Bachleitner: Kleine Geschichte des Feuilletonromans, Storim: Literatur und Sittlichkeit, S. 369ff., Storim: Ästhetik im Umbruch, Kosch/Nagl: Der Kolportageroman.

18 Vgl. Schön: Der Verlust der Sinnlichkeit, Jäger: Historische Lese(r)forschung, S. 485ff., und Langebucher: Die Demokratisierung des Lesens.

19 Brummund: Bahnhofsbuchhandel. Die Verbandspublikationen anlässlich des Jubiläums weisen nicht zuletzt eine befremdliche Resistenz des Berufsverbands gegenüber der eigenen Geschichte auf. Brummunds Abhandlung bietet zwar erstmals detaillierte Einblicke in die Organisations- und Vertriebsstrukturen des gegenwärtigen Bahnhofsbuchhandels und beschreibt die branchenspezifischen Merkmale und innovativen Marketingstrategien, doch der Entwicklungsgeschichte von 1850 bis 1945 sind nur wenige Seiten gewidmet. Vgl. zur Kritik der Verbandsschriften Haug: „Tretet uns bei".

Somit existieren über die kulturellen und sozialen Wechselwirkungen zwischen der Industrialisierung und Kommerzialisierung des Reisens einerseits und der Ausbildung von spezifischen sozialen Praktiken des Lesens während der Reise andererseits bislang keine Vorarbeiten, weder von literaturwissenschaftlicher und buchhandelsgeschichtlicher noch von lese- und reisesoziologischer oder technikgeschichtlicher Provenienz. Diejenigen Untersuchungen, die sich seit den neunziger Jahren mit den Produktions- und Rezeptionsbedingungen von populärer Literatur um die Jahrhundertwende beschäftigten,[20] hatten die organisierten Reiselektüren bislang noch nicht als wichtiges Segment der literarischen Unterhaltungsindustrie entdeckt.

Literaturgeschichtliche Studien thematisierten die Verbindung von Literatur und Technik im Maschinenzeitalter und intendierten meist eine motivgeschichtliche Erfassung dieses Forschungsgegenstandes oder unternahmen den Versuch einer technikhistorischen oder kulturwissenschaftlichen Annäherung.[21] Schivelbusch, der im Anschluss an Dolf Sternbergers kulturhistorisches Essay *Panorama oder Ansichten vom 19. Jahrhundert* (1938) in seiner Untersuchung über die Geschichte der Eisenbahnreise die Frage nach möglichen wahrnehmungsästhetischen und -psychologischen Veränderungen, wie die nach der Industrialisierung von Raum und Zeit sowie der Panoramatisierung des Blickes verfolgte, wies am Rande auf das Phänomen der Reiselektüre als kompensatorische Reaktion auf die latenten Nervenüberreizungen während der Eisenbahnreise hin.[22] Jüngere Untersuchungen über den um die Jahrhundertwende fest etablierten Nervositäts- und Neurastheniediskurs erkannten zwar in der Reiselektüre einen elementaren Bestandteil der psychischen Selbstregulation von Bahnreisenden, entwickelten aber diesen auch buchhistorisch bedeutsamen Aspekt nicht weiter.[23]

Die Forschung über die Entwicklung von Reiseliteratur[24], Reiseführern und -handbüchern erwies sich als ergiebiger, doch die einschlägigen Forschungsarbeiten ignorierten die

20 Vgl. Bohnsack/Foltin: Lesekultur, Bachleitner: Littérature industriell, Hohendahl: Literarische Kultur im Zeitalter des Liberalismus, Falck: Sprachliche „Klischees“ und Rezeption, Barsch: „Populäre Literatur“ als Forschungsproblem, S. 101–119, Gerlach/Hartmann: Literaturmarkt und Unterhaltungsindustrie, S. 565–580, Nusser: Entwurf einer Theorie der Unterhaltungsliteratur sowie Nusser: Trivialliteratur.

21 Vgl. u.a. Schivelbusch: Geschichte der Eisenbahnreise, Ernst: Phantastische Eisenbahn, Elm: Medien und Maschinen, Heinimann: Technische Innovation und literarische Aneignung, Grossklaus/Lämmert: Literatur in einer industriellen Kultur, Pfeiffer/Jauß/Gaillard: Art social und art industriel, Literatur im Industriezeitalter, Hoeges: Alles veloziferisch, Mahr: Eisenbahnen in der deutschen Dichtung, Segeberg: Technik in der Literatur.

22 Schivelbusch: Geschichte der Eisenbahnreise, vgl. auch Dotzler/Müller: Wahrnehmung und Geschichte und Burckhardt: Metamorphosen von Raum und Zeit.

23 Vgl. die Untersuchungen von Radkau: Angst und Angstabwehr als Regulative der Technikgeschichte, S. 53ff., Radkau: Das Zeitalter der Nervosität, Radkau: Die wilhelminische Ära als nervöses Zeitalter, S. 211ff., und Radkau: Technik im Temporausch der Jahrhundertwende, S. 61ff. sowie Ullrich: Die nervöse Großmacht 1871–1918, Gay: Die Macht des Herzens sowie Kretschmer: Geschichte der Weltausstellungen.

24 Vgl. u.a. Sautermeister: Reiseliteratur als Ausdruck der Epoche, S. 116ff., Wülfing: Reiseliteratur und Realitäten im Vormärz, S. 371ff., Reiter: Rheinpanoramen, Brenner: Der Reisebericht und Griep: Der freie Blick, S. 5ff. sowie jüngst Jost: Landschaftsblicke und Landschaftswahrnehmung.

Buchreihen für Reisende als wesentliches Distributionsmedium auch für die literarische Gattung der Reisebeschreibungen.[25] Für die renommierten Verleger von Reisehandbüchern des 19. Jahrhunderts, Karl Baedeker und Joseph Meyer, liegen inzwischen Verlagsmonografien und -bibliografien vor.[26] Die Forschungen zur Geschichte des Reiseführers und -handbuchs korrespondieren mit historischen Untersuchungen über die Entstehung des Fremdenverkehrs um 1900 – hier seien nur die Stichworte Reisebüro, Bahntouristik, Sommerfrische und Bäderreise genannt.[27] Jüngere tourismusgeschichtliche Untersuchungen boten einen informativen historischen Abriss der Geschichte des Reisemarktes in Deutschland.[28] Tavenrath ergänzte dieses Themenfeld jüngst um die originelle Kulturgeschichte des Sonnenbadens.[29] Der Bahnhofs- und Verkehrsbuchhandel als wesentliches Segment der Reisebranche blieb allerdings in allen Untersuchungen ausgeklammert.

Die Soziologie bot in den vergangenen Jahren vermehrt Ansätze zu einer Theorie des Tourismus,[30] die in bewusster Abgrenzung zu Enzensbergers kritischem Tourismusbegriff aus den frühen sechziger Jahren[31] Reisen als Ausdruck des modernen Lebensstils begriffen, u.a. die Studie von Christine Keitz über die Entstehung des Massentourismus (1997). Der Tourismus war daher von Anbeginn an nicht nur ein wirtschaftliches, sondern auch ein soziales Phänomen. Neben den wirtschaftlichen und sozialökonomischen Faktoren spielte das gesellschaftliche Werte- und Normensystem eine wichtige Rolle bei der Artikulation von Reisebedürfnissen. Keitz beschrieb in ihrer Untersuchung, in der sie Tourismusgeschichte als Geschichte sozialer Strukturen und sozialen Wandels begreift, Reisen folgerichtig als das Leitbild des modernen Lebensstils überhaupt.[32] Obwohl Reisen spätestens in den Jahren der Weimarer Republik schichtübergreifend praktiziert wurde – ein Indiz hierfür ist die vermehrte Präsenz von Arbeiterfamilien in Tourismuszentren und Fremdenver-

---

25 Vgl. Hinrichsen: Baedeker. Ein Name wird Weltmarke, Hinrichsen: Baedeker's Reisehandbücher 1832–1990, Gorsemann: Bildungsgut und touristische Gebrauchsanweisung, Gretton: Baedeker's Guidebook, Hauenstein: Wegweiser durch Meyers Reisebücher, Fendl/Löffler: Utopiazza. Städtische Erlebnisräume in Reiseführern, S. 33ff., Bausinger: Grenzenlos. Ein Blick auf den modernen Tourismus, S. 343ff., Lohe: Typologie von Reiseführern, S. 452ff., Lauterbach: Baedeker und andere Reiseführer, S. 206ff., Lauterbach: „Von den Einwohnern". Alltagsdarstellungen im Spiegel des Reiseführers, S. 46ff., McInnes: The Isle of Wight illustratet, S. 306ff. und Kutter: Apodemiken und Reisehandbücher, S. 116ff.

26 Vgl. Hinrichsen: Baedeker's Reisehandbücher 1832–1990, Hauenstein: Wegweiser durch Meyers Reisebücher 1862–1936.

27 Vgl. Hennig: Reiselust. Touristen, Tourismus und Urlaubskultur, Brilli: Als Reisen eine Kunst war, Leed: Die Erfahrung der Ferne, Knoll: Reisen als Geschäft, S. 336ff., Bagger: Arbeiterkultur und Arbeitertourismus, S. 33ff., Vorsteher: Bildungsreisen unter Dampf, S. 304ff., Krohn: Welche Lust gewährt das Reisen, Maeder: Vom Kolonialismus zum Tourismus, Dietsche: Reisebüro und Bahnreise, S. 753ff., Kramer: Aspekte der Kulturgeschichte des Tourismus, S. 1ff., Löschburg: Reiselust und Reiseleid und Fuss: Geschichte des Reisebüros.

28 Berktold-Fackler/Krumbholz: Reisen in Deutschland, Krempien: Geschichte des Reisens. Eine Einführung in das Tourismusgeschäft aus betriebswirtschaftlicher Sicht bot jüngst Mundt: Einführung in den Tourismus.

29 Tavenrath: So wundervoll sonnengebräunt.

30 Vgl. Keitz: Organisierte Arbeiterreisen und Tourismus in der Weimarer Republik, Keitz: Reisen als Leitbild, Urry: The Tourist Gaze und Culler: The Semiotics of Tourism, S. 153ff.

31 Vgl. Enzensberger: Einzelheiten I.

32 Keitz: Reisen als Leitbild, S. 16.

kehrsorten – konnte das Bedürfnis nach Reisen und der Erweiterung des individuellen Erfahrungshorizonts allerdings nicht von jedem Individuum in die Realität umgesetzt werden. Lebensstil war zunächst eine bürgerliche und städtische Erscheinung. Die kulturelle Praxis des Reisens war demnach noch bis in die Jahre nach dem Ersten Weltkrieg dem Bürgertum vorbehalten, das sich u.a. mit seinen Reiseaktivitäten, aber auch durch die Wahl des mitgeführten Reiselesestoffs, gegenüber der Kultur der Unterschichten explizit abzugrenzen versuchte. Diesem Grundbedürfnis der bürgerlichen Reisenden kamen die Eisenbahngesellschaften von Anfang an durch die Einführung von verschiedenen Fahrtarifen und Wagenklassen entgegen. Aber auch die Bahnhofsbuchhändler berücksichtigten zunächst durch die Vielfalt ihres literarischen Programms den exklusiven Lesegeschmack des Bürgertums. Allerdings wurde der Konsum von Massenliteratur spätestens in den Nachkriegsjahren zunehmend schichtübergreifend praktiziert, also zeitgleich mit der Erweiterung der reisenden Bevölkerungsschichten um die Arbeiter, die den Nahverkehr jetzt regelmäßig für den Weg zur Arbeitsstelle nutzten und sich zusehends auch zu einer wichtigen Zielgruppe des Bahnhofs- und Verkehrsbuchhandels entwickelten.

Zahlreiche, in den vergangenen Jahren auch anlässlich des 150jährigen Jubiläums der Eröffnung der ersten deutschen Eisenbahnstrecke zwischen Fürth und Nürnberg im Jahr 1835 erschienenen Studien und Ausstellungskataloge[33] widmeten sich zwar in historischen Darstellungen wirtschafts- und technikhistorischen oder reisesoziologischen Untersuchungsfeldern, ließen aber einen der wichtigsten Nebenbetriebe der Eisenbahn, nämlich den Bahnhofs- und Verkehrsbuchhandel, gänzlich unberücksichtigt. Weder das Standardwerk *Hundert Jahre deutsche Eisenbahnen*, das anlässlich des hundertjährigen Bestehens der deutschen Eisenbahnen 1935 erschien, noch der 1985 zum 150jährigen Jubiläum herausgekommene zweibändige Katalog *Zug der Zeit. Zeit der Züge* oder die jüngst erschienene und von der Deutschen Bahn in Auftrag gegebene Studie *Die Geschichte der Eisenbahn in Deutschland* (1999) liefern Hinweise auf diesen wichtigen Teilaspekt deutscher Eisenbahngeschichte.[34] Der im Jahr 2001 erschienene Ausstellungskatalog *Weichenstellungen. Eisenbahnen in Bayern 1835–1920*, der die Geschichte des bayerischen Eisenbahnwesens von seinen Anfängen 1835 bis in die 1920er Jahre vorstellt, widmet dem Aspekt des Bahnhofs- und Verkehrsbuchhandels im Kontext der Zensur auf den Bahnhöfen immerhin ein eigenes Kapitel.[35]

Trotz der zahlreichen Studien über die Geschichte der Eisenbahn und Schifffahrt im deutschsprachigen Raum, der Ausbildung eines modernen Reisemarktes und der Entstehung des Massentourismus in der ersten Hälfte des 20. Jahrhunderts blieben also die Fragen nach der literarischen Versorgung von Reisenden und ihren Lektürepräferenzen sowie nach speziellen Lesepraktiken während der Reise unberücksichtigt. Über die Entwicklung von

---

33 Vgl. Bracht: Der Bau der ersten Eisenbahnen, Then: Eisenbahnen und Eisenbahnunternehmen in der Industriellen Revolution, Gottwaldt: Deutsche Reichsbahn. Kulturgeschichte und Technik, Hippel: Eisenbahn-Fieber, Fuchs: Zur Geschichte der Eisenbahnen und Autobahnen, S. 113ff., Zug der Zeit – Zeit der Züge sowie Hundert Jahre deutsche Eisenbahnen und jüngst: Roth: Kulturgeschichte der Eisenbahn.

34 Vgl. Hundert Jahre deutsche Eisenbahnen, und Gall/Pohl: Die Eisenbahn in Deutschland.

35 Weichenstellungen. Eisenbahnen in Bayern 1835–1920.

Buchreihen speziell für Reisende einerseits und über die Entstehung und Organisation des Bahnhofs- und Verkehrsbuchhandels andererseits liegen für den in dieser Studie zugrunde gelegten Berichtszeitraum bislang keine Untersuchungen vor.[36]

Zweimal bemühte sich der Verein Deutscher Bahnhofsbuchhändler selbst um eine historische Darstellung der eigenen Branche. Unmittelbar vor Beginn des Ersten Weltkriegs erschien in der Zeitschrift *Der Bahnhofsbuchhandel* ein Aufruf, der die Verbandsmitglieder aufforderte, Materialien und Dokumente über die eigene Firmengeschichte zu sammeln und dem Verband zur Verfügung zu stellen.[37] Der Verfasser des Aufrufs war an alten Pachtverträgen, Geschäftsbüchern und Abrechnungszetteln interessiert und sicherte den Einsendern von Materialien Diskretion zu. Der Aufruf drängte zur baldigen historischen Aufarbeitung der Teilbranche des verbreitenden Buchhandels, denn die ersten Begründer von Bahnhofsbuchhandlungen, z.B. August Vaternahm in Frankfurt/M. oder Hermann Stilke in Berlin, konnten jetzt noch persönlich über die Entstehungsphase des Bahnhofsbuchhandels interviewt werden. Der Ausbruch des Krieges verhinderte jedoch die Ausführung dieses ambitionierten Projekts. Offenbar wurde anlässlich des hundertjährigen Bestehens der Eisenbahn in Deutschland 1935 ein erneuter Vorstoß unternommen, die Geschichte des Bahnhofsbuchhandels darzustellen. Das Unternehmen Karl Schmitt beklagte anlässlich der Erstellung einer eigenen Firmenfestschrift im Jahr 1966, dass wichtige Materialien verloren gegangen waren, weil die Reichspressekammer in Berlin 1935 für die Abfassung einer Branchengeschichte auf Einsendung von Firmendokumenten bestand, die erhaltenen Akten und Unterlagen aber nicht mehr an die Eigentümer zurückgegeben hatte. Die geplante Jubiläumsschrift der Reichspressekammer erschien nicht.[38] In der Folge des Zweiten Weltkriegs wurden schließlich die letzten noch erhaltenen Firmenarchive zerstört.[39] Die Firmenarchive von bedeutenden und überregional aktiven Unternehmen, u.a. von den Verkehrsbuchhandlungen Georg Stilke und Jaçques Bettenhausen, gelten endgültig als verloren. Aus den noch vorhandenen Beständen des Firmenarchivs der Heidelberger Verkehrsbuchhandlung Karl Schmitt gingen zwei Jubiläumsschriften hervor.[40]

Neben den Ausführungen des Buchhistorikers Berthold Hack aus den 1970er Jahren – diese erschienen aus Anlass des 60jährigen Jubiläums des Vereins Deutscher Bahnhofsbuchhändler – existieren lediglich drei Firmenjubiläumsschriften der im vorigen Jahrhundert gegründeten Bahnhofs- und Verkehrsbuchhandlungen Karl Schmitt (Heidelberg), August Vaternahm (Bebra, Frankfurt/M.) und Georg Stilke (Berlin, Hamburg), die allenfalls Bausteine für eine systematische und überterritoriale Aufarbeitung der Organisations- und Vertriebsstrukturen dieses Buchhandelszweiges sein konnten.[41] Gänzlich unerforscht

---

36 Vgl. aber Galle: Eisenbahnliteratur, S. 1ff. und Nies: Bahn und Bett und Blütenduft.

37 BHB Nr. 14 vom 16. Juli 1914, S. 153. Für diesen Hinweis bin ich Anita Barbara Panzer zu Dank verpflichtet.

38 Vgl. Schmitt/Hahn: Unsere Firmengeschichte, S. 18.

39 Vgl. Bbl. Frankfurter Ausgabe, Nr. 54 vom 4. Juli 1952, S. 266 und Der neue Vertrieb Nr. 148 vom 20. Juni 1955, S. 316.

40 Schmitt: Unsere Firmengeschichte (1841–1966), Schmitt/Hahn: Unsere Firmengeschichte (1841–1991).

41 Schmitt/Hahn: Unsere Firmengeschichte, Schmitt: Unsere Firmengeschichte, Hack/Vaternahm: August

war die bedeutende Rolle des Verkehrsbuchhandels im Ersten Weltkrieg. Die Verkehrsbuchhändler reagierten – wie eingangs bereits vermerkt – auf die neue politische Situation mit der Einrichtung von Feldbuchhandlungen und wandelten die Buchreihen für Reisende um in Feldbibliotheken, die fortan unter Serientiteln wie *Tornister-Bibliothek* oder *Schützengraben-Bibliothek* erschienen.[42] Als aussagekräftigste Quelle für diesen Zeitabschnitt erwies sich das *Börsenblatt für den Deutschen Buchhandel*, das zwischen 1914 und 1918 in beinahe 300 Artikeln über die Entwicklung des Feldbuchhandels berichtete. Eine vollständige historische Darstellung des Feldbuchhandels und seiner vielfältigen Distributionssysteme kann allerdings im Rahmen dieser Studie nicht geleistet werden.

Wegen der nur wenig ergiebigen Forschungssituation war die vorliegende Untersuchung auf die systematische Erschließung von Quellen angewiesen, die sich zunächst deshalb als sehr aufwändig und schwierig erwies, weil die Materialien in den verschiedensten Archiven und Bibliotheken des In- und Auslands verstreut aufbewahrt werden.

1.3 Quellenlage

Die Mehrzahl der in der vorliegenden Untersuchung verarbeiteten Archivalien aus den verschiedenen Bundes-, Staats-, Landes- und Stadtarchiven in Deutschland über die Entstehung und Organisation des Bahnhofs- und Verkehrsbuchhandels sowie des Feldbuchhandels und über diverse Gerichtsprozesse wegen des Verkaufs von „minderwertiger" Literatur konnten über die Datenbank *Inventar archivarischer Quellen zur Geschichte des deutschen Buch- und Verlagswesens im 19. und 20. Jahrhundert* recherchiert werden. Für die Aufarbeitung der Rolle des Verkehrsbuchhändlers Hermann Stilke im Feldbuchhandel oder der Neustrukturierung des Verkehrsbuchhandels in der Weimarer Republik, die z.B. zum Erlass der ersten reichseinheitlichen Regelungen, den „Allgemeinen Bedingungen für die Zulassung von Bahnhofsbuchhandlungen" (1922), führte, erwiesen sich umfangreiche Aktenkonvolute im Bundesarchiv Berlin und im Sächsischen Staatsarchiv Leipzig als sehr ergiebig. Eine Akte im Bundesarchiv Berlin verwahrt z.B. neben den Sitzungsprotokollen über die Verhandlungen über die Standardisierung von Pachtverträgen ein Exemplar der angesprochenen „Allgemeinen Bedingungen für die Zulassung von Bahnhofsbuchhandlungen". Außerdem befinden sich mehrere Musterverträge zwischen Reichsbahndirektion und Verkehrsbuchhandel in der Akte. Diverse Materialien, u.a. in den Staats-, Landes- und Stadtarchiven in Berlin, Schwerin, Donauwörth, Würzburg und München, lieferten wichtige Informationen über die Handhabung der Zensur im Bahnhofs- und Verkehrsbuchhandel und boten Einblick in die alltägliche, regional unterschiedliche Zensurpraxis der Behörden. Auch die 1992 vom Verkehrsmuseum Nürnberg an das Bayerische Hauptstaatsarchiv

---

Vaternahm, Hack: Marginalien, Nachrichten und Dokumente, Hack: Vom Bahnhofsbuchhandel, S. 269ff., Häring: Georg Stilke und Montanus: Taschenbuch und Bahnhofsbuchhandel, S. 141ff.

42 Vgl. die Forschungen von Birgit Welt und die profunde Zusammenfassung ihrer Magisterarbeit über dasselbe Thema. Welt: Das Buch im Felde, S. B. 1ff.

München abgegebenen Dokumente, die erstmals aussagekräftige Hinweise auf die wirtschaftliche Entwicklung des Bahnhofs- und Verkehrsbuchhandels in den Jahren der Weimarer Republik (z.B. Umsatzstatistiken) liefern, stellen einen wichtigen Fundus für die hier vorliegende Studie dar.[43]

Die systematische und europaweit durchgeführte bibliografische Recherche von buchhändlerischen Fachzeitschriften, den aussagestärksten und informativsten buchwissenschaftlichen Quellen des 19. und 20. Jahrhunderts, die wegen ihrer nur sporadischen Überlieferung bislang als kaum nachweisbar galten[44], erwies sich als besonders Gewinn bringend. Von insgesamt ca. 150 buchhändlerischen Zeitschriften, die mehrheitlich erstmals mit Bibliotheksstandort nachgewiesen werden konnten, boten ca. zehn Prozent dieses einschlägigen Quellenkorpus' unverzichtbare Informationen über die Entstehungsbedingungen und Strukturprobleme des Bahnhofs- und Verkehrsbuchhandels seit der zweiten Hälfte des 19. Jahrhunderts.[45] Die wichtigsten Quellen waren das *Börsenblatt für den Deutschen Buchhandel* sowie das Verbandsorgan der Verkehrsbuchhändler *Der Bahnhofsbuchhandel* (1905–1935).

Als wichtige Quelle für die Rekonstruktion der Organisationsformen der Literaturvermittlung auf dem Reisemarkt erwiesen sich außerdem Konstruktionspläne von Bahnhöfen und Schiffen sowie Publikationen über die Innenausstattung von Luxuszügen und Passagierdampfern. Während die überlieferten Abbildungen von Bücherwagen und fahrbaren Kiosken, die häufig in den einschlägigen Fachzeitschriften beworben wurden, Aufschluss über Konstruktion und Aussehen dieser mobilen und nach rein praktischen Gesichtspunkten ausgestatteten Buchverkaufsstände gaben, mussten die Standorte der Bücherpavillons in den Passagierhallen großer Bahnhöfe aus zeitgenössischen Architekturplänen und Fotografien rekonstruiert werden.

Ergänzend hierzu wurde der Einrichtung von Lesebibliotheken und Bordbuchhandlungen auf Bäderdampfern, Schiffsfähren wie auch in Zeppelinen nachgegangen. Die Schiffsbuchhändler waren auf eine besonders effiziente Raumverwaltung angewiesen. Überlieferte Konstruktionspläne der Schiffsreederei Hapag-Lloyd dokumentierten für das frühe 20. Jahrhundert die Einrichtung von speziellen und lichtdurchfluteten Lesezimmern an Oberdeck der Passagierdampfer für die erste Klasse. Aus der einschlägigen Fachliteratur zur

---

43 1992 übernahm das Bayerische Hauptstaatsarchiv auf der Grundlage des Bundesarchivgesetzes den größten Teil der Akten des ehemaligen Verkehrsarchivs des Verkehrsmuseums Nürnberg. Dieses Archiv wurde bereits 1908 gegründet und verwahrt Bestände an Schriftgut bayerischer Staatsbahnbehörden sowie des ehemaligen Ministeriums für Verkehrsangelegenheiten. Die Akten werden unter der Rubrik „Verkehrsmuseum-Archiv" im Bayerischen Hauptstaatsarchiv verwahrt. Vgl. Weichenstellungen, S. 14.

44 Vgl. M. Estermann: Ältere Fachzeitschriften des Buchhandels, S. B 41ff., Wittmann: Die frühen Buchhändlerzeitschriften, und Wendt: Abriß einer Geschichte der älteren buchhändlerischen Fachpresse, S. A 309ff.

45 Die Verfasserin bereitet derzeit ein Digitalisierungsprojekt der buchhändlerischen Fachpresse vom 18. bis zum frühen 20. Jahrhundert vor.

Innenausstattung von Passagierschiffen, Luxusdampfern und Zeppelinen um die Jahrhundertwende ließ sich die räumliche Gestaltung von Bordbuchhandlungen, Schiffs- und Zeppelinbibliotheken sowie die Konstruktion von speziellen Lesemöbeln vor allem in Gestalt von Abbildungen in großen Teilen erschließen. Darüber hinaus beschäftigten sich in den vergangenen Jahren vermehrt amerikanische Fachbibliothekare mit der Entstehung und Organisation des amerikanischen Bahnhofs- und Verkehrsbuchhandels, der von großen Medienkonzernen betrieben, entlang der wichtigsten Bahnverbindungen ein umfangreiches literarisches Distributionssystem mit stationären Verkaufsständen und Reiselesezimmern an den Bahnhöfen unterhielt und auf den stark frequentierten interkontinentalen Bahn- und Binnenschifffahrtsverbindungen mobile Buchdruckereien einrichtete.[46]

Die New York Public Library bot z.B. neben einer Auswahl von wichtigen zeitgenössischen Fachperiodika des amerikanischen Verkehrs- und Bibliothekswesens sowie Dokumenten über die Konzernstruktur des maßgeblichen Verkehrsbuchhändlers der Vereinigten Staaten seit den 1860er Jahren, die United News Company, außerdem mehrere Untersuchungen über die Entstehung und Organisation des englischen Bahnhofsbuchhandels, u.a. einen umfangreichen Inspektionsbericht von Samuel Phillips über die Literaturauswahl an den verschiedenen Bahnstationen in England um 1850.[47] Einen detaillierten Einblick in die Organisation des Pressevertriebs in den Niederlassungen der englischen Eisenbahnverbindungen bot der autobiografische Bericht eines leitenden Angestellten des Pressekonzerns William Smith & Son über seine fünfzigjährige Firmenzugehörigkeit aus dem Jahr 1919.[48]

Doch nicht nur der westeuropäische Bahnhofs- und Verkehrsbuchhandel, sondern auch die Entwicklung dieses Geschäftszweiges im skandinavischen Raum lieferte wichtige Vorgaben für die Entwicklung der Branche in Deutschland. In Stockholm gelang der Zugriff auf eines der größten noch erhaltenen Firmenarchive des europäischen Buch- und Verlagshandels: Das Verlagsunternehmen Albert Bonnier (gegründet 1827) besaß seit dem Ersten Weltkrieg eine unangefochtene Monopolstellung im schwedischen Kiosk- und Bahnhofsbuchhandel und pflegte wichtige Geschäftsverbindungen auch nach Deutschland, z.B. mit dem Medienkonzern Leopold Ullstein. Außerdem besaß es Dependancen in Berlin, Leipzig und Wien. Umfangreiche Aktenbestände über den Pressekonzern Bonnier konnten außerdem in der Königlichen Bibliothek Stockholms eingesehen werden. Die umfassenden Bestände des Firmenarchivs Bonnier wurden von Staffan Sundin (Göteborg) vollständig ausgewertet und aufgearbeitet.[49]

Der Bahnhofs- und Verkehrsbuchhandel reagierte – wie eingangs bereits ausgeführt – zügig auf die Entwicklung der Eisenbahn und Dampfschifffahrt sowie auf die Entstehung und Ausbreitung des modernen Reisemarktes in der zweiten Hälfte des 19. Jahrhunderts.

---

46 Brown: Reading the West, Hovde: Sea Colportage, S. 389ff., Kilton: The American Railroad as Publisher, S. 39ff., Tilghman: The Seabord Air Line Railway, S. 126ff., und Stevens: Want to be a Railroad Librian, S. 635ff.

47 Vgl. Phillips: The literature of the rail.

48 Vgl. Vincent: Seen from the Railway Platform.

49 Vgl. Sundin: Från Bokförlag till mediekoncern, und Sundin: Konsolidering och expansion 1930–1954.

Deshalb erscheint zunächst eine einführende, primär kultur- und sozialgeschichtliche Darstellung der Reiserealität im 19. und frühen 20. Jahrhundert – z.B. Veränderung der Reisepraxis, Steigerung von Reisekomfort oder Reisegeschwindigkeit, die das Lesen während der Fahrt überhaupt erst ermöglichten – vor dem Hintergrund der zunehmenden Expansion des Verkehrswesens und der fortschreitenden Internationalisierung der Reisebranche im 19. und frühen 20. Jahrhundert in Deutschland zweckmäßig.

2 Geschichte des Reisens und die Entstehung des modernen Tourismus

2.1 Das Postsystem – Reisen in der vorindustriellen Zeit

In den ersten Jahrzehnten des 18. Jahrhunderts vollzog sich bei der Personenbeförderung ein wichtiger Entwicklungsschritt von einem relativ gut funktionierenden innerterritorialen Postverkehr hin zu einem zunehmend grenzübergreifenden Verkehrssystem. Die Post garantierte die Beförderung von Reisenden über weite Strecken, indem sie bei der Fahrplanerstellung die entsprechenden Anschlussverbindungen berücksichtigte.[1] Eine wichtige Innovation war, dass die Postkutschen jetzt unabhängig von der Tagesnachfrage zu festgelegten Zeiten fuhren.[2]

Im 18. Jahrhundert standen dem Reisenden drei Fortbewegungsmittel zur Verfügung: Er konnte die fahrplanmäßig verkehrende ordinäre Post sowie die Extrapost benutzen, oder aber er war im Besitz einer Privatkutsche. Die Privatkutsche stellte die bequemste Art zu reisen dar, weil die Reisezeiten sowie ihre Innenausstattung den individuellen Bedürfnissen des Passagiers angepasst werden konnten. Für die Nutzung der Extrapost mietete der Passagier einen eigenen Wagen und Pferde, eine Variante, die allerdings entsprechend kostspielig war. Das Reisen mit der Extrapost war gewöhnlich dreimal so teuer wie die Fahrt mit der gewöhnlichen Fahrpost.[3] Der Vorteil der Extrapost bestand in der individuellen und von Fahrplänen unabhängigen Zeiteinteilung der Reise; zudem konnte die Reiseroute, wo es die Wege erlaubten, variiert werden.

Im ausgehenden 18. Jahrhundert konnte der Reisende also mittels Fahrplänen und Reisehandbüchern seine Reise vorab planen, die Reisedauer und Reiseroute sowie bei Fernreisen die weiterführenden Postanschlüsse ermitteln. Die relativ einheitlichen Beförderungstarife ermöglichten zudem die Kalkulation des Reisebudgets.[4] Als Defizit wurden die zum Teil immensen Reisezeiten empfunden, die dem Reisenden in einer engen Postkutsche zur Qual werden konnten. Die Steigerung des Reisekomforts und eine wesentliche Erhöhung der Reisegeschwindigkeit galten seit der Jahrhundertwende daher als oberstes Ziel der Transportunternehmen. Dieses wurde allerdings mit der Einführung der Schnellpost in den zwanziger Jahren des 19. Jahrhunderts erreicht.

Die erste Schnellpostverbindung wurde 1821 auf der Strecke Koblenz - Köln - Düsseldorf eröffnet. Wichtigste Kriterien der Schnellpost waren neben einem guten Kundenservice vor allem Bequemlichkeit und Pünktlichkeit. Von den hohen Geschwindigkeiten

---

1 Beyrer: Zeit der Postkutschen, S. 14f.
2 Beyrer: Das Reisesystem der Postkutsche, S. 40; vgl. auch Gräf/Pröve: Wege ins Ungewisse, S. 126.
3 Krohn: Welche Lust gewährt das Reisen, S. 56f.
4 Vgl. Beyrer: Zeit der Postkutschen, S. 223.

des neuen Transportmittels waren die Reisenden stark beeindruckt. Die Reisezeiten halbierten sich auf den meisten Strecken. Benötigte die Ordinärpost für die Fahrt von Frankfurt/M. nach Stuttgart noch vierzig Stunden, legte die Schnellpost 1822 die Strecke innerhalb von 24 Stunden zurück.[5] Wichtige Voraussetzung für die Inbetriebnahme der Schnellpost war ein gut ausgebautes System von Kunststraßen, da die Federung des leichten, eleganten Eilwagens besonderen Belastungen ausgesetzt war.[6]

2.2 Industrialisierung des Reisens im 19. und frühen 20. Jahrhundert

Das Verkehrssystem erlebte in Europa durch die Einführung der Schnellposten einen merklichen Professionalisierungsschub. Das neue Transportmittel reduzierte die Reisezeiten und Fahrkosten und bot gegenüber den herkömmlichen Postkutschen einen höheren Fahrkomfort. Die Reisegeschwindigkeit und der Reisekomfort der Schnellposten wurden erst in den vierziger Jahren durch die Eisenbahn überboten. Die endgültige Ablösung der Schnellposten durch das moderne Verkehrsmittel Eisenbahn nahm aber mehrere Jahre, in abgelegenen Regionen sogar Jahrzehnte in Anspruch. Erst mit der Einführung von dampfkraftbetriebenen Personenbeförderungsmitteln und der damit in Wechselbeziehung stehenden deutlichen Zunahme des Transportvolumens und Reiseaufkommens kann von der Entstehung des modernen Tourismus und einer Industrialisierung des Reisens gesprochen werden.

2.2.1 Die Expansion der Eisenbahn in Deutschland

Befand sich die Eisenbahn in den dreißiger und frühen vierziger Jahren noch in der Experimentierphase, erlebte sie seit der Jahrhundertmitte ihren Durchbruch als modernes Personenbeförderungsmittel. 1845 legten 36.500 Personen die Strecke zwischen Frankfurt/M. und Heidelberg mit der Postkutsche zurück. Zwei Jahre später nahmen bereits 770.000 Passagiere die Eisenbahn.[7]

Einen wichtigen Impuls für die Entwicklung der Eisenbahn in Deutschland lieferte die bereits von Friedrich List in den 1830er Jahren projektierte Städteverbindung zwischen Leipzig und Dresden.[8] Bis 1840 betrug das deutsche Eisenbahnnetz 549 Kilometer und verband die Städte Magdeburg, Halle, Leipzig und Dresden sowie München mit Augsburg. Nach englischem und nordamerikanischem Vorbild handelte es sich auch in Deutschland vornehmlich um Privatunternehmen, die in den vierziger Jahren den Bau von Eisenbahnen finanzierten. List gelang es nicht, das Interesse der Staaten am kontinuierlichen Ausbau der

5 Krohn: Welche Lust gewährt das Reisen, S. 37.

6 Beyrer: Das Reisesystem der Postkutsche, S. 53.

7 Vgl. König: Bahnen und Berge.

8 Diese Ausführungen beziehen sich vor allem auf die jüngst erschienene Publikation von Gall/Pohl: Die Eisenbahn in Deutschland, und die entsprechenden Beiträge, die 1985 anlässlich des 150jährigen Jubiläums der Eröffnung der ersten Eisenbahnverbindung in Deutschland zwischen Nürnberg und Fürth im Ausstellungskatalog Zug der Zeit, Zeit der Züge erschienen. Vgl. hier Westerdiek: Aufbruch in das Industriezeitalter, S. 107.

Eisenbahn zu gewinnen. Seine Idee einer systematischen Gesamtplanung des Eisenbahnnetzes scheiterte an den eigenstaatlichen Interessen der einzelnen Länder des Deutschen Bundes.

Der Bau der ersten Eisenbahnen war von Zukunftsoptimismus und Fortschrittsglauben geprägt. Städte und Regionen drängten auf einen schnellen Anschluss an das Eisenbahnnetz. Trotz der wirtschaftlichen Rezession und den Revolutionsunruhen expandierte das Eisenbahnnetz zwischen 1840 und 1850 auf 6.044 Kilometer und wuchs bis zur Jahrhundertwende kontinuierlich an; zu diesem Zeitpunkt erreichte das Schienennetz einen Gesamtumfang von ca. 50.000 Kilometern.[9]

Die Eisenbahn etablierte sich um die Jahrhundertmitte somit als schnellstes und preiswertestes Transportmittel. Die Bahnen beförderten zu dieser Zeit rund 900 Millionen Passagiere im Jahr und transportierten 320 Millionen Tonnen an Frachtgut. Die hohe Auslastung wirkte sich günstig auf das Tarifsystem aus. Im Zuge der Verstaatlichung sollten jetzt die Tarife zugleich vereinheitlicht werden.[10]

Auch die Fahrtgeschwindigkeiten nahmen seit der Jahrhundertmitte deutlich zu.[11] Erreichte die erste deutsche Eisenbahn zwischen Nürnberg und Fürth eine Geschwindigkeit von 25 bis 30 Stundenkilometer, steigerte sich diese in den sechziger Jahren auf durchschnittlich 60 Stundenkilometer. Um 1850 benötigte ein Reisender von Berlin nach Hamburg acht Stunden, von Berlin nach Amsterdam 36 Stunden und von Berlin nach Wien 32 ½ Stunden. Die Strecke von Berlin nach Köln konnte in 23 ½ Stunden bewältigt werden.[12]

Doch nicht nur die Fahrtgeschwindigkeiten stiegen, sondern auch die Zugkraft der Lokomotiven. Dadurch konnten die Anzahl der Waggons und entsprechend die Passagierkapazitäten erhöht werden, ohne die Reisegeschwindigkeit reduzieren zu müssen:

9 Vgl. Hundert Jahre deutsche Eisenbahnen, S. 25.

10 Vgl. Gall/Pohl: Die Eisenbahn in Deutschland, S. 59. Nach 1900 wurde das Tarifsystem reformiert. In der Frühzeit der Eisenbahnen konnten die Fahrgäste noch keine Fahrkarten über die gesamte Reisestrecke erwerben. Ursache hierfür waren die disparaten Tarife der verschiedenen Eisenbahngesellschaften. Erst 1907 wurden die Personentarife vereinheitlicht, wobei folgende Kilometertarife eingeführt wurden: Erste Klasse sieben Pfennig, zweite Klasse viereinhalb Pfennig, dritte Klasse drei Pfennig und vierte Klasse zwei Pfennig. In den zwanziger Jahren wurden schließlich auch Zeitkarten abgegeben. Vgl. Hundert Jahre deutsche Eisenbahnen, S. 271ff.

11 Die Reisegeschwindigkeit relativierte sich, denn es muss die theoretische Fahrtzeit von der reinen Fahrtzeit unterschieden werden. Die Reisedauer war die Zeit, die der Reisende tatsächlich für die zurückgelegte Strecke brauchte, einschließlich der Zwischenstopps. Vgl. Esch: Über den Einfluss der Geschwindigkeit, S. 6f.

12 Vgl. Hundert Jahre deutsche Eisenbahnen, S. 363.

Jahr	Zuggewicht in Tonnen	Fahrtgeschwindigkeit
1840	50	30 km/h
1850	90	42 km/h
1860	110	48 km/h
1870	170	56 km/h
1880	200	60 km/h
1890	280	70 km/h

[Quelle: Geistbeck: Weltverkehr, S. 229]

Je nach Anzahl der Waggons erreichte der Zug im ausgehenden 19. Jahrhundert eine Durchschnittsgeschwindigkeit von 80 bis 100 km/h. In Schnellzügen konnten die Strecken Berlin - Köln und Berlin - Frankfurt/M. jetzt in ca. fünf Stunden und Berlin - München in sechseinhalb Stunden bewältigt werden.[13]

Um die Jahrhundertwende waren alle wichtigen Städte Deutschlands durch die Eisenbahn verbunden. Nach der Optimierung der Städteverbindungen stand die Erhöhung der Reisebequemlichkeit im Mittelpunkt der Eisenbahninteressen. Wichtige Kriterien blieben die Erhöhung der Fahrtgeschwindigkeiten und die Senkung der Reisedauer. Die Einführung des Speisewagens 1880 machte eine eklatante Verkürzung der Aufenthalte in den Bahnhöfen um die Mittagszeit möglich, die „Mittagsstopps", in denen sich die Passagiere in den Bahnhofsrestaurants verköstigten, hatten bislang bis zu dreißig Minuten in Anspruch genommen.[14]

Ein Hemmnis für einen überregionalen und zeitlich kalkulierbaren Bahnverkehr waren die verschiedenen Lokalzeiten. Die Uhrzeit wurde bis zur Einführung der mitteleuropäischen Zeit mittels Sonnenuhren nach dem jeweiligen Sonnenstand vor Ort gemessen. Je nach Längengrad gingen deshalb die Uhren in Städten und Landstrichen anders. Die Eisenbahnen fuhren in den verschiedenen Regionen nach eigenen nicht miteinander abgestimmten Lokalzeiten. Dies führte dazu, dass die Passagiere an wichtigen Verkehrsknotenpunkten häufig lange Wartezeiten hinnehmen oder sogar eine Übernachtung im örtlichen Eisenbahnhotel einplanen mussten. Mit der Einführung der Eisenbahn wurde die Einführung einer einheitlichen Zeit aber zwingend notwendig, um einen überregionalen zeitlich kalkulierbaren Bahnverkehr nach Fahrplan zu gewährleisten. 1893 wurde in Deutschland die mitteleuropäische Zeit eingeführt.[15]

---

13 Vgl. ebd., S. 370.

14 Zur Geschichte des Speisewagens und der 1916 gegründeten Mitteleuropäischen Schlafwagen- und Speisewagen-Aktiengesellschaft (MITROPA) vgl. Köhler: Sie werden platziert!

15 Ebd. S. 38.

Ende des 19. Jahrhunderts arbeiteten Ingenieure und Techniker an der Normierung und technischen Vereinheitlichung der Eisenbahn und der Eisenbahnanlagen. So wurden z.B. die Bahnhöfe immer größer und hinsichtlich ihrer Architektur und Ausstattung repräsentativer. Beide Kriterien spielten für die Bahnhofsbuchhändler eine wesentliche Rolle, die im Laufe der Jahre eigene, fest installierte Verkaufspavillons zugewiesen bekamen; die Standorte wurden schon in den Bauplänen berücksichtigt. Zu den modernsten Bahnhöfen Europas zählte der 1915 in Betrieb genommene Leipziger Hauptbahnhof, der eine Hallenbreite von 300 Metern, sechs Schiffe und 26 Gleise besaß.

Ein entscheidender Innovationsschritt war die Gründung der Deutschen Reichsbahn am 1. April 1920.[16] Die Reichsbahn bemühte sich darum, Bahnreisen attraktiver und sicherer zu machen und zugleich ihre Wirtschaftlichkeit zu verbessern. Ein wichtiges Kriterium war die Reisegeschwindigkeit, die nach dem Krieg wegen defekter Gleisanlagen und Oberleitungen deutlich gesunken war. Erst 1928 erreichten die Schnellzüge wieder die Vorkriegsgeschwindigkeit.[17]

Seit den dreißiger Jahren litt die Reichsbahn zunehmend unter der Konkurrenz des Automobils. Im Juli 1921 waren 60.000 Personenwagen zugelassen, und die Zahl stieg bis Juli 1929 rapide auf 433.205 an.[18] Als weiterer wichtiger Konkurrent in der Personenbeförderung entwickelte sich mit dem Aufkommen der Verbrennungsmotoren der Omnibusverkehr.[19] Bereits 1905 verkehrten Omnibusse im Linienverkehr, doch erst in der Weimarer Republik wuchs das Streckennetz im Überlandverkehr rasant. Die Busse konnten ohne den durchorganisierten Apparat verkehren, den die Eisenbahnen benötigten, und ihr Einsatz lohnte sich auch bei niedrigem Fahrgastaufkommen.[20] Der Omnibuseinsatz entwickelte sich zu einem wesentlichen Fundament für den modernen Massentourismus. In den 1920er Jahren expandierte das Liniennetz von 6.000 auf 56.000 Kilometer.[21] Der Omnibus erschloss sukzessive die von den Eisenbahnen vernachlässigten Regionen und förderte den Wochenend- und Kurzurlaub.

Noch vor dem Aufkommen der Eisenbahnen spielten in Deutschland die Flussschiffe eine bedeutende Rolle nicht nur im Frachtverkehr, sondern auch bei der Personenbeförderung.[22] So waren die Ströme Donau, Elbe, Main, Neckar, Oder, Rhein, Ruhr und Weser wichtige Verkehrsträger für den Personentransport zwischen den binnenländischen Handelsstädten und der Küste.[23] Daher stellten die Dampfschiffe bis zur Jahrhundertwende für die Eisenbahnen eine ernsthafte Konkurrenz dar.

---

16 Vgl. Gall/Pohl: Die Eisenbahn in Deutschland, S. 83ff.
17 Vgl. Gottwaldt/Bündgen: Der Rheingold-Express, und Gall/Pohl: Die Eisenbahnen in Deutschland, S. 148.
18 Vgl. zur Entwicklung und Ausbreitung des Automobils Brilli: Das rasende Leben sowie Haubner: Nervenkitzel und Freizeitvergnügen.
19 Vgl. Gall/Pohl: Die Eisenbahn in Deutschland, S. 154.
20 Kubisch: Omnibus. Haltestellen für Alle, S. 22.
21 Keitz: Reisen als Leitbild, S. 78ff, und Kubisch: Omnibus. Haltestellen für Alle, S. 18ff.
22 Vgl. Hansen: Die deutschen Passagierschiffe.
23 Vgl. 2000 Jahre Rheinschiffahrt, S. 99.

2.2.2 Die Entwicklung der Dampfschifffahrt in Deutschland

Mit der Einführung der Dampfkraft im Flussverkehr entwickelte sich der Rhein zu einem beliebten Ausflugsziel. 1828 wurden 19.244 Reisende mit Dampfschiffen stromaufwärts und 14.108 Reisende stromabwärts befördert.[24] Zehn Jahre später zählte die Rheinschifffahrt bereits 500.000 Passagiere, und im Jahr 1850 stieg das Fahrgastaufkommen auf eine Million Passagiere.[25] Der Reisekomfort in den verschiedenen Klassen war relativ einheitlich und die Verköstigung an Bord auch für finanziell schwächer gestellte Bevölkerungskreise erschwinglich.[26]

Das Dampfboot bot erstmals die Möglichkeit einer vom Ufer und damit von den Gefahren des Landwegs, z.B. Überfällen, losgelösten Reise. Die Fahrtgeschwindigkeit gegen den Strom betrug ca. sechs Stundenkilometer.[27] Wegen der geringen Geschwindigkeit des Dampfschiffs boten die Schifffahrtsgesellschaften ein ansprechendes Unterhaltungsprogramm. Neben den Musik- und Spielzimmern gehörten bereits in der Frühphase des Dampfschiffverkehrs gut ausgestattete Bibliotheken mit Zeitungen, Zeitschriften und Unterhaltungsliteratur zur Standardausstattung.

Mit der Etablierung der Eisenbahn auch im Rheingebiet entwickelte sich die Rheinschifffahrt vom ganzjährigen Liniendienst weg und besaß nur noch Saisoncharakter. Die Personenschifffahrt wandelte sich zu einem populären Ausflugs- und Freizeitvergnügen. Die Dampfer wurden immer größer und komfortabler. 1867 wurde der erste nur der Personenschifffahrt vorbehaltene Dampfer in den Dienst gestellt. In den siebziger Jahren folgten die „Salon-Dampfer“ mit hohem Reisekomfort, einem geräumigen Sonnendeck, großzügig ausgestatteten Aufenthaltsräumen sowie Speisesälen.[28] Die Innenausstattung der Dampfboote orientierte sich seit der Jahrhundertwende immer stärker an den Luxuslinern der transatlantischen Schifffahrt.

Trotz der zunehmenden Etablierung der Eisenbahn als wichtigste Konkurrenz der Dampfschifffahrt verdichtete sich das Netz der Flussschifffahrt bis zur Mitte des 19. Jahrhunderts zunehmend.[29] Eine Ursache für die ungebrochene Popularität der Dampfschiffe war ihr gezielter Einsatz im touristischen Verkehr sowie ihre Vernetzung mit dem Serviceangebot der Bahngesellschaften. So boten die Dampfschiffe jetzt vermehrt Dienstleistungen auch für Bahnreisende, indem die Fahrpläne aufeinander abgestimmt wurden.

Seit den 1890er Jahren bestanden zwischen den verschiedenen dänischen Inseln und Deutschland regelmäßige Fährverbindungen. Am 1. Oktober 1903 eröffneten die dänischen Staatseisenbahnen und die mecklenburgische Friedrich-Franz-Eisenbahn die erste grenzübergreifende Eisenbahnfährverbindung auf der Ostsee, die von Warnemünde nach Gedser

24 Bündgen: Personenschiffahrt auf dem Rhein, S. 37.
25 Vgl. Krohn: Welche Lust gewährt das Reisen, S. 215.
26 Ebd. S. 218.
27 Ebd.
28 Vgl. Dollhoff: Rheinschiffahrt, S. 108ff., und 2000 Jahre Rheinschiffahrt, S. 130f.
29 Vgl. Hansen: Die deutsche Passagierschiffahrt, S. 16.

führte.[30] Die Fährschiffe waren komfortabel eingerichtet. Klubräume, Raucher- und Nichtrauchersalon sowie Lesebibliotheken gehörten zum Standard. Die Passagiere konnten aber auch während der Überfahrt in ihren Abteilen und Schlafwagen verbleiben. Die Fahrtzeit für die 42 Kilometer lange Strecke betrug ca. zwei Stunden. Erstmals war jetzt auch eine direkte Eisenbahnverbindung zwischen Berlin und Kopenhagen möglich. Die Fährverbindungen waren gut frequentiert: Benutzten 1904 80.000 Passagiere die Fähre, stieg ihre Zahl 1913 auf 137.394 an.[31] Von den Fährverbindungen profitierten auch die mecklenburgischen Seebäder. Seit 1926 konnten außerdem Kraftwagen im Unterdeck befördert werden.[32] Als am 9. Juli 1909 die Fährverbindung Sassnitz - Trälleborg eröffnet wurde, konnte in Kooperation mit den schwedischen und deutschen Eisenbahngesellschaften jetzt auch eine direkte Verbindung zwischen Stockholm und Berlin eingerichtet werden.[33] Die Fähren wurden auch für den Ausflugsverkehr genutzt. Reisende besuchten die Seebäder entlang der Ostsee und Südschweden.[34]

Parallel zur Binnen- und Fährschifffahrt entwickelte sich schon im Laufe der zweiten Hälfte des 19. Jahrhunderts der transatlantische Verkehr. Für die Erschließung des Atlantiks für den fahrplanmäßigen Linienverkehr spielten die beiden Reedereien Hamburger-Aktien-Paket-Gesellschaft (Hapag) sowie der Norddeutsche Lloyd (NDL) eine wichtige Rolle. Beide Unternehmen gehörten zu den ersten, die an Bord ihrer Dampfer Bahnhofs- und Verkehrsbuchhändler beschäftigten, die Passagiere für die Dauer ihrer Reise mit Lesestoff versorgten.

2.2.3 Reisen nach Übersee
Die Entwicklung der transatlantischen Schifffahrt um 1900

Bis zur Mitte des 19. Jahrhunderts stellte das Segelschiff für die Reisenden die einzige Möglichkeit zur Überquerung des Atlantiks dar. Neben der nur wenig komfortablen Ausstattung der Segler war vor allem die lange und im Vorfeld kaum kalkulierbare Reisezeit ein großes Problem für die Überseereisenden. Das Gros der Passagiere bildeten bis zur Jahrhundertwende die Auswanderer, die wegen ihrer schlichten Unterbringung im Zwischendeck unter den langen Reisezeiten besonders litten.

---

30 Ebd. S. 388f.

31 Vgl. Hansen: Die deutsche Passagierschiffahrt, S. 72 und Hundert Jahre deutsche Eisenbahnen, S. 388f.

32 Vgl. Hundert Jahre deutsche Eisenbahnen, S. 389f.

33 Vgl. Kullander: Sveriges Järnvägs Historia, S. 126f. Der Ausbau des schwedischen Eisenbahnnetzes begann erst 1856 mit der Eröffnung der beiden Verbindungen Göteborg - Jonsered (15 km) und Malmö - Lund (16 km). Erst 1862 wurde die Strecke Stockholm - Göteborg dem Verkehr übergeben. In den 1870er Jahren war Südschweden durch die Staatseisenbahnen weitgehend erschlossen. Es gab Verbindungen zwischen Stockholm und Uppsala, Norrköping und Malmö. Noch vor der Erschließung Mittel- und Nordschwedens wurde Ende der achtziger Jahre eine Verbindung nach Österlund eingerichtet; seit 1916 gab es eine Eisenbahnverbindung mit den Zielbahnhöfen Riksgränsen und Gällivare, die entlang der Ostküste Schwedens verlief, damit suchte Schweden um die Jahrhundertwende den Anschluss nach Europa. Wichtige Transferstadt war Trälleborg. Vgl. Kullander: Sveriges Järnvägs Historia, S. 37, 75, 88 sowie Sveriges Järnvägar hundra år, Karten 8, 9, 10.

34 Vgl. Hundert Jahre deutsche Eisenbahnen, S. 391.

Erst die Einführung von Dampfkraft in den 1840er Jahren revolutionierte die internationale Passagierschifffahrt auf dem Atlantik. In Hamburg setzte der Reeder Robert Miles Sloman erstmals ein regelmäßig verkehrendes Dampfschiff auf der Strecke Hamburg – New York ein und die Planung der Reisezeit gelang jetzt weitgehend unabhängig von den Witterungsverhältnissen. Brauchten die herkömmlichen Segler noch durchschnittlich sechs Wochen für die Überfahrt, reduzierten sich die Reisezeiten jetzt auf ca. 14 Tage. Dennoch dauerte es bis in die frühen sechziger Jahre des 19. Jahrhunderts, bis die deutschen Reedereien ihre Segelschiffe zugunsten von modernen Dampfern endgültig ausmusterten.[35] Im Abstand von zehn Jahren wurden in Hamburg und Bremen zwei Großreedereien gegründet, die wesentlichen Einfluss auf die Entwicklung der Welthandels- und Passagierschifffahrt auf dem Atlantik sowie auf die Verbreitung des Seetourismus nahmen.[36] Am 27. Mai 1847 wurde in Hamburg die Hapag gegründet, und am 20. Februar 1857 folgte in Bremen der Norddeutsche Lloyd (NDL).[37]

In den siebziger Jahren des 19. Jahrhunderts arbeiteten die beiden Reedereien zunehmend an der Erschließung neuer Linienführungen. Mit der Reichsgründung besaß die Hapag bereits dreizehn Dampfschiffe und bot jährlich 52 Fahrten zwischen Hamburg und New York, drei Reisen nach New Orleans und acht Fahrten nach Westindien an. Darüber hinaus errichtete die Hamburger Reederei ein dichtes Agenturnetz im westindischen Raum und an der amerikanischen Westküste. Sie schloss Verträge mit der Panama-Eisenbahngesellschaft und den wichtigsten Reedereien im Stillen Ozean ab und übernahm ab 1874 auch den westindischen Postdienst.[38] Trotz der fortschreitenden weltweiten Expansion des Liniennetzes erwies sich der Atlantik als verkehrsreichster und gewinnträchtigster Raum für die Reedereien.

Für die Fahrgäste waren die Reisesicherheit, die Reisegeschwindigkeit und der gebotene Reisekomfort wichtige Kriterien beim Kauf einer Schiffspassage. Deshalb war der technische Fortschritt im Schiffsbau eine wesentliche Voraussetzung für das dynamische Wachstum der Passagierschifffahrt und des Seetourismus. In den 1880er Jahren begann die Ära der Schnelldampfer mit Zweischraubenantrieb. Diese Neuerung war ein wichtiger Beitrag zur Fahrsicherheit; fiel eine Schraube aus, blieb das Schiff manövrierfähig und konnte den Fahrplan weitgehend einhalten.[39] Die andauernde Konkurrenzsituation zwang

---

35 Vgl. zur Entwicklung der Überseeschifffahrt das fünfbändige Standardwerk Kludas: Die Geschichte der deutschen Passagierschiffahrt; außerdem Witthöft: Hamburg Amerika Linie; Witthöft: Norddeutscher Lloyd und Wiborg/Wiborg: Unser Feld ist die Welt.

36 Zur Geschichte und Entwicklung der Dampfschifffahrtsgesellschaften in Europa und im außereuropäischen Ausland vgl. Geistbeck: Weltverkehr, S. 151ff.

37 Das Wort „Paket" führte die Reederei im Namen, um sich an der transatlantischen Postbeförderung zu beteiligen. Das lukrative Geschäft mit der Postbeförderung wurde nur an zuverlässige Unternehmen übertragen, die aufgrund ihrer Transportkapazitäten eine taggenaue Zustellung der Post gewährleisten konnten. Vgl. Wiborg/Wiborg: Unser Feld ist die Welt, S. 21.

38 Witthöft: Hamburg Amerika Linie, S. 25.

39 Vgl. auch Geistbeck: Weltverkehr, S. 72.

die Reedereien zur Unterhaltung einer hochmodernen Schiffsflotte, die den steigenden Ansprüchen von Reisenden gerecht zu werden hatte.[40]

Um sich gegen die Hamburger Konkurrenz behaupten zu können, setzte der NDL vor allem auf die Geschwindigkeit seiner hochmodernen Schiffe. Die Bremer Reederei kaufte deshalb frühzeitig Schnelldampfer mit dem Ziel, die Reisedauer zu reduzieren. Die Ausstattung der Dampfer, die der Architekt Johann G. Poppe durchführte, war spektakulär. Salon und Kabinen wurden erstmals getrennt, so dass sich seekranke Passagiere diskret zurückziehen konnten. Der Salon wurde durch ein Oberlicht erhellt; aufwändige Schnitzereien, Wandverzierungen, Gemälde und Spiegel sowie ein komfortables Mobiliar gehörten jetzt zur Standardausrüstung der Lloyd-Dampfer. Der große Erfolg der Schnelldampfer, die von den Reisenden gut angenommen wurden, bewog den NDL zum systematischen Ausbau der Flotte. In der Hauptsaison war das Bremer Unternehmen jetzt in der Lage, drei Abfahrten nach New York pro Woche anzubieten. Keine andere Reederei unterhielt einen so regelmäßigen und dichten Linienverkehr nach Übersee.[41]

Im Oktober 1887 beschloss auch die Hapag die Anschaffung von Doppelschraubenschnelldampfern. Die sog. P-Dampfer, denn alle Namen begannen mit P, z.B. die *Prussia* oder *Pennsylvania*, sicherte über einen langen Zeitraum das wirtschaftliche Fundament der Hapag.[42] Mit den immer schnelleren Schiffen begann ein neuer Mythos: der Kampf um das „Blaue Band“.[43] So brach 1889 der erste Schnelldampfer der Hapag, die auf der Stettiner Werft Vulcan gebaute *Augusta Victoria* alle Geschwindigkeitsrekorde: Für die Atlantiküberquerung brauchte das Schiff nur noch sieben Tage.[44] Die Steigerungsraten von 42.000 Fahrgästen im Jahr 1887 auf 115.997 Passagiere im Jahr 1891 resultierten aus der Anschaffung von neuen Doppelschraubendampfern, mit denen die Hapag den Anschluss an die internationale Spitzentechnik gefunden hatte.[45] Der Reisekomfort stieg, und die bloße Passage entwickelte sich allmählich zur Seereise.[46]

Die Hapag wie auch der NDL warben inzwischen gezielt um finanzkräftige Kajütepassagiere, da die Auswandererzahlen ab der Jahrhundertwende rückläufig waren. 1889 beförderte der NDL auf 101 Reisen 76.638 Passagiere nach New York, an zweiter Stelle folgte die Hapag mit 176 Fahrten, die 66.862 Fahrgäste nach Übersee transportierte.[47] Zur Auslastung der Schiffe auch in den wenig frequentierten Wintermonaten – in dieser Jahreszeit barg die Atlantiküberquerung witterungsbedingte Risiken – boten die beiden Reedereien vermehrt Sonder- und Vergnügungsfahrten im skandinavischen Raum und im Mittelmeer

---

40 Ebd. S. 126ff.
41 Wiborg/Wiborg: Unser Feld ist die Welt, S. 60ff.
42 Ebd. S. 96ff.
43 Das „Blaue Band“ wurde nach der blauen Schärpe, die alljährlich dem Derbysieger umgehängt wurde, benannt. Ebd. S. 108.
44 Ebd. S. 78ff.
45 Kludas: Passagierschiffahrt, Bd. 1, S. 206.
46 Ebd. Bd. 2, S. 9.
47 Ebd. Bd. 1, S. 216ff.

an. Die Hapag investierte intensiv auf diesem Sektor.[48] Im ersten Jahrzehnt des 20. Jahrhunderts bediente die Reederei 68 verschiedene Routen, zu denen etwa jährlich dreißig Vergnügungsfahrten hinzukamen.[49]

Im Oktober 1910 bereitete die Hapag einen neuen Superlativ vor und ließ – wiederum bei der Vulcan-Werft in Stettin – den größten Überseedampfer der Welt bauen. Am 23. Mai 1912 wurde das Schiff *Imperator* in Dienst gestellt. Allein 500 Besatzungsmitglieder gewährleisteten einen exklusiven Service. Alle Kabinen, auch die des Zwischendecks, lagen jetzt oberhalb der Wasserlinie, Innenkabinen ohne Tageslicht waren also abgeschafft. Noch im selben Jahr lief der Luxusdampfer *Titanic* vom Stapel und galt als Inbegriff der modernen Schifffahrtstechnik und eines nicht zu überbietenden Reisekomforts. Als am 14. April 1912 das Prestigeschiff sank, reagierte die Hapag als erste Reederei mit der massiven Erhöhung von Sicherheitskriterien auf die Katastrophe. Kurz vor dem Ausbruch des Ersten Weltkriegs hatte die Hapag schließlich einen wirtschaftlichen Höhepunkt erreicht, den sie nach dem Krieg nicht mehr halten konnte. Noch unmittelbar vor Kriegsbeginn, 1913, unterhielt die Gesellschaft 73 Linien: zwölf nach Nordamerika, sechs nach Westindien, vier nach Mexiko, fünf von New York nach Westindien und Zentralamerika, einen westindischen Interkolonialdienst, sechs Verbindungen nach Brasilien, drei zum La Plata, zwei von New York nach Brasilien, fünf zur Westküste Amerikas, vier nach Ostasien (einschließlich der Küstenlinien), drei nach Indien, eine nach Persien, fünfzehn nach Afrika (darunter eine Linie New York - Westafrika) und vier in Europa, u.a. den Rhein-See-Dienst und den Seebäderdienst.[50] Die Schiffe der Hapag liefen somit über 400 Häfen an. Wenige Wochen vor Ausbruch des Ersten Weltkriegs war die Hapag mit 194 Ozeanschiffen die größte Reederei der Welt.[51]

Der Bahnhofs- und Verkehrsbuchhandel reagierte auf die fortschreitende Expansion der Binnenschifffahrt und des Überseeverkehrs, indem er seinen Wirkungsraum erweiterte und nunmehr auch in Form eines ausgedehnten Bord- und Badebuchhandels in der See- und Badetouristik aktiv wurde. Eine zügige Reaktion erfolgte aber auch auf die Entstehung des Flugwesens in den beiden ersten Jahrzehnten des 20. Jahrhunderts. Verschiedene Bahnhofs- und Verkehrsbuchhändler richteten sogleich Verkaufsstände an den Flughäfen für Luftschiffe und Verkehrsmaschinen ein. Pionierarbeit auf dem Sektor der organisierten Personenbeförderung durch Luftschiffe leistete die 1909 gegründete Deutsche Luftschifffahrt AG. Mit der Gründung der Deutschen Luftschifffahrt AG (DELAG) am 16. November 1909 in Frankfurt/M. wurde die erste Flugverkehrsgesellschaft der Welt gegründet, die sich zur Aufgabe machte, den zivilen Passagierverkehr zu fördern.[52]

48 Vgl. Wiborg/Wiborg: Unser Feld ist die Welt, S. 151ff.
49 Witthöft: Hamburg Amerika Linie, S. 64f.
50 Ebd., S. 72.
51 Kludas: Passagierschiffahrt, Bd. 4, S. 31.
52 Vgl. Knäusel: Zeppelin, S. 19f.

2.2.4 Die Anfänge des Flugverkehrs in Deutschland seit den 1920er Jahren

In der Vorkriegszeit entwickelte sich der Luftverkehr sehr rege: Die sieben für die DELAG fahrenden Luftschiffe führten insgesamt 1.588 Fahrten mit einer Gesamtfahrzeit von 3.175 Stunden und einer Gesamtstrecke von 172.535 Kilometern durch. Es wurden über 10.000 zahlende Passagiere transportiert.[53] Trotz der zahlreichen Havarien arbeitete der Konzern intensiv an der Weiterentwicklung der zivilen Luftschifffahrt. In Düsseldorf, Gotha, Baden-Oos, Berlin-Johannisthal, Frankfurt/M.-Rebstock, Hamburg-Fuhlsbüttel, Leipzig und Dresden entstanden die für die Landung und den Start notwendigen riesigen Luftschiffhallen, die einen kontinuierlichen Städteverkehr mit dem Zeppelin gewährleisteten.[54] Die Idee eines fahrplanmäßigen Verkehrs zwischen den deutschen Großstädten musste allerdings wieder aufgegeben werden, weil der Einsatz dieser gigantischen Luftschiffe – seit den zwanziger Jahren erreichten sie eine Länge von ca. 240 Metern – doch extrem witterungsabhängig war. Am 27. August 1924 überquerte schließlich das unter der Aufsicht der Amerikaner gebaute Luftschiff LZ 126 mit einer durchschnittlichen Reisegeschwindigkeit von 120 Stundenkilometern in nur 85stündiger Fahrt den Atlantik.[55]

Das Jahr 1936 erwies sich als wichtiger Höhepunkt in der interkontinentalen Luftschifffahrt. Zwei Zeppeline führten zwanzig Südamerika- und zehn Nordamerikafahrten mit Passagieren und Post an Bord durch. Zwischen März und Dezember 1936 wurde der Atlantik sechzig Mal ohne technische Probleme oder Havarien überquert. Durchschnittlich startete alle zwölf Tage ein Luftschiff nach Brasilien und alle 24 Tage eines in die USA.[56] Für den Ausbau des Passagierverkehrs und die Verdichtung des Fahrplans wurde ein neues Luftschiff gebaut, das an technischer Ausstattung und Reisekomfort alle bisher in Betrieb befindlichen Luftschiffe übertraf: Der LZ 129 war der erste Zeppelin, der ausschließlich für den Passagierdienst im Langstreckenverkehr konzipiert worden war.[57] Seine erste Fahrt unternahm der auf den Namen *Hindenburg* getaufte Zeppelin am 4. März 1936. Es handelte sich um das größte, jemals im zivilen Passagierdienst eingesetzte Luftschiff. Seine Gesamtlänge betrug 245 Meter, die durchschnittliche Reisegeschwindigkeit belief sich auf ca. 130 Stundenkilometer. Novum an dieser Konstruktion war die Trennung von Führergondel und Fahrgastkabinen. Letztere waren jetzt in das Schiffsinnere verlegt worden.[58] Durch diese Baumaßnahme stand den Passagieren mehr Bewegungsraum zur Verfügung.

Bei der Innenausstattung der Passagierräume orientierten sich die Konstrukteure an den Luxusschiffen des Transatlantikverkehrs. Doch der immense Platzbedarf für das Treibgas

---

53 Vgl. Kleinheins: Die großen Zeppeline, S. 146.

54 Vgl. Knäusel: Zeppelin, S. 19–20, und Eichler: Luftschiffe und Luftschiffahrt, S. 107.

55 Vgl. auch Grieder: Zeppelin – Dornier – Junkers, S. 31.

56 Vgl. Kleinheins: Die großen Zeppeline, S. 216.

57 Das Unternehmen Luftschiffbau Zeppelin GmbH baute zwischen 1899 und 1938 insgesamt 119 Luftschiffe. Die Typenbezeichnungen lauteten LZ für Luftschiff Zeppelin und einer fortlaufenden Nummer von 1 bis 131. Mitgezählt wurden auch die Luftschiffprojekte, die nicht zur Ausführung kamen. Vgl. Knäusel: Zeppelin, S. 30. Vgl. auch Grieder: Zeppelin – Dornier – Junkers, S. 55.

58 Eine ausführliche Beschreibung der technischen sowie der Innenausstattung des LZ 129 bietet Kleinheins: Die großen Zeppeline, S. 165ff.

reduzierte den Komfort in den Fahrgasträumen erheblich. Die Schlafkabinen waren sehr spartanisch eingerichtet; zumal weil wegen der zwingenden Limitierung des Gewichts auf Luxusartikel an Bord ohnehin verzichtet werden musste.[59] Die Funktionalität der Einrichtung hatte also gegenüber dem Komfort eindeutig Vorrang. Die Passagierräume bestanden aus einem Speisesaal, Gesellschaftsraum, Rauchsalon[60], einem Schreib- und Lesezimmer sowie den Schlafkabinen. Den Fahrgästen standen außerdem Wandelgänge mit schräg stehenden Fenstern zur Verfügung, die einen beeindruckenden Rundblick über die überflogene Landschaft boten.[61]

Im Mai 1936 nahm die *Hindenburg* den regelmäßigen Nordatlantikverkehr auf. Für die Fahrt von Frankfurt/M. bis Lakehurst benötigte das neue Luftschiff sechzig, für die Rückfahrt fünfzig Flugstunden. Die Beförderungstarife waren erheblich: Die Fahrt nach New York kostete zwischen 1.600 und 1.800 Reichsmark; die Hin- und Rückfahrt belief sich auf 3.200 Reichsmark. Die Auslastung der *Hindenburg* auf der Nordatlantikroute betrug dennoch über achtzig Prozent; insgesamt wurden 1.006 Fahrgäste befördert.[62] Die Erfolgsgeschichte des LZ 129 endete allerdings bereits ein Jahr nach seiner Inbetriebnahme mit der Katastrophe von Lakehurst: Die *Hindenburg* stürzte im Mai 1937 beim Landeanflug ab und ging in Flammen auf; dreizehn Fahrgäste, über zwanzig Besatzungsmitglieder und ein Mitglied des amerikanischen Bodenpersonals starben.[63]

Die Schiffsreedereien erkannten im zunehmenden Luftschiff- und Flugverkehr langfristig eine ernste Konkurrenz zum eigenen transatlantischen Reiseangebot. Deshalb entschieden sich die großen deutschen Reedereien bereits nach der Jahrhundertwende, als sich die Luftfahrt noch in der Experimentierphase befand, für zunehmende Investitionen auf diesem Sektor, um sich wichtige Mitspracherechte bei der Weiterentwicklung zu sichern. Zwischen den bestehenden Schiffs- und Luftreedereien wurden vorsorglich Kooperationsabkommen geschlossen. Die Hapag unterzeichnete mit der DELAG einen Vertrag, der ihr für den Zeppelinverkehr die Verantwortung für die gesamte Werbung, die Buchungen und die Abfertigung übertrug.[64] Im Februar 1923 wurden die den Reedereien Hapag und NDL nahe stehenden Fluggesellschaften, die Deutsche Luft-Reederei und der Lloyd-Flugverkehr zur Deutschen Aero-Lloyd AG zusammengeschlossen. 1929 schloss die Hapag einen weiteren Vertrag mit der DELAG, der die Reederei zur Generalvertretung für alle Luftschifffahrten erklärte, d.h. die Hapag war jetzt im Besitz des alleinigen Verkaufsrechts für alle Fahrkarten im In- und Ausland. Reedereien und Fluggesellschaften arbeiteten vermehrt zusammen

59 Vgl. Knäusel: Zeppelin, S. 113ff.

60 Der Rauchersalon wurde unter Einhaltung besonderer Sicherheitsmaßnahmen eingerichtet. Bislang herrschte in den Luftschiffen konsequentes Rauchverbot. Die Raucherkabine stand unter Überdruck, und die Innenwände waren mit feuerfestem Material ausgekleidet. Der Raum wurde von einem Steward ständig überwacht, damit kein Passagier mit brennender Zigarre oder Zigarette den Rauchersalon verlassen konnte. Vgl. Knäusel: Zeppelin, S. 118f und Grieder: Zeppelin-Dornier-Junkers, S. 55f.

61 Vgl. Knäusel: Zeppelin, S. 119.

62 Vgl. Kleinheins: Die großen Zeppeline, S. 220.

63 Knäusel: Zeppelin, S. 119ff.

64 Wiborg/Wiborg: Unser Feld ist die Welt, S. 242ff.

und erweiterten ihr Reiseangebot, indem sie fortan kombinierte Schiffs- und Flugreisen ins Programm nahmen. Der Flugverkehr entwickelte sich aber erst nach dem Zweiten Weltkrieg für wohlsituierte Passagiere zu einer wirklichen Alternative zu Schiff und Eisenbahn.

2.3 Die Entstehung des modernen Tourismus in Deutschland

Die Ausbildung des modernen Tourismus war erst durch die Einführung der Eisenbahn als Personenbeförderungsmittel möglich. Neben der Eisenbahn spielte aber auch die Entstehung der organisierten Reise sowie die zunehmende Verbreitung von Reisehandbüchern eine wesentliche Rolle bei der Entwicklung des Tourismus. Je umfangreicher die Klientel der unerfahrenen Reisenden wurde, desto nötiger wurden professionelle Hilfestellungen und Orientierungshilfen. Die organisierten Reiseangebote und die Reiseführer trugen erheblich zur Verstärkung und Kanalisierung von Touristenströmen in bestimmten Regionen bei.[65]

In den frühen 1920er Jahren öffnete sich für weite Teile der Bevölkerung überhaupt erst die Möglichkeit des Reisens, und der Tourismus entwickelte sich immer mehr zu einem wichtigen Wirtschaftsfaktor einer Region. Die Reiseintensität nahm jetzt enorm zu: Zwischen 1872 und 1913 verfünffachte sich allein die Zahl der Fremdenübernachtungen in Deutschland.[66] Auch der Auslandstourismus stieg stark an. Ein schichtenübergreifendes Reisen, das nunmehr auch die Arbeiterschaft umfasste, bedurfte aber noch zahlreicher tarif- und arbeitsrechtlicher Voraussetzungen, die erst in der Weimarer Republik geschaffen wurden. Insofern kann auch erst für die Zeit der Weimarer Republik von einem Massentourismus gesprochen werden.[67]

Die touristische Reise blieb zunächst das Privileg einer kleinen Minderheit. Seit den 1830er und 1840er Jahre lockerte sich zwar die Exklusivität des Reisens, und zeitgenössische Schriftsteller kommentierten diese Entwicklung bereits unter kulturkritischen Prämissen, z.B. Karl Immermann, der bereits 1846 das „massenhafte und epidemische" Auftreten des Tourismus monierte, doch breite Bevölkerungsschichten blieben lange Zeit vom Reisemarkt ausgeschlossen. Der Begriff der Masse im Kontext des Tourismus entstand erst durch die eklatante Steigerung der Touristenzahlen um 1900.[68] Erst jetzt herrschte in den

---

65 Spode: Der moderne Tourismus, S. 55.

66 Ebd. S. 58.

67 Keitz: Reisen als Leitbild, S. 33f. Spode veranschlagte die Entstehungsphase des modernen Tourismus im Zeitraum vom letzten Drittel des 18. bis zum ersten Drittel des 19. Jahrhunderts. Spode: Zur Geschichte des Tourismus, S. 13. Der Begriff des Tourismus impliziert im Gegensatz zum Reisen die Planung der Rückkehr. Der Tourist verlässt zeitweilig seine gewohnte Umgebung, doch die Rückkehr an den Ausgangspunkt ist von vorneherein fest eingeplant. Eine Überschneidung besteht zwischen Tourismus und Fremdenverkehr. Der Gebrauch des Terminus Fremdenverkehr bezieht sich in Deutschland vor allem auf die Aufnahme von Gästen in Städten und Gemeinden. Im Gegensatz hierzu versteht man unter Tourismus das zeitweilige Verlassen des Wohnorts für eine häufig in das Ausland führende Reise. Vgl. Mundt: Einführung in den Tourismus, S. 2f.

68 Um 1900 fand eine zunehmende Psychologisierung des Begriffes „Masse" statt. Federführend war auf

Tourismusorten ein so reger Besucherverkehr, dass die Sorge vor der Massenhaftigkeit auf den ersten Blick überhaupt plausibel erschien. Die Kurorte Baden-Baden und Wiesbaden verzeichneten über 50.000 bis 60.000 Besucher pro Saison. Auch die Zahl der Besucher von Wintersportplätzen stieg im ersten Jahrzehnt des 20. Jahrhunderts von knapp 2.000 auf 11.000 Touristen.[69]

Verkehrstechnisch basierte die Entstehung des modernen Tourismus also auf der Ausbreitung der Eisenbahn und seit den 1920er Jahren auf der zunehmenden Verbreitung des Omnibusverkehrs.[70] Die sich ausbreitende Tourismusindustrie schuf mit ihren preiswerten Angeboten eine moderne Infrastruktur.[71] Auf dem Reisemarkt herrschte ein harter Konkurrenzkampf, und die Branche erlebte durch eine professionelle Tourismuswerbung einen beachtlichen Aufschwung. Die Werbung und die neuen Massenmedien, z.B. Rundfunk und Kino, arbeiteten zusammen und förderten das Reisebedürfnis auch in finanziell schwächer gestellten Bevölkerungsschichten. Wurde in der Kaiserzeit ein vorhandenes Reisebedürfnis befriedigt, erschlossen sich die Tourismusanbieter in der Weimarer Republik systematisch neue Kundenschichten.

2.3.1 Seebäder, Badekurorte und Sommerfrische seit dem 19. Jahrhundert

Die Eisenbahn brachte jetzt auch Vertreter der kleinbürgerlichen Schichten in die Badeorte. Den direkten Anschluss an das Tourismusgeschäft fanden die Küstenorte und Inseln aber erst durch die systematische Einrichtung von Dampfschiffanlegestellen und Eisenbahnanschlüssen seit den 1880/1890er Jahren. Baden entwickelte sich zu einem wichtigen Freizeitvergnügen, das schichtenübergreifend praktiziert wurde. Der Anschluss der Seebäder an die Eisenbahn ermöglichte auch kurzfristige Aufenthalte an den Badeorten für ein Wochenende. Neben den Reisen in die Weltbäder oder an die Riviera – hier zogen sich die wohlhabenden Badegäste zurück – entstand die Sommerfrische, die vor allem das Kleinbürgertum und Teile der Arbeiterschaft in der Freizeit an die Küsten der Ost- und Nordsee brachte. Die Ostsee wurde stark von den Berlinern frequentiert. Es strömten am Wochenende Tausende von Stadtbewohnern an die Ostsee. Die Tages- und Wochenendausflüge waren eine kleine Form von Ferienreise, die dank der Eisenbahn jetzt auch von Angestellten, Handwerkern und Arbeitern finanziert werden konnte.

Eine wichtige Rolle für die Entwicklung der Seebäder spielten die Bäderdampfer. Die Badeorte favorisierten den Anschluss an eine Dampfschiffverbindung und investierten um 1900 vermehrt in den Bau von Seebrücken, an denen auch größere Dampfer anlegen konnten. Der Badeort Sellin erhielt 1905 eine 500 Meter lange Brücke, die in der Badesaison 1906 medienwirksam eingeweiht wurde. Die Seebrücke entwickelte sich zur Flaniermeile

---

diesem Gebiet Gustave Le Bon, der sich das Verständnis krimineller Handlungen aus dem Phänomen der Masse erschloss. Vgl. Bausinger: Bürgerliches Massenreisen, S. 138.

69 Bausinger: Bürgerliches Massenreisen, S. 135.

70 Ebd. S. 78.

71 Ebd. S. 209.

eines Badeortes; auf ihr entstanden Fahrkartenschalter, Geschäfte, Bücher- und Zeitungskioske, ja sogar Lesehallen.[72]

Der erste Bäderdampfer nach Helgoland lief bereits im Juli 1885 unter eigener Regie der Hamburger Werft Blohm & Voss aus. Es wurde eine regelmäßige Verbindung nach Helgoland und Föhr eingerichtet.[73] An der Ostsee besaß die Reederei Braeunlich bis zum Beginn des Zweiten Weltkriegs das Monopol für den Seebäderdienst. Die Dampfer waren für den Passagierverkehr gebaut und boten einen bescheidenen Reisekomfort. Die Raddampfer und späteren Schraubendampfer bedienten die Strecke von Stettin nach den Bädern Swinemünde und Misdroy sowie durch das Große Haff nach Wollin und zum neu entstandenen Ostseebad Berg-Dievenow.[74] Nachdem Stralsund 1864 einen Eisenbahnanschluss erhalten hatte und die Strecke 1891 bis Sassnitz verlängert worden war, wurden erste Überlegungen über die kürzeste Verbindung über die Ostsee zwischen Sassnitz und Trälleborg angestellt.[75] Trälleborg war seit 1875 an das schwedische Eisenbahnnetz angeschlossen. Am 1. Mai 1897 begann auf dieser Linie der planmäßige Betrieb. Zuerst verkehrten die Braeunlich-Schiffe das ganze Jahr über einmal täglich, im Mai 1898 wurde die Frequenz verdoppelt. In den ersten elf Monaten beförderten die Dampfer 12.260 Reisende. Die Schiffe waren für ca. 1.400 Tagesgäste konzipiert.

Seit der Jahrhundertwende erfuhr der Bädertourismus zugleich einen beachtlichen Professionalisierungsschub, denn die verschiedenen Verkehrsanbieter und die Badeorte vernetzten und optimierten jetzt ihre Dienstleistungsangebote: Die Fahrpläne der Dampfschiffe und der Eisenbahnen wurden koordiniert und an den Schiffsanlegestellen entstanden Haltepunkte der Bahn. Geplant war die Einrichtung von Sonderzügen, die direkt auf die Dampfschiffverbindungen abgestimmt waren. Dadurch wurde den Tagesausflüglern an der Ostsee ermöglicht, abends wieder nach Berlin zurückzukehren.

In den Vorkriegsjahren boomte der Seetourismus, und im Sommer 1914 waren die Nord- und Ostseebadeorte komplett ausgebucht, doch mit Kriegsausbruch verödeten sie innerhalb weniger Wochen.[76] In den Nachkriegsjahren bemühten sich die Reedereien um die Wiedereinrichtung des Seebäderdienstes. Bereits Anfang der zwanziger Jahre profitierten die deutschen Kur- und Badeorte von ausländischen Gästen, die aus der Schweiz, aus der Tschechoslowakei, aus Schweden, Dänemark, Holland und England anreisten. Bereits 1919 wurde die Sassnitz-Linie wieder aufgenommen. Außerdem wurden die Inseln Sylt und Rügen durch Dammbauten mit dem Festland verbunden. Im Frühjahr 1923 begannen die Arbeiten in Sylt. Am 1. Juni 1927 konnte der elf Kilometer lange Damm feierlich eröffnet werden. Die Reisezeit zwischen Hamburg und Sylt verkürzte sich von acht auf knapp vier Stunden. 1931 wurde mit dem Bau des zweieinhalb Kilometer langen Rügendamms begonnen. 1936 konnte der Fährbetrieb zwischen Stralsund und Altenfähr schließlich ein-

72 Braeunlich: Bäderdampfer auf der Ostsee, S. 64ff.
73 Ebd. S. 8.
74 Ebd. S. 16.
75 Ebd. S. 40ff.
76 Ebd. S. 106ff.

gestellt werden.[77] Von diesen Neubauten profitierte vor allem der Bädertourismus an der Nord- und Ostsee.

2.3.2 Die Erschließung der Alpen für den Tourismus seit dem 19. Jahrhundert

Seit den siebziger Jahren wurden auch die Alpenregionen zunehmend durch die Eisenbahn erschlossen. Die großen europäischen Gebirgsbahnen schufen Länderverbindungen, während die kleineren Bergbahnen zwar Anschluss an die großen Alpenbahnen hatten, aber vor allem der Erschließung kleinerer Bergregionen dienten. Bei den großen Alpenbahnen handelte es sich um die Semmeringbahn, die Brennerbahn, die Mont-Cenis-Bahn, die Gotthardbahn und die Arlbergbahn. Die Semmeringbahn war die früheste und wurde 1854 dem Verkehr übergeben.[78] 1867 wurde die Bahnverbindung über den Brenner fertig gestellt – bis dahin verkehrten jährlich mehr als 25.000 Fuhrwerke[79] – und 1884 war die Erschließung der Alpenregionen durch die Eisenbahn weitgehend abgeschlossen.[80]

Neben den Eisenbahnen spielten die Bergbahnen eine erhebliche Rolle, z.B. die 1871 eingeweihte Rigibahn. Waren für die Besteigung des Montblancs entsprechende Erfahrung und eine professionelle Ausrüstung Voraussetzung, so handelte es sich beim Rigi um einen viel besuchten Ausflugspunkt, der einen Rundblick über die Alpen ermöglichte. Die Zahnradbahn gewährleistete einen leichten Zugang zum Massiv. Mit der touristischen Erschließung des Rigis besuchten jährlich 60.000 bis 70.000 Wanderer das Aussichtsplateau.

In den 1890er Jahren entwickelte sich Interlaken zu einem der wichtigsten Fremdenverkehrsorte der Schweiz. Der Ort besaß Bahnanschluss und bot eine Auswahl von zwanzig Hotels und Pensionen. Zermatt gewann vor allem für sportliche Bergsteiger an Bedeutung. In den 1890er Jahren erhielt der Ort ebenfalls einen Eisenbahnanschluss und entwickelte sich ähnlich wie Interlaken zu einem populären Tourismusort. 1899 gründeten sich die ersten Kur- und Verkehrsvereine. Um 1890 erhielten auch Davos, Grindelwald und Lauterbrunnen einen Bahnhaltepunkt. Die Eisenbahnen halbierten die Reisezeiten und ermöglichten es auch Kurzzeit- und Wochenendtouristen, die Alpenregion zu besuchen.[81]

Von saisonalen Einbrüchen abgesehen, florierte der Schweiztourismus in den Jahren vor dem Ersten Weltkrieg. Die Touristenorte verfügten über eine hervorragende Infrastruktur mit Hotels, Pensionen und Restaurants sowie Sportstätten. Die Verbindung von Kurbetrieb und Tourismus machte Davos in der Vorkriegszeit zu einem der führenden Fremdenverkehrsorte der Alpenregion. Der Alpentourismus des 19. Jahrhunderts hatte in den Sommermonaten Hochkonjunktur. Die Hotels und Pensionen waren im Winter weitgehend geschlossen. Nach der Jahrhundertwende, vor allem in den zwanziger Jahren, etablierte sich der Winter als zweite Reisesaison. Bereits 1899 eröffnete die Schatzalpbahn,

77 Vgl. Gall/Pohl: Die Eisenbahnen in Deutschland, S. 138.
78 Vgl. Geistbeck: Weltverkehr, S. 246ff.
79 Vgl. Die Alpen. Entstehung der Alpen, S. 39.
80 Vgl. hierzu die grundlegende Studie über die literarische Wahrnehmung der Alpen im 19. und 20. Jahrhundert von Hackl: Eingeborene im Paradies.
81 König: Bahnen und Berge, S. 77ff.

die erste Wintersportbahn der Schweiz. 1907 erhielt die Schatzalb eine Bobbahn.[82] Eis- und Skilaufen entwickelten sich vor dem Weltkrieg zu populären Sportarten. Die Reichsbahn förderte den Wintertourismus durch die Einrichtung von Sonderzügen in die Skigebiete.

Bahnhofs- und Verkehrsbuchhändler reagierten sukzessive auf alle diese Innovationen im Verkehrssystem und auf dem Sektor des modernen Tourismus. Bis zum Ende der Weimarer Republik hatte der Verkehrsbuchhandel alle auch nur denkbaren Leseorte, die im Kontext des Reisens standen, für sich erschlossen. Eine wichtige Voraussetzung für die Verbreitung des Lesens während einer Eisenbahn- oder Schiffsreise war aber auch die technische Ausstattung von Abteilen und Schiffskabinen oder Leseräumen. Erst innovative Neuerungen im Abteilbau, z.B. die Installation von modernen Beleuchtungstechniken, förderten den Lesetrend bei Passagieren. Darüber hinaus nahm die Art der gewählten Verkehrsmittel einen nicht zu unterschätzenden Einfluss auf die soziale Praxis des Lesens sowie auf die Kaufgewohnheiten von Reisenden.

82 Ebd. S. 191f.

3 Die soziale Praxis des Lesens während der Reise und die Funktion von Reiselektüre

Reisende griffen bereits in der vorindustriellen Ära des Reisens auf Reiselektüre zurück. Ein wesentlicher Impuls für den Griff zur literarischen Reiseunterhaltung war die gewöhnlich als sehr quälend erlebte Langeweile, die sich auf längeren Reisen zwangsläufig einstellte. In zahlreichen Reisebeschreibungen wird über den Umgang mit Reiselangeweile berichtet. Gelesen und geschrieben wurde also schon während der Fußreise sowie in der Postkutsche, wenn auch in deutlich geringerem Umfang als in der Eisenbahn. Das Ausmaß des literarischen Zeitvertreibs war allerdings vom gebotenen Reisekomfort abhängig. So wurde Lesen in der Postkutsche oder später in der Eisenbahn z.B. erst vor dem Hintergrund der Entwicklung einer optimalen Beleuchtungstechnik populär. Dennoch gab es schon im 16. Jahrhundert singuläre Beispiele spezieller Literatur für Reisende.

Eines der frühesten Beispiele für Reiselektüre war das *Rollwagenbüchlein* von Georg Wickram, das 1555 in Straßburg erschien. Der Autor, der den Band einem Gastwirt widmete, empfahl das Buch nachdrücklich als Unterhaltungsliteratur für Reisende, die mit Kutsche und Schiff unterwegs waren, sowie als Badestubenlektüre.[1] Während es sich hier bereits um eine frühe Variante von Reiselektüre handelte, versorgten sich Postkutschenreisende gewöhnlich noch aus ihren privaten Bücherbeständen. Eine kleine Handbibliothek war daher schon in der Frühzeit des Reisens ein wichtiger Bestandteil des Reisegepäcks.

Auch Johann Gottfried Seume trug während längeren Fußreisen eine kleine Bücherauswahl bei sich, die vor allem aus handlichen Taschenausgaben der antiken Klassiker bestand. Das Buch bot ihm die Möglichkeit des Rückzuges von einer ermüdenden Reisekonversation und vertrieb die Langeweile, die sich auf der langen Reise einstellte. Seinen Bedarf an Reiselektüre begründete er mit den Worten: „Schützen Sie sich vor geschmacklosen und gefährlichen Gesellschaften mit einem gewählten Buche! Langeweile ist nur die Qual der Schwachköpfe".[2]

Über Reiselangeweile wurde insbesondere von Reisenden geklagt, die alleine – also z.B. mit einer privaten Kutsche – unterwegs waren und deshalb auf eine anregende Reisekonversation verzichten mussten. Wer ohne Begleitung reiste, war während der Fahrt isoliert und griff häufiger zum Buch als die Passagiere einer ordinären Postkutsche. Langeweile konnte aber auch bei einer ungünstigen Zusammensetzung der Reisegesellschaft aufkommen. Für Adolph von Knigge waren 1788 neben dem Wetter gesprächige Weggefährten ein wichtiges Qualitätsmerkmal einer Kutschenfahrt: „Nichts ist langweiliger und verdrießlicher als mit einem Manne zu reisen und in einem Kasten eingesperrt zu sitzen,

---

1 Wickram: Rollwagenbüchlein (Vorwort).
2 Krohn: Welche Lust gewährt das Reisen, S. 13.

der stumm und mürrischer Laune ist".[3] Auch Ludwig Börne beklagte 1820 die mangelhafte Reiseunterhaltung: „Meine Reisegesellschaft war ganz erbärmlich [...]. Ich habe mich fast zu Tode gelangweilt".[4]

Ein wesentlicher Faktor für die Ausbreitung von Reiselangeweile war aber nicht primär die Reiseunterhaltung. Mit der zunehmenden professionellen Organisation des Beförderungsgewerbes, z.B. durch den Einsatz von Reiseagenten, wurde den Reisenden immer mehr Verantwortung für den eigentlichen Reiseverlauf abgenommen. Die Aufgabe der Passagiere reduzierte sich daher auf die Überwindung der Reisezeit. Als standesgemäßer Zeitvertreib gerade für den Adel und die gebildeten Stände galt der Griff zur Lektüre.[5]

Ludolf von Münchhausen aus Niedersachsen, der sich auf eine Schiffsreise von Schottland nach Norwegen vorbereitete, erwarb am Abfahrtsort Edinburgh noch entsprechende Lektüre, „damit er etwas zu lesen hätte und die Langeweile vertreiben könnte, während das gemeine Volk die Zeit mit Angeln und Saufen zubrachte".[6] Mit dem Griff zur Lektüre grenzte er sich also von den finanziell weniger gut situierten Mitreisenden ab. Während einer zweiten Reise, die ihn durch Leipzig führte, notierte er in seinem Reisetagebuch, dass er als Reiselektüre für zehn Groschen einen gebundenen Virgil erworben hatte.[7] Gelesen wurde aber nicht nur während der Fahrt, sondern auch abends in den Gasthöfen. Wirte legten daher häufig unentgeltlich örtliche Intelligenzblätter aus.[8]

Wichtige Voraussetzungen für vermehrte Leseaktivitäten in der Postkutsche waren, wie auch später bei der Eisenbahn, die Steigerung des Reisekomforts sowie eine ausreichende Beleuchtung des Coupés. Im frühen 18. Jahrhundert verbesserte sich die Reisequalität außerdem durch die Einführung der Stahlfeder. Die Bemühungen um eine Abfederung des Kastenaufbaus gerade bei unebenen, steinigen Wegen waren eine wesentliche Investition in die Bequemlichkeit der Postkutschenreise. Die Stahlfeder milderte zwar die stärksten Stöße, verursachte aber gleichzeitig ein starkes Schaukeln des Kastenaufbaus, das Lesen und vor allem Schreiben während der Fahrt beträchtlich erschwerte. Im frühen 19. Jahrhundert setzte man den Kasten deshalb auf elliptische Federn, die als doppelte Blattfedern über den Achsen befestigt wurden.[9]

Das Innere der Postkutsche bestand aus zwei quer zur Reiserichtung angebrachten Sitzbänken, auf denen jeweils drei Passagiere Platz fanden. Der Zugang wurde durch zwei seitlich angebrachte Türen ermöglicht. Anfangs waren die Fenster nur durch einen Ledervorhang verdeckt. Erst als verglaste und versenkbare Fenster – eine Konstruktion, die später der Eisenbahnwaggonbau übernahm – eingebaut wurden, waren in der Postkutsche die Voraussetzungen für die Lektüre wenigstens zur Tageszeit gegeben. Die Beleuchtung des Wagens erfolgte über zwei Laternen, die vorne links und rechts am Wagenkasten ange-

---

3 Zit. n. Beyrer: Im Coupé, S. 138.
4 Ebd. S. 143.
5 Ebd. S. 137.
6 Gräf/Pröve: Wege ins Ungewisse, S. 68.
7 Ebd.
8 Ebd. S. 166.
9 Vgl. Krohn: Welche Lust gewährt das Reisen, S. 52f.

bracht waren. Sie dienten aber vor allem der Ausleuchtung des Weges in den Abend- und Nachtstunden. In der Kutsche selbst befanden sich Kerzen, deren Lichtintensität ein Spiegel verstärkte. Dennoch war der dadurch erzielte Effekt eher bescheiden. Im Kastenwagen selbst herrschte zur Nachtzeit völlige Finsternis. Spezielle Leselampen waren nur in privaten Kutschen realisierbar. So richtete z.B. Hermann Pückler-Muskau, der sehr häufig unterwegs war, seinen Wagen gemäß seinen Ansprüchen aus und reiste dadurch recht komfortabel. In seinen Reisebeschreibungen berichtete er, dass er mittels einer Leselampe auf der Fahrt von Birmingham nach Chester, die ihn dreizehn Stunden Fahrtzeit kostete, den neuesten Roman von Lady Morgan gelesen habe.[10]

Die Einrichtung von Schnellposten erhöhte nicht nur die Reisegeschwindigkeit, sondern auch den Reisekomfort. Der Wagenkasten saß jetzt direkt auf acht Stahldruckfedern, die dem Reisenden ein gänzlich neues Reisegefühl vermittelten. Ähnlich den frühen Eisenbahnreisen erlebte man das Fahren mit der Schnellpost als Gleiten und Schweben durch die Landschaft.[11] Das herkömmliche Kerzenlicht wurde mit der Erfindung des Dochtes in der zweiten Hälfte des 18. Jahrhunderts allmählich von Öllampen abgelöst, die zwar den Nachteil besaßen, dass sie rußten,[12] doch gleichmäßige Lichtqualität ist ganz anders erlebt worden als die der flackernden Kerze. Lesen und die Anfertigung von Notizen über den Reiseverlauf vereinfachte sich nun. Der Reiseschriftsteller Johann G. Kohl berichtete über die Vorzüge des modernen Reisens:

> Man setzt die Abreise fest, zu welcher Zeit und Stunde man will; denn fast zu jeder Stunde gibt es eine Gelegenheit dazu. Man ist ohne Furcht, daß man keinen Platz finden möge, denn der Equipagen gibt es eine Menge. Unterwegs liest, schreibt oder spricht man, wie es einem gefällt, denn die Wagen sind äußerst bequem und immer gut erleuchtet.[13]

Neben der Reiselektüre war das Führen eines Reisetagebuchs gerade bei Gelehrten und Schriftstellern obligatorisch. Grundidee war die Entstehung eines authentischen Reiseberichts, der ein simultanes Mitschreiben der Ereignisse voraussetzte – ein wichtiger Maßstab für die Verlässlichkeit des Reiseberichts zur Zeit der Aufklärung. Das Bemühen, die Aufzeichnungen zu synchronisieren, führte zu zwei innovativen Entwicklungen: 1786 kam ein originelles Portefeuille auf den Markt, mittels dessen der Reisende während der Fahrt ohne zu sehen, sogar in der Tasche seine Beobachtungen notieren konnte: „Man kann allemal drey Zeilen mit gehörigen Zwischenräumen schreiben, und alsdann das Papier im Finstern fortrücken, bis es auf hundert Zeilen angefüllt ist“.[14] Durch die unauffällige Mitschrift sollten weder die Mitreisenden noch eine Reisekonversation gestört werden.

---

10 Ebd. S. 55.
11 Vgl. Beyrer: Zeit der Postkutschen, S. 189.
12 Vgl. Schivelbusch: Lichtblicke, S. 12ff.
13 Zit. n. Krohn: Welche Lust gewährt das Reisen, S. 161.
14 Zit. n. Hartmann: Reisen und Aufschreiben, S. 152.

Das Bedürfnis, die Reiseerlebnisse zu notieren, führte außerdem zur Konstruktion eines speziellen Schreibgeräts für Kutschenreisende: Es wurde der moderne Füller entwickelt, der mit einer Tintenpatrone ausgestattet war. Das schier unmögliche Eintauchen der herkömmlichen Feder in das Tintenfass in der rüttelnden Postkutsche wurde durch diese Neuerung obsolet.[15] Noch vor der Einführung des Patronenfüllers für Reisende war ein spezielles Reisetintenfass entwickelt worden, das in einer stabilen Eisenkassette montiert war und deshalb während der unruhigen Fahrt zumindest nicht umkippen konnte.[16] Der Verleger Friedrich Nicolai jedoch schwärmte für die neue Schreibfeder, die in der Tasche verwahrt werden konnte und immer Tinte enthielt:

> Ich lernte zufälligerweise in Leipzig bey Herrn Professor Funke eine Art von Schreibfeder kennen, die in der Tasche getragen werden kann, und in welcher beständig Dinte enthalten ist. Diese nützliche Erfindung ist wirklich nicht bekannt und allgemein genug. Einem jeden, der beym Spazierengehen, auf dem Lande, oder sonst, Gedanken geschwind aufzeichnen will, ist sie sehr bequem, aber besonders ist sie einem Reisenden von großem Nutzen. [...] Vermittelst einer solchen Feder aber kann man jeden Augenblick benutzen.[17]

Auch die Lese- und Schreibpraxis in der Frühzeit der Eisenbahn war stark abhängig von Reisekomfort, Abteilgestaltung und Reisegeschwindigkeit. Eine Eisenbahnreise erwies sich in den 1840er Jahren noch als ausgesprochen unbequem. So begeisterte sich ein anonymer Autor zwar bereits 1835, dass „die Vollkommenheit der Maschine und die solide Konstruktion der Bahn gestatte[n] unterwegs zu lesen und selbst zu schreiben wie im Zimmer“,[18] doch die alltägliche Reisepraxis sah bis zum letzten Drittel des 19. Jahrhunderts noch gänzlich anders aus. Starke Zugluft und Russentwicklung in den Abteilen, fehlende Beleuchtung sowie eine mangelhafte Beheizung verleideten den Passagieren rege Leseaktivitäten.

3.1 Reisekomforts und Reisegeschwindigkeit – Technische Voraussetzungen für die Verbreitung des Lesens in der Eisenbahn

Der Kutschenkasten und das Eisenbahncoupé unterschieden sich in der Frühphase der Eisenbahn nicht. Der frühe Eisenbahnwaggon war durch drei Coupés unterteilt, die hinsichtlich ihrer äußeren Gestaltung der Postkutsche nachempfunden waren. In manchen Fällen wurden sogar Kutschen mittels eines speziellen Unterbaus auf das Gleis gehoben, damit die Reisenden später ihre Fahrt mit dem herkömmlichen Transportmittel fortsetzen konnten.[19]

---

15 Vgl. Beyrer: Zeit der Postkutschen, S. 162.
16 Ebd. S. 129.
17 Nicolai: Beschreibung einer Reise durch Deutschland, Bd. 1, S. 21.
18 Zit. n. Wülfing: Junges Deutschland, S. 72.
19 Vgl. Vorsteher: Reisen mit der Eisenbahn, S. 407.

In der ersten Klasse handelte es sich um überdeckte und verglaste Wagen. Auch die zweite Wagenklasse verfügte über ein Dach, doch statt der Glasscheiben fanden sich hier nur Ledervorhänge über den Fensteröffnungen, die bei schlechtem Wetter vorgezogen wurden und das Innere abdunkelten. Lesen war in diesem Fall nicht mehr möglich. Die dritte und vierte Klasse dagegen waren offen, und die Passagiere fanden auf wenig bequemen Holzbänken, die den Körperformen leicht angepasst waren, Platz.[20] Ein Coupé der ersten und zweiten Klasse besaß an jeder Seite eine Wagentür und Fensteröffnungen. Drei Coupés bildeten einen Personenwagen. In der ersten Klasse teilten sich sechs, in der zweiten Wagenklasse acht Passagiere ein Abteil. Erst 1848 wurden auch für die unteren Wagenklassen offene Waggons aus gesundheitlichen Gründen verboten. Doch selbst die abgedeckten Wagen verfügten noch über keine verschließbaren Fenster. Von einem gewissen Maß an Reisekomfort konnte deshalb nur in den ersten beiden Wagenklassen gesprochen werden. Diese waren möbliert und mit Veloursteppichen ausgelegt, eine Stahlfederpolsterung milderte zudem die mechanische Erschütterung.[21]

Seit den 1870er Jahren ist eine zunehmende Normierung der Eisenbahnabteile festzustellen. Es handelte sich um einen perfekt durchorganisierten Raum. Unter dem Plüsch verbarg sich ein subtiler mechanischer Apparat, der das Eisenbahnmöbel funktional und beweglich machte: „Vom Fußboden bis zur Decke, von der Hutablage bis zum Aschenbecher wurde ein durchrationalisiertes Gehäuse geschaffen, das sich auf fast allen europäischen Strecken bewegte, durch jeden Tunnel passte und in jedem Bahnhof anhalten konnte".[22] So ließ sich jetzt jeder Sitzplatz für die Nachtzeit in eine Schlafliege umfunktionieren.[23]

Als wichtiger Faktor nicht nur für den Griff zur Lektüre, sondern auch für das Sicherheitsgefühl der Reisenden, erwies sich die Optimierung der Beleuchtung. In der Frühzeit der Eisenbahn fanden noch Kerzen Anwendung, die aber eine stete Quelle für Feuergefahr darstellten und das Abteil nicht gleichmäßig ausleuchteten. Die Beleuchtung der Waggons blieb deshalb ein wichtiges Kriterium des Reisekomforts. Analog zu den verschiedenen Wagenklassen gestaltete sich auch die Qualität der Beleuchtung unterschiedlich: Während in der ersten Klasse drei Kerzen pro Coupé eingesetzt wurden, musste die zweite Klasse mit zwei Kerzen für drei Abteile und die dritte Klasse sogar mit nur einer Kerze auskommen.[24]

Die Beleuchtung wurde im Laufe der Jahre kontinuierlich weiter entwickelt. Der Franzose Aimée Argand verbesserte bereits im ausgehenden 18. Jahrhundert die Lichtqualität von Öllampen durch die Einführung eines doppelten Luftzugs und der Verwendung eines Glaszylinders sowie eines geflochtenen Dochts, der innen hohl war. Auf diese Weise er-

20 Vgl. Müller: Zwischen Kunst und Technik, S. 563.
21 Vgl. Vorsteher: Reisen mit der Eisenbahn, S. 407ff.
22 Ebd. S. 409.
23 Ebd. S. 410.
24 Büscher: Vom Hundertsten ins Tausendste, S. 33; vgl. auch Moser: Demokratisierung des Reisens, S. 445.

hielt die Flamme eine zusätzliche Luftzufuhr.[25] Das Öl tropfte von oben aus einem Behälter direkt auf den Docht. Der Nachteil der Argand-Lampe war allerdings, dass das über dem Docht installierte Behältnis einen Schatten warf. Eine Verbesserung dieser Beleuchtungstechnik waren Lampen, die ein Uhrwerk enthielten, das Öl aus einem tief liegenden Behälter in den Docht pumpte.[26]

Vor dem Einsatz von Gas und Elektrizität in den 1860er und 1890er Jahren bewährten sich auch Lampen mit Rüböl – ein fettes Öl aus den Samen des Rapses und Rübsens, das ohne Russentwicklung verbrannte. Das Rüböl war bis zur Einführung der Gasbeleuchtung die gebräuchlichste und sicherste Art, Abteile zu beleuchten. Minerale und Petroleum fanden aus Sicherheitsgründen keine Verwendung, denn sie galten als besonders feuergefährlich; außerdem verqualmten und schwärzten sie die Abteile. Eine wichtige Neuerung der Rüböllampen war, dass sie jetzt das gesamte Abteil, auch die Eckplätze, gleichmäßig ausleuchteten. Lesen war nun auf allen Sitzplätzen möglich. Je nach Art der Installation der Rüböllampen erhellten sie bis zu zwei Coupés gleichzeitig:

> Die Beleuchtung der Wagen mit Rüböl, welche auf den meisten deutschen Bahnen in Anwendung ist, giebt insbesondere unter Anwendung von Lampen mit Argandbrenner und Glaszylinder eine genügende Helligkeit und ist zur Zeit noch als eine erprobte, zweckmäßige und sehr verbreitete zu bezeichnen. Die Lampen hängen in Laternen mit Glasglocken und werden entweder von oben in der Mitte des Coupés oder zur gleichzeitigen Beleuchtung von 2 Coupés in die Zwischenwände von oben eingesetzt, wobei besonders darauf zu achten ist, dass die Lampen so tief in das Coupé hineinragen und die Lichtflammen derselben den ganzen inneren Coupéraum so hell zu beleuchten vermögen, um an allen Orten im Coupé gut lesen zu können.[27]

Seit den 1860er Jahren installierten die Eisenbahntechniker zunehmend eine Gasbeleuchtung, die bereits seit den 1840er Jahren Straßen und öffentliche Plätze künstlich erhellte.[28] Der Vorteil der Gasbeleuchtung zeigte sich gerade im Hinblick auf das Lesen während der Eisenbahnreise. So war sie zehnmal heller als die herkömmliche Wachskerze: „Gasflammen mit ihrer grösseren Leuchtkraft können die Coupés leicht derartig erhellen, dass man in denselben an allen Plätzen lesen kann, und machen die Fahrt bei Nachtzeit angenehmer“.[29] Wesentliche Vorzüge des Gaslichtes waren demnach die Intensität der Helligkeit und die Gleichförmigkeit der Gasflamme.[30] Bereits 1890 führten die Eisenbahngesellschaften – noch vor der Nutzung des Stroms in den Privathaushalten – elektrisches Licht ein. Vorzüge der Glühbirne waren die Beständigkeit, Intensität und Ruhe der Beleuchtung.[31]

---

25 Vgl. Schivelbusch: Lichtblicke, S. 17ff..
26 Vgl. hier Benjamin: Das Passagen-Werk, Bd. 2, S. 704.
27 Vorsteher: Reisen mit der Eisenbahn, S. 413.
28 Vgl. Vorsteher: Reisen mit der Eisenbahn, S. 412; vgl. auch Müller: Zwischen Kunst und Technik, S. 564 sowie das grundlegende Werk von Schivelbusch: Lichtblicke, hier S. 45ff.
29 Vorsteher: Reisen mit der Eisenbahn, S. 414.
30 Vgl. Schivelbusch: Lichtblicke, S. 46f.
31 Ebd. S. 63.

Die fortschreitende Verbesserung des Beleuchtungssystems in den Eisenbahnzügen im letzten Drittel des 19. Jahrhunderts schuf eine wesentliche Voraussetzung für die Lektüre während der Eisenbahnfahrt.

Doch eine wirklich bequeme Lektüre wurde erst mit der serienmäßigen Ausstattung der Waggons mit Heizung und verglasten, verschließbaren Fensteröffnungen möglich. In der Frühphase der Eisenbahn blieb es den Reisenden überlassen, sich durch warme Kleidung vor der Kälte zu schützen. Die Passagiere der ersten Klasse konnten auf eine besondere Isolierung ihres Abteils durch Stroheinlagen oder mittels Wärmflaschen für den direkten Körperkontakt hoffen.[32] Außerdem wurden mit heißem Sand gefüllte Wärmekästen unter die Sitze gestellt, die das Personal an den Stationen regelmäßig auswechselte. In den Salonwagen und den Wagen der dritten und vierten Klasse gewährleisteten eiserne Öfen erträgliche Temperaturen; diese hatten allerdings den Nachteil, dass in unmittelbarer Nähe des Ofens die Hitze sehr stark war, diese aber den gesamten Waggon nur ungleichmäßig erwärmte.

Der europäische Kompromiss zwischen Coupéwagen und amerikanischem Großraumwagen war der Durchgangswagen, der seit den 1870er Jahren in Europa vermehrt seinen Einsatz fand. Die Abteile verband jetzt ein nach innen gelegter Korridor. Der Durchgangswagen brachte merkliche Verbesserungen hinsichtlich des Reisekomforts:

> Es mag frostklirrender Winter sein oder ein in Regenschauer ertrinkender Tag oder ein sonnenklarer Sommermorgen; es mag hungriger Mittag sein oder ein müder Abend: eine Reise bedarf heute keine Vorbereitung; es ist alles für den reisenden Gast gerichtet. Wohlige Wärme empfängt ihn im Wagen, wenn es draußen schneidend stürmt; Kühle weht ihm der Wind der Fahrt entgegen, wenn draußen die Sonne brennt; im Speisewagen laden weiß gedeckte Tische zu fröhlichem Mahl, und seiner Müdigkeit sind im Schlafwagen bequeme Betten bereitet; ein Trunk noch oder ein Blick in die Zeitung, von der elektrischen Leselampe erhellt, mag das Einschlafen erleichtern.[33]

Die Einführung von Durchgangswagen erlaubte nun den Passagieren, das Abteil während der Fahrt zu verlassen und sich im Zug frei zu bewegen. Jetzt konnten in den Zügen auch sanitäre Anlagen, wie z.B. Waschgelegenheiten und Toiletten installiert werden. Mit der Etablierung der Durchgangswagen war außerdem die Mitführung von Schlaf- und Speisewagen möglich. Durch die Einführung und Einhaltung von Fahrplänen gelang den Fahrgästen eine genaue Kalkulation ihrer Reisezeiten. Da die Eisenbahn im Vergleich zu den Postkutschen über ein Mehrfaches an Sitzplätzen verfügte, bot sich auch kurzentschlossenen Reisenden stets eine Mitfahrgelegenheit. Reisen wurde immer komfortabler und berechenbarer – eine Erfahrung, die sich auch auf das Leseverhalten sowie auf die Wahl und vor allem auf den Umfang der mitgeführten Lektüre auswirkte.[34]

---

32 Vorsteher: Reisen mit der Eisenbahn, S. 414; vgl. auch Müller: Zwischen Kunst und Technik, S. 564.
33 Hundert Jahre deutsche Eisenbahnen, S. 166.
34 Vgl. auch Krohn: Welche Lust gewährt das Reisen, S. 156–163.

Ein wichtiger Funktionswandel der Reiselektüre ist mit der zunehmenden Fahrtgeschwindigkeit sowie dem zunehmenden Gewöhnungseffekt an das neue Transportmittel zu konstatieren. Beide Faktoren förderten das Lesen während der Reise, wobei die Passagiere jetzt vermehrt auf Zerstreuungsliteratur zurückgriffen. Die Reisegeschwindigkeit steigerte sich in den achtziger Jahren auf durchschnittlich siebzig Stundenkilometer. Die hohen Geschwindigkeiten machten es dem Reisenden zunehmend unmöglich, die landschaftlichen Merkmale zu verfolgen. Das Interesse am Blick aus dem Abteilfenster ging dadurch verloren.[35] Die Aufforderung, den durchreisten Raum mit Hilfe von speziellen Anleitungsbüchern, wie sie noch die *Reisebibliothek für Eisenbahnen und Dampfschiffe* darstellte, bewusst wahrzunehmen, trat zugunsten der bloßen literarischen Zerstreuung in den Hintergrund. Ein weiterer wichtiger Effekt war, dass die Reisenden sich allmählich an das innovative, schnelle Fortbewegungsmittel gewöhnten und der anfängliche Reiz, die Reise aktiv zu erleben, zunehmend verloren ging: Dem Reisen wurde also mit der Vervollkommnung des Eisenbahnwesens der „Stachel des Abenteuerlichen“ (Sternberger) genommen.[36]

Zuletzt erwies sich auch die Ausweitung der Reisezeiten als ein wesentliches Kriterium für den Griff auch nach umfangreicheren Texten. Während in der Entstehungsphase von Reise- und Eisenbahnbibliotheken die Kürze der Texte ein wichtiges Merkmal der Eisenbahnlektüre war, integrierten die Verleger im ausgehenden 19. Jahrhundert vermehrt längere Texte mit einem Umfang von bis zu 200 Seiten in ihre Reiseserien oder fassten mehrere Kurzgeschichten in einem Band zusammen. Um 1850 waren die Eisenbahnstrecken noch wenig ausgebaut, deshalb gewöhnlich recht kurz und innerhalb von ein bis zwei Stunden zurückzulegen. Auf diesen Strecken favorisierten die Reisenden gewöhnlich Kurztexte sowie Zeitungen und Zeitschriften.

Mit der zunehmenden Erschließung von Städteverbindungen in Europa erweiterten sich die Reisezeiten jedoch beträchtlich. Um die Jahrhundertwende waren alle wichtigen Städte Deutschlands durch die Eisenbahn verbunden. Die Zunahme der Fahrtgeschwindigkeit verkürzte aber nicht zwangsläufig die Reisedauer, denn je nach Zugtyp, z.B. Personenzug oder Schnellzug, verlängerten zahlreiche Zwischenstopps die Dauer der Reise.[37] Die mehrstündigen Reisezeiten sowie die steigende Fahrtgeschwindigkeit förderten das Lesebedürfnis bei den Reisenden nachhaltig. Vor allem in den Schnellzügen, die eine Geschwindigkeit von bis zu 120 Stundenkilometern erreichten und nur in großen Städten Zwischenstopps einlegten, war nun eine ungestörte Lektüre über Stunden hinweg möglich. Häufige Fahrtunterbrechungen und der ständige Wechsel der Mitreisenden entfielen bei diesem Zugtyp.

35 Die Reisegeschwindigkeit relativierte sich, denn es musste die theoretische Fahrtzeit von der reinen Fahrtzeit unterschieden werden. Die Reisedauer war die Zeit, die der Reisende tatsächlich für die zurückgelegte Strecke brauchte, einschließlich der Zwischenstopps. Vgl. Esch: Über den Einfluß der Geschwindigkeit, S. 6f, und Geistbeck: Weltverkehr, S. 229.

36 Sternberger: Panorama oder Ansichten vom 19. Jahrhundert, S. 56.

37 Vgl. Esch: Über den Einfluß der Geschwindigkeit, S. 9, und Margot: Die Geschwindigkeit der Schnellzüge, S. 852ff.

Die andauernde mechanische Erschütterung durch die Eisenbahn und die Zunahme der Geschwindigkeit in der zweiten Hälfte des 19. Jahrhunderts hatte nicht zuletzt auch reisephysiologische Auswirkungen. Das sich seit der Jahrhundertmitte – in den Augen der Kritiker geradezu epidemisch – ausbreitende Phänomen des Lesens in Eisenbahnen rief bereits 1860 Mediziner auf den Plan, vor der Schädlichkeit des Leseaktes im fahrenden Zug zu warnen, wo wegen des Rüttelns des Zuges und der damit verbundenen Unruhe des Schriftbilds ernsthafte Schäden für die Augen prognostiziert wurden.[38] Mehrere Bahnverwaltungen warnten ihre Passagiere vor dem häufigen Blick aus dem Abteilfenster, der Schwindelgefühle erzeugen konnte: „Wer zum Schwindel geneigt ist, muß es freilich vermeiden, die vorüberfliegenden, näher gelegenen Gegenstände ins Auge zu fassen".[39] Die Reizüberflutung verursachte außerdem Kopfschmerzen.

Um den Folgen dieser Nervenüberreizung wirksam zu begegnen, entwickelte das Pharmaunternehmen Bayer im ausgehenden 19. Jahrhundert das Präparat Aspirin.[40] Es darf angenommen werden, dass das Medikament fortan auch in den Reiseapotheken zu finden war. Mit Eröffnung der ersten deutschen Eisenbahnlinie in Bayern prognostizierten Ärzte in Verbindung mit der schnellen Bewegung von Bildern außerdem schwerwiegende Gehirnerkrankungen, ein „delirium furiosum", und forderten zum Schutz der Passagiere eine hohe Bretterwand entlang der Bahnstrecke.[41] Doch nicht nur die Passagiere litten unter der schnellen Fortbewegung. Auch Spaziergänger und Zuschauer, die fahrende Eisenbahnzüge aus der Nähe beobachteten, mussten mit Schwindelanfällen rechnen.[42] Insofern sollte die Bretterwand auch dem Schutz von Nichtreisenden dienen, die sich in der Nähe eines Bahngleises aufhielten.

Die physiologischen Auswirkungen einer Eisenbahnfahrt fanden auch Eingang in den medizinischen Diskurs über die Behandlung von Neurasthenie im 19. Jahrhundert. Die während der Eisenbahnreise auftretende Langeweile wurde als so intensiv empfunden, dass sie als Heilmittel gegen die weit verbreitete Nervosität, eine Folge der mangelnden Stressbewältigung im Zeitalter der Industrialisierung, empfohlen wurde.[43] Manche Ärzte rieten zur Eisenbahnreise gerade wegen der anhaltenden mechanischen Vibration, die gegen nervöse Beschwerden und sogar Herzrhythmusstörungen helfen sollte.[44] Die Erhöhung der

---

38 Vgl. Schivelbusch: Geschichte der Eisenbahnreise, S. 66.

39 Hier zit. n. Moser: Demokratisierung des Reisens, S. 443, und Vorsteher: Bildungsreisen unter Dampf, S. 308.

40 Vgl. Kretschmer: Geschichte der Weltausstellungen, S. 145.

41 Vgl. hier Friedell: Kulturgeschichte der Neuzeit, S. 1028; vgl. auch Schliebusch: Die deutsche Eisenbahn, S. 26.

42 Ludwig Thoma äußerte sich ironisch über die Aussagen des bayerischen Obermedizinalausschusses, demzufolge auch das Beobachten der rasenden Züge zu „Gehirnaffektionen" führen könne. Moser: Demokratisierung des Reisens, S. 443.

43 Allerdings diente die bloße Eisenbahnfahrt nicht als Heilmittel, sondern der Verbund von neuen Eindrücken, Luft und Bewegung. Vgl. Kessel: Langeweile, S. 135 sowie Radkau: Technik im Temporausch, S. 61ff., hier S. 75.

44 Die medizinischen Prognosen über die Folgen einer Eisenbahnreise fielen jedoch unterschiedlich aus. Andere Ärzte warnten auch vor dem vielen Reisen und wiesen darauf hin, dass vorhandene manische

Reisegeschwindigkeit wurde insgesamt jedoch als problematisch erachtet. Die Ärzte vertraten einhellig die Meinung, dass „unsere Zeit ohnehin schon nervös und hastig genug [ist]; man soll dem nicht durch immer größere Geschwindigkeiten noch Vorschub leisten“.[45] Die hohen Fahrtgeschwindigkeiten verursachten aber auch eine gravierende Veränderung des menschlichen Wahrnehmungsapparats, die sich auf das Leseverhalten der Reisenden niederschlug.

3.2 Die Veränderung der Wahrnehmung von Raum und Zeit durch die Eisenbahn

Schivelbusch beschrieb in seinem grundlegenden Werk *Die Geschichte der Eisenbahnreise. Zur Industrialisierung von Raum und Zeit im 19. Jahrhundert* (1977) die wahrnehmungspsychologischen sowie wahrnehmungsästhetischen Veränderungen der Raum- und Zeiterfahrung, die mit der Etablierung der Eisenbahn einhergingen. Die Reisenden erlebten die Eisenbahnfahrt subjektiv als Verdichtung von Zeit und Raum. Die Entfernungen verkürzten und der durchreiste Raum verkleinerte sich in einem Maße, wie sich der eigentliche Verkehrsraum erweiterte.[46]

Die Geschwindigkeit der Eisenbahn und ihre Geradlinigkeit, mit der sie die Landschaft durchkreuzte, zerstörte das Verhältnis zwischen Reisendem und durchreistem Raum. Die Eisenbahn kannte nur noch Abfahrts- und Zielort sowie den Aufenthalt an den Haltepunkten. Das bei einer Postkutschenreise vormals intime Verhältnis zwischen Passagier und Natur wurde durch die Geschwindigkeit der Eisenbahn destruiert. Entwickelte der Reisende vor der Erfindung der Eisenbahn den bereisten geografischen Raum aus dem Wechsel der Landschaften, so empfand er die Eisenbahn als ein auf dem Schienenstrang und durch Tunnels dahin schießendes „Projektil“.[47] Manche Reisende erlebten sich als bloßes Frachtgut, das durch die Eisenbahn befördert wurde. Der Engländer John Ruskin bemerkte: „Das Eisenbahnfahren sehe ich überhaupt nicht mehr als Reisen an; das heißt einfach, an einen anderen Ort verschickt werden, nicht viel anderes, als wäre man ein Paket“.[48] Auch Christian Andersen war von der neuen Geschwindigkeit beeindruckt und beschrieb schon 1840 die Fahrt mit der Eisenbahn als Gleiten und Fliegen durch die Landschaft:

Veranlagungen durch die Eisenbahnreise zur vollen Entfaltung kommen könnten. Vgl. Radkau: Das Zeitalter der Nervosität, S. 249.

45 Zit. n. Radkau: Das Zeitalter der Nervosität, S. 201. Bei den Eisenbahnmitarbeitern entwickelte sich die Neurasthenie zu einer Art Berufskrankheit. Das regelmäßige Eisenbahnfahren führte nach den Aussagen des Ingenieurs und Schriftstellers Max Maria von Weber aus dem Jahr 1862 zur physischen Abnutzung des Organismus'. Die unter dem Begriff „railway spine“ populär gewordene Diagnose war nicht nur eine Folge des Eisenbahnunfalls, sondern wurde auch als Auswirkung der zunehmenden Geschwindigkeit erachtet. Vgl. Radkau: Das Zeitalter der Nervosität, S. 222.

46 Schivelbusch: Geschichte der Eisenbahnreise, S. 35.

47 Ebd. S. 50ff.

48 Hier zit. n. Friedell: Kulturgeschichte der Neuzeit, S. 1029.

> Die Schnelligkeit nimmt allmählig zu; du aber bist mit deinem Buche beschäftigt, oder du studierst die Karte, und du weißt nicht recht, ob die Fahrt angefangen hat, denn der Wagen gleitet wie ein Schlitten auf dem ebenen Schneefeld. Du siehst zum Fenster hinaus und entdeckst, daß du einherjagst wie mit galoppirenden Pferden; es geht noch schneller, du scheinst zu fliegen [...].[49]

Die aus dieser Geschwindigkeitsempfindung hervorgegangenen wahrnehmungs-psychologischen Veränderungen der Landschaftserfahrung beschrieb Dolf Sternberger als panoramatischen Blick, als eine Tendenz, das Unterschiedliche unterschiedslos zu sehen: „Die Augenblicke aus den europäischen Fenstern haben nun ihre Tiefendimension vollends verloren, sind nur Teile einer und derselben Panoramawelt geworden".[50] Die Geschwindigkeit verhinderte die Tiefenschärfe des Blicks, und der Reisende verlor mit dem Vordergrund die Raumdimension, die für die vorindustrielle Reise noch konstitutiv war.[51] Die mit der Geschwindigkeit und Geradlinigkeit der Eisenbahn einhergehende Veränderung der Wahrnehmung führte bei den Eisenbahnreisenden zu einem impressionistischen Blick auf die durchreiste Landschaft. Victor Hugo beschrieb in einem Brief aus dem Jahr 1837, als die Eisenbahnen noch mit einer Geschwindigkeit von lediglich dreißig Stundenkilometern fuhren, bereits das Phänomen der Nivellierung von Landschaft. Der Blick vermochte die Eindrücke nicht mehr festzuhalten:

> Die Blumen am Feldrain sind keine Blumen mehr, sondern Farbflecken, oder vielmehr rote oder weiße Streifen; es gibt keinen Punkt mehr, alles wird Streifen; die Getreidefelder werden zu langen gelben Strähnen; die Kleefelder erscheinen wie lange grüne Zöpfe; die Städte, die Kirchtürme und die Bäume führen einen Tanz auf und vermischen sich auf eine verrückte Weise mit dem Horizont.[52]

Auch der Maler William Turner experimentierte mit den neuen Geschwindigkeiten; er streckte 1843/1844 während einer Eisenbahnreise für genau neun Minuten seinen Kopf aus dem Abteilfenster der Great Western Railroad und reduzierte seine Wahrnehmung auf die drei Begriffe Regen, Dampf und Geschwindigkeit. Für Turner gab es keine Landschaft mehr, sondern nur noch Bewegung. *Regen, Dampf und Geschwindigkeit* – so lautete dann auch der Titel seines Bildes, bezeichnete nicht nur die Auflösung von Landschaft, sondern auch die physikalische Entstehung von Geschwindigkeit. Der Dampfkessel der Lokomotive verwandelte Wasser in Dampf und Dampf in Geschwindigkeit.[53]

In der Frühzeit der Eisenbahnreise gab es noch Bemühungen, dem empfundenen Raumverlust entgegenzuwirken. 1841 erschien die Reiseanleitung *Malerische Beschreibung der Eisenbahn zwischen Köln und Aachen*. Aber auch der Verfasser wurde Opfer der Reisege-

49 Zit. n. Vorsteher: Bildungsreisen unter Dampf, S. 306.

50 Sternberger: Panorama oder Ansichten vom 19. Jahrhundert, S. 53.

51 Vgl. Burckhardt: Metamorphosen von Raum und Zeit, S. 275 und Schivelbusch: Geschichte der Eisenbahnreise, S. 61.

52 Zit. n. Schivelbusch: Geschichte der Eisenbahnreise, S. 54.

53 Vgl. Burckhardt: Metamorphosen von Raum und Zeit, S. 271ff.

schwindigkeit, die sich auf seine Landschaftswahrnehmung und den Schreibduktus niederschlug. Der Verfasser wählte zwei Berichtsebenen: Die erste betraf die unmittelbar an der Strecke liegenden Gegenstände, die der Erzähler kaum wahrnahm und nur noch hastig addierte. Die zweite Erzählperspektive wandte sich dem entfernteren Landschaftspanorama zu, das dagegen gemächlich vorüberzog. Dem Reisenden wurde empfohlen, die Reise gelegentlich zu unterbrechen und fernere Punkte, z.B. Burgen und Schlösser, genau in Augenschein zu nehmen.[54] Die Pausen waren notwendig, weil der Blick des Reisenden ermüdete und er die andauernde Fragmentierung der Landschaft visuell nicht mehr verarbeiten konnte.

Touristisch motivierte Reisende, die in der Frühphase der Eisenbahnreise das größte Kontingent stellten, beschäftigten sich gewöhnlich noch mit dem durchreisten Raum und informierten sich mittels spezieller Reisebeschreibungen, die für Eisenbahnreisende angefertigt wurden, oder Reisehandbüchern über die Sehenswürdigkeiten, die sich entlang der Strecke boten. Touristen erkundigten sich vorab über die zurückzulegende Strecke, um die landschaftlichen Merkmale und Sehenswürdigkeiten während der Fahrt wiederzuerkennen und intensiver wahrnehmen zu können. Die *Reisebibliothek für Eisenbahnen und Dampfschiffe* (1856–1861) des Verlages Friedrich Arnold Brockhaus offerierte z.B. Eisenbahnbeschreibungen, mit denen sich Reisende im Vorfeld der Reise und während der Fahrt über die durchreiste Region unterrichten konnten, u.a. die Texte von Levin Schücking *Eine Eisenbahnfahrt durch Westfalen* oder Ernst Willkomms *Von Berlin nach Hamburg*. Ziel dieser Reisebeschreibungen war neben der Belehrung und literarischen Unterhaltung hauptsächlich die Schulung und Anleitung des Blicks.[55]

Die zunehmende Geschwindigkeit erforderte es, sich beim Blick aus dem Fenster auf das Wesentliche zu konzentrieren. Der Reisende wurde darin unterstützt, trotz der Reisegeschwindigkeit die vorüberziehenden Landschaftspanoramen zu verifizieren. Die Intention des Verlages erfuhr von prominenter Seite Unterstützung: August Strindberg ging davon aus, dass das interessierte Auge die durchreiste Region und ihre Sehenswürdigkeiten durchaus erfassen konnte: „Es ist ein Aberglaube geworden, daß man vom Zugfenster aus nichts sieht. Wahr ist, daß ein uninteressiertes Auge nur eine Hecke und eine Reihe Telegraphenpfähle erblickt“.[56] Eine wichtige Voraussetzung für die Landschaftswahrnehmung waren allerdings – so Strindberg – Vorkenntnisse über den durchreisten Raum: „Die Autopsie wird nur eine Berichtigung dessen, was man vorher studiert hat“.[57]

Die intensive Betrachtung der vorbeiziehenden Landschaft und die Verfolgung der verschiedenen topografischen und geografischen Besonderheiten sowie der Sehenswürdigkeiten waren jedoch nur in der Frühzeit der Eisenbahnreise möglich, als die Reisegeschwindigkeit noch durchschnittlich höchstens dreißig oder vierzig Stundenkilometer betrug.

---

54 Vgl. Vorsteher: Reisen mit der Eisenbahn, S. 423; vgl. auch Vorsteher: Bildungsreisen unter Dampf, S. 309.

55 Vgl. Haug: „Das halbe Geschäft beruht auf Eisenbahnstationen ...“, S. 92ff.

56 Vgl. Horse-Power applied to Railways, S. 48 und Strindberg: Bland franska bönder, S. 302f.

57 Strindberg: Bland franska bönder, S. 302f.

Reisebeschreibungen für Eisenbahnreisende, die sich mit dem durchreisten Raum beschäftigten, stammen deshalb zumeist aus der ersten Hälfte des 19. Jahrhunderts.

Durch die gravierende Zunahme der Reisegeschwindigkeit im letzten Drittel des 19. Jahrhunderts ging dem Reisenden die Wahrnehmung des Landschaftspanoramas schließlich endgültig verloren. Die Eisenbahn veränderte das Reiseverhalten und das Reisemotiv. Den Reisenden ging es gewöhnlich nur noch um das zügige und pünktliche Erreichen des Zielorts, die eigentliche Reise begann jetzt erst am Ankunftsort. Das Interesse an der dazwischen liegenden Landschaft trat bei Fahrtgeschwindigkeiten von bis zu siebzig oder achtzig Stundenkilometern in den Hintergrund:

> Der Reisende, dessen Gedanken stets von der Art und Weise beeinflußt sind, in der er sich bewegt, denkt in einem Dampfwagen an nichts anderes als an das Ziel seiner Reise, aus dem einfachen Grund, daß er sich so schnell bewegt. Eingeschlossen in einem engen Raum, fährt man durch eine Ebene, in der es nichts zu sehen gibt, und wenn doch einmal etwas die Aufmerksamkeit erregt, dann ist die Geschwindigkeit so groß, daß man es nicht betrachten kann.[58]

Der Veränderung der Reisepraxis und des Reisemotivs trugen die Verleger von Eisenbahnlektüre Rechnung, indem sie in ihre Reisebibliotheken hauptsächlich belletristische Zerstreuungsliteratur aufnahmen. Reiseberichten, wie die des Verlagshauses Friedrich Arnold Brockhaus, die den Passagieren den Blick aus dem Abteilfenster erleichterten, war daher seit dem Ende der 1860er Jahre kein Erfolg mehr beschieden.

Die hohen Reisegeschwindigkeiten um die Jahrhundertwende bedingten bei den Passagieren also einen völligen Wahrnehmungsverlust. Dieser wurde aber offenbar durch die Benutzung von neuen Medien der Unterhaltungsindustrie kompensiert. Nur so ist das steigende Interesse an optischen Täuschungen in Panorama, Diorama oder Maréorama, den „Highlights" auf den Weltausstellungen in der zweiten Hälfte des 19. Jahrhunderts, zu erklären.[59] Das Panorama war aber auch Ersatz für die reale Reise, die für das Gros der Menschen auch noch in der zweiten Hälfte des 19. Jahrhunderts unerschwinglich war.[60] Beim Maréorama handelte es sich um eine Perfektionierung des Panoramas. Eine wesentliche Neuerung war die Bewegung der Bilder. Auf riesigen Rollleinwänden wurden verschiedene Kulturlandschaften vor den Augen der Zuschauer vorbeigezogen. Der Standort der Betrachter war z.B. eine detailgetreue Rekonstruktion eines Ozeandampfers. Der Reise-

58 Schivelbusch: Geschichte der Eisenbahnreise, S. 57.

59 Das erste Panorama, ein von dem Porträtmaler Robert Barker auf einer halbrunden Leinwand gemaltes Bild, entstand 1793/1794. Intention des Panoramas war die Täuschung des Betrachters. Als Defizit des Panoramas wurde allerdings die fehlende Bewegung erlebt. Das Diorama versuchte 1822 erstmals, dieses Manko zu beheben. Beim Diorama war der Zuschauerplatz mobil und drehte sich den neuen Bildern zu. Die Dioramaschau offerierte eine Schweizer Alpenlandschaft mit diversen Schneelandschaften, Wolken und Nebelschleiern. Um die Mitte des 19. Jahrhunderts wurde die Bewegung um akustische Reize ergänzt, und es ertönten jetzt Alpenhörner und ein Chor mit Schweizer Volksliedern. Vgl. Buddemeier: Panorama, Diorama, Photographie, S. 15ff, vgl. auch Sternberger: Panorama oder Ansichten vom 19. Jahrhundert, S. 199ff.

60 Buddemeier: Panorama, Diorama, Photographie, S. 41.

effekt wurde durch ein andauerndes mechanisches Vibrieren des imitierten Decks verstärkt.[61] Neben der perfekten Illusion einer Schifffahrt erlebte auf der Weltausstellung in Paris im Jahr 1900 die *Transsibirische Eisenbahn* eine große Resonanz bei den Besuchern. Während die Zuschauer in einem rekonstruierten Eisenbahncoupé saßen, wurde ein asiatisches Landschaftspanorama durch abrollende Leinwände präsentiert:

> Die Zuschauer sitzen in einem Waggon eines Luxuszugs, bewegt durch mechanisches Rütteln. Rechts und links, durch die Abteilfenster blickend, sieht man das komplette Panorama der Landschaft zwischen Moskau und Peking sich entfalten, unterbrochen von Aufenthalten in den wichtigsten Stationen.[62]

Eine weitere Sensation der Weltausstellung des Jahres 1900 war das Weltreisepanorama, das unter dem Namen *Le tour du monde* bekannt und dessen Hintergrund durch Statisten belebt wurde.[63] Der Blick aus dem Abteilfenster der Eisenbahn fand damit seinen Ersatz in der Kulissentechnik der Illusionsbühne und im beweglichen Panorama.[64]

Neben der Verbesserung des Reisekomforts und der Beleuchtungstechniken in den Waggons sowie der Wahrnehmungsveränderung spielten auch die Sitzanordnung im europäischen Abteil und ihre Auswirkungen auf das Kommunikationsverhalten zwischen den Reisenden eine wichtige Rolle für das Leseverhalten: Die Eisenbahn hatte die Reisekonversation beendet und die Reisenden wandten sich jetzt der Lektüre zu.

3.3 Das Ende der Reiseunterhaltung im Eisenbahnabteil

Das europäische Coupésystem erfüllte zwar die Bedürfnisse des bürgerlichen Reisenden nach Ruhe und Behaglichkeit. Die für Europa typische Sitzanordnung in den Abteilen der ersten und zweiten Klasse, die der Postkutsche nachempfunden war, zwang die Reisenden aber zu einem andauernden Blickkontakt mit ihrem Gegenüber. Dieses vis-à-vis-Verhältnis empfanden die Passagiere im Eisenbahnabteil, wo die Zusammensetzung der Reisegesellschaft an jeder Station wechseln und deshalb keine engere Beziehung entstehen konnte, als unerträglich, ja peinlich: „Es gibt kein Gespräch, kein gemeinschaftliches Gelächter, nichts als eine lastende Stille, die von Zeit zu Zeit unterbrochen wird, wenn ein Reisender seine Uhr hervorzieht und ungeduldig etwas vor sich hin murmelt."[65] Herrschte in der Postkutsche noch eine rege Kommunikation – denn hier wurden die Passagiere für mehrere Tage auf eine aufeinander angewiesene Gemeinschaft eingeschworen, die sich im Falle eines Unfalls oder Überfalls gegenseitig beistand – beendeten Fluktuation und Anonymität der Reisenden die Reiseunterhaltung. An ihre Stelle trat fortan Reiselektüre:[66]

61 Vgl. Kretschmer: Geschichte der Weltausstellungen, S. 147.
62 Ebd. S. 147.
63 Vgl. Benjamin: Das Passagen-Werk, Bd. 2, S. 662.
64 Vgl. auch Kuchenbuch: Die Welt um 1900, S. 64, 69ff.
65 Vgl. Schivelbusch: Geschichte der Eisenbahnreise, S. 59, 70.
66 Ebd. S. 70ff.

> Man reist gegenwärtig so schnell und man begegnet während einer längeren Reise einer derartigen Folge neuer, einander abwechselnder Gesichter, daß man oft an seinem Ziel ankommt, ohne ein einziges Wort gewechselt zu haben. Unterhaltungen finden fast nur noch zwischen Bekannten statt, wenn man nicht besonders zu Gesprächen aufgelegt ist; auch dann scheitert man oft an der Indifferenz bestimmter Reisender. Man kann daher feststellen, „daß die Eisenbahn in dieser Hinsicht Sitten und Gebräuche vollkommen verändert haben". Früher, als man genau wußte, man würde einige Stunden und manchmal einige Tage zusammen verbringen, knüpfte man Verbindung mit seinen Nachbarn an, die oft die Reise selbst überdauerte. Heute denkt man nur noch an das ungeduldig herbeigesehnte und so schnell erreichte Ziel. Der Reisende, mit dem die Fahrt beginnt, steigt vielleicht schon an der nächsten Station aus, wo er von einem anderen ersetzt wird. Aus diesem Grund wird das Lesen ein Bedürfnis.[67]

Der häufige Wechsel der Reisegesellschaft und die damit verbundene Unruhe empfanden die Passagiere offenbar als sehr störend, und dies fand in vielen Reiseberichten seinen Niederschlag. 1869 verteidigte die reiseerfahrene Schriftstellerin Malwida von Meysenburg die Fahrt mit dem herkömmlichen Reisewagen, insofern er ausgesprochen komfortabel ausgestattet war, gegenüber dem modernen Transportmittel der Eisenbahn. An der Eisenbahn störte sie vor allem die Hektik des Betriebsablaufs sowie der ständige Wechsel von Passagieren, das „ewige Heraus und Herein ganz fremder, oft sehr antipathischer Menschen".[68] Auch Joseph von Eichendorff beklagte in seiner Autobiografie von 1866 den ständigen Wechsel der Reisegesellschaft in der Eisenbahn: „Der fliegende Salon [bildet] immer andere Sozietäten [...], bevor man noch die alten recht überwunden".[69]

Für das psychische Unbehagen, das die Passagiere im Eisenbahnabteil befiel, bot Georg Simmel in seinem *Exkurs über die Soziologie der Sinne* einen ersten Erklärungsansatz. Simmel attestierte dem Auge eine einzigartige soziologische Leistung. Das Sinnesorgan organisierte die Verknüpfung und Wechselwirkung der Individuen, die in dem Sichanblikken lagen: „Das Auge entschleiert dem Anderen die Seele, die ihn zu entschleiern sucht".[70] Die Intensität dieser zwischenmenschlichen Begegnung führte dazu, den Blick des Anderen zu vermeiden.[71] Wer sein Gegenüber nicht ansah, entzog sich bis zu einem gewissen Grad auch dem Gesehenwerden. Simmel beobachtete, dass der moderne Großstadtmensch eher beunruhigt war, wenn er sah, ohne zu hören: „Im allgemeinen wird das, was wir von einem Menschen sehen, durch das interpretiert, was wir von ihm hören, während das Umgekehrte

---

67 Ebd. S. 65f.

68 Meysenburg: Memoiren einer Idealistin, S. 132 sowie Moser: Demokratisierung des Reisens, S. 447.

69 Eichendorff: Erlebtes, S. 250ff.

70 Simmel: Soziologie der Sinne, S. 139.

71 Norbert Elias beschrieb in seiner Studie *Über den Prozeß der Zivilisation* das Scham- und Peinlichkeitsgefühl in zwischenmenschlichen Beziehungen als spezifische Erregung, verursacht durch die Angst vor einer sozialen Degradierung und den Überlegenheitsgesten des Anderen, denen das Individuum wehrlos ausgeliefert war. Vgl. Elias: Über den Prozeß der Zivilisation, Bd. 2, S. 397f.

viel seltener ist. Deshalb ist der, der sieht, ohne zu hören, sehr viel verworrener, ratloser, beunruhigter, als der, der hört, ohne zu sehen".[72] Seine These verifizierte Simmel am Beispiel des modernen Verkehrswesens, wo z.B. die öffentlichen Beförderungsmittel, in denen die Passagiere unmittelbaren Blickkontakt hatten, zwangsläufig zum Verebben der Reisekonversation führten:

> Die wechselseitigen Beziehungen der Menschen in den Großstädten [...] zeichnen sich durch ein ausgesprochenes Übergewicht der Aktivität des Auges über die des Gehörs aus. Vor der Ausbildung der Omnibusse, Eisenbahnen und Straßenbahnen im 19. Jahrhundert waren die Menschen überhaupt nicht in der Lage, sich minuten- bis stundenlang gegenseitig anblicken zu können oder zu müssen, ohne miteinander zu sprechen.[73]

Die psychische Diffusion, die aus dem Sichanblicken resultierte, führte dazu, dass die Passagiere den Blick peinlich berührt und beschämt auf den Boden richteten, aus dem Abteilfenster schauten oder aber zur Lektüre griffen.

Bereits Ende der 1840er Jahre wurden in England Vorschläge diskutiert, wonach die Sitze auch in europäischen Eisenbahnzügen so angeordnet werden sollten, dass sich die Reisenden den Rücken zukehrten. Vorbild war der amerikanische Großraumwagen, wo die Sitzreihen hintereinander installiert wurden und die Reisenden in einer Blickrichtung saßen.[74] Der Ingenieur und Schriftsteller Max Maria von Weber suchte in seiner *Schule des Eisenbahnwesens* von 1857 gleichfalls nach einer Lösung des Problems. Er verteidigte zwar das europäische Abteilsystem gegenüber dem Modell des amerikanischen Großraumwagens, schlug aber die Konstruktion von speziellen Halbabteilen vor, „welche, vorn und hinten an den Wagen angebracht, den Vorzug besitzen, dass die Passagiere kein vis-à-vis haben und, durch die ringsum mit Fenstern versehenen Seiten des Coupés, allenthalben in das Freie sehen können".[75] Letztendlich behob der Griff zum Buch oder zur Zeitung das Problem, dem Mitreisenden wortlos gegenüberzusitzen. Die Beobachtung, dass Reisende nicht mehr miteinander sprachen, galt allerdings nur für die erste und zweite Klasse. In den unteren Wagenklassen handelte es sich um Großraumwagen, in denen die Passagiere sich frei bewegen und ihre Gesprächspartner aussuchen konnten – hier dominierte weiterhin die Kommunikation.

Ein wesentlicher Effekt der Wahrnehmungsveränderung und Geschwindigkeitsverarbeitung war die Entstehung von Reiselangeweile. Der Verlust des Kontaktes zur durchreisten Landschaft erzeugte ein inneres Vakuum, eine „leere Reiseerfahrung".[76] Stumpfsinn und Langeweile waren eine Folge des gescheiterten Versuchs, „den Wahrnehmungsapparat

72 Simmel: Soziologie der Sinne, S. 141.
73 Ebd.
74 Vgl. Schivelbusch: Geschichte der Eisenbahnreise, S. 72f.
75 Vgl. Max Maria von Weber: Schule des Eisenbahnwesens. Leipzig 1857, S. 178, hier zit. n. Schivelbusch: Geschichte der Eisenbahnreise, S. 72.
76 Vgl. Vorsteher: Bildungsreisen unter Dampf, S. 308.

des überlieferten landschaftsintensiven Reisens unverändert in die Eisenbahn zu übertragen".[77] Die zunehmende Geschwindigkeit verursachte daher einen frustrierten und gelangweilten Blick.[78] Je schneller die Eisenbahn fuhr, umso langweiliger wurde die Fahrt. Die Langeweile, deren Wahrnehmung und Intensität je nach Verkehrsmittel variierte, erwies sich nunmehr als wesentlicher Impuls für den Griff zur Reiselektüre. Deshalb lohnt ein erhellender Blick auf diesen auch kulturgeschichtlich interessanten Aspekt.

3.4 Die Entstehung von Reiselangeweile in Eisenbahnen und auf Dampfschiffen

Langeweile konnte eine Reaktion auf Unterforderung wie auch Überforderung der Wahrnehmungen und Sinne darstellen. Eisenbahnreisende waren hauptsächlich einer Reizüberflutung ausgesetzt, die zur Zersplitterung der Kräfte und Verminderung der Konzentration führte.[79] Während die Reizüberflutung und die Informationsfülle, denen die Reisenden während der Fahrt ausgesetzt waren, in der Frühphase der Eisenbahnreise die Nerven noch stimulieren konnten, förderte der allmähliche Gewöhnungseffekt an das neue Transportmittel die Ausbreitung von Langeweile. Die Aufmerksamkeit und das Interesse am Blick aus dem Fenster ließen nach. Wichtig für das Erleben von Langeweile war die Veränderung des subjektiven Zeitempfindens. Die durch die schnellere Fortbewegung gewonnene Zeit blieb unausgefüllt, wenn der Reisende keine sinnvolle Beschäftigung während der Eisenbahnfahrt fand. Ein Werbeprospekt für die *Reisebibliothek für Eisenbahnen und Dampfschiffe* beschrieb diese neue Reisesituation und die daraus resultierende Notwendigkeit von Reiselektüre:

> Der Verkehr hat sich zu staunenswerther, früher kaum geahnter Höhe entwickelt. Jedermann reist jetzt zehn mal häufiger und weiter als sonst. Jeder erlebt weit mehr als früher in gleicher Zeit. Die Zeit hat dadurch erhöhten Werth erhalten: sie ist um so kostbarer geworden, je mehr sich in ihr erreichen lässt. Und doch, während bei der jetzigen raschen Art zu reisen soviel Zeit erspart und gewonnen wird, geht gerade dabei wiederum viel Zeit verloren! Auf den frühern langsamern und gemüthlichen Reisen wollte und konnte man von Beginn derselben an alles sich Darbietende ruhig genießen. Jetzt eilt man oft hunderte von Meilen durch wenig interessante oder oft gesehene Gegenden, um erst dann eine genussreiche Reise zu beginnen. [...] Aber es gibt ein Mittel gegen diese „kleinen Leiden", des menschlichen Lebens und

77 Vgl. Schivelbusch: Geschichte der Eisenbahnreise, S. 56.
78 Vorsteher: Bildungsreisen unter Dampf, S. 308.
79 Vgl. Kessel: Langeweile, S. 11. Die im Jahr 2001 erschienene Monografie über Langeweile vom späten 18. bis zum frühen 20. Jahrhundert von Martina Kessel thematisiert leider das Phänomen der Reiselangeweile nicht.

> Reisens, die uns oft den ganzen Reisegenuß verleiden, und dies ist: interessante Reise-Lektüre![80]

Martin Doehlemann bezeichnete 1991 in seiner Studie *Langeweile? Deutung eines verbreiteten Phänomens* die Reiselangeweile als eine situative Langeweile, eine Emotion, die sich durch destruktives Potenzial auszeichnet.[81] Bei der situativen Langeweile fühlten sich die Betroffenen gewöhnlich „eingeengt, eingesperrt, beschnitten, an der Entfaltung gehindert".[82] Reiselangeweile war deshalb nicht nur eine Reaktion auf Reizüberflutung oder Erlebnisarmut, sondern auch ein Symptom für den unbefriedigten Bewegungsdrang, unter dem besonders die Passagiere in ihren isolierten Abteilen der ersten und zweiten Wagenklasse litten.

Die Passagiere konzentrierten sich deshalb auf die Suche nach Zerstreuung und begegneten der situativen Langeweile aktiv:[83] Sie bemühten sich darum, sich aus dem gegenwärtigen Zeitrahmen und dem Ort, an dem sie sich befanden, zu befreien und flüchteten in die literarische Fiktion. Schivelbusch beschrieb den Übergang zur Reiselektüre als Emanzipation des Blicks von der Landschaft, die mit zunehmender Fahrtgeschwindigkeit immer weniger wahrgenommen wurde, sowie als Verlagerung des Interesses auf die imaginäre Ersatzlandschaft der Literatur.[84] Die literarische Unterhaltung des Eisenbahnreisenden entwickelte sich somit zu einem wesentlichen Therapeutikum gegen die Reiselangeweile.

Doch der Reisende reagierte auf die andauernde akustische und visuelle Überforderung seiner Sinne nicht nur mit Langeweile, es stellte sich auch ein ausgeprägtes Schlafbedürfnis ein. Auch die Zuflucht in den Schlaf war eine Maßnahme gegen die Reiselangeweile. Ermüdung der Augen und des Gehirns traten in dem Moment auf, in dem der Reisende beim Blick aus dem Abteilfenster versuchte, Nähe und Ferne gleichermaßen zu erfassen. Die Geschwindigkeit und die Verschiedenartigkeit der Eindrücke führten zwangsläufig zu Müdigkeit. Als Gegenmaßnahme empfahl Jacob Burckhardt, den Blick in die Ferne schweifen zu lassen, um den Wahrnehmungsapparat zu entlasten:

> Die nächsten Gegenstände, Bäume, Hütten, und dergleichen kann man gar nicht recht unterscheiden; so wie man sich danach umsehen will, sind sie schon lange

80 Prospekt in: Levin Schücking: Von Minden nach Köln (Abdruck auf dem Einband).

81 Vgl. Doehlemann: Langeweile, S. 22f. Der Verfasser unterschied hier die situative Langeweile als Emotion von der existenziellen Langeweile, eine Stimmung, die sich bis zur depressiven Stimmung fortentwickeln konnte. Gustave Flaubert beschrieb 1844 in einem Brief die destruktiven Folgen der existenziellen Langeweile: „Kennen Sie die Langeweile? Nicht die gewöhnliche, banale Langeweile, die vom Müßiggang oder von der Krankheit kommt, sondern diese moderne Langeweile, die den Menschen in seinen Eingeweiden zerfrißt und aus einem verständigen Wesen einen wandernden Schatten macht, ein dunkles Phantom". Hier zit. n. Planz: Langeweile, S. 19. Vgl. auch Svendsen: Kleine Philosophie der Langeweile, S. 16.

82 Doehlemann: Langeweile, S. 53.

83 Milan Kundera spricht in seinem Buch Die Identität (1997) deshalb auch von aktiver Langeweile, hier im Gegensatz zur passiven Langeweile, z.B. Gähnen, und zur aufbegehrenden Langeweile, z.B., wenn Jugendliche zu Vandalismus neigen. Vgl. Kundera: Die Identität, S. 16.

84 Vgl. Schivelbusch: Geschichte der Eisenbahnreise, S. 62.

> vorbei [...]. Wer ein gutes Auge hat [...], gewöhne sich gleich daran, alles, was sich ihm während der Fahrt darbietet, aus einiger Entfernung zu beobachten, und es wird ihm selbst während der Stage der allergrößten Schnelligkeit, bei einiger Beobachtungsgabe, nicht das Geringste verloren gehen.[85]

Das stark divergierende subjektive Erleben der Reisenden in der Eisenbahn fand umfassenden Eingang in die Literatur der zweiten Hälfte des 19. Jahrhunderts. Gustave Flaubert, dessen Hauptziel im Leben es war, nie gelangweilt zu sein,[86] beklagte die Reiselangeweile und schrieb 1864 an einen Freund, dass er bei einer Eisenbahnfahrt bereits „nach fünf Minuten vor Stumpfsinn zu heulen beginne",[87] und Gustave Claudin berichtete in seiner Schrift *Exposition à vol d'oiseau* 1858, „manche Leute werden aufgrund ihrer Geschäftsangelegenheiten dazu veranlaßt [...] innerhalb eines einzigen Tages ihren Augen ein Panorama von mehren hundert Meilen zuzumuten", wobei sie von einer „bislang unbekannten Müdigkeit" befallen würden.[88]

Doch nicht nur die Eisenbahnreisenden, sondern auch Schiffspassagiere kämpften gegen eine besonders destruktive Form von Langeweile; Schiffsreisende erlebten diese Art von Reiselangeweile völlig anders als Bahnreisende. Schiffsreisende litten nicht so sehr unter der Reizüberflutung, denn die Fahrtgeschwindigkeiten in der Binnen- und Überseeschifffahrt waren niedriger als bei der Eisenbahn, sondern unter einer Unterforderung ihrer Sinne. Vor allem bei der Überseeschifffahrt, wo Reisende tage-, ja oftmals wochenlang keinen Landkontakt hatten, handelte es sich um eine andere Qualität der Reiselangeweile als in der Eisenbahn oder in der Binnenschifffahrt. Grundsätzlich erlaubten die Dampfschiffe bereits vor der Jahrhundertmitte hinsichtlich des Reisekomforts Lesen und Schreiben an Bord. Karl Julius Weber, der in der ersten Hälfte des 19. Jahrhunderts eine Reise zwischen Ulm und Passau per Schiff zurücklegte, lobte das Beförderungsmittel gegenüber der Postkutsche: „Auf Flußstraßen reist sich weit bequemer, wohlfeiler, sicherer und ungehinderter, man kann sogar dabei lesen und schreiben".[89]

Brockhaus warb in einem Prospekt für die Notwendigkeit von Reiselektüre speziell für die Zielgruppe der Dampfschiffreisenden, die vor allem bei ungünstigem Wetter, wenn der Aufenthalt an Deck nicht möglich war, unter Langeweile litten: „Wenn schlechtes Wetter uns stundenlang in die Kajüte eines Dampfschiffes verbannt, werden wir da nicht von tödlicher Langeweile geplagt, von Aerger erfüllt über den Verlust der kostbaren Zeit?"[90] Gegen die Langeweile halfen entweder Zerstreuungsliteratur oder Reisebeschreibungen, die den Blick durch das Kajütenfenster oder von Deck aus begleiteten. Schiffsreisende im Binnenverkehr favorisierten Reisebeschreibungen und Reisehandbücher, mittels derer sie

85 Ebd. S. 54.
86 Vgl. Kessel: Langeweile, S. 180.
87 Flaubert: Correspondence, S. 153f.
88 Vgl. Schivelbusch: Geschichte der Eisenbahnreise, S. 56f.
89 Beyrer: Das Reisesystem der Postkutsche, S. 223f.
90 Prospekt in: Levin Schücking: Von Minden nach Köln. Schilderungen und Geschichten. Leipzig: Brockhaus 1856 (Reisebibliothek für Eisenbahnen und Dampfschiffe).

sich ihres jeweiligen Standortes vergewissern konnten. Prominentestes Hilfsmittel war sicherlich der Reiseführer *Rheinreise von Basel bis Düsseldorf* von Karl Baedeker (1849), der den Individualreisenden auf dem Dampfschiff und in den Eisenbahnen seit der Mitte des 19. Jahrhunderts beim Betrachten der Rheinlandschaft und ihrer Sehenswürdigkeiten unterstützte. Aber auch Baedeker wies darauf hin, dass die Fußwanderung zu einem intensiveren Landschaftserlebnis führte, und empfahl die gelegentliche Unterbrechung der Eisenbahn- oder Schifffahrt: „Die Mehrzahl der Reisenden ist der Meinung, daß man die Schönheiten des Rheins gesehen habe, wenn man auf Dampfboot oder Eisenbahn flüchtig auf- und abgefahren ist. Es kann nicht oft genug wiederholt werden, daß keine Meinung irriger ist, als diese".[91]

Manche Produzenten von Reiselektüre berücksichtigten bereits im Reihentitel die Dampfschiffreisenden als wichtige Klientel, z.B. die bereits erwähnte Reihe *Reisebibliothek für Eisenbahnen und Dampfschiffe* oder die *Rheinische Reise-Bibliothek für Dampfschiff und Eisenbahn* des Verlegers Rudolf Friedrich Hergt (Koblenz, 1859). Durch die Erstnennung der Dampfschiffreisenden in seinem Serientitel unterstrich Hergt die Bedeutung dieser Zielgruppe. Analog zu seinen Eisenbahnbeschreibungen gab Brockhaus spezielle Beschreibungen für die Schiffsreise auf der Donau, auf dem Rhein und auf dem Main heraus. Es erschienen die Bände *Donaubuch von Regensburg bis Galacz* von Adolf Schmidt, *Der Rhein von Mainz bis Köln* von Nikolaus Hocker, *Der Niederrhein* von Wolfgang Müller von Königswinter sowie *Der Main* von Alexander Kaufmann.[92] Die Reisebeschreibungen boten neben dem kommentierten Reiseverlauf auch historische Exkurse über einzelne Städte und Geschehnisse. Als Ergänzung zu den Reisebeschreibungen offerierte Brockhaus einen Reiseatlas. Für Schiffsreisende erschienen u.a. *Die Donau von Donauwörth bis Passau. Führer für Reisende auf der Donau von Donauwörth bis Ingolstadt, Regensburg und Passau* sowie *Mainz – Koblenz. Führer für Reisende auf dem Rhein zwischen Mainz und Koblenz, sowie nach Wiesbaden und Kreuznach.*[93]

Doch auch die Dampfschifffahrt wurde im Laufe der zweiten Hälfte des 19. Jahrhunderts von der zunehmenden Reisegeschwindigkeit geprägt. Der ursprüngliche Reisezweck einer neuen Erfahrung und Erweiterung des Horizonts trat zugunsten eines schnellen Konsums des Reiseerlebnisses in den Hintergrund. Wie auch bei der Eisenbahnreise wurden um die Jahrhundertwende die Naturerfahrung und das Reiseerlebnis auf Dampfschiffen aufgrund des Gewöhnungseffekts an das Beförderungsmittel sowie der zunehmenden Reisegeschwindigkeit weniger intensiv. Die Passagiere wandten sich deshalb vermehrt den an Bord

---

91 Baedeker: Rheinreise, S. If., hier zit. n. Pretzel: Die Literaturform Reiseführer, S. 38.

92 Ankündigung in: Levin Schücking: Von Minden nach Köln. Schilderungen und Geschichten. Leipzig: F.A. Brockhaus 1856 (Reisebibliothek für Eisenbahnen und Dampfschiffe). Die Verfasser erwarteten auch von den Dampfschiffreisenden, dass sie zwischendurch das Schiff verließen und Landausflüge unternahmen, um Städte und Sehenswürdigkeiten in Augenschein zu nehmen. Auch das vorgeschlagene Transportmittel konnte variieren und den Blickwinkel verändern. Manche Textpassagen, z.B. die Beschreibung von Mainz in Nikolaus Hockers *Der Rhein* berücksichtigte als Leser auch die Eisenbahnreisenden.

93 Heinsius: Allgemeines Bücher-Lexikon, Bd. 1, S. 154f.

gebotenen Attraktionen zu, deren Vielfalt seit der Jahrhundertwende denen auf den luxuriösen Überseedampfern inzwischen vergleichbar geworden war.

Während die Reisenden in der Binnenschifffahrt sowie auf Kreuzfahrten sich mit Hilfe von Bildbänden und Reisebeschreibungen, die sie in der Schiffsbibliothek vorfanden, auf die zu bereisende Region vorbereiteten, bot sich den Überseereisenden eine völlig andere Reisesituation. Die Überseefahrt unterschied sich von der Kreuz- und Binnenschifffahrt sowie von der Eisenbahnreise durch ihre lange Dauer, insbesondere aber durch die ausgeprägte Monotonie, die das Gefühl der Reiselangeweile verstärkte. Die Teilnehmer einer Kreuzfahrt hatten in regelmäßigen Abständen Landkontakt, es wurden Häfen angelaufen sowie Landausflüge unternommen, während Eisenbahnreisende sowie Passagiere der Binnenschifffahrt gewöhnlich nur Stunden überbrücken mussten. Die Überseereisenden hingegen sahen in der Frühzeit der Atlantiküberquerung wochenlang nichts als Wasser und Horizont. Selbst mit der Erhöhung der Fahrgeschwindigkeit nach der Jahrhundertwende waren die Passagiere wenigstens eine Woche zwischen Hamburg und New York unterwegs.

Dieser Umstand beeinflusste auch und gerade das Lektüreverhalten. Das rhythmische Vibrieren der Maschinen, das die Erfahrung der Monotonie intensivierte, und der Mangel an Sinneseindrücken auf Überseefahrten verursachten durch die extrem erlebte Unterforderung der Reize eine besondere Art von Langeweile, auf die die Besatzung vorbereitet war und der sie mit einem breit angelegten Unterhaltungsprogramm begegnete.[94] Lesen war nur ein Bestandteil der organisierten Freizeitgestaltung an Bord der Ozeandampfer. Großer Beliebtheit erfreuten sich Bordspiele, Maskenbälle und sportliche Betätigung im Fitnessraum, die außerdem als probates Mittel gegen Seekrankheit galt.[95] Die vorhandenen Leseangebote durch Bordbüchereien wurden allerdings trotz des vielfältigen Konkurrenzprogramms rege genutzt. Viele Überseereisende genossen aber auch die gänzliche Isolation vom beruflichen Alltag, die dem Lesen förderlich war:

> Es wird auf See im allgemeinen mehr gelesen, als man bei dem gemeiniglich bekannten abwechslungsreichen Programm von Scherz, Kurzweil und geselligen Vergnügungen des Bordlebens anzunehmen geneigt ist. Die Muße und die Ruhe, die absolute Sicherheit vor Briefen, Zeitungen und Telephon, der Lunch, die guten Diners, die bequemen Klappstühle an Deck, alles das sind Faktoren, die einem behaglichen Sichversenken in ein gutes Buch Vorschub leisten.[96]

Dennoch klagten viele Reisende, die auf dem Weg nach Amerika oder nach Europa waren, darüber, an Bord kein ernsthaftes Buch lesen oder geschäftlichen Dingen nachgehen zu können. Das andauernde Schlingern des Schiffes und die Eintönigkeit über viele Tage hinweg destruierte jede Form von intellektueller Beschäftigung. Die Schiffsreise führte zu einer lähmenden Trägheit und Müdigkeit, die wiederum eine andere Qualität als bei einer

94 Vgl. Maxtone-Graham: Der Weg über den Atlantik, S. 215ff.

95 1909 erklärten die Stabsärzte der Hapag, dass die Zahl der seekranken Passagiere drastisch zurückgehe, wenn diese regelmäßig die neuesten Turneinrichtungen an Bord benutzten. Vgl. ebd. S. 209.

96 Bbl. Nr. 240 vom 14. Oktober 1905, S. 9241.

Eisenbahnreise besaß.[97] Der amerikanische Bibliothekar Calvin Winter, der auf seinen Überseereisen die Schiffsbibliotheken inspizierte und das Leseverhalten seiner Mitreisenden beobachtete, bestätigte, dass die Passagiere die Reise mit der Vorstellung antraten, eine Menge Zeit für Lektüre zu haben, und danach feststellen mussten, dass sie von ihrem mitgeführten Lesestoff gerade einmal einen Band gelesen hatten. Die fehlende Konzentration für ernsthafte Lektüre beschrieb auch der Essayist James Russell Lowell in seinem Artikel *At Sea*: „The dampness seems to strike into the wits as into the lucifer matches, so that one may scatch a thought half a dozen times and get nothing at last but a faint sputter".[98] Und sein Schriftstellerkollege Oliver Wendell Holmes schloss sich in seinem Reisebericht *Our Hundred Days in Europe* dieser Beobachtung an: „As for the intellectual condition of the passengers, I shall say that faces were prevailingly vacuous, their owners half hypnotised, as it seemed, by the monotonous thrust and tremor of the great sea monster on whose back we were riding".[99] Auch der Autor Rudyard Kipling gab es auf, während der Überseefahrt zu schreiben oder zu lesen. Die Schiffsreise löste bei ihm eine phlegmatische, schläfrige Stimmung aus, gegen die es – so Kipling – kein Rezept gebe. In seinem Buch *Letters From the East* klagte er: „I give it up. I cannot write, and to sleep I am not ashamed. A glorious idleness has taken entire possession of me".[100] Der Schiffspassagier Harold Nicholson hielt in den 1930er Jahren in Briefen seine Stimmung an Bord fest und beklagte, dass er nicht arbeiten oder ein ernsthaftes Buch lesen konnte. Er suchte Zuflucht zu Detektivgeschichten und stellte nüchtern fest: „Schiffe haben etwas an sich, das den Geist stört".[101]

Die Reise über den Atlantik wurde – hier im Gegensatz zur Eisenbahnreise – als Gruppenerlebnis empfunden. Die Reedereien suchten den unterschiedlichen Interessen ihrer Passagiere durch ein attraktives Unterhaltungsprogramm gerecht zu werden, und dieses Angebot reichte vom geselligen Beisammensein, z.B. in den Raucher- und Konversationszimmern, bis zur ungestörten Lektüre in Schiffsbibliotheken.

Doch die modernen Verkehrsmittel förderten nicht nur Lesen an sich; sie nahmen auch Einfluss auf die Wahl des Lesestoffs und veränderten sogar das originäre Leseverhalten der Reisenden. Eisenbahn- und Dampfschiffpassagiere favorisierten eine „feuilletoneske", eine oberflächliche und flüchtige Lektüre. Aber gerade die Hinwendung zum extensiven Literaturkonsum stieß bei den Vertretern einer konservativen Lesepädagogik und den Anhängern der Volksbildungsvereine auf harsche Kritik. Die pauschale Diskreditierung des Literaturangebots der Bahnhofs- und Verkehrsbuchhändler als „minderwertig" resultierte somit auch aus der Veränderung der sozialen Praxis des Lesens.

---

97 Vgl. Maxtone-Graham: Der Weg über den Atlantik, S. 330, 332ff.
98 Winter: The Libraries on the Transatlantic Liners, S. 368.
99 Ebd.
100 Ebd.
101 Vgl. Maxtone-Graham: Der Weg über den Atlantik, S. 330.

3.5 „Feuilletoneske" Lektüre – Der Einfluss der Eisenbahn auf das individuelle Leseverhalten

Lesen in der Eisenbahn nahm in der zweiten Hälfte des 19. Jahrhunderts in den Augen der Kritiker ein geradezu epidemisches Ausmaß an. Doch nicht nur der häufige Griff zur Unterhaltungsliteratur war Gegenstand der Auseinandersetzung über die Folgen der Vielleserei. Hauptargument gegen die massenhaft produzierte Reiselektüre waren neben ihrer angeblichen literarischen Minderwertigkeit die negativen Auswirkungen auf das individuelle Leseverhalten. Die zunehmende Reisegeschwindigkeit, so der Tenor der kulturkonservativen Kritik, prägte auch den Umgang mit Literatur. Die Reisenden favorisierten leichte, kurzweilige Unterhaltung, die keine besondere Konzentration erforderte. Presseartikel und Bücher wurden nicht mehr intensiv gelesen, sondern während der Reise nur noch überflogen oder auch nur durchgeblättert. Mit der fortschreitenden Geschwindigkeit der Eisenbahnen attestierten die Gegner der Eisenbahnliteratur dem eigentlichen Leseakt Oberflächlichkeit. Dieses Vorurteil wurde auf die bei Reisenden besonders beliebten literarisch publizistischen Kleinformen, u.a. des Feuilletons, übertragen, das wegen seines dynamischen und dem an die Geschwindigkeit der Eisenbahn angelehnten Schreibduktus um die Jahrhundertmitte zur beliebten Reiseunterhaltung avancierte. Die Kritik an der Reiselektüre korrespondierte mit dem generellen Befund einer zweiten Lesesucht, einer „Industrialisierung der Zerstreuung"[102] im Zeitalter der literarischen Massenproduktion; der Vorwurf richtete sich also gegen die fortschreitende Demokratisierung des Lesens an sich und daraus resultierte die pauschale Denunziation der literarischen Reiseunterhaltung als „Schmutz- und Schundliteratur".

Die permanente Verunglimpfung von Reiselektüre inspirierte auch Karikaturisten: Das Bild des lesenden Reisenden war unter Künstlern und Schriftstellern seit dem ausgehenden 19. Jahrhundert als literarisches Motiv gleichermaßen beliebt und häufig Zielscheibe ihres beißenden Spotts. Bilderwitze in englischen Zeitschriften brachten Karikaturen von lesenden Eisenbahnlokomotiven; ein Aufsehen erregendes Eisenbahnunglück im Frankfurter Hauptbahnhof am 6. Dezember 1901, als eine Eisenbahnlokomotive mit einer Geschwindigkeit von 82 Stundenkilometern einen Prellbock überfuhr, sich ihren Weg durch die Bahnhofshalle bahnte, dabei einen Zeitungskiosk umriss und erst im Wartesaal der Ersten Klasse zum Stehen kam, wurde in der Presse lakonisch mit den Worten kommentiert: „Oben auf der Lokomotive findet man einen angesengten Roman aus dem Kiosk, er heißt *Glück im Winkel*."[103] Hier vermutlich eine ironische Anspielung auf Heinrich Heines Begriffskreation „Krähwinkel", die auch Paul Heyse satirisch in seinem Gedicht *Das Feenkind* (1924) aufgreifen wird. Denn auch Heyses Parodie einer Lesesituation in der Eisenbahn ist in diesem Kontext zu sehen: Heyse nahm nicht nur den lesenden Reisenden aufs Korn, sondern die literarische Qualität des gewählten Lesestoffes an sich.[104] Die als Massen-

---

102 Vgl. Literatur im Industriezeitalter, Bd. 1, S. 250ff.

103 Literatur im Industriezeitalter, Bd. 1, S. 250.

104 „Denn seit das Leben kreist auf Eisenschienen in wilder Werkelhast, wer leiht ein Ohr, umbraust,

literatur produzierte Reiselektüre geriet schnell in den Verdacht, keine literarische Qualität zu besitzen:

> Vorherrschend viele Bücher der belletristischen Literatur, die man heute zu Markte bringt, stellen dem Leser gar keine Vorbedingung des Verstandenwerdens; man liest sie im Coupé des Eisenbahnwagens so gut wie Nachmittags auf der Chaise longue oder Nachts im Bett und gebraucht sie gleich als Verdauungs- wie als Einschläferungsmittel.[105]

Oft genügte allein bereits die Einbandgestaltung eines Buches, um es in Misskredit zu bringen. Ernst Eckstein, der Verfasser des Standardwerkes *Beiträge zur Geschichte des Feuilletons* (1876) und engagierter Verteidiger dieser Publikationsform, bewertete die äußere Ausstattung von Reiselektüre abfällig und bemängelte die Werbestrategie der Verleger, die „auf die große Masse des kaufenden Publikums speculirend" häufig eine augenfällige und teilweise anzügliche Einbandgestaltung favorisierten, die die literarische Qualität des Werkes in falschem Licht erscheinen ließe. Anlässlich der Besprechung von Hans Wachenhusens *Pariser Photographien* polemisierte Eckstein gegen die vom Verlag gewählte Buchausstattung: „Das Ganze bekommt so den Anstrich einer nichtsnutzigen Eisenbahnlektüre, deren Hauptgewürz in der Zote besteht".[106] Den Autor selbst dagegen würdigte er als profiliertesten Vertreter des kulturhistorischen Feuilletons.[107] Auch das feuilletonistische Werk von Paul Lindau beurteilte Eckstein positiv, doch der äußeren Gestaltung des Bandes *Harmlose Briefe eines Kleinstädters* bescheinigte er geringschätzig eine „eisenbahnlektürische Ausstattung".[108]

Eckstein bemühte sich darum, das Feuilleton von der Reiselektüre abzugrenzen, dennoch besaßen beide Publikationsformen hinsichtlich ihrer inhaltlichen Gestaltung und ihres Schreibduktus' Gemeinsamkeiten, die Eckstein in seinem Werk nicht reflektierte. Die literarische Kurzweiligkeit des Feuilletons, die „feuilletoneske", die „elegante und leichtblütige Schreibweise"[109] und der Abdruck der literarisch publizistischen Kleinform in Zeitungen[110] prädestinierten das Feuilleton als Reiseunterhaltung. Wilhelm Holzamer prognostizierte in seiner Abhandlung *Das Feuilleton in der Geschichte der Frankfurter Zeitung von 1856–1906* (1911) in diesem Zusammenhang sogar die allmähliche Ablösung des Buches durch das Feuilleton. So wählte er bezeichnenderweise für die Beschreibung dieses Ablö-

---

umzischt vom Lärm der Dampfmaschinen, dem Liebling, den die Muse sich erkor? Im Rauchcoupé mit überwachten Mienen zieht man den neuesten Auerbach hervor, und eben will das Herz sympathisch bluten, da tönt der Ruf ‚Krähwinkel! Fünf Minuten!'." Heyse: Feenkind, S. 656.

105 Lau: Modernes Schriftstellerthum, S. 235.

106 Eckstein: Beiträge zur Geschichte des Feuilletons, Bd. 1, S. 185.

107 Ebd. Bd. 1, S. 177.

108 Ebd. Bd. 2, S. 118.

109 Ebd. Bd. 1, S. 70.

110 Eine wichtige Voraussetzung dafür, dass sich das Feuilleton zu einer wichtigen Form von Reiselektüre entwickelte, war der zunehmende Einzelverkauf von Zeitungen an den Ständen der Bahnhofsbuchhändler. Der Bahnhofsbuchhandel förderte die Ablösung des herkömmlichen Zeitungsabonnements durch den Einzelverkauf in Bahnhofsbuchhandlungen und Straßenkiosken maßgeblich.

sungsprozesses die Metaphorik der unaufhaltsam „rollenden Räder“: Das Feuilleton „löst das Buch ab. Die Zeit bedingt es so, die Entwicklung führt unerbitterlich darauf hin. Die Raschheit und Kompliziertheit der rollenden Räder kann nicht nur nicht anders mehr verfolgt, sondern auch nicht anders mehr bedient werden“.[111] Das Feuilleton subsumierte (wie auch die Reiselektüre) verschiedene Textsorten, u.a. Skizzen, Humoresken und Plaudereien.[112] Es favorisierte die pikante, effekthaschende Formulierung und thematisierte heikle sowie tabuisierte Gegenstände, eine Auffassung, die auch Walter Benjamin teilte; in seinem *Passagen-Werk* beschrieb er die „despektierliche Aura“[113] des Feuilletons: „Es galt, das Gift der Sensation der Erfahrung gleichsam intravenös einzuspritzen; das heißt, der geläufigen Erfahrung den Erlebnischarakter abzumerken“.[114]

Theodor Fontane brachte die Merkmale des Feuilletons in seinen *Studien über England 1860* auf den Punkt: „Kein Gericht, das nährt, aber eine Sauce, die schmeckt“.[115] Diese Textmerkmale des Feuilletons waren zugleich auch die Erfolgsgaranten von Eisenbahnlektüre. Sie profitierte von den Erfahrungen ihrer Autoren auf dem Sektor des Feuilletons. Die Produzenten von Eisenbahnlektüren rekrutierten deshalb ihre Mitarbeiter bevorzugt aus dem Umfeld dieser Publikationsform, da ihre schnelle, journalistische Schreibe den Leseerwartungen von Eisenbahnreisenden entgegenkam. Zahlreiche Autoren, die Eckstein zu den renommiertesten Vertretern des deutschen Feuilletons zählte, z.B. Rudolf Gottschall, Ernst Kossak oder Hans Wachenhusen, lieferten regelmäßig Beiträge für Reiseserien. Manche Beiträger, u.a. Levin Schücking, sammelten zugleich mehrjährige Erfahrungen als Feuilletonredakteure bei verschiedenen Zeitungen.[116]

Das extensive, oberflächliche Lesen stand schon in der zweiten Hälfte des 18. Jahrhunderts, in dem die Romanproduktion enorm zunahm, im Mittelpunkt der heftig diskutierten Debatte über die vermeintliche Lesesucht. Im 19. Jahrhundert nahm die Kritik an der erneuten „Leseseuche“ eine neue Dimension an, weil sich jetzt die soziale Zusammensetzung der Leser beträchtlich erweitert hatte. Thaddäus Lau beschrieb in den *Kritischen Blättern für Literatur und Kunst* 1858 die wichtigen Wechselwirkungen zwischen der Flüchtigkeit des Leseakts und der zunehmenden Geschwindigkeit der Eisenbahn, die sich gerade in literarisch publizistischen Kleinformen niederschlug:

---

111 Hier zit. n. Oesterle: „Unter dem Strich“, S. 235.

112 Vgl. Jäger: Feuilleton, S. 301.

113 Vgl. Oesterle: „Unter dem Strich“, S. 234–242.

114 Benjamin: Das Passagen-Werk, Bd. 2, S. 966.

115 Fontane: Studien über England 1860, S. 242, hier zit. n. Oesterle: „Unter dem Strich“, S. 244. Walter Benjamin verteidigte in seinem Passagen-Werk die feuilletonistischen Sammelwerke und Skizzenfolgen der zweiten Hälfte des 19. Jahrhunderts als literarisches Gegenbild zu den zeitgenössischen Panoramen und Dioramen und verwies auf die Tiefenwirkung im Feuilleton, die von seinen Kritikern bestritten wurde: „Einem plastisch durchgebildeten mehr oder weniger detaillierten Vordergrunde entspricht eine scharfprofilierte feuilletonistische Einkleidung der sozialen Studie, die hier den großen Hintergrund abgibt wie im Diorama die landschaftliche“. Benjamin: Das Passagen-Werk, Bd. 2, S. 659f.

116 Levin Schücking arbeitete z.B. zwischen 1845 und 1852 als Feuilletonredakteur bei der Kölnischen Zeitung. Vgl. Bachleitner: Feuilletonroman, S. 45.

> Die Eisenbahnära, in welcher wir leben, hat uns an schnelles Leben gewöhnt, an Eile und Hast; auch unsere Lektüre soll dem entsprechen. Wie wäre sonst das Genre der Eisenbahnbibliotheken möglich? Eine schnelle und flüchtige Unterhaltung soll die Lektüre gewähren. Instruktiv gehaltene Abhandlungen behagen dem modernen Geschmack nicht, überhaupt keine Abhandlungen. Man greift nach Novellen und Erzählungen, nach kurzen und pikanten Korrespondenzen und Feuilletonartikeln. Noch willkommener freilich ist das Kapitel der Persönlichkeiten, die Spekulation auf Skandal.[117]

Friedrich Spielhagen unterstrich 1897/1898 in seinem Essay *Die epische Poesie unter den wechselnden Zeichen des Verkehrs* ebenfalls die Wechselwirkung zwischen moderner Mobilität und Leseverhalten. Die Ära der umfangreichen, mehrbändigen Romane, wie sie z.B. Karl Gutzkow noch beschrieb, ging seiner Ansicht nach mit der fortschreitenden Expansion der Eisenbahn als modernes Massentransportmittel zu Ende. Eine Bewertung dieser Entwicklung wagte Spielhagen allerdings nicht:

> Heute herrscht unumschränkt der Einbänder, den man auf dem Bahnsteig für eine Mark erstehen, bequem in die Tasche stecken und ebenso zwischen Anfangs- und Endstation der Fahrt durchblättern kann. Ob zum Vorteil oder Nachteil der Erzählkunst? Ein anderer mag die Frage entscheiden.[118]

Vor dem Hintergrund der massenhaften Verbreitung von Literatur und der Verflachung des Lesens wurde der erneute Ruf nach einer intensiven Lektüre laut.[119] Manche Verlage schlossen sich dieser Forderung an und flankierten diese mit lesepädagogischen Maßnahmen. Die Verlagsbuchhandlung Reclam in Leipzig z.B. startete kurz vor Ausbruch des Ersten Weltkriegs ein Preisausschreiben, das die Teilnehmer aufforderte, „über das Gelesene nachzudenken und seine Lehren daraus zu ziehen".[120] Die Teilnehmer waren aufgefordert, eine kurze Inhaltsangabe des gelesenen Textes einzusenden. Als Vorbild diente aber bezeichnenderweise wieder eine Kurzform für die schnelle Information, nämlich die Streifbänder der Automaten-Bücher, die beinahe an jedem Bahnhof in Deutschland erhältlich waren:

> Leider verstehen es heutzutage viele Menschen nicht mehr, mit dem rechten Gewinn zu lesen, weil sie sich nicht die Zeit nehmen, über das Gelesene nachzudenken. Um diese Oberflächlichkeit bei der Lektüre zu bekämpfen, fordert die unterzeichnete Verlagsbuchhandlung jedermann auf, in zwei, drei kurzen Sätzen ein Urteil über das Buch, dem diese Drucksache beilag, oder eine Inhaltsangabe auf beigefügtem Blatt

---

117 Lau: Modernes Schriftstellerthum, S. 235.
118 Vgl. Spielhagen: Die epische Poesie, S. 51.
119 Hohendahl: Literarische Kultur, S. 307.
120 Hier zit. n. Literatur im Industriezeitalter, Bd. 1, S. 265.

> niederzuschreiben, ähnlich der kurzen auf den Streifbändern der Automaten-Bücher abgedruckten Übersicht.[121]

Den Gewinner erwartete ein großzügiger Büchergutschein. Preisausschreiben dieser Art entwickelten sich in den frühen zwanziger Jahren zu einem festen Bestandteil der Verlagswerbung.[122] Es wurden aber auch Stimmen laut, die die Notwendigkeit einer extensiven Lektüre verteidigten. Mit der Massenproduktion von Literatur, gerade auch auf dem Sektor der Zeitungs- und Zeitschriftenproduktion, war flüchtige Lektüre unerlässlich, um den Überblick über den schnelllebigen Buchmarkt zu behalten.[123] Der Literaturkritiker Joseph Adler beschrieb anlässlich einer Rezension von Alfred Döblins *Die Ermordung einer Butterblume* in der Zeitschrift *Der Sturm* im Juli 1913 seine bevorzugten Leseorte, die das Lesen von langen, anspruchsvollen Texten unmöglich machten:

> Wann lese ich? Unterwegs. In der Straßenbahn. Auf dem Verdeck eines Autoomnibusses. In einem Torweg während einer Regendusche. Eine halbe Stunde vor dem Einschlafen. Schriftsteller, die zeitraubende Romane schreiben, sollte man unter Kuratel stellen. Zeit ist doch Geld, und unsere vor allem.[124]

Die Meinung, dass Reiselektüre zwangsläufig dem schnellen Konsum unterlag, wurde nicht grundsätzlich geteilt. In den Jahren vor Beginn des Ersten Weltkriegs kamen auch preiswerte Buchreihen mit gehobener zeitgenössischer Literatur auf den Markt, u.a. *Fischers Romanbibliothek* (seit 1908) oder die *Bibliothek der Romane* des Insel-Verlags (seit 1911), die wegen ihres Taschenformats auch im Bahnhofsbuchhandel einen erfolgreichen Absatz fanden. Autoren, wie z.B. Thomas Mann, verwiesen darauf, dass es dem Reisenden trotz der Verminderung der Aufmerksamkeit freistand, während der Eisenbahnfahrt auch auf das Angebot von gehobener Literatur zurückzugreifen. Thomas Mann zelebrierte geradezu ein Gefühl der Erhabenheit während der Eisenbahnreise, das sich auf die Qualität seiner Reiselektüre niederschlug:

> Reiselektüre – ein Gattungsbegriff voller Anklänge der Minderwertigkeit. Die Meinung ist weitverbreitet, was man auf Reisen lese, müsse vom Leichtesten und Seichtesten sein, dummes Zeug, das „die Zeit vertreibe". Ich habe das niemals verstanden. Denn abgesehen davon, daß sogenannte Unterhaltungslektüre die langweiligste auf Erden ist, will mir nicht eingehen, warum man gerade bei so festlich-ernster Gelegenheit, wie eine Reise sie darstellt, unter seine geistigen Gewohnheiten hinabgehen und sich aufs Alberne verlegen sollte. Ist etwa durch die enthobene und gespannte Lebenslage des Reisens eine Seelen- und Nervenverfassung geschaffen, in der das Alberne weniger anwidert als gewöhnlich?[125]

---

121 Ebd. Bd. 1, S. 265f.
122 Ebd. Bd. 1, S. 266.
123 Vgl. Hohendahl: Literarische Kultur, S. 307.
124 Der Sturm, Jg. 4, 1913, Nr. 170/171, S. 71, sowie Literatur im Industriezeitalter, Bd. 1, S. 270.
125 Mann: Meerfahrt mit Don Quijote, S. 431.

Es ist sicherlich unstrittig, dass die Eisenbahn das Leseverhalten während der Reise beeinflusst und die Flüchtigkeit des eigentlichen Leseaktes gefördert hat. Eisenbahnreisende favorisieren bis heute leichte, entspannende Lektüre, die den gelegentlichen Blick aus dem Fenster, also einen Mangel an Aufmerksamkeit, erlauben. Doch der stete Vorwurf, dass es sich bei der Reiselektüre um qualitativ minderwertige Literatur handele, war nicht gerechtfertigt, wie der Blick auf die zahlreichen belletristischen Buchserien, die in großem Umfang auch moderne zeitgenössische Literatur präsentierten, bestätigt. Der Vorwurf zielte vor allem auf die Branche des Bahnhofsbuchhandels selbst, der wegen seiner hohen und schnellen Umschlaggeschwindigkeit von Literatur von Anbeginn in der Kritik der anderen Teilbranchen des verbreitenden Buchhandels, vor allem des Sortimentsbuchhandels, stand. Konservative Lesepädagogen und Volksbildungsvereine, die sich gegen die massenhaft hergestellte Literatur und damit gegen die fortschreitende Demokratisierung des Lesens wandten,[126] solidarisierten sich deshalb mit dem Sortimentsbuchhandel im Kampf gegen den Bahnhofsbuchhandel.

Die modernen Verkehrsmittel und neuen Formen von Mobilität veränderten aber nicht nur die Lese- und Kaufgewohnheiten von Reisenden; sie brachten auch eine neue Publikationsform hervor. Nur wenige Jahre nach der Etablierung von Eisenbahn und Dampfschiff für die Personenbeförderung entdeckten Buchhändler und Verleger in der industriellen Herstellung und Verbreitung von spezieller Reiselektüre eine gewinnträchtige Marktlücke, die sie durch eine serienmäßige Produktion von Reiseserien schlossen, die sich hinsichtlich ihrer inhaltlichen und äußeren Konzeption an der Gebrauchsliteratur orientierten. Mit der fortschreitenden Industrialisierung der Mobilität seit den 1840er Jahren entwickelte sich mit der Reiselektüre somit ein gänzlich neues literarisches Genre.

126 Vgl. auch Langenbucher: Die Demokratisierung des Lesens.

4 Eisenbahn- und Reiselektüre – Rekonstruktion und Analyse einer Publikations- und Vertriebsform

Reiselektüre, in speziellen Buchreihen für Eisenbahnreisende auf den Markt gebracht, stellte in der Unterhaltungsliteratur ein besonderes Textkorpus mit ganz spezifischen Produktions-, Distributions- und Rezeptionsformen dar. Bei den *Reise- und Eisenbahnbibliotheken* – als solche bezeichneten die Verleger seit 1850 ihr innovatives Literaturprodukt – handelte es sich um eine für Reisende entwickelte Publikations- wie auch Vertriebsform. Die vom Verleger gewählte Vertriebsform, die gelenkte Buchreihe, also die vom Verleger bereits vorgenommene Lektüreauswahl, unterstrich durch einen Serientitel sowie durch eine einheitliche äußere Ausstattung und Preisgestaltung ihren Reihencharakter.

Als Reisebändchen empfahlen sich einfach ausgestattete, kleinformatige und preiswerte Buchausgaben, deren Verlust oder Verschmutzung während der Reise nicht als allzu schmerzlich empfunden wurde. Damit die Bändchen dem Reisenden, der zu seinem Zug eilte, auf den Verkaufstischen der Bahnhofsbuchhändler ins Auge stachen, achteten die Verleger auf eine bunte, illustrierte und besonders augenfällige Umschlaggestaltung. Mit einer praktikablen Buchausstattung und großer Schrift sollten die mit dem Rütteln des Zuges verbundene Unruhe des Schriftbildes abgemildert werden

Die inhaltliche Zusammenstellung wie auch die äußere Gestaltung von Reiselektüre war von verschiedenen externen Faktoren abhängig, u.a. von der Dauer der Eisenbahnreise und der landschaftlichen Attraktivität der Fahrtstrecke, von der Zusammensetzung des Reisepublikums und ihren Reisemotiven sowie von den Reisezielen. Es handelt sich um eine Publikationsform, die verschiedene literarische Gattungen subsumieren konnte. Die Buchreihen präsentierten ein breites Angebot an unterhaltenden und populärwissenschaftlichen Schriften, z.B. Romane, Kurzprosa, Kriminalnovellen, Humoresken, Reise- und Sensationsberichte, Skandalgeschichten, aber auch historische Abhandlungen. In der Entstehungsphase von Reiselektüre dominierten die belehrend-unterhaltenden Reisebeschreibungen das Angebot; diese traten jedoch in den achtziger Jahren zugunsten der rein belletristischen Unterhaltung in den Hintergrund.

In den Lexika des 19. Jahrhunderts wurden die Termini „Reiselektüre“ und „Reisebibliotheken“ nur sporadisch reflektiert. Das *Deutsche Wörterbuch* von Jacob und Wilhelm Grimm versteht unter Reiselektüre „Lesestoff, der zur Unterhaltung, zum Zeitvertreib auf Reisen dient“, eine „Bibliothek von Büchern auf der Reise zu lesen“.[1] Auch die Konversationslexika der jüngeren Zeit verzichteten auf die Aufnahme der Reisebibliotheken als eigenständiges Lemma. Aufnahme finden hier lediglich die Gattungen Reisehandbuch sowie Reiseliteratur, wobei sich gerade die belletristischen Reisebibliotheken programmatisch von den Reisehandbüchern abzugrenzen versuchten. Nur wenige Konversationslexika der

1 J. u. W. Grimm: Deutsches Wörterbuch, Bd. 8, Sp. 723, 730; vgl. auch Kunze: Von den alten Reisebibliotheken zum modernen Reiseroman, S. 352ff.

Jahrhundertmitte erwähnten im Kontext von Reiseliteratur und Reisebeschreibung die Gattung der Reisebibliotheken als neuartige Erscheinung des Buchmarkts.[2]

Im zeitgenössischen Sprachgebrauch wurde unter „Reisebibliotheken" sowohl die Publikations- und Vertriebsform wie auch feste Behältnisse, die Reiselektüre aufnahmen, verstanden. Die Publikations- und Vertriebsform ist deshalb von den transportablen Reisebibliotheken zu unterscheiden. Die bekanntesten transportablen Reisebibliotheken waren die von Goethe und Napoleon, die ihre Privatlektüre in speziellen Koffern auf längeren Reisen stets mit sich führten.[3]

Außerdem gilt es, die Reisebibliotheken von der literarischen Gattung der Reisebeschreibungen und Reisehandbücher, z.B. den Reiseführern der Verleger Karl Baedeker, Joseph Meyer oder Theobald Grieben, abzugrenzen. Reisebeschreibungen konnten zwar Bestandteil von Reise- und Eisenbahnbibliotheken sein, wiesen aber als Literaturgattung nicht ihre spezifischen äußeren Merkmale auf. Mit Hilfe von Reisehandbüchern konnten sich die Reisenden über die Qualität von Gasthöfen, über Ortsentfernungen und die geografischen und topografischen Besonderheiten der zu bereisenden Region informieren.

Bei der Reihenbezeichnung ist allerdings Vorsicht geboten, denn die Verleger von Reisehandbüchern wie auch von Badeführern warben mit ähnlichen, dadurch irreführenden Serientiteln, z.B. *Lloyds Illustrirte Reisebibliothek* (1857–1861),[4] *Weber's Illustrirte Reisebibliothek* (Leipzig, Weber, 1855–1861),[5] *Grieben's Reisebibliothek. Eine Sammlung praktischer Reise-Handbücher mit Reisekarten und Stadtplänen* (1853–1911, Berlin, Grieben-Verlag, seit 1876 Berlin, Verlag Goldschmidt)[6] oder *Braumüllers Badebibliothek* (Wien, Braumüller Verlag 1863, 1893–1912).[7] 1884 erschien *Feller's Bade- und Reise-Bibliothek*, die offenbar bevorzugt französischsprachige Führer über deutsche Badeorte herausgab. Bei diesen Reihen handelte es sich um informative Reise- und Badeführer. *Braumüllers Badebibliothek* z.B. unterrichtete die Kurgäste über Kur- und Badeorte sowie deren Anwendungsgebiete und die medizinische Qualität der Heilwasser. Intention von belletristischen Reisebibliotheken dagegen war gewöhnlich die literarische Unterhaltung des Reisenden, nicht die Information über den praktischen Reiseverlauf.

---

2 Vgl. z.B. Brockhaus-Konversations-Lexicon (1898), Bd. 13, S. 750; Allgemeine deutschsprachige Real-Encyklopädie für gebildete Stände (1867), S. 406.

3 Napoleons Reisebibliothek umfasste z.B. über 1.000 Titel, die in fünfzehn Koffern untergebracht waren. Die Reisebibliothek war katalogisiert, um die Suche des gewünschten Buches zu erleichtern. Vgl. Meuer: Von Reise-Bibliotheken und alten Reisehandbüchern, S. 19f.; vgl. auch Fischer/Haug: Art. Reisebibliotheken, S. 253f.

4 Lloyd's Illustrirte Reisebibliothek. Bd. 6. Die Westbahn. Von Wien nach Linz. Reisehandbuch für alle Stationen der Kaiserin Elisabeth Westbahn nebst Donaufahrt von Linz nach Wien. Triest: Literarisch-Artistische Abteilung des Österreichischen Lloyd 1859 begleitete den Reisenden auf seiner Reisestrecke und informierte über die historische Entwicklung der Eisenbahn, bot Anschlusszeiten für die Dampfschiffe und Omnibusse inklusive Fahrtarifen und beschrieb die Landschaftsbilder und Sehenswürdigkeiten, die sich im unmittelbaren Umfeld der einzelnen Stationen befanden. Die Beschreibungen wurden mit zahlreichen Abbildungen aufgelockert.

5 Vgl. GV 1700–1911, Bd. 154, 1986, S. 180f.

6 Vgl. ebd. Bd. 50, 1982, S. 212–230.

7 Vgl. ebd. Bd. 19, 1980, S. 383.

Gleichwohl wiesen die frühen Reisebibliotheken noch eine starke Affinität gegenüber den Reisehandbüchern auf. So gaben die Verleger Hofmann und Brockhaus, die das Bedürfnis der Reisenden nach zusätzlicher Sachinformation rechtzeitig erkannten, als Ergänzung einen Anhang mit reisetechnischen Daten heraus. Brockhaus gründete sogar eine zusätzliche Reihe. Mitte der 1850er Jahre gab der Verlag eine Sonderserie mit Reiseatlanten heraus, die hauptsächlich Eisenbahnreisebeschreibungen enthielt, und – vergleichbar den Reiseführern – die für die Reiseplanung und Reisedurchführung notwendigen Sachinformationen beisteuerten. Diese Idee wurde aber von keinem anderen Verleger von Reiselektüre nachgeahmt, zumal der Markt für Reiseführer und Reisehandbücher konkurrenzreich war. Prominentestes Beispiel waren die Reisehandbücher des Koblenzer Verlegers Karl Baedeker, der 1835 mit einem erneuten Abdruck der erstmals 1828 erschienenen *Rheinreise von Mainz bis Cöln, Handbuch für Schnellreisende* von J. A. Klein seine erfolgreiche Reiseführerserie begründete.[8]

Die Erarbeitung von qualitätsvollen Reisehandbüchern, wie sie von Baedeker geboten wurden, war für den Verlag mit Aufwand und hohen Kosten verbunden. Baedeker und seine Mitarbeiter verzichteten auf Informationen aus zweiter Hand, die ihnen nicht verlässlich genug erschienen, und bereisten die Länder und Regionen selbst. Dadurch garantierten sie den Käufern ihres Verlagsprodukts eine hohe Aktualität, eine korrekte Beschreibung aller Sehenswürdigkeiten einer Region oder eines Landes, genaue Angaben über Reisedauer und Reisezeiten sowie über das lokale Gastronomie- und Hotelgewerbe.[9] Für die Verleger von unterhaltender Reiselektüre lohnte sich der mit der Herstellung von Reisehandbüchern verbundene Zeit- und Kostenaufwand nicht; sie überließen deshalb dieses Marktsegment der Konkurrenz.

Die Frage des scharfen und gut lesbaren Schriftbilds – ein wesentliches Erfolgsmoment der Reiselektüre – belebte im ausgehenden 19. Jahrhundert die deutsche Diskussion über die Zweischriftigkeit. Die Entscheidung der Verleger, u.a. auch Reiselektüre, vor allem die Reiseführer und Presseartikel, in Antiqua zu drucken, um den Leserinnen und Lesern im rüttelnden Eisenbahnwaggon das Lesen zu erleichtern,[10] griff in die öffentliche Debatte um die Schriftsprache und Zweischriftigkeit in Deutschland auf dem Sektor der Unterhaltungsliteratur ein.

Der Streit begann in den 1880er Jahren nach Erscheinen der Abhandlung *Das deutsche Schriftwesen und die Notwendigkeit seiner Reform* (1881) von Friedrich Soennecken, die von der Überlegenheit der Antiqua gegenüber der Fraktur ausging.[11] Die Antiqua-Befürworter kritisierten die Fraktur als Hemmnis für die Verbreitung deutscher Bücher im Ausland. Vorteile der Antiqua seien die bessere Lesbarkeit und Schreibbarkeit sowie ihre internationale Verbreitung.[12] Während sich die Befürworter der Antiqua für eine internatio-

8 Vgl. Hinrichsen: Baedeker, ein Name wird zur Weltmarke, S. 21.
9 Ebd. S. 26.
10 Vgl. Bbl. Nr. 128 vom 6. Juni 1911, S. 6778ff, hier S. 6779.
11 Soennecken: Das deutsche Schriftwesen.
12 Vgl. hier Hartmann: Fraktur oder Antiqua, S. 54, 68ff.

nale Orientierung einsetzten, votierten die Gegner für die nationale Abgrenzung und den Erhalt der nationalen Identität.[13]

Die Produzenten von Reiselektüre, die vom internationalen Buchabsatz und deshalb von einem weiten Distributionsradius abhängig waren, beteiligten sich seit 1911/1912 vermehrt an dieser Auseinandersetzung. Unter Rekurs auf die bereits 1866 in Verbindung mit der Eisenbahnlektüre aufgetretene medizinische Auseinandersetzung über mögliche irreparable Augenschäden durch das Lesen während der Reise argumentierten sie mit gesundheitlichen Gründen für die Einführung der Antiqua auf dem Sektor der Gebrauchsliteratur. Die Zeitschrift *Die Umschau* starte 1911 bei 32 deutschen, österreichischen und schweizerischen Leitern von Augenkliniken eine Umfrage, welche der beiden Schriften aus gesundheitlichen Gründen vorzuziehen sei. Das Ergebnis war eindeutig: Siebzehn Augenärzte votierten für die Einführung der Antiqua, und nur zwei Ärzte bekannten sich zu Anhängern der Fraktur.[14] Die in Verbindung mit regen Leseaktivitäten in Eisenbahnen vermehrt auftretenden Kopfschmerzen und Schwindelgefühle bei Reisenden führten schließlich zu der Forderung, eine der populärsten Reiselektüren, nämlich Zeitungen und Zeitschriften, nicht mehr in Fraktur, sondern in Antiqua zu drucken. Dieses Ansinnen wurde von Bahnhofsbuchhändlern und Medizinern gleichermaßen mit besonderem Nachdruck artikuliert.

Als Massenartikel war die Reiselektüre von einer raschen Produktion und Konsumierbarkeit gekennzeichnet. Sie wurde bereits in der Entstehungsphase primär von kommerziellen Faktoren dominiert. Bei den Reise- und Eisenbahnbibliotheken richtete der Verleger die Werbung auf die gesamte Buchreihe aus. Des Weiteren spielten Zeitungen, Zeitschriften und Illustrierte, im 19. Jahrhundert die wirkungsmächtigsten Konkurrenzmedien zum Buch, sowie die zahlreichen Taschen- und Miniaturausgaben eine nicht zu unterschätzende Rolle als literarische Reiseunterhaltung, ohne aber zu den Formen von Reiseserien gerechnet werden zu können. Die Familien- und Unterhaltungszeitschriften waren aber so populär, dass die Produzenten von Reiselektüre um 1900 das Erfolgskonzept übernahmen und spezielle Reiseillustrierte, die neben Fortsetzungsromanen und Feuilleton praktische Reiseratschläge sowie Aktuelles aus der Fremdenverkehrsbranche boten, an den Bahnhöfen und Schiffsanlegestellen auslegten oder über Verkäufer in den Eisenbahnabteilen sowie auf den Dampfschiffen direkt an die Reisenden abgaben.

Innerhalb des hier zu behandelnden Berichtszeitraums von der Mitte des 19. Jahrhunderts bis zum Beginn des Ersten Weltkriegs – in den Vorkriegsjahren wurde in Reihen herausgebrachte Reiselektüre zunehmend von belletristischen Kollektionen und Serienheften verdrängt – unterlag dieses Verlagsprodukt einem Funktionswandel. Die Anbieter von

13 Ebd. S. 80f.

14 Vgl. Bbl. Nr. 128 vom 6. Juni 1911, S. 6779, und Bbl. Nr. 187 vom 16. Juni 1911, S. 7221f. Um 1912/1913 experimentierten Augenärzte mit Probanden die Auswirkungen auf die Lesezeit und die Ermüdbarkeit der Augen bei der Lektüre von Fraktur und Antiqua. Friedrich Soennecken entwickelte für die Internationale Ausstellung für Buchgewerbe und Graphik 1914 in Leipzig einen „Prüfapparat für Schriftdeutlichkeit". Die Probanden waren angehalten, Fraktur- und Antiquatexte aus größerer Entfernung zu lesen. Laut Soennecken zeigte sich, dass für 507 der insgesamt 565 Versuchspersonen die Antiqua besser erkennbar war. Vgl. Hartmann: Fraktur oder Antiqua, S. 73f, 77.

Reiselektüre passten ihre Produkte an die Erfordernisse eines zunehmend organisierten und kommerzialisierten Reisemarktes an. Eine zentrale Frage ist deshalb die nach der Ausbildung eines spezifischen literarischen Unterhaltungsangebots für Reisende, das sich den besonderen Erfordernissen an eine speziell für die vielfältigen Formen von Mobilität entwickelte Gebrauchsliteratur anpasste, z.B. hinsichtlich der Themenwahl, des Schreibrhythmus oder der Textanordnung und -gestaltung.

Die Produzenten der frühen Reisebibliotheken favorisierten je nach Fahrtstrecke Textsorten, die einerseits ein flüchtiges und sporadisches Lesen gewährleisteten und andererseits die Raumwahrnehmung des Eisenbahnreisenden schulten. Es erschienen spezielle Eisenbahnreisebeschreibungen, die dem Reisenden kurzweilige Unterbrechungen des Leseflusses, z.B. durch den wechselnden Blick zwischen Landschaftspanorama und Lektüre, ermöglichten. Diese frühen Reise- und Eisenbahnbibliotheken, z.B. Brockhaus' *Reisebibliothek für Eisenbahnen und Dampfschiffe*,[15] orientierten sich noch stark an der Gattung des literarischen Reiseberichts. Die fortschreitende Erschließung von neuen Regionen für die Eisenbahn, die eklatante Erhöhung des Reiseaufkommens und eine deutliche Reduzierung der Fahrtarife im letzten Drittel des 19. Jahrhunderts im Verbund mit der steigenden Reisegeschwindigkeit bedingten den Funktionswandel von Reiselektüre.

Auf die zunehmende Veränderung der sozialen Zusammensetzung des Reisepublikums reagierten die Produzenten von Reiselektüre mit einem erweiterten Literaturangebot, das vielfältige Lektürepräferenzen eines sozial heterogenen Reisepublikums berücksichtigte. Die Verleger ergänzten seit den 1870er Jahren ihre Reisereihen um ein abwechslungsreiches Angebot an zeitgenössischer Unterhaltungsliteratur, die nicht mehr die Reisesituation oder die bereiste Landschaft zum Thema hatte, sondern von der realen Reiseerfahrung, die als monoton empfunden wurde, ablenkte. Der Blick des Reisenden emanzipierte sich also vom Landschaftspanorama, das mit zunehmender Reisegeschwindigkeit vom Abteilfenster aus nur noch als eine Reihe von Impressionen wahrgenommen wurde, und wandte sich nun einer imaginären Ersatzlandschaft zu.[16] Die Reiselektüre diente fortan der bloßen literarischen Zerstreuung und Befriedigung der durch die Reise geweckten und bislang im Unterbewussten verborgenen Sehnsüchte und Wunschbilder.[17]

Die belehrend-informierende Intention dieses Textkorpus' trat zugunsten einer rein unterhaltenden Funktion in den Hintergrund. Diese Entwicklung setzte bereits in den frühen sechziger Jahren mit der Reihe *Bergson's Eisenbahnbücher* (1861–1866)[18] ein, die neben Reisebeschreibungen auch Sensationsberichte und pikante Skandalgeschichten aus aristokratischen Kreisen aufnahm, und fand ihre Fortsetzung u.a. mit den Reiseserien *Reiselectüre. Sorgenlose Stunden im Kreise beliebter Erzähler* (1874–1882)[19] oder *Goldschmidt's*

15 Reisebibliothek für Eisenbahnen und Dampfschiffe. Leipzig: Verlag F.A. Brockhaus 1856–1861.
16 Vgl. Schivelbusch: Geschichte der Eisenbahnreise, S. 62.
17 Vgl. Radkau: Das Zeitalter der Nervosität, S. 251; Schön: Der Verlust der Sinnlichkeit, S. 167.
18 Bergson's Eisenbahnbücher. Leipzig: Verlag J.A. Bergson 1861–1866.
19 Reiselectüre. Sorgenlose Stunden im Kreise beliebter Erzähler. Stuttgart: Verlag A. Kröner 1874–1882.

Bibliothek für Haus und Reise (1890–1910).[20] Zum bevorzugten Genre innerhalb von Reisebibliotheken entwickelten sich die Kriminalromane, in deren Handlungsmittelpunkt häufig der Eisenbahnmord stand. Bei der Reiselektüre der achtziger und neunziger Jahre handelte es sich allerdings noch immer um nach inhaltlichen Vorgaben gefertigte Arbeiten. Die Verleger lehnten gewöhnlich die bloße Wiederverwertung von literarischen Texten zu diesem Zeitpunkt noch ab.

Nach 1900 favorisierten die Reisenden vermehrt Zeitungen und Zeitschriften als Lesestoff. Neben der belletristischen und populärwissenschaftlichen Unterhaltungsliteratur fanden Presseartikel einen enormen Absatz – eine Leseware, die sich wegen ihrer günstigen Verbindung von Informationsvermittlung und Zeitvertreib als Reiselektüre besonders eignete. In den Vorkriegsjahren wichen die Reiseserien preiswerten, allgemein belletristischen Buchreihen, die sich, wie die Serientitel zeigten, nicht mehr ausschließlich an das Reisepublikum wandten.

4.1 Zur Entstehungsgeschichte der ersten Reisebibliotheken im europäischen Ausland

Die ersten Reisereihen entstanden in England, wo die Industrialisierung und die Entwicklung des Eisenbahnwesens schon in den 1830er/1840er Jahren im innereuropäischen Vergleich am weitesten fortgeschritten waren.

In der frühen Phase der Personenbeförderung durch die Eisenbahn galten in England zunächst Zeitungen als adäquate Reiselektüre, da die zurückzulegende Strecke meist sehr kurz war und der Reisende deswegen Lektüre für allenfalls eine Stunde Reisezeit benötigte.[21] Erst mit der Ausbreitung des Eisenbahnnetzes in England, das auch entfernte Städte miteinander verband, und der Erhöhung des Reiseaufkommens favorisierten die Eisenbahnreisenden eine umfangreichere literarische Reiseunterhaltung. Die Zeitungsverkäufer offerierten jetzt neben ihren Presseartikeln auch preiswerte Bücher, u.a. französische Novellen, „leider ganz unzweideutigen Charakters“, wie ein deutscher Kritiker vermerkte.[22]

Im Sommer 1851 unternahm der englische Journalist Samuel Phillips eine Inspektionsreise mit dem Ziel, das Verkaufsprogramm der Eisenbahnbuchhändler entlang der North Western Railroad zu inspizieren. Er nahm sich vor, jede Woche eine Eisenbahnstation in der Metropole London zu besuchen und die Qualität des Bücher- und Zeitschriftenangebots kritisch zu mustern. Er beobachtete, dass sich immerhin jeder dritte Reisende an der Bahnstation mit Lesestoff versorgte. Über seine Erfahrungen berichtete Phillips in der *Times*. Sein Bericht war ernüchternd:

20 Goldschmidt's Bibliothek für Haus und Reise. Berlin: Verlag Albert Goldschmidt 1890–1910.
21 Vgl. Phillips: The literature of the rail, S. 5f.
22 Vgl. Süddeutsche Buchhändler-Zeitung, Nr. 37 vom 15. September 1851, S. 200f.

> It was a painful and humiliating inspection. With few exceptions, unmitigated rubbish encumbered the bookshelves of almost every bookstall we visited, and indicated only too clearly that the hand of ignorance had been indiscriminately busy in piling up the worthless mass. The purchasers were not few or far between, but the greater their number the more melancholy the scene.[23]

Auf große Resonanz stießen Yellow backs und Paperbacks der Verlage George Routledge, Ward & Lock, Chatto & Windus, Chapman & Hall oder Macmillan & Co.[24] Der Berichterstatter konstatierte, dass die Qualität des Buchangebots je nach Standort variierte. So stellte er im Norden an den North West Terminals erstaunt fest: „we could not get rubbish, whatever price we might offer to pay for it".[25]

Der florierende Handel mit billiger, literarisch aber oft „minderwertiger" Literatur war Ursache für die Gründung von speziellen Eisenbahn- und Reisebibliotheken mit anspruchsvoller Unterhaltungsliteratur. Mit der Übernahme der Bahnhofsverkaufsstände durch den Verlag William Smith & Son verbesserte sich der literarische Zustand an den Bahnhöfen. Smith arbeitete mit ausgebildetem Personal, und neben den obligatorischen Presseartikeln wurden jetzt auch seriöse Buchreihen, wie z.B. Macaulays *Colonial Library*, und Buchnovitäten angeboten. Ein Sketch über die London North West-Eisenbahn unter dem Titel *Stokers and Pokers* verkaufte sich über 2000 Mal.[26]

Der geistige Initiator der Gattung „Reisebibliotheken" war allerdings kein Buchhändler, sondern der englische Essayist und Unterhaltungsschriftsteller Thomas Babington Macaulay, der das Bedürfnis der Reisenden nach literarischer Unterhaltung frühzeitig erkannt hatte. Macaulay gehörte zu den erfolgreichsten Autoren Englands und besaß eine für die Produktion von Reiselektüre unverzichtbare Eigenschaft. Egon Friedell attestierte dem Autor nachträglich „bedeutende Kenntnisse und zugleich die Kunst, sie mitzuteilen. Seine Belehrung ist ebenso nahrhaft wie schmackhaft; seine Werke sind Unterhaltungsliteratur im edelsten Sinne des Wortes".[27]

Macaulay trat an das englische Verlagshaus Thomas Longman heran und regte dieses zur Herausgabe einer Bibliothek nur für Reisende an, die bevorzugt die Texte des Initiators führen sollte.[28] Die Reihe erschien unter dem Serientitel *Traveller Library*[29] und war so erfolgreich, dass Longman auch die Werke anderer Autoren aufnahm, um ein fortlaufendes Erscheinen zu gewährleisten. Die Reisebibliothek Longmans erschien in zwei Serien: Die ersten 88 Bände brachte der Verleger im Jahr 1851 für einen Schilling pro Band auf den Markt, im darauf folgenden Jahr weitere 42 Titel zu einem Preis von zwei Schilling. Die

23 Vgl. ebd. S.17.
24 Vgl. hierzu die mehrbändige Bibliografie von Topp: Victorian Yellowbacks 1849–1905.
25 Phillips: The literature of the rail, S. 17.
26 Ebd. S. 19.
27 Friedell: Kulturgeschichte der Neuzeit, S. 1060.
28 Süddeutsche Buchhändler-Zeitung, Nr. 37 vom 15. September 1851, S. 201.
29 Vgl. [Anonym]: Reiseleben und Reiselektüre, S. 535; Lowndes: The Bibliographer's Manual of English Literatur, Part VI, Nr. 1432. Zum Verlagshaus Longman vgl. Jefcoate: Longman Group, S. 603.

Reihe führte Kurzgeschichten, Essays und Reisebeschreibungen sowie technikhistorische Abhandlungen, z.B. über die Geschichte des Telegrafen oder die Entwicklung der Dampfkraft.[30]

Wenig später, im Jahr 1857, gründete der englische Verleger John Murray die Reisebibliothek *Murray's Railway Reading*. Die Sammlung bot vor allem eine Auswahl von zeitgenössischen Essays, Anthologien und Biografien. Im ersten Jahr erschienen 27 Bände, angekündigt als „published occasionally, varying in size und price, and adapted for all classes of readers".[31] Andere Verlage, z.B. Arthur Hall, Virtuer and Comp., Richard Bentley und George Routledge schlossen sich dieser neuartigen Erscheinung auf dem Buchmarkt mit ihren Reihen *Railway Reading*, *Bentley's Railway Library* und *Railway Library* an.[32] Das Londoner Verlagshaus Simpkin, Marshall and Co. brachte 1857 die Reihe *Run and Read Library* auf den Markt. Hier verrät bereits die originelle Titelwahl die verlegerische Konzeption, die Reisenden als Laufkundschaft anzusprechen und kurz vor Abfahrt des Zuges noch mit unterhaltender Literatur zu versorgen.[33]

Routledge reagierte mit seiner Reisebibliothek auf die zunehmenden Klagen der Reisenden sowie der Eisenbahngesellschaften über den Vertrieb von literarisch wenig qualitätvollen Heftromanen und Groschenheften durch nicht legitimierte Händler, die während der Eisenbahnfahrt oder an den Bahnsteigen und in den Wartehallen ihre Ware anboten.[34] Routledges Reihe erfuhr enorme Resonanz, wobei vor allem die Aufnahme amerikanischer Schriftsteller von der Leserschaft sehr begrüßt wurde. Der Verleger kaufte systematisch die Nachdruckrechte englischer und amerikanischer Verlage auf. Auf diese Weise konnte er z.B. die Werke von Edward G.E.L. Bulwer-Lytton, Walter Scott, James Fenimore Cooper, James Grant, Jane Austen oder die des irischen Novellisten William Carletar in seine Eisenbahnbibliothek aufnehmen.[35] James Grants *Romance of War* avancierte zum Bestseller seiner Reisebibliothek. Routledge kaufte nach diesem Erfolg weitere Rechte an den Werken *The Aidede Camp*, *The Scottish Cavalier* und *Second to None* auf und zahlte an den Autor James Grant immense Honorare.[36] 1878 gelang Routledge die Übernahme der Verlagsrechte an den Werken Charles Dickens', die bislang bei Chapman & Hall erschienen waren. Diese legalisierte Form der „literary piracy", ein amerikanisches Modell von Raubdruckdistribution, ermöglichte den Verlegern von Reisebibliotheken durch den Erwerb von Nachdruckrechten die Aufnahme gewinnträchtiger ausländischer Autoren in ihre Buchreihen.

30 Lowndes: The Bibliographer's Manual of English Literature, Part VI, Nr. 1432.
31 Vgl. Low: Index to the British Catalogue of Books, S. 331.
32 Vgl. Colby: What The Who Rides May Read, S. 300–306; Maxwell: Life and Times, S. 85ff; Mumby: The House of Routledge, S. 34ff, 57ff, 139ff.
33 Vgl. Low: Index to the British Catalogue of Books, S. 137, 147, 216f.
34 Vgl. Schick: The Paperbound Book in America, S. 10f.
35 Vgl. Mumby: The House of Routledge, S. 39–48.
36 Ebd. S. 102f.

Einen flächendeckenden Vertrieb im gesamten England sicherte Routledge durch ein Netz von Agenten, die das Verlagsprogramm an sämtlichen Eisenbahnstationen anboten.[37] Die *Railway Library* umfasste innerhalb weniger Jahre über 1.000 Bände, die bis 1898 nochmals deutlich an Volumen zunahm. Die Eisenbahnbibliothek erschien bis 1914 unter dem seit 1898 geänderten Titel *Florentin Library* und wurde mit Kriegsbeginn in eine Feldbücherei umfunktioniert.[38] Neben der Reihe *Railway Library* gab Routledge ebenfalls mit großem Erfolg die *Parlour Library* heraus, die ebenfalls über den Bahnhofsbuchhandel abgesetzt wurde. In den achtziger Jahren startete Routledge seine Serie *National Library* für drei Pences pro Band als Broschur und sechs Pences als Hardcover-Ausgabe. Die Auflage der jeweiligen Titel erreichte bis zu 30.000 Exemplare.[39]

Auch das Verlagshaus William Henry Smith & Son gab seit 1862 eine Low-Cost-Edition heraus, die marktgängige englische und amerikanische Novellen und Erzählungen führte. Die Reihe, die ebenfalls für das reisetypische „Quick Reading" für Kurzstrecken konzipiert war, erlebte ähnlich Routledges Projekt einen großen Erfolg.[40]

Im Unterschied zu den französischen und deutschen Reihen planten die englischen Verlagsunternehmen Longman, Murray, Bentley, Smith oder Routledge anfangs keine in regelmäßiger Folge erscheinende Fortsetzungsreihe mit einheitlicher Einbandgestaltung, sondern eine lockere Zusammenstellung von zeitgenössischer Unterhaltungsliteratur, mit unterschiedlichem Buchformat sowie individueller Einband- und Preisgestaltung. Im Gegensatz zu den französischen und deutschen Reihen handelte es sich hier also noch um keine organisierte Reiselektüre im eigentlichen Sinne. Lediglich der einheitliche Serientitel erlaubte eine Zuordnung zu der Publikations- und Vertriebsform der Reise- und Eisenbahnbibliotheken.

Zudem orientierten sich die englischen Verleger von frühen Eisenbahnbibliotheken bei der Titelzusammenstellung nicht primär an den besonderen Lektürepräferenzen eines reisenden Lesepublikums, sondern wählten auch schwer gangbare Artikel aus den eigenen Verlagsprogrammen, die, als Reiselektüre angekündigt, einen deutlich günstigeren Absatz erwarten durften. So war die Aufnahme eines Buchtitels in die Reisebibliothek häufig auch und gerade eine werbestrategische Maßnahme.

Vor dem Hintergrund einer industriellen Produktion von Reiselektüre geriet diese in England bereits zu einem sehr frühen Zeitpunkt in Verruf. Ein Kritiker polemisierte bereits im September 1849 in *The Dublin University Magazine* gegen die Serienproduktion und verwarf die Reisebibliotheken als Sammlung frivoler und vulgärer Unterhaltungsschriften.[41]

---

37 Ebd. S. 63.
38 Ebd. S. 140.
39 Vgl. Schick: The Paperbound Book in America, S. 12.
40 Vgl. Colby: What the Who Rides May Read, S. 302f.
41 [Anonym]: Railway Literature, S. 280ff; vgl. auch Süddeutsche Buchhändler-Zeitung, Nr. 37 vom 15. September 1851, S. 201.

Nahezu zeitgleich entstanden auch in Frankreich die ersten Reisebuchserien. 1854 konzipierte z.B. Louis Hachette, Frankreichs bedeutendster Verleger von Schulbüchern und Lexika im ersten Drittel des 19. Jahrhunderts, eine Buchreihe mit dem Titel *Bibliothèque des chemins de fer*, eine Sammlung von handlichen und preiswerten Bänden mit unterhaltender und belehrender Intention.[42] Diese *Bibliothèque des chemins de fer* unterschied sich von den englischen Konkurrenzunternehmen durch ihre durchdachte Reihenkonzeption. Die konzeptionelle Gestaltung dieser Reisebibliothek sah die Produktion von preiswerten und handlichen Ausgaben vor, die sich durch eine einheitliche Preisgestaltung und äußere Ausstattung als Fortsetzungsreihe auswiesen. Ein Verlagsprospekt informierte über die inhaltliche Zusammenstellung des Angebots. Geplant waren sieben Werkkategorien, die sich durch verschiedenfarbige Einbände unterschieden. Die innovative Idee der Farbordnung nach Sachgebieten übernahmen in den 1930er Jahren die ersten Taschenbuchserien, u.a. die *Penguin Books* (1935).

Hachettes Programm umfasste insgesamt 17 Reise- und Fremdenführer, 53 historische Reiseberichte, 18 französische Romane und Erzählungen, elf Übersetzungen fremdsprachiger Literatur, unter ihnen Werke von Nikolai Gogol und Edgar Allan Poe, sowie vier Kinderbücher. Die große Resonanz auf seine Eisenbahnbibliothek ermutigte Hachette zur Projektierung einer weiteren Reihe. Bereits 1854 plante er eine wöchentlich erscheinende Serie *Le Nouvelliste des Chemins de fer*, die Kursbücher, Romane und Novellen, Städtebeschreibungen, Kunst- und Denkmalführer, Theaterstücke, Reisebeschreibungen und Entdekkungsberichte aufnehmen sollte. Doch die für den 1. April 1854 angekündigte erste Nummer erschien nicht.[43] Die Gründe waren nicht zu rekonstruieren; möglicherweise befürchtete der Verleger, dass bei der Einführung einer neuen, konkurrierenden Reihe im selben Verlag der Absatz der *Bibliothèque des chemins de fer* zurückgehen könnte.

Doch nicht nur in England und Frankreich, auch in den anderen europäischen Ländern sowie in den Vereinigten Staaten entstanden Reisebibliotheken. Bei dem Brüsseler Verleger Vandrauwera erschien um 1850 eine *Bibliothèque des chemins de fer. Bibliothèque diamant* in Miniaturformat, die Reisebeschreibungen, Memoiren, Biografien, Theaterstücke, historische Werke und Sonderabdrucke aus englischen und französischen Revuen beinhaltete. Vergleichbare Reihen existierten in Italien und Russland. Eine russische Reisebibliothek umfasste über einhundert Bände, darunter vor allem Übersetzungen aus dem europäischen Ausland.[44] In Schweden entstanden Billigbuchserien mit den Titeln *Jernvägsbibliotek* (d.h. *Railway Libraries*) und *Steamboat libraries*.[45] Sogar indische Verleger griffen die Idee von serieller Reiselektüre auf. In der sechsbändigen Reihe *Indian*

42 Vgl. Mistler: La Librairie Hachette, S. 122ff. und die jüngst erschienene Dissertation von Eileen S. DeMarco Reading and Riding.

43 Mistler: La Librairie Hachette, S. 130.

44 [Anonym]: Reiseleben und Reiselektüre, S. 536.

45 Vgl. Svedjedal: The Literary Web, S. 36.

Railway Library (Verlag A. H. Wheeler, Kalkutta) kamen 1888 die Erzählungen Rudyard Kiplings heraus, der zu diesem frühen Zeitpunkt allerdings noch nicht so populär war.[46]

Die Entstehung von Reiselektüren um die Mitte des 19. Jahrhunderts war demnach ein internationales Phänomen. Ein Blick in die zeitgenössischen Bücherkataloge oder in das *Gesamtverzeichnis des deutschsprachigen Schrifttums 1700–1910* bestätigt, dass mit der Massenwirksamkeit von Eisenbahnen und der Zunahme des Reiseaufkommens auch in Deutschland eine Produktionswelle von Reiselektüre ausgelöst wurde. Nur wenige Verleger ließen sich die finanziell so lukrative Möglichkeit entgehen, an dieser neuartigen Nachfrage erfolgreich zu partizipieren.

4.2 Deutsche Folgeprojekte seit dem Ende der 1850er Jahre

Als eine der frühesten deutschen Eisenbahnbibliotheken darf die schon 1840 erschienene *Bibliothek für Reisende auf Eisenbahnen, Dampfschiffen und Eilwagen* angenommen werden, die sich aber mit dem Hinweis auf den Eilwagen auch noch an die Nutzer der herkömmlichen Verkehrsmittel wandte.[47] Andere Verleger folgten: So gab z.B. der Leipziger Verlag Otto Wigand um die Jahrhundertmitte eine Kriminalreihe für Reisende heraus, über die Karl Gutzkow in einer Sammelrezension in den *Unterhaltungen am häuslichen Herd* berichtete.[48] Der Kritiker hielt aber weder die gebotene Literaturauswahl noch die äußere Gestaltung für zweckmäßig; so waren z.B. die Texte für den Eisenbahnreisenden zu klein gedruckt. Handelte es sich bei der *Bibliothek für Reisende auf Eisenbahnen, Dampfschiffen und Eilwagen* und der Reihe von Wigand noch um singuläre Projekte, erlebten die Reise- und Eisenbahnbibliotheken im Laufe der zweiten Hälfte des 19. Jahrhunderts auf dem deutschen Buchmarkt einen bemerkenswerten Aufschwung. Es erschienen zahlreiche Buchreihen speziell für Eisenbahn- und Schiffsreisende; die Verleger verwiesen in den Serientiteln auf die Zielgruppe sowie auf den neuen Leseort. Einige Beispiele seien hier exemplarisch genannt:[49]

Humoristische Eisenbahn- und Reise-Bibliothek (Verlag A. Hofmann & Comp., Berlin, 1853–1896)

Conversations- und Reisebibliothek (Leipzig, Verlag Carl Berendt Lorck, 1855–1857)

Lorck's Eisenbahnbibliothek (Leipzig, Verlag Carl Berendt Lorck, 1858–1860)

---

46 Vgl. Brown: Reading the West, S. 20f, sowie Galle: Populäre Lesestoffe, S. 33.

47 Vgl. Galle: Populäre Lesestoffe, S. 30. Galle nennt diese Reihe ohne weitergehende bibliografische Angaben. In den zeitgenössischen Bücherkatalogen ist diese frühe Reisebibliothek nicht verzeichnet.

48 Unterhaltungen am häuslichen Herd, Bd. 3, Nr. 51, 1855, S. 815f. Die Reihe des Verlegers Otto Wigand konnte bislang bibliographisch noch nicht nachgewiesen werden.

49 Die Verfasserin plant eine Bibliografie aller in Deutschland erschienenen Reise- und Eisenbahnbibliotheken; insofern kann die Auflistung keinen Anspruch auf Vollständigkeit erheben, zumal zum jetzigen Zeitpunkt teilweise auch rudimentäre Daten zu den einzelnen Reise- und Eisenbahnbibliotheken noch fehlen.

Bergson's Eisenbahnbücher (Leipzig, Verlag Bergson und Soneberg, 1861–1866)

Reisebibliothek für Eisenbahnen und Dampfschiffe (Leipzig, Verlag Friedrich Arnold Brockhaus, 1856–1861)

Rheinische Reisebibliothek für Dampfschiffahrt und Eisenbahn (Koblenz, Verlag Rudolf Hergt, 1859)

Auf der Reise (Hannover, Verlag Carl Rümpeler, 1859)

Rheinische Reise-Bibliothek für Dampfschiffe und Eisenbahn (Koblenz, Verlag Rudolf Friedrich Hergt, 1859–1861)

Deutsche Reisebibliothek (Berlin, 1861–1864)

Dampfwagenbibliothek. Amüsante Lektüre für müßige Leute auf Reisen (Rheinische Verlagsanstalt, 1861–1862)

Eisenbahn-Unterhaltung (Berlin, Gustav Behrend-Verlag, 1863–1882)

Humoristica für Salon und Waggon – Skizzen und Schilderungen aus dem Berliner Leben (Berlin, Grothe-Verlag, 1863–1867)

Deutsche Eisenbahn- und Unterhaltungsbibliothek (Leipzig, Minde-Verlag, 1869)

Bibliothek von Eisenbahn-Novellen (Berlin, Verlag Albert Goldschmidt, 1869)

Unterwegs und Daheim (Leipzig, Purfürst-Verlag, 1864–1867)

Unterhaltungs-Bibliothek für Reise und Haus (Jena, Costenoble-Verlag, 1870–1890)

Reiselectüre. Sorgenlose Stunden im Kreise beliebter Erzähler (Stuttgart, Adolf Kröner, 1874–1882)

Hamburger Reise-Bibliothek (Hamburg, 1876)

Im Coupé. Lindau's Reisebibliothek (1880–1882)[50]

Bagel's Haus- und Reisebibliothek (Mühlheim an der Ruhr, Verlag Julius Bagel,

1882–1912)

Unterhaltung im Eisenbahn-Waggon (Westpreußen, Lambeck Verlag, 1883)

Unterwegs (Leipzig, Werther-Verlag, 1887–1890)

Eckstein's Reisebibliothek (Berlin, Eckstein-Verlag, 1887–1901)

Für's Coupe (Berlin, J.H. Schorer/Leipzig: Paul List, 1889–1890)

---

50 Vermutlich im Verlag Bartholomäus, Erfurt.

Goldschmidt's Bibliothek für Haus und Reise (Berlin, Verlag Albert Goldschmidt, 1890–1910)

Jüngst's Haus- und Reisebibliothek (Weimar, Jüngst & Comp., 1890–1891)

Deutsche Haus- und Reise-Bibliothek (Nauen, Verlag Max Freyhoff, 1892)

Pudor's Reise-Bibliothek (Berlin, Verlag Pudor, 1895)

Neufeld's Reisebibliothek (Berlin, Neufeld & Henius, 1896–1898)

Reclam's Unterhaltungs-Bibliothek für Reise und Haus (Leipzig, Verlag Philipp Reclam, 1899–1901)

Interessante Bibliothek. Sammlung spannender Romane und Novellen für Reise und Haus (Leipzig, Zöphel-Verlag, 1905–1913)

In den 1860er/1870er Jahren versuchten zunehmend auch kleinere Verlagsunternehmen an der Nachfrage nach Reiselektüre teilzuhaben und gingen mit eigenen Reisereihen auf den Markt, die sie aber wegen der schärfer werdenden Konkurrenz oftmals schon nach der Herausgabe von drei bis vier Bänden wieder einstellen mussten. Alle Anbieter von Reisereihen bemühten sich um eine käuferfreundliche Preisgestaltung: Die gebundenen Einzelbände kosteten je nach Umfang und Ausstattung zwischen dreißig Pfennig und einer Mark. Die beliebtesten literarischen Gattungen waren Novellen, Anekdoten, Kriminalgeschichten, Witz- und Scherzsammlungen sowie Humoristika, die sich gerade wegen ihrer Textkürze als Reiselektüre besonders gut eigneten. Die Reisenden konnten sich Lesepausen gönnen, ohne die Lektüre eines spannenden Romans unterbrechen zu müssen.

Eine wichtige Voraussetzung für die Etablierung von neuen Reisereihen waren intensive Kontakte zu populären Unterhaltungsliteraten. Die Verleger warben häufig bekannte Schriftsteller aus werbestrategischen Überlegungen als Herausgeber ihrer Reisebibliothek, damit deren Namen bereits werbewirksam auf dem Titelblatt erscheinen konnten. Es war nicht ungewöhnlich, dass Autoren auf diese Weise ihren Namen vermarkteten, ohne eigentliche Herausgebertätigkeiten wahrzunehmen. Verlage, die im Besitz von Familien- und Unterhaltungsblättern waren, verfügten hinsichtlich der Autorenkontakte über eine günstigere Ausgangsposition als kleine Verlage. Viele Verleger von Reiselektüre legten ihren Produktionsschwerpunkt bereits von Anbeginn an auf die Herstellung von belletristischen Kollektionen und befanden sich dadurch auch im Besitz der Autorenrechte von viel gelesenen Schriftstellern.

Auch der Sitz des Verlagshauses spielte eine nicht unbedeutende Rolle: Verlagsunternehmen, die ihre Niederlassung in den Zentren der industriellen Literaturproduktion hatten, profitierten vom literarischen Leben in den Großstädten, von der vorhandenen Infrastruktur und den günstigen Transportbedingungen. Die Rekrutierung von namhaften Autoren war deshalb vor allem in den literarischen Metropolen Deutschlands Erfolg versprechend. Das Gros der Reisebibliotheken erschien daher in Berlin und Leipzig. Den kleineren, weniger kapitalstarken Verlagen gelang es dagegen kaum, auf dem Reisemarkt Fuß zu fassen. Dennoch gab es zahlreiche Versuche: So erschienen z.B. im Koblenzer Verlag Rudolf Friedrich Hergt zwischen 1859 und 1861 in der *Rheinischen Reise-Bibliothek für Dampfschiff und Eisenbahn* die Bände *Die Mosel-Lieder* von Wilhelm von Waldbrühl (1859) und *Siebenundfünfziger. Ein Lied vom Rhein* von Theodor Meurer (1861); die Reihe *Humoristica für Salon und Waggon – Skizzen und Schilderungen aus dem Berliner Leben* brachte es zwischen 1863 und 1867 allerdings nur auf drei Bände. Ähnlich erging es der Reisebibliothek *Für Haus und Reise* des Erfurter Verlegers Körner, in der 1889 nur ein Band erschien. Für eine Mark konnten die Käufer mysteriöse Geschichten und Kriminalerzählungen erwerben. Trotz der Aufnahme der unter Reisenden so beliebten Kriminalromane gelang es der Reihe nicht, sich auf dem Markt durchzusetzen.

Noch vor der Gründungswelle von organisierter Reiselektüre entstanden diverse, nicht als Fortsetzungsreihe konzipierte Bahnbändchen, die sich einer werbewirksamen Titelwahl bedienten, indem sie ihre Bücher als Eisenbahnlektüre deklarierten. So erschienen bereits 1838 in dem Wiener Verlag Anton Mausberger die *Humoristisch-satirische Eisenbahn von Laune bis Heiterkeit. Bestehend aus Witz- und Lachschienen, nebst einem Dampfwagen voll rätselhafter Passagiere und einem Packwagen, belastet mit neuen Parodien* – der Band bot Witze, Scherze, Anekdoten, Epigramme und Parodien – sowie 1842 Johann Christian Schneemanns *Labe-Becher für Fahrlustige. Die launige Locomotive oder der lustige Gesellschafter auf der Eisenbahn zur Erheiterung im Dampfwagen* im Verlag F.W. Goedsche in Meißen.[51]

Bei der *Unterhaltende[n] Reise-Lectüre. Abentheuer, Schicksale, Freuden und Leiden auf Land- und Seereisen*, die 1836 im Verlag Friedrich Campe in Nürnberg erschien,[52] handelte es sich um eine mehrbändige Sammlung von authentischen wie auch historischen Reisebeschreibungen, deren Berichtszeitraum jedoch endete, bevor die Eisenbahn für das Reisen an Bedeutung gewann. Campe, dessen verlegerischer Schwerpunkt auf der Produktion von Reiseliteratur lag, beschrieb in der Vorrede des ersten Bandes seine Textsammlung werbend als Reisebibliothek, die Jugendlichen und Erwachsenen gleichermaßen zur Unterhaltung und Belehrung dienen sollte.[53] Nicht nur die eindeutige Titelwahl und die geplante Reihenkonzeption, sondern auch das handliche Buchformat und die billige Einbandgestaltung prädestinierten diese Reihe als Eisenbahnlektüre. Die Textauswahl sowie die Illustration auf dem Bucheinband – ein Segelschiff auf offener See – deuten jedoch darauf hin, dass diese Reiselektüre noch primär als literarische Wegbegleitung für die traditionellen Reiseformen per Kutsche und Schiff konzipiert worden war. Dennoch scheint es nicht verwunderlich, dass diese frühe Reisebibliothek in der Stadt erschien, in der 1835 die erste

51 Johann Christian Schneemann: Labe-Becher für Fahrlustige. Die launige Locomotive oder der lustige Gesellschafter auf der Eisenbahn zur Erheiterung im Dampfwagen. Meißen: Verlag F.W. Goedsche 1842. Vgl. Klinckowstroem: Die älteste Eisenbahnlektüre, S. 1265f.

52 Unterhaltende Reise-Lectüre: Abentheuer, Schicksale, Freuden und Leiden auf Land- und Seereisen. Nürnberg: Campe 1836.

53 Vgl. Unterhaltende Reise-Lectüre, Bd. 1, S. 3f.

Eisenbahnstrecke Deutschlands zwischen Nürnberg und Fürth eingeweiht wurde. Wegen des noch geringen Reiseaufkommens in der ersten Hälfte des 19. Jahrhunderts blieb Campes Verlagsprojekt vorerst ohne Nachfolge und scheint auch nach 1836 nicht fortgesetzt worden zu sein.

Aber auch außerhalb von Buchreihen erscheinende Reiselektüre konnte noch im letzten Drittel des 19. Jahrhunderts beachtliche Erfolge erzielen. So erschien 1870 die *Heitere Coupé-Lecture für Eisenbahn-Reisende*[54] mit einem Umfang von knapp 150 Seiten. Als Bestseller der Eisenbahnlektüre entwickelte sich Oscar Blumenthals Titel *Für alle Wagen & Menschen-Classen. Plaudereien von Station zu Station. I. Classe*, erschienen 1875 bei Ernst Julius Günther in Leipzig.[55] Auch religiöse Vereinigungen erkannten schnell die Vorzüge dieser erfolgreichen Publikationsform: Der Hauptverein für christliche Erbauungsschriften brachte schon in den 1850er Jahren den *Reisepsalter* auf den Markt, der bis 1890 56 Auflagen erlebte; ergänzend dazu erschien 1853 die *Reiseharfe*, ein Melodiebüchlein zum *Reisepsalter*.[56]

Im Folgenden werden fünf repräsentative Reise- und Eisenbahnbibliotheken, die wegen ihrer gut dokumentierten Entstehungsgeschichte, ihrer Erscheinungsdauer und ihres Verbreitungsgrads für eine exemplarische Darstellung geeignet sind, auf ihre inhaltlichen und äußeren Merkmale hin untersucht. Der für den Berichtszeitraum konstatierte Funktionswandel von Reiselektüre und die Anpassung dieser Textsorte an die speziellen Lesebedürfnisse von Reisenden sollen am Beispiel der Buchreihen *Humoristische Eisenbahn- und Reise-Bibliothek* (1853–1896), *Conversations- und Reisebibliothek* und *Lorck's Eisenbahnbibliothek* (1855–1857, 1858–1860), *Reisebibliothek für Eisenbahn und Dampfschiffe* (1856–1861), *Reiselectüre. Sorgenlose Stunden im Kreise beliebter Erzähler* (1874–1882) sowie *Reclams Unterhaltungs-Bibliothek für Reise und Haus* (1899–1901) aufgezeigt werden. Ein abschließendes Augenmerk richtet sich auf die bereits 1840 gegründete Tauchnitz-Edition, die sich in den 1850er Jahren zu einem der erfolgreichsten Verlagsprodukte des Bahnhofsbuchhandels entwickelt hatte.

4.2.1 „Humoristische Eisenbahn- und Reise-Bibliothek" (1853–1896)

In der 1845 in Berlin gegründeten Sortiments- und Verlagsbuchhandlung Gregor Heinrich Albert Hofmann erschien seit 1848 die ungewöhnlich erfolgreiche politisch satirische Zeitschrift *Kladderadatsch* (1848–1944), die dem Verlagsunternehmen über die deutschen Grenzen hinaus eine besondere Popularität bescherte.[57] Die beiden Figuren Schultze und

54 Jocosus Versifer: Heitere Coupé-Lecture für Eisenbahn-Reisende. Quedlinburg: Verlag Basse 1870.

55 Oscar Blumenthal: Für alle Wagen & Menschen-Classen. Plaudereien von Station zu Station. I. Classe. Leipzig: Verlag Ernst Julius Günther 1875. Vgl. auch Literatur im Industriezeitalter, Bd. 1, S. 86f.

56 Vgl. die bibliografischen Angaben in Heinsius: Allgemeines Deutsches Bücher-Lexicon, Bd. 5, S. 179 und Bd. 13, S. 256; Kayser's Vollständiges Bücher-Lexikon, Bd. 20, S. 322 und Bd. 28, S. 397.

57 Gregor Heinrich Albert Hofmann wurde am 8. März 1818 in Berlin geboren. Nach seiner Ausbildung zum Buchhändler war er als Mitarbeiter der Unterhaltungszeitschrift Unser Planet tätig. 1840 wechselte er als Buchhandelsgehilfe in die Simion'sche Verlagsbuchhandlung über, die auch die Werke

Müller, die seit 1848 im *Kladderadatsch* eine feste Rubrik hatten, gehörten zu den populärsten Titelfiguren in der satirischen Publizistik in Deutschland. Insofern waren sie für eine Kommerzialisierung, die der Verlag durch eine systematische Wiederverwertung mit Nachdruck betrieb, besonders gut geeignet. Mit der erfolgreichen Etablierung des *Kladderadatsch* auf dem deutschen Buchmarkt prosperierte auch das Verlagsunternehmen. Der große Erfolg seines Satireblattes ermutigte Hofmann zur Gründung weiterer Zeitschriften, für die er namhafte Schriftsteller gewann. 1853 gründete er das Organ *Berliner Feuerspritze*; die Redaktion übertrug er Ernst Kossak und Rudolf Löwenstein. 1856 erschien das Blatt unter der Regie Adolf Glaßbrenners mit dem Titel *Berlin, eine illustrirte Montagszeitung*. Der politisch progressive Verleger, dessen Verlagsschwerpunkt auf den Werken des Vormärz lag, war außerdem auf dem Gebiet der Volksbildung aktiv. 1852 gründete er z.B. die preiswerte Reihe *Classiker des In- und Auslandes*, die bis 1870 erschien und es auf insgesamt 77 Bände brachte.

Hofmann erkannte als einer der ersten Verleger Deutschlands im Reisepublikum eine attraktive Zielgruppe für seine Verlagsprodukte. Schon um die Jahrhundertmitte erschienen die ersten Reiseabenteuer der Protagonisten Schultze und Müller in der Reihe *Humoristische Reisebilder*; das handliche Format und die leuchtend gelbe, illustrierte Umschlaggestaltung der Einzelbände wiesen sie als Reiselektüre aus. Die Reihe schien erfolgreich, denn einer der Eröffnungsbände, *Schultze und Müller am Rhein von Cöln bis Mainz,*[58] konnte schon 1852 in zweiter Auflage erscheinen. Bei den *Humoristische[n] Reisebildern* handelte es sich primär um eine belletristische Reihe, die der Verleger aber um einen Anhang ergänzte, der wichtige reisetechnische Informationen bot. Die mehrseitige Beilage lieferte eine kurze Beschreibung der bereisten Städte oder Regionen, Stadtpläne, aber auch Eisenbahn- und Dampfschiffverbindungen sowie Fahrtariftabellen und Hotelempfehlungen. Hofmann appellierte an seine Leser, dem Verlag ihre Reiseerfahrungen mitzuteilen, damit er im Falle einer Neuauflage die Informationen ergänzen oder korrigieren konnte.[59]

Ergänzend zu den *Humoristische[n] Reisebildern* gab Hofmann 1853 eine weitere Reihe heraus, die *Humoristische Eisenbahn- und Reise-Bibliothek.* Die Neugründung, die explizit auf das neue Verkehrsmittel hinwies, entstand aus wirtschaftlichem Kalkül; die modische Namengebung wirkte verkaufsfördernd. Verschiedene Reiseberichte, die vormals in den *Humoristische[n] Reisebilder[n]* erschienen waren, druckte Hofmann in seiner *Humoristische[n] Eisenbahn- und Reise-Bibliothek* erneut ab. So erschien z.B. der 1855 bereits in den *Humoristische[n] Reisebilder[n]* publizierte Band *Schultze und Müller in Paris*

von Adolf Glaßbrenner verlegte. 1845 erfolgte schließlich die Gründung seines eigenen Unternehmens. Zur Verlagsgeschichte vgl. Koch: Der Teufel in Berlin, S. 332f, sowie Koch: Grobe Wahrheiten – wahre Grobheiten, S. 317f.

58 Schultze und Müller am Rhein von Cöln bis Mainz. Humoristische Reisebilder. Mit 44 Illustrationen. Berlin: A. Hofmann ^{2}1852.

59 Vgl. [Anonym]: Schultze & Müller am Rhein. Berlin: A. Hofmann 21852; [Anonym]: Schultze & Müller im Harz. Humoristische Reisebilder. Mit 30 Illustrationen von Wilhelm Scholz. Berlin: A. Hofmann 1853, oder [Anonym]: Schultze & Müller im Riesengebirge. Humoristische Reisebilder. Mit 30 Illustrationen von Wilhelm Scholz. Berlin: A. Hofmann 1854.

während der Industrie-Ausstellung drei Jahre später ein zweites Mal in der Reisebibliothek.[60] Absatzfördernd waren auch die Illustrationen, die von Mitarbeitern des *Kladderadatsch* stammten und Markenzeichen des Verlags wurden.

Die kleinformatigen Broschüren mit einem durchschnittlichen Seitenumfang von fünfzig bis maximal hundert Seiten waren für zehn Silbergroschen erhältlich. Jedes Heftchen enthielt zahlreiche Holzschnitte, die der Berliner Karikaturist Wilhelm Scholz (1824–1893) angefertigt hatte.[61] Das leicht kolorierte Titelblatt blieb über viele Jahre ebenso unverändert wie die Titelhelden Schultze und Müller, deren Geschichten entweder im Harz, im Riesengebirge, auf der Leipziger Messe, im Orient oder in anderen Ländern spielten. Die Bändchen hatten stets tagespolitische Geschehnisse zum Thema. Mit dem Ausbruch des Deutsch-Französischen Krieges verlagerte Hofmann das Handlungsgeschehen kurzerhand in das Kriegsgebiet; der Band erschien unter dem Titel *Schultze und Müller auf dem Kriegsschauplatz*. Die Schultze-Müller-Abenteuer wurden im Laufe der Jahre um absatzträchtige Kriegsberichte sowie Polizei- und Kriminalgeschichten erweitert. Die Kommerzialisierung der so populären Figuren Schultze und Müller und ihre Wiederverwertung in der *Humoristische[n] Eisenbahn- und Reise-Bibliothek* war wirtschaftlich gesehen ein kluger Schachzug Hofmanns.

Es erscheint nur konsequent, dass Albert Hofmann, der sich schon früh als linksliberaler Verleger profiliert hatte, sich als einer der Ersten dem neuen Medium der organisierten Reiselektüre zuwandte, zumal die repressive Pressepolitik in Preußen seit den 1850er Jahren die Herausgabe gerade von politischen Verlagsartikeln außerordentlich erschwerte. Das schnelle Umschwenken auf eine politisch noch unverdächtige Publikationsform lag deshalb nahe.

Die Entscheidung für den Wiederabdruck der Müller-Schultze-Gespräche besaß somit neben den ökonomischen Erwägungen auch eine politische Dimension.[62] Hofmann setzte hier ganz gezielt auf eine erfolgreich auf dem Buchmarkt etablierte Publikations- und Vertriebsform für die Übermittlung von politischen Inhalten. Insofern hatte die Reiselektüre als ein sehr lesernahes Medium wenigstens in ihrer Entstehungsphase auch eine nicht zu unterschätzende politische Tragweite. Die Literaturgattungen „Reisebericht“ und „Reisebilder“ – diese stellten den größten Anteil in der *Humoristische[n] Eisenbahn- und Reise-Bibliothek* – wurden ganz bewusst für die Vermittlung zeitpolitischer Einschätzungen und Kommentare genutzt.

Schon das Attribut „humoristisch” im Reihentitel implizierte eine politische Intention. Adolf Glaßbrenner hatte bereits 1848 auf die zunehmende Politisierung des Humors verwiesen. Er interpretierte den Humor an sich als geistige Haltung, die durch Satire und Karikatur eine politische Bedeutung gewann: „Der Berliner Witz hatte sich zum Humor erho-

60 Schultze und Müller in Paris während der Industrie-Ausstellung. Humoristische Reisebilder. Mit 26 Illustrationen von Wilhelm Scholz. Berlin: A. Hofmann 1855; sowie Schultze & Müller in Paris. Berlin: A. Hofmann 1858 (Humoristische Eisenbahn- und Reise-Bibliothek).

61 Vgl. Galle: Eisenbahnliteratur, S. 7f.

62 Vgl. auch Haug: Die politische Dimension von Eisenbahnlektüre, S. 125ff.

ben, bevor er die Barrikaden errichtete. Seine Tiefe ist Kraft, geistige Klugheit, seine Pointe die Freiheit".[63] Im Gegensatz zur Satire, die soziale Missstände und gesellschaftliche Widersprüche unverhohlen anprangerte, handelte es sich beim Humor allerdings um eine heiter optimistische Einschätzung der gesamtpolitischen Lage. Dennoch war der Humor ein geeignetes Stilmittel, um sich den gesellschaftlichen Normen zu widersetzen. Auch die Satireblätter der Arbeiterbewegung, die sich während der Sozialistengesetze in der Grauzone zwischen Legalität und Illegalität bewegten, griffen bei der Titelvergabe auf das unverfänglichere Wort „humoristisch" zurück, ohne allerdings ihren politischen Anspruch aufzugeben. So erschien z.B. das sozialdemokratische Blatt *Das Lämplein* mit dem Untertitel *Humoristisch-satyrisches Wochenblatt.*[64]

Ein weiteres Erfolgskriterium für den Absatz der Reisebibliothek war die Abfassung der Bände in Berliner Mundart. Der Berliner Dialekt, der über viele Jahre hinweg das Markenzeichen des *Kladderadatsch* war, wurde deshalb von den Verfassern der Reisebändchen übernommen. Gerade die Berliner Mundart schien prädestiniert für die wirkungsvolle Vermittlung von Witz und Ironie, denn sie erlaubte eine ebenso allgemein verständliche und volksnahe wie auch pointierte Kritik an den politischen und sozialen Missständen, eine Strategie, der sich schon die Autoren des Vormärz erfolgreich bedient hatten.[65]

Die gerade bei der Reiselektüre notwendige Kurzweiligkeit der Lektüre wurde durch die Kombination verschiedener Literaturgattungen sichergestellt. Die bunte Mischung aus Gesprächen im Dialekt, kurzen Prosatexten, Lyrikeinlagen und Briefen an die Zuhausegebliebenen boten dem Leser eine abwechslungsreiche Unterhaltung. Hofmann achtete bei seinen Reisebändchen auf ein geschicktes Zusammenspiel von politischem Zeitbezug und Tagesaktualität. Das Reisemotiv der beiden Protagonisten war hier die sich zwangsläufig einstellende Langeweile als Folge der Unterdrückungspolitik Preußens, die das kulturelle und literarische Leben im Land lähmte. In ihren Reiseberichten fanden sich deshalb zahlreiche Repliken und ironische Anspielungen auf die politisch virulenteren Revolutionsjahre, auf die innen- wie auch außenpolitischen Entwicklungen sowie auf die eingeschränkte Presse- und Meinungsfreiheit. Die Gesprächsform gewährleistete einen hohen Grad an Authentizität und Aktualität, die teilweise parodiert wurde. So empfing Schultze und Müller nach ihrer Rückkehr vom Rheinland am Berliner Bahnhof ein „fliegender" Buchhändler, der für zehn Silbergroschen die soeben erlebten Reiseabenteuer mit dem Titel *Schultze & Müller am Rhein* bereits anpries.[66]

Die *Humoristische Eisenbahn- und Reise-Bibliothek* war so erfolgreich, dass sie schnell Nachahmer fand. So orientierten sich die *Humoristische[n] Reise-Abenteuer des Herrn Knickebein aus Beeskow*, die um 1860 in dem Berliner Verlag Eduard Bloch erschienen,

---

63 Hier zit. n. Heinrich-Jost: Kladderadatsch, S. 16.

64 Das Lämplein. Humoristisch-satyrisches Wochenblatt. Leipzig: Genossenschaftsdruckerei 1878–1880. Vgl. auch Achten (Hg.): Lachen links, S. 6f.

65 Verfasser der Müller-Schultze-Dialoge war in den Anfangsjahren David Kalisch; später erhielt er Unterstützung von den anderen Redaktionsmitgliedern, die wenige Jahre später auch die Reisebändchen schrieben.

66 [Anonym]: Schultze & Müller am Rhein. Berlin: Hofmann ^{2}1852, S. 88.

stark an Hofmanns Reisebibliothek. Auch der Herausgeber der *Reise-Abenteuer* übernahm den Berliner Dialekt. Der Band kostete zweieinhalb Silbergroschen. Der Einband fiel durch seine mehrfarbigen Karikaturen auf, die einen Handlungsausschnitt in Verbindung mit einem Scherz darstellten. Die ersten fünf Bände erschienen unter den Titeln *Knickebein im Seebade Misdroy*, *Knickebein als Extra-Zügler nach Potsdam*, *Knickebein in der Sächsischen Schweiz*, *Knickebein und Stiebel in Hamburg* und *Knickebein und Stiebel auf der Leipziger Messe*.[67] Der Verlag hatte sich auf die Herausgabe von lokalen Szenenbildern, d.h. Berliner Stadt- und Klatschgeschichten, spezialisiert. Neben den *Humoristische[n] Reise-Abenteuern* brachte der Verlag die Reihen *Berliner Stadtklatsch,*[68] *Komische Gerichts-Scenen*[69] und *Lustige Soldatenbilder* von H. Fröhlich heraus.[70] Der Bandpreis betrug jeweils zweieinhalb Silbergroschen. Auch für den Band *Fahrten und Abenteuer der Herren Lehmann und Schmidt auf der Reise über Dresden und Prag nach Wien*, erschienen im Berliner Verlag Otto Janke 1864, fungierte vermutlich die Reisebibliothek von Hofmann als Vorbild. Die Reiseerzählungen der beiden Protagonisten Lehmann und Schmidt waren gleichfalls im Berliner Dialekt verfasst, was durch den Vermerk des Verfassers C. Reinhardt „Aus dem Deutschen ins Berlinische übersetzt" nochmals und mit Ironie unterstrichen wurde. Alle Bände waren reichhaltig illustriert.[71]

Es entstanden aber auch regelrechte Plagiate, von denen sich der Verleger Hofmann öffentlich distanzierte. Seine Reisebibliothek war so populär, dass andere Verleger aus werbestrategischen Gründen mit ähnlich klingenden Reihentiteln und Titelhelden die Aufmerksamkeit auf ihre eigenen Verlagsprodukte zu lenken versuchten, so z.B. der Leipziger Verleger R. Schaefer, der mit seinen *Humoristische[n] Reisebilder[n]* und gleichnamigen Hauptfiguren die Schultze-Müller-Leser in die Irre führte. Im Verlag Schaefer erschienen in den 1870er Jahren gleich mehrere Bände. Der Eröffnungsband kam unter dem Titel *Schultze und Müller im Herzen der Welt* auf den Markt.[72] Schaefer plagiierte die Schultze-

67 Ankündigung in: Humoristische Reise-Abenteuer des Herrn Knickebein aus Beeskow. Nr. 2. Knickebein als Extra-Zügler nach Potsdam von E. Jacobson. Berlin: Verlag Eduard Bloch um 1860.

68 Berliner Stadtklatsch: heitere Lebensbilder aus Berlin's Gegenwart. Berlin: Verlag Eduard Bloch 1858–1866.

69 In der Reihe Komische Gerichts-Scenen erschienen zwischen 1860 und 1862 acht Bände: Martin Boehm: Eine Berliner Kartenlegerin. Berlin: Verlag Eduard Bloch (um 1862); Martin Boehm: Das grösste Portemonnaie hat Ladewig! Berlin: Verlag Eduard Bloch (um 1862); A.F. Denecke: Ein beleidigter Nachtwächter. Berlin: Verlag Eduard Bloch (um 1862); N.J. Anders: Guste vor'm Polizei-Anwalt. Berlin: Verlag Eduard Bloch (um 1862); N.J. Anders: Der Feine Wilhelm. Berlin: Verlag Eduard Bloch 1862; H. Bernhardt: Humoristische Polizei-Silhouetten. Berlin: Verlag Eduard Bloch (um 21861), sowie Albert Hopf: Auf der Schutzmanns-Wache. Berlin: Verlag Eduard Bloch (um 21860).

70 Hermann Fröhlich: Lustige Soldatenbilder. Berlin: Verlag Bloch 1859–1866.

71 Fahrten und Abenteuer der Herren Lehmann und Schmidt auf der Reise über Dresden und Prag nach Wien. Aus dem Deutschen ins Berlinische übersetzt und mit vielen Illustrationen versehen von C. Reinhardt. Berlin: Otto Janke 1864.

72 Schultze und Müller im Herzen der Welt. Mit vielen Illustrationen. Leipzig: R. Schaefer 1872; des Weiteren erschienen Schultze und Müller in Holland (1874), Schultze und Müller in Italien (1873), Schultze und Müller als Kloster-Revisoren (^{3}1870) sowie Schultze und Müller in Constantinopel (1869). Vgl. GV 1700–1900, Bd. 130, 1985, S. 422.

Müller-Geschichten perfekt, selbst die inhaltliche Gestaltung der Reiseberichte war mit dem Vorbild vollkommen identisch. Hofmann sah sich deshalb gezwungen, dieses dreiste Täuschungsmanöver aufzudecken:

> Um das Publikum vor Täuschungen zu bewahren, warnen wir vor Ankauf von Nachahmungen unter gleichen oder ähnlich lautenden Titeln. Nur die mit der Fa. A. Hofmann & Co. erscheinenden Werke dieses Genres sind von den Mitarbeitern des *Kladderadatsch* geschrieben.[73]

Doch nicht nur die beiden Figuren Schultze und Müller wurden adaptiert. Auch der Zeitschriftenname an sich diente anderen Verlegern zur Werbung für eigene Verlagsartikel. So erschienen 1866 der *Kriegs-Kladderadatsch. Humoristisch-satyrische Zündnadeln abgefeuert von einem preuss. Reservisten* sowie der *Rheinische Kladderadatsch. Illustrierte humoristische satyrische Wochenschrift* (1892–1920).[74]

4.2.2 „Conversations- und Reisebibliothek"(1855–1857) und „Lorck's Eisenbahnbibliothek" (1858–1860)

Ein Blick auf die Verleger von Reiseserien bestätigt, dass gerade in der Entstehungsphase von Reiselektüre überwiegend diejenigen Verleger das neue Medium nutzten, die sich dem politischen Fortschritt verpflichtet fühlten. Das galt für Otto Wigand,[75] Albert Hofmann und Philipp Reclam ebenso wie für den gleichfalls in Leipzig ansässigen Verleger Carl Berendt Lorck, dessen politisch brisante Verlagsartikel des Öfteren das Eingreifen der sächsischen Zensurbehörden provozierten. Lorck ging, zwei Jahre nach Erscheinen der *Humoristische[n] Eisenbahn- und Reisebibliothek*, mit einer eigenen Reisereihe auf den Markt. 1855 kam der erste Band seiner *Conversations- und Reisebibliothek* heraus, die über einen Zeitraum von fünf Jahren erscheinen konnte.

Lorcks verlegerischer Schwerpunkt lag in den 1840er Jahren auf der Herausgabe und Verbreitung skandinavischer Literatur in Deutschland.[76] Seit 1845 ergänzte er sein Verlagsprogramm um Handbücher, Bibliografien und Reisebeschreibungen. Der Versuch, politisch fortschrittliche Autoren zu verlegen, scheiterte vielfach an der Zensur. Lorck, der mit seinem Verlag wirtschaftlich nur wenig Erfolg hatte, wandte sich in den 1860er Jahren der künstlerischen Buchgestaltung zu, die er dann auch zum Gegenstand von Abhandlungen machte.[77] Mit der Herausgabe der *Reisebibliothek* 1855 erhoffte sich Lorck eine wirtschaft-

---

73 Zit. n. Galle: Eisenbahnliteratur, S. 8.

74 Rheinischer Kladderadatsch. Illustrierte humoristische satyrische Wochenschrift. Köln 1892–1920; Kriegs-Kladderadatsch. Humoristisch-satyrische Zündnadeln abgefeuert von einem preuss. Reservisten. Breslau 1866.

75 Wigand übernahm 1838 den Verlag der Halleschen Jahrbücher für deutsche Wissenschaft und Kunst, die mehrfach mit der sächsischen Zensur in Konflikt gerieten. 1843 wurde die Zeitschrift in ganz Deutschland und in Österreich verboten. Vgl. Schmidt: Deutsche Buchhändler, Deutsche Buchdrukker, S. 1045, sowie: Kießhauer: Otto Friedrich Wigand.

76 Vgl. Haug/Rüdiger: Carl Berendt Lorck.

77 Es erschienen zahlreiche Werke über die Geschichte der Buchdruckerkunst sowie 1869 die erste Nummer der Zeitschrift Annalen der Typographie. In seiner Denkschrift mit dem Titel Über die Zukunft

liche Stärkung seines finanziell lädierten Verlagsunternehmens. Die ersten 27 Bände seiner *Conversations- und Reisebibliothek* – mit der Titelwahl orientierte er sich möglicherweise an der englischen Reihe *Parlour Library* – erschienen zügig innerhalb nur weniger Jahre von 1855 bis 1857. Bis 1860 wuchs seine Reihe auf 37 Bände an, die unter dem neuen, deutlicher auf den Verlag verweisenden Serientitel *Carl Berendt Lorck's Eisenbahnbücher* auf den Markt kamen.

Lorck warb intensiv für die ersten Bände seiner Reisebibliothek mit Hilfe von besonderem Prospektmaterial und Plakaten, die bei den Sortiments- und Bahnhofsbuchhändlern offensichtlich großen Anklang fanden.[78] Der Verleger verwies in seinen Prospekten nachdrücklich auf die Notwendigkeit einer literarischen Unterhaltung zur Bekämpfung der Reiselangeweile. Als Unterhaltungsliteratur bot er neben belletristischen Werken bevorzugt pikante Geschichten aus aristokratischen Kreisen sowie völkerkundliche und kulturgeschichtliche Beschreibungen fremder Regionen und Länder. Doch Karl Gutzkow – er hatte schon Otto Wigands Reisebibliothek für wenig reisetauglich erklärt – hielt die Bände als Reiselektüre während der Eisenbahnfahrt für zu ernst. Geeigneter erschienen sie ihm als Urlaubsunterhaltung im Rahmen eines längeren Aufenthalts an einem Ort:

> Um sie im Waggon zu lesen, sind sie zu ernst und nehmen zu sehr das Nachdenken in Anspruch. Zweckmäßiger sind sie für längeren Aufenthalt. Wer am Genfersee acht Tage ruhen will und sich, wie es zu gehen pflegt, auf Alles, nur nicht auf Bücher vorbereitete, wähle noch in Bern oder Zürich einige dieser rothen Bücher: es befinden sich recht nützliche und lehrreiche unter ihnen.[79]

Lorck warb für sein Literaturangebot bei denjenigen Reisenden, die oftmals für das selbst mitgebrachte Buch nicht in der Stimmung waren oder aber stets in der Sorge lebten, dieses zu verlieren oder zu verschmutzen. Der Verleger versprach seinen Leserinnen und Lesern, ihr Bedürfnis nach bloßer Zerstreuung und Unterhaltung zu befriedigen, indem er bei der Titelzusammenstellung „keineswegs vom Grundsatz ausgehe, daß jedes Buch von 10–12 Bogen blos weil es ein gutes und geistreiches Buch ist, in die Sammlung gehöre".[80] Trotz der Ankündigung einer überdachten Literaturauswahl war das literarische Gesamtangebot seiner Reisebibliothek von einer bemerkenswerten Konturlosigkeit und Beliebigkeit in der Titelauswahl, die eine bunte Sammlung von Reiseberichten, Übersetzungen, Humoresken,

---

des Buchgewerbes in Leipzig (1884) engagierte er sich für eine grundlegende Reform des Buchgewerbes. Vgl. Schaefer: Die Wirksamkeit und Bedeutung Carl Berend Lorcks, S. 91–138; Schmidt: Deutsche Buchhändler, Deutsche Buchdrucker, S. 634–642; und Lorck: Die Zukunft des Buchgewerbes, in Bbl. Nr. 250 vom 26. Oktober 1905, S. 9721f.

78 Bbl. Nr. 22 (1855), S. 965.

79 Unterhaltungen am häuslichen Herd, Nr. 51 vom 22. September 1855, S. 816.

80 Werbeblatt für Lorck's Reisebibliothek. Hier eingebunden in: Aus den Annalen der Englischen Aristokratie nach J. Burke. Deutsch bearbeitet von Julius Seybt. Leipzig: Lorck 1857 (Conversations- und Reisebibliothek), S. 1.

Anthologien, Skandalgeschichten, Sensationsberichten und Geschichtskolportagen darstellte.[81]

1858 erschienen die Reiseberichte Friedrich Mehwalds *Nach Norwegen* sowie *Eine Winterreise durch Lappland* des Engländers Bayard Taylor. Es folgten Heinrich Waldecks *Reiseträume. Von Berlin bis Baden-Baden* (1859) und Berth Sigismunds *Lebensbilder vom Sächsischen Erzgebirge* (1859). Die Reiseberichte zeichneten sich durch eine Mischung von authentischen Erlebnissen und Erfahrungen sowie fiktionalen Textpassagen aus. Friedrich Mehwald gliederte seinem Reisebericht *Nach Norwegen* z.B. einen Wegweiser für Reisende an, in dem er die ökonomischen, klimatischen und ethnologischen Besonderheiten des Landes ausführlich beschrieb. Diese Kombination von Reisebeschreibung und unterhaltender Reiselektüre ermöglichte dem Leser, das Buch auch für die Reisevorbereitung und -nachbereitung einzusetzen. Anna Löhns' Titel *Aus Norden und Süden. Reise-Erlebnisse* stellte eine Mischung zwischen Humoreske, Reisebeschreibung und Autobiografie dar, die in loser Folge die verschiedenartigen und ereignisreichen Reiseepisoden der Verfasserin erzählt.[82]

Das rein belletristische Unterhaltungsprogramm bevorzugte vor allem die Geschichtskolportage mit Titeln wie z.B. William Prescotts *Das Klosterleben Karls V.* oder Julius von Argis' *Sechs Heirathen Heinrichs VIII.* Diese Unterhaltungsromane handelten bevorzugt von Frauenschicksalen, von unglücklichen Liebschaften und Herzensschmerzen, ergänzt durch Abhandlungen über Heiraten und Hochzeiten in anderen Kulturkreisen.[83] Bereichert wurde das Angebot durch eine Vielzahl von Skandal- und Sensationsberichten, Humoresken und Anthologien. Für seine Lyrik- und Prosaanthologien, die gerade für kürzere Eisenbahnfahrten besonders geeignet waren, wählte Lorck Titel, die dem Eisenbahnvokabular entstammten, z.B. Anna Löhns' *Stationen* oder Friedrich Friedrichs' *Zehn Minuten Aufenthalt*.

Bei der inhaltlichen Konzeption seiner Reisebibliothek bemühte sich Lorck aus absatzstrategischen Gründen darum, mit seiner vielseitigen Titelauswahl einen über das eigentliche Reisepublikum hinausgehenden Leserkreis anzusprechen. Bei dieser konzeptionellen Überlegung handelte es sich um ein deutsches Spezifikum, da ein in den frühen sechziger Jahren noch begrenztes Reiseaufkommen einen kostendeckenden Absatz der Buchreihe ausschließlich unter Reisenden nicht garantierte. Der Verkauf deutschsprachiger Reiselektüre in der Eisenbahn und auf dem Dampfschiff an ausländische Fahrgäste fand wegen der Sprachbarrieren oft nur zögerlich statt. Die deutschen Reisenden und eigentlichen Hauptabnehmer dagegen befanden sich häufig auf einer Erholungs- und Vergnügungsfahrt, während der sie nicht lasen, sondern das vorbeiziehende landschaftliche Panorama genossen.[84]

---

81 Vgl. Literatur im Industriezeitalter, Bd. 1, S. 252f.

82 Anna Löhns: Aus Norden und Süden. Reise-Erlebnisse (Bergson's Eisenbahnbücher, Bd. 81). Leipzig: Lorck 1857, S. 1ff.

83 Vgl. Literatur im Industriezeitalter, Bd. 1, S. 255.

84 [Anonym]: Reiseleben und Reiselektüre, S. 537.

Die Anbieter deutscher Reisebibliotheken waren deshalb gezwungen, bei der Zusammenstellung ihres Unterhaltungsprogramms auch die Lektüreinteressen der nichtreisenden Leserschaft zu berücksichtigen. Lorck warb für seine Reisebibliothek explizit unter den Zuhausegebliebenen, die mit Hilfe seines literarischen Angebots Teilhaber einer fiktionalen Reise werden konnten: „Die Eisenbahnbücher wollen [...] fern von dem Treiben der Welt Lebenden gleichsam durch eine geistige Eisenbahn in Verbindung mit dem Mittelpunkt des Culturlebens erhalten".[85] Dafür besonders geeignet waren vor allem literarische Reisebeschreibungen, die neben der unterhaltenden Intention das völkerkundliche und historische Interesse des Lesers an einem fremden Land zu befriedigen suchten. Das belletristische Angebot an Familien- und Liebesromanen sowie an historischen Romanen verstand sich, vergleichbar den zahlreichen Roman- und Klassikerreihen dieser Zeit, als preiswerte und deshalb finanziell erschwingliche Alternative zum kommerziellen Buchverleih.

Als Lorck erkennen musste, dass die Reisebibliothek nicht den erhofften Gewinn abwarf, verkaufte er 1861 die Reihe an den Leipziger Verlag J.A. Bergson-Soneberg,[86] der die Reisebibliothek als erstes Verlagsprojekt seines neu gegründeten Unternehmens unter dem Titel *Bergson's Eisenbahnbücher* noch bis 1866 fortsetzte. Unter der Regie von Bergson-Soneberg erreichte sie einen Gesamtumfang von über einhundert Bänden.[87] Während Lorck – in den ersten Jahren noch einer der wenigen Anbieter von organisierter Reiselektüre – sich auf eine schlichte Einbandgestaltung beschränkte, war der Nachfolger J.A. Bergson-Soneberg bereits gezwungen, eine aggressivere Werbung für seine Bände zu betreiben und mit einer farbig illustrierten Umschlaggestaltung seine Reihe von den vielen Konkurrenzunternehmen abzuheben. Auf dem grell orangen Umschlag befand sich neben Reihennamen und Bandnummer, Autor und Titel eine Illustration, die eine Dampf ausstoßende Lokomotive mit Eisenbahnwaggons zeigte, die gerade aus einem Tunnel herausfuhr. In jedem Band befand sich ein Stahlstichporträt; viele Bände waren illustriert. Trotz der relativ aufwendigen Ausstattung betrug der Preis pro Band nur zehn Groschen, der später wegen des zunehmenden Konkurrenzdrucks sogar weiter gesenkt werden musste.

Die Verleger Lorck und Bergson-Soneberg bedienten sich für die Werbung und den Vertrieb ihrer Reisebibliotheken moderner Marketingmethoden. Den Sortiments- und Bahnhofsbuchhändlern bot Lorck für die Abnahme der ersten Serie erhebliche Preisnachlässe, die Übernahme der Portokosten bei einer Mindestbestellung von 120 Bänden sowie die Zusendung von aussagekräftigem, farbig illustriertem Werbematerial. Der Verleger erklärte sich darüber hinaus bereit, auf die Verlagsprospekte bei Abnahme einer Mindest-

85 Ebd.

86 Vgl. Dossier: J.A. Bergson-Soneberg, Leipzig. Gründung der Verlagsbuchhandlung. Kauft von Carl B. Lorck den Verlag der „Eisenbahnbücher". Inhaber: J.A. Bergson-Soneberg. Leipzig 1861. VIII. 31. In: DBSM Leipzig. Sign.: Bö–GR/B/735.

87 Vgl. Bbl. Nr. 108 vom 30. August 1861, S. 1815; Bbl. Nr. 108 vom 30. August 1861, S. 1818. Die einzelnen Bände der Reisebibliothek sind für den gesamten Zeitraum ihres Erscheinens in den zeitgenössischen Bücherlexika sowie im GV 1700–1911 bibliografisch nachgewiesen.

anzahl von 300 Stück das Firmenlogo der jeweiligen Buchhandlung kostenlos aufzudrukken.[88]

Lorcks Unternehmen erlitt Ende der sechziger Jahre einen erheblichen finanziellen Verlust durch die gravierenden Veränderungen der Gesetzgebung zum Schutz der Autoren gegen Übersetzungen und Bearbeitungen, die jetzt den Nachdruck der in Deutschland vielgelesenen Übersetzungen ausländischer Werke erschwerten, die als Bestseller jeder Reisebibliothek galten. Auch Lorck bot in der ersten Serie seiner Reisebibliothek bevorzugt die Übersetzungen englischer und französischer Romane an, die bis zu diesem Zeitpunkt ohne Rücksichtnahme auf die ausländischen Urheberrechte erscheinen durften.[89]

4.2.3 „Reisebibliothek für Eisenbahn und Dampfschiffe" (1856–1861)

Wie die Leipziger Verleger Lorck und Bergson-Soneberg erkannte auch das Verlagsunternehmen Friedrich Arnold Brockhaus, das nach dem Tod des Firmengründers 1823 von dessen Söhnen Friedrich (1800–1865) und Heinrich Brockhaus (1804–1874) geführt wurde, in der serienmäßigen Produktion von Reiselektüre ein lukratives Geschäft. Von seinen Konkurrenten unterschied sich das Verlagshaus allerdings durch sein ausgewähltes Programm an literarisch anspruchsvollen Reisebeschreibungen, mit dem es vor allem ein intellektuelles und eher elitäres Reisepublikum als Zielgruppe zu gewinnen suchte. Seine *Reisebibliothek für Eisenbahn und Dampfschiffe* brachte der Verlag im Jahr 1856, ein Jahr nach dem Erscheinen der ersten Bände der *Conversations- und Reisebibliothek*, auf den Markt.

Als Inhaber eines renommierten Verlagshauses legten die Brüder Brockhaus besonderen Wert auf ein inhaltlich durchdachtes und seriöses Erscheinungskonzept. Die Leipziger Verleger verzichteten deshalb nicht nur auf eine erneute Herausgabe älterer Verlagswerke in dieser Reihe, sondern auch auf die Übersetzungen englischer und amerikanischer Schriften, die den Herausgebern von Reisebibliotheken gewöhnlich immense Absatzchancen boten. Die *Reisebibliothek für Eisenbahn und Dampfschiffe* erschien in einem Umfang von knapp dreißig Titeln in einem Zeitraum von 1856 bis 1861. Die kleinformatigen Bände mit gelbem, illustriertem Schutzumschlag, auf dem die gleichberechtigte Abbildung von Eisenbahn und Dampfschiff auf einen um die Dampfschiffreisenden erweiterten Leserkreis hinweist, kosteten zehn Groschen. Im Werbeprospekt resümierten die Verlagsinhaber die gravierenden Veränderungen der sozialen Praxis des Reisens sowie die unterschiedlichen Erfahrungen und Bedürfnisse der Reisenden seit der Etablierung von Eisenbahn und Dampfschiff:

> Eisenbahnen und Dampfschiffe haben auf das Leben der Völker unermeßlichen Einfluß geübt und üben ihn fortwährend in immer gesteigertem Grade. Der Verkehr hat sich zu staunenswerther, früher kaum geahnter Höhe entwickelt. Jedermann reist jetzt zehn mal häufiger und weiter als sonst. Jeder erlebt weit mehr als früher in gleicher Zeit. Die Zeit hat dadurch erhöhten Werth erhalten; sie ist um so kostbarer ge-

88 Bbl. Nr. 22 (1855), S. 965.

89 Schmidt: Deutsche Buchhändler, Deutsche Buchdrucker, S. 636.

> worden, je mehr sich in ihr erreichen läßt. Und doch, während bei der jetzigen raschen Art zu reisen soviel Zeit erspart und gewonnen wird, geht gerade dabei wiederum viel Zeit verloren! Auf den früheren langsameren und gemüthlicheren Reisen wollte und konnte man von Beginn derselben an alles sich Darbietende ruhig genießen. Jetzt eilt man oft hunderte von Meilen durch wenig interessante oder oft gesehene Gegenden, um erst dann eine genußreiche Reise zu beginnen. Früher unterhielt sich die Reisegesellschaft viel mit einander, man schloß bald näher an seine Mitreisende an. Jetzt ist ein längeres Gespräch auf der Eisenbahn bei dem Rasseln der Wagen fast unmöglich. Und wenn wir uns dann stumm gegenübersitzen, wenn die Reisegesellschaft uns nicht anregt, wenn schlechtes Wetter uns stundenlang in die Kajüte eines Dampfschiffes verbannt, werden wir da nicht von tödtlicher Langeweile geplagt, von Aerger erfüllt über den Verlust der kostbaren Zeit?[90]

Während Lorck mit seiner Reisebibliothek einen Adressatenkreis ansprach, der während der Reisezeit zerstreut und unterhalten werden wollte, betonte das Unternehmen Brockhaus den zeitökonomischen Nützlichkeitsaspekt der Fahrtzeit, die durch ein ausgewähltes Literaturprogramm sinnvoll überbrückt werden sollte. Auch Friedrich und Heinrich Brockhaus versprachen, den vielfältigen literarischen Interessen eines reisenden Publikums gerecht zu werden, indem sie gleichermaßen „Ernstes und Erheiterndes“ zur Auswahl boten.

Um die stark divergierenden Lesererwartungen zu befriedigen, gliederten die Verleger ihre Reisebibliothek in zwei Abteilungen: Während die erste Abteilung den Reiseberichten vorbehalten blieb, sollte in der zweiten ausschließlich Unterhaltungsliteratur erscheinen. Ihre Zusammenstellung von Reisebeschreibungen grenzten die Brüder Brockhaus in einer Verlagsankündigung programmatisch von den marktüblichen Reisehandbüchern und Stadtführern ab. Die Reisebeschreibungen lieferten nämlich, so warben sie, die in Reisehandbüchern nicht gegebenen Informationen über die geografischen und kulturellen Besonderheiten des bereisten Landes, seiner Geschichte und Volksgebräuche:

> Was wird jeden Reisenden zunächst interessieren? Doch wohl das Land, das er eben durchreist. An eigentlichen Reisehandbüchern ist auch in Deutschland kein Mangel und diese werden daher zunächst wenigstens von dem Plane des Unternehmens ausgeschlossen sein. Allein der gebildete Reisende verlangt gewiß mehr, als derartige „Führer“ ihm bieten können. Er möchte das Land, das er besucht, näher kennen lernen, über seine Geschichte, seinen Charakter etwas hören. Deshalb sollen in unsern Reisebüchern vor allem Schilderungen und Charakteristiken der von den verschiedenen Routen durchschnittenen oder berührten Gegenden und Ortschaften Deutschlands, ihrer Bevölkerung, Sehenswürdigkeiten und historische Erinnerungen gegeben werden. Solche topographisch-ethnographische Schilderungen können, ohne in eine bloße Aneinanderreihung von Notizen zu verfallen, dem Publikum während der Reise in vielen Fällen gleichzeitig den Dienst von Reisehandbüchern leisten oder als

90 Prospekt, S. 1.

> Vorbereitung zu einer Reise genutzt werden; und auch nach derselben sollen sie als Erinnerung an das Gesehene und Erlebte Werth behalten.[91]

Die Reiseberichte dienten mit ihrer Informationsfülle also einerseits der praktischen Reisevorbereitung, sollten zugleich aber auch die Erinnerung an die Reise wach halten. Der besseren Orientierung halber gab der Verlag vereinzelt Karten und Pläne hinzu, verwies aber dabei auf den im selben Verlag separat erscheinenden *Brockhaus Reise-Atlas,*[92] der, hier vergleichbar den Reisehandbüchern, wichtige Informationen über Entfernungen, Städtebeschreibungen und Sehenswürdigkeiten bot. Intention dieser Reihe war die periodische Herausgabe von Eisenbahnkarten, Flusskarten und Stadtplänen, die als eine Art Loseblattsammlung einen Reiseatlas für Deutschland anstrebte. Ausdrücklich wurde darauf hingewiesen, dass es sich um eine Ergänzung der Reisebibliothek handelte, die weiterführende detaillierte Informationen lieferte. Jedes Exemplar enthielt eine Karte und eine Städte- sowie Routenbeschreibung und kostete fünf Groschen.

Eine kleinere Auswahl von Reisebeschreibungen richtete sich an die literarisch anspruchsvollen Bildungsreisenden, die Eisenbahn und Dampfschiff nicht als bloßes Fortbewegungsmittel zwischen Abfahrts- und Zielort nutzten, sondern die sich die durchreiste Landschaft mit ihren geografischen Besonderheiten und Sehenswürdigkeiten, unterstützt durch eine entsprechende Lektüre, zu erschließen wünschten. Betrachtete Lorck die zwischen Abfahrtort und Zielbahnhof liegenden Regionen als uninteressant und eintönig, so versprachen die Brüder Brockhaus, den Blick der Leser mit Hilfe einer eigens für diesen Streckenabschnitt angefertigten Reiseliteratur auf den durchreisten Raum zu lenken.

Das Verlagsunternehmen hatte sich bereits vor der Gründung der *Reisebibliothek* als Förderer von Reiseliteratur profiliert. So erschienen z.B. 1851 von Adolf Kirsten die *Skizzen aus den Vereinigten Staaten von Nordamerika,* Erich von Schönbergs *Patmathanda. Lebens- und Charakteristikbilder aus Indien und Persien* (1852) und Heinrich Brugschs *Reisebericht aus Aegypten* (1853). 1864 brachte der Verlag den Reisebericht *Züge im Innern Asiens* des Ungarn Vambery auf den Markt, einen Titel, der sich später als Bestseller des Unternehmens erwies.[93] Für den Verlag arbeiteten renommierte und anerkannte Wissenschaftler und Forscher, die nach der Rückkehr ihre Exkursionsberichte veröffentlichten.[94] Den Brüdern Brockhaus gelang es, als Beiträger für ihre *Reisebibliothek* vielgelesene und fachlich ausgewiesene Reiseschriftsteller des 19. Jahrhunderts zu gewinnen.

Ein Prospekt der *Reisebibliothek für Eisenbahn und Dampfschiffe* aus dem Jahr 1857 führte bereits sechzehn Titel auf, darunter Josef Ranks *Poetisches Reise-Album* und *Schillerhäuser*, Levin Schückings *Eine Eisenbahnfahrt durch Westfalen*, Heinrich Pröhles *Harzbilder*, Ernst Willkomms *Von Berlin nach Hamburg*, Karl Gustav Bernecks *Die Schlachten bei Leipzig*, Nikolaus Hockers *Das Moselthal von Nancy bis Koblenz*, Willibald

91 Ebd. S. 2.

92 Brockhaus Reise-Atlas. Entworfen und gezeichnet von Henry Lange. Vgl. Prospekt in: Rudolf Gottschall: Das Schlesische Gebirge. Leipzig: Brockhaus 1857.

93 Vgl. Hagel: F.A. Brockhaus Verlag, S. 12.

94 Vgl. Brockhaus: Die Firma F.A. Brockhaus, S. 265ff.

Alexis' *Reise-Pitaval* oder Aurelio Buddeus' *Von Frankfurt a. M. nach Basel. Eisenbahnfahrt und Wanderungen im süddeutschen Rheinland.*[95] Weitere elf Bände waren angekündigt, unter ihnen Ferdinand Gustav Kühnes *Wien in alter und neuer Zeit*, Max Kurniks *Breslau und die schlesischen Eisenbahnen*, Rudolf Gottschalls *Das Schlesische Gebirge* und Emanuel Müllers *Das hessische Land und Volk.*[96] Die Reiseschriften Levin Schückings galten als „Musterbücher der Eisenbahnliteratur".[97]

Innerhalb der Rubrik *Reisebeschreibungen* bot der Verlag Brockhaus seiner Leserschaft Reiseberichte, die sich hinsichtlich des Reisemotivs und inhaltlicher Organisation entweder an den Vorbildern der im Zuge der Industrialisierung unternommenen romantischen Informationsreisen, an den jungdeutschen, aber auch an den nationalliberalen, oftmals konservativ verbrämten Reiseberichten des ersten Drittels des 19. Jahrhunderts orientierten.

Die authentischen Beschreibungen von Reiseroute und Reiseverlauf wurden durch literarisch fiktive Einschübe aus Volksbüchern, Märchen und Sagen unterbrochen; topografische Angaben wurden teilweise verschlüsselt und kodiert.[98] Heinrich Pröhles *Harzreise* und Rudolf Gottschalls *Das Schlesische Gebirge* sind für diese Verfremdungseffekte beispielhaft. Dieses literarische Verfahren wurde in den Rheinbeschreibungen des 19. Jahrhunderts noch offensichtlicher gehandhabt, wo die Reiseberichte eine enge Verbindung mit Sagen- und Legendenerzählung des Rheinlands eingingen. Der Umstand, dass sich die deutschen Reiseführer als spezielle Variante des Reiseberichts im Umfeld der Rheinromantik entwikkelten – Baedeker begründete seine berühmte Reisehandbuchreihe mit der *Rheinreise von Basel nach Düsseldorf* –, ist eine unmittelbare Reaktion darauf, dass sich der Rhein zu einem wichtigen Ausgangspunkt des Massentourismus entwickelte.[99]

Die Autoren verfolgten bei der Abfassung ihrer Reiseberichte durchaus unterschiedliche Intentionen: Während Rudolf Gottschall die landschaftlichen und sozialen Veränderungen durch die fortschreitende Industrialisierung thematisierte und problematisierte, beschränkte sich Heinrich Pröhle auf die Beschreibung des einfachen Volkslebens im Harz und sammelte die Sagen und Märchen dieser Region.[100] Der Harz war eines der beliebtesten Reiseziele des ausgehenden 18. und beginnenden 19. Jahrhunderts; der Brocken galt als erstes touristisches Naturphänomen.[101] Heinrich Pröhle verstand seine *Harzreise* ausschließlich als volksgeschichtliche Studie und verzichtete weitgehend auf soziale und gesellschaftspolitische Einschätzungen. Neben einer topografisch ethnologischen Erfassung der durchreisten Landschaft nutzte Pröhle die Gattung der Reisebeschreibung zur Verbreitung nationalen Ideenguts. Die Beschreibung des Reiseverlaufs aus der Sicht des Wanderers, die bei der

95 Vgl. Werbeprospekt im Anhang Rudolf Gottschall: Das Schlesische Gebirge. Leipzig: Brockhaus 1857, S. 6.

96 Vgl. die bibliografischen Angaben auch in: Brockhaus (Hg.): F.A. Brockhaus in Leipzig, S. 643ff.

97 Vgl. Werbeprospekt im Anhang Rudolf Gottschall: Das Schlesische Gebirge. Leipzig: Brockhaus 1857, S. 5.

98 Vgl. Brenner: Der Reisebericht in der deutschen Literatur, S. 320ff.

99 Vgl. auch Baumgarten: Nachwort in Karl Baedeker: Rheinreise von Basel nach Düsseldorf.

100 Vgl. Heinrich Pröhle: Harzbilder. Sitten und Gebräuche aus dem Harzgebirge. Brockhaus Reisebibliothek für Eisenbahn und Dampfschiffe. Leipzig 1855, Vorwort, S. 4.

101 Vgl. Hermand: Die touristische Erschließung und Nationalisierung des Harzes, S. 169ff; Schrenner: Die Harzer Bergwerke, S. 61ff.

Gattung der Eisenbahnlektüre auf den ersten Blick eher irritiert, diente als literarischer Kunstgriff der Autoren, da nur die Fußreise einen wirklichen Eindruck in die gesellschaftlichen und sozialen Verhältnisse der bereisten Region erlaubte. Die Fortbewegung mit der Eisenbahn verhinderte die hierfür wichtige Voraussetzung einer persönlichen Kontaktaufnahme mit der Bevölkerung.[102]

Mit Ernst Adolf Willkomm (1810–1886) gelang es dem Brockhaus-Verlag, einen bedeutenden Vertreter des deutschen Vormärz in seine *Reisebibliothek* einzubinden.[103] Als Willkomms wichtigste literarische Leistungen gelten seine Versuche, die Lohnarbeit der beginnenden Industrialisierung realistisch darzustellen. In seinen sozialen Romanen *Eisen, Gold und Geist. Ein tragikomischer Roman* (1843) und *Weisse Sclaven oder die Leiden des Volkes* (1845) stand das soziale Elend der schlesischen Weber im Mittelpunkt seiner sozialkritischen Schilderung.[104]

In seiner Reisebeschreibung *Von Berlin nach Hamburg* setzte sich Willkomm intensiv mit den Auswirkungen der Industrialisierung auseinander. Im Gegensatz zu Rudolf Gottschall und Heinrich Pröhle beschrieb Willkomm seine Reise aus dem Blickfeld des Eisenbahnpassagiers und skizzierte den gesamten Streckenverlauf sowie die schnell wechselnden Eindrücke von Landschaften, Bahnhöfen und Städten. Willkomm wandte sich explizit gegen seine romantisierenden Schriftstellerkollegen, wenn er als Eisenbahnreisender nur noch seine schemenhaften und flüchtigen Landschaftseindrücke schilderte, denn „Freunde romantischer Gegenden, Bewunderer seltener Naturschönheiten finden auf dieser Bahnstrecke kaum einen Ruhepunkt für ihr suchendes Auge".[105] Der lesende Reisende erlebte die Fahrt aus derselben Perspektive wie der Verfasser. Die besonderen geografischen Merkmale der Landschaft sowie eindrucksvolle Panoramen fanden eine synchrone Wiedergabe:

> Gleich beim Emporsteigen der Eisenbahn aus der Thalmulde des Sees auf das flache Land erblickt man über waldigen Säumen die gewaltigen Thürme der alten Hansestadt Lübeck, die sich gerade von dieser Seite sehr imposant ausnimmt.[106]

Willkomm ermunterte seine Leserinnen und Leser dazu, der vorbeiziehenden Landschaft ihre besondere Aufmerksamkeit zu widmen. Seine exakten Landschaftsbeschreibungen sowie die Benennung besonderer Landschaftsmerkmale erleichterten dem reisenden Beobachter eine schnelle Orientierung darüber, wo er sich gerade befand. Willkomm versuchte, den Blick der Reisenden zu schärfen sowie zu schulen, und bot Hilfestellungen, das empfundene Verlustgefühl von Reiseraum zu kompensieren. Die nur flüchtig wahrzunehmen-

---

102 Vgl. Brenner: Der Reisebericht in der deutschen Literatur, S. 200; vgl. auch Griep: Der freie Blick, S. 5ff.

103 Ernst Adolf Willkomm: Von Berlin nach Hamburg. Nebst Schilderungen aus Lübeck und Hamburg. Brockhaus Reisebibliothek für Eisenbahn und Dampfschiffe. Leipzig 1855; vgl. auch Killy: Literaturlexikon, Bd. 12, S. 339ff.

104 Vgl. Edler: Die Anfänge des sozialen Romans.

105 Willkomm: Von Berlin nach Hamburg, S. 1.

106 Ebd. S. 11.

den Landschaftseindrücke hinter einem Eisenbahnfenster spiegelten sich im Erzählduktus. Willkomm, selbst der Geschwindigkeit ausgeliefert, gelang nur die bloße Addition des Gesehenen.[107]

Die Mehrzahl der Reiseberichte in der Brockhaus'schen *Reisebibliothek* bewegte sich zwischen subjektivistischer und enzyklopädischer Reisebeschreibung, die teilweise den Charakter eines Reiseführers annahmen und eine Kombination von persönlichen Eindrükken und hohem Informationsgehalt boten. Eine eigene Variante entwickelte sich seit den 1850er Jahren mit wissenschaftlichen, politischen und humoristischen Reisebeschreibungen.[108] Charakteristika dieser Gattung wurden der fragmentarische Sprachduktus, das Skizzenhafte und Flüchtige in der Darstellung sowie die Vielfalt von gleichzeitig verwandten literarischen Formen und Inhalten, wobei Heinrich Heines *Reisebilder* eine wichtige Vorbildfunktion übernahmen.[109]

Mit der Entwicklung des Reisens zu einem Massenphänomen veränderten sich auch die Autoren- und Publikumsstrukturen und führten zu einer deutlichen Verflachung dieses Genres in inhaltlicher und formaler Hinsicht.[110] Die Industrialisierung des Reisens nahm Einfluss auf Habitus und Sprachduktus der Texte, die impressionistischen Eindrücke wurden feuilletonistisch präsentiert und mit Elementen romantischer und mystischer Naturschilderungen unterlegt, wie z.B. Heinrich Harts *Norwegische See- und Bergstimmungen* (1891).[111]

Die Vermassung des Reisens provozierte auch Gegenreaktionen. So entstand z.B. der Typus des Abenteurers, der in Opposition zum kommerziellen Tourismus zivilisationskritische Informationen über fremde und exotische Länder lieferte. Die Protagonisten dieses Genres waren neben Friedrich Hackländer die Reiseschriftsteller Karl May und Friedrich Gerstäcker.[112] Diese Abenteuerliteratur fand ebenfalls breite Aufnahme in die verschiedenen Reisebibliotheken der 1880er und 1890er Jahre.

Obwohl den Verlegern Brockhaus die erfolgreiche Einführung ihrer Reisebibliothek auf dem Buchmarkt gelungen war, kamen sie ihrer Ankündigung, in einer zweiten Abteilung ausschließlich Unterhaltungsliteratur anzubieten, nicht mehr nach. Unter der Rubrik erschien nur Willibald Alexis' *Reise-Pitaval.* Mit dieser Sammlung von Kriminalfällen versuchte Brockhaus an den Markt der Verbrechens-, Mysterien- und Kriminalromane anzuschließen, die seit der Jahrhundertmitte das Unterhaltungsangebot des deutschen Buchmarkts dominierten.[113] Die im *Reise-Pitaval* zusammengestellten Kriminalgeschichten waren bereits in der von Willibald Alexis und Julius Eduard Hitzig herausgegebenen *Sammlung der interessantesten Kriminalfälle. Der neue Pitaval*, die seit 1841 im Brock-

---

107 Vgl. auch Vorsteher: Bildungsreisen unter Dampf, S. 308f.
108 Vgl. auch Wülfing: Reiseliteratur und Realitäten im Vormärz, S. 371ff.
109 Vgl. Brenner: Der Reisebericht in der deutschen Literatur, S. 360f.
110 Ebd. S. 492; vgl. auch Huck: Der Reisebericht als historische Quelle.
111 Vgl. Brenner: Der Reisebericht in der deutschen Literatur, S. 569.
112 Vgl. Ebd., S. 495ff.
113 Vgl. Langenbucher: Der aktuelle Unterhaltungsroman; Winterscheid: Deutsche Unterhaltungs-literatur der Jahre 1850 bis 1860; sowie Nusser: Trivialliteratur.

haus-Verlag erschienen, abgedruckt worden. Alexis veröffentlichte Berichte über historische, mysteriöse Geschehnisse, geheimnisvolle Menschen und menschliche Perversitäten und verstand sich in der Tradition von Eugène Sues *Mystères de Paris*.[114]

Möglicherweise erbrachte die sich an der Reisebeschreibung orientierende Reisebibliothek nicht den gewünschten Absatz, und der Verlag verzichtete deshalb auch auf die Fortführung der zweiten Serie. Gutzkow hatte schon 1855 anlässlich einer Vorankündigung des Verlagsprojekts der ersten Serie keine allzu großen Chancen auf Erfolg eingeräumt. „Ob sich diese Arbeiten noch neben den großen Reisehandbüchern und Städteführern halten können, muß der Erfolg zeigen", so Gutzkow in seiner Sammelrezension von 1855. Die zweite Serie mit Unterhaltungsliteratur erschien ihm dagegen viel versprechend, und er verwies auf den erfolgreichen Absatz dieser Art Reiseserien im europäischen Ausland.[115]

Mit Autoren wie Ernst Willkomm (1810–1886), Karl Ludwig Ernst Kossak (1814–1880), Heinrich Christoph Ferdinand Pröhle (1822–1895), Ferdinand Gustav Kühne (1806–1888), Levin Schücking (1814–1883), Josef Rank (1816–1896), Friedrich Wilhelm Gerstäcker (1816–1872) und Rudolf Gottschall (1823–1909)[116] gewann das Verlagsunternehmen die renommiertesten Dramatiker, Romanciers, Erzähler, Literaturhistoriker, Kritiker und Feuilletonisten seiner Zeit und unterschied sich mit dieser Autorenauswahl von den kommerziellen Reisebibliotheken, die ihre Reihen vor allem mit Liebes-, Abenteuer- und Mysterienromanen, Skandalgeschichten und Sensationsberichten auffüllten. Mit der Aufnahme der Schriftsteller Josef Rank, Willibald Alexis und Ernst Willkomm, den engagiertesten Vertretern der sozialen Novelle und Dorfgeschichte sowie des Industrieromans im 19. Jahrhundert, setzte Brockhaus zudem deutliche politische Akzente.

Die Frage, warum Brockhaus sein Unterhaltungsprogramm innerhalb der Reisebibliothek nicht fortsetzte, kann nicht abschließend beantwortet werden. Es ist jedoch anzunehmen, dass die seit den 1860er Jahren sich verschärfende Konkurrenzsituation zwischen den diversen Unternehmen von belletristischer Reiselektüre Brockhaus veranlassten, seine *Reisebibliothek für Eisenbahn und Dampfschiffe* 1861 einzustellen.

4.2.4 „Reiselectüre. Sorgenlose Stunden im Kreise beliebter Erzähler" (1874–1882)

Das Stuttgarter Verlagsunternehmen Adolf Kröner (1836–1911) reagierte mit seiner preiswerten Buchreihe *Reiselectüre. Sorgenlose Stunden im Kreise beliebter Erzähler*, die erstmals 1879 unter diesem Titel erschien, relativ spät auf das Bedürfnis der Reisenden nach literarischer Unterhaltung.[117] Es hatte fünf Jahre gedauert bis der Verlag seine Novellensammlung unter dem Serientitel *Reiselectüre* vermarktete. 1874 erschien erstmals das Unterhaltungsblatt *Sorgenlose Stunden im Kreise beliebter Erzähler*, das als Ergänzung zu der

114 Vgl. Winterscheid: Deutsche Unterhaltungsliteratur der Jahre 1850 bis 1860, S. 162f.
115 Vgl. Unterhaltungen am häuslichen Herd, Nr. 51 vom 22. September 1855, S. 816.
116 Vgl. zu Biografie und Wirkung der Autoren Killy: Literaturlexikon.
117 Vgl. Fischer: Verlag Adolf Kröner Stuttgart, S. 1ff.; Fischer: Reiselectüre, S. 1ff.; und Haug: „Reiselectüre" – eine populäre Buchreihe, S. A 220ff.

von Friedrich Hackländer herausgegebenen Zeitschrift *Über Land und Meer* erscheinen sollte.[118] Hierbei handelte es sich um illustrierte Hefte mit einer abgeschlossenen Novelle oder Erzählung, in denen gelegentlich auch Reiseberichte erschienen. 1876 wurde der Zeitschrift der Untertitel *Ein Novellenalbum* beigegeben. Nach Hackländers Tod im Jahr 1877 erschien die Zeitschrift seit 1878 unter dem Reihentitel *Erholungsstunden. Neue Novellen-Bibliothek.* Der Terminus *Reiselectüre* tauchte erstmals 1879 auf. Der Untertitel lautete *Eine Novellensammlung mit Beiträgen der beliebtesten Erzähler.*[119]

Dank seiner ausgeklügelten Verlagspolitik, finanziell marode literarische Unternehmen im Stuttgarter Raum systematisch aufzukaufen, gelang es dem schwäbischen Geschäftsmann, publikumsbekannte und produktive Unterhaltungsliteraten an seinen Verlag zu binden sowie gut verkäufliche Verlagsartikel in sein Programm zu integrieren. 1870 wechselte u.a. der seit 1839 in Stuttgart ansässige Verlag Adolph Krabbe in den Besitz Króners über. Der Stuttgarter Verleger besaß nach seinen Verlagstransaktionen die gesamten Autorenrechte an Friedrich Hackländers Werken sowie an den Schriften Ernst Ecksteins, Theodor Mundts und Ottilie Wildermuths. Ähnlich wie andere Verleger seiner Zeit partizipierte Kröner am Umsatz von preiswerten Klassikerausgaben und Fortsetzungsreihen der Weltliteratur.[120]

Die von dem Reise- und Abenteuerschriftsteller Friedrich Hackländer betreute Reihe *Reiselectüre. Sorgenlose Stunden im Kreise beliebter Erzähler* existierte über einen Zeitraum von acht Jahren. Mit Hackländer gewann Kröner einen der meist gelesenen und publikumswirksamsten Autoren des 19. Jahrhunderts als Herausgeber und Beiträger für seine Reihe. Während die redaktionelle Arbeit, nämlich die inhaltliche Zusammenstellung der Serie, der Verleger eigenverantwortlich übernahm, steuerte Hackländer zahlreiche Erzählungen bei und unterstützte durch seinen Namen die erfolgreiche Einführung der Unterhaltungsreihe auf dem Markt.

Neben den Erzählungen Hackländers fanden die Werke von Ernst Eckstein, Karl Heigel, Max Schlaegel, Hans Wachenhusen, Julius Waldemar Grosse, Ernst von Waldow, Johannes von Dewall oder Heinrich Stobitzer Aufnahme in die Reihe *Reiselectüre.* Auch diese Autoren hatten sich mit ihrem erzählerischen Werk, ihren Reiseberichten und publizistischen Beiträgen bereits einen hohen Bekanntheitsgrad erworben. Heigels Erzählungen behandelten bevorzugt lokalgeschichtliche und patriotische Themen. Wachenhusen schrieb als ehemaliger Korrespondent der *Augsburger Allgemeinen Zeitung* hauptsächlich Kriegsberichte und -erinnerungen. Julius W. Grosse, vormals Mitglied des Münchener Dichterzirkels „Krokodil" sowie Theater- und Kunstkritiker, produzierte gängige belletristische Unterhaltungsliteratur.[121] Autoren wie Ernst Eckstein, Julius Waldemar Grosse, Ernst Waldow oder Johannes von Dewall zählten zu den Spitzenreitern in deutschen Leihbibliotheken,

118 Vgl. Fischer: Reiselectüre, S. 1.
119 Ebd. S. 1f.
120 Vgl. Schmidt: Deutsche Buchhändler, Deutsche Buchdrucker, S. 583f.
121 Vgl. Haug: „Reiselectüre" – eine populäre Buchreihe, S. A 226ff.

deren oft zwanzig bis dreißig Bände umfassende gesammelte Schriften dort erhältlich waren.[122]

Kröner befriedigte mit dieser Autoren- und Textauswahl die Leserwünsche nach zeitlosen Handlungsmustern, die je nach politischem Tagesgeschehen mit aktuellen Stoffen verwoben waren. Edmund Hoefer lieferte mit seiner Erzählung *Mitten in den Bergen* eine spannende Wilddiebgeschichte aus dem bäuerlichen Milieu, Karl Heigels *Der Diplomat* verarbeitete die Kolonialpolitik des Deutschen Reichs. Liebes- und Kriminalgeschichten ergänzten das Literaturangebot. Die *Reiselectüre* des Kröner-Verlags erwies sich demnach als typisches Produkt der modernen Unterhaltungsindustrie der Jahrhundertwende.[123]

Der Verlag brachte seine *Reiselectüre* in zwei Serien auf den Markt: Die ersten sechzig Bände erschienen zwischen 1874 und 1876, die zweite Folge mit etwa 53 Bänden folgte nach einer kurzen Erscheinungspause im Jahr 1877.[124] Der Heftpreis von fünfzig Groschen und die äußere Ausstattung blieben unverändert; allerdings reduzierte sich der Seitenumfang der einzelnen Heftausgaben von durchschnittlich 35 bis vierzig auf höchstens zwanzig bis 25 Seiten, insofern setzte Kröner also eine indirekte Preiserhöhung durch. Die Einzelhefte erschienen offenbar in unregelmäßiger Folge, wobei monatlich nicht mehr als ein bis zwei Ausgaben auf den Markt kamen.

Die Kröner'sche Reihe stellte einen frühen Vorläufer der seit den 1880er Jahren verbreiteten Publikationsform der Romanhefte dar, die um 1885 die Kolportageromane zu verdrängen begannen. Literarische Großindustrielle, z.B. August Weichert oder Werner Grosse, erzielten mit ihrem Angebot an extrem preiswerten Romanheften enorme Absatzerfolge. Hinter der Entscheidung des Verlagshauses Kröner, von der traditionellen Gestaltung und Ausstattung der Reisebibliotheken abzuweichen, verbarg sich also auch verlegerisches Kalkül: Kröner schloss sich mit seiner Reihe dem Phänomen von Reiselektüre zu einem Zeitpunkt an, an dem der eigentliche Höhepunkt dieser Publikationsform bereits überschritten war. Mit der Umgestaltung seiner Reisebibliothek zur Romanheftserie konnte Kröner auf einen erfolgreichen Absatz der Reihe nicht nur bei Reisenden hoffen.

Die Produktion von Romanheften erforderte die unbedingte Standardisierung von Heftgestaltung und Erzählstruktur. Das Verlagshaus verpflichtete seine Autoren, wie die Produzenten von Serienheften auch, auf verlagsintern geregelte Herstellungskriterien und Schreibtechniken. So durften z.B. die Erzählungen einen Umfang von vierzig Seiten nicht überschreiten und waren in sich abgeschlossen. Das traditionelle Sedezformat der Reisebibliotheken ersetzte Kröner durch großformatige Ausgaben mit olivgrünen, illustrierten, flexiblen Broschuren. Die Umschlagsillustrationen, die einen spannenden Handlungsverlauf versprachen, weckten die Neugierde des Lesers. Die Bände eigneten sich hervorragend als Lektüre für unterwegs, da sie zusammengerollt leicht in jeder Jacken- und Aktentasche

122 Vgl. die Auswertungsergebnisse deutscher Leihbibliothekskataloge bei Martino: Die deutsche Leihbibliothek.

123 Vgl. Haug: „Reiselectüre" – eine populäre Buchreihe, S. A 231.

124 Vgl. die Bibliografie bei Fischer: Reiselectüre, S. 4ff.

transportiert und in jeder Körperhaltung gelesen werden konnten – in der Eisenbahn oder Stadtbahn und am Bahnsteig.

Die besonders kundenfreundliche Preiskalkulation gelang dem Verlagshaus durch eine drastische Kostensenkung in der Produktion. Die grünen Einbände aus gefärbter Pappe, geschmückt mit einfachen Holzstichillustrationen, galten in ihrer Herstellung als sehr preiswert. Die Bändchen wurden durch eine einfache Drahtheftung zusammengehalten, die Papierqualität war durchgängig minderwertig. Der engzeilige und deshalb – gerade für Bahnreisende – wenig augenfreundliche Spaltendruck ermöglichte es aber, relativ viel Text auf einer Seite unterzubringen. Die Illustrationen, nicht immer unmittelbar zum Handlungsgeschehen gehörend, lockerten das Schriftbild dabei etwas auf.

Papier- und Bindequalität, Illustrationen und Satz unterschieden sich kaum von den Kolportage- und Serienheften, die um die Jahrhundertwende vor allem in den unteren Leserschichten kursierten. Der von Kröner gewählte Reihentitel *Reiselectüre* wies die angebotenen Erzählungen zwar aus werbestrategischen Gründen als Buchreihe speziell für Reisende aus, richtete sich aber mit dem Untertitel *Sorgenlose Stunden im Kreise beliebter Erzähler* auch nachdrücklich an die Klientel der Nichtreisenden, die sich mit den Einzelbänden der *Reiselectüre* eine preiswerte Unterhaltungsbibliothek für den Hausgebrauch zusammenstellen konnten. Nicht nur die Kröner'sche Reihe, auch die Verleger Costenoble, Zöphel und Goldschmidt hatten stets zwei Zielgruppen im Auge – die Reisenden und die Nichtreisenden. Im *Börsenblatt* bot Kröner dieselbe Reihe außerdem in „eleganter Ausstattung" sowie mit Illustrationen nur unter dem Untertitel *Sorgenlose Stunden im Kreise beliebter Erzähler* als Weihnachtsartikel an.[125]

4.2.5 „Reclam's Unterhaltungs-Bibliothek für Reise und Haus" (1899–1901)

Wenige Monate nach dem Erwerb des „Literarischen Museums" am 1. April 1828 in Leipzig gründete Anton Philipp Reclam (1807–1896) am 1. Oktober den Verlag des Literarischen Museums.[126] 1837 verkaufte Reclam das Literaturinstitut und benannte seinen Verlag in Philipp Reclam jun. um. Sein Verlagsprogramm führte neben Klassikern der deutschen Literatur auch die Werke von zeitgenössischen Autoren sowie politisch-liberale Broschüren und Zeitschriften, z.B. 1842 die *Leipziger Locomotive*, eine demokratische Wochenschrift. Die Zeitschrift gewann innerhalb eines Jahres 20.000 Abonnenten, musste ihr Erscheinen aber schon 1843 nach Entzug der Konzession durch die sächsische Pressepolizei wieder einstellen.

Bereits Mitte der vierziger Jahre wurde Reclam auf dem Gebiet der Produktion von preiswerten belletristischen Kollektionen aktiv. 1844 gründete er die *Wohlfeile Unterhaltungsbibliothek für die gebildete Lesewelt*. Innerhalb von drei Jahren erschienen 61 Bände. Der ausgesprochen niedrige Preis von fünf Groschen pro Band gewährleistete eine weite Verbreitung der Bände. Die Verlagspolitik Reclams setzte bei seinem Gesamtprogramm

---

125 Bbl. Nr. 273 (1874), S. 4458.

126 Zur Verlagsgeschichte vgl. 150 Jahre Reclam; und Schulz: Die Gründung von Reclams Universal-Bibliothek, S. 18ff.

auf niedrige Verkaufspreise, die er durch den Druck gängiger Werke in hohen Auflagen – wie z.B. den Klassikern – zu realisieren suchte.[127] Kostengünstige Druckkapazitäten verschaffte sich der Verleger 1839 durch den Ankauf der Haackschen Buchdruckerei. Er führte in seiner Druckerei außerdem das Verfahren der Stereotypie ein, die die Konservierung von Schriftsätzen für spätere Auflagen ermöglichte und eine wichtige technische Voraussetzung für den billigen Massendruck darstellte.[128] Durch dieses Herstellungsverfahren gelang es Reclam, 1858 *Sämmtliche dramatische Werke* Shakespeares in zwölf Bänden zu einem Verkaufspreis von nur eineinhalb Talern herauszugeben. Der Verkaufspreis unterbot deutlich Konkurrenzunternehmen wie z.B. Reimers neunbändige Shakespeare-Ausgabe aus dem Jahr 1854, die drei Taler und 18 neue Groschen kostete. Reclams Preispolitik verzeichnete enorme Erfolge, und der Verlag konnte bereits im zweiten Jahr eine fünfte und sechste Auflage ankündigen.[129] 1865 löste Reclam die Gesamtausgabe in Einzelbände auf, die er zu je zwei Silbergroschen anbot.

Als am 9. November 1867 der von der Bundesversammlung gefasste Beschluss in Kraft trat, die Schutzfrist für die Veröffentlichung der Werke deutscher Autoren dreißig Jahre nach deren Tod aufzuheben, reagierte Reclam prompt und gut vorbereitet mit der Herausgabe seiner *Universal-Bibliothek*, die Einzelausgaben vor allem der deutschen Klassiker zu niedrigstem Preis offerierte. Die spektakuläre Preispolitik war nur durch Massenauflagen zu realisieren, und der Verlag setzte folgerichtig auf die Erschließung neuer Leserschichten; dabei hatte Reclam bereits die Bahnreisenden als potenzielle Zielgruppe im Auge.

Wichtiger Bestandteil des Verkaufskonzepts war neben dem niedrigen Preis von nur zwei Silbergroschen pro Band der Einzelverkauf der Hefte. Neben der *Tauchnitz-Edition*, die bereits 1841 gegründet worden war, handelte es sich bei der *Unterhaltungs-Bibliothek* um eine der ersten offenen und universalen Buchserien. In einem Werbeprospekt wurde explizit auf den Einzelverkauf hingewiesen: „Da die Bände einzeln käuflich sind, ist Jedermann in den Stand gesetzt, sich eine Bibliothek nach eigenem Geschmack und Bedürfnis zusammen zu stellen, ohne genöthigt zu sein, neben den gewünschten, auch die ihm vollkommen gleichgiltige Werke mit in den Kauf nehmen zu müssen“.[130] Die Entscheidung, eine offene Buchreihe herauszugeben, bedeutete für den Verlag eine beträchtliche Erhöhung des Verbreitungsgrads. Die *Universal-Bibliothek* war dadurch über den herkömmlichen Sortimentsbuchhandel hinaus auch für den Verkauf in Bahnhofsbuchhandlungen und an Straßenkiosken geeignet; neben der *Tauchnitz-Edition* war die Reclam-Serie eine der meistverkauften Reihen an Bahnhöfen. Aber auch in Sortimentshandlungen, Papier- und Schreibwarenhandlungen sowie in Warenhäusern waren die Reclam-Hefte präsent. Spezielle Bücherschränke ermöglichten eine gute Präsentation des Gesamtprogramms in den Verkaufsräumen. Der schnelle Zugriff auf die Hefte war neben dem Einzelverkauf

127 Vgl. 150 Jahre Reclam, S. 23.
128 Vgl. Schulz: Die Gründung von Reclams Universal-Bibliothek, S. 20.
129 Vgl. 150 Jahre Reclam, S. 24f.
130 Ebd. S. 35.

ein entscheidendes Erfolgskriterium des Vertriebskonzepts.[131] 1912 richtete Reclam für den massenhaften Verkauf seiner Serie an wichtigen Verkehrsknotenpunkten, an Bahnhöfen und auf Schiffen spezielle Bücherautomaten ein.

Die innovative Verlags- und Preispolitik prädestinierte das Unternehmen für die Herausgabe von organisierter Reiselektüre. Im Format der *Universal-Bibliothek* erschien seit 1899 die *Unterhaltungs-Bibliothek für Reise und Haus*. Der Band mit einem Umfang von bis zu 200 Seiten kostete fünfzig Pfennig. Die Reihe hob sich in den Auslagen der Bahnhofsbuchhändler durch ihre leuchtend roten Einbände ab. Bei der inhaltlichen Gestaltung der Reihe orientierte sich Reclam an den Angeboten anderer Verleger von Reiselektüre. Die Serie bot vor allem Novellen, Reiseerzählungen, Humoresken und kürzere Romane. Eröffnet wurde die neue Reisebibliothek mit zwei Novellen des populären Produzenten von unterhaltender Massenware Hermann Heiberg *Die Anderen* und *Einmal im Himmel* sowie zwei Novellen von Rudolf Gottschall *Die zehnte Sprache* und *Der Zigeunerlieutnant*. Julius Grosse und Balduin Groller steuerten die *Novellen des Architekten* und den Novellenband *Ganz zufällig* bei.[132]

Der Verlag achtete darauf, dass die Reiseserie keine Dublette der *Universal-Bibliothek* wurde. Nur bei wenigen Werken, vor allem bei Klassikern des Auslands, u a. Honoré de Balzac, Alphonse Daudet, Alexandre Dumas oder Alexander Puschkin und George Sand, kam es zu Überschneidungen.[133] Der Erscheinungsturnus der Einzelbände war ausgesprochen dicht: Innerhalb von nur zwei Jahren erschienen fünfzig Bände. Doch offenbar rentierte sich neben der bereits im Bahnhofsbuchhandel erfolgreich eingeführten *Universal-Bibliothek* eine eigene Reiseserie auf Dauer nicht, denn bereits nach zwei Jahren stellte Reclam die Reihe wieder ein.

Schon 1841 erschien eine Buchreihe, die alle Kriterien für einen erfolgreichen Absatz unter Reisenden geradezu beispielhaft erfüllte. In diesem Jahr nämlich gründete der Leipziger Verleger Tauchnitz seine *Tauchnitz-Edition*, die vor allem die ausländischen Touristen, die in Deutschland unterwegs waren, ansprechen sollte. Dadurch hob sie sich von den anderen Klassiker- und Belletristikreihen ab, die zu diesem frühen Zeitpunkt noch hauptsächlich über die Kolportagebuchhandlungen im Rahmen eines Abonnements vertrieben wurden. Um seine *Tauchnitz-Edition* für den Verkauf an den Bahnsteigen und den Bahnhofskiosken tauglich zu machen, entschied sich der Verleger deshalb von Anbeginn an für den Einzelverkauf der Bände.

---

131 Vgl. Knappenberger: Reclam und die Arbeiterbildung, S. 94.

132 Verzeichnis der bis jetzt erschienenen 50 Bände von Reclams Unterhaltungs-Bibliothek. In: Alexander Puschkin: Die Hauptmannstochter. Leipzig: Verlag Philipp Reclam. Um 1881 (Reclams Unterhaltungs-Bibliothek für Reise und Haus, Nr. 14.)

133 Vgl. GV 1700–1910, Bd. 114 (1984), S. 156 und GV 1700–1910, Bd. 149 (1986), S. 62ff.

Schultze & Müller in Paris während der Industrie-Ausstellung. Humoristische Reisebilder. Berlin: Verlag von A. Hofmann & Comp. 1855. Humoristische Eisenbahn- und Reise-Bibliothek.

Friedrich Gerstäcker: Im Busch. Australische Erzählung. Heimliche und unheimliche Geschichten. Jena: Hermann Costenoble (ca. 1890). Unterhaltungsbibliothek für Reise und Haus.

4.2.6 „Tauchnitz-Edition“ – ein innovatives Verlagsprojekt speziell für Bahnreisende

1841 ging der Verleger Bernhard Tauchnitz (1816–1895) mit einem ganz neuen Verkaufskonzept auf den Markt – in diesem Jahr erschienen die ersten Bände seiner Edition *Collection of British (and American) Authors* –, die sich seit den fünfziger und sechziger Jahren zu einem Verkaufsschlager des Bahnhofsbuchhandels entwickelte. Zielgruppe waren die ausländischen Touristen. Die schnelle Akzeptanz dieser Reihe in Deutschland lag möglicherweise auch daran, dass das Faible für englische Literatur in Deutschland seit der Romantik stark zugenommen hatte. Schon zwei Jahre nach Erscheinungsbeginn lagen fünfzig Titel vor; die Zahl stieg in den Jahren vor dem Ersten Weltkrieg auf 4.500.[134]

Novum der *Tauchnitz-Edition* war, dass es sich erstmals um eine offene Buchreihe handelte, die es den Käufern erlaubte, die Bände einzeln und ohne Abonnementsverpflichtung zu erwerben. Der Einzelverkauf der Bände war von Anbeginn an wichtiges Element der innovativen Verkaufsidee. Die Bezugsbedingungen passten sich bereits konzeptionell dem Kaufverhalten der Reisenden an. Der Einzelband kostete einen halben Taler. Tauchnitz hatte erkannt, dass die literarische Versorgung gerade von englischen und amerikanischen Gästen auf dem Kontinent mit Lesestoff in Originalsprache nur ungenügend war. Er eröffnete seine Erfolgsserie mit Bulwer-Lyttons Roman *Pelham*. Das Programm seiner Edition reichte von Klassikern bis zur zeitgenössischen Unterhaltungsliteratur. Ziel seiner Reihe war die Verbreitung von Texten englischer und amerikanischer Autoren in Originalsprache auf dem europäischen Kontinent.

Neu an seinem Konzept war auch, dass die Bände – ausgenommen die ersten fünfzig – nur mit Zustimmung der Autoren erschienen.[135] Hier spielte allerdings nicht nur Fairness gegenüber den Schriftstellern eine Rolle. Es handelte sich vielmehr um einen klugen Schachzug des Verlegers, denn internationale Regelungen des Urheberrechts waren absehbar, und Tauchnitz versuchte, sich bereits im Vorfeld einen wichtigen Marktvorsprung zu verschaffen.[136] Die Weitsichtigkeit des Verlegers erwies sich schon wenige Jahre später als richtig: 1846 wurde tatsächlich eine erste internationale Vereinbarung getroffen. England und Preußen einigten sich am 13. Mai 1846 auf den Rechtsschutz vor Nachdruck in den jeweiligen Ländern. Dieser Vereinbarung schloss sich kurze Zeit später auch Sachsen an.[137]

Die Tauchnitz-Bände waren im Vergleich zu den deutschen belletristischen Kollektionen etwas teurer. Dies hatte seine Ursache darin, dass Tauchnitz Autorenhonorare zahlte

---

134 Vgl. auch Estermann/Füssel: Belletristische Verlage, S. 179f.

135 Vgl. Fallbacher: Taschenbücher im 19. Jahrhundert, S. 83. Pressler korrigierte in seinem Beitrag über die Tauchnitz-Edition 1978 die gängige Meinung, der Verlag habe von Anbeginn die Genehmigung der Autoren eingeholt. Offenbar traf dies auf die ersten fünfzig Bände nicht zu. Erst seit der Bandnummer 51 erschien auf dem Titel ein Vermerk über das Abdruckrecht. Vgl. Pressler: Die Tauchnitz-Edition, S. A 405ff.

136 Vgl. Fallbacher: Taschenbücher im 19. Jahrhundert, S. 84; vgl. auch Der Verlag Bernhard Tauchnitz, S. 16.

137 Fallbacher: Taschenbücher im 19. Jahrhundert, S. 84.

und die Auflagenhöhe niedriger war. Der Absatz im deutschsprachigen Reisepublikum war der Fremdsprache wegen eher gering. Beide Faktoren schlugen sich auf den Ladenpreis nieder. Die Edition entwickelte sich dennoch ausgesprochen erfolgreich. 1912 umfasste die Sammlung schon 4.312 Bände. Mit 3.901 Titeln dominierten die britischen Autoren die Buchreihe. Die Werke bekannter Autoren, z.B. die von Charles Dickens, waren meist vollständig vertreten.

Tauchnitz achtete auf eine attraktive Titelzusammenstellung und mischte ältere und neuere Werke. Neben Klassikerausgaben gehörten Edward Bulwer-Lytton, Charles Dickens und James Fenimore Cooper zu den prominentesten Vertretern seiner Reihe. Die *Tauchnitz-Edition* war ein kontinentales Projekt; der Export nach England sollte vermieden werden, um den Absatz der dort kursierenden, meist teureren Originalausgaben nicht zu beeinträchtigen.[138] Tauchnitz bediente sich moderner Absatzstrategien und setzte dabei vor allem auf Tempo und Aktualität; so kamen seine neuen Titel oftmals beinahe zeitgleich mit den englischen Originalen auf den Markt. Dies war möglich, weil Tauchnitz die zeitgenössischen Autoren seiner Reihe bereits vor der Drucklegung in England um die Zusendung des Manuskripts bat.[139]

Der Verlag strebte außerdem eine massenhafte Verbreitung seiner Reihe an. Deshalb entschied er sich, diese hauptsächlich über den Bahnhofsbuchhandel sowie über deren Kioske in den Badeorten und in der Sommerfrische vertreiben zu lassen. Als Reiselektüre eigneten sich die Bände auch hinsichtlich ihrer Ausstattung, denn Tauchnitz achtete auf ein handliches Format und legte großen Wert auf einen gut lesbaren, scharfen Druck.[140] Der Verlag warb mit seiner Serie speziell um die Zielgruppe der ausländischen Reisenden, ohne diese in seinem Serientitel explizit zu nennen. Das Hauptabsatzgebiet der *Tauchnitz-Edition* war Deutschland; im Sommer fand sie vor allem in den Alpenländern Verbreitung, einem beliebten Feriendomizil der Engländer.[141]

Neben der Reihe *Collection of British (and American) Authors* gab Tauchnitz unter dem Titel *German Authors* (43 Bände) und *Series for the Young* (29 Bände) zwei weitere Serien heraus. Den Verkaufserfolg der Reihe *German Authors* sah Moldenhauer in der Übersetzung deutscher Autoren ins Englische: „Es hat seinen eigenen Reiz, deutsche, uns wohlbekannte Werke in fremder Uebersetzung zu lesen und die Wiedergabe deutscher Gedanken im ausländischen Idiome zu beobachten".[142] Doch die deutsche Variante hatte letztendlich nur einen begrenzten Erfolg; die Reihe stellte 1892 ihr Erscheinen ein. Eine noch kürzere Lebenszeit hatte die französische Edition, die zwischen 1845 und 1859 unter dem Titel *France classique* mit französischen Texten erschien.[143]

---

138 Vgl. Der Verlag Bernhard Tauchnitz, S. 15ff.
139 Vgl. Estermann/Füssel: Belletristische Verlage, S. 182.
140 Vgl. Moldenhauer: Deutsche Büchercollectionen, S. 397.
141 Vgl. Der Verlag Bernhard Tauchnitz, S. 28.
142 Moldenhauer: Deutsche Büchercollectionen, S. 399.
143 Vgl. Estermann/Füssel: Belletristische Verlage, S. 181.

Die *Tauchnitz-Editon* war bis in die 1960er Jahre auf dem Markt, wobei sich das Erscheinungsbild der Bände mehrfach änderte. Der Verlag blieb dem erprobten ursprünglichen Vertriebskonzept allerdings treu.[144]

4.2.7 Populäre Literaturgattungen bei Reisenden: Humoresken und Kriminalromane

Die hier vorgestellten Reiseserien sind nur wenige Beispiele für die Entstehung und Entwicklung von Reiselektüre sowie für die Darstellung ihres Funktionswandels vor dem Hintergrund der zunehmenden Industrialisierung des Reisens. Intention der Eisenbahnlektüre war es, die vielfältigen Lesebedürfnisse von Reisenden zu befriedigen und hinsichtlich ihrer inhaltlichen wie auch äußeren Gestaltung den vielfältigen Anforderungen an Gebrauchsliteratur gerecht zu werden.

4.2.7.1 Humoresken

Das moderne Verkehrsmittel Eisenbahn brachte mit den Reise- und Eisenbahnbibliotheken allerdings nicht nur eine neue Publikations- und Vertriebsform hervor: Mit der Reiselektüre entstand auch ein Medium, das bestimmte literarische Gattungen förderte und Rahmenbedingungen schuf, die auf die Produktion wie auch Rezeption eines literarischen Werkes Einfluss nahmen. Aus diesem Blickwinkel heraus betrachtet, müssen literarische Gattungen nicht literaturimmanent, sondern als „literarisch soziale Institutionen", also als soziokulturelle Phänomene, beschrieben werden.[145] In diesem Fall werden vor allem zweckgerichtete Literaturgattungen durch außerliterarische Faktoren, z.B. konstante Lesererwartungen, strukturiert, d.h., der Autor reagiert wie schon bei der Abfassung des Textes auf Regeln, Konventionen und Erwartungen.[146] Ein Beispiel hierfür ist die Humoreske, die nicht selbstständig publiziert wurde, sondern an bestimmte Medien, u.a. Zeitschriften, Almanache, Kalender oder Buchreihen, gebunden war. In der zweiten Hälfte des 19. Jahrhunderts, mit der Expansion der Eisenbahnen, erlebte diese Gattung eine beachtliche Konjunktur. Bei der Humoreske handelte es sich um „heitere, zumeist im bürgerlichen Alltag angesiedelte Geschichten",[147] die – hier im Gegensatz zu den politisch satirischen Witzblättern – die menschlichen Schwächen humorvoll und versöhnlich aufs Korn nahmen. Das wenig formstrenge und schnell zu produzierende Genre war deshalb als literarische Reisebegleitung besonders tauglich. Neben der politischen Komponente, die sich mit der Wortwahl „humoristisch" verband, nahmen die Produzenten von Reiselektüre die modische und verkaufsfördernde Bezeichnung „Humoreske" oder „humoristische Reisebilder" auch aus kommerziellen Erwägungen im Titel auf. So erschien 1866 im Berliner Verlag Reymann bereits in der fünften Auflage *Der Humorist auf der Eisenbahn. Eine Sammlung von 350 der drolligsten Anekdoten zur Unterhaltung auf Reisen und zur Erquickung aller Freunde des Scher-*

144 Fallbacher: Taschenbücher im 19. Jahrhundert, S. 83.
145 Vgl. hierzu Voßkamp: Gattungen als literarisch-soziale Institutionen, S. 27.
146 Ebd. S. 31; sowie Suerbaum: Text, Gattung, Intertextualität, S. 83f.
147 Holzner: Humoreske, S. 103.

zes (hrsg. von A. Bierglas).[148] Zahlreiche Verfasser von Humoresken, u.a. Stanislaus von Grabowski, erkannten in den Reisebibliotheken ein lukratives Publikationsforum.

Während die Eisenbahnen im Fall der Humoreske die Popularität einer Literaturgattung zu stimulieren vermochten, konnte das neue Verkehrsmittel aber auch unmittelbar auf die literarische Geschmacksbildung von Eisenbahnpassagieren einwirken. Unter den Bahnreisenden bildeten sich z.B. Vorlieben für literarische Gattungen heraus, die unmittelbar mit dem Transportmittel der Eisenbahn verbunden waren. So favorisierten Bahnreisende Kriminal- und Detektivgeschichten, vor allem diejenigen, deren Schauplatz das Eisenbahnabteil war. Die exzessive Lektüre von Literatur über Eisenbahnverbrechen befriedigte offenbar eine besondere Form von Angstlust, die mit der Zunahme des subjektiven Sicherheitsgefühls im letzten Drittel des 19. Jahrhunderts einen besonderen Reiz auf die Reisenden ausübte und einen wichtigen Gegenpol zur empfundenen Reiselangeweile darstellte. Deshalb gilt der nächste Untersuchungsschritt der Entstehung von Kriminal- und Detektivserien für Reisende sowie ihrer – gegenüber den herkömmlichen Reise- und Eisenbahnlektüren – erweiterten Funktion: Denn neben dem Effekt einer spannenden literarischen Unterhaltung diente diese Lektüre während der Eisenbahnreise vor allem der psychischen Selbstregulation von Ängsten und des mangelnden Sicherheitsgefühls; beide Empfindungen waren auch noch um die Jahrhundertwende mit dem Fortbewegungsmittel Eisenbahn unmittelbar verbunden. Die Verleger von Eisenbahnlektüre mit dem Schwerpunkt Kriminalliteratur operierten daher ganz gezielt mit der Konnexion Angst und Eisenbahn.

4.2.7.2 Kriminal- und Detektivgeschichten

Die Entstehungsgeschichte der Kriminal- und Detektiverzählung begann mit der Einführung von empirischen Verfahrensweisen in der realen Kriminalistik.[149] Das Jahr 1830 war ein wichtiger Einschnitt für die Entwicklung der Kriminalliteratur, denn zu diesem Zeitpunkt entstand in Berlin die erste kriminalpolizeiliche Abteilung der Polizei. Mit der Einrichtung der Kriminalpolizei wurde das geheime und schriftliche Inquisitionsverfahren verdrängt. Aber auch das Jahr 1848 stellte für die Kriminalistik eine wichtige Zäsur dar: In diesem Jahr wurde die Folter als Mittel der Geständniserpressung endgültig abgeschafft und das mündliche und offene Geschworenengericht eingeführt. Die Ermittler mussten jetzt die Tat mit Indizien belegen, der Sachbeweis erhielt gegenüber dem Geständnis des Beschuldigten sogar Vorrang.

Die neuen Formen der Ermittlungstätigkeit der Verfolgungsbehörden und des Strafprozesses förderten das öffentliche Interesse an der Verbrechensaufklärung. In den Medien wurde über spektakuläre Gerichtsverhandlungen berichtet.[150] Die Innovationen im Rechts-

---

148 GV 1700–1900, S. 314.

149 In der Forschungsliteratur werden oft die Begriffe Kriminalgeschichte, Kriminalliteratur oder Kriminalbelletristik synonym verwendet. Hügel ordnet die Detektivgeschichte der Sensationsliteratur zu und favorisiert den Terminus kriminalistische Sensationsliteratur. Vgl. Hügel: Die deutsche Detektivgeschichte im neunzehnten Jahrhundert, und Nusser: Der Kriminalroman, S. 71ff.

150 Vgl. Hügel: Die deutsche Detektivgeschichte, S. 39ff, 129ff.

system gingen mit der Entwicklung neuer Publikationsformen einher.[151] Vorbildcharakter für die Entstehung von Kriminal- und Detektivgeschichte hatten die kriminalistischen Fallbeispiele, die die Verbrechen und die Überführung des Täters authentisch wiedergaben. Die Intention dieser Fallsammlungen war sowohl die Belehrung als auch Unterhaltung des Lesers; deshalb wurden die Prozessakten inhaltlich umstrukturiert und für ein breites Lesepublikum aufbereitet. Der Jurist und Kriminalschriftsteller Jodocus Donatus Temme überarbeitete seine authentischen Verbrechergeschichten und brachte sie in eine novellistische Form, um dem Unterhaltungsanspruch gerecht zu werden.[152] Diese erschienen dann bevorzugt in der Aufmachung von Eisenbahnlektüre.

Die Kriminal- und Detektivgeschichte, deren wesentliches Erfolgskriterium die geschickte Verbindung von Authentizität und Fiktion war, etablierte sich seit 1850 als selbstständige Gattung in den Zeitschriften und Zeitungen. Der unterhaltende Teil der Familienblätter offerierte vermehrt Sensationsberichte, Kriminal- und Detektivgeschichten. Diese Publikationsform machte die neue literarische Gattung in der zweiten Hälfte des 19. Jahrhunderts erst populär. Die Leser der Familienblätter favorisierten die Kombination von sachbezogener Information und entspannender Unterhaltung.[153] Neben Kriminalgeschichten erschienen deshalb auch Schilderungen über das Verbrechermilieu und Reportagen über die Organisation, Methode und Aufgabenstellung der Polizei.

Doch die Gerichtsreportage war nicht nur eine wichtige Rubrik der Tagespresse und der Unterhaltungszeitschriften. Neben den Unterhaltungs- und Familienblättern entstanden vermehrt spezielle Gerichtszeitungen, die über wichtige laufende Verfahren berichteten – z.B. die 1853 gegründete *Berliner Gerichtszeitung. Zeitschrift für Civil-, Criminal- und Polizei-Gerichtspflege sowie des Gefängnißwesens des In- und Auslands* (Verlag C.G. Brandis Berlin).[154] 1859 übernahm der Berliner Verlag Gustav Behrend die Herausgabe. Der Verleger erkannte in den Eisenbahnreisenden eine wichtige Klientel für sein Literaturangebot und druckte zahlreiche Kriminalgeschichten, die vormals in der *Berliner Gerichtszeitung* erschienen waren, in einer eigens dafür gegründeten Serie mit dem Titel *Eisenbahn-Unterhaltungen* erneut ab.[155]

Seit den 1870er Jahren dominierten die Detektivgeschichten innerhalb der Kriminalliteratur. Die Detektivgeschichte bot ein gleich bleibendes Schema und einen Regelmechanismus, die diese Gattung für die Reihenpublikation prädestinierten.[156] Der geeignete Erscheinungsort für dieses Literaturprodukt war deshalb neben Fortsetzungslieferungen in den

---

151 Als Begründer der Kriminalgeschichte galt August Gottfried Meißner, der in seinen Skizzen (1778–1796) einem akademisch gebildeten Publikum „merkwürdige Kriminalfälle" unterbreitete. Intentionen der Skizzen waren die Erforschung der Vorgeschichte eines Verbrechens und die Untersuchung der psychologischen und sozialen Ursachen einer Tat. Vgl. Schönert: Kriminalgeschichten in der deutschen Literatur, S. 322ff.

152 Vgl. Conrad: Die literarische Angst, S.127.

153 Vgl. Schönert: Kriminalgeschichten in der deutschen Literatur, S. 328.

154 Vgl. Hügel: Die deutsche Detektivgeschichte, S.139.

155 Ebd. S. 161f. Vgl. auch Imm/Linder: Verdächtige und Täter, S. 21ff.

156 Vgl. Hügel: Die deutsche Detektivgeschichte, S. 34; vgl. auch Conrad: Die literarische Angst, S. 141.

Zeitschriften[157] vor allem in Buchserien. Der Bedarf an Detektivgeschichten wurde durch die Massenproduktion von Buchserien regelrecht stimuliert.

Bahnpassagiere interessierten sich – wie bereits erwähnt – ganz besonders für Kriminalgeschichten, die im Eisenbahnabteil spielten. Das Abteilverbrechen, das erst bei einer Fahrtunterbrechung am nächsten Bahnhof entdeckt wurde, avancierte in der Kriminalliteratur in der zweiten Hälfte des 19. Jahrhunderts zu einem populären literarischen Motiv. Die viel gelesenen Kriminalschriftsteller Jodocus Donatus Temme und Georg von Seyfried gehörten mit ihren Erzählungen *Auf der Eisenbahn* (1857) und *Mord will zu Tage* (1869) zu den frühen Verfassern von Detektivgeschichten, deren Handlungsort im isolierten Abteil der Eisenbahn angesiedelt war. Das Eisenbahnverbrechen spielte aber auch noch in der Kriminalliteratur des frühen 20. Jahrhunderts eine wichtige Rolle, so z.B. Agatha Christies *Mord im Orient-Express* (1934).

Der Eisenbahnmord – Reiserealität im 19. Jahrhundert

Verbrechen an den meist wohlhabenden Reisenden waren bereits in der vorindustriellen Zeit des Reisens Teil der Reiserealität. In Europa trug die besondere Konstruktion der Eisenbahnwagen maßgeblich zu der Angst bei, Opfer eines Verbrechens zu werden. Die räumliche Geschlossenheit des europäischen Eisenbahnabteils leistete Raubüberfällen und Raubmorden vor allem in der Ersten Klasse Vorschub. Der Zustieg von Fremden während der Reise wurde deshalb stets beargwöhnt, konnten sich diese doch stets auch als Diebe und Mörder erweisen.[158]

Abteilmorde und Abteilphobie waren europäische Phänomene. Erste Aufsehen erregende Medienberichte über Eisenbahnmorde stammten aus Frankreich: 1860 wurden ein russischer Diplomat und im September 1862 der Kammerpräsident Poinsot im Nachtexpress von Troyes nach Paris ermordet.[159] Weltweites Aufsehen erregte die Ermordung des britischen Bankiers Thomas Briggs im Sommer 1864. Briggs wurde auf der Strecke der North London Railway zwischen den Haltepunkten Fenchurch und Hackney Opfer eines Raubmords. Die Verbrecher favorisierten Abend- und Nachtzüge, denn die Dunkelheit ermöglichte es ihnen, sich der Opfer ungesehen zu entledigen, indem sie diese aus dem Zug warfen. Günstige Gelegenheiten waren außerdem Tunneldurchfahrten. Der Merstham-Tunnel an der Bahnlinie nach Brighton ist gleich mehrmals zum Tatort eines Verbrechens geworden. Am 27. Juni 1881 wurde der Börsenmakler Isaac Frederick Gold im Abteil erschossen und im Tunnel aus dem fahrenden Zug gestoßen. Am 11. Februar 1897 entledigte sich der Mörder von Elisabeth Camp auf der Strecke der London and South-Western Railway der Leiche auf die gleiche Weise.[160]

157 Vgl. Ebd., S. 173ff.

158 Vgl. Schivelbusch: Geschichte der Eisenbahnreise, S. 76.

159 Vgl. Hiess/Lunzer: Mord-Express, S. 37; vgl. auch Schivelbusch: Geschichte der Eisenbahnreise, S. 76ff.

160 Vgl. Hiess/Lunzer: Mord-Express, S. 62ff.

Obwohl der Schauplatz der spektakulärsten Eisenbahnverbrechen England war, verunsicherte die ausführliche Berichterstattung in den Medien auch Reisende in den benachbarten europäischen Ländern. Die Eisenbahngesellschaften waren deshalb an einer zügigen Aufklärung der Verbrechen interessiert und unterstützten die Fahndung durch die Aussetzung hoher Belohnungen. Es galt, das Vertrauen der Reisenden für das neue Transportmittel zurückzugewinnen. Die Aufsehen erregenden Verbrechen an Reisenden führten zu diversen Sicherungsmaßnahmen, z.B. sollten spezielle Gucklöcher die Kommunikation zwischen den Abteilen herstellen. Außerdem wurde ein Klingelsystem entwickelt, das dem Passagier dic Kontaktaufnahme mit dem Zugführer ermöglichte. Auch der Einbau von Notbremsen war Teil des Sicherheitskonzepts der europäischen Eisenbahnen. Diskutiert wurden außerdem spezielle Spiegelsysteme, die dem Zugbegleiter einen Einblick in die Abteile ermöglichten sowie die Installation einer elektrischen Alarmanlage. Doch erst die Einführung des Durchgangswagens in den 1870er Jahren beendete die gänzliche Abgeschiedenheit der Passagiere während der Fahrt. Doch mit dem zunehmenden Gewöhnungseffekt an das Personenbeförderungsmittel Eisenbahn, das im letzten Drittel des 19. Jahrhunderts zusehends als Normalität erlebt wurde, spielte Angst vor einem Verbrechen keine Rolle mehr – im Gegenteil, nun verlagerte sich der Topos vom ‚Drama im Abteil‘, die ‚albtraumhafte Phantasie vom Abteil als Provokation zum Mord‘, in die literarische Fiktion.[161]

Der fiktionale Eisenbahnmord und die Erzeugung von Angstlust

Die Angst, einem Verbrechen zum Opfer zu fallen, war zwar latent vorhanden, doch die Reisenden empfanden das Verbrechen nicht mehr als allgegenwärtige Reiserealität. Im Laufe des letzten Drittels des 19. Jahrhunderts stimulierte dieses höhere Sicherheitsempfinden sogar die Nachfrage nach Kriminalliteratur. Doch was bewog die Bahnreisenden, gerade zu dieser Literaturgattung zu greifen? Der Blick auf die Erscheinungszeiträume von speziellen Kriminalreihen für Reisende bestätigt, dass die Kriminalgeschichten als Reiselektüre erst seit den siebziger Jahren eine beachtliche Konjunktur erlebten. Um die Jahrhundertmitte genossen die Leser und Leserinnen die Lektüre von Kriminalliteratur, die hauptsächlich in den Familienblättern erschien, noch bevorzugt im sicheren häuslichen Bereich. Ernst Bloch beschrieb die behagliche Lesesituation treffend:

> Die Lage ist doch zu gemütlich, in der Detektivgeschichten am liebsten genossen werden. Im bequemen Sessel, unter der abendlichen Stehlampe, mit Tee, Rum und Tabak, persönlich gut gesichert und ruhevoll in gefährliche Dinge vertieft, die flach sind.[162]

Der Bedarf nach Spannung, Nervenkitzel und Nervenstimulation bei Bahnpassagieren blieb offenbar, trotz des steten Unbehagens, sich diesem Transportmittel anzuvertrauen, unbefriedigt. Die Lektüre von Kriminal- und Detektiverzählungen, gerade von Geschichten, die

161 Ebd. S. 25f.

162 Bloch: Philosophische Ansicht des Detektivromans, S. 38ff.

im Eisenbahnabteil handelten, setzte den Leser einer besonderen, stimulierenden Angstlust aus. Sie war der unmittelbare Gegenpol zur Reiselangeweile.

Die psychologische Wechselwirkung zwischen der Lektüre von Kriminalromanen und Angstlust beschrieben bereits in den 1930er Jahren namhafte Literaten, u.a. Hans Reimann, Kurt Tucholsky und Walter Benjamin. Reimann nannte als Motiv für den Konsum von Kriminallektüre den Bedarf nach einem Reizmittel, „um den unerträglich faden Geschmack des Alltags loszuwerden".[163] Der Leser, der den Mord als eine berauschende, stimulierende Tat empfand, konnte sich mit der Rolle des Verbrechers oder Detektivs identifizieren. Er erfuhr eine psychische Spaltung, die er lustvoll erlebte.[164] Tucholsky warb in der Zeitschrift *Weltbühne* für die populären Frank-Heller-Kriminalromane der zwanziger und dreißiger Jahre mit dem Slogan: „Gegen Angstzustände gibt es [...] nur unsere Original-Heller-Kriminalromane!"[165] Während Reimann und Tucholsky unspezifisch vom allgemeinen Krimileser sprachen, der mit dem Griff zur Lektüre die quälende Monotonie des beruflichen Alltags (Büro, Warenhaus oder Fabrik) zu bekämpfen meinte, verwies Benjamin explizit auf den Eisenbahnreisenden: Mit der exzessiven Lektüre von Kriminalliteratur wollte der Reisende die eine Angst durch die andere betäuben; eine Annahme, die Benjamin 1930 in seinem Essay *Kriminalromane, auf Reisen* bestätigte: „Zwischen den frisch zertrennten Blättern der Kriminalromane sucht er die müßigen, gewissermaßen jungfräulichen Beklemmungen, die ihm über die archaischen der Reise hinweghelfen können".[166] Den privaten Bucherwerb unmittelbar vor Reiseantritt bei den Bahnhofsbuchhändlern interpretierte Benjamin als notwendige Opfergabe, um die „Eisenbahngötter" zu besänftigen:

> Jeder hat schon einmal nach den gehißten, schwankenden Bänden gegriffen, weniger aus Lesefreude als im dunklen Gefühle, etwas zu tun, was den Göttern der Eisenbahn wohlgefällt. Er, die Münzen, die er diesem Opferstock weiht, empfehlen ihn der Schonung des Kesselgottes, der durch die Nacht glüht, der Rauchnajaden, die sich über dem Zuge tummeln, und des Stuckerdämons, der Herr über alle Schlaflieder ist.[167]

Mit der Wahl ihrer Lektüre gingen die Reisenden daher ganz bewusst die Gefahr ein, ihr bereits angegriffenes Sicherheitsgefühl um ein Weiteres zu untergraben. Die Lektüre von Detektivgeschichten, die in der Eisenbahn spielten, erzeugte ein künstliches Risiko. Mit

163 Reimann: Der Kriminalroman, S. 827ff, hier S. 827.

164 Ebd. S. 828.

165 Holzmann weist die Textstelle in der Weltbühne leider nicht nach. Zit. n. Holzmann: Schaulust und Verbrechen, S. 277. Die Kriminalromane des schwedischen Autors Gunnar Serners, der in Deutschland unter dem Namen Frank Heller publizierte, erfreuten sich in den zwanziger und dreißiger Jahren einer großen Resonanz. Viele Verlage brachten die Werke Serners in Einzelausgaben sowie in Buchserien auf den Markt. Zahlreiche Heller-Romane erschienen in Georg Müllers Reihe Kriminal-Romane. Serienheld dieser populären Kriminalromane war Philipp Collins, der seine Fälle unter Einsatz modernster Technik auf spektakuläre Weise löste. Vgl. GV 1911–1965, Bd. 73, S. 447f, sowie GV 1911–1965, Bd. 55, S. 84ff.

166 Benjamin: Kriminalromane, auf Reisen, S. 381ff.

167 Ebd.

dem Krimikonsum verließ der Eisenbahnreisende vorübergehend den ereignisarmen Ort des Abteils, an dem er sich langweilte, flüchtete in die literarische Fiktion und erregte sich am kriminalistischen Handlungsgeschehen. Eine besondere Nervenstimulierung erlebte der Reisende, gerade weil die Handlung im Eisenbahnabteil spielte. Die mit der Lektüre verbundene Angst blieb aber erträglich, denn nach Entdeckung und Überführung des Täters wurde die gewohnte Ordnung regelmäßig wieder hergestellt,[168] und der Reisende konnte sich wieder sorglos dem vorüberziehenden Landschaftspanorama zuwenden. War das Gefühl des Reisenden, nicht unmittelbar betroffen zu sein, genügend ausgebildet, dann erlebte er das dargestellte Grauen als ästhetisches Vergnügen: „Die latente Suggestion des Lesers, daß alles nicht wahr zu sein brauchte, was er las, machte die Angst zu einer genießbaren, rein ‚literarischen Angst'".[169] In Agatha Christies Kriminalroman *Der blaue Express* (1928) reflektiert z.B. die Protagonistin deshalb folgerichtig über ihre mitgeführte Kriminallektüre. Von Hercule Poirot befragt, warum die Detektivgeschichten eine so große Popularität besaßen, antwortete sie: „Vielleicht, weil sie einem die Illusion verschaffen, ein Leben zu leben, in dem wirklich etwas passiert. [...] Natürlich weiß man ganz genau, daß solche Sachen in Wirklichkeit nicht vorkommen".[170] Doch bereits wenige Stunden später ist die Gesprächspartnerin Poirots Hauptzeugin eines Mordes, der im Nachbarabteil verübt wurde. Die Gefühlskombination, einerseits als Reisender in der Eisenbahn an einem Verbrechen literarisch teilzuhaben und andererseits die reale Angst, das nächste Opfer sein zu können, machte die Lektüre von Kriminal- und Detektiverzählungen für den Eisenbahnreisenden so lustvoll.

Kriminal- und Detektivserien – ein Literaturprodukt für Bahnreisende

Zahlreiche Kriminalschriftsteller, die hier eine Marktchance erkannten, nutzten jetzt ihre Popularität und betätigten sich selbst als Herausgeber und Verleger von eigenen Buchreihen, die ebenfalls für den Absatz im Bahnhofsbuchhandel konzipiert waren. In den 1850er und 1860er Jahren war Jodocus Donatus Temme einer der wichtigsten Verfasser von so genannten Richtergeschichten.[171] Temme war 1848 Direktor des Oberlandesgerichts in Münster und verfügte daher über praktische Erfahrung in der Ermittlungsarbeit. Diese wurde aus der Sicht des Richters detailliert beschrieben und reichten von der Tatortsbesichtigung, der Zusammenarbeit mit dem Gerichtsmediziner bis hin zur Protokollaufnahme und der Darstellung von Vernehmungstechniken. In seinen Kriminalromanen spiegelte sich daher seine mehrjährige Berufserfahrung als Untersuchungsrichter.

Zwischen 1855 und 1868 veröffentlichte Temme in der *Gartenlaube* insgesamt 34 Erzählungen, u.a. *Rosa Heisterberg*, *Ein Gottesgericht* und *Der erste Fall im neuen Amte*.[172]

---

168 Vgl. auch Wellershoff: Vorübergehende Entwirklichung, S. 499ff., hier S. 519.
169 Vgl. Conrad: Die literarische Angst, S. 30.
170 Christie: Der blaue Express, S. 59.
171 Temme publizierte auch zahlreiche Detektivgeschichten unter dem Pseudonym Heinrich Stahl. Vgl. Arnold (Hg.): Reclams Kriminalromanführer, S. 328.
172 Vgl. Hügel: Die deutsche Detektivgeschichte, S. 149ff.

Im selben Zeitraum erschienen die von ihm redigierten Kriminalreihen *Berliner Kriminalgeschichten* (1858–1859) und *Kriminalnovellen* (1860–1864). 1869/1870 gründete der Richter eine weitere Buchreihe mit Detektivgeschichten. Zwischen 1872 und 1874 erschien die *Criminal-Bibliothek. Merkwürdige Criminalprozesse aller Nationen* als Lieferungswerk im Selbstverlag. Die Gesamtproduktion betrug über 150 Bände.[173] Schnell erkannte der Autor, dass seine Kriminalgeschichten vor allem bei Eisenbahnreisenden auf großes Interesse stießen. Da das Lieferungswerk nur über den Kolportagebuchhandel im Abonnement bezogen werden konnte, gründete Temme im selben Jahr zusätzlich eine illustrierte Eisenbahnausgabe. Hier erschienen insgesamt 17 Bände mit einem durchschnittlichen Umfang von 150 Seiten. Gewöhnlich wurden drei bis vier Erzählungen in einem Band zusammengefasst. Die Reihe wurde bis 1882 fortgesetzt.[174]

Als sehr erfolgreich galt die Reihe *Eisenbahn-Unterhaltungen* (1862–1882) des Gustav Behrend-Verlags in Berlin, die mit 141 Titeln über einen Zeitraum von knapp zwanzig Jahren erscheinen konnte. In seiner Reiseserie druckte Behrend das Feuilleton der ebenfalls in seinem Verlag erscheinenden *Berliner Gerichts-Zeitung* ab, deren Intention es war, „in populärer Weise Rechts- und Gesetzeskenntniß zu verbreiten, die Aufgabe, zugleich ein Unterhaltungsblatt für den Leser zu sein". Die Reihe *Eisenbahn-Unterhaltungen* stellten eine Art Verlängerung der *Berliner Gerichts-Zeitung* dar.[175] Autoren wie Jodocus Donatus Temme oder Stanislaus von Grabowski lieferten hierfür zahlreiche Beiträge.[176] Die Bände kosteten eine Mark und hatten einen Umfang von 150 bis 200 Seiten.

Der Autor Max Ladenburg, der an der Reihe *Interessante Bibliothek. Sammlung spannender Romane und Novellen für Reise und Haus* des Verlags Zöphel mitarbeitete, entschied sich nach Einstellung der Reihe für die Gründung einer eigenen Kriminalserie, die seit 1915 unter dem Titel *Moderne Kriminal-Bibliothek* im Verlag moderne Lektüre (Berlin) erschien. Es handelte sich hierbei um eine Neuauflage der Reihe *Pat Conner – der Meister Detektiv*, die 1908 ebenfalls von Ladenburg herausgegeben worden war. In beiden Reihen erschienen insgesamt dreißig Bände mit einem einheitlichen Umfang von 32 Seiten.[177] Die strikte Seitenlimitierung wies die Texte bereits als Heftromane aus.

Die Konjunktur reisetauglicher Kriminallektüre hielt ungebrochen an. Ein sehr erfolgreicher Verkaufsartikel im Bahnhofs- und Verkehrsbuchhandel war die Reihe *Lutz' Kriminal- und Detektiv-Romane* (Verlag Lutz, Stuttgart), die seit der Jahrhundertwende erschien.[178] Die Reihe führte die Werke englischer und amerikanischer Kriminalschriftsteller in deutscher Übersetzung. So erschienen von A. K. Green die Romane *Einer meiner Söhne* (1906), *Endlich gefunden* (1903), *Der Filigran-Schmuck. Detektiv-Roman* (1906) oder *Das verlassene Gasthaus* (1905). Ein weiterer wichtiger Autor, der mehrere Romane beisteu-

---

173 Vgl. auch Arnold: Reclams Kriminalromanführer, S. 328.

174 Vgl. GV 1700–1910, Bd. 26, S. 205.

175 Hier zit. n. Imm/Linder: Verdächtige und Täter, S. 34; vgl. auch Haug: „Kriminalromane, auf Reisen".

176 Vgl. Galle: Eisenbahnliteratur, S. 9f. Zu den bibliografischen Angaben vgl. GV 1700–1910, Bd. 32, S. 212f.

177 Vgl. Wanjek: Der deutsche Heftroman, S. 337, 371.

178 Lutz' Kriminal- und Detektiv-Romane. Stuttgart: Verlag R. Lutz 1903–1910.

erte, war J. Hawthorne, der unter dem Untertitel *Nach Mitteilungen des Chefs der New Yorker Geheimpolizei* verschiedene Kriminalromane veröffentlichte, u.a. *Der große Bankdiebstahl* (1905), *Der verhängnisvolle Brief* (1903) und *Ein tragisches Geheimnis* (1905). Aber auch Klassiker wie Edgar Allan Poe waren vertreten.[179] Sogar der Schundbekämpfer Ernst Schultze hatte – gerade wegen der erheblichen Absatzerfolge von Kriminalreihen – erkannt, dass die Bereitstellung guter Kriminalliteratur zukünftig ein wichtiges Wirkungsfeld der Volksbildungsbewegung darstellen musste.

In den 1920er und 1930er Jahren gab es zahlreiche Kriminalserien, die sich wegen ihres praktischen Taschenformats, des geringen Verkaufspreises und wegen ihres überschaubaren Umfangs von durchschnittlich achtzig bis einhundert Seiten ebenfalls für Eisenbahnreisende besonders gut eigneten. Populär waren die Reihen *Moderne Kriminalbücher* (Verlag moderne Lektüre GmbH Berlin, um 1920), die *EL-Kriminalerzählungen* (Verlag Ernst Letsch Hannover, 1921) und *Die Geheimnisse von Berlin*[180] (Rekord-Verlag Krömer & Co. Leipzig, 1923).[181] Zu einem neuen Höhepunkt der Kriminalliteratur mit dem Handlungsschauplatz Eisenbahn führten in den 1930er Jahren und in der Nachkriegszeit die Kriminalromane von Agatha Christie, z.B. *Der blaue Express* (1928), *Mord im Orient-Express* (1934) oder *16 Uhr 50 ab Paddington* (1957).

Die Verleger von Reiselektüre konnten, dies zeigten bereits die Ausführungen über die Kriminalliteratur, durch die gezielte Aufnahme von modischen Literaturgattungen in Verbindung mit einer klugen Auswahl von populären Unterhaltungsliteraten einen günstigen Einfluss auf die Absatzquoten ihrer Verlagsprodukte nehmen. Doch die inhaltliche Zusammenstellung war nur ein Kriterium für die erfolgreiche Einführung einer neuen Buchreihe auf dem hart umkämpften Markt. Ein weiteres Merkmal der Reiselektüre war deren professioneller Vertrieb mit modernen Marketingmethoden; eine wichtige Voraussetzung bildete deshalb ein durchdachtes Verlagskonzept, flankiert von offensiven Reklamemaßnahmen.

4.3 Verlegerische Konzeption, Werbe- und Absatzstrategien

Die Entstehung von Reisebibliotheken sowie die steigende Nachfrage nach Reiselektüre seit den sechziger und siebziger Jahren des 19. Jahrhunderts lassen sich nicht nur mit einem zügigen Ausbau der Eisenbahnstrecken und einem vermehrten Reiseaufkommen erklären.

179 Vgl. GV 1700–1910, Bd. 91, S. 288f.

180 Bei dieser Serie handelte es sich um eine Adaption der Geheimnisse von Paris von Eugéne Sue, der mit seinem Mysterienroman 1842/1843 einen immensen Verkaufserfolg erlebte. Die Mysterienromane wurden so beliebt, dass zahlreiche Nachahmungen auf den Markt kamen. Neben den Geheimnissen von Berlin erschienen *Die alte Brauerei, oder Kriminalmysterien aus New York* (1859), *Mysterien des Vatikans* (1861) und *Die Geheimnisse des Escurial* (1869/1870). Das Angebot an Mysterienromanen nahm so überhand, dass die Behörden diese für Leihbibliotheken indizierten. Vgl. Winterscheidt: Deutsche Unterhaltungsliteratur, S. 162f.

181 Vgl. Wanjek: Der deutsche Heftroman.

Die geradezu inflationäre Verbreitung von Reiselektüre und die verschiedenartigen Projekte von Reisebibliotheken seit der Jahrhundertmitte korrelieren mit der Ausbildung einer modernen Unterhaltungsindustrie unter dem Eindruck einer fortschreitenden Industrialisierung und Urbanisierung in Deutschland. Mit der Entstehung einer industriellen Massenkultur veränderte sich notwendigerweise auch der Charakter der Lektüre: Die massenhafte Produktion von Literatur förderte – wie bereits an anderer Stelle ausgeführt – ein extensives, flüchtiges Leseverhalten, das vor allem dem Zweck des Zeitvertreibs und der Unterhaltung diente. Die Bedürfnisse eines breiten Lesepublikums nach einer kurzweiligen Unterhaltung wurden durch ein breites Angebot an Novellen, Erzählungen, Fortsetzungs- und Feuilletonromanen sowie Kolportageromanen und Heftserien befriedigt, die als preisgünstige Taschenbücher oder als Vorabdrucke in Familienblättern einem Massenpublikum zugänglich waren.[182] Die zahlreichen Klassiker- und Romanreihen, die seit der Klassikerfreigabe im Jahr 1867 den Buchmarkt überschwemmten, konkurrierten nicht nur mit den Produkten der Übersetzungsfabriken, sondern verstanden sich auch als preisgünstige Alternative zur kommerziellen Leihbibliothek, die bis 1850 als wichtigste Vermittlungsinstanz von Unterhaltungsliteratur galt. Zudem förderte die Entstehung moderner Ballungsgebiete die Literaturproduktion nachhaltig. Eine große Anzahl von Belletristik-, Kolportage- und Zeitschriftenverlagen etablierte sich in Sachsen, wo die Industrialisierung am weitesten fortgeschritten war.[183] Zur Erzielung optimaler Verkaufsumsätze praktizierten die Verleger von Reisebibliotheken innovative, teilweise aggressive Absatz- und Werbestrategien. Die Erfolgsgaranten einer Reisebibliothek waren die Entscheidung für eine Reihenkonzeption, die Vorauswahl von Buchtiteln durch die Verleger, die überlegte Autorenauswahl sowie die äußere Ausstattung der einzelnen Bände und nicht zuletzt eine verbraucherfreundliche Preiskalkulation.

4.3.1 Kriterium: Äußere Ausstattung

Die Verleger von Reiseliteratur wählten kleinformatige Buchausgaben, die, ähnlich einer Broschüre, problemlos in einer Reise- und Jackentasche Platz hatten. So sahen die Literaturkritiker die Ursache für das Scheitern des anspruchsvollen Projekts *Deutsche Bibliothek* des Frankfurter Verlegers Carl Meidinger hauptsächlich in der unvorteilhaften äußeren Gestaltung dieser Reihe. Moniert wurden das unhandliche Format und das Gewicht der einzelnen Bände:

> Nicht bloßer zierlichen Frauenhänden wiegt der dicke, hohe Band zu schwer, sondern auch gediegene Männer verwahren sich gegen denselben, weil er weder im Bett noch im Eisenbahnwagen für Hand und Tasche bequem sey, bekanntlich den beiden

182 Vgl. Wittmann: Buchmarkt und Lektüre, S. 211ff.; vgl. auch Neuschäfer: Populärromane im 19. Jahrhundert.

183 Vgl. Hohendahl: Literarische Kultur, S. 316.

einzigen Orten, wo ein viel beschäftigter Staatsmann oder Geschäftsmann noch zu lesen pflegt.[184]

Die Bändchen der Reisebibliotheken erschienen bevorzugt im Sedez- oder Oktavformat und zeichneten sich durch eine einfache Bindequalität und einen schlichten, aber gewöhnlich illustrierten und dadurch augenfälligen Pappband aus. „Das Publikum ist jetzt aufs Grelle und Spaßige! Denken Sie über einen farbigen Umschlag nach! Mit Querbuchstaben. Roth und gelb! Das halbe Geschäft beruht auf Eisenbahnstationen, wo die Wahl rasch von Statten gehen muß!“[185] Mit diesen Worten drängte Karl Gutzkow im Dezember 1877 seinen Jenaer Verleger Hermann Costenoble (1826–1901) bei der äußeren Gestaltung seiner Buchtitel, die jüngsten und mit Erfolg praktizierten verkaufsfördernden Strategien des modernen Buchmarkts aufzugreifen, denn – so Gutzkows persönliche Erfahrung – „es ist bekannt, wie der Reiz des Äußern auf die Käufer wirkt”.[186]

Die äußere Ausstattung, die augenfällige Farbe und Illustration des Einbandes, nicht so sehr der Inhalt, erleichterte die Kaufentscheidung des Reisenden. Die Verleger achteten deshalb auf eine gewisse Plakatwirkung ihrer Einbände und Umschläge, „gerade den Verlegern, die an den Bahnhöfen ihr Hauptabsatzgebiet suchen, sind keine Kunstkräfte und Kunstformen zu teuer, um diese Wirkung zu erreichen“.[187] Zur Förderung des Verkaufserfolgs lieferten die Verleger außerdem spezielle Buchbinden zu ihren Verlagsartikeln, die eine schnelle Auskunft über den Inhalt des Buches boten.

Der mögliche Verlust oder die Verschmutzung der Reiselektüre durfte dem Käufer keinen materiellen Schaden verursachen. Die Reisebibliotheken galten als Gebrauchsliteratur, die seit den 1840er Jahren durch die zunehmende Mechanisierung und Technisierung der Buchherstellung serienmäßig produziert werden konnte. Dank der Modernisierungsprozesse im Bereich der Papierherstellung, der Buchbindeverfahren sowie der Einbandgestaltung konnten seit der Jahrhundertmitte die Herstellungskosten von Büchern deutlich gesenkt werden. Die Einführung von Schnellpressen, Handgieß-, Binde- und Papierschneidemaschinen sowie die technischen Voraussetzungen für die fabrikmäßige Herstellung von Papier, Pappe und Einbandmaterial verbilligten den Produktionsprozess ebenso wie die Entdeckung des Holzschliffpapiers als Ersatz des vergleichsweise überteuerten holzhaltigen Papiers. Der individuelle Bucheinband wurde durch den maschinell hergestellten Bezugsstoff Kaliko ersetzt, der vor allem für die kurzlebige Gebrauchsliteratur verwandt wurde.[188] Erst diese technischen Möglichkeiten einer Massenproduktion, in Verbindung mit einer fortschreitenden Arbeitsteilung und dem zunehmenden Einsatz weiblicher und deshalb bil-

---

184 Augsburger Allgemeine Zeitung vom 12. März 1855, Beilage 71, S. 1129f. sowie vom 15. März 1855, Beilage, 74, S. 1177f. Hier zit. n. Wittmann: Buchmarkt und Lektüre, S. 126.

185 Gutzkow an Costenoble am 25. Dezember 1877. McClain/Kurth-Voigt: Karl Gutzkows Briefe an Hermann Costenoble, S. 229.

186 Gutzkow an Costenoble am 29. Juni 1872. Ebd. S. 101.

187 BHB Nr. 21/22 vom 27. November 1917, S. 161f, hier S. 161.

188 Vgl. Biesalski: Die Mechanisierung der deutschen Buchbinderei; Bogeng: Der Bucheinband; Funke: Buchkunde; und Fallbacher: Taschenbücher im 19. Jahrhundert.

liger Arbeitskräfte, senkten die Buchpreise. Durch die extreme Verbilligung von Literatur gelang schließlich die Erschließung neuer Absatzmärkte und Leserschichten, z.B. im Reiseverkehr. Die im Herstellungsprozess um eine drastische Kostensenkung bemühten Verleger von Reiselektüre formulierten allerdings hohe Ansprüche an die Schriftqualität. Brockhaus erkannte diesen Aspekt als besonders wichtig und warb nachdrücklich für ein klares, scharfes Schriftbild:

> Neben dem Inhalt ist bei Schriften, die zum Gebrauch auf der Reise bestimmt sind, die Form, das Aeußere, von besonderer Wichtigkeit. Die Verlagshandlung hat deshalb bei ihrer Reise-Bibliothek zunächst für ein handliches Format Sorge getragen, dann für deutlichen, die Augen nicht anstrengenden Druck und weißes Papier.[189]

Zeichneten sich die Ausgaben der frühen Eisenbahnbibliotheken, z.B. die Bände der Verleger Lorck und Brockhaus, noch durch hohe Seitenzahlen bis zu 200 und 250 Seiten aus, so reduzierten die Reiselektüreproduzenten seit den 1870er Jahren den Bandumfang drastisch auf durchschnittlich 100 bis 130, in späteren Jahren sogar auf vierzig bis fünfzig Seiten; so hatten die Einzelbände der Serie *Humoristica für Salon und Waggons – Skizzen und Schilderungen aus dem Berliner Leben* (1863–1867) noch einen Umfang von durchschnittlich 130 Seiten. Adolf Kröner, der Verleger der Reihe *Reiselectüre*, dagegen achtete auf einen maximalen Umfang von 45 Seiten. Die Intention der Seitenbeschränkung lag einerseits in der gewünschten Handlichkeit der Bändchen begründet. Die gebotene Textquantität korrelierte aber auch mit den verschiedenen Fahrtzeiten und Streckenlängen. Die Berufspendler in den entstandenen Stadt- und Untergrundbahnen, die regelmäßig kurze Strecken befuhren, bevorzugten eine andere Art von Unterhaltungsliteratur als die touristisch motivierten Reisenden. Der Seitenumfang bestimmte aber auch die Preiskalkulation, die besonders kundenfreundlich gestaltet werden musste.

4.3.2 Kriterium: Preisgestaltung

Ein weiterer wichtiger Faktor des Verlagskonzepts war eine moderate Preisgestaltung. Die Bände der frühen Reiseserien, z.B. der Reihe *Humoristische Eisenbahn- und Reise-Bibliothek* kosteten pro Band nur zehn Groschen. Die Verleger Lorck und Brockhaus übernahmen diese Preisvorgabe für ihre *Conversations- und Reisebibliothek* und *Reisebibliothek für Eisenbahn und Dampfschiffe*, die bei einem Seitenumfang von ca. 150 bis 200 Seiten den Verkaufspreis ebenfalls auf zehn Groschen veranschlagten. Lorck reduzierte bereits 1862 wegen des starken Konkurrenzdruckes den Abgabepreis seiner Reihe auf siebeneinhalb Groschen pro Band. Kröner kalkulierte seine *Reiselectüre. Sorglose Stunden im Kreise beliebter Erzähler* bei einem durchschnittlichen Seitenumfang von dreißig bis vierzig Seiten so knapp, dass er die Bände zu einem Dumpingpreis von fünfzig Pfennig auf den Markt bringen konnte. Diese Vorgabe zwang auch die konkurrierenden Verleger zu Niedrigpreisen, die aber Kröners Ladenpreis nicht zu unterbieten vermochten.

---

189 Werbeprospekt für die Reisebibliothek für Eisenbahn und Dampfschiffe, S. 3.

Ein Buchpreis von ca. zehn Groschen in den 1850er Jahren galt als extrem günstig. Die Cotta'sche Verlagsbuchhandlung verkaufte zu diesem Zeitpunkt ihre Klassiker noch für zwei bis fünf Reichstaler. Zu einer neuen Preispolitik wurden die Verlage erst mit der Aufhebung der Verlagsrechte im Jahr 1867 gezwungen. Auf diese Freigabe der Verlagsrechte reagierten viele Verlage mit der Billigproduktion von Klassiker- und Romanreihen zu einem Verkaufspreis von zwei bis drei Groschen pro Band. Die technischen Möglichkeiten im Bereich der Buchherstellung erlaubten jetzt Preiskalkulationen, die seit den 1870er Jahren sogar die jährlichen Abonnementsgebühren einer Leihbibliothek zu unterschreiten vermochten.

Um die Jahrhundertwende lag der Durchschnittspreis für ein ordentlich ausgestattetes Buch bei 3,50 Mark, die Leihgebühr für ein vergleichbares Werk in der Leihbücherei bei vier Mark pro Jahr.[190] Die Reise- und Eisenbahnbibliotheken unterboten mit ihren Durchschnittspreisen von fünfzig Pfennig bis zwei Mark diese Mittelwerte deutlich und traten dadurch auch in Konkurrenz zu den traditionellen Leihbibliotheken, worauf diese mit neuen Serviceangeboten, z.B. dem Reiseleihbuchhandel, reagierten.

4.3.3 Kriterium: Autorenwahl

Ein weiteres wichtiges Erfolgskriterium war die Autorenauswahl. Die Verleger bemühten sich durchgängig um vielgelesene, erfolgreiche Unterhaltungsschriftsteller ihrer Zeit, deren Namen und Werke dem Publikum oftmals bereits durch Vorabdruck in Zeitschriften oder durch die Nutzung von Leihbibliotheken bekannt waren. Die Anbieter von Reisebibliotheken rekrutierten ihre Beiträger bevorzugt aus den Mitarbeiter- und Redaktionsstäben der marktgängigen Unterhaltungs- und Familienjournale.

Adolf Glaser z.B., der für Carl Rümpelers Reihe *Auf der Reise* einen Band lieferte, war gleichzeitig Mitherausgeber des *Westermann Jahrbuchs der Illustrirten Monatshefte*. Friedrich Hackländer, Verfasser zahlreicher Abenteuerromane und Mitarbeiter der Reihe *Reiselectüre*, leitete das Familienblatt *Über Land und Meer*. Die Autoren des Brockhaus-Verlages Ernst Kossak und Josef Rank steuerten regelmäßig Beiträge für das *Deutsche Museum* bei. Heinrich Pröhle arbeitete als Korrespondent für die *Augsburger Allgemeine Zeitung*. Die Werke Josef Ranks, Luise Mühlbachs, Levin Schückings oder Ernst Willkomms waren bereits in diversen belletristischen Unterhaltungsreihen erschienen und ihre Autoren genossen einen besonderen Bekanntheitsgrad. Reise- und Abenteuerautoren wie Friedrich Gerstäcker oder Friedrich Hackländer waren ebenso Absatzgaranten wie das breite Angebot an Übersetzungsliteratur: Die Werke Sir Walter Scotts, Washington Irvings oder Fenimore Coopers sowie die Memoirenromane eines Alexander Dumas, Eugene Sue oder Paul de Kock fanden als Reiseunterhaltung auch in Deutschland einen großen Absatz. Heinrich Eduard Brockhaus, der nach seinen eigenen Worten Romane nur während der Eisenbahnreise konsumierte, notierte in seinem Tagebuch bereits am 29. Dezember 1843 die während

190 Vgl. Umlauff: Beiträge zur Statistik des Deutschen Buchhandels, S. 78ff. und Saalfeld: Materialien zur Beurteilung der Buchpreise.

der Reise gelesenen Buchtitel. Unter ihnen befanden sich neben anderen der Roman von Charles Dickens *Pickwick Paper* sowie Eugene Sues *Mystères de Paris.*[191]

Die Quantität und Qualität des literarischen Angebots in den Reisebibliotheken variierte stark. Nur wenigen großen Verlagshäusern mit europaweiten Autorenkontakten gelang es, wirklich renommierte Reise- und Unterhaltungsschriftsteller für ihre Reihen zu gewinnen, die sich gegenüber den rein kommerziell motivierten Reisebibliotheken der siebziger und achtziger Jahre deutlich abgrenzten. Die kommerziellen Unternehmen engagierten vielfach literarisch nur mittelmäßige Lohnschreiber und warben mit einem breiten Angebot an Kolportage- und Trivialromanen sowie erotisch-pornografischer Literatur um neue Leserschichten. Mit diesem erweiterten Literaturangebot trugen die Produzenten von Reiselektüre der sich zunehmend verändernden sozialen Zusammensetzung des Reisepublikums Rechnung.

4.3.4 Kriterium: Reihenkonzeption und verlegergelenkte Vorauswahl

Das Erscheinen der Reisebändchen innerhalb einer Buchreihe war ein wichtiger Bestandteil des Absatzkonzepts. Schon die Integration eines schriftstellerischen Werkes in eine Reiseserie hatte werbenden Charakter. Manche Ladenhüter ließen sich innerhalb einer Reisebibliothek oftmals noch verkaufen. Gutzkow z.B. appellierte an seinen Verleger: „Machen Sie Eisenbahn-Ausgaben, um die auch Bangel & Schmitt imerfort drängen! Ein illustrirter Zopf und Schwert à 1 Mark 20 Pfennig kauft mancher Reisender für's Coupé."[192] Auch Wilhelm Raabe bemerkte in einem Brief an Paul Heyse, dass die 1.500 Exemplare von *Abu Telfan* erst dann verkauft worden waren, nachdem sie als billige „Eisenbahnlectüre" im Angebot waren.[193]

Mit der Buchreihe bot der Verleger dem Leser bereits eine Vorauswahl. Carl Christian Bry erkannte in der Buchreihe, deren Erscheinungskonzept er als „Zusammenfassung der unindividuellen Bücherkonsumption" bezeichnete, ein wesentliches Instrument für die Organisation des Marktes und der Lenkung von Lektürepräferenzen.[194] Intentionen der Buchreihe waren die Förderung der Kaufmotivation und die Erziehung des Käufers zu einer bestimmten Kaufgewohnheit.[195] Gustav Moldenhauer beschrieb 1884 in seiner Artikelserie *Deutsche Büchercollectionen in ihrer Bedeutung für Literatur und Buchhandel* die Vorzüge der Buchkollektionen, die sich bei einer entsprechenden Gestaltung praktisch von selbst, ohne Zutun von Rezensenten und Buchhändlern verkaufte: „Es braucht keine Ansichtsendungen, es braucht keine Kritiken, es braucht keine unbeholfenen Verkäufer, es braucht ‚Collectionen'".[196] Die Buchreihe eignete sich deshalb besonders als Verkaufsarti-

---

191 Brockhaus: Aus den Tagebüchern von Heinrich Brockhaus, Bd. 2, S. 29.

192 Gutzkow an Costenoble am 6. Oktober 1876. In: McClain/Kurth-Voigt: Karl Gutzkows Briefe an Hermann Costenoble, S. 217.

193 Vgl. Meyer: Über den Umgang mit Erstausgaben, S. 117.

194 Vgl. Bry: Buchreihen. Fortschritt oder Gefahr für den Buchhandel, S. 13; vgl. auch Jäger: Reclams Universal-Bibliothek bis zum Ersten Weltkrieg, S. 29ff., hier S. 30.

195 Vgl. Jäger: Reclams Universal-Bibliothek bis zum Ersten Weltkrieg, S. 30.

196 Moldenhauer: Deutsche Büchercollectionen, S. 280; vgl. auch Jäger: Reclams Universal-Bibliothek

kel des Bahnhofsbuchhandels, wo aus Zeitgründen keine Käuferberatung möglich war. Der Reisende, der auf dem Weg zum Zug eine schnelle Kaufentscheidung treffen musste, memorierte gewöhnlich die äußeren Merkmale der Buchserie, nicht die Einzeltitel. So erkannte er z.B. schon an der Farbe und der Illustration der Einbände seine favorisierte Reihe. Hatte sich ein Titel der Buchreihe bewährt, griff der Käufer gewöhnlich wieder auf dieselbe Kollektion zurück. Die Buchreihe erschien in handlichem Format in einheitlicher Ausstattung und mit einem Einheitspreis, teilweise mit fortlaufender Nummerierung. Darüber hinaus wählten die Verleger einen eingängigen Serientitel, mit dem sie sich an eine bestimmte Zielgruppe wandten. Die Bücherkollektion konnte auch sortiert sein, z.B. nach literarischen Gattungen, bot aber oft auch eine bunte Sammlung in- und ausländischer Autoren, von Klassikern und zeitgenössischen Schriftstellern oder Erstausgaben und Nachdrucken. Die Zahl der belletristischen und Klassikerkollektionen nahm in den letzten Jahrzehnten des 19. Jahrhunderts auf dem Hintergrund der frei werdenden Klassikerrechte deutlich zu. 1896 beschrieb ein anonymer Verfasser in der *Allgemeinen Buchhändler-Zeitung* die verschiedenen Wechselwirkungen, die auf einen günstigen Absatz hoffen ließen:

> [E]s ist eine der eigenthümlichen Erscheinungen des modernen Buchmarktes, daß, wenn ein Verleger einige Bücher ähnlicher Richtung hat erscheinen lassen, er rasch einen Kollektivtitel ersinnt, den Bändchen gleiche Ausstattung und gleiches Format, womöglich auch ein gleiches sinn- und stilvolles Umschlagblatt, das symbolisch den Inhalt andeuten soll, giebt, oft auch die einzelnen Bände mit fortlaufenden Nummern versieht und sie als ‚Sammlung' oder ‚Bibliothek' in die Welt gehen läßt.[197]

Die Werbung für Buchreihen gestaltete sich für den Verlag kostengünstiger als jene für Einzeltitel. Ein gravierender Nachteil der Reihenkonzeption bestand allerdings darin, dass bei Einstellung der Reihe die Einzelbände praktisch entwertet wurden: „Die Sammlungen zwingen zu immer erneuter Produktion, und sie stellen oft den Verleger vor die Alternative, das bisher Geschaffene entwerten zu lassen oder aber eine vielleicht nicht genügend rentable Sammlung widerwillig weiter zu führen".[198]

Der Vertrieb von Büchern in speziellen Reihen war allerdings kein Novum des Buchmarkts, das die Reiselektüre hervorgebracht hätte – im Gegenteil, Bücherkollektionen waren von Anbeginn an ein wichtiges Konkurrenzmedium der Reisebibliotheken. Bereits in den zwanziger und dreißiger Jahren des 19. Jahrhunderts entstanden Klassikerreihen, die wegen ihrer schlichten Aufmachung und des niedrigen Preises als Reiselektüre in der Kutsche und Eilpost oder auf dem Schiff favorisiert wurden.

Die Bücherkollektionen erlebten in der zweiten Hälfte des 19. Jahrhunderts eine bemerkenswerte Konjunktur, zumal der Bahnhofsbuchhandel inzwischen die Nachfrage nach Buchserien um ein weiteres stimulierte. Besonders erfolgreich war die *Collection Spemann*, die zwischen 1882 und 1891 erschien. Die Handlungsstrukturen sowie die thematische

---

bis zum Ersten Weltkrieg, S. 30.

197 Allgemeine Buchhändler-Zeitung Nr. 1 vom 2. Januar 1896, S. 4.

198 Allgemeine Buchhändler-Zeitung Nr. 13 vom 31. März 1926, S. 1f, hier S. 1.

Ausrichtung dieser Reihe orientierten sich an der Konzeption der Familienblätter, die eine Mischung aus Fortschrittsoptimismus, gemäßigter sozialkritischer Belletristik sowie erd- und länderkundliche Informationen boten.[199] Die Reihe schloss eine wichtige Lücke auf dem Markt, denn

> noch fehlte es an einer Sammlung, welche aus einem Gesichtspunkte geordnet, nach außen und innen ein harmonisches Ganzes darzustellen vermag, an einer Bibliothek, welche in gewissem Grade abgeschlossen und dennoch erweiterungsfähig, die mannigfachsten Wünsche zu erfüllen trachtet.[200]

Die *Collection Spemann*, deren Markenzeichen die blauen Einbände waren, kostete im Jahresbezug siebzig Mark und war damit deutlich teurer als z.B. die *Universal-Bibliothek* Reclams, die pro Jahr nur dreißig Mark kostete. Die hervorragende Ausstattung der Bände rechtfertigte jedoch den Preis.[201] Der Einzelband konnte dagegen für eine Mark erworben werden.

Die Belletristikkollektionen entwickelten sich mit der Zunahme offener Buchreihen, einem Verkaufskonzept, das den Buchhändlern die Einzelabgabe der Bände ermöglichte, allmählich zu einer ernst zu nehmenden Konkurrenz für Reisereihen. Ein wesentlicher Unterschied zwischen den herkömmlichen belletristischen und Klassikerkollektionen und den Reisebibliotheken bestand bislang in den Bezugsbedingungen. Während die preiswerten Belletristikkollektionen hauptsächlich über Subskription und Abonnement erhältlich waren – hier handelte es sich um geschlossene Reihen – verkauften die Bahnhofsbuchhändler die Bände ihrer organisierten Reiselektüren von vornherein einzeln zu günstigen Preisen.

Die Verleger belletristischer Kollektionen erkannten jedoch früh das Verkaufspotenzial des Bahnhofs- und Verkehrsbuchhandels und erweiterten in der zweiten Hälfte des 19. Jahrhunderts ihr herkömmliches Vertriebskonzept: Sie boten ihre Buchserien zunehmend über den Einzelverkauf an. Der Bezug der herkömmlichen Kollektionen über den Kolporteur war zunächst aber preiswerter als der Einzelverkauf an den Bahnhöfen. Viele Verleger offerierten ihre Reihen in ungebundener und gebundener Form, damit der Kunde selbst entscheiden konnte, ob er das teure Buch dem ungebundenen vorzog. Reisende favorisierten aus praktischen Gründen häufig die gebundenen Ausgaben und nahmen die leichte Preiserhöhung in Kauf.

Viele Verleger von Reise- und Eisenbahnbibliotheken entschieden sich aus wirtschaftlichen Gründen für die gleichzeitige Herausgabe allgemeiner Unterhaltungsreihen, die sich als Hauslektüre auch an Nichtreisende wandten. Es handelte sich um Verlage, die sich von Anbeginn an auf die Produktion von preiswerten belletristischen Kollektionen spezialisiert hatten und die Chance, am Reisemarkt zu partizipieren, nicht ungenutzt vergeben wollten. Parallel zu *Eckstein's Reisebibliothek* (1887–1901) erschienen z.B. die Reihen *Eckstein's*

199 Vgl. Wittmann: Geschichte des deutschen Buchhandels, S. 256.
200 Moldenhauer: Deutsche Büchercollectionen, S. 228f.
201 Ebd. S. 229.

humoristische Bibliothek, Eckstein's 50-Pfennig-Bibliothek und wenige Jahre später *Eckstein's Miniaturbibliothek* sowie *Eckstein's moderne Bibliothek* für fünfzig Pfennig pro Band.[202] 1885 brachte der Stuttgarter Verleger Carl Engelhorn unter dem Reihentitel *Engelhorns Allgemeine Romanbibliothek* eine preiswerte Taschenbuchreihe auf den Markt, die wegen ihres Erfolges wenige Jahre später als Vorbild für die Reihe *Fischers Romanbibliothek* des S. Fischer Verlags diente. Engelhorn übernahm nicht nur die Redakteurstätigkeit, sondern übersetzte auch selbst zahlreiche Romane ins Deutsche. Die Bändchen hatten einen auffallend roten, broschierten Einband und kosteten fünfzig Pfennig (der Preis für die gebundene Ausgabe betrug 75 Pfennig). Wichtigster und erfolgreichster Autor der Reihe war Friedrich Spielhagen. *Engelhorns Allgemeine Romanbibliothek* hatte einen Umfang von über 1.000 Bänden, als sie 1931 zu einem anderen Verlag wechselte.[203]

Ein entscheidendes Kriterium für den Erfolg der Reisebibliotheken war neben der Reihenkonzeption die damit durch den Verleger getroffene Auswahl der Buchtitel. Gutzkow, der Rezensent der *Reisebibliothek für Eisenbahn und Dampfschiffe* in der Zeitschrift *Unterhaltungen am häuslichen Herd* vermutete hierin ein wesentliches Erfolgsmoment der in Buchreihen erscheinenden Reiselektüre, denn

> ein Buch zu gleichem Zweck ist freilich in jedem Buchladen leicht erworben, indessen pflegt der Käufer bei der Fülle der Auswahl immer rathlos zu stehen, er hat es gern, daß ein Anderer schon vor ihm zu seinem Besten nachgedacht hat.[204]

Die Vorauswahl sowie die einheitliche Einbandgestaltung, die nicht nur die Reihenzugehörigkeit, sondern auch den Warencharakter des Buches hervorhob, erleichterten dem Reisenden die Kaufentscheidung. Diese modernen Marketingtechniken kombinierten die Verleger mit professionellen und teilweise aggressiven Werbekampagnen, in deren Durchführung sie erhebliche Summen investierten.

Bereits in den Vorkriegsjahren zeichnete sich eine allmähliche Ablösung der Reisereihen durch allgemeine belletristische Reihen ab, die sich nicht mehr explizit an die Zielgruppe der Reisenden wandten. Dieser Prozess war schon am Beispiel der Kriminal- und Detektivserien ablesbar, deren Hauptabnehmer zwar der Bahnhofsbuchhandel blieb, die aber das Stichwort „Reisende“ nicht mehr im Titel führten. Ein entscheidendes Erfolgskriterium dieser späten Reiseserien war die Erweiterung der Zielgruppe um Nichtreisende, was sich auch in den Reihentiteln niederschlug, z.B. *Für Reise und Haus* oder *Unterwegs und Daheim*. Den Nichtreisenden eröffnete sich dadurch die Möglichkeit, sich eine belletristische Hausbibliothek zu einem sehr günstigen Preis zusammenzustellen. Die Erweiterung der anvisierten Käuferschicht kündigte sich häufig schon auf dem illustrierten Einband an. Zu den Abbildungen von Bahnhöfen, Eisenbahn und Dampfschiffen gesellten sich zunehmend Bilder von häuslichen Lesern.

---

202 Zu den bibliografischen Angaben vgl. GV 1700–1910, Bd. 31, S. 180–185.
203 Vgl. Mendelssohn: S. Fischer und sein Verlag, S. 514f.
204 Gutzkow: Eine Eisenbahn-Bibliothek, S. 448.

Zu den erfolgreichen Reihen gehörten *Eckstein's Reisebibliothek* (1887–1901), die es innerhalb von 14 Jahren auf über 200 Bände brachte; thematisch handelte es sich vor allem um Sittenbilder, Kriminalgeschichten, Abenteuer- und Jagdromane sowie Humoresken.[205] Eine bemerkenswerte Resonanz erlebte auch Goldschmidts Neuauflage seiner 1868 erstmalig herausgekommenen *Bibliothek von Eisenbahn-Novellen*[206] unter dem neuen Titel *Goldschmidt's Bibliothek für Haus und Reise*, die seit 1890 für 1,75 Mark pro Oktavbändchen ein breites Angebot an Abenteuer- und Kriminalliteratur bot.[207] Der Berliner Verlag Neufeld & Henius und der Leipziger Zöphel-Verlag gründeten zwei der letzten Reiseserien vor dem Ersten Weltkrieg. Um 1903 erschien mit den *Fahrenden Komödianten* von Leopold Sacher-Masoch der erste Band von *Neufeld's Reise-Bibliothek.* 1908, und damit zu einem relativ späten Zeitpunkt, unternahm auch der Verleger Otto Hendel in Halle einen erneuten Versuch, das Genre der Reisebibliotheken zu beleben.[208] Die Reisereihen *Stengel's Reise-Bibliothek* (1900), *Greger's Reise-Bibliothek* (1902) und *Richter's Reisebücher. Reiselust und Reisekunst* (1909) erwiesen sich offenbar als wenig gewinnversprechend und wurden nach zwei bis drei Bänden wieder eingestellt.

Wie die belletristischen Verlage reagierten auch die Kulturverleger auf den Trend, sich mit billigen Buchreihen auf dem Markt zu etablieren. Sie gründeten preiswerte Buchserien im Taschenformat, die sich allerdings durch ihre gehobene Ausstattung von den industriell gefertigten Billigangeboten positiv abheben sollten. Die Verleger achteten darauf, dass ihre Reihen für den flächendeckenden Absatz im Bahnhofsbuchhandel tauglich waren; deshalb war der Einzelverkauf auch hier ein wichtiger Faktor des Vertriebskonzepts. Die ersten literarisch anspruchsvollen Buchreihen erschienen bereits im ersten Jahrzehnt des 20. Jahrhunderts. 1907 brachte der Insel-Verlag seine *Zwei-Mark-Bücher* auf den Markt. Wenige Jahre später, 1911, folgte die Reihe *Bibliothek der Romane.* Die Leinenbände kosteten drei Mark, der Preis für die in Leder gebundenen Bände belief sich auf fünf Mark. Während die *Zwei-Mark-Bücher* nach dem zwanzigsten Band schon wieder eingestellt werden mussten, erfuhr die *Bibliothek der Romane* selbst während des Ersten Weltkriegs große Resonanz.[209]

Der Absatzmarkt für Eisenbahn- und Reiselektüre hatte sich somit seit den 1890er Jahren allmählich erschöpft und nur wenige Großverlage, z.B. Julius Bagel und Goldschmidt, hatten eine Chance, ihre Reiseserien bis in die Vorkriegsjahre hinein erscheinen zu lassen.

Alle Verkaufserwartungen übertraf schließlich das gelbe Ullstein-Taschenbuch für eine Mark, das erstmals 1910 erschien. Die Bände wurden massenhaft vor allem über den Bahnhofs- und Verkehrsbuchhandel abgesetzt. Der außergewöhnliche Erfolg dieser Buchreihe war Ergebnis einer äußerst professionell und intensiv geführten Werbekampagne, welche

205 Vgl. Galle: Eisenbahnliteratur, S. 13.

206 GV 1700–1910, Bd. 15, S. 100.

207 Ebd., S. 131f., GV 1700–1910, Bd. 48, S. 213ff.

208 Otto Hendel, der 1847 die Firmenleitung der ehemals Johann Jacob Krebs'schen Buchdruckerei übernahm, betreute die Herausgabe der Bibliothek der Gesamt-Literatur des In- und Auslands, wo er ein breites Angebot an europäischer und außereuropäischer Literatur als preiswerte Ausgaben offerierte. Vgl. Schmidt: Deutsche Buchhändler, Deutsche Buchdrucker, S. 413ff.

209 Vgl. 100 Jahre Insel Verlag 1899–1999, S. 75.

Ullstein-Bücher mit Prospekten, Anzeigen und Plakaten zu einem Markenartikel machte.[210] So nutzte Ullstein den in den zwanziger Jahren in der Werbung populären Versreim: „Nimm Ullsteinbücher mit zum Lesen – Und heim kehrt ein vergnügtes Wesen!" oder „Das Ullsteinbuch blieb im Kupee! Was tu ich jetzt am Stölpchen-See?" – oder engagierte für seine Werbeplakate prominente Schauspieler; so eilte z.B. Guido Thielscher, ein Ullstein-Buch in der Hand, zum Zug.[211]

In den Jahren der Weimarer Republik warben die Verlage für ihre Serien vor allem in den Sommermonaten mit besonders attraktiven Rabatten für den Bahnhofsbuchhandel. Die Bahnhofsbuchhändler standen zunehmend vor dem Problem der Reihenauswahl, weil sie nicht alle angebotenen Serien präsentieren konnten. Neben den Taschenbuchreihen eroberten seit der Jahrhundertwende aber auch die Heftromane, ein erfolgreicher Importartikel aus den Vereinigten Staaten, die Verkaufsstände der Bahnhofsbuchhändler und Straßenverkäufer.

So hatte sich nach dem Ersten Weltkrieg die Produktpalette des Bahnhofs- und Verkehrsbuchhandels beträchtlich erweitert. Neben den drei genannten Serientypen, die die eigentlichen Reise- und Eisenbahnbibliotheken abgelöst hatten, galten schon in der Frühzeit der Eisenbahnreise periodisch erscheinende Druckerzeugnisse als wirkungsmächtige Konkurrenz. In den Jahren nach dem Ersten Weltkrieg, einer Zeit, in der das Informationsbedürfnis der Bevölkerung besonders ausgeprägt war, stieg auch das Zeitungs- und Zeitschriftenangebot an den Verkaufsständen der Bahnhofsbuchhändler.

4.4 Zeitungen und Zeitschriften – Konkurrenzmedien der Eisenbahn- und Reisebibliotheken

Noch vor den Produzenten von Reise- und Eisenbahnbibliotheken entdeckten die Zeitungs- und Zeitschriftenverleger in den Bahnreisenden eine wichtige Klientel für ihre Druckerzeugnisse. Diese Publikationsform hatte den Vorteil, dass sie relativ preiswert und leichter zu transportieren waren als Bücher. Nach der Lektüre wurden die Zeitungen und Zeitschriften meist achtlos in den Zugabteilen zurückgelassen. Als die zurückzulegenden Fahrtstrecken noch kürzer waren, begnügten sich Reisende oftmals mit Tagesschrifttum. Umfangreichere Reiselektüre erlebte erst mit den Städteverbindungen quer durch Deutschland, die eine Verlängerung der Reisezeiten bedingten, eine größere Nachfrage. Neben dem Tagesschrifttum fanden auch spezielle Eisenbahnzeitschriften Interesse, die in den vierziger Jahren auf den Markt kamen und eigens für bestimmte Bahnverbindungen konzipiert waren. 1838 – mit der Eröffnung der Strecke Leipzig–Dresden – gab z.B. die Commissions-Bibliothek Hamburg das Journal *Die Leipzig–Dresdener Eisenbahn. Für Dampfwagenreisende von Leipzig nach Dresden* heraus. Zwischen 1835 und 1900 erschienen ca. 15 Zeitschriften, die im Titel den Namen des innovativen Transportmittels führten. Brockhaus bot

210 Vgl. Hundert Jahre Ullstein 1877–1977, Bd. 1, S. 139.
211 Ilgen: „Sei sparsam Brigitte", S. 60f.

seine Zeitschriftenauswahl, u.a. *Die Eisenbahn-Zeitschrift zur Beförderung geistiger und geselliger Tendenzen*, *Die Eisenbahn – moderne Original-Zeitblätter für Deutschland*, *Die Eisenbahn – ein Unterhaltungsblatt für die gebildete Welt* oder *Die Eisenbahn – Unterhaltungsblatt für Volk und Haus*, schon Jahre vor Erscheinen seiner Reisebibliothek an den Leipziger Bahnhöfen an.[212]

Die frühen Eisenbahnzeitschriften berichteten gewöhnlich über die Entwicklung der Eisenbahn, richteten sich aber nicht ausschließlich an die Fahrgäste. Die Nennung der Eisenbahn im Zeitschriftentitel konnte aber auch Ausdruck für die Progressivität eines Journals sein. Mit der Zunahme des Reiseaufkommens und der Expansion des Streckennetzes, das jetzt auch mehrstündige Fahrtzeiten erforderlich machte, entwickelten sich zwar die organisierten Reisebibliotheken zu einem wichtigen Konkurrenzmedium der Zeitungen und Zeitschriften, doch der organisierten Reiselektüre gelang es nicht, die Zeitungen und Zeitschriften zu verdrängen, zumal der Zeitungs- und Zeitschriftenhandel in der zweiten Hälfte des 19. Jahrhunderts durch die Liberalisierung der rechtlichen Rahmenbedingungen enorm prosperierte und den Reisenden an den Verkaufsständen der Bahnhofsbuchhändler eine Fülle von Presseartikeln zur Auswahl stand.

Zwischen den 1848er Jahren und dem Beginn des Ersten Weltkriegs stieg die Zahl der in Deutschland erscheinenden Zeitungen von ca. 1.000 auf 4.200, die der Zeitschriften von ca. 700 auf 6.500. Bis zum Kriegsbeginn war auf dem Pressemarkt ein kontinuierlicher Zuwachs zu konstatieren. Im letzten Drittel des 19. Jahrhunderts entstanden neben den politischen Witzblättern und belletristischen Unterhaltungsblättern vermehrt Parteizeitungen, z.B. die *Germania* (1871), das führende Organ des Zentrums.

Ein wichtiger Grund für die Expansion des Zeitschriftenmarkts war der Wegfall des staatlichen Anzeigenmonopols. Die Neugründungen finanzierten sich bis zu zwei Drittel mit Einnahmen aus dem Inserategeschäft.[213] Die wachsenden Anzeigeneinnahmen erlaubten den Verlegern nicht nur die Herabsetzung der Bezugspreise, sondern auch eine Steigerung der Auflage. In belletristischen Unterhaltungszeitschriften schrieben oftmals dieselben Autoren wie in den Reise- und Eisenbahnbibliotheken. Insofern kann von einer gegenseitigen Stimulation des Absatzes von Reiseserien und belletristischer Unterhaltungsblätter in der zweiten Hälfte des 19. Jahrhunderts ausgegangen werden.

Seit den 1880er und 1890er Jahren waren neben Parteizeitungen und belletristischen Unterhaltungsblättern auch Reisemagazine, Reisebeilagen in Tages- und Wochenzeitungen und Verkehrszeitungen sehr populär. 1882 bis 1893 erschien im Verlag des Universums *Der fidele Reise-Onkel. Allerhand Humoristisches in Wort und Bild. Mit launigen Erzählungen*, 1893 bis 1894 folgte die Illustrierte *Reise-Onkel. Internationales Organ für Fremdenverkehr. Unterhaltungsblatt und Wegweiser für alle Geschäfts-, Erholungs-, Vergnügungsreisende und Touristen* im Münchener Zeitungsverlag. Die Zeitschrift erschien wö-

212 Vgl. Galle: Eisenbahnliteratur, S. 2ff.
213 Ebd. S. 227.

chentlich zu einem Einzelpreis von zehn Pfennig.[214] 1900 kam *Der Reisefreund. Modernes Unterhaltungsblatt für die Eisenbahn* für dreißig Pfennig pro Heft auf den Markt.

Auch Reisebüros betätigten sich neben ihrer eigentlichen Aufgabe zunehmend als Herausgeber von Reisejournalen. Es handelte sich dabei gewöhnlich um Fremdenverkehrszeitungen und Zeitschriften, die eine bestimmte Reiseregion vorstellten, wie z.B. die *Illustrierte Reise- und Verkehrszeitung. Internationaler Hotel-, Bade- und Geschäftsanzeiger. Offizielles Organ des Süddeutschen Eisenbahn-Reform-Vereins* (Einzelpreis zwanzig Pfennig),[215] oder das *Internationale Reisejournal. Hotel- und Badezeitung. Organ für Reise und Verkehrsverhältnisse* (Berlin, 1872–1879)[216] oder neben Neuigkeiten aus der Fremdenverkehrsbranche auch Feuilleton und Fortsetzungsromane boten. Unserer heutigen Boulevardpresse vergleichbar, berichteten sie über das Privatleben berühmter und aristokratischer Persönlichkeiten.

Große Tageszeitungen ergänzten ihre Ausgaben durch spezielle Reisebeilagen. So führte die *Vossische Zeitung* unter dem Titel „Für Reise und Wanderung" eine neue Rubrik ein. Reisebeilagen und Sondernummern trugen nicht unerheblich zur Popularisierung des Reisens und zur Erhöhung der Reisefrequenz bei.[217] Auch die Reichsbahn legte in der Ferienzeit vor allem in den Sonderzügen in die Allgäuer Skigebiete – meist aus Werbezwecken aufwändig auf Hochglanzpapier gedruckt – kostenlose Reiseillustrierte aus. Erst die zunehmende Etablierung des Automobils beendete in den 1940er Jahren die Erfolgsserie dieser Reisemagazine.[218]

Nach dem Ersten Weltkrieg spielten die Zeitungen und Zeitschriften als Reiselektüre eine wichtigere Rolle als Bücher, zumal die Buchpreise nach dem Krieg relativ hoch waren. Während im letzten Drittel des 19. Jahrhunderts an den Bahnhöfen der größeren Städte dem Reisepublikum noch ca. dreißig bis fünfzig verschiedene Zeitungen und Zeitschriften zur Auswahl bereitstanden,[219] wuchs die Zahl in- und ausländischer Presseartikel in den Jahren der Weimarer Republik.

Ein wichtiger Entwicklungsschritt im Pressewesen war – gerade mit Blick auf den Bahnhofs- und Verkehrsbuchhandel – die Ablösung des bis dahin vorherrschenden Abonnementvertriebs durch den Einzelverkauf, wenngleich die Abonnentenregelung parallel dazu weiter existierte. Auflagenstarke, populäre Familien- und Unterhaltungsblätter oder Modezeitschriften, wie z.B. die *Modenwelt*, *Ueber Land und Meer*, *Salon*, *Bazar*, *Kladderadatsch*, *Omnibus*, *Hausfreund*, *Europa*, *Roman-Zeitung* oder *Westermanns Monatshefte,* konnten jetzt in Bahnhofsbuchhandlungen als separate Heftnummer erworben werden. Der Kunde konnte so aus einem breiten Pressespektrum, je nach Interessenlage und frei von Abonnementsverpflichtungen, spontan wählen und entschied sich nach der Lektüre

214 Kayser's Vollständiges Bücher-Lexicon, Bd. 28, L–Z, 1891–1894, S. 397.
215 Ebd.
216 An der Herausgabe war das Berliner Reisebüro Carl Stangen beteiligt. Vgl. GV 1700–1910, Bd. 116, S. 76.
217 Vgl. Wissell: Zur Geschichte und Entwicklung des Bahnhofsbuchhandels, S. 332.
218 Vgl. Galle: Eisenbahnliteratur, S. 17.
219 Vgl. Wissell: Zur Geschichte und Entwicklung des Bahnhofsbuchhandels, S. 334.

einer Einzelnummer nicht selten zu einem dauerhaften Abonnement – ein wichtiger Nebeneffekt des Einzelverkaufs.

Ein bedeutender Zeitschriftentyp, gerade im Reiseverkehr, war die Illustrierte, ein Medium, das neben Feuilleton, Artikelserien unterschiedlicher Thematik und Fortsetzungsromanen eine neue Form von Bildberichterstattung – im Mittelpunkt stand die Fotografie[220] – bot und meist in wöchentlichem Turnus erschien.[221] Die Illustrierte löste nach der Jahrhundertwende das Familienblatt allmählich ab. Ihre typische Vertriebsform war der Einzelverkauf im Bahnhofsbuch- und Straßenhandel.[222]

Ihren Durchbruch hatte die Illustrierte mit der Gründung der *Berliner Illustrirten Zeitung* bei Ullstein im Jahr 1894 erlebt. Allein Ullstein vertrieb sieben Illustrierte und Magazine vornehmlich über den Bahnhofsbuchhandel und Straßenverkauf. Neben der *Berliner Illustrirten Zeitung* erschienen die Jugendillustrierte *Der heitere Fridolin*, *Das Blatt der Hausfrau*, *Die Dame*, *Uhu*, das naturwissenschaftliche Blatt *Die Koralle* und das avantgardistische Kunstblatt *Der Querschnitt*. Außerdem bot Ullstein Sonderhefte und Alben für Mode und Handarbeiten an.[223]

Große Absätze im Bahnhofsbuchhandel erzielte auch das im Ullstein-Verlag erschienene Magazin *Uhu*. Das Magazin, ein Zeitschriftentypus, der bereits im 18. Jahrhundert aus England nach Deutschland importiert worden war, richtete sich an ein allgemeines, sozial heterogenes Lesepublikum. Das „Warenhaus an Unterhaltung“ war universal und erschien monatlich oder vierteljährlich,[224] bot eine abwechslungsreiche Mischung aus witzigen und spannenden Betrachtungen, Essays, belletristischen Texten sowie Fotoreportagen und war somit nicht nur für den Kolportagebuchhandel, sondern auch für den Bahnhofs- und Verkehrsbuchhandel ein geeignetes Vertriebsprodukt. Sensationelle Berichterstattung und pikante Abbildungen entsprachen den Leseerwartungen auch von Reisenden.[225]

Bereits mehrere Wochen vor Erscheinen des ersten Heftes des *Uhu* startete der Ullstein-Verlag eine groß angelegte Werbekampagne. Auf Litfaßsäulen und an Zeitungskiosken

---

220 Während die Abbildungen in der frühen Phase der Illustrierten noch Holzschnitte waren, ermöglichten die Fotochemie und neue Drucktechniken auch die Aufnahme von Fotografien. Die Fotografien konnten seit 1881 durch eine von Georg Meisenbach erfundene fotomechanische Reproduktionstechnik, die Autotypie, vervielfältigt werden. Das Produktionsverfahren war nicht nur schneller als die Herstellung von Holzschnitten, sondern auch wesentlich preiswerter. Neben der Einführung der Autotypie war die Erfindung der Momentfotografie für die illustrierte Berichterstattung von großer Bedeutung. Vgl. Hundert Jahre Ullstein 1877–1977, Bd. 2, S. 111; Marckwardt: Die Illustrierten der Weimarer Republik; und Bohrmann: Illustrierte, S. 570 sowie Gebhardt: Illustrierte Zeitung in Deutschland, S. B 41ff.

221 Vgl. Marckwardt: Die Illustrierten der Weimarer Zeit, S. 1; und Bohrmann: Illustrierte, S. 570.

222 Vgl. Marckwardt: Die Illustrierten der Weimarer Zeit, S. 48.

223 Vgl. Dorn/Vogel: Geschichte des Pressevertriebs, S. 103; vgl. auch Seegers: Uhu, Koralle.

224 Vgl. Haacke: Genesis und Stil des „Magazins“, S. 235, 239. Die Publizistik unterscheidet das allgemeine Magazin mit literarischen und wissenschaftlichen Beiträgen vom Fachmagazin, das sich auf eine bestimmte Zielgruppe ausrichtet, z.B. Fotomagazine oder Architektur- und Kunstmagazine. Vgl. Haacke: Genesis und Stil des „Magazins“, S. 235.

225 Vgl. Jahn: Der deutsche Kolportagebuchhandel, S. 17; vgl. auch Seegers: Uhu, Koralle, S. 63.

wurde massiv für das neue Unterhaltungsmagazin geworben.[226] Das erste Heft kam im Oktober 1924 auf den Markt und innerhalb von wenigen Tagen war die Gesamtauflage vergriffen. Der Verlag gewann anerkannte Autoren aus Literatur, Wissenschaft und Kunst als regelmäßige Mitarbeiter. Kurt Tucholsky – einer der Initiatoren des Magazins – steuerte zahlreiche Artikel und Gedichte bei. Vertreten waren außerdem Vicki Baum, Walter Benjamin, Hermann Hesse, Heinrich und Thomas Mann sowie Carl Sternheim oder Arnold Zweig.[227] Es wurden Gedichte und Novellen sowie Reiseerlebnisse abgedruckt, bebilderte Artikel informierten über Prominente in Sport und Film oder technische Entwicklungen z.B. im Flugzeugbau. Der *Uhu* erschien monatlich und kostete eine Mark. 1929 erreichte das Magazin eine Auflage von 200.000 Exemplaren.

Die Bahnhofsbuchhändler waren bemüht, diese Vielfalt an in- und ausländischen Presseartikeln an ihren Verkaufsständen zu präsentieren. Zu einer gut sortierten Bahnhofsbuchhandlung gehörte es aber auch, dass sie die wichtigsten europäischen Tageszeitungen und verschiedene Regionalzeitungen bereithielt. Großstadtzeitungen erlebten jetzt eine überregionale Verbreitung, z.B. die *Frankfurter Zeitung*, die *Kölnische Zeitung*, die *Rheinisch-Westfälische Zeitung* und die *Münchener Neuesten Nachrichten*.[228] Carl Schmitt in Heidelberg beispielsweise führte in den Jahren 1870 bis 1880 *Le Temps*, die *Straßburger Zeitung*, den *Niederrheinischen Courier*, das *Elsässische Journal*, die *Karlsruher Zeitung*, die *Frankfurter Presse*, die *Augsburger Allgemeine*, die *Kölnische Zeitung*, die *Norddeutsche Zeitung*, die *Kreuzzeitung*, den *Kladderadatsch*, die *Wespen*, die *Fliegenden Blätter*, die belgischen Zeitungen *Independance Belge* und *Le Nord*, den *Figaro*, *The Times*, die *Daily News*, den *Daily Telegraph* und *Le Monde illustré*.[229] Die große Anzahl von Zeitungen und Zeitschriften stellte die Bahnhofsbuchhändler zunehmend vor das Problem, die breite Produktpalette an ihren Verkaufsständen angemessen auszulegen, und die Bücherwagen auf den Bahnsteigen wurden wegen des zunehmenden Gewichts immer unbeweglicher. Der Bahnhofsbuchhändler musste somit je nach Standort des Verkaufskioskes eine kluge Auswahl treffen und auf neu entstehende Nachfragen schnell reagieren.

Der Vertrieb von Reiselektüre war schon seit den 1860er Jahren durch ein zunehmend effizienter organisiertes und professioneller werdendes Distributionssystem gewährleistet, das sich nach der Jahrhundertwende schnell über die herkömmliche Verkaufssituation in den Bahnhöfen hinausentwickelte. Zu diesem Zeitpunkt erweiterten die Bahnhofsbuchhändler ihr originäres Wirkungsfeld und betätigten sich nunmehr auch als Schiffs- und Badebuchhändler oder waren als Leihbibliothekare an Bord von Seebäderdampfern oder im Überseeverkehr tätig. Intention der Bahnhofs- und Verkehrsbuchhändler war es, Reisende und Touristen in ihrer Gesamtheit, unabhängig von der Wahl ihres Verkehrsmittels, zuverlässig und zu allen Tages- und Nachtzeiten mit Reiselektüre zu versorgen. In einem nächsten Untersuchungsschritt sollen die verschiedenen Distributionsmodelle, die sich vor dem

226 Vgl. Hundert Jahre Ullstein 1877–1977, Bd. 2, S. 178.
227 Ebd.; vgl. auch Seegers: Uhu, Koralle, S. 63.
228 Vgl. Dorn/Vogel: Die Geschichte des Pressevertriebs, S. 95.
229 Vgl. Hahn: Unsere Firmengeschichte, S. 58.

Hintergrund einer fortschreitenden Ausdifferenzierung der verschiedenen Teilbranchen des verbreitenden Buchhandels sowie eines anhaltenden Professionalisierungsprozesses in der zweiten Hälfte des 19. Jahrhunderts herausgebildet hatten, rekonstruiert werden; beginnend mit dem eher sporadischen Verkauf von Reiselektüre an ambulanten Verkaufsständen in den Bahnhofshallen sowie an den Bahnsteigen um 1850, endend mit der Entstehung und Ausbreitung länderübergreifender professioneller Vertriebssysteme entlang der europäischen Eisenbahnverbindungen, in der Binnenschifffahrt wie auch im Überseeverkehr. Ein abschließender Blick wird sich schließlich auf die Herausbildung alternativer Vertriebsformen richten, wie z.B. spezielle Reiseleihsysteme oder Automatenverkauf.

5 Geschichte des Bahnhofs- und Verkehrsbuchhandels von seinen Anfängen um 1850 bis zum Ausbruch des Ersten Weltkriegs

Von der Mitte des 19. Jahrhunderts bis zum Beginn des Ersten Weltkriegs erlebte Deutschland einen bedeutenden Industrialisierungs- und Modernisierungsprozess. Die verschiedenen Zweige der Industrie, an erster Stelle die chemische und die Elektroindustrie, verzeichneten enorme Wachstumsraten.[1] Mit dem Einsatz von elektrisch betriebenen Straßenbahnen sowie der Expansion künstlicher Beleuchtungssysteme in den Großstädten stieg die Nachfrage nach Elektrizität, und 1879 begann Siemens in Berlin mit der Elektrifizierung der herkömmlichen Pferdebahnen.[2] Zu den führenden Wirtschaftssektoren zählten aber auch die Eisen-, Kohle- und Stahlindustrie, die stark vom Eisenbahnbau beeinflusst war.[3] Die Eisen- und Stahlproduktion wurde früh an das moderne Verkehrsnetz angeschlossen, und es entstanden wichtige Eisenbahnknotenpunkte.[4]

Trotz wirtschaftlicher Krisen in den Jahren 1873 bis 1879 und 1907/1908 erlebte die Industrie in allen Bereichen eine Hochkonjunktur. In den Großstädten, z.B. in Berlin, Hamburg oder Frankfurt/M., konzentrierten sich die Großunternehmen. Industriegebiete entstanden auch im nördlichen Rheinland, im Saargebiet und in Lothringen, im Ruhrgebiet sowie in der Rhein-Main- und Rhein-Neckar-Region. Sachsen entwickelte sich zu einem wichtigen Standort der Konsumgüterindustrie.[5] Um 1900 entstanden im Zuge der Liberalisierung des Marktes die ersten Trusts und Kartelle. Die Entstehung von Konzernen bedeutete eine qualitativ neue Entwicklungsphase und Organisationsform der Industriewirtschaft.[6] Der allgemeine Konzentrationsprozess machte auch vor dem Verlags- und Buchhandel nicht Halt. Im Gesamtbuchhandel, gerade im Verkehrsbuchhandel, zeichnete sich in den beiden letzten Jahrzehnten des 19. Jahrhunderts eine Tendenz zur Monopolisierung und Marktbeherrschung durch Großunternehmen ab. Im Verlagsbereich entstanden Aktien- und Kommanditgesellschaften. Betrug der Anteil der buchhändlerischen Großbetriebe 1882 noch 9,1 Prozent, stieg er 1895 bereits auf 13,7 Prozent.[7] Die Sortimenter beobachteten diese Entwicklung mit Misstrauen.

---

1 Vgl. Nipperdey: Deutsche Geschichte 1866–1918, Bd. 1, S. 226ff, hier S. 234f.
2 Ebd. S. 236.
3 Vgl. Nipperdey: Deutsche Geschichte 1866–1918, Bd. 1, S. S. 226f; vgl. auch Wehler: Das Deutsche Kaiserreich 1871–1918, S. 26f.
4 Vgl. Wehler: Deutsche Gesellschaftsgeschichte 1849–1914, S. 19.
5 Ebd. S. 239; vgl. auch Wehler: Das Deutsche Kaiserreich 1871–1918, S. 41.
6 Wehler: Das Deutsche Kaiserreich 1871–1918, S. 50ff.
7 Grünert: Die Professionalisierung des Buchhandels, S. 277.

Mit der Industrialisierung ging ein starker Bevölkerungszuwachs einher.[8] Die Zahl der Einwohner in Deutschland stieg von 41.059.000 im Jahr 1871 auf 64.926.000 im Jahr 1910. Die Expansion der Eisenbahnen förderte den Urbanisierungsprozess.[9] Die Einwohnerzahl in Berlin stieg von 1.315.000 im Jahr 1885 auf 2.071.257 im Jahr 1910; zwischen 1848 und 1910 wuchs die Bevölkerung in Leipzig von 62.000 auf 589.850 Einwohner. 1910 wohnten mehr als 21 Prozent der deutschen Bevölkerung in Großstädten.[10] Die starken Veränderungen in den Bereichen Technik, Verkehr und Kommunikation förderten eine Neustrukturierung der Gesellschaft sowie eine ausgeprägte soziale Mobilität. Die Zunahme auch von Angestellten, Technikern und Beamten setzte einen starken Rückgang des Analphabetismus und die Zunahme des Schul- und Universitätsbesuchs voraus.[11]

Die wirtschaftliche und gesellschaftliche Gesamtentwicklung wirkte sich auch auf die Buchbranche aus.[12] Der soziale Umschichtungsprozess begünstigte die Verbreitung von Lektüre und nahm Einfluss auf das Leseverhalten und die Lektürepräferenzen. Die Urbanisierung veränderte die Lebensgewohnheiten der Stadtbevölkerung. Die Bewältigung neuer beruflicher Herausforderungen förderte den Bedarf nach informativer Literatur. Den Wunsch nach Information und Allgemeinbildung erfüllten die Konversationslexika sowie Fach- und Sachbücher. Die zunehmende Vereinsamung und Isolation der Menschen sowie der Verlust traditioneller Bindungen – vor allem in den Großstädten – förderte das Bedürfnis nach psychischer Kompensation. Diese Funktion übernahmen die massenweise produzierte Belletristik und der Kolportageroman.[13] Vor dem Hintergrund einer fortschreitenden Urbanisierung vollzog sich im letzten Drittel des 19. Jahrhunderts die „zweite Leserevolution".[14] Eine wichtige Rolle in diesem Prozess spielte die Leihbibliothek, aus der sich finanziell schwächer gestellte Gesellschaftsschichten bedienten. Trotz der zunehmenden Konkurrenz durch preiswerte Unterhaltungsreihen, Kolportage- und Feuilletonromane blieb die Leihbücherei eine wichtige literarische Institution.

Das 19. Jahrhundert war von technischen Neuerungen in der Buchherstellung geprägt, die überhaupt erst die Voraussetzungen für eine massenhafte Produktion von preiswerter Literatur schufen. Dank der innovativen Modernisierungsprozesse im Bereich des Satzes und Druckes, der Papierherstellung, der Buchbindeverfahren sowie der Einbandgestaltung gelang seit der Jahrhundertmitte eine deutliche Senkung der Herstellungskosten von Bü-

8 Vgl. auch Wehler: Das Deutsche Kaiserreich 1871–1918, S. 44.

9 Vgl. Wehler: Deutsche Gesellschaftsgeschichte 1849–1914, S. 25.

10 Martino: Die deutsche Leihbibliothek, S. 290.

11 Ebd. S. 295.

12 Der erste große Innovationsschub des Buchhandels war mit Beginn des 19. Jahrhunderts abgeschlossen. Der Barverkehr hatte in Form des Konditionshandels das herkömmliche Tauschverfahren abgelöst; die Trennung des Buchmarkts in eine nördliche und südliche Interessensphäre war weitgehend überwunden. Eine einvernehmliche Regelung zwischen Verlagen und Autoren zum Urheberrecht gab es zu diesem Zeitpunkt noch nicht, doch wurde das geistige Eigentum von den Verlegern allmählich akzeptiert. Bereits im ausgehenden 18. Jahrhundert entwickelten sich Sortiment und Verlag zu zwei eigenständigen Geschäftszweigen. Vgl. Wittmann: Geschichte des deutschen Buchhandels, S. 201.

13 Martino: Die deutsche Leihbibliothek, S. 300.

14 Langenbucher: Die Demokratisierung des Lesens, S. 12ff.

chern. Die Einführung von Zylinderdruckmaschinen, sogenannte Schnellpressen, Gieß-, Binde- und Papierschneidemaschinen sowie die technischen Voraussetzungen für die fabrikmäßige Herstellung von Papier, Pappe und Einbandmaterial verbilligten den Produktionsprozess ebenso wie die Entdeckung des Holzschliffpapiers. Der individuelle Bucheinband wurde durch den maschinell hergestellten Bezugsstoff Kaliko ersetzt, der vor allem für die kurzlebige Gebrauchsliteratur, z.B. Reiselektüre, verwandt wurde.[15] Wichtige Neuerungen gab es im Bereich des Illustrationsverfahrens, z.B. die Lithografie oder den Holzstich. Damit konnten Periodika und Bücher in hoher Auflage bei relativ niedrigen Herstellungskosten und passabler Qualität bebildert werden.[16] 1871 erfand Karl Kastenbein die Typensetzmaschine, die die Produktivität des Setzers von 2.000 auf 7.000 Buchstaben pro Stunde erheblich steigerte. 1878/1879 wurde in der Buchbinderei zunehmend die Drahtheftmaschine eingesetzt und 1885 folgte die Fadenheftmaschine. 1886 entwickelte Ottmar Mergenthaler die Zeilensetzmaschine „Linotype".[17] Damit waren gegen Ende des 19. Jahrhunderts vom Satz bis zur buchbinderischen Weiterverarbeitung alle Phasen der Buchherstellung mechanisiert und die Voraussetzungen der Industrialisierung vorhanden.

Mit dem Einsatz der technischen Innovationen in den Bereichen Buchherstellung und Druckvorgang nahm auch die Bücherproduktion in Deutschland zu. Die literarische Jahresproduktion stieg von 9.942 Werken im Jahr 1848 auf 13.912 im Jahr 1878; die Gesamtproduktion betrug im Jahr 1881 15.191, 1898 23.739 und 1908 30.317 Werke.[18] Im Vergleich zu anderen Ländern produzierte Deutschland die meisten Bücher: So wurden etwa 1910 in Deutschland 31.281 Titel hergestellt, in Russland 29.057, in Frankreich 12.615, in England 10.804 und in den USA 13.470. Ein massiver Produktionsrückgang war erst während des Ersten Weltkriegs zu konstatieren.[19] In der Vorkriegszeit machte die „Schöne Literatur" knapp fünfzehn Prozent der Gesamtproduktion aus.

Eine enorme Zunahme erfuhr auch die periodische Presse. In Berlin erschienen 1894 802 Zeitungen und Zeitschriften in einer bedeutenden Auflagenhöhe. Populäre Familienblätter, z.B. die *Gartenlaube* oder *Ueber Land und Meer*, erreichten eine Auflage zwischen 100.000 und 400.000 Exemplaren.[20] Die Eisenbahn gewährleistete einen schnellen und reibungslosen Transport von periodischer Presse und Büchern. Auch der Vertrieb und Absatz von Presseartikeln erfuhr durch die zunehmende Verdichtung des Eisenbahnnetzes eine bedeutende Beschleunigung.

15 Vgl. Neumann: Herstellungstechnik und Buchgestaltung, S. 170ff; Biesalski: Die Mechanisierung der deutschen Buchbinderei; Bogeng: Der Bucheinband; Böhme/Viefhaus: Druck und Papier; Funke: Buchkunde; Fallbacher: Taschenbücher im 19. Jahrhundert, Wittmann: Geschichte des deutschen Buchhandels, S. 203ff, und Martino: Die deutsche Leihbibliothek, S. 300f.

16 Vgl. Wittmann: Geschichte des deutschen Buchhandels, S. 204.

17 Martino: Die deutsche Leihbibliothek, S. 301.

18 Vgl. Martino: Die deutsche Leihbibliothek, S. 301f; Wittmann: Buchmarkt und Lektüre, S. 117, und Rarisch: Industrialisierung und Literatur, S. 41, sowie Wittmann: Der deutsche Buchhandel, S. 238.

19 Vgl. Estermann/Jäger: Voraussetzungen und Entwicklungstendenzen, S. 18.

20 Martino: Die deutsche Leihbibliothek, S. 303.

Der Vertrieb von diesen Mengen an Büchern und Periodika erforderte ein immer effektiveres und dichteres Distributionssystem. Wesentliche Katalysatoren für die Entstehung neuer Absatzwege waren die Gewerbeordnung von 1869 und der Erlass des Freizügigkeitsgesetzes von 1887, die Unternehmensgründungen erheblich erleichterten. Mit der Liberalisierung des Marktes erfuhr der herstellende und verbreitende Buchhandel eine deutliche Ausweitung. Parallel zur Ausbreitung des Buchhandels und der Steigerung der Buchproduktion änderte sich die gesamte Berufsstruktur im Buchhandel, der jetzt von einer Differenzierung und Spezialisierung geprägt war. So bildeten sich neue fachspezifische Berufssparten innerhalb des verbreitenden Buchhandels heraus.[21] Neben dem herkömmlichen Sortiment etablierten sich alternative Vertriebssysteme, z.B. der Kolportage- und Reisebuchhandel sowie der Warenhaus- und Bahnhofsbuchhandel.

Die Zahl der Sortimentsbuchhandlungen stieg von 887 im Jahr 1843 auf 1.325 im Jahr 1867. 1880 gab es 1.238 reine Buchverlage, 218 Kunstverlage, 120 reine Antiquariate, 3.375 Sortimentsbuchhandlungen, teilweise mit angegliedertem Verlag, Kunst-, Musikalien-, Landkarten- und Schreibwarenhandel, 1.056 Leihbibliotheken, 642 Journal-Lesezirkel, 704 Kolportagesortimenter und 152 reine Kolportageverleger.[22] Außerdem führte das *Allgemeine Adreßbuch für den deutschen Buchhandel* des Jahres 1880 bereits 108 Bahnhofsbuchhändler.[23]

Zwanzig Jahre später hatten die Zahlen sich beinahe verdoppelt: Im Jahr 1903 existierten im Gebiet des deutschen Buchhandels 2.472 Verlage, 6.000 Sortimentsbuchhandlungen (und verwandte Nebenbranchen, z.B. Antiquariats-, Kunst-, Musikalien-, Papier- und Schreibwarenhandlungen) und 1.124 Kolportagehandlungen.[24] Die Zahl der Warenhäuser belief sich 1906 auf 200, von denen etwa achtzig bis einhundert eine Buchabteilung besaßen.[25]

Die neuen Teilbranchen des en Buchhandels revolutionierten die Vertriebs- und Werbestrategien gerade für preiswerte Literatur und traten in scharfe Konkurrenz zum herkömmlichen Sortimentsbuchhandel. Kunden wurden durch niedrige Preise und ungewohnte Reklamestrategien, z.B. illustriertes Prospektmaterial, kostenlose Probehefte und Prämienversprechungen, über Kolporteure und Buchhandelsreisende für den Kauf von Lieferungsromanen wie auch für Fortsetzungswerke, z.B. Klassikerbibliotheken, Konversationslexika oder Fachlexika, an der Haustür geworben.[26] Die Mehrheit der Leser konnte über die neuen alternativen Vertriebswege erreicht werden. Der Sortimentsbuchhandel grenzte sich gegenüber diesen neuen Teilbranchen des verbreitenden Buchhandels ab und wehrte sich – aller-

21 Vgl. Grünert: Die Professionalisierung des Buchhandels, S. 275f.
22 Vgl. Wittmann: Der deutsche Buchhandel, S. 240 und Rarisch: Industrialisierung und Literatur, S. 46f.
23 Adreßbuch des deutschen Buchhandels, 1880, VI. Abt., S. 310f.
24 Kellen: Die literarische Produktion, S. 4299ff, hier S. 4299 und Martino: Die deutsche Leihbibliothek, S. 303.
25 Vgl. Grünert: Die Professionalisierung des Buchhandels, S. 293.
26 Vgl. Haug/Kruse: Geschichte des Versandbuchhandels.

dings erfolglos – mit Boykottaufrufen gegen die unerwünschte Konkurrenz.[27] Auch der Versuch, die konkurrierenden Teilbranchen mit dem Vorwurf der Preisschleuderei oder des systematischen Verkaufs von „sittenwidriger" Literatur zu diskreditieren, hemmte die Absatzerfolge dieser Fachbranchen nicht. Gerade der Bahnhofsbuchhandel verstand sich trotz des massenhaften Absatzes von populären und preiswerten Buchreihen als wichtiger Kulturvermittler mit volksbildnerischen Ambitionen und verteidigte erfolgreich seinen gewerberechtlichen Sonderstatus als Nebenbetrieb der deutschen Bahnverwaltungen.

5.1 Entstehung und Entwicklung des Bahnhofsbuchhandels in Europa

Der erste Pachtvertrag zwischen einer Eisenbahngesellschaft und einem Verleger wurde 1841 in England geschlossen.[28] In diesem Jahr erhielt William Marshall von der London & Blackwell Railway die Konzession zur Errichtung eines Verkaufsstandes in der Fenchurch Street. Marshall verkaufte neben Reiselektüre auch Süßigkeiten, Sandwiches und Flaschenbier.

Im selben Jahr erhielt sein Sohn Horace Marshall die Genehmigung, Buchläden entlang der Great Western zu installieren. Ebenfalls 1841 schloss das Unternehmen Walkley & Son Pachtverträge mit der London & North Western Railroad. 1849 unterschrieben das Verlagshaus F.C. Weathley und die zuständige Eisenbahngesellschaft für die Strecke London und Bristol einen entsprechenden Kontrakt. Im selben Jahr erhielt das englische Verlagshaus William Smith & Son die Genehmigung zur Unterhaltung von Kiosken und Buchläden entlang der Strecken der London and North Western, South Eastern, Great Eastern (vormals Horace Marshall), North Eastern und South Western. Smith besaß damit Anfang der sechziger Jahre Niederlassungen an allen wichtigen Linien des englischen Eisenbahnsystems. In Schottland traf die Firma Smith & Son Absprachen mit dem Unternehmen John Menzie und begnügte sich mit der Einrichtung eines Buchladens 1857 in Edinburgh.[29] Bis 1905 unterhielt das Unternehmen Smith & Son Hunderte von Filialen und spielte auf dem englischen Buchmarkt eine kaum zu unterschätzende Rolle. Walkley & Son trat seine Verkaufskonzession 1863 an William Smith ab.[30]

Das Verlagsunternehmen Smith hatte sich bereits 1842 als Zeitschriftenunternehmen auf dem englischen Buchmarkt etabliert und schuf für die zügige und regelmäßige Belieferung seiner „Traffics" eine effiziente Logistik und Organisationsstruktur, die wenige Jahre später als Grundlage seines Bahnhofsbuchhandels diente.[31] 1851, drei Jahre nach der Gründung ihrer ersten Niederlassung, galt Smith & Son als alleiniger Inhaber der Konzessions-

27 Vgl. auch Grünert: Die Professionalisierung des Buchhandels, S. 269.
28 Vgl. auch Haug: „Ein Buchladen auf Stationen, wo sich zwei Linien kreuzen ...", S. 76–78.
29 Vgl. Biddle: Victorian stations, S. 100.
30 Vgl. Vincent: Seen from the Railway Platform, S. 14ff, hier S. 26.
31 Zur Entstehung und Expansion des englischen Bahnhofsbuchhandels und im Speziellen des Unternehmens William Smith & Sons: Colby: What the Who Rides May Read, S. 300–306; Maxwell: Life and Times, S. 85ff; Curwen: A history of booksellers; McLorwick/Hemphill: W. H. Smith & Son.

rechte an allen Strecken der London & North Western Railroad.[32] Ein wesentliches Verdienst des Verlagshauses war, dass es den Bahnhofsbuchhandel in der Öffentlichkeit erheblich aufwertete und gegen den Vorwurf schützte, Vertriebsstelle minderwertiger Schriften zu sein.[33] Sein literarisch anspruchsvolles Buchangebot motivierte die Eisenbahngesellschaft, klare Reglementierungen für den Vertrieb und Verkauf von Lesestoffen an Bahnsteigen anzuordnen und übertrug Smith & Son die ausschließlichen Pachtrechte.

Smith & Son's außerordentlicher Erfolg begründete sich in seinem bemerkenswert modernen Marktforschungskonzept, denn er berücksichtigte die regional stark divergierenden Lesepräferenzen des Reisepublikums bei der Ausgestaltung seiner Sortimente.[34] So galt Yorkshire etwa als wenig günstiger Absatzort für Poesie. In Manchester erlebte dagegen religiöse Erbauungsliteratur eine große Nachfrage, während der Verkauf dieser Rubrik in Liverpool stagnierte.[35] Zur Beobachtung des jeweiligen Marktes beschäftigte das Unternehmen landesweit Agenten, die über 400 Filialen betreuten.[36] Um die enorme Nachfrage nach Reiselektüre zu bewältigen, kooperierte Smith & Son mit dem Verlagshaus Messrs Hamilton, Adam & Co, das ihm bei der Ausstattung der Sortimente assistierte.[37] Die Bahnhofsverkaufsstände der Firma W. Smith waren hervorragend organisiert, zudem richtete das Unternehmen neben dem Buchverkauf auch eine Leihbücherei ein, die es den Reisenden erlaubte, an allen wichtigen Bahnhöfen Bücher zu entleihen und zurückzugeben.

Die pünktliche Versorgung der Reisenden mit Tagesschrifttum erforderte einen zeitlich exakten Tagesablauf, der sich unmittelbar an den Fahrplänen der Eisenbahnen orientierte. Einen ungewöhnlich detaillierten Einblick in diese Arbeitsabläufe in der Bahnhofsbuchhandlung William Smith gewährte die 1919 erschienene Autobiografie *Seen from the Railway Platform. Fifty Years' Reminiscences* des leitenden Angestellten William Vincent.[38] Vincent trat dem Unternehmen 1859 bei und war über fünfzig Jahre Manager der Buchläden in Neath, Tiverton, Didcot, Taunton, Swansea, Reading und London Euston. Seine Karriere beendete er als District Superintendant für Gesamtwales.[39]

Die Arbeitsbedingungen auf dem Bahnhof galten als sehr hart, denn die Bahnsteige waren im Herbst und Winter frostig und kaum windgeschützt. Für den Absatz der Zeitungen, Zeitschriften und Magazine wurde ein Heer von Schülern eingestellt, die an den Bahnhöfen, vor den Buchläden und in den Zügen ihre Ware losschlugen.[40] Der Verkauf von Zeitungen musste schnell gehen und Vincent entwickelte eine eigene Gesetzmäßigkeit, um den Kundenservice zu gewährleisten:

---

32 Vgl. Maxwell: Life and Times, S. 50f.

33 Colby: What the Who Rides May Read, S. 301f; vgl. auch Phillips: The literature of the rail, S. 19.

34 Vgl. Süddeutsche Buchhändler-Zeitung, Nr. 37 vom 15. September 1851.

35 Vgl. Phillips: The literature of the rail, S. 21, und Richards/Mackenzie: The Railway Station, S. 299.

36 Colby: What the Who Rides May Read, S. 302.

37 Maxwell: Life and Times, S. 55f.

38 Der Erhalt der Autobiografie in der New York Public Library ist ein Glücksfall, denn dadurch gelingt es, erstmals eine detaillierte Innenansicht des Unternehmens William Smith zu erhalten. Vgl. Vincent: Seen from the Railway.

39 Vgl. Richards/Mackenzie: The Railway Station, S. 301.

40 Ebd. S. 301f.

> Owing to the delay of parcels containing library-books from London, I was unable one day to send books to a twelve-volume subscriber some miles out of Taunton by a weekly carrier, so after business in the evening I took the 7.40 train to Wellington (Somerset) station […] and walked the remaining five miles with the books. In returning to Wellington I found the last train back had been gone some time, therefore I put at the 'White Horse Inn' but thinking the bed damp, I slept in my overcoat and was up early the next morning for the first train. This was much better than keeping a client waiting a whole week until the carrier's next journey. Indeed I didn't mind a journey like this now and then, even, as in the present case, at my own expense.[41]

Die Belieferung der Bahnhofsverkaufsstände mit Tagesschrifttum war unmittelbar von den Zugverbindungen abhängig. Auch in den ländlichen Regionen sollten die Tageszeitungen bis zum Nachmittag an den Bahnhöfen erhältlich sein. Der Kaufrhythmus der Kunden wurde von den ein- und ausfahrenden Zügen bestimmt. Obwohl der Verkauf schnell vonstatten gehen musste und der Kundenkreis weitgehend anonym blieb, berichtete Vincent stolz von seinen vielfältigen Begegnungen mit literarischen, künstlerischen und wirtschaftlichen Größen, die seinen Verkaufsstand besuchten; so verkaufte er z.B. am Bahnhof Euston dem Autor Rudyard Kipling noch Reiselektüre für dessen Reise in die USA.

Ende 1905 verlor das Unternehmen William Smith & Son die Konzession für den Buchverkauf entlang der Strecke der Great Western und North Western Railways. Die Entscheidung über den Konzessionsentzug wurde dem Verlagshaus erst am 20. Oktober 1905 mitgeteilt. Das Unternehmen musste in der Folge über 250 Verkaufsstände abgeben. Die Unternehmensleitung versuchte, einen Teil der Verkaufsstände aufzukaufen. Die Manager erhielten die Anweisung, in größeren Städten Ladenräumlichkeiten anzumieten. Sogar die britische Bevölkerung appellierte an die Eisenbahngesellschaft, den bewährten Service durch William Smith aufrecht zu erhalten. Doch die Verträge liefen Ende des Jahres 1905 aus und bereits am 1. Januar 1906 übernahm das Unternehmen Wyman & Sons die Buchläden.[42]

In Frankreich erwarb Louis Hachette, eines der renommiertesten Unternehmen auf dem Sektor der Lexika- und Schulbuchherstellung im 19. Jahrhundert, Anfang der 1850er Jahre die Konzession für den Verkauf von Reiselektüre an den wichtigsten Bahnhöfen Frankreichs.[43] Bereits 1864 unterhielt der Verleger über sechzig Bahnhofsbuchhandlungen; innerhalb weniger Jahre stieg die Zahl auf über 900 Niederlassungen.[44] 1861 wurden bei Hachette knapp 200.000 Titel über die firmeneigenen Bahnhofsbuchhandlungen abge-

41 Vincent: Seen from the Railway Platform, S. 64.

42 Vgl. Vincent: Seen from the Railway Platform, S. 156. Bei Biddle stellt sich die Abgabe der Bahnhofsbuchhandlungen anders dar. Hier heißt es, dass William Smith & Sons 1906 die Konzessionen für die London & North Western Railroad und der Great Western Railroad freiwillig zurückgab, weil die geforderten Pachtsummen zu hoch waren. Wymann & Sons übernahm 350 der vormals zu Smith & Sons gehörenden Verkaufsstände auf diesen Strecken. Vgl. Biddle: Victorian stations, S. 100f.

43 Vgl. Mistler: La Librairie Hachette, S. 297ff; Allen: In the Public Eye, S. 33f; DeMarco: Cultural Business und jüngst erschienen dies.: Riding and Reading.

44 Vgl. Allen: In the Public Eye, S. 33ff.

setzt.[45] Diese Monopolstellung konnte das Unternehmen bis zum Ausbruch des Ersten Weltkriegs erfolgreich verteidigen. Es expandierte im ersten Jahrzehnt des 20. Jahrhunderts weiter und sicherte sich die Verkaufsrechte an sämtlichen Untergrundbahnstationen in Paris.[46]

Auch in den skandinavischen Ländern war der Bahnhofsbuchhandel mit Ausnahme von Dänemark in der Hand eines Unternehmens.[47] Vor der landesweiten Organisation der Literaturdistribution verkauften Kolporteure sporadisch auf gut frequentierten Strecken ihre Leseware in den Zügen.[48] Die ersten Verkaufskioske entlang schwedischer Eisenbahnstrekken betrieb seit 1899 die Svenska Telegrambyrån.[49] 1906 trat die Svenska Telegrambyrån ihre Verkaufsstände an die Aktiengesellschaft Svenska Pressbyrån ab.[50] Das Pressevertriebsunternehmen Svenska Pressbyrån versorgte die Reisenden hauptsächlich mit Zeitungen und Zeitschriften.[51] Der Verkauf fand vornehmlich in den Zügen statt – ein Modell, das in Deutschland zwar immer wieder diskutiert, aber nicht umgesetzt wurde.[52]

Da Schweden nur schwach besiedelt war, blieb das Reiseaufkommen gering und es verkehrten entsprechend wenige Züge. Die Einrichtung von festen Verkaufsständen an einzelnen Stationen rentierte sich daher für Svenska Pressbyrån nicht. Die Aktiengesellschaft beschäftigte in den Sommermonaten Zeitungs- und Zeitschriftenverkäufer auch auf den Booten, die zwischen Stockholm und den Schären pendelten. Sie belieferte etwa 7.000 Zeitungshändler im Land und besaß in allen größeren Städten insgesamt 43 Filialen. 1910 stieg die Zahl der in Eisenbahnen verkauften Bücher von 92.000 auf 1,4 Millionen Exemplare.[53]

1916 erwarb das Stockholmer Verlagshaus Albert Bonnier die Aktienmehrheit des Konzerns Svenska Pressbryrån.[54] Unter der Geschäftsleitung Bonniers expandierte der

---

45 Bbl. Nr. 235, Jg. 38, 1871, S. 3287f. Hier S. 3288; Mistler: La Librairie Hachette, S. 297ff.

46 Bbl. Nr. 217 vom 17. September 1912, S. 10821ff.

47 Vgl. BHB Nr. 9 vom 15. September 1932, S. 99ff.

48 Vgl. Kullander: Sveriges Järnvägs Historia, S. 112f.

49 Vgl. Sundin: Från bokförlag till mediekoncern, S. 365.

50 Zur Geschichte der AB Svenska Pressbyrån vgl. die Jubiläumsschriften Pressbyrån 75 år; Svenska Pressbyrån 1899–1923, und Aktiebolaget Svenska Pressbyrån.

51 Vgl. Sundin: Från bokförlag till mediekoncern, S. 365ff.

52 Der Verkauf von Lesewaren in den Zügen war erst nach Einführung des Durchgangswagens möglich. In den Vereinigten Staaten, wo von Anbeginn der Eisenbahngeschichte an Großraumwagen im Einsatz waren, wurden z.B. Zeitungsjungen regelmäßig durch die Züge geschickt. Doch die deutschen Bahnhofsbuchhändler standen dem Verkauf in den Zügen ablehnend gegenüber. Möglicherweise assoziierten sie mit der unmittelbaren Abgabe von Reiselektüre in den Zügen Kolportagepraktiken, von denen sie sich distanzieren wollten. In den achtziger Jahren beschäftigten manche Eisenbahngesellschaften zwar Bücherverkäufer in den Zügen, dies war aber lediglich eine vorübergehende Erscheinung.

53 Als Reiselektüre wurden, wie auch in Deutschland, neben Presseartikeln populäre Lesestoffe, u.a. organisierte Reisebibliotheken, Familienblätter und nach 1900 Serienhefte, verkauft. Vgl. Kullander: Sveriges Järnvägs Historia, S. 112f.

54 Vgl. Sundin: Från bokförlag till mediekoncern, S. 365ff. Der Medienkonzern Bonnier wurde 1827 gegründet. Damals eröffnete Adolf Bonnier, der Sohn eines dänischen Verlegers, in Göteborg einen Buchladen. Sein Bruder Albert Bonnier etablierte sich in Schweden und richtete 1837 einen Buchladen in Stockholm ein. Bis zum Ende des 19. Jahrhunderts entwickelte sich das kleine Geschäft in Stockholm zu einem der führenden Buch- und Verlagshäuser für Unterhaltungsliteratur in Schweden.

Kioskhandel in Schweden enorm. Das Presseunternehmen entwickelte sich zu einem wirtschaftlich wichtigen Baustein des Gesamtkonzerns.[55] In den 1930er Jahren hatte der Konzern auf dem schwedischen Buchmarkt eine unangefochtene Monopolstellung vor allem auf dem Sektor Unterhaltungsliteratur inne.[56] Bonnier etablierte sich mit Niederlassungen auch in Deutschland, u.a. in Leipzig. Wichtigstes Verkaufsprodukt waren englischsprachige Bücher; außerdem gab Bonnier eine Unterhaltungszeitschrift mit dem Titel *Internationales Novellen-Magazin* heraus.[57] 1919 nahm Bonnier mit Ullstein Kontakt auf. Ziel dieser Geschäftsverbindung war die gemeinsame Gründung eines internationalen Verlags. Das Projekt wurde aber nicht realisiert.

Ähnlich wie in Schweden war auch der Bahnhofsbuchhandel im bevölkerungsarmen Norwegen organisiert, wo die Gesellschaft Narvesens Kioskkompanie das Monopol für die literarische Versorgung von Reisenden innehatte. Auf verschiedenen größeren Bahnhöfen verkaufte die Kompanie auch Schokolade und Tabak; außerdem unterhielt sie ein weitflächiges Kiosksystem in den mittleren und kleineren Städten des Landes.

In Dänemark dagegen hatten sich die verschiedenen Bahnhofsbuchhändler zu einem Verein zusammengeschlossen. Der Blahandlerforbundet vertrat nicht nur die wirtschaftlichen Interessen seiner Mitglieder, sondern übernahm auch den Rechnungsverkehr zwischen den einzelnen Firmen. Am Kopenhagener Bahnhof versorgte ein Buchhändler mit fünf Verkaufswagen die Reisenden mit Lesestoff. Neben Presseartikeln und Büchern wurden auch Schreibwaren, Konfitüre, Obst und Rauchwaren verkauft. Wie in Schweden und Norwegen bildete sich auch in Dänemark ein Netz von Straßenkiosken aus. Außerdem betrieben die dänischen Bahnhofsbuchhändler – wenn auch in geringerem Umfang – einen Hotelbuchhandel. Die skandinavischen Kiosksysteme waren ein wichtiges Vorbild für deutsche Bahnhofs- und Verkehrsbuchhändler. Hermann Stilke importierte die Idee nach Deutschland und versuchte, das schwedische Konzept zumindest in seinem Wirkungsraum Berlin zu verwirklichen.

Die Entstehung von Bahnhofsbuchhandlungen fand also auf internationaler Ebene zeitgleich statt. Die Ausbreitung des Bahnhofsbuchhandels im westeuropäischen und skandinavischen Raum gewann aber erst zu Beginn der 1880er Jahre an Dynamik. Die Unternehmen der einzelnen Länder arbeiteten vor allem im Bereich des ausländischen Pressevertriebs grenzübergreifend zusammen, um dem zunehmend internationalen Reisepublikum pünktlich die wichtigsten europäischen Tageszeitungen an den meistfrequentierten Ver-

---

Anfang des 20. Jahrhunderts expandierte Bonnier mit eigenem Personal in die USA, richtete Niederlassungen in Finnland sowie in Deutschland ein und versuchte auch, auf dem russischen Buchmarkt Fuß zu fassen; vgl. Sundin: Från bokförlag till mediekoncern, S. 465ff, vgl. auch Sundin: Konsolidering och expansion 1930–1954, S. 326ff.

55 Vgl. Sundin: Från bokförlag till mediekoncern, S. 472.

56 Der Konzern war seit 1900 außerdem im Besitz der schwedischen Tageszeitung Dagens Nyeter. Konkurrenzunternehmen kritisierten die Doppelfunktion Bonniers als Inhaber des wichtigsten schwedischen Pressevertriebs sowie als Herausgeber einer Tageszeitung. Vgl. ebd. S. 374 und 468f.

57 Ebd. S. 127.

kehrsknotenpunkten Europas sowie in den Badeorten offerieren zu können.[58] Ein wichtiger Unterschied zwischen der Entwicklung des Bahnhofsbuchhandels in England, Frankreich und Skandinavien gegenüber der in Deutschland war die weitgehend zentrale Organisation des Bücher- und Presseverkaufs. Während in Deutschland um die Jahrhundertwende über 200 Bahnhofs- und Verkehrsbuchhandlungen die Literaturversorgung von Reisenden übernahmen, war der Bahnhofsbuchhandel in den west- und nordeuropäischen Ländern meist in der Hand von einem oder nur wenigen Unternehmen.

5.2 Entstehung und Entwicklung des Bahnhofsbuchhandels in Deutschland

Eine exakte Datierung der Anfänge des Bahnhofsbuchhandels in Deutschland ist schwierig, denn die in Jubiläumsschriften für renommierte Bahnhofsbuchhandlungen genannten diversen Gründungsdaten sind widersprüchlich, zumal die Bahnhofsbuchhändler in der Entstehungsphase des Bücherhandels an Eisenbahnstrecken das Geschäft mit Reiselektüre zusätzlich zu ihren Sortiments- und Verlagsbuchhandlungen betrieben. Ende der 1830er Jahre nutzten die Eisenbahngesellschaften die Ladenzeiten der örtlichen Sortimentsbuchhändler, denen sie den zu diesem frühen Zeitpunkt noch sehr spärlichen Fahrkartenverkauf übertrugen. Die Berliner Buchhandlung Gropius übernahm z.B. gegen eine kleine Aufwandsentschädigung den Fahrkartenverkauf für die 1838 eröffnete Verbindung Berlin - Zehlendorf - Potsdam.[59]

In der Gründungsphase des Bahnhofsbuchhandels war das Verhältnis der Eisenbahngesellschaften gegenüber den Verkäufern von Reiselektüre noch ambivalent. Einerseits sahen sie in der literarischen Versorgung der Passagiere ein wichtiges Kriterium des eigenen Kundenservices und zahlten den Buchhändlern anfangs sogar Zuschüsse zur Unterhaltung der Buchverkaufsstände; andererseits erkannten sie schnell im Bahnhofsbuchhandel eine potenzielle Einnahmequelle. Die Buchhändler mussten für ihre Verkaufstätigkeit an den Bahnhöfen jetzt jährliche Pachtsummen bezahlen, die anfangs noch in die Unterstützungskassen für Eisenbahnangestellte flossen. Die Pachtbedingungen waren regional völlig unterschiedlich. In Thüringen, Magdeburg und Dresden erhielten die Buch- und Zeitschriftenverkäufer von den zuständigen Bahngesellschaften einen jährlichen Zuschuss von 100 Talern; in Nürnberg dagegen verlangte die Eisenbahngesellschaft von ihrem Buchhändler eine Pacht von 25 Gulden im Jahr.[60]

Spricht man von den Anfängen des Bahnhofsbuchhandels, so handelte es sich bis zum Beginn der 1860er Jahre allenfalls um ambulante und meist sporadische, nicht organisierte

---

58 Wenige und auch nur sporadische Hinweise auf die Entwicklung des europäischen Bahnhofsbuchhandels finden sich in der Berichtsreihe „Schmuckkästen des Bahnhofs", die 1952 in der Zeitschrift *Der neue Vertrieb* erschien. Vgl. Der neue Vertrieb 83 (1952), 84 (1952), 85 (1952). Eine ausführliche Darstellung des europäischen Bahnhofsbuchhandels bietet Amstad: Der Bahnhofsbuchhandel, S. 94ff.

59 Vgl. Der neue Vertrieb 85 (1952), S. 415.

60 Vgl. „Täglich tausend Titel". In: Presse & Buch. News im Bahnhof, Nr. 3/4 (1992), S. 10ff.

Formen des Bücher- und Zeitschriftenverkaufs an den Bahnsteigen durch örtliche Buchhändler oder Kolporteure, die den Reisenden während des Aufenthaltes ihres Zuges mit Reiseliteratur und -utensilien versorgten. Der 1853 von der Generalversammlung des Rheinisch-Westfälischen Kreisvereins initiierte Vorstoß, „den Verkauf von Büchern, Reisekarten und dgl. auf Dampfbooten und Eisenbahnen, in Gasthöfen und anderen Orten zu verhindern",[61] lässt aber darauf schließen, dass die „fliegenden Händler" an den Eisenbahnstrecken bereits ein gängiges Erscheinungsbild waren und die sich jeder Kontrolle entziehenden Geschäfte der von den Eisenbahngesellschaften. Die nicht legitimierten Händler mit Reiseunterhaltung wurden zunehmend zum Ärgernis. Erst in den späten 1850er Jahren, als geschäftstüchtige Verleger nach englischem und französischem Vorbild spezielle Reiselektüre in Gestalt von Reise- und Eisenbahnbibliotheken herstellten und an den Bahnhöfen vertrieben, schien sich der Buchhandel den Möglichkeiten dieses neu zu erschließenden Marktes auch in Deutschland bewusst zu werden.

Die ersten noch sehr provisorischen Verkaufseinrichtungen für Reiselektüre in Deutschland entstanden schon in den 1840er Jahren. Die ersten Buchstände an deutschen Bahnhöfen eröffneten in Nürnberg, Würzburg, München, Stettin und Heidelberg, nahezu zeitgleich mit der Inbetriebnahme der Eisenbahnlinien zwischen München–Berlin–Hamburg und Basel–Frankfurt/M.–Kassel–Stettin sowie Mannheim–Köln–Paris in den Jahren 1847 bis 1848. Der Herausgeber der Zeitschrift *Unterhaltungen am häuslichen Herd*, Karl Ferdinand Gutzkow, erkannte 1854 das wirtschaftliche Potenzial des Bahnhofsbuchhandels und äußerte sich darüber, dass die deutschen Buchhändler so zögerlich auf das offensichtliche Absatzvakuum reagierten:

> Es ist auffallend, daß sich unsere deutschen Buchhändler, die doch sonst so unternehmerisch sind, noch nicht auf die Eisenbahnen gewagt haben. Sollten sie von dem strengen officiellen Tone, der auf unseren Bahnen herrscht, zurückgeschreckt worden sein? Ein Buchladen auf Stationen, wo sich, wie z.B. in Halle, zwei Linien kreuzen, müßte gute Geschäfte machen; denn mit dem Bücherkaufen geht es in Deutschland doch wie mit dem Einkaufen in Versicherungsanstalten. Man denkt immer und immer daran, will und will und plötzlich hat uns die Gefahr getroffen, wenn es zu spät ist. So kauft man Bücher erst, wenn man sich langweilt, einen Führer erst, wenn man schon reist, eine Karte erst, wenn man sich schon zehn mal geirrt und seine Mitreisenden durch ein ewiges Ausfragen gelangweilt hat.[62]

Die Bahnhofsbuchhandlungen wurden in der Entstehungsphase hauptsächlich noch von örtlichen Sortimentsbuchhändlern und im geringeren Umfang von Kolportagebuchhandlungen mitbetrieben. Die Kolporteure, die in den Bahnhöfen und an den Bahnsteigen Druckschriften feilhielten – der Verkauf in den Zügen wurde von den zuständigen Eisenbahnverwaltungen untersagt –, unterstanden allerdings nicht nur den Anweisungen der Bahnverwaltung, sondern mussten auch die nach §43 der Gewerbeordnung für das Deut-

61 Hack: Marginalien, Nachrichten und Dokumente, S. 2.
62 Unterhaltungen am häuslichen Herd, Bd. 2, Nr. 33 vom 13. Mai 1854, S. 521.

sche Reich erforderliche Erlaubnis der Ortspolizeibehörden besitzen. Neben der Lizenz zum Buch- und Zeitschriftenvertrieb hatten sie stets ein Verzeichnis ihres Programms, das sie zur Abnahme bei den Behörden vorlegen mussten, mit sich zu führen. Die mit der Literaturkontrolle beauftragten Behörden waren angehalten, „nicht bloß Druckschriften strafbaren Inhalts, sondern auch sonst anstößige Produkte, Erzeugnisse einer schlüpfrigen und moralwidrigen Romanliteratur oder der so genannten Revolverpresse von der Genehmigung auszuschließen“.[63] Im ausgehenden 19. Jahrhundert wurden die Kolporteure jedoch zunehmend von Bahnhofsbuchhändlern mit stationären Verkaufsstellen verdrängt.[64]

Die anfängliche Literaturversorgung der Reisenden durch den lokalen Sortimentsbuchhandel hatte in den 1850er Jahren seine Ursache in der noch sehr geringen Zugfrequenz an den Bahnhöfen. Die Buchhändler öffneten ihre Kioske, Bücherschränke und Bücherwagen nur für die kurze Dauer des Zugaufenthaltes am Bahnhof.[65] Die Einrichtung von stationären Verkaufsständen lohnte zu diesem frühen Zeitpunkt offenbar noch nicht. Die Praxis sah deshalb so aus, dass die Buchhändler nach dem ersten Pfiff der herannahenden Lokomotive mit ihrem Auswahlsortiment an die Eisenbahnstationen eilten, und dort den Passagieren, die bei längeren Stationsaufenthalten ihre Abteile verlassen konnten, neben Erfrischungen, Reiseutensilien und Souvenirs auch Reiselektüre anboten.[66] Wurden wichtige transeuropäische Züge erwartet, wie z.B. seit den 1880er Jahren der Orientexpress, fanden die Reisenden an den Zwischenstopps, u.a. in München und Stuttgart, in den Wartesälen gewöhnlich ein vom Bahnrestaurant vorbereitetes Menü vor, und die Buch- und Zeitschriftenhändler beeilten sich, die aktuellen Tageszeitungen direkt an den Tischen zu verkaufen.[67]

Doch schon in den späten sechziger Jahren änderte sich die Situation auf den Bahnhöfen schlagartig. Mit der Zunahme des Bahnverkehrs und des Reiseaufkommens wurde der Verkauf von Reiselektüre immer professioneller organisiert. So richteten die Buchverkäufer mit Genehmigung der Eisenbahngesellschaften und nach Entrichtung der vereinbarten Pachtgebühren in den Warteräumen vermehrt stationäre, verschließbare Bücherkioske und –wagen ein, die zügig auf- und abzubauen waren. Dieses Verfahren reduzierte den Arbeitsaufwand und sparte Zeit. Die besonderen Konstruktionen erlaubten den Buchhändlern außerdem eine augenfällige Buchauslage auf kleinem Raum und boten praktischen Stauraum. Während die frühen Buchverkaufsstände noch eine starke Ähnlichkeit mit den Fahrkartenschaltern aufwiesen, boten diverse Unternehmen den Buchhändlern zunehmend

63 General-Akt des Bezirksamtes Pirmasens. Betreff: Kolportagebuchhandel. 1873–1921. In: Landesarchiv Speyer. Sign.: H 42. Nr. 2274.

64 Die bayerischen Eisenbahnverwaltungen sprachen auch noch nach der Jahrhundertwende häufig von Kolporteuren, auch wenn es sich um Bahnhofsbuchhändler handelte. Die Beamten intendierten mit dem Begriff der Kolportage eine Abgrenzung zum Ladengeschäft des Sortimentsbuchhändlers. 1904 arbeiteten in Bayern 46 Bahnhofsbuchhändler, doch nur bei elf Konzessionsinhabern handelte es sich wirklich um Kolporteure. Vgl. Wissell: Zur Geschichte und Entwicklung des Bahnhofsbuchhandels, S. 334.

65 Vgl. Krohn: Welche Lust gewährt das Reisen, S. 166ff.

66 Vgl. auch den Artikel Tonnenweise Gedrucktes in: Die schöne Welt, Heft 12 (1980), S. 32ff.

67 Vgl. Sölch: Orient-Express, S. 9–38; Cars/Caracalla: Orient-Express, S. 9ff; Urgroßväter der Kioske. In: Der neue Vertrieb, 7. Jg., Nr. 147, 5. Juli 1955, S. 299.

funktionale und leicht zu bedienende Bücherwagen an. Die wichtigsten Lieferanten für Zeitungs- und Bücherwagen waren die Leipziger Unternehmen *Hagennah & Lehmann* sowie die *Roesler & Co GmbH*, die regelmäßig in der buchhändlerischen Fachpresse für ihre vielfältigen Ausführungen warben. Vom Personal begehbare Verkaufsräume entstanden erst zu Beginn des 20. Jahrhunderts. Einen Bücherkiosk besaß z.B. der Bahnhofsbuchhändler im 1915 eröffneten Leipziger Hauptbahnhof, wo die Architekten die Einrichtung eines entsprechenden Verkaufskiosks bereits in ihre Planungen aufgenommen hatten.[68] Vor der Jahrhundertwende fertig gestellte Bahnhöfe waren aber kaum in der Lage, ihren Buchhändlern adäquate Standorte für feste Bücherkioske anzubieten. Von Kunden begehbare Verkaufsräumlichkeiten, wie wir sie heute kennen, entstanden übrigens erst nach dem Zweiten Weltkrieg.

Die Firmen Bangel & Schmitt in Heidelberg und J.G. Schmitz in Köln übernahmen, ergänzend zu ihren Sortiments- und Verlagsbuchhandlungen, erstmals in größerem Umfang auch die regelmäßige literarische Versorgung des Reisepublikums an den örtlichen Eisenbahnstationen.[69] Das Kölner Unternehmen Schmitz expandierte Ende der achtziger Jahre und besaß 22 Filialen z.B. in Westfalen, im Rheinland und in Holland.[70] Die Bahnhofsbuchhandlung Schmitz zählte zudem zu den frühesten Unternehmen, die in Köln einen Tag- und Nachtbetrieb unterhielten.[71] 1867 übernahm Theodor Ackermann den Bahnhofsbuchhandel in München, 1869 und 1870 eröffnete August Vaternahm Buchverkaufsstellen in Gießen und Frankfurt/M., 1878 folgte Konrad Wittwer in Stuttgart[72] und 1886 gründete Jaçques Bettenhausen eine Buchhandlung am Dresdner Bahnhof.[73]

Bereits 1874 verzeichnete das *Allgemeine Adreßbuch für den Deutschen Buchhandel* Bahnhofsbuchhändler in 63 deutschen Städten.[74] Die Zahl der Unternehmen stieg 1880 auf 108 und 1890 auf 158. Die zügige Expansion des Bahnhofsbuchhandels seit den siebziger Jahren hatte eine Ursache in der Einführung der Gewerbeordnung 1868, der Gewerbeordnungen des Norddeutschen Bundes 1869 und des Deutschen Reichs 1871, die den Betrieb einer Bahnhofsbuchhandlung auch für Branchenfremde erlaubten.[75] Eine neuerliche Konjunktur erlebte die Branche um die Jahrhundertwende. Waren es 1900 noch 196 Bahnhofsbuchhändler, hatte sich die Zahl fünf Jahre später schon auf 229 erhöht.[76] Die langsam, aber

68 Vgl. Berger: Hauptbahnhof Leipzig, S. 39ff.

69 Vgl. Amstad: Der Bahnhofsbuchhandel, S. 93ff.

70 Adreßbuch des deutschen Buchhandels, 1879, VI. Abt., S. 295.

71 Vgl. Der Vertrieb Nr. 25 vom 22. Juni 1937, S. 290.

72 Das am 1. Juli 1857 gegründete Unternehmen übernahm am 1. Januar 1878 die Bahnhofsbuchhandlung in Stuttgart. 1904 expandierte die Bahnhofs- und Verkehrsbuchhandlung und richtete im Bezirk der Königlich Württembergischen Staatseisenbahnen 12 weitere Niederlassungen ein. Mitte der zwanziger Jahre organisierte Wittwer den Zeitungs- und Zeitschriftenverkauf auch in kleinen Bahnhofswirtschaften. Vgl. Der Vertrieb Nr. 26 vom 29. Juni 1937, S. 297.

73 Vgl. Amstad: Der Bahnhofsbuchhandel, S. 94.

74 Adressbuch des deutschen Buchhandekls, 1874, S. 207.

75 Vgl. auch Hack: Marginalien, Nachrichten und Dokumente, S. 2.

76 Adreßbuch des deutschen Buchhandels 1880, VI. Abt., S. 310f; 1890, II. Abt., S. 103f; 1900, II. Abt., S. 137f, und 1905, II. Abt., S. 48ff.

kontinuierlich expandierte Teilbranche des verbreitenden Buchhandels konnte nunmehr im *Allgemeinen Adreßbuch für den Deutschen Buchhandel* nicht länger ignoriert werden. Bereits seit 1878 wurde eine Rubrik „Eisenbahnbuchhandlungen" eingerichtet, allerdings nicht in der zweiten Abteilung *Vollständige Uebersicht sämmtlicher Geschäftszweige, denen sich die in der ersten Abtheilung genannten Handlungen entweder einschließlich, oder in Verbindung mit dem Buchhandel widmen,* sondern in der sechsten Abteilung.[77] Erst seit 1882 fanden die Bahnhofsbuchhändler offiziell Aufnahme in die Rubrik *Nebenzweige des Buch-, Kunst- und Landkartenhandels.*

Zu den frühesten reinen Bahnhofsbuchhandlungen in Deutschland, die sich ausschließlich auf die Literaturversorgung von Reisenden spezialisiert hatten, zählten die Buchhandelsfirmen Bangel & Schmitt in Heidelberg, August Vaternahm (Bebra/Frankfurt/M.), Jaçques Bettenhausen (Dresden) sowie Georg Stilke (Berlin/Hamburg). Diesen Unternehmen gelang es, sich innerhalb nur weniger Jahre auf dem neuen Markt mit großem Erfolg zu positionieren; die weitere Entwicklung der Branche wurde maßgeblich von den Aktivitäten dieser Bahnhofsbuchhändler geprägt.

5.3 Profile früher Bahnhofsbuchhandlungen in Deutschland

Der politische Partikularismus in Deutschland beeinflusste nachhaltig auch die Entwicklung des Bahnhofsbuchhandels, der sich im Vergleich zu den europäischen Nachbarländern dezentral organisierte. Im Gegensatz zum restlichen Europa lag die Entwicklung der Eisenbahnen in der Verantwortung der einzelnen Länder. Außerdem existierten vor der Gründung der Reichsbahn 1920/1921 zahlreiche Privatbahnen. Die Bahnhofsbuchhändler schlossen gewöhnlich nur mit der Eisenbahngesellschaft eines Bundesstaates entsprechende Pachtverträge ab.[78] Erweiterten die Buchhändler ihren Wirkungsraum über die eigenen Landesgrenzen hinaus, waren die Pachtverhandlungen wiederum mit der dort zuständigen Eisenbahngesellschaft zu führen.

Erst um die Jahrhundertwende war eine zunehmende überregionale Kooperation der wirtschaftlich potentesten Unternehmen zu vermerken. Um 1900 besaßen alle Landeshaupt- und Universitätsstädte, bedeutende Industriestandorte und Verkehrsknotenpunkte sowie zahlreiche Bade- und Kurorte in Deutschland eigene Eisenbahn- und Badebuchhandlungen.[79] Die Zahl von Neugründungen stieg bis zum Ausbruch des Ersten Weltkriegs kontinuierlich an. 1910 existierten über 200 Verkehrsbuchhandlungen, die häufig ein Filialnetz mit bis zu dreißig Niederlassungen unterhielten, und die Branche gewann als selbstständiger Zweig des verbreitenden Buchhandels zunehmend an Profil.[80]

---

77 Vor 1878 wurden die Bahnhofsbuchhandlungen gewöhnlich unter der Rubrik „Kolportagebuchhandlungen" geführt, sofern sie neben ihrem Buchverkauf an den Bahnsteigen auch einen Kolportagebetrieb unterhielten.

78 Vgl. [Anonym]: Pachtverträge aus historischer Sicht, S. 34ff.

79 Adreßbuch des deutschen Buchhandels, 1900, II. Abt., S. 137f.

80 Vgl. Der neue Vertrieb Nr. 148, 7. Jg., 1955, S. 328ff.

Während in der Gründungsphase der Bahnhofsbuchhandel gewöhnlich von Sortimentsbuchhändlern betrieben wurde, die neben ihrer Stadtbuchhandlung auch Verkaufseinrichtungen und Filialen an den örtlichen Bahnhöfen sowie an den Bahnhöfen in der näheren Umgebung einrichteten, gründeten sich seit den siebziger Jahren vermehrt reine Bahnhofsbuchhandlungen. Das Reiseaufkommen hatte einen Umfang angenommen, der die Einrichtung reiner Bahnhofsbuchhandlungen rentabel erscheinen ließ. Die Unternehmen Bangel & Schmitt in Heidelberg und Georg Stilke in Berlin verkauften Anfang der siebziger Jahre ihre Sortimentsbuchhandlungen zugunsten des Handels mit Reiselektüre; andere Firmen, z.B. August Vaternahm, gründeten sogleich eine Bahnhofsbuchhandlung. Bei den Bahnhofsbuchhändlern Bangel & Schmitt, August Vaternahm (Gießen, Frankfurt/M.) und Jaçques Bettenhausen (Dresden) handelte es sich um reine Bahnhofs- und Verkehrsbuchhandlungen, deren Firmengeschichte und Firmenentwicklung hier exemplarisch skizziert werden sollen. Diese einflussreichen Unternehmen arbeiteten auch auf überregionaler Basis zusammen und gründeten verschiedene Gemeinschaftsprojekte, um ihren Wirkungsraum entsprechend zu erweitern.

5.3.1 Das Unternehmen Bangel & Schmitt in Heidelberg

Als eine der frühesten und bedeutendsten Bahnhofsbuchhandlungen Deutschlands galt das Heidelberger Filialunternehmen Bangel & Schmitt, das sich innerhalb von wenigen Jahrzehnten von der „Verkaufsbude für Reiseliteralien" zu einem wirtschaftlich potenten Unternehmen mit einer Konzession für den Buchhandel auf allen Eisenbahnstrecken Badens und Elsass-Lothringens entwickelte und während des Ersten Weltkriegs neben Georg Stilke und August Vaternahm zu einem der wichtigsten Feldbuchhändler Deutschlands avancierte.[81]

Im Jahr 1847 übernahmen der Kölner Buchhändler Carl Schmitt und sein Mühlheimer Geschäftskollege Rudolph Bangel die 1841 von Wilhelm Hofmeister in Heidelberg gegründete Universitätsbuchhandlung. Heidelberg und das landschaftlich reizvolle Neckartal galten bereits zu Beginn des 19. Jahrhunderts als touristisch attraktive und vom Fremdenverkehr stark frequentierte Region, die durch die Eröffnung der Neckarschifffahrt für die Personenbeförderung noch dazu gewann. Die erste Eisenbahnlinie zwischen Heidelberg und Mannheim wurde 1840 eröffnet,[82] und die beiden Käufer der Heidelberger Universitätsbuchhandlung Hofmeister warben für ihr neu eröffnetes Unternehmen, indem sie dem Ministerium des Innern von Baden einen geschäftlichen Schwerpunkt auf die literarische Versorgung von Reisenden zusicherten. Die Zusage, hauptsächlich die Reisenden mit Literatur zu versorgen, die einer Verschärfung der Konkurrenz vor Ort entgegenwirken

81 1966 und 1991 erschienen Festschriften zum 125jährigen bzw. zum 150jährigen Jubiläum der Firma. Vgl. Schmitt: Unsere Firmengeschichte (1966) und Schmitt/Hahn: Unsere Firmengeschichte (1991). Damit gehört das Unternehmen zu der am besten dokumentierten Verkehrsbuchhandlung in Deutschland. Eine kurze Skizze der Unternehmensgeschichte erschien außerdem in: Bbl. Nr. 2 vom 8. Januar 1980, S. 42.

82 Zur Geschichte des Eisenbahnbaus und Fremdenverkehrs in Baden um 1830/1840 vgl. Hippel, u.a.: Eisenbahn-Fieber.

sollte, war eine wichtige Voraussetzung für die Erteilung der Konzession.[83] Den Handel mit Reiseliteralien, den Bangel & Schmitt seit 1854 zwar mit Einverständnis der Eisenbahngesellschaft, aber ohne Abschluss eines Pachtvertrags, mit zunehmendem Erfolg unterhielt, expandierte in einem Maße, dass Schmitt sich 1876 zum Verkauf seiner Sortimentsbuchhandlung entschied,[84] um sich ausschließlich auf die Einrichtung und Unterhaltung des Bahnhofsbuchhandels im badischen Raum zu konzentrieren.[85] Bereits 1871 dominierte der Bahnhofsbuchhandel die Geschäfte der Universitätsbuchhandlung Bangel & Schmitt so sehr, dass das Unternehmen noch vor dem Verkauf des Sortiments seit 1871 unter dem neuen Namen *Carl Schmitt Central-Eisenbahn-Buchhandlung für Baden und Elsaß-Lothringen* firmierte.[86] 1886 berichtete Schmitt rückblickend über seine Motive für die Gründung einer reinen Bahnhofsbuchhandlung:

> Meinem Unternehmen liegt der Gedanke zu Grunde: „Eisenbahn-Bibliotheken“ im eigentlichen Sinne des Wortes zu errichten, d.h. Niederlagen, deren Einrichtung in erster Linie auf das thatsächlich vorhandene Bedürfnis der Mehrzahl der Reisenden berechnet ist. Diese Mehrzahl aber verlangt vor allem: Bücher zu billigen Preisen; und derartige Bücher bilden somit den Hauptbestandteil meiner Niederlagen.[87]

Vor allem die mangelhafte Organisation der neuen Teilbranche des verbreitenden Buchhandels in Deutschland veranlasste Schmitt zur Einrichtung einer Verkehrsbuchhandlung nach englischem und französischem Vorbild. Er wollte diesen prosperierenden Geschäftszweig weder Kolporteuren noch Nichtbuchhändlern überlassen. Schmitt sicherte dem örtlichen Sortimentsbuchhandel zu, ausschließlich mit literarischen Gebrauchsartikeln für Reisende, z.B. Kursbüchern, Zeitungen, Reisehandbüchern und preiswerter unterhaltender Reiselektüre, zu handeln und somit jeder Verschärfung der Konkurrenz zwischen dem lokalen Sortimentshandel und seinem eigenen Unternehmen im Vorfeld zu begegnen. Trotz des hauptsächlichen Verkaufs von belletristischer Literatur verstand er sich als Kulturvermittler, indem er die Auswahl des Literaturangebots persönlich vornahm – seine Mitarbeiter hatten hier kein Mitspracherecht – und darauf achtete, dass keine sittlich anstößigen

---

83 Vgl. Schmitt/Hahn: Unsere Firmengeschichte, S. 32.

84 1871 erwarb der Cöthener Sortimentsbuchhändler Wilhelm Hoffmann das traditionelle Unternehmen. Vgl. Schmitt/Hahn: Unsere Firmengeschichte, S. 54. Vgl. Dossier: Bangel & Schmitt, Universitätsbuchhandlung, Heidelberg. Verkauf des Sortiments an Wilhelm Hoffmann: Bangel & Schmitt (W. Hoffmann), Universitätsbuchhandlung. Fortsetzung der Central-Eisenbahnbuchhandlung u.d.F. Bangel & Schmitt. Separat-Conto: Inhaber: Carl Schmitt, Universitätsbuchhandlung von Bangel & Schmitt. Heidelberg, 1877. V. 15. In: DBSM Leipzig. Sign.: Bö–GR/B/188; Bangel & Schmitt, Separat-Conto. Heidelberg. N.F. Carl Schmitt, Central-Eisenbahnbuchhandlung. Inhaber: Carl Schmitt/ Bangel & Schmitt, Separat-Conto. Heidelberg, 1877. VII. 24. In: DBSM Leipzig. Sign.: Bö–GR/B/187.

85 Der vormalige Mitbesitzer Rudolph Bangel schied 1857 aus dem Unternehmen aus und widmete sich in Frankfurt am Main dem Auktionsgeschäft. Vgl. Schmitt/Hahn: Unsere Firmengeschichte, S. 32.

86 Ebd. S. 55.

87 Vgl. Schmitt: Unsere Firmengeschichte, S. 36ff.

Bücher in seinen Niederlassungen zu finden waren. Besondere Aufmerksamkeit widmete er der Verbreitung von anspruchsvoller Volksliteratur.

Vor dem Hintergrund des fortschreitenden Ausbaus des badischen Eisenbahnnetzes, das zwischen 1852 und 1900 von anfänglich 280 km auf über 1.500 km expandierte, boten die Badischen Staatsbahnen dem florierenden Unternehmen Schmitt die Konzessionen für alle Eisenbahnstationen ihrer Gesellschaft an. Während in den Anfangsjahren der Eisenbahnverbindung zwischen Mannheim und Heidelberg Bangel & Schmitt ihren Bücherverkaufsstand nur viermal täglich während der Verkehrszeiten öffneten, belebte sich das Geschäft mit Zunahme des Verkehrs- und Reiseaufkommens sowie mit Einrichtung der ersten Nachtverbindungen zwischen Heidelberg, Mannheim und Freiburg seit 1863. Die fortschreitende zeitliche Ausdehnung des Eisenbahnverkehrs im Badischen erforderte vermehrt eine flexiblere Gestaltung der Verkaufszeiten, die Schmitt mit ständigem Personal an den Bahnhöfen gewährleistete. In den 1870er Jahren unterhielt das Unternehmen bereits 18 Niederlassungen, u.a. an allen größeren Bahnhöfen der Eisenbahnstrecke Mannheim – Heidelberg – Karlsruhe – Freiburg – Basel, die 1862 dem Verkehr übergeben worden war. Mit der Einrichtung immer neuer Eisenbahnverbindungen und der zunehmenden Erschließung von Nebenstrecken wuchs das Unternehmen kontinuierlich.

Der Verkauf von Reiselektüre an den Bahnstationen wurde immer professioneller. Schmitt entwickelte selbst praktikable und ansehnliche Verkaufsstände und Verkaufsschränke. Gemeinsam mit den zuständigen Eisenbahnämtern versuchte er, den „wilden" Bahnhofsbuchhandel zu unterbinden und das Pachtverhältnis zwischen Eisenbahnverwaltungen und Bahnhofsbuchhandlungen zu formalisieren. 1862 schloss er seinen ersten offiziellen Pachtvertrag mit dem Eisenbahnamt Heidelberg ab. Der Vertrag erlaubte ihm, den Reisenden in den Wartesälen der ersten und zweiten Klasse Reiselektüre anzubieten. Als Pachtsumme war eine jährliche Unterstützung in Höhe von fünfzig Gulden an die Unterstützungskasse für das Eisenbahnpersonal zu entrichten.[88] Am 31. Dezember 1871 wurde zwischen der Carl Schmitt Central-Eisenbahnbuchhandlung für Baden und Elsaß-Lothringen in Heidelberg und der Kaiserlichen Eisenbahn-Commission in Straßburg ein Pachtvertrag für insgesamt elf Bahnstationen, u.a. in Colmar, Metz, Mühlhausen und Straßburg, abgeschlossen. Die jährliche Pachtsumme für alle Filialen in Elsass-Lothringen betrug 200 Reichstaler.[89]

Während des Deutsch-Französischen Krieges betrieb Schmitt zahlreiche Feldbuchhandlungen im Kriegsgebiet und versorgte die deutschen Truppen mit Lesestoff. Nach dem Krieg expandierte Schmitt in Elsass-Lothringen, das gemäß dem Friedensvertrag Deutschland zugesprochen wurde, und baute hier systematisch den Bahnhofsbuchhandel auf. 1872 erhielt er den Zuschlag für weitere Bahnhöfe der badischen Eisenbahn. Die Pachtsumme erhöhte sich auf 770 Gulden für das Gesamtgeschäft.[90] Die Zahl der übertragenen Bahnhofsbuchhandlungen stieg mit dem Streckenausbau. Nachdem 1873 die Schwarz-

88 Ebd. S. 42.
89 Ebd. S. 49.
90 Ebd. S. 59.

waldbahn eröffnet wurde, unterschrieb Schmitt im Mai 1875 einen Nachtragsvertrag, der ihm die Bahnhöfe Triberg, Villingen, Donaueschingen und Singen übertrug.[91]

Als besonders attraktiver Standort erwies sich die renommierte Kurstadt Baden-Baden. 1868 erhielt das Unternehmen die Genehmigung, gegen die Entrichtung von einem Gulden pro Woche eine „Verkaufsbude für Literalien" am Bahnhof aufzubauen.[92] Schmitt richtete im Laufe der Jahre nicht nur einen Bahnhofsbuchhandel ein, sondern eröffnete auch diverse Bäderkioske, die das hauptsächlich ausländische Publikum mit internationalen Presseartikeln sowie fremdsprachiger Literatur versorgten. Das Heidelberger Unternehmen kooperierte mit den englischen und französischen Pressevertriebsstellen William Smith & Son und Louis Hachette, um aktuelles Tagesschrifttum schnellstmöglich an den badischen Bahnhöfen anzubieten.

In den siebziger und achtziger Jahren unternahm die Verkehrsbuchhandlung Schmitt mehrere Versuche, in Luxemburg und im hessischen Raum, u.a. in Frankfurt/M. sowie in Wiesbaden, Niederlassungen einzurichten. Die Gesuche wurden aber abschlägig beschieden. Der Bahnhofsbuchhandel in Luxemburg war bereits an den Buchhändler Beaucolin vergeben.[93] 1897 gelangte das Unternehmen unter der Regie der Witwe Caroline Schmitt – der Inhaber Carl Schmitt war 1889 verstorben – in den Besitz weiterer Bahnhöfe. Die Pachtsumme erhöhte sich deshalb für die inzwischen 19 Niederlassungen auf jährlich 3.600 Mark. 1901 besaß das Unternehmen über dreißig Filialen in Baden und in Elsaß-Lothringen.[94]

Im selben Jahr übernahm Friedrich Keye (1872–1951) die Bahnhofsbuchhandlung, doch ihm gelang es nicht, die Niederlassungen weiter auszubauen. Diese Rezession suchte Keye durch die Aufnahme eines erfahrenen Gesellschafters zu überwinden, den er im Geschäftsführer des weit über die deutschen Grenzen hinaus bekannten Dresdner Bahnhofsbuchhändlers Bettenhausen fand. Während des Ersten Weltkriegs organisierte das Unternehmen Schmitt den Feldbuchhandel an Teilen der Westfront. Außerdem gelang es dem neuen Firmeninhaber Keye während des Krieges in den Jahren 1916/1917 neben dem Bahnhofsbuchhandel auch einen finanziell lukrativen Hotelbuchhandel im Badischen einzurichten; darüber hinaus richtete er parallel zur Inbetriebnahme von Straßenbahnen zahlreiche Bücher- und Zeitschriftenkioske in den Städten in Südwestdeutschland ein. Der Verlust der linksrheinischen Bahnhofsbuchhandlungen nach dem Ersten Weltkrieg traf die Verkehrsbuchhandlung empfindlich, und der Inhaber unternahm vermehrt Anstrengungen, sich neue Wirkungsräume zu erschließen. 1920/1921 plante das Unternehmen eine Kooperation mit dem Stuttgarter Verkehrsbuchhändler Konrad Wittwer, 1922 dachte Keye über eine Expansion in die Schweiz nach. Beide Projekte scheiterten aber bereits in der

91 Vgl. Schmitt/Hahn: Unsere Firmengeschichte, S. 70.

92 Vgl. Schmitt: Unsere Firmengeschichte, S. 46.

93 Vgl. Schmitt/Hahn: Unsere Firmengeschichte, S. 174.

94 Ebd. S. 70. Der Betrieb von Bahnhofsbuchhandlungen sah auch die Versorgung von Reisenden unmittelbar an den Bahnsteigen vor. Diese Aufgabe vernachlässigte offenbar das Unternehmen Schmitt, denn 1891 beschwerte sich die Kaiserliche Generaldirection über den unzureichenden Bahnsteigverkauf, der nur in Straßburg ordnungsgemäß ausgeführt wurde. Ebd. S. 168f.

Planungsphase. Als 1921 die badischen Eisenbahnen an die Deutsche Reichsbahn übergingen, schloss diese im Sommer 1923 mit den Firmen Karl Schmitt und der Spezialbuchhandlung für Reise und Verkehr J. Bettenhausen einen neuen Pachtvertrag. Sämtliche Niederlassungen auf der rechtsrheinischen Seite blieben im Besitz der beiden Verkehrsbuchhandlungen.[95]

5.3.2 Das Unternehmen August Vaternahm in Bebra und Frankfurt/M.

Während das Unternehmen Bangel & Schmitt den badischen Raum versorgte, etablierte sich im benachbarten Hessen die Firma August Vaternahm. Wurde das Heidelberger Konkurrenzunternehmen von zwei ausgebildeten Sortimentsbuchhändlern geführt, schien die 1869 in Gießen gegründete Bahnhofsbuchhandlung August Vaternahms die Befürchtungen von bereits etablierten Bahnhofsbuchhändlern, dass vermehrt ungelernte Spekulanten in die Branche drängten, vorerst zu bestätigen. Die Brüder Julius, Otto und August Vaternahm arbeiteten bis zur Eröffnung der Gießener Bahnhofsbuchhandlung im Hausier- und Kaufmannsgewerbe.

Das junge Unternehmen expandierte, und Julius Vaternahm richtete am 18. August 1870 in Frankfurt/M. eine weitere Verkaufsstelle für Reiseliteralien ein.[96] Nach der Eröffnung des neuen Bahnhofs in Frankfurt/M. im Sommer 1888 bezog das Unternehmen die für den Verkauf von Reiselektüre vorgesehenen Bücherpavillons.[97] Mit der Unterzeichnung eines Pachtvertrags zur Unterhaltung einer Bahnhofsbuchhandlung in Bebra, dem wichtigsten Verkehrsknotenpunkt Nordhessens und Umsteigebahnhof für sämtliche Ost-West-Verbindungen, gelang es August Vaternahm 1874, den Grundstein für ein im Laufe der nächsten Jahre stets expandierendes und wirtschaftlich erfolgreiches Unternehmen zu legen. Der Pachtvertrag von 1876 räumte Vaternahm zuerst für die Dauer eines Jahres die Einrichtung von Verkaufsständen auf den Bahnsteigen und in den Wartesälen des Bahnhofs Bebra ein. Die jährliche Pacht betrug 96 Mark, die in vierteljährlichen Raten im Voraus zu bezahlen war. Darüber hinaus hatte Vaternahm eine Kaution in Höhe von 150 Mark zu hinterlegen.[98]

Das Unternehmen schien die Erwartungen der Königlichen Eisenbahn-Direction zu Frankfurt/M. zu erfüllen, denn im Oktober 1877 wurde ein neuer, diesmal unbefristeter Vertrag abgeschlossen. Seit 1895 war der Bebraer Bahnhof an die elektrische Beleuchtung angeschlossen, und die Eisenbahnverwaltung stellte ihrem Bahnhofsbuchhändler je einen Beleuchtungskörper für seine Verkaufsstände zur Verfügung. Die Kosten für die elektri-

95 Vgl. Schmitt: Unsere Firmengeschichte, S. 70.

96 Die Aussagen über die Gründungsdaten des Unternehmens August Vaternahm sind different; während Hack in seiner Firmengeschichte annahm, dass Vaternahm 1869 sich zuerst in Frankfurt/M. und anschließend 1872 in Gießen etablierte, gehen diverse Jubiläumsartikel im *Börsenblatt* davon aus, dass Vaternahm seine erste Bahnhofsbuchhandlung im mittelhessischen Gießen eröffnete. Vgl. Bbl. Nr. 77 vom 3. April 1909, S. 4120.

97 Vgl. BHB Nr. 5/6 vom 30. März 1929, S. 33f.

98 Vgl. Hack/Vaternahm: Vaternahm, S. 17f.

sche Beleuchtung trug die Eisenbahnverwaltung. Im Gegenzug wurde aber die Pacht von 150 auf 195 Mark erhöht.[99]

In den achtziger Jahren etablierte sich Vaternahm mit weiteren Bahnhofsbuchhandlungen in Erfurt/Neudietendorf und Gotha. Um 1900 gehörten der Firma Vaternahm bereits zehn Filialen in Altenbeken, Bebra, Eichenberg, Gotha, Hanau, Hannoversch Münden, Leinefelde, Neudietendorf, Northeim und Offenbach.[100] Die Höhe der Pachtgebühren, die sich zwischen vierzig und 300 Mark bewegten, richtete sich nach der Größe und Lage des Bahnhofs sowie nach dem Reiseaufkommen.

Die Pachtsumme für den Bebraer Bahnhof wurde kontinuierlich erhöht; allerdings gewährte die Eisenbahnverwaltung Vaternahm, dem Unternehmen, dafür eine großzügige Verkaufsfläche, auf der er feste Verkaufstische aufstellen konnte.[101] Die Pachtverträge für deutsche Bahnhofsbuchhändler fielen regional sehr unterschiedlich aus, doch die für das Unternehmen Vaternahm zuständigen Eisenbahnverwaltungen bemühten sich um eine Vereinheitlichung der Vorschriften. Nur die Zensurregelungen variierten je nach Bundesland. 1904 verlegte Vaternahm seinen Wohnsitz von Bebra nach Kassel und erhielt auch hier die Konzession für den Bahnhofsbuchhandel. Der Vertrag erlaubte ihm die Errichtung von drei Bücherschränken, drei Verkaufstischen und einem Kiosk,[102] doch die Pachtsumme in Höhe von 4.000 Mark war beträchtlich. Nachdem der Bahnhofsbuchhändler Theodor Schultze wegen zensurpolitischen Auseinandersetzungen mit der örtlichen Polizeibehörde seinen Buchhandel am Göttinger Hauptbahnhof aufgeben musste, übernahm, vermutlich noch vor 1908, August Vaternahm auch diese Niederlassung.[103]

Das Unternehmen Vaternahm spielte allerdings zu keinem Zeitpunkt eine marktbeherrschende Rolle, es handelte sich um einen mittelständischen Betrieb, der sich aber die zentralen Bahnhöfe in Hessen zu sichern und sein Wirkungsfeld zu erweitern wusste. Wie seine Geschäftskollegen auch partizipierte das Unternehmen August Vaternahm während des Ersten Weltkriegs am Feldbuchhandel und expandierte mit einigen Niederlassungen in die deutschen Ostgebiete, ohne die Vormachtstellung zu erlangen, die die Berliner Verkehrsbuchhandlung Georg Stilke seit 1914/1915 mit Protektion der Militärbehörden durchsetzte.[104]

Als August Vaternahm im Jahr 1919 starb, führte seine Frau Louise das Unternehmen weiter, und es gelang ihr trotz der wirtschaftlich schwierigen Inflationsjahre, das Geschäft zu stabilisieren. Allerdings kündigte die Deutsche Reichsbahn Louise Vaternahm zu Beginn der zwanziger Jahre sämtliche Verträge und erzwang durch neue Vertragsabschlüsse drastische Pachterhöhungen, die sie allerdings akzeptierte, um nicht wichtige, traditionelle

99 Ebd. S. 30.
100 Ebd. S. 35.
101 Ebd. S. 39.
102 Vermutlich handelte es sich bei dem Verkaufskiosk auf dem Kasseler Bahnhof um die erste feste Verkaufsfläche mit Firmenschild im deutschen Bahnhofsbuchhandel. Vgl. auch Hack/Vaternahm: Vaternahm, S. 40.
103 Ebd. S. 36.
104 Ebd. S. 49f.

Standorte aufgeben zu müssen. Der Verein Deutscher Bahnhofsbuchhändler verhandelte schließlich mit dem Reichsverkehrsministerium, um diese willkürlichen und regional differenten Geschäftspraktiken der Reichsbahn zu unterbinden, und handelte für seine Mitglieder einheitliche Pachtverträge aus, die eine Berechnung der jährlichen Pacht vom Jahresumsatz der Bahnhofsbuchhandlung abhängig machten. Das Unternehmen Vaternahm bezahlte nach Abschluss dieser Vereinbarung für seine Standorte sechs Prozent des Jahresumsatzes, nur für die deutlich höher frequentierte Buchhandlung in Kassel wurde eine jährliche Pachtsumme von sieben Prozent vereinbart. Den Standort Bebra gab Vaternahm erst 1921 auf, als die Zentralisierung des Eisenbahnwesens in Deutschland und die Gründung der Deutschen Reichsbahn eine Neufassung des Pachtvertrags notwendig machte. Die traditionellen Standorte des Unternehmens Bebra, Hanau-Ost, u.a. wurden in diesem Zusammenhang gekündigt.

5.3.3 Das Unternehmen Jaçques Bettenhausen in Dresden

Neben den Bahnhofsbuchhandlungen Karl Schmitt und August Vaternahm entwickelte sich das Unternehmen Jaçques Bettenhausen zu einer der renommiertesten und einflussreichsten Verkehrsbuchhandlungen in Deutschland, deren Wirkungsraum weit über die eigenen Landesgrenzen hinausging.[105]

Jaçques Bettenhausen, der als Mitarbeiter des Unternehmens Vaternahm über mehrere Jahre Erfahrungen auf dem Sektor des Bahnhofsbuchhandels sammelte,[106] gründete am 1. Juni 1886 eine Buchhandlung zunächst in Gera, kurze Zeit später einen Verlag sowie eine Spezialbuchhandlung für Reise und Verkehr in Dresden und expandierte am 1. April 1900 nach Wien.[107] Im selben Jahr erwarb er sich das Monopol für den Bücher- und Zeitschriftenverkauf an allen Bahnhöfen der Habsburgermonarchie.

Seine Sortimentsbuchhandlung in Gera gab er 1903 wieder auf und verlegte seinen Hauptgeschäftssitz nach Dresden.[108] Die Bahnhofsbuchhandlung in Gera blieb allerdings im Besitz von Bettenhausen, zudem betrieb das Unternehmen zwei Verkaufsstände auf dem Geraer Bahnhof: Ein Verkaufsstand befand sich innerhalb, der andere außerhalb der Bahnsteigsperre. 1912 korrespondierten das Unternehmen Bettenhausen und der Stadtrat der Haupt- und Residenzstadt Gera wegen der Verlängerung der Verkaufszeiten auch nach dem offiziellen Ladenschluss. Bettenhausen erhielt die Genehmigung für einen unbeschränkten Betrieb seines Bahnhofsbuchhandels innerhalb der Bahnsteigsperre. Dies genügte Betten-

105 Eine knappe Würdigung erfuhr das Unternehmen anlässlich seines 50jährigen Bestehens in: Der Vertrieb Nr. 22 vom 2. Juni 1936, S. 252, sowie anlässlich des 75. Geburtstags des Firmengründers in: Deutsche Allgemeine Zeitung Berlin. Abendausgabe vom 24. Dezember 1941. Sporadische Hinweise auf die Bahnhofs- und Verkehrsbuchhandlung befinden sich in der Akte: Bettenhausen, Jacques. Bayerisches Hauptstaatsarchiv München. Sign.: Sammlung P. 9234, o.P.

106 Vgl. Hack/Vaternahm: Vaternahm, S. 37.

107 Vgl. Adreßbuch des deutschen Buchhandels, 1910, I. Abt., S. 42.

108 Vgl. die Akte in Gera. Vgl. auch das Dossier: J. Bettenhausen, Gera, Verlegung der Firma nach Dresden. Gründung einer Zweigniederlassung in Wien. Inhaber: J. Bettenhausen. Gera, 1904. In: DBSM Leipzig. Sign.: Bö–GR/B/851.

hausen jedoch nicht, und er beantragte auch die Erlaubnis für den Bücher- und Zeitschriftenverkauf außerhalb der Sperre.[109] Die Akten sagen nichts darüber aus, ob Bettenhausen die Erlaubnis erhielt. Grundsätzlich jedoch scheint die Königliche Generaldirektion der Sächsischen Staatseisenbahnen mit der Qualität des von Bettenhausen betriebenen Bahnhofsbuchhandels einverstanden gewesen zu sein, denn am 8. April 1913 richteten die Sächsischen Staatseisenbahnen eine Anfrage an den Stadtrat zu Gera, in der sie dafür plädierten, dass Bettenhausen auch die Konzession für den Bahnhofsbuchhandel im neuen Empfangsgebäude des Geraer Bahnhofs erhalten sollte.[110]

Bettenhausen besaß in den unmittelbaren Vorkriegsjahren ca. 250 Verkaufsstellen, inklusive Kioske und Hotelbuchhandlungen.[111] 1914 gelang es dem Unternehmen durch eine Kooperation mit der Heidelberger Bahnhofsbuchhandlung Schmitt, in den Besitz von weiteren zwanzig Niederlassungen im badischen Raum zu kommen. Darüber hinaus besaß Bettenhausen die Konzession für alle Bahnhöfe der österreichischen Direktionen Linz, Olmütz, Innsbruck und der Nordwestbahn. Im Sommer 1928 bewarb sich Bettenhausen um die Konzession, auf den Bodenseedampfern Schiffsbuchhandlungen betreiben zu dürfen. Die zuständigen Regierungsstellen lehnten das Ansinnen des Dresdner Verkehrsbuchhändlers unter Verweis auf das nur geringe Reiseaufkommen auf dem Bodensee allerdings ab, zumal der Verkauf von Bodenseepanoramen, Bildbänden und Ansichtspostkarten bereits von den Schiffswirtschaften übernommen worden war.[112]

Unter Hinzurechnung von Kiosken und Hotelbuchhandlungen besaß das Dresdner Unternehmen damit insgesamt 250 Filialen und Verkaufsstellen. Am 1. September 1937 gründete Bettenhausen eine Tochterfirma, die in Berlin den Buch- und Pressehandel an den Untergrundbahnstationen übernahm.[113]

Bettenhausen spielte in den Jahren vor Ausbruch des Ersten Weltkriegs eine wichtige Rolle in der Volksbildungsbewegung. Er kooperierte zum Ärger seiner Berufskollegen mit dem Volksbildungsverein *Dürerbund* von Ferdinand Avenarius, der eine Monopolstelle im Vertrieb preiswerter Bücher anstrebte und ein literarisches Versorgungsnetz gerade an Bahnhöfen installierten wollte. Der *Dürerbund* projektierte im Verbund mit Bettenhausen eine „Mittelstelle für Volksschriften", deren Leitung der Bahnhofsbuchhändler selbst übernehmen wollte. Der Verein Deutscher Bahnhofsbuchhändler unterstellte ihrem Verbandsmitglied eigennützige wirtschaftliche Interessen und es kam zum Eklat. Bettenhausen schied deshalb 1913 aus dem Vorstand des Vereins Deutscher Bahnhofsbuchhändler aus.[114]

---

109 Vgl. Akte: Ausübung des Bahnhofsbuchhandels auf dem Reußischen Bahnhof durch die Firma J. Bettenhausen und von derselben Firma auf dem Gemeinschafts-Bahnhof. 1912–1913. In: Stadtarchiv Gera. Abt. Polizei. Sign.: III B 15. 0192. Schreiben vom 23. Februar 1912.

110 Ebd.

111 Vgl. Hack: Marginalien, Nachrichten und Dokumente, S. 7.

112 Akten der Reichsbahndirektion Augsburg. Bahnhofsbuchhandel. Jg. 1928–1931. Bayerisches Hauptstaatsarchiv München. Sign.: Verkehrsmuseum Archiv. Nr. 53061, o.P.

113 Vgl. Der Vertrieb Nr. 26 vom 29. Juni 1937, S. 297.

114 Während des Zweiten Weltkriegs gehörte das Unternehmen Bettenhausen zu den umsatzstärksten Bahnhofs- und Verkehrsbuchhandlungen in Deutschland. 1939 setzten die neuen Machthaber Bettenhausen als Reichstreuhänder der Buch AG in Warschau ein. In den 1940er Jahren vertrieb Bettenhau-

5.3.4 Das Unternehmen Georg und Hermann Stilke in Berlin und Hamburg

Mit der Bahnhofs- und Verkehrsbuchhandlung Georg Stilke entstand im letzten Drittel des 19. Jahrhunderts ein Medienkonzern mit internationaler Bedeutung. Georg Stilke profilierte sich gegenüber seiner Konkurrenz durch seine vielfältigen Geschäftsbeziehungen im Ausland; so gelang es ihm sogar in den 1920er Jahren auch auf dem amerikanischen Buchmarkt Fuß zu fassen.

Der Unternehmensgründer Georg Stilke

Am 31. Dezember 1921 wurde das 50jährige Jubiläum der Verkehrsbuchhandlung Georg Stilke in Berlin feierlich begangen. Die verschiedenen buchhändlerischen Fachvereine schickten ihre Vertreter, die dem Unternehmen trotz vielfacher Streitigkeiten über dessen Monopolstellung in der Buchbranche ihren Respekt zollten. Die Mitarbeiter wurden mit einem kleinen Geldbetrag gewürdigt.[115] Hermann Stilke initiierte außerdem anlässlich des Jubiläums eine Festschrift des Unternehmens. Kurz nach seiner Rückkehr aus der Kriegsgefangenschaft im Jahr 1919 wandte sich Stilke an Maximilian Harden, den Mitarbeiter der verlagseigenen Zeitschrift *Die Zukunft*, und erbat sich einen Beitrag für die geplante Jubiläumsschrift. Harden erklärte sich bereit, den gewünschten Artikel zu schreiben, zumal er den Firmengründer Georg Stilke sehr gut kannte und dem Firmenporträt auch eine persönliche Note verleihen konnte. Im November 1921 bedankte sich Stilke für den gelieferten Beitrag.[116] Neben Maximilian Harden wirkten auch Georg Crusen, Emil Daniels, Paul Kaufmann, E. Dietrich, Paul Lindau und Walther Schotte an dem Projekt mit. 1922 erschien die Festschrift, herausgegeben von Oskar Häring, unter dem Titel *1872–1922. Georg Stilke. Denkschrift und Arbeitsbericht.*[117] Neben dieser Denkschrift erschienen zum 50jährigen und später zum 80jährigen Jubiläum der Firma Artikel in den Verbandsorganen *Der Bahnhofsbuchhandel* und *Der neue Vertrieb* sowie im *Börsenblatt.*[118] Das *Adreßbuch des Deutschen Buchhandels* von 1931 widmete Hermann Stilke einen längeren Nachruf.[119] Darüber hinaus existieren über die größte und einflussreichste Verkehrsbuchhandlung Deutschlands aber kaum Dokumente, die Aufschluss über ihre Entwicklung von der Gründung bis in die Jahre der Weimarer Republik geben könnten.[120]

1857 begann Georg Stilke (1840–1900) seine Berufsausbildung zum Buchhändler in der Berliner Sortimentsbuchhandlung Ferdinand Schneider. Nach seiner vierjährigen Aus-

---

sen in ganz Deutschland über 40 Millionen Zeitungen und Zeitschriften im Jahr. Vgl. Bettenhausen, Jacques. Bayerisches Hauptsstaatsarchiv München. Sign.: Sammlung P 9234, o.P.

115 Vgl. BHB Nr. 1/2 vom 25. Januar 1922, S. 3.

116 Hermann Stilke – Verleger. 1919–1921. Nachlass Harden. In. Bundesarchiv Koblenz. Sign.: NL 62/102 fol. 1, Heft 6, S. 1ff.

117 Vgl. auch die Rezension der Denkschrift in Bbl. Nr. 57 vom 8. März 1922, S. 296f.

118 Vgl. BHB Nr. 1/2 vom 25. Januar 1922, S. 2; Der neue Vertrieb Jg. 52 vom 5. Januar 1952, S. 8, Bbl. Nr. 1 vom 2. Januar 1922, S. 6f. sowie den Nachruf auf Hermann Stilke im Jahr 1928 in BHB Nr. 11/12 vom 10. Juli 1928, S. 102.

119 Vgl. Adreßbuch des deutschen Buchhandels 1931, S. III–XII.

120 Das heute noch bestehende Unternehmen besitzt kein Firmenarchiv. Auskunft der Firma Stilke vom 25. April 2002.

bildung ergriff er die Chance, seine Ausbildungsfirma auf eigene Rechnung zu übernehmen. Sein Arbeitgeber war verunglückt und Stilke erbat sich am 13. Februar 1862 beim Königlichen Polizeipräsidium in Berlin eine vorzeitige Zulassung zur Buchhändlerprüfung.[121] Seinem Gesuch wurde stattgegeben und bereits am 14. März 1862 legte Georg Stilke die Prüfung erfolgreich ab. Einen Tag später konnte er als Teilhaber des Unternehmens F. Schneider aufgenommen werden.[122]

Der Sortimentsbuchhandlung gliederte er einen Verlag an. 1869 verkaufte Stilke die Verlagsbuchhandlung und wechselte als Redakteur zu der Modezeitschrift *Bazar*. Dort lernte er den Schriftsteller Paul Lindau kennen, der den belletristischen Bereich der Zeitschrift betreute. Doch bereits zwei Jahre später überwarfen sich Stilke und der Verleger des *Bazars*. Das Arbeitsverhältnis wurde aufgelöst, und Stilke gründete mit der finanziellen Abfindung in Höhe von 12.000 Talern einen eigenen Verlag. Als einer der ersten Verlagsartikel kam 1872 die Wochenschrift *Die Gegenwart* auf den Markt. Für die Mitarbeit konnte Stilke Paul Lindau gewinnen. Die Wochenschrift entwickelte sich sehr positiv und innerhalb weniger Jahre erhöhte sich die Auflage von 3.000 (1872) auf 7.000 (1877).[123]

Stilkes Verlegertätigkeit beschränkte sich zunächst auf die Herausgabe von Zeitschriften, den Buchverlag lehnte er ab. Seit 1875 redigierte Oskar Blumenthal die *Neuen Monatshefte für Dichtkunst und Kritik* und 1877 erschien im Verlag Stilke die Monatsschrift *Nord und Süd*. Herausgeber war wieder Paul Lindau. Doch obwohl das Geschäft mit den Zeitschriften nicht florierte, konnte sich Stilke noch immer nicht dafür entscheiden, dem Zeitschriftenverlag auch einen Buchverlag anzugliedern. Insofern bedeutete die Inbetriebnahme der Berliner Stadtbahnen im Jahr 1882 für Georg Stilke eine besondere Herausforderung. Dem wenig erfolgreichen Verleger wurde die Möglichkeit geboten, an den Stationen der Stadtbahn Buch- und Zeitschriftenverkaufsstellen einzurichten. Damit legte er den Grundstein für eine der größten und wirtschaftlich potentesten Verkehrsbuchhandlungen Deutschlands. Das schnell expandierende, aber zeitaufwändige Geschäft mit Reiseliteralien veranlasste Stilke, seine Verlagstätigkeit einzustellen und sich ausschließlich auf die Installation und Betreuung von Buch- und Zeitschriftenverkaufsstellen für Reisende im Berliner Raum zu konzentrieren. Gegen eine Abfindungssumme in Höhe von 18.000 Talern trat er den Verlag an seinen vormaligen Gesellschafter Martin Lubarsch ab.[124]

Mit der Ausbreitung der preußischen Eisenbahnen erweiterte sich auch der Wirkungsraum der Bahnhofsbuchhandlung. Stilke richtete nicht nur an sämtlichen Berliner Stadtbahnstationen firmeneigene Zeitungskioske ein, sondern gründete darüber hinaus 1891 in Hamburg eine Zweigniederlassung, die die Kunden der Hamburger Eisen- und Stadtbahnen mit Presseartikeln versorgte.[125] Anfang der neunziger Jahre schrieb die Freie Hansestadt

121 Akte: Das Gesuch F. W. Georg Stilkes um Konzession als Buchhändler. 1862. In: Landesarchiv-Berlin. Sign.: A Pr.Br. Rep. 030. Tit. 95. Nr. 14473, hier S. 7.

122 Ebd. S. 8.

123 Vgl. Häring: Georg Stilke, S. 44.

124 Ebd. S. 58.

125 Ebd. S. 68f.

Hamburg die städtischen Bahnhofsbuchhandlungen zur Erst- und Neubesetzung aus und das bereits über den Berliner Raum hinaus bekannte und erfolgreiche Unternehmen Stilke erhielt den Zuschlag. Galt das Hamburger Verkehrssystem vor der Jahrhundertwende noch als sehr rückschrittlich – so geleitete etwa ein Bahnangestellter mit Handklingel die in den Norden fahrenden Eisenbahnzüge im Schritttempo durch Hamburg –, wurde 1909 der Hauptbahnhof in Hamburg in Betrieb genommen, der jetzt die Stadtbahnhöfe Altona, Dammtor und Sternschanze in sein Streckennetz integrierte.

Das Unternehmen erhielt nach der Verstaatlichung der preußischen Eisenbahnen außerdem die Konzession für den Buchhandel auf sämtlichen Bahnhöfen der Stadt, so für den Anhalter Bahnhof, Potsdamer Bahnhof, Lehrter Bahnhof, Schlesischen Bahnhof, Stettiner Bahnhof und Görlitzer Bahnhof.[126] Auf dem Potsdamer Bahnhof richtete Stilke 1926 neben dem obligatorischen Verkaufsstand an den Bahnsteigen eine kleine Lesestube und ein Kunstkabinett ein. Die innenarchitektonische und farbliche Gestaltung der Bücherstube sowie die Schaufenstergestaltung wurden sogar im *Börsenblatt* als sehr ansprechend gewürdigt.[127]

Kiosk der Firma Georg Stilke, Berlin, Anhalter Bahnhof in Berlin (Innenkiosk)

126 Ebd. S. 58f.
127 Vgl. Bbl. Nr. 25 vom 30. Januar 1926, S. 131.

Ausweitung des Unternehmens unter der Leitung Hermann Stilkes

Anfang der neunziger Jahre beschäftigte das Unternehmen Stilke eine große Anzahl von qualifizierten Geschäftsführern und Mitarbeitern, die seine Buchläden und Kioske führten. Dadurch entlastet, gründete Stilke erneut einen Verlag. Zu seinen erfolgreichsten Verlagsprojekten gehörte die Zeitschrift *Die Zukunft.*[128] Das Verlagsprogramm wurde von wissenschaftlichen Büchern und Zeitschriften, hauptsächlich aus dem Bereich der Rechtswissenschaften, dominiert.[129] Georg Wilhelm Stilke starb am 4. November 1900. Im selben Jahr übernahm sein Sohn Hermann das Unternehmen, der bereits seit 1894 Mitinhaber war.[130] Nach Abschluss seiner Ausbildung in einer Berliner Sortimentsbuchhandlung trat der junge Stilke als Gehilfe in den New Yorker Medienkonzern *American News Company* ein, der eine führende Rolle auf dem Sektor des internationalen Buchimports und Buchexports sowie des Zeitschriftenhandels spielte. Die *American News Company* arbeitete eng mit dem amerikanischen Bahnhofsbuchhandel zusammen, der in den Vereinigten Staaten der *Union News Company*, einer Tochtergesellschaft des Konzerns, übertragen wurde.[131] Stilke wechselte nach einem Jahr in vergleichbare Unternehmen in Nord- und Westamerika sowie Kanada und erreichte 1894 Chicago rechtzeitig zur Weltausstellung. Die in den Vereinigten Staaten gewonnenen Erkenntnisse wird Hermann Stilke im eigenen Unternehmen umsetzen.[132]

Von den Vereinigten Staaten reiste Stilke nach Paris und arbeitete für zwei Jahre in der Firma Calmann Lévy; anschließend sammelte er in der Londoner Bahnhofsbuchhandlung und Pressevertriebsstelle William Smith & Co. wichtige Erfahrungen. Für die Geschäftsführung des väterlichen Unternehmens bestens gerüstet, kehrte er 1896 nach Deutschland zurück. Zunächst engagierte ihn die Aktiengesellschaft *National-Zeitung* als Direktor. Nach dem Tod seines Vaters übernahm Hermann Stilke die Bahnhofsbuchhandlung, die unter seiner geschickten Leitung zu einem internationalen Buch- und Pressekonzern expandierte. Stilke beauftragte zunächst seinen erfahrenen Berliner Geschäftsführer Max Kluge mit der Einrichtung und Organisation des Hamburger Eisenbahn-, Schiffs- und Hotelbuchhandels, der durch die Eröffnung der städtischen Hoch- und Untergrundbahnen 1912 um ein weiteres expandierte. Das Unternehmen Stilke kooperierte eng mit der Hamburger Hochbahn-Aktiengesellschaft und sicherte sich nicht nur die Monopolstellung in der Hansestadt, sondern breitete sich auch nach Schleswig-Holstein bis an die dänische Grenze aus.[133]

In den Vorkriegsjahren wurde Stilke Teilhaber der Wiener Sortiments-, Reise- und Verlagsbuchhandlung Karl Schmelzer.[134] Zum selben Zeitpunkt gründete das Unternehmen auch im mitteldeutschen Raum Filialen. Die inzwischen erreichte Unternehmensgröße

128 Ebd. S. 60.

129 Vgl. Bbl. Nr. 1 vom 2. Januar 1922, S. 6.

130 Vgl. Häring: Georg Stilke, S. 60–63; BHB Nr. 21/22 vom 15. November 1920, S. 259f.

131 Vgl. Häring: Georg Stilke, S. 63f.

132 Vgl. Der neue Vertrieb Jg. 52 vom 5. Januar 1952, S. 8.

133 Vgl. Häring: Georg Stilke, S. 70f.

134 Akte: Acta des Polizei-Präsidii zu Berlin betreffend die Verlagsbuchhändler Georg Stilke und dessen Sohn Hermann Stilke – Auskunfterteilung über den Verlagsbuchhändler Georg Stilke und seinen Sohn Hermann 1894–1916. In: Landesarchiv Berlin. Sign.: A Pr.Br. Rep. 030. Tit. 94. Nr. 13512, hier S. 77.

erforderte nunmehr eine perfekte Organisation und Systematisierung des Verkaufs von Presseartikeln an den zahlreichen Kiosken. 1905 gründete Stilke deshalb nach amerikanischem und skandinavischem Vorbild die Deutsche Kiosk-Gesellschaft in Berlin und erwarb fünf Jahre später außerdem die Gesellschaft der Berliner Trinkhallen.

Neben dem Betrieb von Bahnhofsbuchhandlungen und Kiosken in den Städten Berlin und Hamburg richtete Hermann Stilke 1909 in den bedeutenden Hotels der beiden Städte zudem Hotelbuchhandlungen ein. Mit der Expansion des Unternehmens nach Hamburg gelang es Stilke außerdem, sich als eine der ersten Verkehrsbuchhandlungen auf dem Sektor des Schiffsbuchhandels zu betätigen. Auf den kleineren Dampfern bestückte Stilke die dort installierten und von den Stewards betreuten Verkaufsschränke. Auf den großen Ozeandampfern wurden schließlich richtige Verkaufsstände eingerichtet. Den Verkauf übernahmen hier Mitarbeiter des Unternehmens, die auf den Schiffen mitreisten.

Im Ersten Weltkrieg avancierte das Unternehmen Stilke zu einem der wichtigsten Feldbuchhändler entlang der deutschen Fronten. In den besetzten Gebieten im Westen und Osten installierte Stilke zahlreiche Verkaufsstellen und übernahm aufgelassene Bahnhofsbuchhandlungen in Frankreich. Im Juli 1918 besaß das Unternehmen in den besetzten westlichen Gebieten 74 Bahnhofs- und 95 Feldbuchhandlungen, 41 Buchhandlungen und Kioske in größeren Städten, z.B. Antwerpen, Brüssel, Ostende und Lüttich. Im Osten gelang Stilke die Einrichtung von drei Hauptbuchhandlungen und 127 Feldbuchhandlungen mit 41 Zweigstellen.[135]

Nach dem Krieg richtete Stilke 1920 seine ersten Bordbuchhandlungen auf den Rheinschiffen ein und gründete 1929 eine der ersten Flughafenbuchhandlungen an deutschen Flughäfen.[136] Das Unternehmen arbeitete inzwischen mit den Bahnhofs- und Verkehrsbuchhändlern Karl Schmitt und Jaçques Bettenhausen im Rahmen verschiedener Projekte zusammen und erweiterte dadurch seinen Einflussbereich um ein Weiteres.

Stilke engagierte sich außerdem aktiv im Verein Deutscher Bahnhofsbuchhändler. Im Zeitraum von 1916 bis 1928 versuchte er als Vorsitzender des Berufsverbands, gerade in der wirtschaftlich schwierigen Nachkriegszeit, die Entwicklung der Branche positiv zu beeinflussen. Doch Stilkes Engagement beschränkte sich nicht nur auf den beruflichen Bereich, er war auch Mitglied und Förderer mehrerer karitativer Organisationen. Hermann Stilke war ein sehr vermögender, strebsamer Unternehmer und bekam wegen seines öffentlichen Wirkens zahlreiche Auszeichnungen.[137] Wie viele andere Buch- und Presseverleger

---

135 Vgl. Häring: Georg Wilhelm Stilke, S. 78ff.

136 Inzwischen wurde das Traditionsunternehmen Georg Stilke von der Verlagsgruppe Valorapress & books aufgekauft: http://www.valora.com/valora_gruppe/geschichte/index.php

137 Beim Antrag auf eine Auszeichnung wurde jeweils ein Lebenslauf sowie ein Bericht über die finanzielle Lage des Bewerbers angefertigt. Demnach verfügte Stilke 1902 über ein Jahreseinkommen von über 220.000 Mark. Die Akte berichtet von zehn Auszeichnungen innerhalb des Zeitraums von 1894 bis 1913. Akte: Acta des Polizei-Präsidii zu Berlin betreffend die Verlagsbuchhändler Georg Stilke und dessen Sohn Hermann Stilke-Auskunfterteilung über den Verlagsbuchhändler Georg Stilke und seinen Sohn Hermann 1894–1916. In: Landesarchiv Berlin. Sign.: A Pr.Br. Rep. 030. Tit. 94. Nr. 13512.

auch, avancierte Stilke um 1900 zu den wohlhabendsten Unternehmern und Bürgern Preußens. Stilke erwirtschaftete mit seinem internationalen Konzern ein Gesamtvermögen von bis zu drei Millionen Mark und reihte sich damit in den Kreis der Mehrfachmillionäre in Deutschland ein, in dem die Berufsgruppe des Verlegers besonders stark repräsentiert war.[138] Für sein buchhändlerisches sowie ehrenamtliches Engagement in zahlreichen karitativen Vereinen erhielt Stilke außerdem verschiedene Auszeichnungen in den Bundesstaaten, in denen er aktiv war (u.a. in Hessen und Sachsen).[139] Für die Weltausstellung in St. Louis druckte er auf eigene Kosten den amtlichen Katalog für die deutschen Abteilungen.[140] Am 28. Juli 1911 erfolgte schließlich die Ernennung zum Hofbuchhändler des Kronprinzen.[141] So gehört Stilke zur prototypischen Unternehmerpersönlichkeit der Jahrhundertwende, der sich nicht nur in der Verlagsbranche, sondern auch in der gesellschaftlichen Öffentlichkeit exponierte, soziales und politisches Engagement zeigte und die damit erworbenen Auszeichnungen und Ehrungen zur Steigerung des Unternehmensimages einsetzte.[142]

Expansion des Unternehmens Stilke in den Vereinigten Staaten

Die Bahnhofs- und Verkehrsbuchhandlung Stilke war eine der wenigen, die intensive Geschäftsbeziehungen in die Vereinigten Staaten unterhielt und sich diese für den Ausbau des eigenen Unternehmens nutzbar machte. 1924 expandierte das Unternehmen sogar nach New York und eröffnete im Roosevelt Hotel eine Buchhandlung. Die Expansion des Berliner Bahnhofs- und Verkehrsbuchhändlers auch auf dem amerikanischen Buchmarkt rechtfertigt einen ergänzenden Blick auf die Entstehung und Entwicklung des Bahnhofsbuchhandels in den Vereinigten Staaten, auf seine speziellen Vertriebs- und Organisationsstrukturen sowie auf das innovative Marketingkonzept des Mediengiganten *American News Company*, der das Monopol für den Verkauf an allen Bahnhöfen des Kontinents innehatte. Allerdings konnten die beispiellosen Absatz- und Werbestrategien des amerikanischen

138 Vgl. Jäger: Der Verlagsbuchhandel, S. 227.

139 Seine Königstreue unterstrich Stilke nicht nur durch Spenden; er bemühte sich auch um die Aufnahme in die Kaiser-Wilhelm-Gesellschaft. Vgl. Akte: Gründung und Organisation. Stilkes Beitritt in die Kaiser-Wilhelm-Gesellschaft. In: Geheimes Staatsarchiv Berlin. Sign.: I, HA, Rep. 92, Schmidt-Ott D/Nr. 12.

140 Als im Frühjahr 1913 Gerüchte kursierten, dass Stilke in den Adelsstand erhoben werden sollte, rührte sich erstmals Protest. Dem Königlichen Polizeipräsidium ging ein anonymes Schreiben zu, in dem Stilke als Ehebrecher denunziert wurde, der eine Beziehung zu einer geschiedenen Frau unterhalte. Das Polizeipräsidium nahm die Anzeige trotz der Anonymität des Anklägers ernst und forderte Akteneinsicht in die besagte Scheidungsangelegenheit. Offenbar konnten die Aussagen nicht entkräftet werden, denn Stilke blieb die Aufnahme in den Adelsstand verwehrt. 1913 erhielt er allerdings die Ehrendoktorwürde. Akte: Acta des Polizei-Präsidii zu Berlin betreffend die Verlagsbuchhändler Georg Stilke und dessen Sohn Hermann Stilke – Auskunfterteilung über den Verlagsbuchhändler Georg Stilke und seinen Sohn Hermann 1894–1916. In: Landesarchiv Berlin. Sign.: A Pr.Br. Rep. 030. Tit. 94. Nr. 13512, hier S. 130.

141 BHB Nr. 11/12 vom 10. Juli 1928, S. 102.

142 Jäger: Der Verlagsbuchhandel, S. 239–240.

Konzerns gerade wegen der dezentralen Organisation des Bahnhofs- und Verkehrsbuchhandels in Deutschland nur bedingt umgesetzt werden.

Die Entstehung und Ausbreitung des Bahnhofsbuchhandels in den Vereinigten Staaten nahm einen anderen Verlauf als in Deutschland. Der Hauptgrund dafür war die nur langsame Erschließung des riesigen Kontinents durch die Eisenbahnen in der zweiten Hälfte des 19. Jahrhunderts. Während in Europa in der Frühzeit der Eisenbahngeschichte zuerst wichtige Städteverbindungen geschaffen wurden – die Fahrtzeit betrug häufig nur ein bis zwei Stunden – dauerten die Reisen im Nordosten der Vereinigten Staaten, der bereits um 1850 durch die Eisenbahn weitgehend erschlossen war, oft Tage.

Die mehrtägigen Fahrtzeiten mit nur wenigen Haltepunkten beeinflussten auch den Lesebedarf und das Lektüreverhalten der Passagiere. Eine Folge dieser Reisezeiten ohne längere Zwischenaufenthalte und der besonderen Waggonkonstruktion war, dass in Amerika Bücher und Zeitschriften direkt während der Fahrt in den Zügen verkauft wurden. Dies war nur möglich, weil es sich bei den amerikanischen Waggons nicht wie in Deutschland um geschlossene Abteilwagen, sondern von Anbeginn an um Durchgangswagen handelte, die während der Fahrt vom Bahnpersonal sowie den Zeitungsverkäufern problemlos begehbar waren.[143] Der Verkauf von Lesewaren vor allem in den transkontinentalen Zügen der 1880er/1890er Jahre war ein wesentliches Element des Bahnhofsbuchhandels in Amerika. In diesem Zusammenhang bildeten sich besondere Verkaufsstrategien heraus, die für europäische Reisende so beeindruckend waren, dass sie in zahlreichen Reiseberichten eine detaillierte Wiedergabe fanden.[144] Neben dem Verkauf in den Zügen installierte der Pressekonzern *Union News Company*, eine Tochterfirma des Mediengiganten *American News Company*, 1864 einen zentral organisierten Bahnhofsbuchhandel entlang der wichtigsten Städteverbindungen.

Seit 1870 wurde Reisen mit der Eisenbahn in den Vereinigten Staaten komfortabler, schneller und sicherer,[145] die Transportbedingungen wurden zunehmend vereinheitlicht, und die Eisenbahngesellschaften schlossen sich zusammen und bemühten sich um die Verbesserung der Reisequalität. Ein wesentliches Ziel der Eisenbahngesellschaften war die Erhöhung des Sicherheitsstandards auf allen Strecken trotz zunehmender Fahrtgeschwindigkeit.[146] Die wenigen Eisenbahngesellschaften, die den Norden dominierten, erkannten in der Standardisierung der Tarife und des Services die Möglichkeit, das Transportsystem effizienter zu gestalten. Ende des 19. Jahrhunderts verlangsamte sich die Expansion der Eisenbahn. Die zunehmende Geschwindigkeit der Züge förderte zwar die Verbindung großer Städte, doch die Erschließung der zwischen ihnen liegenden Regionen wurde stark vernachlässigt. Um die Jahrhundertwende waren die wichtigsten Städteverbindungen je-

143 Die frühen Personenwagen der amerikanischen Eisenbahnen waren den Aufenthaltsräumen auf den Dampfbooten nachgeahmt. Während in Deutschland der in sich geschlossene Abteilwagen vorherrschte, handelte es sich bei den amerikanischen Eisenbahnen um begehbare Großraumwagen, die bis zu vierzig Personen befördern konnten.

144 Vgl. Hayes: Railway Reading, S. 301ff.

145 Vgl. Martin: Railroads Triumphant, S. 52ff.

146 Vgl. Gordon: Passage to Union, S. 7; Douglas: All Aboard, S. 135, 143.

doch fertig gestellt. Die Überlandverbindungen, die nur wenige Zwischenstopps einlegten, galten als komfortabel und schnell.

Bereits in den 1850er Jahren, mit der Zunahme des Personenverkehrs, wurden die Eisenbahngesellschaften von den Behörden aufgefordert, neben der bloßen Personenbeförderung auch soziale Verantwortung zu übernehmen und die Sicherheit während der Reise zu gewährleisten sowie komfortable Haltepunkte für die Reisenden zu schaffen, die auf ihre Anschlusszüge warteten. Die Kondukteure erhielten weitgehende Kompetenzen im Umgang mit Reisenden. Sie durften z.B. Schwarzfahrer und Passagiere, die den Betriebsablauf störten, aus dem Zug entfernen. Außerdem kontrollierten sie das Zeitungs- und Bücherangebot an den Verkaufsständen der Bahnhofsbuchhändler.[147] Die Reisequalität stieg, so wurden u.a. größere Waggons angeschafft, die Platz für bis zu sechzig Passagiere boten. Diese konnten mit Kerzenlicht bzw. mittels Petroleumlampen beleuchtet werden und die Einrichtung von Kohle- und Holzfeuer wie auch der Einbau von Fenstern schützten die Reisenden gegen die Kälte.[148] Doch trotz dieser Zugeständnisse an den Reisekomfort war die Einrichtung der Züge um die Jahrhundertmitte noch immer sehr schlicht.

Nach dem Bürgerkrieg erweiterten die Eisenbahngesellschaften ihren Service und richteten an stark frequentierten Stationen Wartesäle ein. Die Eisenbahnstation der Old Colony Railroad bot neben Warteräumen auch spezielle Zonen für Raucher und Nichtraucher. Außerdem wurden in den Warteräumen Toiletten und Waschräume mit Duschen installiert. Friseure und Barbiere erweiterten das Dienstleistungsangebot an den Bahnhöfen; darüber hinaus gab es Wäschereien, eine Gepäckaufbewahrung, eine Telegrafenstation sowie Zeitungsstände.[149]

In großen Stationen, z.B. der Grand Central Station in New York, wurden Klubräume für Männer eingerichtet, die mit bequemen Sesseln und Tischen ausgestattet waren und auch eine Bibliothek beherbergten.[150] Leseräume mit einer Auswahl von Zeitungen, Zeitschriften und Büchern entwickelten sich zu einem wichtigen Servicekriterium an den Stationen. Eine nennenswerte Bibliothek gab es auch in der neuen Michigan Station in Detroit.

Um die Jahrhundertwende besaßen die großen, zentralen Verkehrsknotenpunkte aufwändige und großflächige Bahnstationen mit mehreren Stockwerken, Überdachungen, Marmorausstattung und Holztäfelungen.[151] Die Eisenbahngesellschaften bemühten sich außerdem um eine Vereinheitlichung des Reisestandards an ihren Stationen.[152] Die großstädtischen Verkehrsknotenpunkte boten gewöhnlich weit mehr Service als die Kleinstädte.

---

147 Vgl. Gordon: Passage to Union, S. 68f.

148 Ebd. S. 80.

149 Vgl. Gordon: Passage to Union, S. 87; Droege: Passenger Terminals and Trains, S. 23ff.

150 Vgl. Droege: Passenger Terminals, S. 25f.

151 Ebd. S. 132.

152 In den größeren Städten wurden jetzt Bahnhöfe aus Steinen errichtet, während die kleineren Bahnhöfe gewöhnlich aus Holz waren und wegen des Funkenflugs häufig in Flammen aufgingen. In manchen Städten hielt der Zug deshalb nicht am Haltepunkt, sondern direkt am Hotel. Vgl. Gordon: Passage to Union, S. 88.

Im letzten Drittel des 19. Jahrhunderts bot die Union Pacific einen enormen Komfort in ihren Zügen. Zwischen 1865 und 1900 rüsteten auch die Eisenbahngesellschaften Boston and Maine, New York and New Haven, die New York Central und die Baltimore and Ohio sowie die Pennsylvania und die Chicago and Northwestern ihre Ausstattung auf. Die Strecken wurden mit den komfortablen Pullman-Wagen befahren, die Speise-, Kommunikations- und Schlafwagen mit sich führten. Die Pullman-Wagen der 1867 gegründeten Pullman Car Company entwickelten sich schnell zum Synonym für Luxus und Reisekomfort.[153]

1888 folgte der erste Speisewagen, und 1887 ließ sich Pullman den „vestibuled car" patentieren, der den Reisenden einen sicheren Übergang von einem Wagen zum anderen ermöglichte.[154] Der „vestibuled car" war eine Kombination aus Schlaf- und Speisewagen, Raucherzimmer und Bibliothek, Badezimmer und Friseursalon. An Bord des Pullmanzuges, der am 29. April 1900 zwischen St. Paul und Seattle verkehrte, befanden sich zwei Rauchersalons, Kartenspielräume, ein Speisewagen und eine Lesebibliothek mit 140 Bänden.[155] Für die Dienstleistungen am Passagier standen ca. siebzig Crewmitglieder, darunter Sekretärinnen und Friseure, zur Verfügung.[156]

Die Waggons waren für lange Reisezeiten eingerichtet. Dank innovativer Entwicklungen im technischen Bereich verfügten die Wagen über ein verbessertes Bremssystem sowie über Beleuchtung und Klimatisierung. Erst damit waren u.a. auch die Grundlagen für eine bequeme Lektüre von Literatur während der Reise geschaffen. Die Eisenbahngesellschaften beobachteten das Reiseverhalten ihrer Passagiere und versuchten regelmäßig, den Service zu verbessern.[157] Es wurde die *American Association of Passenger Traffic Officers* gegründet, eine Gesellschaft, die es sich zur Aufgabe machte, einen hohen Reisestandard in den Zügen zu gewährleisten. Agenten der Gesellschaft befuhren die Linien und analysierten das Kundenverhalten.

Mitte der 1860er Jahre übernahm die *United News Company* (UNC), eine Tochtergesellschaft des Großkonzerns *American News Company* (ANC), die zentrale Versorgung von Reisenden mit Literatur während der Eisenbahn- oder Schifffahrt in den Vereinigten Staaten. Doch neben den Zeitungskonzernen spielten hier – im Gegensatz zur europäischen Entwicklung – auch die Eisenbahngesellschaften selbst eine nicht geringe Rolle als Verleger, Buchhändler und Leihbibliothekare vor allem im Kontext der Volksbildung.

Mit ihren angeschlossenen Verlagsanstalten stellten die Eisenbahngesellschaften den Passagieren eine begrenzte Auswahl von Reiselektüre, die neben Unterhaltungsliteratur vor allem Reiseführer umfasste. Die Führer enthielten Informationen über Anschlusszüge, über die Qualität von Hotels entlang der Strecke und Sehenswürdigkeiten in großen Städten.

---

153 Vgl. Morel: Pullman. The Pullman Car Company.

154 Vgl. Avery: The complete history of North American Railways, S. 216f; Jensen: The American Heritage, S. 224.

155 Vgl. Jensen: The American Heritage, S. 224.

156 Vgl. Maiken: Night Trains, S. 24.

157 Vgl. Gordon: Passage to Union, S. 179.

Einer der frühesten Eisenbahnführer entstand in Kooperation zwischen der Eisenbahngesellschaft *Union Pacific* und dem Verleger George Crofutt und wurde 1869 als *Great Trans-Continental Railroad Guide* herausgegeben.[158] Den Band mit einem Umfang von beinahe 250 Seiten verkauften Agenten direkt in den Zügen.

Neben den Eisenbahngesellschaften konzentrierten sich seit der zweiten Hälfte des 19. Jahrhunderts zunehmend große Verlagskonzerne auf die massenhafte, industrielle Produktion von Reiselektüre, die teilweise von den Verlagen selbst durch eigene Verkaufsagenten oder über den Konzern UNC entlang der Eisenbahnstrecken und in den Zügen professionell vertrieben wurde. Die Reiselektüre entwickelte sich in der zweiten Hälfte des 19. Jahrhunderts auch in Amerika zu einem wichtigen Marktsegment des Buchhandels. Doch die spezielle Publikationsform der Reise- und Eisenbahnbibliotheken, wie sie in Europa entstanden war, spielte in Amerika nur eine marginale Rolle. Im Gegensatz zu den europäischen Reihen führten die amerikanischen Buchserien mit wenigen Ausnahmen ihre eigentliche Zielgruppe, die Reisenden, nicht explizit im Reihentitel.

Eine Ausnahme bildeten seit 1857 die *Putnam's Railroad Classics*, die zumindest auf den Leseort hinwiesen. Der Verlag Putnam and Company (New York) versuchte sich mit diesem Serientitel von den gängigen preiswerten Unterhaltungsserien abzuheben. In einer Anzeige in der Zeitschrift *American Publisher's Circular and Literary Gazette* vom April 1857 pries er sein Produkt mit den Worten an: „neat compact volumes for travellers, economical and portable editions in a very convenient size for the pocket".[159] Putnam bot seine Reihe in zwei Ausfertigungen an. Die gebundene Ausgabe kostete sechzig Cents; die kartonierte Ausgabe war zehn Cents billiger. Die ersten Bände nahmen die Werke von Washington Irving auf. Ein wichtiges Qualitätsmerkmal der Reihe war, dass sie grundsätzlich ungekürzte Texte neu herausbrachte.[160] Im Fehlen der in Europa so erfolgreichen speziellen Reisebibliotheken erkannte der englische Verleger George Routledge eine günstige Chance, sich mit seiner Reisebibliothek auch auf dem amerikanischen Buchmarkt zu etablieren. Seit 1854 unterhielt er in New York eine Niederlassung und begann mit der Distribution seiner *Railway Library*.[161] Die Bände verkauften sich gut, weil sie in besserer Qualität gedruckt waren und dem Bedürfnis der Reisenden mehr gerecht wurden als die amerikanischen Serien.

Bei der angebotenen Reiselektüre handelte es sich – wie in Europa auch – um Zeitungen, Zeitschriften, Magazine und preiswerte Buchreihen mit belletristischer wie auch populärwissenschaftlicher Ausrichtung.[162] Die billigen Buchreihen hatten seit den fünfziger und sechziger Jahren des 19. Jahrhunderts in Amerika eine immense Konjunktur.[163] Zur

158 Vgl. Douglas: All Aboard, S. 176.
159 Zit. n. Hayes: Railway Reading, S. 306.
160 Ebd. S. 307.
161 Ebd. S. 306.
162 Vgl. Kilton: The American Railroad, S. 39ff.
163 Vgl. Schick: The Paperbound Book in America, S. 50; vgl. grundsätzlich zur Entwicklung des amerikanischen Buchmarkts von 1850/1860 bis zum Ende des Ersten Weltkriegs: Tebbel: A History of Book Publishing, Vol. 2, S. 1ff.

Reiselektüre zählten in Amerika gewöhnlich alle Buchserien, die seit der Jahrhundertmitte entstanden waren und ausschließlich über den Bahnhofs- und Straßenbuchhandel vertrieben wurden. Es handelte sich um belletristische Kollektionen, deren massenhafte Produktion durch die zunehmende Expansion des Eisenbahnnetzes und der Erhöhung des Reiseaufkommens zusätzlich stimuliert wurde. Diese billigen Buchreihen waren in den Vereinigten Staaten ein Synonym für die europäischen organisierten Reiselektüren, richteten sich aber – wie auch in Deutschland – außerdem an Nichtreisende, die diese Art von Literatur über den Straßenhandel beziehen konnten. Trotzdem wurden die Serien hauptsächlich im Bahnhofs- und Schiffsbuchhandel abgesetzt. Die UNC, die den Vertrieb übernahm, arbeitete ausschließlich mit dem Bahnhofsbuch- und Straßenhandel zusammen, nicht aber mit dem regulären Buchhandel.

Der Verleger Charles B. Norton nannte bereits 1852 in seinem Journal *Norton's Literary Gazette* die wichtigsten Kriterien für den erfolgreichen Absatz dieses Produkts vor allem auf dem Reisemarkt. Sie mussten den Geschmack einer sozial heterogenen Schicht treffen, preiswert sein und in jede Jackentasche passen. Norton schlug außerdem vor, für Kinder und Jugendliche eigene Reiseserien anzubieten.[164] In den luxuriösen Überlandzügen fanden sich auch Kollektionen mit literarischen Novitäten in einer nobleren Ausstattung.

Von 1865 bis 1891, als das internationale Urhebergesetz verabschiedet wurde, boten die Verlage vermehrt Buchreihen mit zeitgenössischen Autoren an. Wegen der bis in die neunziger Jahre ungeklärten Urheberrechtsfrage druckten die Verlage Originaltitel des amerikanischen wie auch europäischen Buchmarktes nach. Vor der Verabschiedung des „International Copyright Law" 1891 dominierten die Werke europäischer Autoren die amerikanischen „cheap books" und „cheap magazines". Erst um 1893 reduzierte sich deren Anteil zugunsten der amerikanischen zeitgenössischen Unterhaltungsliteratur.[165] In Amerika kursierten neben den Werken britischer Autoren auch Übersetzungen aus dem Französischen und Deutschen.[166] Besondere Popularität besaßen die englischen Übersetzungen der Schriften von Paul de Kock.

Peterson & Bros legten ihren Verlagsschwerpunkt auf die Herstellung von extrem preiswerten Taschenbuchreihen und zählte bis in die achtziger Jahre zu den marktbeherrschenden Lieferanten für die Leihbüchereien und Eisenbahnstationen.[167] Im Verlag Beadle and Adams in New York erschien die Reihe *The Fireside Library*. George Munro (New York) gab die *Seaside Library* heraus, bei Donnelly, Lloyd and Company in Chicago erschienen die *Lakeside Library Series*.[168] Der Verleger Frank Leslie hatte großen Erfolg mit seinen verschiedenen Buchreihen, die er seit dem Ende der siebziger Jahre gezielt über den Bahnhofsbuchhandel verbreiten ließ. 1877 kam eine seiner wichtigsten Reihen, *Frank Leslie's Home Library of Standard Works by the Most Celebrated Authors*, auf den Markt. Die

164 Norton's Literary Gazette Nr. 2 vom 15. Juni 1852, S. 108.
165 Vgl. Tebbel: A History of Book Publishing, Vol. 2, S. 26f.
166 Vgl. auch Hayes: Railway Reading, S. 302.
167 Tebbel: A History of Book Publishing, Vol. 2, S. 357ff, 377, 387, 488.
168 Vgl. Kilton: The American Railroad, S. 51f.

Bücher konnten an den Kiosken entlang der Bahnhöfe erworben werden. Außerdem beschäftigte der Verlag eigene Buchverkäufer in den Eisenbahnwagen.[169]

Eine wichtige Konkurrenz zu den preiswerten Buchserien waren die Dime Novels, die ebenfalls im Bahnhofsbuch- und Straßenhandel ihren Absatz fanden. Ihre wichtigste Vertriebsinstanz war die ANC. Sie konnten sich trotz der billigen Buchreihen und der Pulps, die um 1890 aufkamen, bis in die Vorkriegsjahre erfolgreich auf dem Markt behaupten. Es handelte sich um Broschüren im Quartformat, die einen Umfang von 32 bis 64 Seiten besaßen. Ende der 1890er Jahre waren die Einbände bunt illustriert und stachen dem vorübereilenden Reisenden oder Passanten durch die reißerische Gestaltung des Covers ins Auge.

Seit den 1890er Jahren setzten sich zunehmend die Pulps auf dem Reisemarkt durch, die die Story Papers und Dime Novels allmählich abzulösen begannen.[170] Die Pulps boten illustrierte Thriller, Horrorerzählungen und Detektivgeschichten. In den frühen zwanziger Jahren schrieben Autoren, wie z.B. Dashiell Hammett, Raymond Chandler, H.P. Lovecraft oder Ray Bradbury, für die Pulps. Es erschienen das *Detectiv Story Magazine* (1915), das *Western Story Magazine* (1919), die *Snappy Stories* (1912) sowie *The Thrill Book* (1919).

In der zweiten Hälfte des 19. Jahrhunderts entwickelte sich, von der zunehmenden Erschließung des amerikanischen Kontinents durch die Eisenbahn begünstigt, der kommerzielle Bahnhofs- und Kioskhandel entlang der Bahnstrecken. Seit den sechziger Jahren waren Bahnhofsbuchhändler – wie in Europa auch – ein gängiges Erscheinungsbild im amerikanischen Eisenbahnwesen. Im Gegensatz zur deutschen Entwicklung aber wurde der Bahnhofsbuchhandel in Amerika von Anbeginn an von einer Firma zentral organisiert. An den Bahnhöfen größerer Städte installierte die UNC seit 1864 zahlreiche Buch- und Zeitschriftenstände entlang der wichtigsten Eisenbahnverbindungen.[171]

Das Dachunternehmen ANC revolutionierte um die Mitte des 19. Jahrhunderts das Distributionssystem für Billigliteratur in Amerika. Ihr Konzept war ein nationales Netzwerk von Buch- und Zeitungsständen in den Städten und an den Eisenbahnstationen. Die Gesellschaft besaß zwischen 1864 und 1904 außerdem das Monopol für die Verbreitung von periodischen Schriften.[172] Bereits in der ersten Hälfte des 19. Jahrhunderts übernahm die ANC den Vertrieb von verschiedenen Presseartikeln, u.a. *Godey's Lady Books* (1830), *New England Magazine* (1831), *Independent* (1848) oder *Harper's New Monthly Magazine* (1850). Der Konzern vertrieb damit die populärsten und weitverbreitetsten Magazine des 19. Jahrhunderts.

Von der Hauptniederlassung in New York aus betreute das Unternehmen 2.200 Verkaufsstände. Die Firma war in 165 Städten Amerikas vertreten. Die Mehrheit der Händler, die von der Gesellschaft beliefert wurden, waren aber keine regulären Buchhändler, son-

169 Vgl. Svedjedal: The Literary Web, S. 36; vgl. auch Kilton: The American Railroad, S. 51.

170 Um die Jahrhundertwende erlebten die Dime Novels als Paperback-Ausgaben nochmals einen neuen Verkaufshöhepunkt. Sie boten Pionier-, Kriminal- und Detektivgeschichten. Die neuen Taschenbuchreihen veröffentlichten pro Woche einen Band und druckten die bereits um 1850 entstandenen Dime Novels nochmals nach. Vgl. Schick: The Paperbounded Book in America, S. 58.

171 Vgl. American News Company: A Story of Newsstand, S. 9f.

172 Vgl. Oriard: Popular Literature, Vol. 3, S. 1732.

dern Drogisten, Bahnhofsbuchhändler und Zeitungsverkäufer. Auch Geschenkläden und kleine Provinzbuchläden kooperierten mit der ANC.[173] Bei den Kunden der ANC handelte es sich somit vor allem um so genannte Auchbuchhändler. Der reguläre Buchhandel konnte nicht auf das der ANC zur Verfügung stehende Distributionssystem zurückgreifen.

Das von der ANC gegründete Subunternehmen UNC war ausschließlich für die Versorgung der Eisenbahn- und Schifffahrtspassagiere sowie der Fahrgäste von Fähren zuständig.[174] Der Zeitungskonzern UNC beschickte die Züge, die weit entfernte Städte miteinander verbanden, auch mit uniformierten Zeitungsjungen, so genannten „train butchers“, die die Leseware direkt im Zug verkauften. Die von der UNC legitimierten Zeitungs- und Buchverkäufer trugen blaue Uniformen mit Messingknöpfen und eine Mütze, die den Schriftzug „News Agent“ trug.[175] Häufig verteilte der Zeitungsverkäufer Zeitschriften und Magazine im ersten Durchgang an die Passagiere und sammelte sie im zweiten wieder ein, sofern der Reisende die Ausgabe, in der er sich möglicherweise inzwischen festgelesen hatte, nicht erwarb.[176] Ähnlich verfuhr der professionelle Zeitungsjunge mit den „pamphlet novels“. Er ließ den Passagieren fünfzehn bis dreißig Minuten Zeit, sich einzulesen. Die Wahrscheinlichkeit, dass der Leser das Bändchen wieder zurückgab, war gering. An den Stationen und Zwischenstopps stieg der Verkäufer aus und offerierte sein Literaturangebot auch auf den Bahnsteigen.

Der Berliner Bahnhofs- und Verkehrsbuchhändler Hermann Stilke, der mehrere Jahre für das Unternehmen ANC arbeitete, war von der Konzernstruktur und Effizienz des Vertriebssystems stark beeindruckt. Doch die dezentrale Organisation des Eisenbahnwesens in Deutschland und die völlig anders geartete Infrastruktur machten eine unmittelbare Umsetzung der innovativen Distributionssysteme der ANC und UNC in Deutschland unmöglich. Ein hinsichtlich der Organisationsstrukturen der ANC vergleichbares Unternehmen in Deutschland war allenfalls der Berliner Pressekonzern Ullstein.

Die zentrale Organisation des Bahnhofsbuchhandels durch nur wenige Unternehmen machte in den Vereinigten Staaten die Gründung einer berufsspezifischen Interessenvertretung obsolet. In Deutschland dagegen sahen sich die Bahnhofs- und Verkehrsbuchhändler gezwungen, mit der Zunahme von bracheninternen Problemen einen eigenen Verband zu gründen. Der Verband vertrat aber auch die Interessen seiner Mitglieder gegenüber dem herkömmlichen Sortimentsbuchhandel, zumal die Auseinandersetzung mit diesem in den ersten Jahrzehnten des 20. Jahrhunderts deutlich schärfer wurde.

173 Ebd. S. 15–23, 32, 39.
174 Vgl. American News Company: A Story of Newsstand, S. 49.
175 Vgl. Douglas: All Aboard, S. 62.
176 Vgl. Hayes: Railway Reading, S. 316.

5.4 Gründung einer Standesvertretung der deutschen Bahnhofsbuchhändler und eines Fachorgans im Jahr 1905

Die wirtschaftlich bedeutenden Bahnhofsbuchhändler in deutschen Großstädten, die zur Durchsetzung ihrer branchenspezifischen Besonderheiten bereits auf nationaler Ebene zusammenarbeiteten, forderten seit der Jahrhundertwende vermehrt die Gründung einer eigenen Berufsorganisation, die als zentraler und starker Verhandlungspartner gegenüber den Eisenbahnverwaltungen die Interessen der Bahnhofsbuchhändler in Deutschland vertreten sollte. Der Börsenverein der Deutschen Buchhändler solidarisierte sich zwar in Einzelfragen mit den Bahnhofsbuchhändlern, z.B. in der Auseinandersetzung mit dem Warenhausbuchhandel, erkannte die neue Teilbranche des verbreitenden Buchhandels aber erst im Jahr 1928 an.

So wurde am 16. April 1905 auf der Versammlung deutscher Verkehrs- und Bahnhofsbuchhändler in Leipzig – offenbar eine lose, nicht organisierte Vorform des Vereins Deutscher Bahnhofsbuchhändler – die Gründung einer Standesorganisation der Bahnhofsbuchhändler beschlossen.[177] Initiator dieser Verbandsgründung war der Leipziger Bahnhofsbuchhändler Max Frömberg.[178] Die Kosten der Versammlung trug Jaçques Bettenhausen aus Dresden. Die Versammlung berief die konstituierende Sitzung für den 22. Mai 1905 ein. Im August desselben Jahres gründete der Verband ein eigenes Fachblatt.

Der Verein Deutscher Bahnhofsbuchhändler schuf mit dem Fachorgan *Der Bahnhofsbuchhandel. Offizielles Organ des Vereins Deutscher Bahnhofs-Buchhändler. Fachzeitung für den gesamten Verkehrsbuchhandel unter spezieller Berücksichtigung der Buchhandlungen auf Bahnhöfen, Schiffen, Landungsplätzen, in Hotels, Badeorten und Sommerfrischen*[179] erstmals ein öffentliches Kommunikations- und Diskussionsforum für Bahnhofsbuchhändler, das über die strukturellen Entwicklungen innerhalb der Branche berichtete und den Bahnhofsbuchhändlern sowie den Verlegern eine überregionale Werbefläche sowie Informationsbörse bot.[180]

177 Bbl. Nr. 91 vom 19. April 1905, S. 3794. In den 1880er und 1890er Jahren waren die Bahnhofsbuchhändler, die zusätzlich ein Kolportagegeschäft betrieben, häufig Mitglied in den verschiedenen Regionalvereinigungen der Kolportagebuchhändler. Eine Zentralisierung der Kolportagevereine fand 1885 in Leipzig mit der Gründung des Verbands Deutscher Colportagebuchhändler-Vereine statt. Im Sommer 1886 wurde der Central-Verein Deutscher Colportage-Buchhändler gegründet. Vgl. auch Elsner: Beiträge und Dokumente, Bd. 1, S. 61ff, 73ff.

178 Max Frömberg war erst seit 1900 im Bahnhofsbuchhandel tätig. Seine erste Bahnhofsbuchhandlung gründete Frömberg am 18. Juli 1900 in der Nähe von Halle. Innerhalb weniger Jahre breitete sich das Unternehmen aus und richtete Filialen im Direktionsbereich Halle ein. Vgl. Der Vertrieb Nr. 37 vom 11. September 1937, S. 389f, hier S. 389; Der Vertrieb Nr. 26 vom 29. Juni 1937, S. 298.

179 Die Zeitschrift erschien vierzehntägig und war für die Verbandsmitglieder kostenlos bzw. im Mitgliedsbeitrag in Höhe von zehn Mark enthalten. Der Bezugspreis für Nichtmitglieder betrug bei direkter Zusendung fünf Mark im Inland, fünf Mark und fünfzig Pfennig im Ausland. Die Fachzeitschrift wurde im Verlag des Vereins Deutscher Bahnhofsbuchhändler herausgegeben. Vgl. BHB Nr. 1 vom 1. August 1905, S. 1.

180 Der Bahnhofsbuchhandel. Fachzeitung für den gesamten Verkehrsbuchhandel. Leipzig: Reichsverband Deutscher Bahnhofsbuchhändler. 1 (1905)–30 (1935). Redakteur war ein Mitarbeiter der Firma

Die Zeitschrift erschien vierzehntäglich und war für Mitglieder kostenlos. *Der Bahnhofsbuchhandel* konnte aber auch gegen entsprechende Abonnementsgebühren bezogen werden. Unter der Rubrik „Aus Leben und Praxis“ wurden aktuelle Entwicklungen und wichtige Tendenzen innerhalb der Branche diskutiert. Doch bald fiel es dem Redakteur schwer, im Abstand von zwei Wochen über Neuigkeiten zu berichten, „denn der Beruf des Bahnhofsbuchhändlers ist an sich und für sich ein ruhiger, allen Emotionen abgeneigter“.[181] Die Zeitschrift bot neben dem üblichen Anzeigenteil auch eine Sparte für „Kleine Mitteilungen“, die über organisatorische und verwaltungstechnische Fragen, z.B. Postmodalitäten, Portokosten, Bahnhofsumbauten und für die Branche relevante Neuerungen im Reiseverkehr etc., informierten.[182] Eine vereinsinterne Rubrik berichtete über die Verbandsentwicklung, die Aufnahme von neuen Mitgliedern bzw. ihren Austritt. Darüber hinaus wurde regelmäßig über Buchneuerscheinungen des In- und Auslands, die für den Bahnhofsbuchhandel wichtig waren, informiert.

Mit der Herausgabe einer eigenen Fachzeitschrift emanzipierten sich die Bahnhofsbuchhändler endgültig von den Kolportage- und Reisebuchhändlern, mit denen sie vor der Jahrhundertwende noch gemeinsam in Branchen übergreifenden Fachverbänden organisiert waren und ihre Interessenpolitik in gemeinsamen Fachperiodika vertraten, u.a. im *Adreßbuch deutscher Colportage- und Eisenbahnbuchhändler nebst Colportage-Verlags-Katalog und Geschäftsanzeiger* (Berlin 1883–1884),[183] *Bolm's Börsenblatt für den Sortiments-, Colportage- und Eisenbahn-Buchhandel* (Berlin 1877–1883),[184] *Anzeiger für die Colportage-Buchhandlungen von hervorragenden Werken und Kunstsachen, von Colportage- und Eisenbahn Litteratur, Papier- und Schreibwaren* (Berlin 1884–1892)[185] oder die *Börsen-Zeitung für den Colportage- und Eisenbahnbuchhandel. Special-Organ und Anzeiger für*

Friedrich Rothbarth namens Rief. Den Druck übernahm der „Verlag der Funken“. Vgl. BHB Nr. 20 vom 1. Juni 1906, S. 240.

181 Vgl. BHB Nr. 9 vom 15. Dezember 1905, S. 127f.

182 Vgl. BHB Nr. 7 vom 15. November 1905, S. 110.

183 Das Adressbuch wurde von Emil Malzahn herausgegeben und verzeichnete sämtliche Adressen der Colportage- und Eisenbahnbuchhandlungen, Colporteure, Buchbindereien und von denjenigen Firmen, die mit dem Kolportage- und Bahnhofsbuchhandel in geschäftlicher Verbindung standen. Das Adressbuch war ein wichtiges Hilfsmittel der Branche. Vgl. Elsner: Beiträge und Dokumente, Bd. 1, S. 54f.

184 Seit 1871 gab August Bolm in Berlin das *Börsenblatt für den Deutschen Colportage-Buchhandel* heraus, das 1876 in *Bolms Börsenblatt für den Colportage- und Eisenbahnbuchhandel* umbenannt wurde. Es handelte sich vor allem um ein Offertenblatt, das in einer Auflage von 5.000 Exemplaren erschien und gratis an die Branchenmitglieder verschickt wurde. Das Blatt verzichtete auf redaktionelle Beiträge. Da dieses Organ wenig zur Organisation der Kolportage- und Bahnhofsbuchhändler beitrug, gründete Emil Malzahn 1880 ein Fachblatt unter dem Titel *Special-Fach- und Schutzblatt. Central-Organ und Anzeiger für den Colportage- und Eisenbahnbuchhandel*. Ebd. Bd. 1, S. 51–54.

185 Das Fachblatt erschien seit 1871 im Verlag W. Issleib (Gustav Schuhr) und bot geeignete Vertriebsobjekte für den Reise- und Kolportagebuchhandel wie auch für den Bahnhofsbuchhandel. Das Blatt wurde an die Unternehmen, die ihren Geschäftsverkehr über Leipzig abwickelten, gratis versandt. Diejenigen Firmen, die kein Zwischenlager in Leipzig besaßen, erhielten das Verbandsblatt mit der Post. Ebd. Bd. 1, S. 51.

den Buch- und Kunsthandel, Buchbindereien, Papier- und Schreibmaterialien-Handlungen (Berlin 1885–1888).[186]

Auf der ersten Hauptversammlung des Vereins Deutscher Bahnhofsbuchhändler am 22. Mai 1905 wurden die Bahnhofsbuchhändler Theodor Schnitzler (Düsseldorf),[187] Max Frömberg (Leipzig), Robert Steuernagel (Leipzig), Jaçques Bettenhausen (Dresden) und Bruno Neumann (Erfurt)[188] in den Vorstand gewählt. Die vordringlichste Aufgabe des Verbands war die Kooperation des Verkehrsbuchhandels in seiner Gesamtheit, d.h. unter Einschluss des Schiffs-, See-, Hotel- und Badebuchhandels, mit anderen Anbietern auf dem Reisemarkt, z.B. den Fremdenverkehrsämtern in Deutschland. Darüber hinaus diente der Verband als sachkundiger Ansprechpartner für die Eisenbahnbehörden.

Während die wirtschaftlich starken Unternehmen sich innerhalb weniger Monate im neu gegründeten Verband organisierten, konnten die mittelständischen Firmen nur zögerlich als Mitglieder gewonnen werden.[189] Einzelne Vorstandsmitglieder suchten die Verkehrsbuchhändler sogar persönlich auf und warben für eine Mitgliedschaft im Berufsverband.[190] 1915 waren erst sechzig neue Mitgliedschaften zu verzeichnen, die im Laufe der darauf folgenden Jahre aber auf ca. 120 stiegen.[191] Damit war ein Organisationsgrad von ca. siebzig Prozent erreicht. Der Vorstand beklagte vornehmlich das Desinteresse der Branchenmitglieder an einer gemeinsamen Verbandsarbeit: Viele suchten offenbar erst um eine Mitgliedschaft nach, wenn sie vor unlösbaren Schwierigkeiten mit den zuständigen Eisenbahnverwaltungen standen:

> Trotzdem der Verein Deutscher Bahnhofsbuchhändler seit nunmehr sechs Jahren die Interessen der Kollegenschaft vertritt und sich während dieser Zeit in kräftiger Entwicklung über das ganze Deutsche Reich und Österreich-Ungarn verbreitete, steht noch immer eine Anzahl Kollegen abseits, die den Entschluss nicht finden, sich gleichfalls unserer Berufsvereinigung anzuschließen. Auf was warten sie? Wollen sie erst am eigenen Leib erfahren, daß der einzelne so gut wie machtlos ist, wie er erst stark wird, wenn er sich anderen, Gleichgesinnten, zum Bunde gesellt? [...] Erst dann, wenn Not am Mann und die Bedrängnis am höchsten ist, dann wird gewöhnlich der Weg zum Verein gefunden, der nun schnellstens helfend, ratend eintreten

186 Diese Fachzeitschrift löste 1885 das *Special-Fach- und Schutzblatt* ab. Das *Börsenblatt* intendierte den besseren Zusammenschluss der Branchenmitglieder. Es erschien zwei Mal im Monat in einer Auflage von 3.500 Exemplaren, die gratis an die Unternehmen abgegeben wurden. Ebd. Bd. 1, S. 54.

187 Theodor Schnitzler galt neben Jaçques Bettenhausen und Georg Stilke als führendes Unternehmen auf dem Gebiet des Bahnhofsbuchhandels. Seine erste Bahnhofsbuchhandlung gründete Schnitzler 1894 in Essen. Innerhalb weniger Jahre betrieb Schnitzler zahlreiche Filialen im rheinisch-westfälischen Industriegebiet. Vgl. Der Vertrieb Nr. 26 vom 29. Juni 1937, S. 298.

188 Am 1. Oktober 1890 übernahmen Hugo Neumann und sein Sohn Bruno Neumann den Bahnhofsbuchhandel in Erfurt. Sie erweiterten ihren Wirkungskreis im Laufe weniger Jahre und betrieben auch Buchhandlungen in Weimar und anderen Niederlassungen im Direktionsbezirk Erfurt. Vgl. Der Vertrieb Nr. 26 vom 29. Juni 1937, S. 298.

189 BHB Nr. 18 vom 1. Mai 1906, S. 207.

190 BHB Nr. 21 vom 15. Juni 1906, S. 260.

191 Vgl. Der Vertrieb Nr. 37 vom 11. September 1937, S. 389.

> soll, da wird auf einmal daran gedacht, daß in Leipzig der Verein Deutscher Bahnhofsbuchhändler besteht, der bisher hundertmal auffordern konnte: tretet uns bei, damit ihr durch uns, wir durch euch stark werden![192]

Die ersten Verbandsaktivitäten galten der Einführung eines Einheitspreises für ausländische Zeitungen, der Entfernung von sog. „Schmutz- und Schundliteratur" aus den Regalen der Bahnhofsbuchhandlungen sowie der einvernehmlichen Kontaktpflege zu den Behörden. Außerdem war es ein Anliegen des neu gegründeten Verbands, die Pachtverträge sowie die Sonntags- und Abendöffnungszeiten in der Branche einheitlich zu regeln.[193] Zudem standen die Forderungen nach festen Verkaufsstellen innerhalb des Bahnhofsgeländes, die Reaktion des Bahnhofsbuchhandels auf die zunehmende Verbreitung von Bücherautomaten, hier vor allem durch das Unternehmen Reclam in Leipzig, sowie die ernste Konkurrenz der Bahnhofswirtschaften, die sich zunehmend im Buchhandel betätigen wollten, auf den Tagesordnungen der jährlich stattfindenden Hauptversammlungen.

So beklagte z.B. ein Verbandsmitglied 1913 die oftmals ungünstige Platzierung der Buchverkaufsstellen innerhalb des Bahnhofsgeländes. Ärgernis war für die Bahnhofsbuchhändler nicht nur die häufig verkaufsstrategisch ungünstige Standortzuweisung, sondern auch die damit verbundene Verschlechterung der Arbeitsbedingungen. Der Verein Deutscher Bahnhofsbuchhändler monierte deshalb, dass trotz steigender Pachtgebühren das Mitspracherecht ihrer Mitglieder bei der Platzierung ihrer Verkaufsstände sehr begrenzt war:

> Während die Pachten der Bahnhofsbuchhändler von Jahr zu Jahr gestiegen sind und diejenigen der Bahnhofsrestaurateure im Verhältnis zum Umsatz im allgemeinen übersteigen, hat die Frage der günstigen Platzierung der Bücherstände wenig Beachtung gefunden. Oft ist der Verkaufsstand des Bahnhofsbuchhändlers Wind und Wetter ausgesetzt, so daß die Gesundheit der Verkäufer ernstlich gefährdet erscheint, und auch dem reisenden Publikum die Gelegenheit, Reiselektüre zu erwerben, nicht gerade bequem und angenehm gemacht werden kann.[194]

Der Verband versuchte, stets auf zwei Ebenen zu argumentieren. So wurde neben den Interessen der Bahnhofsbuchhändler regelmäßig darauf verwiesen, dass eine Verbesserung der Verkaufsbedingungen gleichzeitig eine Optimierung der Literaturversorgung für die Reisenden darstellte. War mit den geforderten Neuerungen eine Verbesserung des Kundenservices verbunden, standen die Bahnverwaltungen der Kritik des *Vereins Deutscher Bahnhofsbuchhändler* wesentlich offener gegenüber. Grundsätzlich forderte der Verband die Berücksichtigung des Bahnhofsbuchhandels bei der Bauplanung von Bahnhöfen. Die primär ambulanten Verkaufsstellen, z.B. durch Bücherwagen an den Bahngleisen, sollten durch feste Standorte, bestenfalls durch begehbare Räumlichkeiten, ersetzt werden. Der

---

192 Hack: Marginalien, Nachrichten und Dokumente, S. 5f.
193 BHB Nr. 1 vom 1. August 1905, S. 2.
194 Zit. n. Hack: Marginalien, Nachrichten und Dokumente, S. 1.

Bahnhofsbuchhandel bedurfte neben dem eigentlichen Verkaufsstand besonderer Räume, in denen er z.B. Remittenden usw. lagern konnte.

Der Verband forderte daher vor dem Hintergrund der sich stets erhöhenden Pachtgebühren von den Bahnverwaltungen mehr Dienstleistungen. Die Mehrkosten, die den Bahnverwaltungen durch die Einrichtung fester Verkaufsstellen entständen, würden durch die damit verbundenen Mehreinnahmen im Bahnhofsbuchhandel kompensiert. Die Verkaufsstellen – so die weitergehenden Forderungen des Verbands – müssten außerdem beheizbar sein und über eine bessere Beleuchtung verfügen.

Schon vor der Verbandsgründung konnten die Bahnhofsbuchhändler einzelne Anliegen durchsetzen. Durch das Engagement des Vereins Deutscher Bahnhofsbuchhändler gelang es, individuelle Regelungen zwischen Bahnhofsbuchhändler und Bahnverwaltung zu generalisieren. So waren in den 1880er und 1890er Jahren die Bahnhofsbuchhändler verpflichtet, die Aufwendungen für Renovierungs- und Instandhaltungsarbeiten sowie Heizungskosten für ihre Verkaufsstände selbst zu tragen; seit 1895 erklärten sich die Eisenbahnverwaltungen aber immerhin bereit, die laufenden Kosten für die inzwischen an den Bahnhöfen installierten Beleuchtungsanlagen zu übernehmen.[195]

Diese Kostenübernahme war allerdings weniger eine generöse Gestik der Bahnverwaltung; das Entgegenkommen der Eisenbahngesellschaften resultierte vielmehr daraus, dass die seit den 1870er Jahren zur Beleuchtung von Bahnhöfen wie auch Fabriken oder Kaufhäusern bewährten Bogenlampen zwar als eine der modernsten künstlichen Lichtquellen galten, sich aber wegen ihrer extremen Helligkeit, die nicht stufenweise reguliert werden konnte, nicht als Einzelbeleuchtung für kleinere Verkaufsräumlichkeiten eigneten. Die Bahnhofsbuchhändler partizipierten deshalb am gesamten Beleuchtungssystem der Bahnhofsanlage. Erst mit der Erfindung von Glühlampen 1879 und dem Drehschalter zur individuellen Lichtregulation in geschlossenen Räumlichkeiten in den achtziger Jahren fand in den Großstädten die Elektrifizierung von Ladengeschäften und Einkaufspassagen ihre praktische Umsetzung.[196] 1912 gaben die Bahnverwaltungen schließlich – auf Druck des Vereins der Deutschen Bahnhofsbuchhändler – eine Verordnung heraus, die den Umfang der künstlichen Beleuchtung an den Bahnsteigen, auf den Bahnhofsvorplätzen, in den Ankunfts- und Abfahrtsvestibülen, Wartesälen, Verkehrsbüros und Restaurants grundsätzlich regelte.[197] Die Einzelberechnung des Stromverbrauchs der Bahnhofsbuchhändler wurde erst in den 1920er Jahren eingeführt.[198]

1915 war der *Verein Deutscher Bahnhofsbuchhändler* gezwungen, auf die zunehmende Konkurrenz der Bahnhofswirtschaften zu reagieren. Der *Verband der Deutschen Bahnhofswirte* artikulierte auf seiner Jahresversammlung im Frühjahr 1913 die Forderung, auf den Bahnhöfen, die über keinen eigenen Bahnhofsbuchhändler verfügten, Literatur verkaufen zu dürfen. Die Bahnhofsbuchhändler wehrten sich massiv gegen den Versuch der

195 Vgl. Hack/Vaternahm: Vaternahm, S. 30f.
196 Vgl. Schivelbusch: Lichtblicke, S. 54ff.
197 Bahnhofsbeleuchtung. In: Enzyklopädie des Eisenbahnwesens, Bd. 1, S. 404f.
198 Schmitt: Unsere Firmengeschichte, S. 118f.

Bahnhofswirte, in ihr Terrain einzudringen. Sie argumentieren, dass das Netz der Bahnhofsbuchhandlungen in Deutschland so dicht sei, dass der Verkauf von Literatur auf den wenigen Bahnstationen, die noch ohne reguläre Bahnhofsbuchhandlungen waren, unnötig sei. Offenbar konnten sich die Bahnhofsbuchhändler in dieser Frage durchsetzen; in den anschließenden Jahren gab es zumindest keine Beschwerden mehr.

Der Verband setzte sich also für die Interessen der Bahnhofsbuchhändler gegenüber den Bahnverwaltungen und Regierungen ein. Er engagierte sich für die alltäglichen Probleme in der Branche. Eine wirkliche Profilierung gelang der Interessenvertretung allerdings erst bei der Lösung von gravierenden Problemen des neuen Geschäftszweiges, wichtige Impulse für die Verbandsarbeit lieferten die regional differierenden Ausschreibungsverfahren und Pachtverträge sowie die disparaten Zensurregelungen.

5.4.1 Streitpunkt: Ausschreibungspraxis der Bahnverwaltungen

Ein drängendes Problem der Branche blieb seit 1900 die Ausschreibungspraxis der Bahnverwaltungen in Deutschland. Die Eisenbahnverwaltungen vergaben ihre Bahnhöfe bevorzugt an renommierte Großunternehmen, die besonders hohe Pachtsummen zu bezahlen bereit und in der Lage waren. Bei der Vergabe von Standorten wurden deshalb häufig diese kapitalkräftigen Unternehmen berücksichtigt, die aber gemeinhin nicht von ausgebildeten Buchhändler geführt wurden, ja kaum über Erfahrungen in dieser Branche verfügten.[199]

Eine Zusammenarbeit mit Filialunternehmen gestaltete sich für die Eisenbahngesellschaften auch in verwaltungstechnischer Hinsicht einfacher. Seit 1904 arbeiteten z.B. die Schweizer Bahnen nur noch mit zwei Handelsgesellschaften zusammen, in denen sich mehrere Bahnhofsbuchhändler organisierten, und im selben Jahr entschieden sich die österreichischen Staatsbahnen zur kompletten Neuausschreibung ihrer Bahnhofsbuchhandlungen ab dem 1. Januar 1905.[200] Die k.u.k. Staatsbahndirektion informierte die buchhändlerischen Standesvertretungen über dieses Vorhaben, u.a. den *Verein der österreichisch-ungarischen Buchhändler* und die *Kooperation der Wiener Buch-, Kunst- und Musikalienhändler* und formulierte klare Bewerbungsbedingungen.[201] Während es sich die Staatsbahndirektion vorbehielt, Bewerbungen abzulehnen, standen die Bahnhofsbuchhandlungen nach Eingang ihrer Bewerbung noch zwei Monate lang im Wort.[202] Im Januar 1905 übernahm die Buchhandlung Karl Schmelzer in Wien den gesamten Bahnhofsbuchhandel und Zeitungsverkauf einschließlich der Nebengeschäfte in den Bahnhöfen sowie der Wiener Stadt-

199 BHB Nr. 7 vom 15. November 1905, S. 109.

200 Bbl. Nr. 217 vom 17. September 1904, S. 7786f.

201 Ebd., S. 7786. Bereits im Vorfeld wurde eine mögliche Kollision der Interessen zwischen dem Bahnhofsbuchhandel und dem Automatenverkauf, der in Österreich durch die Automatenfirma Stollwerck & Co. unterhalten wurde, vermieden. Dem Unternehmen Stollwerck & Co. wurde der Verkauf von Büchern, Zeitungen, Zeitschriften, Bildern, Fotografien und von Tendenzliteratur religiöser wie auch politischer Natur generell untersagt.

202 Zur Ausschreibung standen die Bahnhöfe Pilsen (Hauptbahnhof und Haltestelle), Budweis, Marienbad, Karlsbad (Zentralbahnhof), Saaz (Haltestelle), Petschau, Klattau, Horadowitz, Babin, Strakonitz, Protivin und Eisenstein. Außerdem wurde der gesamte Bahnhofsbuchhandel für Wien ausgeschrieben. Vgl. Bbl. Nr. 242 vom 17. Oktober 1904, S. 8915 sowie Bbl. Nr. 264 vom 12. November 1904, S. 10023.

bahnen.[203] Dem Unternehmen gelang es, sich damit eine wichtige Monopolstellung im österreichischen Verkehrsbuchhandel zu sichern.

Ein wesentlicher Grund für die Kündigung laufender Verträge – davor konnten sich die Bahnhofsbuchhändler nicht wirksam schützen, weil ihre Pachtverträge gewöhnlich befristet waren – bestand in der Möglichkeit der Eisenbahngesellschaften, über die Neuausschreibung höhere Pachtsummen zu verlangen. Auch in Deutschland dachten diverse Eisenbahngesellschaften über eine komplette Neuausschreibung nach. In Hannover kündigte die Eisenbahngesellschaft bereits 1903 alle noch laufenden Pachtverträge und plante, sämtliche Bahnhöfe an den meistbietenden Berliner Buchhändler Georg Stilke zu vergeben, ein Verfahren, das bei den regionalen Bahnhofsbuchhändlern auf heftigen Widerstand stieß. Auch in Mecklenburg löste die Eisenbahnverwaltung im Frühjahr 1906 alle Pachtverträge mit ihren Verkehrsbuchhändlern und vergab die frei gewordene Konzession an die Schweriner Hofbuchhandlung Stiller.

Die Eisenbahnverwaltungen erkannten viel versprechende Vorteile, wenn sie die Konzession an ein wirtschaftlich starkes Unternehmen erteilte, und rechnete mit einer Steigerung der Leistungsfähigkeit des Bahnhofsbuchhandels.[204] Kleinere Bahnhofsbuchhandlungen wie auch Sortimentsbuchhandlungen wandten ein, dass eine Monopolbildung nicht zwingend zur Verbesserung der Literaturversorgung beitragen würde. Sie verwiesen auf die sozial differente Schichtung des Reisepublikums und machten den Umfang des literarischen Services von der Art des Bahnhofs abhängig. Ein lokaler Kleinbahnhof habe andere Leserbedürfnisse zu befriedigen als ein internationaler oder ein stark von Touristen frequentierter Bahnhof. Ein Einzelunternehmen könne also besser auf die individuellen Lektürepräferenzen reagieren als ein großes Filialunternehmen:

> Daß diesen verschiedenen Bedürfnissen von einer Centralstelle besser genügt werden solle als bisher, ist gar nicht anzunehmen; es wird das vielmehr jetzt, wo der Verkäufer mit den Verkehrsverhältnissen seines Ortes genau vertraut ist, weit besser geschehen können. Hierzu kommt noch, daß bei der bisherigen Einrichtung der Inhaber der Verkaufsstelle, wenn er nicht selbst der Verkäufer ist, sich von ihrem Betriebe täglich selbst überzeugt, während bei Vereinigung in einer Hand ein an der Sache weit weniger interessierter Angestellter die Verkaufsstelle besorgt. Es ist gar keine Frage, daß im ersteren Falle mehr Mühe aufgewendet werden wird, allen Anforderungen und Wünschen des kaufenden Publikums gerecht zu werden als im letzteren.[205]

Des Weiteren argumentierten vor allem die örtlichen Sortimentsbuchhändler, die den Bahnhofsbuchhandel gleichzeitig betrieben, dass ihnen ein wirtschaftlich wichtiges zweites Standbein genommen würde. So appellierten etwa Hannoveraner Sortimenter an die Königliche Eisenbahnverwaltung und forderten mehr Schutz für ihre mittelständischen Be-

---

203 Bbl. Nr. 2 vom 3. Januar 1905, S. 67.
204 Vgl. Bbl. Nr. 194 vom 22. August 1902, S. 6589.
205 Ebd.

triebe. Die Eingabe war erfolgreich, denn bereits vier Wochen später wurden die Kündigungen zurückgezogen.[206]

Als 1904 die Bahnverwaltung in Halle die Neubesetzung einer Bahnhofsbuchhandlung ausschrieb, kritisierten die Leipziger Bahnhofsbuchhändler Max Frömberg und August Vaternahm aus Nordhessen erstmals öffentlich das bahninterne Ausschreibungssystem, das zunehmend auch Berufsfremden den Brancheneintritt ermöglichte, die zwar als kapitalstarke Unternehmen enorm hohe Pachtsummen boten, aber – so die Ansicht der etablierten und gelernten Bahnhofsbuchhändler – häufig unseriöse Geschäftspraktiken einführten, die dem Ansehen des gesamten Bahnhofsbuchhandels schadeten.[207] Die Eisenbahngesellschaften leisteten diesem Konzentrationsprozess des Bahnhofsbuchhandels Vorschub, indem sie kapitalkräftigen Filialunternehmen und Aktiengesellschaften, die in der Lage waren, bereits bestehende Unternehmen aufzukaufen, als Meistbietenden die Konzessionen erteilten und den örtlichen Bahnhofsbuchhandel in Ausschreibungsverfahren immer häufiger ausgrenzten. Die Buchhändler kritisierten die Ausschreibungsmodalitäten und warfen den Eisenbahngesellschaften bloße Gewinnsucht vor:

> Ohne Rücksicht auf die geschäftliche Qualifikation des Bietenden berücksichtigten unsere Behörden vielfach das höchste Pachtgebot. Es ist dies eine Erscheinung, die nahezu bei jeder Ausschreibung beobachtet werden kann: mag es sich um die Verpachtung eines Vergnügungsetablissements, eines Friseurgeschäfts oder, was uns im Rahmen dieses Artikels besonders interessiert, einer Bade- oder Bahnhofsbuchhandlung handeln: immer wird seitens der die Submission ausschreibenden Behörden der Versuch gemacht, eine möglichst hohe Pachtsumme aus dem betr. Objekt herauszuschlagen, ganz gleichgültig, ob der zu entrichtende Pachtpreis auch im Verhältnis zu dem aus dem Betrieb zu erzielenden Gewinn steht.[208]

Die Buchhändler monierten außerdem die häufig sehr kurzfristige Ausschreibung von Objekten. Hier handelte es sich gewöhnlich nur um eine reine Formalität, denn die Vergabe war bereits vor der offiziellen Ausschreibung informell geregelt worden. Die Praxis der Eisenbahngesellschaften, die Bahnstationen nur an die Meistbietenden zu vergeben, bedingte eine eklatante Erhöhung der Pachtsummen, die von kleineren Unternehmen nicht mehr aufgebracht werden konnten.

Doch nicht nur die eigennützige Ausschreibungspraxis der Eisenbahngesellschaften rief den Unmut gerade von mittelständischen Unternehmen hervor. Ein andauernder Streitpunkt mit den Bahngesellschaften war die oftmals willkürliche Gestaltung der Pachtverträge, die den Eisenbahngesellschaften weit reichende Kontrollmöglichkeiten über das Leseangebot ihrer Bahnhofsbuchhändler einräumten.

---

206 Bbl. Nr. 226 vom 29. September 1902, S. 7740.
207 Vgl. Bbl. Nr. 299 vom 1. Oktober 1904, S. 8324.
208 Allgemeine Buchhändlerzeitung Nr. 50 vom 15. Dezember 1910, S. 710.

5.4.2 Streitpunkt: Pachtverträge

Während in der Frühphase des Bahnhofsbuchhandels die Eisenbahnverwaltungen an einer produktiven Zusammenarbeit mit den örtlichen Buchhändlern in einem Maße interessiert waren, dass sie den Buchhandelsfirmen, die eine literarische Versorgung der Reisenden entlang der Eisenbahnverbindungen sicherstellten, eine alljährliche Aufwandsentschädigung zugestanden – so erhielt z.B. der Hannoveraner Buchhändler Theodor Schultze 1864 für diese Dienstleistung noch jährlich 100 Taler[209] –, galt das Geschäft mit Reiseliteralien spätestens seit Anfang der achtziger Jahre bereits als so lukrativ, dass die Eisenbahngesellschaften sich in der Lage befanden, ihre Standorte zu verpachten und aus einer genügend großen Anzahl von Bewerbungen die Konzession an den meistbietenden Interessenten zu vergeben.

Die Pachtverträge des 19. Jahrhunderts waren von einer starken Einflussnahme der Eisenbahnverwaltungen auf die äußere Ausstattung der Buchverkaufsstände sowie auf die inhaltliche Zusammensetzung des Literaturangebots geprägt.[210] Das Mitspracherecht der Eisenbahnverwaltungen erstreckte sich bis auf Verhaltensregeln für das Personal, so waren z.B. die Mitarbeiter der Bahnhofsbuchhandlung August Vaternahm in Bebra angehalten, „in angemessener Kleidung zu erscheinen, sich aller Aufdringlichkeit zu enthalten, in jeder Beziehung sich anständig zu betragen und den Anordnungen des Stationsvorstehers in Bebra unbedingt Folge zu leisten“.[211]

Während an die Seriosität und Liquidität der Bahnhofsbuchhandlungen hohe Anforderungen gestellt wurden, stand es diesen allerdings frei, auch ungelernte Ladendiener einzustellen, deren Gehalt entsprechend niedriger war. Die Bewerber mussten sich aber nicht nur bei der jeweiligen Bahnhofsbuchhandlung vorstellen, sondern hatten sich auch bei der zuständigen Polizeibehörde zu melden. 1881 erbat sich ein Tagelöhner bei der Polizeidirektion in Straßburg die Genehmigung zum Verkauf von Reiselektüre am Straßburger Bahnhof im Auftrag der Bahnhofsbuchhandlung Carl Schmitt. Ein wichtiges Einstellungskriterium erfüllte er, nämlich seine Invalidität – bei einem Unfall hatte er ein Bein verloren. Als Qualifikation gab er gute Deutsch- und Französischkenntnisse an, die offenbar die mangelnde Schreibfähigkeit kompensierten. Er erhielt die entsprechende Arbeitsgenehmigung problemlos unter der Voraussetzung, dass er seinen Geschäften „in reinlicher Kleidung ohne jede Belästigung des reisenden Publikums“[212] nachgehen würde.

Im Kontext des 1878 erlassenen Sozialistengesetzes sowie der „Schmutz- und Schunddebatte“ behielten sich die Eisenbahnverwaltungen ein weit reichendes Kontroll- und Zensurrecht vor, wobei die für gewöhnlich nur auf ein Jahr befristeten Pachtverträge den Eisenbahngesellschaften das notwendige Instrument in die Hand gaben, Vertragspartner, die

209 [Anonym]: Pachtverträge aus historischer Sicht, S. 34.

210 Ebd. S. 34ff.

211 Pachtvertrag zwischen der Königlichen Eisenbahn-Direction zu Frankfurt a. M. und der Bahnhofsbuchhandlung August Vaternahm vom 5. Dezember 1876. Paragraf 5. Hier zit. n. Hack: Marginalien, Nachrichten und Dokumente, S. 3.

212 Vgl. Schmitt/Hahn: Unsere Firmengeschichte, S. 168.

gegen die teilweise rigorosen Auflagen verstießen, zu kündigen. Der Bahnhofsbuchhändler musste sich ein Mitspracherecht bei der inhaltlichen Gestaltung des Sortiments gefallen lassen; so wurden z.B. die Bahnhofsbuchhändler aufgefordert, auch Ansichtspostkarten, Briefmarken und Schreibmaterialien zu führen.[213] Grundsätzlich lag es aber im Interesse der Eisenbahngesellschaften wie auch der Bahnhofsbuchhändler, einen reibungslosen und gut organisierten Literaturverkauf an den Bahnhöfen zu betreiben, wobei die Bahnverwaltungen an einem florierenden Buchhandel allein aus rein wirtschaftlichen Gründen interessiert waren.

In der Anfangsphase des Bahnhofsbuchhandels wurden regional gänzlich unterschiedliche Vereinbarungen vor allem in Bezug auf die jährliche Pachtsumme getroffen. Während das Heidelberger Unternehmen Carl Schmitt der badischen Eisenbahngesellschaft eine Pacht in Höhe von fünfzig Gulden bezahlte,[214] verlangte die Königliche Eisenbahn-Direction Frankfurt/M. von ihrem Bahnhofsbuchhändler Vaternahm neben einer Jahrespacht in Höhe von 96 Mark auch noch eine Kaution von 150 Mark.[215] Dem Lindauer Buchhändler Thomas Stettner erlaubte die Eisenbahngesellschaft auf ihrem 1864 in Betrieb genommenen Bahnhof den Handel mit Reiselektüre gegen eine jährliche Pachtsumme von fünfzig Talern.[216]

Die Höhe der Pachtgebühren war deshalb zentraler Streitpunkt zwischen den Bahnhofsbuchhandlungen und Bahnverwaltungen. Die von den Eisenbahngesellschaften festgelegten Pachtsummen standen zudem häufig in keinem Verhältnis zum Jahresumsatz des Buchhändlers. Stellten die Gesellschaften eine Vermehrung des Reiseaufkommens an ihren Bahnhöfen fest, so erhöhten sie automatisch die Pachtsummen für ihre Buchhändler. Die Abkoppelung der Pachtgebühren von der Kundenfrequenz an den Bahnhöfen und die Einführung von dynamischen, d.h. umsatzabhängigen Pachtgebühren, gelang dem Verein Deutscher Bahnhofsbuchhändler erst nach dem Ende des Ersten Weltkriegs, als die allgemeine Wirtschaftskrise und die Inflationsjahre auch den Bahnhofsbuchhandel massiv in seiner Existenz bedrohten.

Der erneute Vorstoß des preußischen Abgeordneten Brütt im Jahr 1908, die Pachtverträge der Bahnhofsbuchhändler auf drei Jahre zu befristen und die Standorte nur noch an die Meistbietenden zu vergeben, stellte für den neu gegründeten Verband eine erste Chance dar, sich als Interessenvertretung zu profilieren, zumal das Abgeordnetenhaus dieser Vorlage zustimmte. Die Aktion Brütts richtete sich vornehmlich gegen das Berliner Unternehmen Stilke, dem Brütt den Verkauf von sog. „Schmutz- und Schundliteratur" vorwarf. Daraufhin berief der Verein Deutscher Bahnhofsbuchhändler eine außerordentliche Versammlung ein und wehrte sich vehement gegen die Verschärfung der Pachtbedingungen:

213 [Anonym]: Pachtverträge aus historischer Sicht, S. 38.
214 Schmitt: Unsere Firmengeschichte, S. 48ff.
215 Hack/Vaternahm: Vaternahm, S. 16.
216 Dumke: Eisenbahn und Buchhandel. In: Der neue Vertrieb, 7. Jg., Nr. 148, 1955, S. 350.

> Das reine Ausbeutungssystem würde Platz greifen! Der Bahnhofsbuchhandel trage der heutigen Zeit vollkommen Rechnung; außerordentlich große Anforderungen würden an ihn gestellt, er suche dem reisenden Publikum in jeder Beziehung gerecht zu werden. Die Lage des Bahnhofsbuchhandels ist keineswegs eine derartig rosige, daß ein Anziehen der Pachtschraube geboten erscheine. Es liege nicht der geringste Anlaß vor, um den Bahnhofsbuchhandel, der sich nichts habe zu schulden kommen lassen und seiner Aufgabe durchaus gewachsen sei, durch Anwendung eines Gewaltmittels zu schädigen.[217]

Während sich das *Börsenblatt* in dieser Auseinandersetzung mit einer eigenen Kommentierung zurückhielt, bekam die Branche massive Unterstützung von anderen Medien. Die rückhaltlose Solidarität der Presse mit dem Bahnhofsbuchhandel resultierte auch daraus, dass Presseartikel beinahe ausschließlich, sieht man vom Kioskhandel ab, über diesen Vertriebsweg abgesetzt wurden. Die Zeitschrift *Tag* warf der Regierung in dieser Sachfrage Inkompetenz vor und prophezeite dem Abgeordnetenhaus den massenhaften Verkauf von gängiger und preiswerter, damit in den Augen Brütts „minderwertiger" Unterhaltungsliteratur im Bahnhofsbuchhandel, sollte die Branche um ein Weiteres eingeschränkt werden.[218] Je drückender die Pachtsituation würde, umso weniger wären die Bahnhofsbuchhändler in der Lage, in ihre Unternehmen zu investieren und ein vielfältiges und qualitativ gehobenes Literaturprogramm anzubieten. Während die Bahnhofsbuchhändler bislang auch schlecht gängige, aber qualitativ wertvolle Artikel führten, u.a. eine breite Palette an in- und ausländischen Zeitungen und Zeitschriften, könnten sie sich dieses Geschäftsgebaren bei der Verschlechterung ihrer Pachtsituation nicht mehr leisten. Brütt wurde vorgeworfen, die volksbildnerischen Ambitionen des Bahnhofsbuchhandels zu verkennen und dem finanziellen Aspekt ein Übergewicht zuzumessen. Bemerkenswert ist, dass die Presse wie auch die Bahnhofsbuchhändler immer wieder davor warnten, die Branche in ihre Gründungsphase zurückzuwerfen, „wo die Bahnhöfe den beschämenden, uns vor dem Ausland kompromittierenden Anblick darboten, daß sie die Verkaufsbörsen für die jämmerlichste Kolportage- und Anekdotenware abgaben".[219] Bereits die Bahnhofsbuchhändler der siebziger und achtziger Jahre distanzierten sich explizit vom bloßen Kolportagehandel und erhoben den Anspruch, ein seriöses und vielfältiges Buch- und Zeitschriftenprogramm zu führen.

Trotz der mehrheitlichen Zustimmung für Brütts Vorschlag im Abgeordnetenhaus in Berlin blieben dessen Vorstöße – möglicherweise wegen des massiven Protestes der literarischen Öffentlichkeit – ohne Folgen. Die Bahnverwaltungen solidarisierten sich vielmehr mit den Bahnhofsbuchhändlern. Immerhin verdiente die preußische Bahnverwaltung am Bahnhofsbuchhandel in den Jahren 1901 113.000 Mark, 1905 193.000 Mark und 1906

---

217 Bbl. Nr. 109 vom 12. Mai 1908, S. 5303.
218 Vgl. Hack: Marginalien, Nachrichten und Dokumente, S. 7.
219 Zit. n. ebd. S. 9.

278.000 Mark. Den größten Anteil an den jährlichen Pachteinnahmen steuerte das Berliner Unternehmen Stilke bei.[220]

Im Januar 1909 erließ der Minister für öffentliche Arbeiten neue Bestimmungen für den Bahnhofsbuchhandel. So wurde etwa festgelegt, dass zu vergebende Bahnhofsbuchhandlungen fortan öffentlich ausgeschrieben werden mussten. Das Pachtverhältnis war zunächst auf ein Jahr befristet und konnte dann halbjährlich gekündigt werden. Insofern wurde die Idee einer grundsätzlichen Befristung, wie sie der Abgeordnete Brütt forderte, obsolet. Die Pächter waren angehalten, ihre Geschäftsbücher professionell und transparent zu führen. Bahnhofsbuchhandlungen mit einem Rohüberschuss von 10.000 M. wurden alle drei Jahre, die übrigen alle fünf Jahre auf ihren Gewinn geprüft. Die Bahnhofsbuchhändler waren gezwungen, ihre Bücher offen zu legen. Die Pachtsumme konnte also nach der Neuregelung alle drei bis fünf Jahre an den Jahresumsatz der Buchhandlung angeglichen werden. Der Vertrag wurde gekündigt, war der Bahnhofsbuchhändler mit der Erhöhung nicht einverstanden.

Beim Angebot von Presseartikeln sicherten sich die Eisenbahndirektionen ein weit reichendes Mitspracherecht.[221] Generell zielten die Eisenbahngesellschaften auf höhere Einnahmen aus dem Bahnhofsbuchhandel. Die preußischen Staatsbahnen hielten sich mit einer weiteren Verschärfung der Pachtbedingungen zurück, um im Bahnhofsbuchhandel keine Unruhe entstehen zu lassen. Die Förderung von Monopolbildungen wurde nicht mehr favorisiert und im Jahr 1909 verwalteten im Bereich der preußischen Staatseisenbahn 115 verschiedene Pächter die 389 bestehenden Bahnhofsbuchhandlungen.

Das Problem der regional unterschiedlichen Pachtverträge – teilweise verhandelten Bahnhofsbuchhändler je nach Wirkungsraum mit fünf oder mehr verschiedenen Eisenbahngesellschaften gleichzeitig[222] – konnte allerdings erst in den 1920er Jahren mit der Gründung der Deutschen Reichsbahn und der Einführung von „Allgemeinen Bedingungen für die Zulassung der Bahnhofsbuchhandlungen“ gelöst werden. Ein wichtiger Schritt in diesem Kontext war die Einführung eines dynamischen, dem Jahresumsatz angepassten Pachtzinses, der die häufig willkürlichen Festschreibungen von fixen Pachtsummen ablöste.

Nach der Jahrhundertwende, als sich der Bahnhofsbuchhandel endgültig als eigenständige Teilbranche des verbreitenden Buchhandels etabliert hatte, wurden die Auseinandersetzungen mit dem herkömmlichen Sortimentsbuchhandel, der die Ausbreitung des prosperierenden Geschäftszweigs mit Argwohn beobachtete, immer drängender. Der Verein der Deutschen Bahnhofsbuchhändler, der nunmehr auch die Interessen seiner Mitglieder gegenüber den konkurrierenden Teilbranchen zu vertreten hatte, stand deshalb vor neuen Herausforderungen. Neben den geschilderten brancheninternen Problemen galt es jetzt auch zunehmend, die Sonderrolle des Bahnhofsbuchhandels als Nebenbetrieb der deutschen Bahnen zu verteidigen. Vor allem der besondere Status des Bahnhofsbuchhandels im Gewerberecht, der den Bahnhofsbuchhändlern u.a. erweiterte Ladenöffnungszeiten ein-

220 Ebd. S. 8.
221 Bbl. Nr. 23 vom 29. Januar 1909, S. 1256.
222 Vgl. die Liste in Schmitt/Hahn: Unsere Firmengeschichte, S. 210.

räumte, war dem Sortimentsbuchhandel ein Dorn im Auge. Die dezidierte Abgrenzung des Bahnhofsbuchhandels von den herkömmlichen Vertriebssystemen im frühen 20. Jahrhundert fand vor dem Hintergrund eines Professionalisierungsschubes statt, der im Kontext der fortschreitenden Industrialisierung und Modernisierung der Gesellschaft wie auch des Wirtschaftslebens zur allmählichen Auflösung des traditionellen Berufsbildes des Sortimentsbuchhändlers führte. Deshalb erlebten die Sortimentsbuchhändler die neue Konkurrenz als ernste Bedrohung ihres gesamten Berufsstandes.

5.5 Das Verhältnis zwischen Bahnhofs- und Sortimentsbuchhandel

Der Gesamtbuchhandel unterlag um 1900 einer fortschreitenden Differenzierung und Spezialisierung.[223] Es entstanden neue Vertriebssysteme für Literatur, so z.B. der Kolportagebuchhandel und der Warenhausbuchhandel und nicht zuletzt der Bahnhofsbuchhandel, die sich jetzt explizit vom herkömmlichen Buchhandel abgrenzten. Auch der Sortimentsbuchhandel grenzte sich gegenüber dem Verlag und den konkurrierenden Sparten des verbreitenden Buchhandels ab; er etablierte sich als gleichberechtigter Berufsstand mit einem spezifischen Berufsbild und Aufgabenkatalog innerhalb des buchhändlerischen Systems; diese Entwicklung wurde von massiven Reform- wie auch von inneren und äußeren Konsolidierungsprozessen flankiert. Merkmale dieses Professionalisierungs- und Konsolidierungsprozesses waren die Herausbildung einer eigenen Interessenvertretung, deren Aufgabe in der Abgrenzung gegenüber konkurrierenden Branchen und Formalisierung des buchhändlerischen Verkehrs bestand, sowie die Entstehung eines einheitlichen Berufsbildes, das eine langjährige Ausbildung voraussetzte, die durch eine spezielle Prüfung abgeschlossen wurde.[224] Darüber hinaus artikulierten die Branchen ein eigenes Berufsethos und einen branchenspezifischen Verhaltenskodex. Die buchhändlerischen Berufsverbände unterwarfen ihre Mitglieder dadurch einer brancheninternen Selbstkontrolle: Sie entwickelten Normen für die Ausübung des Berufs und ahndeten Verstöße gegen den Berufskodex. So drohte z.B. Bahnhofs- und Verkehrsbuchhändlern, die bevorzugt „Schmutz- und Schundliteratur" vertrieben, der Ausschluss aus der Berufsorganisation.[225] Von Bedeutung war außerdem die richtige Positionierung auf dem Markt; insofern waren der Besitz eines Marktmonopols sowie eine weit reichende Autonomie gegenüber fremden Einflussnahmen konstituierende Faktoren des Professionalisierungsprozesses.

Die neu entstandenen Sparten des verbreitenden Buchhandels erlebte der herkömmliche Sortimentsbuchhandel einerseits als ökonomische Bedrohung, z.B. durch Abwerbung von Käuferschichten; andererseits fürchteten die Sortimentsbuchhändler wegen der zwar innovativen, aber auch als skrupellos und unseriös erlebten Absatz- und Vertriebskonzepte um ihren Ruf als wirkungsmächtige Kulturvermittler. Das Berufsethos des Sortimentsbuchhan-

223 Vgl. Grünert: Die Professionalisierung des Buchhandels, S. 276.
224 Ebd. S. 271f; vgl. auch Rüschemeyer: Professions, S. 250ff.
225 Rüschemeyer: Professions, S. 311ff.

dels akzeptierte den kaufmännischen Aspekt des Gewinnstrebens durchaus als Notwendigkeit des buchhändlerischen Berufs; doch Spekulation und Profitdenken hatten ihre Grenzen, z.B. distanzierten sich die Sortimentsbuchhändler von der Praxis der Schleuderei.[226]

Konfliktträchtige Themen zwischen Sortiment und den neuen Teilbranchen des verbreitenden Buchhandels waren die Einhaltung des Ladenpreises, die Gewährung von Sonderrabatten durch die Verlage sowie ihre offensichtliche Begünstigung hinsichtlich der Bestell- und Lieferungsmodalitäten sowie ihre partielle Befreiung von den Regelungen des Gewerberechts. Die von den Literaturproduzenten gewährten Erleichterungen für den Kolportage-, Warenhaus- wie auch Bahnhofsbuchhandel verstärkten in den ersten Jahrzehnten des 20. Jahrhunderts die Konfrontation zwischen dem Sortiment und den neuen Buchhandelssparten. Aber auch die Qualität der vertriebenen Leseware war Gegenstand der Auseinandersetzung. Der Sortimentsbuchhandel machte massiv Front gegen die „Schundliteratur", deren Absatz vorwiegend über die alternativen Vertriebssysteme stattfand. Das Sortiment verstand den Kampf gegen „minderwertige" Literatur als Verteidigung ihres Berufskodex.[227]

Da in der Gründungsphase des Bahnhofsbuchhandels noch häufig Sortimentsbuchhändler ergänzend zu ihrem Stadtgeschäft die Literaturversorgung an den örtlichen Bahnhöfen gewährleisteten, verschärfte sich die Konkurrenz zwischen Sortiment und Bahnhofsbuchhandel allerdings erst nach der Jahrhundertwende mit der zunehmenden Profilierung und Professionalisierung der neuen Branche – hier im Gegensatz zum Warenhausbuchhandel, der schon in den 1870er/1880er Jahren vom Sortiment boykottiert worden war.

Ein unlösbarer Konflikt zwischen den beiden Teilbranchen lag in den Ladenöffnungszeiten, die für die Bahnhofsbuchhändler zu Beginn des 20. Jahrhunderts wegen des vermehrten Verkehrs- und Reiseaufkommens zunehmend liberalisiert wurden. Wegen seiner gewerberechtlichen Sonderstellung genoss der Bahnhofsbuchhandel das Vorrecht, die Öffnungszeiten seiner Verkaufsstände den besonderen Bedürfnissen der Reisenden anzugleichen. Es lag auch im Interesse der Bahnverwaltungen, dass Reisende, die spät am Abend oder an Sonn- und Feiertagen an- und abreisten, einen adäquaten und gegenüber Werktagen nur wenig reduzierten Service vorfanden. Da der Betrieb von Bahnhofsgaststätten, Kiosken und Bahnhofsbuchhandlungen als Nebenbetrieb der Eisenbahngesellschaften nur beschränkt den Vorschriften der Gewerbeordnungen unterlag, setzten diese bei den Verkehrsministerien erweiterte Öffnungszeiten durch.[228] Die Liberalisierung der Verkaufszeiten stieß aber auf die heftige Kritik des Sortimentsbuchhandels, der sich auch in diesem Punkt benachteiligt fühlte.

---

226 Vgl. Grünert: Die Professionalisierung des Buchhandels, S. 274.

227 Ebd. S. 280f.

228 Bbl. Nr. 13 vom 17. Januar 1900, S. 453; Bbl. Nr. 156 vom 9. Juli 1900, S. 5159f; Bbl. Nr. 221 vom 22. September 1900, S. 7087; Bbl. Nr. 230 vom 3. Oktober 1900, S. 7435.

5.5.1 Streitpunkt: Ladenöffnungszeiten

Bereits Anfang der siebziger Jahre wurde an stark frequentierten Bahnhöfen und wichtigen Verkehrsknotenpunkten ein durchgehender Nacht- und Sonntagsbetrieb eingeführt. August Vaternahm erhielt z.B. am Bahnhof Neudietendorf 1886 die Erlaubnis, an Sonntagen zu öffnen, da gerade den auswärtigen Gottesdienstbesuchern, die hinsichtlich der Literaturversorgung auf ihren Dörfern auf durchreisende Kolporteure angewiesen waren, der Kauf von Büchern und Zeitschriften ermöglicht werden sollte. Der Ort wurde von einer zahlenmäßig starken Herrenhutergemeinde dominiert und galt an den Sonntagen als wichtigstes Reiseziel der Gemeindemitglieder in der näheren Umgebung.[229]

Der massive Protest der Sortimentsbuchhändler und ihres Interessenverbandes führte zu diffizilen Regelungen der Verkaufszeiten an Bahnhöfen. Ein wesentliches Kriterium für die Verkaufserlaubnis war z.B., dass der Verkauf nur innerhalb der Bahnsteigsperre stattfand und damit hauptsächlich dem reisenden Publikum zur Verfügung stand.[230] Schon 1905 wurde aber der Verkauf von Reiseartikeln an Sonn- und Feiertagen zu den Hauptverkehrszeiten innerhalb des bahneigenen Geländes in Sachsen grundsätzlich erlaubt.[231] Die Beschränkung der Verkaufsbestimmungen ging jedoch weiterhin davon aus, dass nur Reisende, die im Besitz einer gültigen Bahnsteigkarte waren, Zutritt zu den Buch- und Zeitschriftenständen hatten.[232]

Trotz der Anweisung der Innen- und Handelsministerien blieben die erweiterten Verkaufszeiten ein Streitpunkt. Benachteiligt waren bei dieser Regelung diejenigen Verkehrsbuchhändler, die wegen der Anlage des Bahnhofs ihre Verkaufsstände vor den Bahnsperren errichten mussten. Der Verein Deutscher Bahnhofsbuchhändler appellierte deshalb an die Regierung, den Verkauf von Reiselektüre an Sonn- und Feiertagen auch für diese Bahnhofsbuchhändler zuzulassen, sofern die Verkaufsstände nicht innerhalb der Sperre verlegt werden konnten, „denn auch Einrichtungen außerhalb des Perrons sind für das reisende Publikum bestimmt“.[233] 1908 ging Jaçques Bettenhausen gegen ein Gerichtsurteil des Leipziger Schöffengerichts erfolgreich in Berufung, das ihn wegen des Verkaufs von Literatur vor und nach den Gottesdienstzeiten zu einer Geldstrafe von zwanzig Mark verurteilte. Die Berufgenossenschaft kassierte schließlich das Urteil mit der Begründung,

> daß der Verkauf von Reiselektüre ganz allgemein und nicht, wie das Schöffengericht angenommen habe, nur von Fahrplänen, u. drgl. m. ebenso einem Bedürfnisse des reisenden Publikums entspreche, wie die Abgabe von Speisen und Getränken. Wie aber der andere Bahnbetrieb mit seinen Nebenbetrieben nicht von den Bestim-

---

229 Vgl. Hack/Vaternahm: Vaternahm, S. 19f.

230 Bbl. Nr. 188 vom 15. August 1905, S. 7143.

231 Ebd.

232 In der Frühzeit der Eisenbahn kontrollierten die Bahnschaffner die Fahrtickets während der Zugfahrt und balancierten auf den äußeren Verbindungsstegen, die die Abteile miteinander verbanden. Die hohe Unfallrate führte dazu, dass die Bahnkartenkontrolle bereits auf den Bahnsteigen vorgenommen wurde. Deshalb durften sich nur diejenigen Reisenden auf den Bahnsteigen aufhalten, die im Besitz einer gültigen Bahnsteigkarte waren. Vgl. Archiv für Eisenbahnwesen 1893, S. 1158ff.

233 BHB Nr. 7 vom 15. November 1905, S. 110; BHB Nr. 9 vom 15. Dezember 1905, S. 128.

mungen über die Einhaltung der Sonntagsruhe betroffen werden könne, so auch nicht die Abgabe von Reiselektüre, die eben eine Notwendigkeit sei, auf deren Befriedigung das Publikum begründeten Anspruch habe.[234]

Ein wichtiges Anliegen des neu gegründeten Vereins Deutscher Bahnhofsbuchhändler war die Vereinheitlichung der Verkaufsregelungen. So erhielt der Kölner Bahnhofsbuchhandel für die Sonntage eine Verkaufserlaubnis, während die Verkaufsstände am Bahnhof Frankfurt/M. geschlossen bleiben mussten. Der Verein forderte deshalb die „unbedingte Freigabe des Bahnhofsbuchhandels während der Sonn- und Feiertage":[235]

> Das Lesebedürfnis ist unzweifelhaft an Sonntagen ebenso groß wie an Wochentagen, und wir sind bereit, eine große Anzahl Reisender nachzuweisen, die lieber auf die Benutzung des Speisewagens verzichten werden, als auf die Lektüre eines guten Buches! [...] Nur die unbedingte Freigabe des Bahnhofsbuchhandels während der Sonn- und Feiertage kann helfen, denn es wird heutzutage Niemand bestreiten wollen, daß dieser eine für die Bequemlichkeit des Reisens ebenso berechtigte Einrichtung ist, wie z.B. der Wirtschaftsbetrieb auf den Bahnhöfen.[236]

Ende 1905 musste der Verein Deutscher Bahnhofsbuchhändler seinen Mitgliedern allerdings mitteilen, dass die preußischen Ministerien den Sonntagsverkauf in ihren Bezirken ohne Angabe von Gründen untersagt hatten. Doch der Verband sicherte zu, sich weiterhin für eine generelle Sonntagsöffnung einzusetzen.[237]

Seit 1910/1911 wurden die Verkaufszeiten für Reiselektüre erneut erweitert. An Bahnhöfen in Großstädten sowie in Fremdenverkehrszentren war es jetzt erlaubt, auch außerhalb des Zuständigkeitsbereichs der Bahngesellschaften an Sonn- und Feiertagen Zeitungen, Zeitschriften, Bücher und Reisesouvenirs zu verkaufen.[238] 1912 trat Bettenhausen an den Stadtrat der Haupt- und Residenzstadt Gera heran und forderte die Erweiterung der Verkaufszeiten an seinen beiden Verkaufsständen, wobei einer außerhalb der Bahnhofssperre lag. Er argumentierte damit, dass auf dem Bahnhof in Gera inzwischen das Verkehrsaufkommen sich beträchtlich erhöht hätte und die Reisenden auch nach offiziellem Ladenschluss das Bedürfnis hatten, sich mit Reiselektüre einzudecken. Im Juni 1912 erhielt Bettenhausen einen positiven Bescheid. Die Regierung erlaubte ihm den unbeschränkten Verkauf von Reiselektüre innerhalb und außerhalb der Bahnhofssperre und berief sich dabei auf einschlägige Gerichtsurteile und Gesetzesverfügungen.[239] Diese fortschreitende

234 Bbl. Nr. 271 vom 21. November 1908, S. 13400.
235 BHB Nr. 3 vom 7. September 1905, S. 53.
236 Ebd.
237 BHB Nr. 9 vom 15. Dezember 1905, S. 128.
238 Die großzügige Regelung wurde allerdings durch arbeitsrechtliche Vorgaben beschränkt, denn den Angestellten wurden gesetzlich festgeschriebene Ruhezeiten gewährt. Vgl. Bbl. Nr. 116 vom 20. Mai 1911, S. 6174.
239 Vgl. Akte: Ausübung des Bahnhofsbuchhandels auf dem Reußischen Bahnhof durch die Firma J. Bettenhausen und von derselben Firma auf dem Gemeinschaftsbahnhof. In: Stadtarchiv Gera. Abt. Polizei. Sign.: III B 15 0192.

Liberalisierung der Öffnungszeiten stieß bei den Sortimentsbuchhändlern auf heftigen Widerstand. Zunehmend konnte sich auch das nicht reisende Publikum an den Bahnhöfen zu jeder Zeit mit Lektüre versorgen. Die Sortimentsbuchhändler sahen sich deshalb benachteiligt. Die Verkehrsbuchhändler allerdings bestritten eine schädigende Konkurrenzsituation und verwiesen auf das eingeschränkte Buchangebot im Verkehrsbuchhandel:

> Denn wieder ist es die Sonderart des Bahnhofsbuchhandels, die jegliche Beeinträchtigung des Stadtbuchhandels ausschließt. Hinsichtlich der Art und Auswahl der vom Bahnhofsbuchhandel geführten Artikel ergibt sich schon ein wesentlicher Unterschied. Nicht allein, daß die Bedürfnisse des reisenden Publikums an Büchern, Zeitungen und Zeitschriften ihm eine große Beschränkung in der Art seiner Ware auferlegen, er muß auch Rücksicht auf die Behörden nehmen und Artikel vom Verkauf ausschließen, mit denen er ein gutes Geschäft machen könnte und die der Stadtbuchhandel ungehindert verkaufen kann. Wissenschaftliche Literatur, Schulbücher und Geschenkwerke, also die Hauptartikel des Stadtbuchhandels, kommen für den Bahnhofsbuchhandel überhaupt nicht in Betracht. Der Schwerpunkt des Geschäfts liegt im Zeitungs- und Zeitschriftenverkauf, der vom Sortimentsbuchhandel gar nicht oder nur in den seltensten Fällen ausgeübt wird.[240]

Die Sortimentervereine gaben statistische Gutachten in Auftrag, die mit zunehmend diffizileren Argumentationen nachzuweisen suchten, dass z.B. die Benutzer von Vorortzügen keine Reisenden im üblichen Sinne seien und vor allem ortsansässige Kunden die Sonn- und Feiertagsöffnungszeiten an Bahnhöfen zum Bücherkauf nutzten. Ein Hamburger Sortimentsbuchhändler beschwerte sich 1913 im *Börsenblatt* über diese Übervorteilung einer einzelnen Branche, nachdem er an einem Sonntag am Hamburger Hauptbahnhof einen schwunghaften Bücherhandel beobachtet hatte:

> Der Bahnhofsbuchhandel, wenigstens der hiesige, verkauft Bücher bis tief in die Nacht hinein und an den Sonntagen uneingeschränkt. Nun sagt man, das müsse geschehen im Interesse der Reisenden. Gut, aber dann genügt es, wenn innerhalb der Sperre und auf den Bahnsteigen selbst Bücher feilgeboten werden, wobei noch zu berücksichtigen ist, daß die überwiegende Mehrzahl der Benutzer der hiesigen Bahnhöfe gar keine „Reisende“ sind. Alle diejenigen, die Vorortzüge benutzen, sind doch keine Reisenden; das sind Einheimische, die von der Wohnung zur Arbeitsstätte oder umgekehrt eilen.[241]

Auch die von der Gesellschaft Vereinigter Deutscher Bahnhofsbuchhandel seit 1915 auf dem Leipziger Bahnhof eingerichteten Verkaufsstände erregten den Unmut der Sortimenter, weil ein Verkaufsstand so platziert war, dass auch Nichtreisende sich außerhalb der regulären Ladenzeiten mit Lektüre eindecken konnten. Die Bahnhofsbuchhändler reagierten auf diese Kritik mit einer besonderen Einrichtung:

---

240 BHB Nr. 3 vom 1. Februar 1914, S. 23.
241 Bbl. Nr. 160 vom 14. Juli 1913, S. 941.

> Vermittelst einer sinnreichen Vorrichtung ist es nun möglich, den Verkaufstisch auf der einen Seite des Sperrgitters zu schließen und auf der anderen offenzuhalten bezw. den Verkauf innerhalb und außerhalb der Sperre gleichzeitig durch dieselbe Verkäuferin vornehmen zu lassen. Wir haben also gewissermaßen für den buchhändlerischen Verkaufsstand eine Art Bild des Januskopfes vor uns.[242]

Ladenöffnungszeiten bis tief in die Nacht oder durchgängig an Sonntagen waren indes gewöhnlich nur an großstädtischen Bahnhöfen rentabel und von Firmen umsetzbar, die, wie z.B. Georg Stilke, ihren Buchhandel im Schichtbetrieb mit einer hohen Anzahl von Personal betrieben. Der Protest der Sortimentsbuchhändler hatte insofern Erfolg, als den Bahnverwaltungen pro Jahr nur noch 15 Ausnahmeregelungen eingeräumt und die üblichen Sonn- und Feiertagsöffnungszeiten festgelegt wurden.[243] Die Rechtslage blieb dennoch unklar, und der Börsenverein des Deutschen Buchhandels warnte seine Mitglieder 1913 vor kostspieligen Prozessen gegen den Bahnhofsbuchhandel, denen er wenig Aussicht auf Erfolg einräumte.[244] Der Hamburger Buchhändler Otto Meißner zog daraus Konsequenzen und forderte 1914 die Sortimentervereine auf, sich im Gegenzug für die Sonntagsöffnung auch für die Sortimentsbuchhandlungen einzusetzen, ein Vorstoß, der aber offenbar – vielleicht auch wegen des Kriegsausbruchs – weder von den Sortimentervereinigungen noch vom Börsenverein des Deutschen Buchhandels weiter verfolgt wurde.[245]

Die Forderungen des Sortimentsbuchhandels vermitteln den Eindruck, dass die Ladenöffnungszeiten im Vergleich zum Bahnhofsbuchhandel deutlich beschränkter gewesen seien. Dieser Eindruck bedarf allerdings einer Korrektur, denn seit der Jahrhundertwende forderte die erste deutsche Buchhändlergewerkschaft, die Allgemeine Vereinigung Deutscher Buchhandlungs-Gehilfen, die Begrenzung der täglichen Arbeitszeit auf zwölf Stunden und eine vollständige Sonntagsruhe. Gewöhnlich waren auch die Stadtbuchhandlungen an den Sonntagen wenigstens fünf Stunden geöffnet.[246] Zudem unterhöhlten lokalbehördliche Ausnahmeregelungen häufig noch einmal die in der Gewerbeordnung gewährten Mindestarbeitszeiten.

Der eigentliche Unmut der Sortimentsbuchhändler gegenüber den Verkehrsbuchhändlern richtete sich demnach hauptsächlich gegen deren generelle Befreiung von den Bestimmungen der Gewerbeordnung, während die Sortimenter selbst um örtliche Sonderregelungen kämpfen mussten. Die Auseinandersetzung über die Ladenöffnungszeiten und die gewerberechtliche Sonderstellung des Verkehrsbuchhandels dauerte auch noch in den Jahren der Weimarer Republik an. Hier wurde versucht, über die Einführung einer allgemein gültigen Arbeitszeitordnung auch eine einheitliche Regelung der Ladenöffnungszeiten im Verkehrsbuchhandel herbeizuführen.

---

242 Zit. n. Hack: Marginalien, Nachrichten und Dokumente, S. 19f.
243 Bbl. Nr. 67 vom 21. März 1912, S. 3667.
244 Bbl. Nr. 241 vom 16. Oktober 1913, S. 10762.
245 Bbl. Nr. 142 vom 23. Juni 1914, S. 1006.
246 Vgl. Adrian: Die erste deutsche Buchhändler-Gewerkschaft, S. 106f.

Ein weiterer schwelender Konflikt zwischen Bahnhofs- und Sortimentsbuchhandel lag in der Gewährung von deutlich günstigeren Bezugskonditionen für die Bahnhofsbuchhändler.

5.5.2 Streitpunkt: Verlegerrabatte

Die Verleger erkannten bereits im ausgehenden 19. Jahrhundert im Bahnhofsbuchhandel eine der rentabelsten Abverkaufstellen des verbreitenden Buchhandels und gewährten dieser Branche großzügige Verlagsrabatte. Das zentrale Argument, die Bahnhofsbuchhändler erhielten nur deshalb Sonderkonditionen, weil sie im Gegensatz zum herkömmlichen Sortiment die jährlichen Pachtgebühren kompensieren müssten, durchschauten die benachteiligten Buchhändler als geschäftliche Finte. Die Bahnhofsbuchhandlungen waren wichtige Abnehmer von Massenartikeln, die wegen der enorm hohen Umschlagsgeschwindigkeit in großer Anzahl geordert und abgesetzt wurden. Die Verlage gewährten für die Großbestellungen Preisnachlässe bis zu fünfzig Prozent oder boten attraktive Buchpartien mit entsprechenden Freiexemplaren. Die Bahnhofsbuchhändler profitierten nicht nur von der höheren Gewinnspanne. Die schnell abzusetzenden Unterhaltungsartikel verursachten nur geringe Lagerhaltungskosten und Bearbeitungszeiten; die Vorzugsrabatte schlossen allerdings die Rücknahme von nicht verkauften Artikeln durch den Verlag aus.

Es gab aber auch Missverständnisse zwischen den Verlagen und dem Bahnhofsbuchhandel. Die Bahnhofsbuchhändler beklagten, dass sie viele Offerten von Verlagen für billige Literatur bekamen, weil diese von einem problemlosen Absatz ihrer Artikel an den Bahnhöfen ausgingen. So erhielten die Bahnhofsbuchhändler häufig unaufgefordert umfangreiche Bücherballen mit Massenartikeln zu einem Verkaufspreis zwischen fünfzig Pfennig und drei Mark mit teilweise hohen Rabatten:

> In der Tat sind die unverlangten Sendungen für den Bahnhofsbuchhandel nachgerade zu einer Plage geworden, weil sie ihm eine Unmenge Material zuführen, das weder nach Qualität noch Eignung in den buchhändlerischen Vertrieb des Bahnhofsbuchhändlers sich einfügen läßt, das den Bahnhofsbuchhandlungen nur im Wege liegt, ihren in den meisten Fällen schon ohnehin arg beschränkten Platz noch mehr einengt und ihnen mit der Vergleichung mit den Fakturen, der Buchung der Sendungen und der unausbleiblichen Remission eine derartige Menge unfruchtbarer Arbeit verursacht, die mit Fug und Recht hätte unterbleiben können.[247]

Immer mehr Verkehrsbuchhändler verbaten sich deshalb die unverlangten Lieferungen über einen entsprechenden Eintrag im *Allgemeinen Adreßbuch für den deutschen Buchhandel*. Neben den geschilderten Konfliktfeldern stießen aber auch die innovativen Werbe- und Absatzmethoden des Bahnhofsbuchhandels bei den Sortimentsbuchhändlern auf Ablehnung. Während der Sortimentsbuchhandel wegen seiner herkömmlichen Organisationsstrukturen bis zur Jahrhundertwende auf Werbemaßnahmen weitgehend verzichtete, unter-

247 BHB Nr. 4 vom 21. September 1905, S. 72.

stellte er dem Bahnhofs- und Verkehrsbuchhandel einerseits besonders aggressive, teilweise schon unseriöse Werbestrategien; andererseits waren die Verkaufsmethoden der Bahnhofs- und Verkehrsbuchhändler ausgesprochen erfolgreich, und dadurch spielte bei den Sortimentsbuchhändlern auch der Umsatzneid eine nicht unerhebliche Rolle.

5.5.3 Streitpunkt: Werbe- und Absatzstrategien

Der Verkauf von Reiselektüre an den Verkaufsständen der Bahnhofsbuchhändler war vollkommen anders organisiert als im traditionellen Sortimentsgeschäft. Die Sortimentsbuchhändler sahen z.B. über lange Zeit keine Notwendigkeit, in professionelle Werbung zu investieren, denn sie konnten unverkaufte Exemplare problemlos bei den Verlagen remittieren. Die Remissionspraxis war u.a. eine Ursache für die auch von Schriftstellern zunehmend beklagte Absatzkrise im Buchhandel in der zweiten Hälfte des 19. Jahrhunderts. Unterhaltungsautoren, wie z.B. Karl Ferdinand Gutzkow, der sich wie kein anderer Schriftsteller seiner Zeit für eine tief greifende Reform des Buchhandels engagierte, drängten die Sortimentsbuchhändler dazu, das herkömmliche System der à condition-Lieferungen, die das Absatzrisiko an den Verlag zurückverwiesen, zugunsten einer offensiven und auf Käufergewinnung ausgerichteten Werbetätigkeit aufzugeben.[248] Auf die nur mangelnde Bereitschaft der Sortimentsbuchhändler, die Werbung für ihr Literaturangebot zu intensivieren, reagierten vor allem die Großverlage mit der Umsetzung von professionellen Marketingkonzepten, die das Sortiment als Vermittlungsinstanz sogar umgingen und sich direkt an die Leser wandten. Als Stichwort sei hier nur der Kolportagebuchhandel genannt. Die Verleger von Gebrauchsliteratur kamen dem Bahnhofs- und Verkehrsbuchhandel entgegen, indem sie auf eine verkaufsfördernde äußere Ausstattung und moderate Preisgestaltung ihrer Produkte achteten.

Allerdings waren auch Bahnhofs- und Verkehrsbuchhändler vor spektakulären Werbemaßnahmen eines Verlages nicht geschützt. Ernst Rowohlt z.B. bediente sich 1910 einer besonderen Raffinesse, als er den nur schwer verkäuflichen Band von Paul Scheerbart *Das Perpetuum mobile* im großen Stil unter die Leser bringen wollte, hier allerdings zum Nachteil der Bahnhofsbuchhandlung Stilke. Als Rowohlt erkennen musste, dass eine groß angelegte Plakataktion auf den Berliner Litfasssäulen kaum auf Interesse stieß, warb er Mitstreiter, die die Nachfrage nach diesem Titel gezielt stimulieren sollten:

> Wir setzten uns in die Untergrundbahn, überschlugen auf jeder Station einen Zug und fragten bei den Stilke'schen Kiosken nach dem „neuen aufsehenerregenden Buche“ von Paul Scheerbart „Das Perpetuum mobile“. Der unglückliche Verkäufer hatte von dem Buche noch nichts gehört. Wir erklärten, daß wir am nächsten Abend wiederkommen würden, deponierten den Preis des Buches in Höhe von 1.50 Mark. Und als nun abends bei der Firma Georg Stilke aus allen Himmelsrichtungen von den Kiosken die Bestellungen einliefen, war das ganze Haus Stilke offenbar in

248 Vgl. hier Haug: „Populäres auch populär vertreiben“, S. 189ff.

> größter Erregung über das neueste Sensationsbuch und gab eine große Bestellung per Expreß nach Leipzig auf.[249]

Der Verlag Rowohlt verkaufte aufgrund dieses gewitzten Schachzugs von dem Titel innerhalb nur kurzer Zeit ca. 2.000 Exemplare. Solche aufwändige Aktionen eines Verlages waren allerdings eher selten.

Die Bahnhofs- und Verkehrsbuchhändler arbeiteten mit einem sozial heterogenen, anonymen und wechselnden Publikum. Ihre Buchauslagen hatten den vielfältigen Geschmack breiter Bevölkerungsschichten zu berücksichtigten. Auf das Kaufverhalten des einzelnen Kunden konnte der Bahnhofsbuchhändler, hier im Gegensatz zum Sortimentsbuchhändler, dem auch eine erzieherische Aufgabe zukam, kaum Einfluss nehmen. Der Buchkauf an Bahnhöfen wurde in Eile vorgenommen, der Reisende musste sich also schnell über die gebotene Literaturauswahl orientieren können. Weder der Kunde noch der Bahnhofsbuchhändler hatten Zeit für ein längeres Beratungsgespräch, zumal sich kurz nach dem Eintreffen bzw. kurz vor der Abfahrt wichtiger Züge die Zahl der Kunden an den Ständen staute. Deshalb war es sehr wichtig, dass die Reiselektüre an sich bereits als Werbeträger fungierte.

Auch der Verkaufsakt selbst musste schnell abgewickelt werden. Deshalb war die einheitliche Preisgestaltung ein wesentliches Verkaufskriterium. Der große Erfolg der Eine-Mark-Bücher des Verlags Ullstein an den Bahnhöfen und Stadtkiosken lag auch im runden Verkaufspreis, der zeitaufwändiges Geldwechseln am Verkaufsstand unnötig machte, denn ein Markstück hatte jeder in der Jackentasche. So gingen die Bahnhofsbuchhändler davon aus, dass auch teuere Bücher schnell absetzbar waren, wenn sie drei, vier oder fünf Mark und nicht 2,60 Mark oder 3,75 Mark kosteten.[250]

Neben der attraktiven äußeren Ausstattung der Reisebändchen und dem Einheitspreis war die Reihenkonzeption ein weiterer wichtiger Erfolgsgarant für den Verkauf. Dem Kunden musste die Kaufentscheidung abgenommen werden. Die Anbieter von organisierter Reiselektüre bedienten sich mit der vom Verleger gelenkten Buchauswahl eines modernen Werbekonzepts. Der Kunde memorierte die äußere Gestaltung der Buchreihe und griff beim nächsten Kauf auf das bewährte Literaturprodukt zurück.

Die für den Verkehrsbuchhandel typische Kaufsituation drängte auf den leichten, unreflektierten Zugriff auf Literatur. Hans Magnus Enzensberger beschrieb 1964 in seinem Essay *Bildung als Konsumgut* die besonderen Verkaufstechniken sowie das spezifische Kaufverhalten von Laufkunden, wie es auch die Reisenden sind, am Beispiel der Bahnhofsbuchhandlungen, deren Buchprogramm nahezu ausschließlich aus Taschenbuchserien bestand:

---

249 Hack: Marginalien, Nachrichten und Dokumente, S. 10.

250 Vgl. BHB Nr. 21/22 vom 27. November 1917, S. 261.

> Das Buch kommt dem Laufkunden auf der Straße entgegen. Es ist schon von der Produktion, der Serie her, scharf vorsortiert. Die Situation drängt auf den leichten, den raschen, den unreflektierten Zugriff.[251]

Der Einsatz moderner Werbestrategien oblag jedoch nicht nur dem Verleger von Reiselektüre. Der Verkehrsbuchhändler vor Ort war angehalten, die Reiselektüre an seinen Verkaufsständen entsprechend attraktiv zu präsentieren. Bücher, die der Reisende nicht in der Auslage fand, wurden gewöhnlich auch nicht verkauft. Die Verkehrsbuchhändler kämpften auf jedem Bahnhof mit räumlich sehr begrenzten Verkaufsflächen. Deshalb bedienten sie sich offener Verkaufstische oder Kioske, die auf die Bedürfnisse des Verkehrsbuchhändlers zugeschnitten waren. Sie mussten einerseits optimale Auslageflächen und andererseits diskreten Stauraum bieten. Die Verkaufsstände waren meist mit verschließbaren Behältern und Schränken verbunden, in denen ein kleines Handlager verwahrt wurde.[252] Neben den festen Verkaufsständen in den Wartehallen oder im Vorraum des Bahnhofs unterhielten die Verkehrsbuchhändler meist zusätzlich mobile Verkaufswagen, mit denen sie die Kunden direkt am Bahnsteig mit Literatur versorgten.

Das äußere Erscheinungsbild der Verkaufsstände und Verkaufswagen hatte – so die Anordnung der jeweiligen Eisenbahnverwaltung – mit dem des Bahnhofs zu harmonieren. Gerade an den verrußten Bahnsteigen sollte sich der Verkaufsstand positiv hervorheben. Die Sauberkeit des Standes und seine professionelle Beleuchtung waren deshalb wichtige Werbekriterien. Da die Verkaufsstände aus absatzstrategischen Gründen mitten im Kundenstrom aufgebaut wurden, war ein Verkauf an allen Seiten des Kiosks oder der Auslagetische notwendig.[253] Neben der optischen Gestaltung der Verkaufsstände fanden Plakate, die auf wichtige Neuerscheinungen hinwiesen, ihren Einsatz.

Da der Bahnhofsbuchhändler nur selten Beratungsgespräche führte, bedurfte es eines gewissen Fingerspitzengefühls und vor allem langjähriger Erfahrung, den Kunden vom Kauf von Büchern zu überzeugen. Die Verkehrsbuchhändler mussten die Verkaufssituation genau analysieren, sie sind „gewitzt und erfahren [...]. Sie kennen die Psychologie der Reisenden. Sie haben Rezepte für Reisefieber und für die Verkürzung einer langweiligen Bahnfahrt“.[254] Das Zeitschriften- und Buchangebot des Verkehrsbuchhändlers richtete sich nach dem Standort. Die Buchverkäufer auf dem Stettiner Bahnhof bereiteten sich in den Sommermonaten z.B. auf die Flut von Ostseereisenden vor, die leichte und billige Lektüre bevorzugten, die für die Überbrückung der Fahrtstrecke gerade ausreichte.[255]

Die Erfahrung zeigte, dass Fernreisende andere Lese- und Kaufgewohnheiten aufwiesen als die Benutzer des Nahverkehrs. Diejenigen Reisenden, die an den Stationen der Stadt- oder Untergrundbahnen auf ihren Zug warten, entwickelten gewöhnlich kein Interesse an den Buchauslagen; selbst Zeitschriften waren gegenüber den Tageszeitungen kaum gefragt:

---

251 Enzensberger: Einzelheiten I, S. 135f.
252 Vgl. BHB Nr. 9 vom 1. Mai 1920, S. 89ff.
253 Ebd. S. 90.
254 Vgl. BHB Nr. 11 vom 15. November 1934, S. 99.
255 Ebd.

„Man findet zwischen Warten und Abfahrt gerade noch die Zeit, die Schlagzeilen zu überfliegen und die Morgen- und Nachmittagszeitung einzustecken, um die alltägliche Fahrt etwas abzukürzen".[256] Auf den Fernbahnhöfen waren die routinierten Geschäftsreisenden, die kurz vor Abfahrt des Zuges an den Bahnsteig eilten, sowie der Vergnügungsreisende, der schon eine halbe Stunde vor Abfahrt am Bahnhof stand und sich an den Zeitungs- und Buchkiosken die Zeit vertrieb, zu berücksichtigen. Der Geschäftsreisende griff schnell zu den angebotenen Presseartikeln und eilte sogleich weiter. Der Vergnügungsreisende dagegen prüfte sorgfältig die Auslagen und blätterte in den Zeitungen, Zeitschriften und Büchern. Diesen Typ Reisenden konnte der Bahnhofsbuchhändler in ein literarisches Gespräch verwickeln und zum Kauf eines Buches überreden: „Sie haben das Tempo der Stadt für einige Stunden zurückgelassen und wollen nun auf der Bahnfahrt das nachholen, wozu sie an gewöhnlichen Tagen keine Zeit finden: ein beschauliches Buch lesen".[257] Erfahrene Buch- und Zeitungsverkäufer an den Bahnsteigen spekulierten über das Kaufverhalten eines Reisenden bereits sogar anhand der Menge des mitgeführten Gepäcks:

> Der Verkäufer kennt seine Kunden. Er weiß, daß dieser Herr dort, der eben mit mehreren Koffern angeschleppt kam, eine vielstündige Fahrt vor sich hat. Der Verkäufer kennt die Tücken einer solchen Reise. In den ersten Stunden sind die Zeitungen von der ersten bis zur letzten Seite gelesen, das Kreuzworträtsel ist gelöst, die Bilder sieht man sich schon zum xtenmal an. In der nächsten halben Stunde stiert man durchs Fenster und erhascht Bruchteile des Landschaftsbildes. Und dann: „Ein gutes Buch für die weite Reise?!" Der Verkäufer kalkuliert richtig.[258]

Die Werbemaßnahmen des Verkehrsbuchhändlers beschränkten sich bis in die Vorkriegsjahre auf die Gestaltung des Buch- und Zeitschriftenstandes, teilweise unterstützt durch Plakatwerbung. Als Werbemittel fanden aber auch spezielle Bücherkataloge Einsatz, die ausschließlich Reiselektüre führten. Das Barsortiment Koehler gab z.B. 1914 ein Verzeichnis mit Reisehandbüchern, Touristen- und Radfahrkarten sowie Reiselektüre heraus; ein vergleichbares Verzeichnis in Taschenbuchformat erschien bei F. Volckmar unter dem Titel *Glückliche Reise*.[259] Im Sommer 1923 kam ein *Ferienbücher-Almanach* auf den Markt, „das infolge der überaus geschickten Zusammenstellung und erstklassigen Ausstattung ein hervorragendes Werbemittel darstellt".[260] Grundsätzlich wurde der schnelle Abverkauf von Leseware ohne Beratungsmöglichkeiten auch vom Bahnhofsbuchhandel beklagt. Deshalb legten die Bahnhofsbuchhändler großen Wert auf Werbung und Information über die angebotene Reiselektüre, z.B. ersetzten Buchbinden das Verkaufsgespräch, indem sie kurz über Buchinhalt und seinen Autor informierten:

---

256 Ebd.
257 Ebd.
258 Ebd.
259 Vgl. Allgemeine Buchhändlerzeitung Nr. 19 vom 14. Mai 1914, S. 225.
260 Vgl. Bbl. Nr. 175 vom 30. Juli 1923, S. 1078.

> Wohl muß der Eisenbahnbuchhändler, was die Frage der Literaturberatung anbelangt, künftig in viel stärkerem Maße denjenigen Käufern gewappnet sein, die eine solche wünschen und denen sie, soweit eben Zeit dafür vorhanden ist, unter allen Umständen durch den Verkäufer oder die Verkäuferin gewährt werden muß [...]. Nicht immer, ja in den meisten Fällen nicht, wird aber eine solche Literaturberatung möglich sein.[261]

Das Verkaufsgespräch wurde zwangsläufig durch die äußere Gestaltung des Buches wie auch der geschickten Auslage auf den Verkaufstischen ersetzt. Deshalb waren eine gewisse Plakatwerbung, der Titel, Umschläge und Einbände bei Eisenbahnlektüre von besonderer Bedeutung.[262] Doch gerade dieses Werbemittel stieß bei den Sortimentsbuchhändlern auf massiven Widerstand. Wegen der affektheischenden äußeren Aufmachung denunzierten Kritiker die Eisenbahnlektüre als Industrieprodukt, das der „Schmutz- und Schundliteratur" zugeordnet werden müsse.

Über die innovativen Werbe- und Absatzmaßnahmen fanden nicht nur preiswerte Bücherkollektionen einen erfolgreichen Absatz. Die Branche entwickelte sich schon zu einem sehr frühen Zeitpunkt auch zum wichtigsten Abnehmer und Geschäftspartner des in- und ausländischen Zeitungs- und Zeitschriftenhandels. Die Presseunternehmen reagierten auf den neuen Absatzmarkt durch eine grundlegende, dem Verkaufskonzept des Bahnhofsbuchhandels angepasste Neugestaltung der äußeren Aufmachung ihrer Presseartikel sowie auch der Bezugsmodalitäten. Der Bahnhofs- und Verkehrsbuchhandel als Vertriebsinstanz erwies sich somit beim Übergang vom herkömmlichen Abonnement zum Einzelverkauf als wichtiger Katalysator.

5.6 Organisation des Einzelverkaufs von internationalen Presseartikeln

In den deutschsprachigen Ländern bildete das Abonnement die Hauptform des Zeitungs- und Zeitschriftenbezugs.[263] Es war im Buchhandel kaum möglich, aktuelle Periodika einzeln zu erwerben. Wenige Quellen deuten aber darauf hin, dass z.B. in der näheren Umgebung der Hamburger Börse um 1730 schon Zeitungsbuden existierten, die Zeitungen einzeln abgaben.[264] Auch an den Poststationen konnten Reisende teilweise in- und ausländische Zeitungen und Zeitschriften erwerben.[265] Der Einzelverkauf von Presseartikeln blieb im 18. Jahrhundert eine marginale Erscheinung, doch dies änderte sich seit der Mitte des

261 BHB Nr. 21/22 vom 27. November 1917, S. 161.
262 Vgl. Hack: Marginalien, Nachrichten und Dokumente, S. 26.
263 Vgl. Dorn/Vogel: Geschichte des Pressevertriebs, S. 39; vgl. Bücher: Zur Geschichte des Zeitungs-Abonnements, S. 3ff.
264 Vgl. Dorn/Vogel: Geschichte des Pressevertriebs, S. 74.
265 Die Auslage des örtlichen Intelligenzblatts und einer kleinen Auswahl von Zeitungen gehörte im 18. Jahrhundert zum Service von Gasthöfen an wichtigen Verkehrsknotenpunkten. Die Zeitungen wurden allerdings nicht an die Reisenden verkauft und der Gastwirt bezog die Presseartikel gewöhnlich über das Abonnement. Vgl. Gräf/Pröve: Wege ins Ungewisse, S. 166.

19. Jahrhunderts. Mit der steigenden Nachfrage nach Zeitungen und Zeitschriften gerade in den Zentren des Eisenbahnverkehrs überdachten die Verleger ihr herkömmliches Vertriebssystem. Während die Kolportage die ländliche Bevölkerung sowie die städtischen Unter- und Mittelschichten zunehmend als Abonnenten für die neu entstehende Unterhaltungspresse, u.a. die illustrierten Familienzeitschriften, gewann, wurde mit der Entstehung von Verkaufsständen an Bahnhöfen erstmals auch der Einzelverkauf von Tagesschrifttum an den Bahnsteigen möglich. Eine wichtige Voraussetzung für den erfolgreichen Einzelverkauf von Zeitungen waren verkehrsreiche Plätze; so lag dieser im Bahnhofsbuchhandel nahe, zumal der Straßenverkauf bis zur Einführung des Reichspressegesetzes im Jahr 1874 noch besonderen staatlichen Restriktionen unterlag.

Durch die Verdrängung des Abonnements zugunsten des Einzelbezugs konnten immer mehr Leser auch aus unteren Bevölkerungsschichten gewonnen werden. Diese Entwicklung machte allerdings auch eine neue Aufmachung der Zeitung notwendig. Fett gedruckte Schlagzeilen und Reklame dominierten jetzt die erste Seite. Dem potenziellen Leser musste in der Auslage des Bahnhofsbuchhändlers ein Blickfang geboten werden, der ihn zum Kauf animierte.[266] Die wichtigsten in- und ausländischen Zeitungen platzierten die Buchhändler in ganzen Stößen, damit sie vom Kunden sofort gesehen wurden.[267] Der Berichterstattung wurden augenfällige Inserate untergemischt. Die Trennung von redaktionellem Teil und Inseraten, wie sie bei der Abonnementzeitung noch üblich war, war damit aufgehoben.

Erste Hinweise des Einzelverkaufs von Zeitungen an deutschen Bahnhöfen stammen aus den 1840er Jahren. Am Breslauer Bahnhof konnten Reisende Zeitungen erstmals als Einzelausgabe erwerben.[268] Ende der fünfziger Jahre betrieb die Bahnhofsbuchhandlung Carl Schmitt in Heidelberg nach englischem und französischem Vorbild den Zeitungsverkauf an den Bahnsteigen.[269]

Während die Bahnhofsbuchhändler ihre Bücher und die Zeitschriften hauptsächlich über den Leipziger Kommissionär bezogen, waren sie bei den Zeitungen auf die Einzelbestellung bei den jeweiligen Verlegern angewiesen. Da der Versand von Büchern und Zeitschriften meist über die Bahn abgewickelt wurde, war es für die Bahnhofsbuchhändler unproblematisch, ihre bestellte Ware unmittelbar an ihrem Wirkungsort entgegenzunehmen. Während die lokalen Zeitungen über einen Botendienst direkt beim Verlag abgeholt werden konnten, gestaltete sich der Bezug von auswärtigen Zeitungen aufwändiger. Diese wurden unter Kreuzband zu einem ermäßigten Porto direkt versandt. Die politischen Zeitungen unterlagen aus Gründen der Zensur dem Postzwang. Allerdings fand auch hier der Transport vermehrt über die Bahn statt, sodass die Bahnhofsbuchhändler damit direkt an der Quelle saßen. Große Presseunternehmen organisierten einen speziellen Kurierdienst, der

266 Vgl. Bücher: Der Vertrieb der Zeitungen, S. 222, und Bücher: Zur Geschichte des Zeitungs-Abonnements, S. 6.
267 Vgl. Bücher: Der Vertrieb der Zeitungen, S. 235.
268 Vgl. Dorn/Vogel: Geschichte des Pressevertriebs, S. 56.
269 Vgl. Schmitt/Hahn: Unsere Firmengeschichte, S. 45.

die Presseartikel zügig an den Bestimmungsort auslieferte.[270] Das im Bahnhofsbuchhandel vertriebene Angebot von Zeitungen unterlag – wie auch der Buch- und Zeitschriftenverkauf – der Kontrolle der jeweiligen Bahnbehörde. Bis 1918 selektierten die Eisenbahnverwaltungen systematisch die sozialdemokratische Presse. Außerdem galt ihr Augenmerk Presseartikeln, die gegen die guten Sitten verstießen. Darüber hinaus versuchten die Bahnbehörden, auch die Preise festzusetzen. Analog zur Einführung der Krönerschen Reform 1888, die einen festen Ladenpreis für Bücher und Zeitschriften vorschrieb, intendierten die Bahnverwaltungen einen verbindlichen Verkaufspreis auch für Zeitungen.[271] Die Bahnverwaltungen konnten sich mit dieser Forderung jedoch nicht durchsetzen, und für die Bahnhofsbuchhändler war es ein Ärgernis, dass die Zeitungen je nach Standort zu unterschiedlichen Preisen verkauft wurden. Nach 1900 häuften sich die Klagen, dass die Presseartikel an den Bahnhöfen teurer waren als an den Straßenkiosken. Die *Berliner Zeitung* (Ullstein-Verlag) beschwerte sich in einem Artikel vom 12. Oktober 1887 darüber, dass die Zeitungen an den Fernbahnhöfen der Stadt – zu diesem Zeitpunkt besaß Stilke noch keine Konzession für den Bahnhofsbuchhandel in Berlin – häufig doppelt so teuer waren wie an den Stadtkiosken.[272] Die Bahnhofsbuchhändler begründeten den Preisaufschlag mit den höheren Aufwandskosten (u.a. Pachtgebühren) für ihre Verkaufsstände.

Grundsätzlich entwickelte sich der Bahnhofs- und Verkehrsbuchhandel wegen seiner Infrastruktur und als Verkehrsknotenpunkt einer Stadt oder Region zu einem der wirkungsmächtigsten Distributionssysteme für Presseartikel und spielte auf dem Zeitungsmarkt im Nummernverkauf eine wichtige Rolle. Die Branche war sich ihrer Machtposition bewusst und drohte denjenigen Verlegern, die ihre Zeitungen und Zeitschriften an Schleuderfirmen abgaben, mit Boykott. 1906, ein Jahr nach seiner Gründung, setzte sich der Verein Deutscher Bahnhofsbuchhändler für einen Einheitsverkaufspreis für in- und ausländische Tageszeitungen ein. Auch in der Rabattfrage machten die Verleger Zugeständnisse. Die Bahnhofsbuchhändler erhielten fünfzig Prozent Nachlass gegenüber dem Verkaufspreis. Im Sommer 1919 erhöhten die Zeitungsverleger die Preise pro Einzelnummer um fünf Pfennig und versagten den Bahnhofsbuchhändlern erstmals die obligatorischen fünfzig Prozent. Der prompte Protest der Bahnhofsbuchhändler und ihres Verbandes war erfolgreich.[273] Auch bei späteren Preissteigerungen konnten die Bahnhofsbuchhändler ihre Sonderkonditionen verteidigen.

Bei den Zeitschriften war das Abonnement die hauptsächliche Bezugspraxis. Selbst in den 1880er Jahren sah der Kolportagebuchhandel im Bahnhofsbuchhandel noch keine ernsthafte Konkurrenz.[274] Gewöhnlich erwarben die Kunden ihre Abonnements über den Kolportagebuchhandel bzw. den Buch- und Zeitschriftenhandel, wie sich die Branche seit

270 Vgl. Dorn/Vogel: Geschichte des Pressevertriebs, S. 60.
271 Ebd. S. 61.
272 Vgl. 50 Jahre Ullstein 1877–1927, S. 19f.
273 Vgl. Bücher: Der Vertrieb der Zeitungen, S. 235f.
274 Vgl. Elsner: Beiträge und Dokumente, Bd. 1, S. 122.

1906 nannte. Bei ihren Produkten handelte sich vor allem um Familien- und Modezeitschriften, Illustrierte, Witzblätter und Romanzeitungen.

Das Sortiment spielte beim Einzelverkauf nur eine marginale Rolle; um 1900 wurden etwa zwei Drittel der Zeitschriften über den Reise-, Kolportage- und Bahnhofsbuchhandel abgesetzt.[275] Die Kolportagebuchhandlungen reagierten auf ihre Konkurrenz durch die Einführung des heftweisen Bezugs. Für die regelmäßige Lieferung des Blattes musste zwar ein Abonnement abgeschlossen werden, der Kunde zahlte aber nicht mehr quartalsweise, sondern heftweise. Diese Regelung erleichterte auch den finanziell weniger gut situierten Lesern den regelmäßigen Bezug von Periodika. Durch den nummernweisen Verkauf von Presseartikeln gelang es dem Kolportagebuchhandel, die Abonnementszahlen deutlich zu erhöhen.[276] Ein Ärgernis war allerdings, dass manche Zeitschriftennummern im Bahnhofs- und Straßenhandel früher erhältlich waren als über den Abonnementsbezug.[277] Beklagt wurde auch, dass Friseure, Gemeindediener und Geistliche dem Zeitschriftenhandel Konkurrenz machten und im Straßenhandel stets die aktuellsten Zeitschriftenausgaben offerierten.[278] Grundsätzlich mussten die Buch- und Zeitschriftenhändler jedoch konstatieren, dass der Einzelverkauf durchaus auch zum Abschluss eines Abonnements führen konnte: „Das trifft bei einfachen Leuten ebenso wie bei gut situierten zu. Oft werden im Zeitungskiosk von einer ansprechenden Zeitschrift einzelne Nummern gekauft, das gekaufte Heft gefällt dem Käufer, und es wird bei ihm der Wunsch rege, die Zeitschrift regelmäßig zu lesen“.[279] Die Verleger erkannten gerade beim Zeitschriftenverkauf im Bahnhofsbuchhandel eine wichtige Vertriebsinstanz. Deshalb stand fortan ein gewisses Kontingent der Auflage für den Einzelverkauf zur Verfügung. Auf jedem Exemplar war der jeweilige Heftpreis aufgedruckt. Auch auf Zeitschriften erhielt der Bahnhofsbuchhandel mit durchschnittlich fünfzig Prozent einen großzügigen Rabatt. Um die Jahrhundertwende beklagten die Kolportagebuchhändler, dass der Pressekonzern August Scherl in der Rabattgewährung die Bahnhofsbuchhändler gegenüber den anderen Branchen bevorteilte.[280]

Ein besonderes Problem für den deutschen Bahnhofsbuchhandel war der Bezug von ausländischen Zeitschriften und Zeitungen. Die dezentrale Organisation des deutschen Bahnhofs- und Verkehrsbuchhandels stellte die ausländischen Pressevertriebsstellen vor ein Distributionsproblem, das diese im eigenen Land, wo nur eine Firma den Zeitschriftenvertrieb betrieb, nicht kannten. Dieses Vakuum füllte der Mainzer Buchhändler August Saarbach. Er gründete 1887 die Firma *News Exchange* und erwarb sich als Verhandlungs- und Vermittlungspartner mit ausländischen Presseunternehmen eine Monopolstellung auf diesem Gebiet, die zumindest anfangs von den deutschen Bahnhofsbuchhändlern durchaus

275 Ebd. S. 179.
276 Ebd. Bd. 2, S. 93.
277 Ebd. Bd. 2, S. 50.
278 Ebd. Bd. 2, S. 77.
279 Ebd. Bd. 2, S. 94.
280 Ebd. Bd. 1, S. 189.

gewünscht war, denn hier konnten sie ihre ausländischen Produkte aus einer Hand beziehen.[281]

Das Unternehmen *News Exchange* spezialisierte sich auf den Presseimport für den Einzelverkauf. Der Firmengründer August Saarbach (1854–1912) war Vertriebspartner der amerikanischen Zeitung *New York Herald*, die sich auch auf dem europäischen Markt etablieren wollte. 1887 lernten sich der Herausgeber der Zeitung *New York Herald*, James Gordon Bennett (1841–1918), und August Saarbach zufällig auf einer Überseereise kennen. Bennett äußerte Interesse daran, amerikanische Touristen auch in Europa mit amerikanischen Zeitungen zu versorgen. Seit 1866 waren die Atlantikkabel installiert und der problemlose Nachrichtenverkehr ermöglichte die Gründung einer in Europa gedruckten Ausgabe des *New York Herald*. Saarbach erklärte sich bereit, dieses Projekt zu betreuen.[282] Er hatte mit seiner Gründung einen so großen Erfolg, dass ihm innerhalb kurzer Zeit auch französische Presseverlage den Auslandsvertrieb ihrer Presseorgane übertrugen, und Saarbach richtete Filialen in Paris, New York, London und Berlin ein. In den Vorkriegsjahren betreute er den Vertrieb von über einhundert europäischen Presseartikeln.

1912 starb der Firmengründer und der Sitz des Unternehmens wechselte unter der Regie von Wilhelm Eduard Saarbach (1887–1970) von Mainz nach Köln.[283] Mit Kriegsbeginn musste der Firmenname geändert werden, denn die internationale Bezeichnung *News Exchange* war jetzt politisch unerwünscht. Das Unternehmen firmierte fortan unter dem Namen *Auslandszeitungshandel W.E. Saarbach*.[284] Seine Monopolstellung nutzte Saarbach aus und vereinbarte Sonderkonditionen mit den Auslandsvertriebsstellen. Er sicherte sich das ausschließliche Verkaufsrecht für zahlreiche ausländische Zeitungsartikel; darüber hinaus ermöglichte ihm seine Funktion als einziger Zwischenhändler in Deutschland erhebliche Preisaufschläge.

Die Verkehrsbuchhändler beklagten sich über die Monopolbildung, aber auch über die rigide Preispolitik des Unternehmens, zumal dieses verschiedene Bahnhofsbuchhandlungen wegen Streitigkeiten von der Auslieferung gesperrt hatte. Ein anderer Konfliktpunkt war, dass Saarbach nicht nur den Bahnhofsbuchhandel, sondern auch dessen schärfste Konkurrenz, den Zeitungs- und Kolportagebuchhandel, belieferte. Der florierende Zeitungshandel an Kiosken führte dazu, dass die Nachfrage im Bahnhofsbuchhandel vorübergehend stagnierte und dieser zunehmend Artikel remittieren musste. Saarbach schränkte das Remissi-

---

281 BHB Nr. 10 vom 2. Januar 1906, S. 135; über das Unternehmen Saarbach vgl. Achtzig Jahre 1887–1967. W. E. Saarbach GmbH.

282 Vgl. Achtzig Jahre 1887–1967. W. E. Saarbach GmbH, S. 9ff.

283 Vgl. auch Dorn/Vogel: Geschichte des Pressevertriebs, S. 72f.

284 Das Unternehmen musste wegen der gestörten Auslandskontakte während des Ersten Weltkriegs seine Aktivitäten einstellen. Erst in den frühen zwanziger Jahren belebte sich der Zeitschriftenhandel der Firma Saarbach allmählich wieder. Das Unternehmen beschränkte sich allerdings vorläufig auf den Import von ausländischen Zeitungen und Zeitschriften und verzichtete auf die Wiedereinrichtung von ausländischen Filialen. 1936 wurde der Firmenbesitzer aus der Reichsschrifttumskammer ausgeschlossen und ein Importverbot über Schweizer Presseartikel verhängt. Vgl. Achtzig Jahre 1887–1967. W. E. Saarbach GmbH, S. 17.

onsrecht der Bahnhofsbuchhändler zudem massiv ein, obwohl die Rückgabe von unverkauften Posten für den Bahnhofsbuchhandel existenziell war.[285]

Die Bahnhofsbuchhändler traten an ihren Verband mit dem Vorschlag heran, dass dieser in eigener Regie eine Einkaufsstelle für ausländische Presseartikel einführen oder wenigstens Konkurrenzunternehmen zu Saarbach fördern sollte.[286] Grundsätzlich waren sich die Bahnhofsbuchhändler darin einig, dass die Branche eine zentrale Einkaufs- und Auslieferungsstelle für ausländische Zeitungen benötigte, denn kaum ein Bahnhofsbuchhändler in Deutschland war in der Lage, ausländische Artikel in großen Mengen und damit zu günstigeren Konditionen abzunehmen.[287] Der Verlegernettopreis der Sixpence-Magazine belief sich z.B. auf 37 bis vierzig Pfennig zuzüglich des Kreuzbandportos von mindestens vierzig Pfennig. Saarbach konnte dennoch diese Magazine zu 55 Pfennig verkaufen, da er so große Posten orderte, dass das Porto erheblich reduziert werden konnte.[288]

Dem Konzerninhaber August Saarbach war es somit innerhalb von wenigen Jahren gelungen, sich eine unangreifbare Monopolstellung auf dem Sektor des Zeitungs- und Zeitschriftenvertriebs im In- und Ausland zu sichern. Ein Konzentrationsprozess zeichnete sich jedoch nicht nur auf dem Pressemarkt ab; in den Vorkriegsjahren gründeten Bahnhofs- und Verkehrsbuchhändler vermehrt neue Unternehmensformen, die einerseits eine Ausbreitung ihres Wirkungsraumes und andererseits eine Minderung der Geschäftsrisiken intendierten. Federführend auf diesem Gebiet waren die Bahnhofs- und Verkehrsbuchhändler Hermann Stilke, Jaçques Bettenhausen und Karl Schmitt, die sich durch Teilfusionen ihrer Unternehmen und der Gründung von neuen Gesellschaftsformen ihren wirtschaftlichen Standort sicherten. Der Sortimentsbuchhandel wie auch mittelständische Bahnhofsbuchhandlungen beobachteten diesen Trend argwöhnisch und warnten vor den Gefahren einer Konzentrationsbewegung in ihrer Branche, eine Tendenz, die durch die vermehrte Bildung von Aktiengesellschaften auch im Buchhandel vor allem von mittelständischen Unternehmen argwöhnisch beobachtet wurde.

5.7 Konzentrationsprozesse im Bahnhofs- und Verkehrsbuchhandel um 1900

Seit den 1870er Jahren waren Veränderungen der Besitzverhältnisse und die Einführung von neuen Gesellschaftsformen im deutschen Verlagsbuchhandel zu beobachten. Verlage, die bislang in Familienbesitz waren, wandelten sich vermehrt in Aktiengesellschaften um. Gewöhnlich wurden die Verlagsunternehmen nach dem Tod des Firmengründers von den Söhnen oder von der Witwe weitergeführt, die für Führungsaufgaben einen Prokuristen einsetzte. Die Umwandlung eines Familienunternehmens in eine Kapitalgesellschaft konnte

285 BHB Nr. 11 vom 15. Januar 1906, S. 143.
286 Ebd. S. 144.
287 BHB Nr. 12 vom 1. Februar 1906, S. 153; vgl. auch Achtzig Jahre 1887–1967. W. E. Saarbach GmbH, S. 33.
288 BHB Nr. 12 vom 1. Februar 1906, S. 153.

aus verschiedenen Gründen notwendig werden, z.B. nach der Zersplitterung des Familienerbes oder in Folge einer eklatanten Kapitalminderung nach Auszahlung von Erben.

Für eine Umwandlung von Familienunternehmen in andere Gesellschaftsformen standen verschiedene Varianten zur Auswahl.[289] Ein Teil der Familienpolitik in einer Verlagsfirma konnte z.B. durch die Aufnahme eines Teilhabers aufrechterhalten werden, der dem Unternehmen Kapital zuführte. Teilhaber konnten Familienmitglieder, aber auch langjährige Mitarbeiter des Geschäfts werden. Die Form der Teilhaberschaft sicherte dem Firmenbesitzer die Möglichkeit, die Nachfolge selbst zu regeln, auch wenn keine unmittelbaren Erben zur Verfügung standen. Für die Umwandlung einer Privatfirma in eine Kapitalgesellschaft standen die Formen einer Aktiengesellschaft oder seit 1898 einer Gesellschaft mit beschränkter Haftung zur Auswahl. Wesentliches Kriterium einer Kapitalgesellschaft war die Trennung von Geschäftsführung und Geschäftsbesitz sowie von Firmenkapital und Privatkapital. Die Überführung eines Familienunternehmens in eine Kapitalgesellschaft barg Risiken, weil die Geldgeber, z.B. die Banken, Einfluss auf die Unternehmenspolitik gewinnen konnten. Schlimmstenfalls konnten die Kapitalgesellschaften Opfer von Spekulationen werden.

Ein zunehmender Trend zur Gründung von Kapitalgesellschaften war in den Jahren 1871 bis 1873 zu verzeichnen. Mehrheitlich wurden Presseunternehmen, Druckereien und Kunsthandlungen in neue Gesellschaftsformen überführt. Der „Gründerkrach" hemmte diese Entwicklung nur vorübergehend. Seit den 1880er Jahren war aber wieder ein Aufwärtstrend für neue Gesellschaftsformen im Verlags- und vor allem im Pressewesen zu konstatieren.[290] In den beiden ersten Jahrzehnten des 20. Jahrhunderts gründeten zahlreiche Verlage Interessen- und Unternehmensgemeinschaften, die vornehmlich eine Risikominimierung zum Ziel hatten.

Unmittelbar vor Kriegsausbruch gewann die Frage eines zunehmenden Konzentrationsprozesses auch im deutschen Bahnhofsbuchhandel an Brisanz. Für die Bahnhofsbuchhändler bot sich die Umwandlung der Unternehmen in Kapitalgesellschaften an. Die Bahnhofsbuchhandlungen arbeiteten bereits mit einem zwar häufig regional begrenzten, aber dichten Filialsystem und waren auf kompetente Geschäftsführer angewiesen. Eine überregionale Ausweitung und Einflussnahme von Bahnhofsbuchhandlungen war nur durch die Gründung einer Kapitalgesellschaft möglich. Die dezentrale Organisation der Eisenbahnen verhinderte die Etablierung einer einzelnen Firma für den gesamten deutschen Bahnhofsbuchhandel, wie sie im europäischen Ausland, z.B. in Skandinavien, und vor allem in den Vereinigten Staaten üblich waren, wo nur zwei große Presseunternehmen die Literaturversorgung für Reisende sicherstellten. Aber gerade die Einrichtung von Kapitalgesellschaften durch die wirtschaftlich einflussreichen Bahnhofsbuchhändler der deutschen Großstädte, die vor Ort bereits über ein engmaschiges Filialnetz verfügten, stellte für die kleineren Bahnhofsbuchhandlungen zunehmend eine existenzielle Gefahr dar. Die Gründung von

289 Vgl. Jäger: Der Verlagsbuchhandel, S. 197ff; vgl. auch Franz: Konzentrationsbewegung im deutschen Buchhandel.

290 Vgl. Jäger: Verlagsbuchhandel, S. 205ff.

Kapitalgesellschaften oder Kartellen war für die Großunternehmen von Vorteil, konnten sie doch auf diesem Wege ihren Einfluss auf die Branche erweitern, bei den Verlagen durch Massenbestellungen einzelner Buchtitel günstige Bezugsbedingungen aushandeln und das finanzielle Risiko der Unternehmung mindern.

Vor allem die mittelständischen Bahnhofsbuchhandlungen problematisierten die vermehrte Gründung von Kartellen.[291] 1906 warf der Dresdner Kolportage- und Zeitschriftenhändler Heinicke in der Zeitschrift *Deutsche Kolportagezeitung* dem Verein Deutscher Bahnhofsbuchhändler die Vernachlässigung der Interessen mittelständischer Bahnhofsbuchhandlungen zugunsten der Förderung von „Monopolfirmen" vor.[292] Doch der Verband reagierte gelassen und sah in der fortschreitenden Firmenkonzentration eine unaufhaltsame Entwicklung des modernen Buchmarkts:

> Wir haben bereits früher ausgeführt, wie heute die gesamte wirtschaftliche Bewegung danach drängt, das etwa zerstreute Kapital zusammenzufassen, wie sich alles zu Ringen, Syndikaten, Vereinigungen zusammenschließt: sollen wir glauben, daß diese übermächtigen Bestrebungen nur am Bahnhofsbuchhandel Halt machen? Die Gewalt der Verhältnisse ist stärker als unser Wünschen, und so sehr wir es beklagen können, wie hart den einen oder den anderen der Schicksalsschlag trifft; aufzuhalten ist keine Bewegung, die durch wirtschaftliche Verhältnisse bedingt ist.[293]

Auf die gängige Ausschreibungspraxis reagierten vereinzelt wirtschaftlich potente Bahnhofsbuchhändler zur besseren Marktpositionierung mit der Gründung von Kartellen. Nicht nur die Ausschreibungspraxis der deutschen Bahnverwaltungen löste Unruhe aus, sondern auch die Aktivitäten des Berliner Verkehrsbuchhändlers Hermann Stilke, der seit 1912 im Berliner Raum systematisch Verlage und Buchhandlungen aufkaufte.[294] Darüber hinaus plante Stilke gemeinsam mit anderen Bahnhofsbuchhandlungen, u.a. der Firma Bettenhausen, überregionale Interessengemeinschaften.[295] Innerhalb von nur wenigen Jahren entstanden so die GmbH Vereinigter Leipziger Bahnhofsbuchhandel (1912), das Unternehmen Rheinbuchhandel (1920) sowie die Storm's Kursbuch-Verlagsgesellschaft (1921).

5.7.1 Gründung der GmbH Vereinigter Leipziger Bahnhofsbuchhandel (1912)

Im Jahre 1912, in dem auch ein Bereich des neuen Leipziger Bahnhofs in Betrieb genommen wurde, schlossen sich die wirtschaftlich dominierenden Bahnhofsbuchhändler Deutschlands, Robert Steuernagel (Leipzig), Jaçques Bettenhausen (Dresden) und Hermann

291 Bei einem Kartell handelt es sich um eine Verbindung zwischen selbstständig bleibenden Unternehmern derselben Branche mit dem Ziel der monopolistischen Beherrschung des Marktes. Vgl. Franz: Konzentrationsbewegung im deutschen Buchhandel, S. 20f.

292 Vgl. BHB Nr. 22 vom 1. Juli 1906, S. 277f.

293 BHB Nr. 22 vom 1. Juli 1906, S. 277f.

294 Vgl. Franz: Konzentrationsbewegung im deutschen Buchhandel, S. 170.

295 Bei diesem Begriff handelt es sich um eine eingedeutschte Variante des Terminus „trust" aus dem Amerikanischen. In Amerika waren nur zwei, drei große Zeitschriftenkompanien für den gesamten Bahnhofsbuchhandel zuständig. Insofern zielte die Bezeichnung „Vertrustung" auch gegen das amerikanische Modell.

Stilke (Berlin), zu einer Gesellschaft mit beschränkter Haftung[296] zusammen, die als meistbietende Bewerberin 1912 die Konzession für den Buchhandel auf dem neu eröffneten und wirtschaftlich attraktiven Leipziger Hauptbahnhof zugesprochen bekam – dies zum großen Ärger des Leipziger Sortimentervereins, der sich gleichfalls beworben hatte.[297]

In Leipzig entstand der größte und komfortabelste Bahnhof Europas. Das Verkehrsaufkommen nahm rapide zu und die alten Leipziger Bahnhöfe aus der zweiten Hälfte des 19. Jahrhunderts waren dem zunehmenden Reiseaufkommen nicht mehr gewachsen.[298] So stieg die Zahl der Reisenden 1872 von 1.481.000 auf 6.288.000 im Jahr 1899. Erste Überlegungen, einen zentralen Bahnhof für alle preußischen und sächsischen Linien zu bauen, entstanden schon 1902. Der Zeitplan sah schließlich eine Fertigstellung im Jahr 1914 vor; allerdings sollten der Güterbahnhof und Teile der Gleisanlagen bereits 1911 eröffnet werden.

Im Herbst 1906 schrieben die preußischen und sächsischen Regierungen den Bau des Bahnhofs als Wettbewerb aus. Leipzig sollte den modernsten und repräsentativsten Bahnhof Europas erhalten.[299] Die Bewerberzahl war daher enorm. Den Eisenbahnverwaltungen gingen 76 Entwürfe der namhaftesten Architekten Deutschlands zu.[300] Die Architekten William Lossow und Max Hans Kühne erhielten mit ihrem Entwurf *Licht und Luft* den Zuschlag. Die beiden Architekten berücksichtigen bereits in der Planungsphase die späteren Standorte der Verkaufsstände des örtlichen Bahnhofsbuchhändlers.[301] In den Wettbewerbsbestimmungen war festgelegt, dass die Verkaufsstände und Verkaufsräume für Zigarren-,

296 Die Vereinigte Leipziger Bahnhofsbuchhandlung wurde am 4. April 1912 als GmbH gegründet; die Geschäftsführung übernahmen neben Robert Steuernagel der Geschäftsführer des Buch- und Zeitschriftenvertriebs m.b.H. in Berlin Franz Hennig und William Pappritz, der Mitinhaber der Bahnhofsbuchhandlung Schmitt in Heidelberg. Vgl. Adreßbuch des deutschen Buchhandels, 1920, I. Abt., S. 429 und 233.

297 Bbl. Nr. 82 vom 10. April 1912, S. 4466; Bbl. Nr. 101 vom 2. Mai 1912, S. 5441; vgl. auch Franz: Konzentrationsbewegung im deutschen Buchhandel, S. 163ff.

298 Der erste Leipziger Bahnhof, der Magdeburger Bahnhof, wurde nach der Vollendung der Leipzig-Dresdner Eisenbahn im August 1840 eröffnet. Innerhalb weniger Jahre entstanden der Bayerische Bahnhof (1841), der Thüringer Bahnhof (1856), der Berliner Bahnhof (1859) und der Eilenburger Bahnhof (1874). Ein Nachteil dieser auf das Stadtgebiet und die Stadtränder verteilten Bahnhöfe war ihre mangelhafte verkehrstechnische Anbindung an die Innenstadt. Der Berliner Bahnhof konnte nur mit Pferdedroschken erreicht werden und als er im Mai 1896 an das Straßenbahnnetz angeschlossen wurde, hatte er seine Bedeutung als wichtiger Personenbahnhof bereits eingebüßt. Die Entfernungen zwischen den Bahnhöfen betrugen zwischen 2 km und 4 km. Als der neue zentrale Leipziger Hauptbahnhof zwischen 1912 und 1915 sukzessive in Betrieb genommen wurde, erfolgte der Abriss der alten Bahnhofsgebäude. Vgl. Berger: Hauptbahnhof Leipzig, S. 10ff

299 Ebd. S. 51.

300 Ebd. S. 52.

301 Die Berücksichtigung eines Verkaufspavillons bereits in der Planungsphase des Bahnhofsbuchhändlers fand erstmals 1910 beim Neubau des Hauptbahnhofs Karlsruhe statt. Der Verkehrsbuchhändler Keye, der den Standort übernehmen sollte, versuchte nach Besichtigung der zugewiesenen Verkaufsfläche noch Änderungsvorschläge einzubringen, doch die Bauleitung bestand auf einer Anpassung an die architektonische Gestaltung des Gebäudes. Vgl. Schmitt/Hahn: Unsere Firmengeschichte, S. 119f.

Zeitungs- und Blumenhändler sowie für Geldwechsler in die Entwürfe für die Gestaltung des Empfangsgebäudes mit einbezogen werden mussten.[302]

Erstmals erhielten die Bahnhofsbuchhändler auf dem Gelände eines Bahnhofs einen vom Personal begehbaren, geschlossenen und damit windgeschützten Verkaufspavillon sowie einen festen Raum zugewiesen, den sie als Büro und Lager verwenden konnten. Der Vorteil dieses zusätzlichen Lagerraums war die schnelle Beschaffung von Nachschub. Für die Bücherverkäufer verbesserten sich jetzt die Arbeitsbedingungen in der stets belüfteten und durch große Lichthöfe beleuchteten Empfangshalle. Die Zahl der Bewerber für die Konzession zur Unterhaltung einer Bahnhofsbuchhandlung in Leipzig war entsprechend hoch. Ein Jahr später als geplant, am 4. Dezember 1915, wurde die Einweihung des neuen Bahnhofs feierlich begangen. Doch schnell stellte sich heraus, dass ein Verkaufspavillon für Bücher und Presseartikel in der überdimensionalen Eingangshalle nicht ausreichte:

> Sollte also dem Buche auf dem größten europäischen Bahnhofe, auf dem Bahnhofe der Buchhändlerstadt Leipzig, der ihm gebührende Platz eingeräumt werden, so müßten Einrichtungen getroffen werden, die dem reisenden Publikum überall dort, wo es vorübergehen mußte, das Vorhandensein von Büchern, Zeitschriften und Zeitungen in auffälliger Weise zeigten. Ein ursprünglich auf der rechten Terrasse der Eingangshalle auf der preußischen Seite dem Buchhandel zugewiesener besonderer Platz, auf dem sich auch jetzt noch ein Verkaufspavillon befindet, erwies sich als zu weit abgelegen. Um gewissermaßen Buch und Zeitung mitten in den Verkehr hineinzustellen, machte es sich nötig, nicht nur einen, sondern eine ganze Reihe von Verkaufsständen einzurichten. Außer dem erwähnten Pavillon befinden sich daher in den beiden großen Eingangshallen weitere zwei Pavillons. Dort aber, wo sich der Hauptverkehr abspielt, nämlich auf dem großen Querbahnsteige, erblicken wir vier große Bücherverkaufstische, die von keinem der Vorübergehenden übersehen werden können.[303]

Als Konsequenz wurden dem Vereinigten Leipziger Bahnhofsbuchhandel mehrere Verkaufsflächen in der Halle sowie auf den Bahnsteigen zugewiesen. Die GmbH war mit ihren verschiedenen Verkaufsständen auf dem Leipziger Bahnhof jetzt gut platziert. Gerade in der Messestadt sollte doch das Unternehmen als repräsentatives Aushängeschild des gesamten deutschen Bahnhofsbuchhandels dienen. Die Geschäftsleitung innerhalb der GmbH hatte der in Leipzig ansässige Robert Steuernagel inne. Die Idee war, dass die Buchverkaufsstellen an allen denjenigen Plätzen positioniert wurden, die die Reisenden auf dem Weg zu ihren Zügen zwangsläufig passierten.

302 Vgl. Berger: Hauptbahnhof Leipzig, S. 54.

303 Zit. n. Hack: Marginalien, Nachrichten und Dokumente, S. 19.

Verkaufsstand der Firma Vereinigter Leipziger Bahnhofsbuchhandel G.m.b.H. Querbahnsteig des Leipziger Hauptbahnhofs.

Obwohl die Vereinigte Leipziger Bahnhofsbuchhandlung mehrere Standorte zugewiesen bekam, kämpfte sie weiterhin mit Raumproblemen, zudem die Verkaufsaufbauten den Reisenden nicht die Sicht auf die Gleisanlage versperren durften. Die Bahnverwaltung ermöglichte inzwischen eine optimale Beleuchtung der Verkaufsflächen. Jeder der Tische war jetzt mit elektrischem Licht ausgestattet, was die Stände besonders augenfällig gestaltete. Neben den festen Pavillons und Verkaufstischen versorgte die Vereinigte Leipziger Bahnhofsbuchhandlung die Passagiere auf den Längsbahnsteigen mit acht Bücherwagen und mehreren Reclam-Bücherautomaten.[304] Eine dermaßen großzügige Präsentation von Literatur auf dem Bahnhof war nicht nur vollkommen neu, sondern auch nur durch ein Großunternehmen zu gewährleisten. Eine kleinere Sortiments- oder Bahnhofsbuchhandlung wäre nicht nur an der notwendigen Kapitalinvestition, sondern auch am Personalaufgebot gescheitert. Die Vereinigte Leipziger Bahnhofsbuchhandlung beschäftigte über dreißig Mitarbeiter, die rund um die Uhr die Verkaufsstände betreuten.

5.7.2 Die Teilfusion zwischen Carl Schmitt und Jaçques Bettenhausen (1914)

An Schärfe gewann die Diskussion über die zunehmende „Vertrustung“ des Bahnhofsbuchhandels allerdings erst mit der Neuverpachtung der badischen Bahnhofsbuchhandlungen im Frühjahr 1914, als der Dresdner Bahnhofsbuchhändler Jaçques Bettenhausen erstmals als auswärtiges Unternehmen ca. zwanzig Filialen im süddeutschen Raum über-

304 Ebd. S. 20.

nahm.[305] Die mittelständischen Unternehmen setzten daraufhin auf der Hauptversammlung der Bahnhofsbuchhändler am 9. Mai 1914 den Tagungsordnungspunkt „Was gedenkt unser Verein zu tun, um einer allmählichen Vertrustung des deutschen Bahnhofsbuchhandels vorzubeugen?“ durch.[306]

Anfang des Jahres 1914 vereinigten sich die Bahnhofsbuchhandlungen Bettenhausen (Dresden) und Schmitt (Heidelberg) zu einer Interessengemeinschaft. Der Grund war die wirtschaftliche Stagnation des Heidelberger Unternehmens seit der Jahrhundertwende. Das Unternehmen Schmitt erhoffte sich durch auswärtige Unterstützung innovative Impulse für das eigene Geschäft. Der Inhaber Keye entschied sich, mit dem erfolgreichen Dresdner Bahnhofsbuchhändler Bettenhausen zu kooperieren, der ihm einen erfahrenen Geschäftsführer zur Seite stellte. Am 12. Januar 1914 wurde ein Pachtvertrag zwischen der Großherzoglichen Generaldirektion der badischen Staatseisenbahnen in Karlsruhe mit der Firma Carl Schmitt, Centraleisenbahnbuchhandlung, in Heidelberg sowie der Firma J. Bettenhausen, Spezialbuchhandlung für Reise und Verkehr, in Dresden geschlossen.[307] Dadurch gelang es dem Dresdner Unternehmen, sein Wirkungsfeld über die eigenen Landesgrenzen hinaus auszudehnen, denn im Gegenzug übernahm es die Leitung von badischen Bahnhofsbuchhandlungen, u.a. in Mannheim, Heidelberg, Karlsruhe und Baden-Baden, sowie von elf weiteren Niederlassungen im Elsass, u.a. in Straßburg, Metz, Mühlhausen und Colmar. Die Kooperation löste sich aber bereits mit Beginn des Weltkriegs wieder auf. Das Kriegsgeschehen verhinderte schließlich eine weitere Expansion des Unternehmens und Bettenhausen zog seinen Geschäftsführer zurück. Allerdings blieben die badischen Bahnhofsbuchhandlungen weiterhin im Besitz Bettenhausens. Nach der Gründung der Deutschen Reichsbahn 1920 schloss diese mit dem Dresdner Unternehmen einen neuen Pachtvertrag, der den Betrieb der badischen Filialen bestätigte.[308]

Mittelgroße und kleinere Bahnhofsbuchhandlungen appellierten jetzt an die Verlage, die Gefahr einer Monopolstellung von wenigen Bahnhofsbuchhändlern rechtzeitig zu unterbinden, da diese durch Boykottmaßnahmen massiven Einfluss auf die verlegerischen Bezugskonditionen und die Preispolitik nehmen könnten. Auch das *Börsenblatt* warnte vor allem die Verleger vor dieser Entwicklung. Während diese derzeit mit zahlreichen Verkehrsbuchhandlungen in Geschäftsverkehr standen, könnten wenige Großunternehmen wegen ihrer starken Marktposition die günstigsten Rabattsätze erzwingen.[309] Der Aufruf richtete sich auch an die Regierungen, die aufgefordert wurden, zugunsten des Erhalts eines breiten Mittelstandes zu intervenieren.

305 Vgl. BHB Nr. 4 vom 16. Februar 1914, S. 29.
306 BHB Nr. 9 vom 1. Mai 1914, S. 80.
307 Vgl. Schmitt: Unsere Firmengeschichte, S. 72f.
308 Ebd. S. 76.
309 Bbl. Nr. 98 vom 30. April 1914, S. 715.

5.7.3 Das Unternehmen Rheinbuchhandel (1920)

1920 beteiligte sich die Verkehrsbuchhandlung Schmitt an der Gründung der Interessengemeinschaft Rheinbuchhandel, eine Kooperation zwischen den Bahnhofsbuchhändlern J. Bettenhausen, G. Stilke und der Presse-Außenhandelsfirma Saarbach, die durch die gemeinsame Gründung von Dampfschiffbuchhandlungen eine Monopolstellung in der Rheinschifffahrt anstrebten. Geschäftssitz der Firma war Köln. Die Mitarbeit von Schmitt war wünschenswert, weil dieser vor Ort Logistik und Organisation übernehmen konnte. Die Firma Rheinbuchhandel bestand bis 1943.

Obwohl die Firma über zwanzig Jahre existierte, ließen sich keine weiteren Materialien über dieses Unternehmen finden. In den Adressbüchern von Köln befindet sich für den fraglichen Zeitraum nur ein Eintrag: 1939 wird die Firma Rheinbuchhandel mit den Geschäftsführern Jaçques Bettenhausen (Dresden), Hermann Stilke (Berlin), Eberhard Groos (Dresden) und Hermann Reinshagen (Berlin) genannt.[310]

5.7.4 Gründung von Storm's Kursbuch-Verlagsgesellschaft (1921)

Die drei großen Bahnhofsbuchhandlungen Schmitt, Stilke und Bettenhausen setzten nach dem Ersten Weltkrieg ihre Kooperation fort und arbeiteten gemeinsam an weiteren Projekten. Das Heidelberger Unternehmen beteiligte sich an der Firma Storm's Kursbuch-Verlagsgesellschaft in Leipzig, die von Bettenhausen und Stilke gegründet worden war,[311] und profitierte von der kostengünstigen Herstellung von Fahrplänen und Kursbüchern, ein von den jeweiligen Eisenbahngesellschaften vorgeschriebener Pflichtartikel eines jeden Bahnhofsbuchhändlers in Deutschland. Damit sicherten sich die drei Teilhaber das Monopol für diesen lukrativen Artikel mit Absatzgarantie.[312] Das Kursbuchgeschäft bot aber auch eine wirksame Einbindung in das Fremdenverkehrsgewerbe, das nach dem Ende des Ersten Weltkriegs ein wichtiges Betätigungsfeld für den Verkehrsbuchhandel darstellte. Kursbücher waren schnelllebige Verlagsprodukte, die in hohen Auflagen von bis zu 50.000 Exemplaren erschienen. In stark frequentierten Fremdenverkehrsgebieten erweiterten Verleger und Verkehrsbuchhändler ihr Literaturangebot um aufwändig gestaltete, reich illustrierte Werbeschriften z.B. zur Wintersaison in Bayern. So eröffnete sich für den Verkehrsbuchhandel mit dem Fremdenverkehrsgewerbe ein wichtiges neues Absatzsegment, das die Umsatzeinbrüche in den Nachkriegsjahren durch Kriegs- und Inflationsfolgen zumindest teilweise zu kompensieren vermochte.[313]

---

310 Auskunft der Stiftung Rheinisch-Westfälisches Wirtschaftsarchiv zu Köln vom 21. Mai 2002. Ein mögliches Firmenarchiv ist vermutlich durch Kriegseinwirkungen verloren gegangen. Auskunft des Historischen Archivs der Stadt Köln vom 15. Mai 2002. Vgl. auch Schmitt: Unsere Firmengeschichte, S. 145.

311 Offenbar waren an diesem Projekt auch andere Bahnhofsbuchhändler beteiligt, die aber namentlich nicht zu recherchieren waren. Vgl. Schmitt/Hahn: Unsere Firmengeschichte, S. 145.

312 Vgl. auch Schmitt: Unsere Firmengeschichte, S. 145.

313 Jäger: Verlagsbuchhandel, S. 317–319.

Die Verlagsgesellschaft Storm's Kursbuch legte im Sommer 1921 jeder Ausgabe einen Zettel bei, der auch für den Erwerb von *Richters Reiseführer* warb.[314] Das Unternehmen wies darauf hin, dass die Reiseführer entweder im Direktbetrieb von der Verlagsgesellschaft oder aber im Bahnhofsbuchhandel erworben werden konnten. Die Sortimentsbuchhändler reagierten auf diese Werbeaktion verärgert, weil das Sortiment als Vertriebsstelle nur am Rande erwähnt wurde. Die Storm's Kursbuch-Verlagsgesellschaft antwortete auf einen entsprechenden Bericht im *Börsenblatt* und verwies darauf, dass das Sortiment die beiden Artikel *Richters Reiseführer* wie auch das Kursbuch bislang kaum geführt habe und am Umsatz nur mit zehn Prozent beteiligt sei. Dagegen lief der Verkauf der beiden Produkte in Bahnhofsbuchhandlungen und Papierhandlungen sehr zufrieden stellend.

Der Protest der Sortimentsbuchhändler richtete sich vor allem gegen den Verkehrsbuchhändler Stilke. Einer der Wortführer des Sortiments in dieser Streitsache, die Köppe'sche Buchhandlung in Allenstein, wies darauf hin, dass Stilke in der Stadt bereits sechs Unternehmen führte – inklusive vier Straßenkiosken – und warnte vor einer regelrechten „Stinnesierung" (in Anspielung auf den Berliner Pressekonzern Stinnes) des Sortiments:

> Ist das deutsche Sortiment erst einmal so vertrustet, daß es dem Verlagsbuchhandel gegenüber eine einzige große Macht darstellt, so wird der Streit zwischen Sortiment und Verlag nicht mehr bestehen. Der Gesamt-Verlag wird dann nur noch nach der Pfeife des Herrn Stilke-Stinnes zu tanzen haben, und statt der heute üblichen Sortimenterklagen werden wir im Sprechsaal des Börsenblatts die beweglichen Ausführungen der Herren Verleger finden.[315]

Der angegriffene Stilke reagierte allerdings gelassen und widersprach, dass der hohe Umsatz der Kursbücher und Reiseführer im Bahnhofsbuchhandel nicht auf ein Monopol zurückzuführen sei, sondern der bessere Verkauf an den Ständen der Verkehrsbuchhändler deshalb gegeben sei, weil sie als Gebrauchsartikel von Reisenden kurz vor Reiseantritt erworben werden. 1928 trat das Unternehmen Schmitt seine Anteile an den zur Hugenberg-Gruppe gehörenden Verlag August Scherl ab. Nach und nach schieden auch die anderen Teilhaber aus dem Gemeinschaftsprojekt aus.[316]

Bei den hier genannten Gemeinschaftsprojekten kann man jedoch nicht von einem für die Gesamtbranche des verbreitenden Buchhandels dramatischen Konzentrationsprozess im Bahnhofsbuchhandel im eigentlichen Sinne sprechen. Die Vorwürfe zielten stets auf dieselben Firmen, nämlich Stilke, Schmitt und Bettenhausen, die als Großunternehmen auf verschiedenen geschäftlichen Sektoren zusammenarbeiteten. Auch wenn die Dominanz des Berliner Verkehrsbuchhändlers Stilke nicht zu unterschätzen war, schien das Problem einer fortschreitenden „Vertrustung" des Bahnhofsbuchhandels zu keinem Zeitpunkt zu einer konkreten Gefahr für die Gesamtbranche zu werden. Zudem hemmte die dezentrale Orga-

314 Bbl. Nr. 147 vom 27. Juni 1921, S. 928.
315 Bbl. Nr. 192 vom 18. August 1921, S. 1244.
316 Vgl. Schmitt/Hahn: Unsere Firmengeschichte, S. 145.

nisation der Eisenbahnen bis in die Jahre 1920/1921 die Entwicklung von überregional wirksamen Monopolstellungen.

Die Auseinandersetzung über Konzentrationsprozesse in der Branche verlor bereits mit Ausbruch des Weltkriegs an Bedeutung.[317] Auf der Hauptversammlung der Bahnhofsbuchhändler im Jahr 1915 reagierte man auf die Anfrage, wie der Verband mit dem Thema „Vertrustung" umgehen soll, mit der Einrichtung einer eigenen Kommission. Doch weder der *Bahnhofsbuchhandel* noch das *Börsenblatt* griffen diese Frage während des Krieges ernsthaft wieder auf. Auch über die inhaltliche Arbeit der Kommission ist nichts bekannt. Ein wesentlicher Grund dafür, warum das für die mittelständischen Betriebe so wichtige Thema nicht weiterverfolgt wurde, war sicherlich, dass der Verband nicht bereit war, gegen sein eigenes Vorstandsmitglied Hermann Stilke vorzugehen. Der Verein Deutscher Bahnhofsbuchhändler betrieb in dieser Frage ganz offenkundig seine eigene Interessenpolitik. Aktiv wurde der Verband erst, als verschiedene Unternehmen im Verlauf des Ersten Weltkriegs das Monopol der Bahnhofsbuchhändler im Feldbuchhandel brechen wollten und die Gründung einer nicht kommerziellen Gesellschaft unter der Regie der buchhändlerischen Vereine favorisierten.[318] Diese Forderung zielte wiederum vor allem auf die Monopolstellung Hermann Stilkes, der in den Ostgebieten mit großem Erfolg zahlreiche Feldbuchhandlungen betrieb.

So war in Deutschland die Übernahme von amerikanischen Geschäftsmethoden, wie sie die Trustbildung darstellte, zu keinem Zeitpunkt gegeben. Lediglich der Berliner Bahnhofsbuchhändler Hermann Stilke, der sich einige Jahre in den Vereinigten Staaten aufgehalten, und dort den Buchmarkt allgemein sowie innovative Unternehmensformen und Marketingkonzepte studiert hatte, versuchte Anregungen aus seiner Beschäftigung im Medienkonzern American News Company in sein eigenes Firmenkonzept zu integrieren.

Obwohl der wirtschaftliche Entfaltungsraum der deutschen Bahnhofsbuchhändler begrenzter war als im benachbarten Ausland oder in den Vereinigten Staaten, gelang es im ausgehenden 19. Jahrhundert den wirtschaftlich herausragenden Bahnhofsbuchhandlungen, ihren Aktionsradius beträchtlich zu vergrößern. Das literarische Versorgungsangebot für Vergnügungs- wie auch Geschäftsreisende wurde immer facettenreicher. So erweiterte der Bahnhofsbuchhandel mit der Ausbreitung des Seetourismus und des Überseeverkehrs sein literarisches Servicesystem für Reisende, die nun auf ein dichtes Versorgungsnetz auf allen Verkehrsmitteln, z.B. Buchhandlungen, Kioske und Leihbüchereien auf Dampfschiffen, in Bade- und Kurorten, in den Seebädern sowie in den wichtigsten Einrichtungen des Fremdenverkehrs, u.a. Buchläden, Kioske, Leihbüchereien und Lesezimmer in Hotels, Pensionen und Gasthöfen, zurückgreifen konnten.

317 Vgl. Bbl. Nr. 98 vom 30. April 1914, S. 715.
318 Vgl. Hack: Marginalien, Nachrichten und Dokumente, S. 22.

5.8 Einrichtung von Bade- und Kurbuchhandlungen

Bereits im ausgehenden 18. Jahrhundert war die literarische und kulturelle Unterhaltung der Badegäste neben den gesundheitsfördernden Anwendungen ein wichtiger Bestandteil des Seebadaufenthaltes. Es wurden abendliche Vergnügungen, z.B. Tanzveranstaltungen oder Lustpartien in benachbarte Orte, angeboten und Gesellschaftsräume, u.a. Billard- und Raucherzimmer, eingerichtet. Auch Lesezimmer und Lesebibliotheken gab es in den Seebädern bereits um 1800. Der Ostseebadeort Doberan besaß seit 1802 eine stattliche Lesebibliothek, die neben Journalen vor allem die Klassiker der deutschen und englischen Literatur, u.a. die Werke von Goethe, Schiller, Wieland, Fielding, Swift oder Sterne, bereithielt.[319] Eine Intensivierung der Literaturversorgung erfuhren die Badeorte entlang der Nord- und Ostseeküste um die Jahrhundertwende, als sie zunehmend mit der Eisenbahn erreichbar wurden und die Besucherzahlen, auch die Zahl der Kurzurlauber, deutlich zunahm.

Die gewöhnlich sehr wohlhabenden und müßiggängerischen Gäste von Seebädern griffen meist auf unterhaltende Lektüre zurück und entzogen sich häufig ganz bewusst dem politischen und wirtschaftlichen Tagesgeschehen. Die den Seebädern eigene kultivierte Atmosphäre schildert besonders eindringlich der Roman *Wellen* (1911) von Eduard von Keyserling. Das in Seebädern charakteristische Leseverhalten analysierte ein Verleger in seinem in den 1920er Jahren erschienenen Artikel *Zeitungs- und Zeitschriftenvertrieb in den deutschen Seebädern* treffsicher: „Zu schweren Lesestoff duldet schläfrig machende Seeluft nicht“, und „ob der Roman gerade bei der vierzigsten Fortsetzung ist, das macht den Leserinnen nichts aus, sie lesen alles, um dann in einem vielleicht zufälligen gerade frei werdenden Blatt den bis dahin ebenfalls unbekannten Roman auch in Bruchstücken zu genießen“.[320] Interessant ist der explizite Hinweis auf die weiblichen Leser von Fortsetzungsromanen. Die Männer griffen eher auf Zeitungen zurück. Auch am Strand war das Rollenverhalten in der Familie vorgegeben. Olga Frey, die mit ihrer Familie in den Badeort Heringsdorf an der Ostsee reiste, beschrieb eine typische Strandsituation der Jahrhundertwende:

> Von 9 Uhr an belebt sich der Strand; da erscheinen die Kurgäste auf der Düne und suchen sich ihre Hütte auf. Sie wird je nach dem Stand der Sonne gedreht und geöffnet. Die Kinder ergreifen ihre Grabscheite und fangen an, einen Wall von Sand auf-

---

319 Vgl. Prignitz: Vom Badekarren zum Strandkorb, S. 62.

320 Bbl. Nr. 83, 1921, S. 501f. In den zwanziger Jahren entbrannte auch für Badebuchhandlungen der Streit über den Verkauf von minderwertiger Literatur. Der Buchhändler Hanns Walter Bruchhaus klagte im *Börsenblatt* nach seiner Rückkehr aus dem Sommerurlaub, den er in einem Badeort an der Ostsee verbracht hatte, in dem Artikel: *Der geistige Tiefstand. Was in einer modernen Bade-Buchhandlung im Sommer verlangt wurde* über die Lesepräferenzen der Urlauber. Die Mehrzahl der Badegäste erwarb billige Unterhaltungsromane, die nach der Lektüre häufig weggeworfen oder am Badeort zurückgelassen wurden. Während Klassiker gar nicht gekauft wurden, konstatierte der Berichterstatter eine gesteigerte Nachfrage nach Werken von Bonsels und den Abenteuerbüchern Tarzan. Vgl. Bbl. Nr. 239 vom 10. Oktober 1924, S. 13592; Bbl. Nr. 255 vom 29. Oktober 1924, S. 15014.

zuwerfen, in dem sich die Frau Mamma mit der Arbeit niederläßt. Der Vater setzt sich mit seinen Zeitungen in die Hütte und sieht mit Stolz seinen Sprößlingen zu.[321]

Als Alternative zum Kauf von Zeitungen und Zeitschriften bestand auch in Heringsdorf eine Lesebibliothek, die im Kurhaus. Heringsdorf verfügte über zwei geräumige Lesezimmer, die Hunderte von internationalen Zeitungen jeglicher politischen Couleur bereithielten. Neben dem Tagesschrifttum konnten die Badegäste auf eine Vielzahl von Zeitschriften wie auch einen umfangreichen Buchbestand zurückgreifen. Am Abend ermöglichte eine „riesige Lampe“ die Lektüre. Im Lesezimmer herrschte Redeverbot, deshalb wurde unmittelbar nebenan ein Konversationszimmer eingerichtet. Mit der zunehmenden Verlagerung des gesellschaftlichen Lebens an den Strand entstanden neben den Leseeinrichtungen im Kurhaus weitere Lesezimmer in den Strandkasinos.[322]

Aufmerksame Marktbeobachter glaubten klimatisch bedingte Unterschiede im Leseverhalten der Besucher von Nordsee- und Ostseebädern zu bemerken; das rauere und windigere Klima an der Nordsee erforderte eine vermehrte Einrichtung von witterungsgeschützten Leseräumlichkeiten, während das mildere Ostseeklima die Entfaltung einer Lesekultur im Freien und am Strand erlaubte. Auf diese Beobachtung reagierten Buchhändler und Verleger prompt mit dem Angebot von mobilen Strandkiosken an den Ostseebadeorten.

Neben den Lesebibliotheken, die gewöhnlich von den Badeverwaltungen eingerichtet wurden, entwickelte sich im letzten Drittel des 19. Jahrhunderts entlang der Nord- und Ostseeküste ein kommerzieller Badebuchhandel. Die lokalen Buchhändler richteten zusätzlich zu ihren Geschäftsniederlassungen im Ort auch in Strandnähe spezielle Badekioske ein. Auf den Strandpromenaden und vor allem an den Schiffsanlegestellen sowie auf den Schiffsfähren zwischen der deutschen Küste und Skandinavien entstanden Bücherkioske für Badegäste.[323] In Stettin spielte der Buchhändler Léon Saunier eine wesentliche Rolle für den Badebuchhandel.[324] Saunier betrieb sämtliche Bahnhofsbuchhandlungen des Eisenbahnbezirks Stettin, u.a. in Pasewalk, Stralsund, Neustrelitz, Sassnitz, Swinemünde, Stargard in Polen und Angermünde.[325] Von der Reederei Braeunlich, die die Bäderdampfschifffahrt auf der Ostsee betrieb, erhielt er den Auftrag, auch die Schiffsreisenden mit Lektüre zu versorgen. Die Buchhändler der Ostseebäder, z.B. Bernhard Hermann in Königsberg (Ostseebad Cranz) oder die Franz Wittenhagen'sche Buchhandlung in Stettin und Sassnitz, installierten neben ihren Bahnhofsbuchhandlungen in den Sommermonaten auf den Schnelldampfern Schiffsbuchhandlungen und erzielten mit den Ostseereisenden attraktive Buchumsätze.[326]

321 Frey: Großstadtluft und Meereslust, S. 84.
322 Ebd. S. 213.
323 Vgl. Braeunlich: Bäderdampfer auf der Ostsee, S. 79f.
324 Léon Saunier übernahm die 1826 gegründete Firma im Jahr 1895 und betrieb am Stettiner Bahnhof einen Buchhandel. Vgl. Adreßbuch des deutschen Buchhandels,
325 Adreßbuch des deutschen Buchhandels, 1900, II. Abt., S. 138. Vgl. auch Der Vertrieb Nr. 26 vom 29. Juni 1937, S. 298.
326 Adreßbuch des deutschen Buchhandels, 1900, II. Abt., S. 139, sowie Adreßbuch des deutschen Buchhandels 1895, II. Abt., S. 120.

Einen besonderen Literaturservice richtete das Berliner Presseunternehmen Ullstein in den Vorkriegsjahren ein. Für die Berliner Urlauber an den Stränden der Ostsee wurde zusätzlich eine Bäderausgabe des seit 1904 erscheinenden Erfolgsblatts *BZ am Mittag* angeboten. Der Ullstein Seebäder-Dienst versorgte seit 1913 die hauptsächlich aus Berlin stammenden Badeurlauber – vor allem die Sommerfrischler – an der Ostsee durch den Einsatz von speziellen Badebücherbussen mit Zeitungen, Zeitschriften und einem kleinen Buchprogramm und bildete damit eine nicht geringe Konkurrenz zum ortsansässigen Badebuchhandel.[327] Das Ullstein-Modell fand schnell Nachahmer und auch andere Verlage erkannten in der literarischen Versorgung von Badegästen eine wirksame Werbekampagne sowie eine lukrative Einnahmequelle.

Vor allem die Provinzbadeorte waren nicht immer an die Eisenbahn angeschlossen, insofern wurden die Bäderbusse in diesen Badeorten gerne gesehen. Der Ullstein-Konzern überbot in den zwanziger Jahren seine Konkurrenten bezüglich der Schnelligkeit des Zeitschriften- und Zeitungstransportes, indem er eigene Flugzeuge einsetzte.[328] Die BZ-Flugzeuge versorgten abgelegene und von der Bahn noch nicht erschlossene Urlaubsgebiete mit aktuellen Presseartikeln und kreisten auch regelmäßig über der Nordseeinsel Norderney.[329] Bereits seit 1919 wurde der Badeort Swinemünde täglich von den BZ-Flugzeugen angeflogen. Ziel des Unternehmens war die Versorgung von Reisenden in ganz Deutschland mit der *BZ am Mittag* noch am selben Nachmittag.[330] Die Badegäste hielten oft schon drei Stunden nach Erscheinen des Blattes in Berlin die neue Ausgabe in Händen. Außerdem unterhielt Ullstein „schwimmende Zeitungsstände"; so befuhren firmeneigene Motorboote die Berliner Seen, um den Badegästen aktuelle Zeitungen und Zeitschriften zu verkaufen.[331]

Der Verkehrsbuchhandel kümmerte sich aber auch um die literarische Versorgung des finanziell meist potenten Publikums in den Badeorten im Inneren des Landes sowie in den zahlreichen Luftkurorten. Sie erschlossen sich diese Leserschicht systematisch über eine professionelle Marktbeobachtung. Spezielle Informationsagenten, die im Auftrag der verschiedenen Verkehrsbuchhandlungen und Pressekonzerne die Kurorte bereisten, beobachteten und analysierten das Kauf- und Leseverhalten der Badegäste und entwickelten sehr differenzierte Absatz- und Verkaufsstrategien. Die Kurgäste, deren Tagesablauf im Gegensatz zu den Gästen der Seebäder durch die verschiedenen Heilanwendungen streng reglementiert war, legten gewöhnlich großen Wert auf eine regelmäßige, zeitlich kalkulierbare und pünktliche literarische Versorgung. So konnte die durch mögliche Zugverspätungen verzögerte Auslieferung der Morgen- und Abendausgaben in den Bade- und Kurorten dazu führen, dass die Badebuchhändler auf der kompletten Lieferung sitzen blieben.

327 Vgl. 50 Jahre Ullstein 1877–1927, S. 348f; Hundert Jahre Ullstein 1877–1977, Bd. 2, S. 78; Ilgen: Sei sparsam, Brigitte, S. 56f.

328 Vgl. 50 Jahre Ullstein 1877–1927, S. 353.

329 Vgl. Hundert Jahre Ullstein 1877–1977, Bd. 1, S. 269.

330 Ebd. Bd. 3, S. 45.

331 Vgl. 50 Jahre Ullstein 1877–1927, S. 319.

Der Bade- und Kurbuchhandel entwickelte sich vor allem auf dem Terrain der Habsburgermonarchie zu einem wichtigen Zweig des Verkehrsbuchhandels.[332] Hier galt es, vor allem die stark frequentierten Kur- und Badeorte in Böhmen mit Literatur zu versorgen. Die Badebuchhandlungen wurden stets in Kombination mit anderen Verkaufsformen betrieben, z.B. dem Buchverkauf in Hotels und Pensionen oder dem Buchverleih. Reine Badebuchhandlungen rentierten sich offenbar für die Betreiber nicht, zumal sich das Hauptgeschäft auf die Sommermonate konzentrierte.

In Karlsbad unterhielt der Buch-, Kunst- und Musikalienhändler Hans Feller seit 1872 und Jakob Hermann seit 1887 eine Bahnhofs- und Hotelbuchhandlung. Während der Sommersaison engagierte der Verkehrsbuchhändler Hermann Agenten, die mehrere tausend Prospekte unter den Kurgästen verteilten.[333] Ein wichtiges Programmangebot war spezielle Badeliteratur, die Auskunft über die einzelnen Badeorte in Böhmen und ihre Heilanwendungen lieferten.

Marienbad und Franzensbad besaßen seit 1863 bzw. 1874 Eisenbahn- und Badebuchhandlungen, die der Buch- und Papierhändler August E. Götz neben seiner Leihbibliothek betrieb. Gerade die vom Fremdenverkehr stark geprägten Badeorte entwickelten unkonventionelle Formen des Buchverkaufs. Der Marienbader Buch- und Musikalienhändler Franz Gschihay führte einen Zeitungskiosk am Bahnhof von Eger und eine Leihbuchhandlung sowie ein kleines Büchersortiment im Kurhotel Klinger. Die Literaturauswahl wurde gewöhnlich auch in den Hotels und Pensionen ausgelegt. Für die Bade- und Reisesaison erbat sich der Buchhändler die unaufgeforderte Zusendung von belletristischen Neuerscheinungen, Reisebibliotheken und Reisehandbüchern sowie von Konversations- und Sprachlexika.[334]

Doch keine der Verkehrsbuchhandlungen konnte in den Badeorten ausschließlich von Badebuchhandlungen leben. Es handelte sich stets um ein zusätzliches wirtschaftliches Standbein neben Sortiments- und Bahnhofsbuchhandlung oder Leihbibliothek. Seit 1910 achteten diese Unternehmen allerdings vermehrt darauf, im *Allgemeinen Adreßbuch für den deutschen Buchhandel* mit dem Zusatz Badebuchhandlung aufgenommen zu werden. Im *Adreßbuch* wurden auch die besonderen Öffnungszeiten der Badebuchhandlungen während der Sommersaison verzeichnet.

Gelesen wurde aber auch in den Luftkurorten in den Bergen.[335] Die Gäste kamen bevorzugt im Sommer und suchten in den Bergen Ruhe und Müßiggang; sie unternahmen Wanderungen und genossen die schöne Landschaft. Guido Rey, der Historiograf des Matterhorns, spottete über die Sommertouristen aus ganz Europa, die innerhalb eines Monats eine

---

332 Vgl. Haug: Der Triester Handelskonzern Österreichisch-ungarischer Lloyd.

333 Adreßbuch des deutschen Buchhandels 1890, II. Abt., S. 251.

334 Ebd. S. 168.

335 1905, so verkündete das *Börsenblatt*, wurde auf dem Pic d'Ollen in knapp 3.000 Meter Höhe die höchste Bibliothek der Welt eröffnet. Die Alpenbibliothek führte alpine Literatur, Fotografien und Bergreliefs, die von Gelehrten und Alpinisten aus der ganzen Welt gestiftet worden waren. Bbl. Nr. 16 vom 20. Januar 1905, S. 657.

ganze Tauchnitz-Edition „verschlangen“.[336] Selbst die Alpen-Schutzhütte galt offenbar als attraktiver Leseort. Der Wiener wissenschaftlich-humanitäre Verein Kosmos schlug in den frühen 1930er Jahren vor, kleine Hausbüchereien in den bewirtschafteten Schutzhütten einzurichten.[337] Der Verein plante die Montage von kleinen Bücherschränken mit einem Fassungsvermögen von maximal 200 Bänden. Die Touristen waren angehalten, preiswerte Lektüre als Spende in die Bibliothek einzustellen. Der Verein Kosmos wollte eine Liste von bewährten Schriften in den einschlägigen Touristenzeitungen veröffentlichen, an denen sich die Bergsteiger und Wanderer über die geeignete Lektüre orientieren konnten. Der Verein ging davon aus, dass die Alpenbibliotheken auf Interesse stoßen würden, denn „wer je einmal in einer solchen Schutzhütte durch Tage hindurch eingeschneit lag oder eines leichten Unfalls wegen hier einen längeren unfreiwilligen Aufenthalt nehmen musste,“[338] wusste Unterhaltungslektüre zu schätzen.

Neben der Literaturversorgung für Bahnreisende, Kurgäste oder Bergtouristen gewann im letzten Drittel des 19. Jahrhunderts – parallel zur Ausweitung der Binnenschifffahrt, des Transatlantikverkehrs und des Seetourismus – auch der professionelle Buchvertrieb an Schiffsanlegeplätzen sowie an Bord von Dampfschiffen und transatlantischen Ozeandampfern zunehmend an Bedeutung. Der Schiffsbuchhandel entwickelte sich um die Jahrhundertwende zu einem wichtigen Segment des Bahnhofs- und Verkehrsbuchhandels; die Voraussetzungen für seine Entstehung und Ausweitung sowie seine Organisationsstrukturen sollen daher im Folgenden eingehend beleuchtet werden.

5.9 Einrichtung von Bordbibliotheken und Bordbuchhandlungen

Bereits in den frühen 1870er Jahren unterhielten Eisenbahn- wie auch Kolportagebuchhändler entlang der wichtigsten Anlegestellen der europäischen Binnenschifffahrt sowie in wichtigen Hafen- und Badestädten, u.a. in Hamburg, Bremen und entlang der Nord- und Ostseebäder, kleine Buchabgabestellen.[339] Hier handelte es sich aber nur um verschließbare Bücherschränke in Lesezimmern, nicht um begehbare Buchhandlungen. Die Buchhändler für die Binnenschifffahrt dagegen errichteten stationäre Verkaufsstellen auf dem Festland, an denen sich die Dampfschiffreisenden vor der Abfahrt ihres Schiffes mit Tages- und Unterhaltungsliteratur sowie mit Landkarten und Reiseführern versorgen konnten.

Der Koblenzer Buchhändler und Verleger Rudolf Hergt besaß entlang des Rheins alle wichtigen Verkaufsstellen. Die 1885 gegründete Bahnhofsbuchhandlung Theodor Schwiefert, die neben ihrem Hauptgeschäft in Bingerbrück auch Niederlassungen in Düren, Rüdesheim und Trier besaß, schickte Bücheragenten auf die Rheindampfer.[340] Und der Pas-

336 Zit. n. König: Bahnen und Berge, S. 15.
337 Bbl. Nr. 20 vom 24. Januar 1933, S. 64.
338 Ebd.
339 Neben den Bordbüchereien für die Passagiere richteten die Reedereien auch Mannschaftsbibliotheken mit Unterhaltungs- und Sachliteratur ein, die ausschließlich dem Personal zur Verfügung standen.
340 Adreßbuch des deutschen Buchhandels, 1890, II. Abt, S. 104.

sauer Bahnhofsbuchhändler Rudolf Abt richtete an den Landeplätzen der Donauschifffahrt Buchverkaufsstellen ein.[341] Das Angebot einer kleinen Lesebibliothek zählte neben musikalischer Unterhaltung und Spielangeboten auf den Flussdampfern bereits in den 1850er Jahren zur unerlässlichen Grundausstattung, ein Service, der allerdings den beiden ersten Klassen vorbehalten war.[342]

Wie auch bei den Bordbüchereien der Überseeschiffe hingen die Größe und Ausstattung der Leseräume und ihrer Buchbestände von der Schiffsgröße und Fahrtdauer ab. Die luxuriösen Kabinenschiffe der Rheinschifffahrt besaßen ähnlich den Atlantikdampfern großzügige Gesellschaftsräume, Musik- und Bibliothekszimmer. Möglicherweise war das Lesebedürfnis auf den Flussdampfern weniger stark ausgebildet als auf den Überseeschiffen, denn während die Atlantikreisenden acht bis zehn Tage nur Wasser und Horizont vor Augen hatten, konnten z.B. Dampfschiffreisende auf dem Rhein die vorbeiziehende Landschaft betrachten. Insofern ist anzunehmen, dass die Bibliotheken der Flussschifffahrt für die entsprechenden Fahrtrouten vor allem Reisehandbücher und Reiseberichte oder Kartenmaterial vorrätig hielten, mit deren Hilfe sich die Reisenden orientieren und über die durchreiste Region informieren konnten.

Bordbüchereien für Überseereisende wiederum gehörten bereits auf den herkömmlichen Segelschiffen zur Standardausstattung; häufig handelte es sich aber um kleine Mannschafts- oder Offiziersbibliotheken, die den wenigen Passagieren zur Mitbenutzung zur Verfügung standen. Seeleuten, die oft monatelang auf Reise waren und denen ein ausgeprägtes Lesebedürfnis attestiert wurde, stellte die Seemannsmission Mannschaftsbibliotheken zusammen.[343] Frühe Seemannsbüchereien mit volkserzieherischem Impetus entstanden bereits in den 1820er/1830er Jahren.[344]

Zum selben Zeitpunkt richtete die Passagierschifffahrt ihrer wichtigsten Zielgruppe, den Emigranten, erstmals Bordbüchereien ein, die vor allem als Information über das Einwanderungsland dienten.[345] Verschiedene gemeinnützige Vereinigungen gaben preiswerte Buchreihen über die Einwanderungsländer heraus. Die Emigrantenbibliotheken führten Magazine und Handbücher über das Thema Auswanderung[346] sowie preiswerte Reisebibliotheken, die Unterhaltungs- und Abenteuerliteratur zur Kompensation der Langeweile boten. Schließlich dauerten die Überfahrten häufig mehrere Wochen und die Passagiere nahmen das literarische Unterhaltungs- wie auch Informationsangebot gerne in Anspruch, obwohl das Zwischendeck keine ruhigen Leseorte bot. Neben den andauernden Schiffsbewegungen und dem notorischen Platzmangel im Zwischendeck – nur wenige Emigranten konnten sich eine eigene Kajüte am Oberdeck leisten – stellten die mangelhafte Beleuch-

---

341 Ebd. S. 103.

342 Zit. n. 2000 Jahre Rheinschiffahrt, S. 130.

343 Vgl. Pierson: Ship's Libraries, S. 4f; Hampshire: Seagoing Libraries, S. 153f; Skallerup: Books afloat & ashore, S. 77ff.

344 Ebd. S. 78f.

345 Bell: Bound for Australia, S. 120f.

346 Vgl. hierzu Görisch: Die gedruckten „Ratgeber“ für Auswanderer.

tung wie auch Belüftung ein besonderes Problem dar.[347] Zudem war die Ausgabe von Kerzen streng reglementiert. So mussten die Passagiere zwischen acht Uhr abends und sechs Uhr morgens ihre wenigen Kerzen, die ihnen zur Verfügung gestellt wurden, löschen. Die Einrichtung von eigenen Schreib- und Lesezimmern war nur den ersten beiden Klassen vorbehalten.

Um die Jahrhundertmitte warb die Hamburg-Amerika-Linie für die Ausstattung ihrer Segler, die neben dem üblichen Komfort und Service auch kleine Kajütenbibliotheken mit an Bord hatten.[348] Das *Literarische Büro* der Hapag betonte 1913 in einer Werbeschrift über den Turbinen-Schnelldampfer Imperator: „In der Tat gehören denn auch die Schiffsbibliotheken zu den ältesten Einrichtungen der Bordunterhaltung".[349]

Während sich auf den frühen Schiffen der Grundstock der Passagierbibliothek häufig aus zurückgelassenen Privatexemplaren von Passagieren zusammensetzte, bemühten sich die Verantwortlichen der Bordbibliothek auf den modernen Dampfern der Jahrhundertwende um eine ausgewählte moderne Kollektion von Literatur. Eine professionelle Versorgung von Seereisenden durch die Schiffseigner fand daher erst in der zweiten Hälfte des 19. Jahrhunderts mit der Zunahme des Passagieraufkommens in der Kajüteklasse statt. In den 1860er Jahren richtete die Hamburg-Amerika-Linie erstmals eine kleine Schiffsbibliothek für die Passagiere der ersten Klasse ein.[350] Eine wichtige Voraussetzung für die Einrichtung von Lesezimmern wie auch von luxuriösen Salons, Lounges, Wintergärten und Musikzimmern waren nicht zuletzt die Innovationen in der Schiffsbautechnik, die an Bord immer mehr Raum für diese Art Einrichtungen schufen.[351]

In Absprache mit den Reedereien installierten seit der zweiten Hälfte des 19. Jahrhunderts die Verkehrsbuchhändler auf den Ozeandampfern Schiffsbibliotheken, seit dem ersten Jahrzehnt des 20. Jahrhunderts zusätzlich auch kleine Bordbuchhandlungen. Die Einrichtung und inhaltliche Ausstattung von Bordbibliotheken sowie die Gestaltung der Lesezimmer war ein wichtiges Kriterium für den Reisekomfort eines Schiffes.[352]

Während die Bordbibliothek Bücher zur Ausleihe und zur unmittelbaren Lektüre vor Ort im Lesezimmer bereithielt, etablierten sich nach 1900 vermehrt kommerzielle Bordbuchhändler auf den Schiffen, die eine kleine Auswahl moderner Literatur, Zeitungen, Zeitschriften sowie Magazine und Ansichtspostkarten zum Verkauf anboten. Das Berliner Unternehmen Georg Stilke z.B. betätigte sich nicht nur als Buchhändler auf den Dampfern des Seebäderdienstes; es besaß seit 1901 auch das Monopol für die Ausstattung und Betreuung der Bordbüchereien der Hamburg-Amerika-Linie, der Hamburg-Südamerikanischen-Dampfschiffahrtsgesellschaft und der Deutschen Dampfschifffahrtsgesellschaft Kosmos. Die Einrichtung von weiteren Bordbüchereien auf der Woermann- und der

347 Bell: Bound for Australia, S. 124.
348 Bbl. Nr. 190 vom 17. August 1905, S. 7198.
349 Turbinen-Schnelldampfer Imperator, S. 22.
350 Vgl. Otness: Passenger Ship Libraries, S. 487.
351 Vgl. Kludas: Passagierschiffahrt, Bd. 2, S. 182f.
352 Bbl. Nr. 190 vom 17. August 1905, S. 7198.

Deutsch-Ostafrika-Linie scheiterte vorerst am Ausbruch des Ersten Weltkriegs,[353] doch die Idee wurde nach dem Krieg gleich wieder aufgegriffen. 1928 besaß Stilke auf allen diesen Linien insgesamt 126 Bordbuchhandlungen.[354] Während auf den kleineren Passagierdampfern verschließbare Bücherschränke installiert wurden, die im Verantwortungsbereich des Oberstewards lagen, der zu bestimmten Tageszeiten auch die Bücherausgabe organisierte, verfügten die beauftragten Verkehrsbuchhändler auf den Kreuzschiffen, die sich meist auf mehrwöchigen Seereisen befanden, über großzügig ausgestattete Leseräumlichkeiten.[355]

Die Verantwortlichen für diese Bordbüchereien waren wegen des nur begrenzten Raumes – wegen des Seegangs war die Unterbringung von Büchern nur in Vitrinen und Schränken möglich – gezwungen, ihre Bücherzusammenstellung nach strengen Auswahlkriterien vorzunehmen, den Buchbestand regelmäßig zu aktualisieren und die Anschaffung von mehreren Exemplaren eines Titels nur in besonderen Fällen vorzunehmen. Die Bücher wurden in speziellen Bücherschränken aufgestellt; das Hauptkriterium galt einerseits der Raumersparnis; andererseits sollten die Buchbestände die Schreib- und Lesezimmer, die gerade für die weiblichen Reisenden die einzigen Aufenthaltsräume waren,[356] auch nicht dominieren:

> So wurden und werden sie gewöhnlich noch heute an Bord unsichtbar in Wandschränken untergebracht, die möglichst in der Täfelung des Schreibzimmers oder Salons verschwinden sollen, und die infolgedessen für ihren Zweck mancherlei Unbequemlichkeiten haben. Oft sehen wir irgendwo kleine, sehr tiefe Schränke, in denen drei oder vier Bücherreihen hintereinander stehen. Zwei Drittel der Bücher müssen herausgenommen und beim Schwanken des Schiffs nicht selten hineingeworfen werden, ehe das rechte gefunden ist. Vielfach sind die Schränke unter den Fenstern eingebaut, wo das schlechteste Licht des ganzen Raumes ist, oder sonstwie ganz unten am Boden.[357]

Kritisiert wurden die Unübersichtlichkeit der Bordbüchereien und die für Passagiere unpraktische Aufstellung der Bücherschränke. Oftmals musste die Durchsicht der Buchauswahl auf dem Boden kniend vorgenommen werden. Teilweise wurden die Bücherschränke über den Schreibtischen angebracht, was zu einer andauernden Störung derjenigen Passagiere führte, die ihren Schriftverkehr erledigen wollten.[358] 1905 widmete sich die Deutsche Schiffsbautechnische Gesellschaft dem Problem der Bibliotheksunterbringung an Bord. Die Reedereien baten die Verkehrsbuchhändler als Fachleute um Anregungen, wie die äußere

353 Vgl. Häring: Georg Stilke, S. 73f.
354 Toepffer: Die Bordbuchhandlungen auf den deutschen Überseedampfern, S. 318.
355 Vgl. Otness: Passenger Ship Libraries, S. 487f.
356 Den Frauen war auch in männlicher Begleitung der Aufenthalt in den Rauchsalons nicht gestattet. Sie zogen sich deshalb in die Schreib- und Lesezimmer zurück.
357 Bbl. Nr. 190 vom 17. August 1905, S. 7198.
358 Vgl. auch Harvey: Books on the Upper Deck, S. 783.

Gestaltung einer Bordbücherei und die Installation von Bücherschränken verbessert werden könnten. Das Ideal sah folgende Konstruktion vor:

> Flache Schränke, deren Tiefe für ein Buch gewöhnlichen Formats gerade ausreicht, an freier Wand und in einer den Augen erreichbarer Höhe sind am praktischsten, daneben ein tieferes Schubfach für außergewöhnliche Formate. Mit farbigen Glastüren versehen, gereichen solche Schränke auch einem sehr eleganten Raum zur Zierde, machen ihn wohnlich und heimisch; denn unser Buchgewerbe ist jetzt zum Glück soweit vorgeschritten, daß eine Sammlung neuer Bücher in den Originalbänden auch für das Auge eine Freude ist. Dazu tragen die Originaleinbände viel bei, aber auch die neuen Materialien und Hilfsmittel der ergänzend tätigen Buchbinder. Und auch die früher beliebte Vielheit der deutschen Bücherformate, eine undisziplinierte Vorliebe für die abenteuerlichsten äußeren Formen, die einem die Zusammenstellung einer belletristischen Privatbibliothek recht leid machen konnte, hat zum Glück neuerdings nachgelassen.[359]

Aufgrund dieser Anregungen entwickelten die Reedereien spezielle Bücherschränke mit Frontverglasung, die den Benutzern auf Augenhöhe das Buchangebot präsentierten.[360] Galt es zuerst, die Bücherschränke diskret im Schreib- und Lesezimmer unterzubringen, wurde nunmehr Wert darauf gelegt, dass die Schränke repräsentativer Teil der künstlerischen Raumgestaltung wurden. Überlieferte Konstruktionspläne der Schiffsreederei Hapag dokumentierten für das 20. Jahrhundert die Einrichtung von speziellen und lichtdurchfluteten Lesezimmern am Oberdeck der Dampfschiffe.[361] Der Beitrag *Schiffsbibliotheken – Hotelbibliotheken* von Albert Zimmermann im *Börsenblatt* vom 22. März 1930 zeigte, dass für die Ausstattung von Bordbüchereien nach dem Ersten Weltkrieg sogar eigens Architekten beauftragt wurden:

> Die Bibliothek der I. Klasse auf dem seit August vorigen Jahres in Dienst stehenden Schnelldampfer »Bremen“ hat der bekannte Düsseldorfer Künstler Professor Fritz August Breuhaus de Groot entworfen. Sie ist ganz aus Bubinga-Holz gestaltet. In reizvollem Kontrast zu dem braunen Holz steht das eigenartige Hellgrün der Vorhänge und Möbelbezüge. Die Bücherschränke sind eingebaut. Die Holzwände werden durch Intarsien, die Sprüche und Gedichte deutscher, englischer und amerikanischer Schriftsteller darstellen, geschmückt. Ein dicker, handgeknüpfter Smyrnateppich liegt über dem Boden und zahlreiche Stehlampen mit großen, flachen Seidenschirmen verbreiten ein weiches Licht. Ein Tempel, dem Geist geweiht.[362]

---

359 Bbl. Nr. 190 vom 17. August 1905, S. 7198.

360 Ebd., und Harvey: Books on the Upper Deck, S. 783.

361 Vgl. die verschiedenen Schiffskonstruktionspläne in: Kludas: Die Schnelldampfer Bremen und Europa, S. 56ff.; Kludas: Die CAP-Schnelldampfer, S. 8f, 14, 33f.

362 Zimmer: Schiffsbibliotheken – Hotelbibliotheken, S. 276.

Bibliothek und Lesezimmer, Schnelldampfer „Bremen“, I. Klasse (um 1900)
(aus: Kludas: Schnellddampfer „Bremen“, 1993)

Nicht nur die Gestaltung der Bücherschränke berücksichtigte die noble Innenausstattung der Bordbüchereien. In der ersten und zweiten Klasse wurden sogar die Bucheinbände künstlerisch auf das besondere Ambiente der Inneneinrichtung abgestimmt:

> Die Bücher des Lloyd-Schnelldampfer-Trios tragen daher ein Gewand, das von den Künstlern, die den Raum schufen, entworfen wurde. Sie bilden also mit ihrer Umgebung eine harmonische Einheit. Sämtliche Bücher der I. und II. Klasse sind Halbleder-Bände. Die Einbände der I. Klasse auf dem Dampfer „Bremen“ sind in hellem Braun gehalten, das zu dem Braun des Bubinga-Holzes, in dem Schränke ausgeführt sind. Sie sind mit hellbraunem Ballon-Leinen überzogen. Rückentitel und Signet in echtem Gold, der Farboberschnitt ist grün. Die Bücher der II. Klasse sind im Damensalon untergebracht. Dieser Raum trägt naturgemäß einen viel leichteren Charakter als eine ausgesprochene Bibliothek. Der Einband der Bücher ist daher auf eine heitere Note gestimmt: hellrote Halbsaffianbände mit rosenholzfarbenem Ballonleinen als Überzug.[363]

Jede Bordbücherei verfügte aber auch über eine Rubrik viel gelesener und deshalb entsprechend widerstandsfähiger Bücher. Vor allem die Bücher für Kinder waren solide gebunden.

Aufschluss über die teilweise beachtliche Größe und inhaltliche Bestückung von Bordbibliotheken auf den Transatlantikschiffen liefern zwei kleinere Artikel über die Bordbi-

363 Ebd.

bliotheken der Hapag und des NDL, die in der Bibliothekszeitschrift *Blätter für Volksbibliotheken und Lesehallen* erschienen waren,[364] sowie der Bericht des Bibliothekars Calvin Winter, der während seiner Atlantiküberquerungen aus beruflichem Interesse die Bordbibliotheken gründlich inspizierte und seine Erfahrungen 1911 in der amerikanischen Bibliothekszeitschrift *Bookman* veröffentlichte.[365] Die Größe einer Bordbücherei richtete sich nach der Größe des Schiffes und der Zahl der Passagiere sowie ihrer Nationalität. Eine optimale Literaturversorgung, die einem internationalen Lesepublikum mit seinen vielfältigen Geschmacksrichtungen gerecht wurde, bedurfte professioneller Unterstützung durch Buchhändler und Bibliothekare.

Auf den großen Passagierschiffen des frühen 20. Jahrhunderts wurden eigene Bordbibliotheken für jede Klasse eingerichtet. Vorreiter dieser Entwicklung war die Reederei Hapag, die schon 1908 Bordbüchereien sogar für die dritte Klasse installiert hatte. 1908 besaß die Hapag auf 65 Dampfern Schiffsbibliotheken, deren Gesamtbestand 22.100 Bände und achtzig Musikalien umfasste. Mit 12.000 Titeln dominierten deutschsprachige Bücher das Angebot; an zweiter Stelle rangierte mit 7.300 Titeln die englische Literatur. Gerade die Erste-Klasse-Passagiere auf den Nordamerikadampfern favorisierten englischsprachigen Lesestoff.[366] Darüber hinaus bot die Hapag französische, spanische und italienische Werke in geringerer Stückzahl. Die Zusammenstellung der Schiffsbibliotheken und ihre Organisation und Verwaltung oblag dem Zentralbüro der Hapag, die hierfür einen ausgebildeten Bibliothekar beschäftigte. Auf den Schiffen selbst waren dagegen die Oberstewards für die Ausleihe zuständig.[367] Auf den großen Passagierdampfschiffen reisten aber auch Bibliothekare mit.

Der Norddeutsche Lloyd dagegen reagierte auf diesen Trend noch zögerlich; 1911 besaßen nur zwei Dampfer seiner Flotte, die *George Washington* und die *Barbarossa*, Bibliotheken.[368] Die Reederei gehörte aber immerhin zu den ersten, die Schiffsbibliotheken auch für die dritte Klasse einrichteten.[369] Diese Maßnahme, die auch dem Lesebedürfnis der Touristenklasse gerecht wurde, war notwendig, weil der Aufenthalt an Bord streng reglementiert war.[370] Den Reisenden der dritten Klasse war die Nutzung der Bordbibliothek der ersten Klasse allein wegen des eingeschränkten Bewegungsradius unmöglich, denn sie durften die Gesellschaftsräume der ersten und zweiten Klasse überhaupt nicht betreten. Das Leseangebot für die dritte Klasse beschränkte sich allerdings gewöhnlich auf die aus den Bibliotheken der ersten und zweiten Klasse ausrangierten Bände, die lediglich neu eingebunden wurden.[371]

364 Vgl. Liesegang: Die Büchereien der Hamburg-Amerika-Linie; Boljahn: Die Schiffsbibliotheken der Flotte des Norddeutschen Lloyd.

365 Winter: The Libraries on the Transatlantic Liners, S. 368ff.

366 [Anonym]: Wie und was auf See gelesen wird, o. S.

367 Liesegang: Die Büchereien der Hamburg-Amerika-Linie, S. 49f.

368 Vgl. Boljahn: Die Schiffsbibliotheken der Flotte des Norddeutschen Lloyd, S. 175; Liesegang: Die Büchereien der Hamburg-Amerika-Linie, S. 50.

369 Boljahn: Die Schiffsbibliotheken der Flotte des Norddeutschen Lloyd, S. 175.

370 [Anonym]: Vgl. Otness: Passenger Ship Libraries, S. 489; Harvey: Books on the Upper Deck, S. 783.

371 Wie und was auf See gelesen wird, o. S.

Das Schiff *Bremen* bot in seinen verschiedenen Bibliotheken über 2.000 Bände, die Bibliothek der ersten Klasse führte allein 1.000 Bücher. Gelesen wurden moderne Literatur, Klassiker, Biografien und Reisebeschreibungen, Werke der Philosophie, Geschichte und Ästhetik, humoristische Bücher sowie Detektivgeschichten. Die Bibliothek führte außerdem ein Konversationslexikon.[372] Zur Standardausstattung einer jeden Schiffsbibliothek gehörte daher wenigstens ein Exemplar der *Encyclopædia Britannica*.[373] Die Bestände der Bordbücherei der ersten Klasse führten ca. fünfzig Prozent englischsprachige Bücher – berücksichtigt wurden vor allem die Bedürfnisse der amerikanischen Reisenden.[374] Die Bücher waren mit preiswerten Einbänden aus schwarzem Kaliko versehen. Der Titel des Werkes wurde mit Goldschrift auf dem Buchrücken angebracht, damit die Nutzer sich einen Überblick verschaffen konnten, ohne die Bände aus dem Regal oder Schrank nehmen zu müssen.[375] Die Bücher waren in Bücherschränken mit Glasfront untergebracht und gemütliche Sitzecken luden den Leser zur Lektüre ein.[376]

Auch das Luxusschiff *Imperator* der Hapag, das im Mai 1912 vom Stapel lief, überbot bezüglich seiner Ausstattung alles bislang da Gewesene. Es fasste 4.000 Passagiere und selbst die vierte Klasse, die knapp 2.000 Reisenden Raum bot, genoss einen bislang nicht gekannten Luxus, nämlich in Zwei- bis Vierbettkabinen untergebracht zu werden. Allerdings blieb den Auswanderern bis in die Vorkriegsjahre in der vierten Klasse die Einrichtung einer eigenen Bordbücherei verwehrt, während Schiffsbibliotheken in den ersten drei Klassen inzwischen zur Grundausrüstung gehörten.[377]

Stilke, der für die Betreuung der 72 Bordbibliotheken mit einem Gesamtbestand von 14.000 Büchern allein auf der Hamburg-Amerika-Linie verantwortlich war,[378] legte Wert auf eine regelmäßige Aktualisierung der Bestände. Hierfür war ein für das Unternehmen tätiger Agent verantwortlich. Die ausgetauschten Bücher wurden nach Hamburg zurückgeschickt, neu eingebunden und auf die verschiedenen Bordbibliotheken anderer Dampfer verteilt. Der amerikanische Bibliothekar Calvin Winter bescheinigte den beiden Hapag-Luxuslinern *Kaiserin Auguste Victoria* und *Amerika* die umfangreichsten und am besten sortierten Bordbibliotheken. Die beiden Dampfer besaßen für jede Klasse Schiffsbibliotheken mit einem Gesamtbestand von über 1.600 Büchern und fünfzig Musikalien.[379]

Beide Schiffe boten der ersten, zweiten und dritten Klasse eigene Bordbibliotheken und Leseräumlichkeiten. Die mehrsprachigen Bibliotheken hatten einen Bestand von bis zu

372 Zimmer: Schiffsbibliotheken – Hotelbibliotheken, S. 276.
373 Vgl. Harvey: Books on the Upper Deck, S. 783.
374 Zimmers Beitrag liefert allerdings keine Information darüber, ob die Bestände der verschiedenen Reiseklassen variierten. Denkbar wäre, dass sich in den Bordbüchereien der dritten Klasse neben anderen auch die ausgemusterten Bücher der ersten und zweiten Klasse fanden. Die Bordbuchhandlungen berücksichtigten das differente Leseverhalten der Luxus- und der Touristenklasse. Vgl. Zimmer: Schiffsbibliotheken – Hotelbibliotheken, S. 276.
375 Boljahn: Die Schiffsbibliotheken der Flotte des Norddeutschen Lloyd, S. 176.
376 Vgl. die Abbildungen in Kludas: Die Schnelldampfer Bremen und Europa, S. 55, 67.
377 Kludas: Passagierschiffahrt, Bd. 4, S. 15.
378 Bbl. Nr. 240 vom 14. Oktober 1905, S. 9241.
379 Liesegang: Die Büchereien der Hamburg-Amerika-Linie, S. 50.

2.000 Bänden. Stilke berücksichtigte bei der Zusammenstellung der Bordbücherei das Fahrtziel und die Nationalitäten der Passagiere:

> Bei der Auswahl der Bücher sind durchweg die Neuerscheinungen der deutschen, englischen (amerikanischen) und französischen schönen Literatur mit berücksichtigt, außerdem, je nach Fahrtrichtung des Schiffs die Nationalität seiner Passagiere, spanische, portugiesische, italienische und holländische Unterhaltungslektüre. Befindet sich ein Klavier an Bord, so sind der Bücherei eine Anzahl Musikalien für Klavier und Gesang beigegeben. Durch regelmäßige Komplettierung wird der moderne Charakter der Bibliothek gewahrt, ein Umstand, der nicht nur für sehr belesene und verwöhnte Passagiere, sondern auch für solche Reisende von Bedeutung ist, die daheim im Drange der Berufsarbeit für schöne Literatur nicht Zeit fanden und denen jetzt die Ozeanreise eine vielleicht lange ersehnte Gelegenheit bietet.[380]

Die Bordbibliothek der ersten Klasse auf der *Kaiserin Auguste Victoria* besaß einen deutschen und englischen Raum. Offenbar hatte Winter Einblick in einen Bibliothekskatalog mit über 400 Bänden; eine systematische Katalogisierung von Schiffsbibliotheken war nicht üblich und nur sehr umfangreichen Bordbibliotheken vorbehalten, denn die Erstellung der Kataloge sowie ihre regelmäßige Aktualisierung waren kostspielig. Die Bordbibliothek bot im Wesentlichen die Werke von zeitgenössischen Erzählern, u.a. von Thackerey, Eliot, Kipling und Hardy. Darüber hinaus fanden sich Doyles Sherlock Holmes Kriminalgeschichten und Robert Hitchens *The Garden of Allah*.

Winter verglich die Bestände der Bordbibliotheken der Hamburg-Amerika-Linie mit denen des Norddeutschen Lloyd, wobei die letzteren bei der Bewertung wesentlich schlechter abschnitten. Der Lesesaal der *Kronprinzessin Cecilie* des Norddeutschen Lloyd bot lediglich die populäre Tauchnitz-Edition, die mehrheitlich das englischsprachige Publikum als Zielgruppe erreichte. Winter würdigte in diesem Zusammenhang die individuelle Zusammenstellung der Bordbibliotheken auf der Hamburg-Amerika-Linie. Die Bordbüchereien der englischen Linien unterzog Winter dagegen einer harschen Kritik, boten sie doch vor allem billige Populärliteratur. Obwohl die *Mauretania* der Cunard Line über einen außergewöhnlich großzügigen Leseraum verfügte, waren die Bestände, die gerade einmal 150 Bände umfassten, in seinen Augen völlig unzureichend.[381] Allerdings etablierte die Cunard Line auf ihren Schiffen ein Wanderbibliothekssystem. Hierbei handelte es sich um kleine Bücherkollektionen, die von einem Schiff auf das andere weitergegeben wurden. So war es möglich, den relativ schmalen Bestand auf der *Mauretania* durch die Wanderbibliothek trotzdem abwechslungsreich zu gestalten.[382]

Die Passagiere konnten auch Bücher für die Lektüre an Deck oder in ihrer Kabine ausleihen. Die Ausleihmodalitäten waren gewöhnlich unkompliziert, allerdings beugten die Stewards der Unsitte mancher Reisender vor, bereits am ersten Reisetag Lesestoff in gro-

---

380 Bbl. Nr. 240 vom 14. Oktober 1905, S. 9242.
381 Vgl. Winter: The Libraries on the Transatlantic Liners, S. 373.
382 Vgl. Otness: Passenger Ship Libraries, S. 489.

ßem Umfang für die gesamte Reisedauer auszuleihen, indem sie die Zahl der Bände beschränkten.[383] Während es auf kleineren Schiffen genügte, dass der Passagier dem zuständigen Schiffsoffizier seinen Namen und seine Kabinennummer nannte und sich für die Rückgabe der Bände einen Tag vor der Beendigung der Reise verpflichtete,[384] waren die Reglements bei der Hapag allerdings strenger: Die Reederei kennzeichnete ihre Bücher durch ein Exlibris, das auch die Nutzungsbedingungen nochmals erklärte:

> Die Schiffsbibliothek steht den Kajüt-Passagieren unentgeltlich zur Verfügung. Bücher werden nur gegen Quittung abgegeben, und zwar gelangt an den einzelnen Passagier zu gleicher Zeit nie mehr als ein Werk zur Ausgabe. Nur nach Rückgabe des bereits entliehenen Buches können neue Bücher der Bibliothek entnommen werden. Die Bücher werden der sorgsamen Behandlung der Reisenden bestens empfohlen, es wird ganz besonders darum gebeten, die Bücher nicht in den Salons und auf Deck liegen zu lassen und nach Lektüre baldigst dem Bibliotheks-Steward zurückzugeben. Leser, die Verluste oder Beschädigungen von Büchern verursachen, sind für den entstandenen Schaden haftbar.[385]

Auf den schwedisch-amerikanischen Linien entlieh der Decksteward nach Wunsch Bücher an Passagiere, die nicht im Lesezimmer, sondern an Oberdeck lesen wollten, und war auch für die Rückstellung der entliehenen Bände zuständig.[386] Auf den großen Überseedampfern wurden offenbar spezielle Stewards für die Betreuung der Bordbibliotheken eingestellt. Der Steward T. Kelland, der 1912 bei der Titanic-Katastrophe ums Leben kam, erhielt z.B. als Library Steward ein monatliches Entgelt in Höhe von drei Pfund 15 Cents.[387]

Die Reedereien arbeiteten jedoch nicht nur mit Bahnhofs- und Verkehrsbuchhandlungen zusammen. So schlossen z.B. der Norddeutsche Lloyd sowie die britische Reederei Cunard Line auch Verträge mit Leihbibliothekaren ab, die sich bereit erklärten, Bordbibliotheken einzurichten oder bereits installierte Bordbibliotheken fortan zu betreuen und ihre Bestände regelmäßig zu aktualisieren. Die Organisatoren dieser Bordbüchereien beschränkten sich nicht nur auf die Ausleihe; die Passagiere hatten auch die Möglichkeit, die Bände zu sehr günstigen Preisen zu erwerben.[388]

Für die Reedereien konnte es auch lukrativ sein, mit besonders mitgliederstarken Buchklubs zu kooperieren. So trafen z.B. der 1905 von der *Times* gegründete und subventionierte *The Times Book Club* und die beiden Reedereien White Star Line und Cunard Line eine Vereinbarung, wonach die Dampfschiffgesellschaft vom Klub eine literarische Grundausstattung erwarb; im Gegenzug übernahm dieser die Aktualisierung und Pflege des Bestands. Außerdem warben die Reedereien in ihren firmeninternen Broschüren dafür, dass

---

383 [Anonym]: Wie und was auf See gelesen wird, o. S.

384 Vgl. Harvey: Books on the Upper Deck, S. 783.

385 Hier zit. n. Mentzel-Reuters: Das schöne Buch und das Meer, S. 93.

386 Vgl. Otness: Passenger Ship Libraries, S. 491.

387 Vgl.http://www.encyclopedia-titanica.org/bio/c/v/kelland_t.shtml. Stand: 13.06.2003. Der Hinweis auf die sehr informative Homepage fand sich bei Mentzel-Reuters: Das schöne Buch und das Meer, S. 94, FN 68.

388 Ebd. S. 97.

die Passagiere der ersten Klasse ohne Mitgliedschaft für die Dauer der Reise in den Genuss aller Leistungen des Leseklubs kamen.[389] Auch die Bände der Bordbibliothek waren nicht ausschließlich für die Ausleihe, sondern auch zum Verkauf gedacht. *The Times Book Club* zog sich daher schnell den Unmut der Verleger zu, weil er gerade Buchnovitäten mit immensen Preisnachlässen an Mitglieder und Schiffspassagiere abgab.[390] Die Kooperation der *Times* mit den Anbietern des internationalen Reiseverkehrs lag auf der Hand, denn ca. neunzig Prozent der Auflage wurde allein in England über den Bahnhofs- und Verkehrsbuchhandel abgesetzt; wichtigster Geschäftspartner der *Times* war das Unternehmen W. H. Smith & Son.[391]

Nach 1900 wurden auf den Transatlantikschiffen zwei weitere Novitäten eingeführt: die Schiffszeitung und die Bordbuchhandlung, die ein aktuelles Buchprogramm sowie wichtige Magazine und Journale führte. Die Herausgabe einer Schiffszeitung war erst durch die Einführung der Telegrafie möglich geworden, die einen kontinuierlichen Informationsaustausch zwischen Festland und Schiff gewährleistete. Die Hamburg-Amerika-Linie schloss mit der *Compagnie de Télégraphie sans Fils* einen entsprechenden Vertrag ab, der die Nutzung von Stationen in England und Amerika mit einschloss. Im Verbindungsbereich kreuzten allein fünf große Dampfer der Hamburg-Amerika-Linie, wodurch die Reichweite des Nachrichtentransfers entsprechend erweitert wurde.[392]

Waren die Schiffsreisenden vor der Erfindung der Telegrafie für die Dauer ihrer Reise von den Tagesaktualitäten abgeschnitten gewesen, galt jetzt die Versorgung der Passagiere mit politischen und wirtschaftlichen Tagesinformationen sowie mit Börsen- und Sportberichten als wichtiger Service vor allem für Geschäftsreisende. Als besonderer Informationsservice auf den Schiffen der Hamburg-Amerika-Linie galt seit 1906 das *Atlantische Tagblatt*, das den Passagieren unentgeltlich zur Verfügung stand und auch in englischer Sprache erschien. Die Schiffszeitung informierte über die neuesten Nachrichten aus aller Welt. Im Lokalteil standen Ereignisse an Bord im Mittelpunkt der Berichterstattung. Darüber hinaus brachte ein Feuilleton Originalbeiträge bekannter Schriftsteller.[393] Für die Herstellung dieser Tageszeitung wurden an Bord ein Redaktionsbüro sowie eine eigene Druckerei eingerichtet. Die Schiffsjungen trugen die Zeitungen täglich aus und verteilten sie in den

---

389 1904 führte die Times, die bislang ausschließlich im Einzelverkauf vertrieben wurde, zusätzlich das Abonnementsystem ein. Das Abonnement gewährte gegenüber dem Einzelerwerb einen Rabatt von 23 Prozent auf den jährlichen Bezugspreis. Die Abonnenten waren automatisch Mitglieder des Leseklubs. Die Mitglieder konnten bis zu drei Bücher gleichzeitig ausleihen, innerhalb von London wurden die Bücher nach Wunsch sogar dem Mitglied kostenlos zugestellt und abgeholt. Diejenigen Bücher, die bereits einen Monat im Umlauf waren, wurden zu lukrativen Rabatten zum Verkauf angeboten. Das Konzept der Times ging auf; die hohe Rabattgewähr bis zu fünfzig Prozent vom Ladenpreis sowie attraktive Ratenzahlungen für teure Bücher ab fünf Pfund führten dem Leseklub innerhalb weniger Jahre über 27.000 Mitglieder zu. Vgl. hierzu Mentzel-Reuters: „Reading as many books", S. 71.

390 Ebd. S. 75f.

391 Ebd. S. 61.

392 Bbl. Nr. 22 vom 27. Januar 1906, S. 1012.

393 Vgl. Kludas: Passagierschiffahrt, Bd. 3, S. 69ff.

Speise-, Raucher- und Lesezimmern.[394] Auch auf den Ozeanschiffen des Norddeutschen Lloyd gab es im monatlichen Turnus eine Bordzeitung, die als Reisemagazin konzipiert war. Darüber hinaus wurde eine englische Monatsschrift unter dem Titel *Seven Seas* publiziert, die sich vor allem an die amerikanischen Passagiere richtete. Die *Lloyd-Post* dagegen erschien täglich in deutscher und englischer Sprache und berichtete über das aktuelle Tagesgeschehen.[395] Auch die Hamburg-Südamerikanische Dampfschifffahrtsgesellschaft bot ihren Passagieren eine offizielle Bordzeitung unter dem Titel *Telefunken-Echo. Eco radiotelegrafico*.[396]

Bordzeitung der Hamburg-Südamerikanischen Dampfschiffahrts-Gesellschaft, Hamburg (um 1900)
(aus Kludas: Die Cap-Schnelldampfer, 1996)

394 Bbl. Nr. 22 vom 27. Januar 1906, S. 1012–1013; Bbl. Nr. 144 vom 25. Juni 1906, S. 6254; Bbl. Nr. 119 vom 26. Mai 1909, S. 6899.
395 Kludas: Die Schnelldampfer Bremen und Europa, S. 151.
396 Kludas: Die CAP-Schnelldampfer, S. 73.

Die Einrichtung von Bordbuchhandlungen initiierte das Unternehmen Georg Stilke. 1901 wurde die erste Bordbuchhandlung von Stilke auf dem Dampfer *Deutschland* der Hamburg-Amerika-Linie eröffnet. Die Passagiere konnten jetzt Neuerscheinungen und Presseartikel des internationalen Buchmarkts erwerben. Die Einrichtung von Bordbuchhandlungen erwies sich als notwendig, weil die Buchnovitäten aus den Bordbüchereien oft schon nach wenigen Tagen ausgeliehen waren. Die Betreiber von Bordbibliotheken bemühten sich zwar um eine regelmäßige Aktualisierung ihrer Bestände, doch dieses Vorhaben scheiterte häufig aus zeitlichen wie auch finanziellen Gründen; allein die regelmäßige Überarbeitung der Kataloge stellte einen nicht unerheblichen Kostenfaktor dar. Erfahrungsgemäß wurden die Buchbestände in den Bibliotheken der ersten Klasse nur alle vier bis fünf Jahre aktualisiert; die ausgemusterten Bücher wurden in die Bestände der Bordbüchereien der zweiten und dritten Klasse integriert.[397] Den Inhabern von Bordbuchhandlungen dagegen gelang eine regelmäßige Ergänzung ihres Sortiments auch während der Reise; gewöhnlich lieferte die Hauptniederlassung der Bordbuchhändler, z.B. Hermann Stilke in Hamburg, attraktive Buchneuerscheinungen an die ausländischen Häfen, die das Schiff fahrplanmäßig anlief.

Wie auch bei den Bordbüchereien erhielten die jeweiligen Reiseklassen eigene Bordbuchhandlungen. Wie ernst das Unternehmen Stilke die Einrichtung und Leitung von Bordbuchhandlungen nahm, zeigte sich darin, dass der Posten des Bordbuchhändlers nur den erfahrensten Mitarbeitern seiner Firma angeboten wurde.[398]

1905 warb der Norddeutsche Lloyd damit, dass sein Schiff *Kronprinzessin Cecilie*, deren Bordbücherei bei Winter noch sehr negativ bewertet worden war, über die erste Buchhandlung an Bord seiner Schiffsflotte verfügte. Die Gestaltung des Verkaufsstandes übernahm der Architekt Johann G. Poppe, der zwischen 1881 und 1907 mit der luxuriösen Ausgestaltung der Luxusliner des Norddeutschen Lloyd beauftragt war:

> Der neue Schnelldampfer des Norddeutschen Lloyds „Kronprinzessin Cecilie“, der seine erste Reise nach New York mit bemerkenswerter Schnelligkeit gemacht hat, ist der erste Lloyddampfer, der eine vollständig eingerichtete Buchhandlung an Bord hat. Während die bisherigen Dampfer nur eingefügte Kästen haben, hat Herr Architekt Poppe für die „Cecilie“ schöne, praktische und geräumige Schränke entworfen, die zur Bequemlichkeit des Publikums bei Ausgang des Promenadendecks angebracht sind. In den englischen und französischen Häfen, vor allen Dingen aber in Bremerhaven und New York wird diese Buchhandlung stets mit den neuesten Erscheinungen versehen, so daß das ohnehin verwöhnte Publikum auch auf diesem Gebiete nichts zu entbehren hat.[399]

397 Boljahn: Die Schiffsbibliotheken der Flotte des Norddeutschen Lloyd, S. 176.
398 Vgl. Häring: Georg Stilke, S. 72.
399 Bbl. Nr. 197 vom 24. August 1907, S. 8284.

Als Bordbuchhändler auf allen Linien wurde das Bremer Unternehmen Franz Leuwer[400] geworben. Leuwer hatte 1903 die schon 1863 in Bremen gegründete Buchhandlung G. A. von Halem aufgekauft. Der Buchhändler bereicherte durch die Einrichtung eines Lese- und Künstlerkreises, in dem auch der junge Ernst Rowohlt regelmäßig verkehrte, das kulturelle Leben in der Hansestadt. Darüber hinaus organisierte er Lesungen, Vortragsabende und Kunstausstellungen. In seinem Haus verkehrten zahlreiche Literaten und Maler, u.a. Heinrich Vogler sowie der Bremer Kunsthallendirektor Gustav Pauli und diverse Wirtschaftsgrößen der Stadt. Die engen Beziehungen zu heimischen Künstlerkreisen waren ausschlaggebend für die Konzessionserteilung als Bordbuchhändler, denn die Künstler und Innenarchitekten Rudolf Alexander Schröder und Paul Ludwig Troost – mit beiden war der Buchhändler bekannt – wurden vom Norddeutschen Lloyd beauftragt, die Innenausstattung der Dampfschiffe zeitgemäß zu gestalten. Sie stellten vermutlich den Kontakt zwischen der Reederei und Leuwer her. Die ersten Bordbuchhandlungen richtete der Bremer Buchhändler auf den Schiffen *Sierra Morena*, *Sierra Cordoba* sowie den Schnelldampfern *Columbus*, *Bremen* und *Europa* ein. Mit der Ausweitung des Schiffsbuchhandels expandierte das Gesamtunternehmen und erwarb sich internationalen Ruf. Leuwer erhöhte den Personalstand auf über fünfzig Mitarbeiter und stellte gleich zwei Geschäftsführer ein, die ihn bei der Organisation und Verwaltung der Bordbuchhandlungen unterstützten. Nach dem Ersten Weltkrieg richtete Franz Leuwer an den Zielhäfen des Seebäderdienstes Verkaufsstände ein, z.B. auf den Inseln Wangerooge, Borkum und Spiekeroog.[401]

In den Jahren der Weimarer Republik erweiterte der Geschäftsführer Carl Emil Spiegel (der Firmengründer war 1916 gestorben) das Verlagsprogramm um Reiseliteratur, die hauptsächlich in den Bord- und Inselbuchhandlungen abgesetzt wurde. So erschien z.B. Adrian Mohrs Reisebericht *Norwegen erzählt Urgeschichte*. Der Untertitel, ein *Buch am besten an Bord zu lesen*, verwies auf die Zielgruppe.[402] Von der Reederei wurde das Unternehmen angehalten, das Buchangebot in den angelaufenen Häfen stets zu aktualisieren.[403] Bei den Verkäufern, die für die Dauer der Reise an Bord verblieben, handelte es sich um Angestellte der Firma. In den Vorkriegsjahren kam es aber zumindest an Bord des Lloyd-Dampfers *Bremen* zu einem Wechsel; hier übernahm fortan der Bordbuchhändler Lachmann den Buchverkauf.[404] Es handelte sich um einen kleineren Verkaufsstand, der hauptsächlich eine Auswahl aktueller Literatur anbot. Neuerscheinungen wurden in Glasvitrinen ausgestellt; außerdem war eine Sammlung von Unterhaltungs- und Sachliteratur in einem speziellen Bücherregal untergebracht. Eine eiserne Querverstrebung verhinderte das Herausfallen von Büchern selbst bei schwerem Seegang.[405]

400 Das Unternehmen Franz Leuwer wurde 1863 in Bremen gegründet; seit dem 1. April 1903 leitete Franz Leuwer die Firma. Vgl. Adreßbuch des deutschen Buchhandels, 1910, I. Abt., S. 311.
401 Aschenbeck: 100 Jahre Buch- und Kunsthandlung Franz Leuwer, S. 13ff.
402 Ebd. S. 19.
403 Bbl. Nr. 197 vom 24. August 1907, S. 8284.
404 Nachforschungen zur Firmengeschichte des Bordbuchhändlers Lachmann blieben ergebnislos.
405 Vgl. die Abbildung in Kludas: Die Schnelldampfer Bremen und Europa, S. 151.

Bordbuchhandlung Lachmann auf dem Schnelldampfer „Bremen" (um 1900) (aus Kludas: Der Schnelldampfer „Bremen", 1996)

Umfang und Einrichtung der Bordbuchhandlungen hingen – wie auch bei den Bordbüchereien – von der Größe des Schiffs, den Nationalitäten der Fahrgäste sowie dem Reiseziel ab. Wegen des nur beschränkten Raumes musste der verantwortliche Bordbuchhändler eine kluge Buchauswahl treffen.[406] In den zwanziger Jahren wurden in der ersten Klasse begehbare Ladenräumlichkeiten eingerichtet, in denen neben Literatur auch kunsthandwerkliche Gegenstände und Geschenkartikel verkauft wurden. Der Bordbuchhändler bezahlte dabei offenbar wie der Bahnhofsbuchhändler eine Pacht für die Führung eines Buchladens. Die aufwändige Gestaltung der Verkaufsstände, die sich dem Ambiente des Schiffes anzupassen hatte, konnte vermutlich nicht immer amortisiert werden. Die Unterhaltung einer Bordbuchhandlung mit eigenem Personal rentierte sich nur auf den großen Luxuslinern. Auf den mittleren und kleineren Schiffen wurde die Bordbuchhandlung gewöhnlich auf den Vorplätzen der einzelnen Salons aufgebaut. Der Betrieb der Buchhandlung lag hier in der Verantwortung des Schiffspersonals, das die Verkaufsstellen für eine bestimmte Zeit am Tag offen hielten.

Das Buchangebot war davon abhängig, ob es sich um eine Linienschifffahrt z.B. von Hamburg nach New York handelte, die vor allem von Geschäftsreisenden genutzt wurde, oder um touristische Kreuzfahrten. Auf den Linienschiffen hielt der Bordbuchhändler neben der Unterhaltungsliteratur auch wirtschaftspolitische Abhandlungen über europäische oder überseeische Länder bereit, die gerade bei den Geschäftsreisenden einen guten Absatz fanden. Die Touristenklasse bevorzugte dagegen neben Romanen und Biografien vor allem Reiseberichte. Reisende, die sich auf einer Kreuzfahrt im mitteleuropäischen Raum oder in den norwegischen Fjorden befanden, favorisierten neben der unterhaltenden Literatur Bücher über die Länder, in die die Kreuzfahrt führte. Ein wichtiger Verkaufsartikel waren deshalb auch Bildbände über die jeweils bereisten Länder und Regionen. Neben belletristi-

406 Toeppfer: Die Bordbuchhandlungen auf den deutschen Überseedampfern, S. 318.

schen Kollektionen und Reiseliteratur fand gerade bei den Auswanderern der zwanziger Jahre die Auswandererliteratur großen Anklang, die über das Zielland informierte. Reisebeschreibungen und Reisehandbücher wurden in mehreren Sprachen vorrätig gehalten. Abgeraten wurde von der Führung von politischer Tendenzliteratur, um Beschwerden seitens der Passagiere vorzubeugen.[407]

Ein besonders begehrter Lesestoff an Bord waren Zeitungen und Zeitschriften. Die Beschaffung von Tageszeitungen und Zeitschriften erforderte eine besondere Logistik. Die Verkehrsbuchhandlung Stilke legte Wert auf eine pünktliche, schnelle sowie regelmäßige Versorgung der Schiffspassagiere. Die Reedereien teilten die Ankunftszeiten der Schiffe in den in- und ausländischen Häfen der Hamburger Geschäftszentrale mit, die dann die neuesten Tageszeitungen und Zeitschriften telegrafisch bestellte. Oftmals kamen die Presseartikel bereits mit den Lotsen an Bord und die Passagiere konnten sich bereits vor ihrer Ankunft an ihrem Reiseziel über die aktuelle politische und wirtschaftliche Weltlage informieren.[408]

Eine wichtige Rolle bei der Ausweitung des literarischen Versorgungsnetzes im Schiffsreiseverkehr spielten die internationalen Reedereien und Versicherungsgesellschaften. Bereits seit ihrer Gründung unterhielten die Hapag (1853), der Norddeutsche Lloyd (1857) und der Triester Handelskonzern Österreichisch-ungarischer Lloyd sog. „Literarische Büros", die im Auftrag ihrer Handelsgesellschaften für die serienmäßige Herstellung und den Vertrieb von Zeitschriften, Reisehandbüchern, belletristischen Reiseserien und illustrierten Reisejournalen verantwortlich waren.[409] Auf den Schiffen dieser Gesellschaften gehörten die Schiffslesebibliotheken von Anbeginn an zum Standard.

Die Bahnhofs- und Verkehrsbuchhändler lebten vom kommerziellen Verkauf von Reiselektüre. Deshalb beobachteten sie das individuelle Kaufverhalten von Reisenden und bemühten sich, in Kooperation mit den Verlagen, um die zuverlässige Bereitstellung von preiswertem, für die Reise geeignetem Lesestoff. Seit der Jahrhundertwende wurden die Bahnhofs- und Verkehrsbuchhändler allerdings mit einem ernstzunehmenden Konkurrenzunternehmen konfrontiert, das spezielle Ausleihsysteme für Reisende kreiert hatte. Die zunehmende Verbreitung von Reiseleih- und Hotelbibliotheken verfolgten die Bahnhofs- und Verkehrsbuchhändler mit Argwohn, da sie zu Recht erhebliche Umsatzeinbußen befürchteten. Die Vorteile für die Reisenden dagegen lagen auf der Hand, denn sie konnten nunmehr durch das Ausleihangebot auf den persönlichen Bucherwerb verzichten; zugleich war der Reisende außerdem von der Mitführung von privatem Lesestoff entlastet.

5.10 Ausbildung von alternativen Formen der Literaturversorgung

Mit der Ausweitung des literarischen Services für Reisende entwickelten sich um die Jahrhundertwende alternative Formen der Literaturbeschaffung. Ein Novum war die Installation

---

407 Toeppfer: Die Bordbuchhandlungen auf den deutschen Überseedampfern, S. 317.
408 Häring: Georg Stilke, S. 72f.
409 Vgl. Haug: Der Triester Handelskonzern Österreichisch-ungarischer Lloyd.

von Reiseleihsystemen, die den Passagieren die Ausleihe von Reiselektüre für die Dauer ihrer Reise ermöglichten. Bedeutende Reiseleihunternehmen kooperierten mit den Bahnhofshotels, die als Bücheraustauschstellen fungierten. Hier konnten die Reisenden ihre Bücher zurückgeben und gegen neue Lektüre eintauschen. Neben dem kommerziellen Buchverleih bestand für die Reisenden die Möglichkeit, ihren Lesestoff auch an Bücherautomaten zu ziehen, die an den Bahnhöfen, Schiffsanlegeplätzen, auf Fährschiffen und an belebten Straßenkreuzungen eingerichtet wurden. Wegweisend für diese Art von Buchabsatz war das Verlagsunternehmen Reclam. Als Ergänzung zu den Hotelbibliotheken bemühten sich die Bahnhofsbuchhändler vermehrt um die Einrichtung von kleinen Buchläden in den Hotels. Diese boten neben einer kleinen Auswahl belletristischer Literatur vor allem Tagesschrifttum, Journale und Zeitschriften.

5.10.1 Hotelbibliotheken und Hotelbuchhandlungen

Nur wenige Jahrzehnte nach der Gründung von ambulanten und stationären Buchverkaufsstellen entlang der Eisenbahnstrecken und auf den Dampfschiffen installierten innovative Buchhändler und Leihbibliothekare ein weit reichendes Reiseleihsystem, das den Eisenbahnpassagieren für die Dauer der Reise gegen ein geringes Entgelt das Entleihen gewünschter Literatur am Abfahrtsbahnhof und die Rückgabe am Zielbahnhof ermöglichte.

Ein kluger Schachzug der Organisatoren war die gezielte Einbeziehung von Hotels in ihr Verleihsystem. Die Hotels dienten innerhalb dieses Systems als Ort des Buchtransfers und -austausches. Die Organisation und Verwaltung der Ausleihe und Rückgabe oblag den Hoteliers.[410] Deshalb wurden die Reiseleihbibliotheken häufig auch als Hotelbibliotheken bezeichnet.[411] Die Leihbibliothekare reagierten mit diesem Literaturservice für Reisende auf die aggressive Abwerbung ihrer Kunden durch die Verleger von preiswerten belletristischen Buchreihen, die ein kostengünstiges Abonnement bei der örtlichen Leihbibliothek zunehmend obsolet erscheinen ließ.

Die früheste Reiseleihbibliothek entstand in England. Hier richtete das Verlagshaus Smith & Son eine sog. „circulation library" ein, die das Angebot der verlagseigenen Reisebibliotheken, z.B. seine Reihe *Railway Literature*, um das Literaturangebot seiner Geschäftskonkurrenten bereicherte. Innerhalb von nur wenigen Wochen umfasste der Gesamtbestand seiner Reiseleihbibliothek über 300.000 Titel.[412] Als Vorbild diente offenbar Charles Edward Mudies „Lending Library", die in den wichtigsten Städten Englands, u.a. in Manchester, Liverpool und Birmingham, Filialen unterhielt. Das attraktive Angebot des Inhabers, wonach die entliehenen Bücher in jeder Niederlassung Englands zurückgegeben werden konnten, wurde vor allem von Reisenden genutzt.

Die Londoner „Globus-Kompanie" zählte in den 1890er Jahren zu den renommiertesten Reiseleihbibliotheken Englands und führte auch auf den österreichischen Staatsbahnen das

---

410 Bbl. Nr. 8 vom 12. Januar 1910, S. 414.

411 Davon zu unterscheiden sind die stationären Hotelbibliotheken und -lesezimmer, die in den Foyers großer Hotels als besonderer Kundenservice eingerichtet wurden.

412 Vgl. Maxwell: Life and Times, S. 83ff.

Reiseleihsystem ein.[413] Der Reisende erhielt gegen Hinterlegung einer Kaution das gewünschte Buch und gab es am Zielort nach Bezahlung von zehn Kreuzern Ausleihgebühr zurück.[414] Das österreichische Leihunternehmen bot mehrere Tausend Bände in deutscher, ungarischer, tschechischer, englischer und französischer Sprache an und schon ein Jahr nach seiner Gründung, 1889, besaß es über vierzig Filialen an den Stationen der Westbahn, weitere 200 Niederlassungen waren bereits geplant.[415]

In der Schweiz erkannte der Baseler Leihbibliothekar M. Bernheim, dass seine Abonnenten nur in den Sommermonaten für die Urlaubs- und Erholungszeit Literatur zu kaufen bereit waren, während sie in den restlichen Monaten des Jahres ihre Lesebedürfnisse durch die Nutzung seiner Leihbibliothek befriedigten, und richtete auch hier einen Buchverleih für Eisenbahnreisende ein.[416]

In Deutschland setzte sich das europäische Modell von Reiseleihbibliotheken nur zögerlich durch.[417] Erst 1910 gelang es einem deutschen Unternehmen in Zusammenarbeit mit den Hotels, eine Reiseleihbücherei auf allen Streckennetzen der deutschen Bahnen einzurichten.[418] 1909/1910 wurde Ladendorf's Reise-Leihbibliothek mit einem Grundkapital von 100.000 Mark als GmbH gegründet.[419] Die Ausleihmodalitäten waren unbürokratisch. Die Ausleihgebühr betrug 10 Pfennig, das Pfand eine Mark. Die Bücher konnten in allen an das System angeschlossenen Hotels umgetauscht oder zurückgegeben werden. Das Unternehmen etablierte sich so erfolgreich auf dem Reisemarkt, dass es nicht nur schnell Nachahmung fand, sondern auch heftig von den Bahnhofsbuchhändlern und Verlegern von Reiselektüre angefeindet wurde.

Bereits 1911/1912 warb das Unternehmen damit, dass sich schon 1.200 Hotels an das literarische Leihsystem angeschlossen hätten. Der Bücherbestand belief sich inzwischen auf 150.000 Romane und Novellen.[420] Ein Jahr später erhöhte dieser sich auf 250.000 Bän-

---

413 Vgl. Der Leihbibliothekar Nr. 12 vom 31. Juli 1889, S. 203.

414 Bbl. Nr. 88 vom 18. April 1888, S. 1930.

415 Bbl. Nr. 146 vom 26. Juni 1889, S. 3302.

416 Welten: Der Verein der Leihbibliothek für das reisende Publikum.

417 1886 gründete sich der Verein der Leihbibliotheken für das reisende Publikum und diese Interessenvereinigung zog sich in kürzester Zeit die Kritik der deutschen Schriftsteller zu, die im Verleih ihrer Werke während der Reise eine erhebliche Honorareinbuße befürchteten. 1898 wurde in Bayern der Antrag des Londoner Unternehmens N. Heinemann, auf den bayerischen Eisenbahnstrecken Leihbibliotheken für Reisende einzurichten, zugunsten deutscher Projekte zurückgewiesen. Welten: Der Verein der Leihbibliothek für das reisende Publikum.

418 Eintrag in das Handelsregister am 7. Januar 1910. Bbl. Nr. 8 vom 12. Januar 1910, S. 414.

419 Die Ladendorf Reise-Leihbibliothek ließ sich im Handelsregister eintragen, der Sitz der Firma war Hamburg. Der Gesellschaftsvertrag wurde am 18. Dezember 1909 abgeschlossen. Das Stammkapital betrug 100.000 Mark. Der Unternehmer Ladendorf brachte in die Gesellschaft sein Verlagsgeschäft sowie alle bereits mit den verschiedenen Hotels abgeschlossenen Verträge mit ein. Das Verlagsgeschäft mit einem Stammkapital von 30.000 Mark wurde entsprechend angerechnet. Vgl. Bbl. Nr. 8 vom 12. Januar 1910, S. 414. Vgl. auch Der Leih-Bibliothekar 7 (1886), S. 102ff, Martino: Die deutsche Leihbibliothek, S. 322f, sowie Jäger: Leihbibliotheken.

420 Vgl. Werbeprospekt u.a. eingebunden in: Fritz Wesenberg: Der Kriminalkommissar. Roman. Ladendorf's Reise-Leihbibliothek Nr. 81. Ausgabe 1911/1912.

de.[421] Die Hotels profitierten vom Werbeeffekt. Die Reisenden wurden in den Katalogen unverhohlen aufgefordert, nur die Hotels zu buchen, die den Literaturservice anboten. Das Entgelt von zehn Pfennig pro Band deckte allenfalls die Aufwandskosten. Deshalb bat Ladendorf seine Kunden, die Bücher nur in den Hotels und nicht privat unter Reisenden zu tauschen. Die Bände selbst dienten als Werbeträger für Reiseartikel, Versicherungen, Büromaterial oder Rauchwaren. Durch die professionelle Reklame wurden die Herstellungskosten subventioniert. Da die Bücher ständig wechselten, war die Erstellung eines Kataloges nicht möglich. Der Hotelgast suchte seine Lektüre direkt im Bücherschrank; hier lagen die Bücher quer, damit Autor und Buchtitel bequem zu lesen waren.

Die Kontroverse über eine mögliche Schädigung der Verleger und Bahnhofsbuchhändler wurde im *Börsenblatt* und im *Bahnhofsbuchhandel* ausgetragen. Im Herbst 1910, wenige Monate nach der Gründung von Ladendorf's Reise-Leihbibliothek, analysierte der Verfasser Steineck die Nachteile dieser Einrichtung für die Verleger wie auch für die Bahnhofsbuchhändler. In seinem Beitrag beschrieb er am Beispiel von Ladendorf's Unternehmen die Erfolgsgeschichte und Funktionsweise des neu gegründeten Literaturservices, kritisierte aber gleichzeitig die einfallslose Zusammenstellung des Buchbestandes:

> Was den Inhalt anbelangt, so ist er merkwürdig zusammengestellt und durcheinander gewürfelt. Bekanntes und Unbekanntes, ohne jede Neuerscheinung, nur „olle Kamellen", so daß es sich hier fraglos um „guterhaltene Remittendenexemplare" handelt, was durch das schmutzige Aussehen mancher Bände nur bestätigt wird und auch durch den äußeren Einband und Beschnitt nicht getilgt werden konnte.[422]

Die Reisenden störten sich aber offenbar nicht an der wenig aktuellen und bunten Buchauswahl. Sie griffen aus Gründen der gebotenen Gelegenheit spontan auf das Buchangebot zurück und begnügten sich deshalb auch mit dem teilweise veralteten Literaturprogramm. Die meisten genossen vor allem den Vorteil, sich abends im Hotel die Zeit mit Lesen zu vertreiben:

> Jeder rechnende Reisende kann und wird sich nun für die Folge meist seinen Lesebedarf in aller Ruhe in seinem Hotel auswählen, denn auch hier hat er ja schon während des Tages und vor dem Schlafengehen öfters Gelegenheit, sich mit Lektüre die Zeit zu verkürzen.[423]

Partei ergriff der Kritiker der Reiseleihbibliothek für die Bahnhofsbuchhändler, die noch mehr als die Verleger unter dem literarischen Konkurrenzunternehmen litten, zumal die Reisenden seit der Jahrhundertwende vermehrt auf Zeitungen und Zeitschriften als Lesestoff zurückgriffen und der Kauf von Büchern zurückgegangen war. Steineck forderte seine Kollegen und die Bahnhofsbuchhändler nachhaltig auf, die Reiseleihbibliotheken zu boy-

---

421 Bbl. Nr. 142 vom 21. Juni 1912, S. 7581.
422 Ladendorf's Reise-Leihbibliothek G.m.b.H. Hamburg. DBSM Sign. 72/63.
423 Ebd.

kottieren.[424] Er prangerte eine Reihe von Verlagen, die mit Ladendorfs Unternehmung kooperierten, öffentlich an. Der Boykottaufruf blieb weitgehend ohne Resonanz, denn viele Verleger sahen in den Reiseleihbibliotheken die Möglichkeit, veraltete Lagerbestände gegen ein geringes Entgelt loszuschlagen.

Manche Firmen reagierten im *Bahnhofsbuchhandel* vom 16. September 1910 auf die öffentliche Stigmatisierung ihrer Firmen. Berliner Verlagshäuser, wie Otto Janke oder Hermann Seemann, räumten eine regelmäßige Belieferung Ladendorfs ein, erklärten sich aber bereit, dieses fortan zu unterlassen. Die Berliner Firma F. Fontane & Co sowie die Franckh'sche Verlagsbuchhandlung in Stuttgart dagegen verbaten sich den Vorwurf, durch die Zusammenarbeit mit Ladendorf den Bahnhofsbuchhandel zu schädigen, denn dieser hätte an den Remittenden, die ihm vom Verlag zum Teil mit neunzig Prozent Rabatt bereits angeboten worden waren, kaum Interesse gezeigt.

Insofern bediente Ladendorfs Projekt das Reisepublikum auf die einfachste und billigste Weise mit älterer Literatur, ohne den Bahnhofsbuchhandel dabei nachhaltig zu beeinträchtigen. Bei der Reiseleihbibliothek handelte es sich also hauptsächlich um ein Zusatzangebot für Reisende, die wegen der nur geringen Benutzungsgebühren keinen Anspruch auf Novitäten erheben konnten. Der Boykott wurde von nur wenigen Verlegern mitgetragen und Ladendorfs Unternehmen konnte unbeeindruckt von den Angriffen weiter expandieren. Der Umfang des Unternehmens wurde im *Börsenblatt* von einem Sortimentsbuchhändler geradezu als bedrohlich dargestellt:

> Ein sonderbarer Wagenzug passierte gestern einen Teil unserer Stadt. Der Zug berührte die Apelstraße, Berliner Straße, Pfaffendorfer Straße, Promenade, Augustusplatz, Hauptbahnhofsvorplatz. Von hier aus fuhren die verschiedenen Rollwagen nach den einzelnen Bahnhöfen. Auf zehn großen Speditionsrollwagen wurden über 1000 Kisten, die seit einigen Jahren eingeführten Ladendorf's Reise-Leihbibliothek enthielten, nach den Bahnhöfen gebracht, um an die Bestimmungsorte der verschiedenen Abonnenten dieser Bibliothek zugeführt zu werden. Über ¼ Million Bände dieser Bibliothek befinden sich jetzt in ganz Deutschland im Verkehr. Es wird das Erscheinen der neuen Ausgabe 1912/1913 bei dem reisenden Publikum gewiß mit Freuden begrüßt werden. [...] Aus der oben mitgeteilten Menge der zur Verfügung stehenden Leihbände läßt sich der Schaden, der besonders dem Bahnhofsbuchhandel und dem Sortimentsbuchhandel, dann aber auch den Herren Verlegern zugefügt wird, ermessen.[425]

Ladendorf bemühte sich zunehmend auch in Kur- und Badeorten um die Einrichtung von Niederlassungen. Die *Liste der bereits angeschlossenen Hotels* führte alle bedeutenden Badeorte Deutschlands, an erster Stelle Aachen, Baden-Baden und Wiesbaden.[426]

---

424 Bbl. Nr. 107 vom 12. Mai 1910, S. 5676.
425 Bbl. Nr. 142 vom 21. Juni 1912, S. 7581.
426 Ladendorf's Reise-Leihbibliothek, GmbH, Hamburg. Liste der bereits angeschlossenen Hotels. DBSM Sign. 72/49.

Der große Erfolg von Ladendorfs Leihbibliothek ermutigte auch andere Unternehmer zu vergleichbaren Projekten. Bereits im Mai 1910, und damit nur wenige Wochen nach Einrichtung von Ladendorf's Reise-Leihbibliothek, organisierte die Reise-Leihbibliothek GmbH im Verbund mit den Hoteliers eine weitere Leihbibliothek für Reisende. Der Bücheraustausch funktionierte wie bei Ladendorf.[427] Im selben Jahr bot auch das Verlagshaus Karl Friedrich Ladewig in Wilhelmshaven Reisenden Leihbibliotheken an; es weitete aber den Aktionsradius aus und richtete nicht nur in Hotels, sondern auch an Bahnhöfen, auf Schiffen und in Badeorten entsprechende Niederlassungen ein. Ein Buchhändler berichtete im *Börsenblatt* über die wenig aufwändige Organisation des Leihverfahrens. Die angebotenen Titel dienten gleichzeitig als Werbeträger für Hotels:

> Dieses Institut [Reiseleihbibliothek, C.H.] beschränkt sich nicht auf die Hotels, Schiffe und sonstige dem Verkehr dienende Einrichtungen, sondern hat sogar die Badeanstalten in den Bereich seiner Tätigkeit gezogen. Ich fand zufällig in einer hiesigen Badeanstalt einen verschlossenen Bücherschrank mit neuerer Unterhaltungsliteratur, der die Aufschrift trug Ladewig's Hotelbibliothek. Ich ließ mir den Schrank öffnen und erhielt die Erklärung, daß sich jedermann auf Lebenszeit gegen Bezahlung von 5 M beliebig Bücher entnehmen könne. Als Ausweis diene außer einer Quittung, die vorzuzeigen nicht einmal nötig sei, das entnommene Buch selbst. Die Bücher sind alle gleichmäßig gebunden mit dem Aufdruck „Ladewig's Hotelbibliothek, Wilhelmshaven" und gespickt vorn und hinten mit einer stattlichen Anzahl Inserate, hauptsächlich von Hotels, so daß man Mühe hat, endlich den Titel des Buches zu finden.[428]

Wenige Jahre später arbeiteten in allen größeren deutschen Städten die Reiseleihbibliotheken mit den Hotelbesitzern sowie den Herausgebern von speziellen Hotelzeitungen zusammen. Der Service für Reisende und Hotelgäste wurde erweitert, denn neben den Reiseleihbibliotheken wurden jetzt auch Lesezimmer für die Gäste eingerichtet. Als gravierendes Problem erwies sich allerdings die auffällig hohe Diebstahlquote. Das Problem bestand darin, dass die Hotellesezimmer – hier im Gegensatz zu den Restaurants und Cafés, wo bedenkenlos teuere Zeitschriften ausgelegt werden konnten – gewöhnlich unbeaufsichtigt waren. Eine Gegenmaßnahme war, die Bücherschränke zu verschließen und die Buchausgabe unter die Kontrolle eines Oberkellners zu stellen. Die Bücher an den Tischen mussten fixiert werden, und entsprechende Plakate sollten die Hotelgäste darauf hinweisen, dass die Bücher Besitz des Hotels und nicht zur Mitnahme gedacht waren.[429] Die *Allgemeine Hotelrundschau* vom 14. September 1912 beklagte wiederum die mangelhafte Ausstattung der Hotellesezimmer und forderte die Besitzer auf, nicht nur illustrierte Zeitungen und Witzblätter zu abonnieren, sondern ihren Gästen auch Nachschlagwerke, Gesetzestexte und Konversationslexika zur Verfügung zu stellen sowie auch die Kunst und das Kunstgewerbe

427 Bbl. Nr. 107 vom 12. Mai 1910, S. 5676.
428 Bbl. Nr. 115 vom 23. Mai 1910, S. 6118.
429 Bbl. Nr. 171 vom 26. Juli 1913, S. 7574.

zu berücksichtigen.[430] Die Anschaffung belletristischer Literatur empfahl sich dagegen nur für Hoteliers, die Sommergäste beherbergten. Die Diebstähle führten jedoch dazu, dass die Verantwortlichen die Hotelbibliotheken nur noch mit preiswerten Unterhaltungsreihen, häufig von minderwertiger Qualität, und Zeitungen ausstatteten.[431]

Das Berliner Hotel „Excelsor" unternahm Mitte der zwanziger Jahre nochmals einen Versuch und gründete die umfangreichste Hotelbibliothek, die es bislang gegeben hat.[432] Die Bibliothek hatte einen Bestand von ca. 5.000 Büchern; der entsprechende Katalog war beinahe 200 Seiten stark. Die Leihbibliotheksbücher waren einheitlich in grünem Leder gebunden und trugen das Signet des Hotels. Die Hotelgäste konnten sich Titel in unbegrenzter Anzahl ausleihen und hatten diese spätestens bei Abreise zurückzugeben. Die Hotelbücherei wurde von einem Bibliothekar ganztägig betreut. Dadurch reduzierten sich die Diebstähle, weil die Räumlichkeiten der Bibliothek während ihrer Öffnungszeiten überwacht wurden. Das Literaturangebot war vielseitig: Die Hotelgäste konnten sich neben Romanen Biografien, Briefwechsel, Werke aus den Themenfeldern Kulturgeschichte, Erd- und Völkerkunde, Kunst, Kunstgewerbe, Musik, Theater, Philosophie, Medizin und Naturwissenschaften, Literatur über Sport und Technik ausleihen. Offenbar zählte die Benutzung der Hotelbibliothek zum Service und war für Gäste kostenlos.

Dem florierenden Geschäft des Buchverleihs für Reisende begegneten die Verkehrsbuchhändler mit der Installation von kleinen Buchläden in den Hotels. Durch ein attraktives Angebot an preiswerten Novitäten versuchten sie, die Reisenden wieder vermehrt zum Kauf von Büchern zu motivieren. Die Verkehrsbuchhändler hatten in den Hotels zunehmend eine Marktlücke erkannt, die es zu besetzen galt. Auf dem Gebiet des Hotelbuchhandels war wiederum vor allem das Berliner Unternehmen Georg Stilke aktiv. Stilke traf Absprachen mit den Besitzern der renommiertesten Hotels in Hamburg und Berlin. In den führenden Hotels der Hansestadt, u.a. im „Atlantik", in den „Vier Jahreszeiten" und im „Reichshof", eröffnete Stilke seine ersten Hotelbuchhandlungen, die für die Gäste eine kleine Auswahl belletristischen Novitäten sowie mehrsprachige Presseartikel bereithielten. Den Verkauf übernahm auch hier das Hotelpersonal.[433] Mitte der zwanziger Jahre versuchten Zeitungs- und Zeitschriftenverleger vermehrt, die Hoteliers unter Umgehung des Verkehrsbuchhandels direkt als Verkäufer ihrer Presseprodukte anzuwerben. Der Verkehrsbuchhandel verwahrte sich gegen diese Praxis, zumal die Zeitungsverleger ihre Presseartikel zu vollem Rabatt an die Hoteliers lieferten, ohne sich vorher zu erkundigen, ob der Verkauf bereits vom örtlichen Verkehrsbuchhandel durchgeführt wurde.[434]

Während der bloße Buchverleih in Hotels gewerberechtlich unstrittig war, kollidierte der vermehrte Buch- und Zeitschriftenverkauf mit den geltenden Verkaufszeiten. Die Rechtslage für den Verkauf von Zeitungen und Zeitschriften in Hotels war im ersten Jahr-

430 Bbl. Nr. 228 vom 30. September 1912, S. 11547.
431 Ebd. S. 11546; Bbl. Nr. 124 vom 2. Juni 1913, S. 759.
432 Vgl. Zimmer: Schiffsbibliotheken – Hotelbibliotheken, S. 276.
433 Vgl. Häring: Georg Stilke, S. 70ff.
434 Bbl. Nr. 6 vom 21. März 1924, S. 106.

zehnt des 20. Jahrhunderts noch nicht eindeutig geregelt. Im Hotel „Hamburger Hof" richtete ein Buchhändler im Foyer einen fliegenden Buchhändlerstand ein, von dem aus seine Gehilfen auch außerhalb der gesetzlich geregelten Verkaufszeiten Bücher und Zeitschriften verkauften. Der Buchhändler wurde wegen des Verstoßes gegen die Gewerbeordnung angezeigt und verlor in letzter Instanz den Prozess. Das Schöffengericht, die Vorinstanz, stellte sich noch auf den Standpunkt, dass der Buchverkauf zum Hotelbetrieb gehöre und damit auch außerhalb der Verkaufszeiten erlaubt sei. Ein wichtiges Entscheidungskriterium für das übergeordnete Oberlandesgericht, das das Urteil kassierte, war, dass der Verkauf sich nicht auf Hotelgäste beschränkte, sondern auch die Abgabe an Straßenkunden und Restaurantgäste nicht ausschloss.[435] Die verschiedenen Leihsysteme für Reisende mussten während des Ersten Weltkriegs ihren Betrieb wegen des eklatanten Rückgangs des zivilen Personenverkehrs schließlich einstellen.

Eine andere Möglichkeit, auch kurzentschlossenen Reisenden, die sich weder an den Verkaufsständen der Bahnhofsbuchhändler noch in den Reiseleih- oder Hotelbibliotheken mit Lesestoff eindecken wollten, auf dem Weg zur Bahn oder zum Schiff noch schnell mit Reiselektüre zu versorgen, waren Bücherautomaten, die seit der Jahrhundertwende an den meisten deutschen Bahnhöfen installiert worden waren.

5.10.2 Automatenverkauf an Bahnhöfen und belebten Straßen

Die ersten Automaten entstanden schon um 1850; zu den ersten über Automaten abgesetzten Produkten gehörten Tabakwaren. In den 1880er Jahren erlebte der Automatenverkauf eine besondere Konjunktur.[436] Nach amerikanischem Vorbild wurden jetzt an Bahnhöfen oder gut frequentierten Straßen und Plätzen Kaugummiautomaten eingerichtet, es folgten Getränke- und Schokoladenautomaten. Die Kölner Schokoladenfabrik Stollwerck gehörte zu den ersten Unternehmen Deutschlands, das seine Produkte über Automaten absetzte. Schon 1893 besaß Stollwerck über 15.000 in ganz Deutschland; Stollwerck gründete 1894 das Tochterunternehmen Deutsche Automaten-Gesellschaft, die Automaten herstellte, wartete und regelmäßig bestückte. 1893/1894 konnten sogar Eisenbahnfahrkarten über den Automaten erworben werden.[437]

Die ersten Versuche, Bücher über Automaten abzusetzen, unternahm der englische Buchhändler Richard Carlyle.[438] Bereits vor der serienmäßigen Installation der Reclam-Bücherautomaten konnten Reisende aber auch in Deutschland an Bahnhöfen Ansichtspostkarten und Taschenbücher aus Automaten beziehen. 1889 wurde die populäre *Zehnpfennigbibliothek*, deren äußere Ausstattung der Reclam'schen Universalbibliothek vergleichbar war, sie aber im Preis deutlich unterbot, über den Automatenverkauf erfolgreich ver-

435 Bbl. Nr. 288 vom 13. Dezember 1910, S. 15482.
436 Vgl. Literatur im Industriezeitalter, Bd. 1, S. 259ff; Knappenberger: Reclam und die Arbeiterbildung, S. 94ff.
437 Lamberty: Reklame in Deutschland, S. 123ff.
438 Stöckle: Buchabsatz mit Automaten, S. 7.

trieben. Die Sortimentsbuchhändler polemisierten im *Börsenblatt* gegen diese neuartige Verkaufsform und die besonders aggressive Werbekampagne des Verlegers:

> Der Sortimenter wird fortan überflüssig, unser erfindungsreiches Zeitalter sorgt dafür, daß der emsige Mann hinter dem Ladentisch alsbald einer geschichtlichen Vergangenheit angehören wird. An seine Stelle tritt die Maschine, der Automat. Wer von den Sortimentern es müde ist, tagaus, tagein für mäßigen Gewinn unter Mühen und Sorgen des Berufs zu walten, wen es verdrißet, ewig die verwunderten Gesichter der Kunden zu bemerken über lückenhaftes Lager oder die Leistungsfähigkeit der buchhändlerischen Schnellpost, der wende sich an die ‚Aktien-Gesellschaft für automatischen Verkauf.'[439]

Die Betreiber von Bücherautomaten, die mit den Verlegern von populären und absatzstarken Unterhaltungsreihen kooperierten, reagierten auf die Augenblicksbedürfnisse der Reisenden, die sich unabhängig von den Öffnungszeiten der örtlichen Buchhandlungen spontan mit Literatur versorgen wollten,

> die eine Stunde füllt, die man auf der Eisenbahn, im Pferdewagen, im Wirtshaus verbringt, und zwar, indem die Lektüre so zu sagen jedem vor die Haustür gelegt wird, ohne daß er erst die Buchhandlung aufsuchen muß, und auch zu einer Zeit, in der die Buchhandlung gar nicht mehr geöffnet sein würde.[440]

Die Betreiber von Automaten ließen sich teilweise kuriose Werbemethoden einfallen, um die Attraktivität des Automatenkaufs zu steigern. Die *Actien-Automaten-Gesellschaft* in Berlin schloss z.B. ein Abkommen mit dem Verlag Deutscher Hausbücher GmbH und offerierte den Kunden das Buch *Küche und Keller* zu einem Vorzugspreis. Den hierfür notwendigen Bestellschein erwarb sich der Kunde durch die Benutzung eines Schokoladenautomaten, der neben der Süßigkeit auch den Bestellcoupon auswarf. Die Bestellkarte konnte nun beim Verlag eingereicht werden und der Kunde erhielt den Band für drei Mark statt für neun Mark. Porto und Versandgebühren trug allerdings der Empfänger. Die *Actien-Automaten-Gesellschaft* unterhielt allein in Berlin Tausende von Automaten.[441]

Die allgemeine Verbreitung von Automaten an Bahnhöfen nach 1900 erforderte eine rechtliche Regelung der Zuständigkeiten vor allem auf dem Bahngelände. Die Automaten unterlagen hier dem Gewerbebetrieb der Eisenbahnunternehmungen. Seit 1908 regelte Paragraf 6 der Reichsgewerbeordnung die Automatenfrage. Auch im Fall des Automatenverkaufs stritten sich die Sortimentsbuchhändler mit den Automatenbetreibern über die Verkaufszeiten. Die Automaten konnten je nach Standort auch außerhalb der regulären Ladenöffnungszeiten von den Reisenden benutzt werden. Der Erwerb von Lesestoff galt nach der Reichsgewerbeordnung als Grundbedürfnis des Reisenden und unterlag keiner Be-

---

439 Bbl. Nr. 5, Jg. 56, 1889, S. 106.
440 Bbl. Nr. 31, Jg. 56, S. 676.
441 Bbl. Nr. 129 vom 7. Juni 1904, S. 4942.

schränkung.[442] Es machte dabei keinen Unterschied, ob die Bahnverwaltungen die Unterhaltung von Automaten und ihre Bestückung eigenverantwortlich durchführten oder einem anderen Unternehmen übertrugen.

Der Verein Deutscher Bahnhofsbuchhändler reagierte um 1910 zunehmend ablehnend auf den Automatenverkauf, vor allem, weil inzwischen kaum mehr Bahnhofsbuchhändler, sondern zunehmend Bahnhofswirte mit der inhaltlichen Bestückung betraut wurden. 1912 gründeten die im Verein Deutscher Bahnhofsbuchhändler organisierten Mitglieder eine Automaten-Kommission und beauftragten ein Konstruktionsbüro mit dem Entwurf eines verbandseigenen Automaten, dessen Produktions- und Unterhaltungskosten in Höhe von bis zu 500 Mark zuzüglich einer jährlichen Pachtgebühr an die Eisenbahngesellschaften die finanziellen Möglichkeiten der Bahnhofsbuchhändler allerdings überschritten.[443] Die Automaten-Kommission entschied sich deshalb noch im selben Jahr, das Projekt einzustellen und den Automatenbuchhandel dem Leipziger Verlag Reclam zu überlassen, der 1917 bereits über 2.000 Automaten unterhielt. Mit den Fachorganen *Der Automat – Fachzeitschrift für die Interessen der gesamten Automatenindustrie* oder der *Internationalen Automatenzeitung* erhielt dieses Handelsgewerbe 1908 ein öffentliches Forum.[444]

Der Automatenverkauf gewann mit der massenhaften Installation der Reclam-Automaten an sämtlichen Bahnhöfen Deutschlands, an belebten Straßenkreuzungen und Schiffsanlegeplätzen, auf den Schiffen, in Cafés und Biergärten oder in Krankenhäusern zunehmend an Popularität.[445] Die Reclam'schen Bücherautomaten, die erstmals in den Vorkriegsjahren in Betrieb genommen wurden, boten insgesamt achtzig verschiedene Reclambändchen an, wovon jeweils zwölf durch die Glasscheibe sichtbar waren. Als besonderen Anreiz für die Benutzung des Automaten wurde seine augenfällige Gestaltung gewürdigt:

> Mit welcher Sorgfalt das Unternehmen vorbereitet worden ist, geht schon daraus hervor, daß kein Geringerer als Professor Peter Behrens den künstlerischen Entwurf zu dem Gehäuse geliefert hat, eine sichere Gewähr für gut proportionierte und dabei noch zweckdienliche äußere Formen. Der Automat ist ein eiserner, in einfacher und geschmackvoller Architektonik gehaltener Schaukasten, dessen freundliche blaugraue Farbe sofort ins Auge fällt, ohne aufdringlich zu wirken. Hinter der Glasscheibe sind zunächst zwölf, in vier Reihen angeordnete Bände der Universal-Bibliothek mit ihren Titelblättern vollständig sichtbar. Weiße Anlegestreifen enthalten kurze Hinweise auf den Inhalt. Diese zwölf Bücher sind aber nur die oberen, in Wirklichkeit enthält der Apparat zwölf Stapel von je 6 bis 7 Bänden, als eine Füllung von ca. 80 verschiedenen Büchern. Ist ein Buch verkauft, so erscheint das Ti-

442 Bbl. Nr. 149 vom 1. Juli 1908, S. 5183f.

443 Vgl. Hack: Marginalien, Nachrichten und Dokumente, S. 2.

444 Diese Fachorgane konnten bislang bibliografisch weder nachgewiesen noch über den Fernleihverkehr beschafft werden.

445 Vgl. Stöckle: Buchabsatz mit Automaten, S. 16ff.

> telblatt des hinter ihm angeordneten vor den Augen des Beschauers, ihm immer neuen Anreiz zum Kaufen bietend.[446]

Auf der rechten Seite des Automaten fand der Kunde einen Geldeinwurf. Im Unterschied zu den früheren Modellen, die reine Warenautomaten waren, konnte hier der Kunde gegen den Einwurf von zwei Zehnpfennigstücken das gewünschte Buch auswählen:

> Der Hauptvorzug des von Reclam in den Handel gebrachten Modells besteht darin, daß der Käufer nicht hilflos der Gnade des Automaten ausgeliefert, sondern imstande ist, die Auswahl des Buches selbst vorzunehmen. Insofern gehören die früheren Apparate in die Klasse der reinen Warenautomaten, während der eigentliche Bücherautomat erst mit der Möglichkeit der Auswahl als erfunden angesehen werden kann.[447]

In den Vorkriegs- und Kriegsjahren entspannte sich das Verhältnis zwischen der Automatenindustrie und den Sortiments- sowie den Verkehrsbuchhändlern. 1914 übernahm z.B. der Hamburger Sortimenterverein in seinem Wirkungsbereich ein gewisses Kontingent an Bücherautomaten.[448] Auch Verkehrsbuchhändler betreuten zunehmend Reclam-Bücherautomaten. Große Verkehrsbuchhandlungen, u.a. Stilke in Berlin, stellten die Automaten von Reclam auch außerhalb ihres eigentlichen Wirkungsraums auf. Die Betreuung der Automaten über große Distanzen hinweg erforderte aber gewöhnlich viel Verwaltungsaufwand, der nicht unbedingt im Verhältnis zu den aus dem Automatenbetrieb erzielten Gewinnen stand.

Stilke, der an den hessischen Bahnhöfen Lampertheim, Bensheim und Bürstadt, an denen wahrscheinlich kein regelmäßiger Buchverkauf durch örtliche Bahnhofsbuchhändler stattfand, Automaten für den Verkauf von Reclam-Büchern unterhielt, ging es vermutlich vor allem um die Präsenz seines Unternehmens auch an den Bahnhöfen in anderen Teilen Deutschlands.[449] Der Automatenbetrieb unterlag in Hessen einer Besteuerung, die sich im Jahr pro Automat auf zehn Mark belief. Nach der Überweisung der Steuersumme erhielt das Unternehmen eine Besteuerungskarte, praktisch die Lizenz für den Automatenbetrieb.[450] Stilke übertrug aus verwaltungstechnischen Gründen die Beaufsichtigung und Bestückung der drei Automaten den örtlichen Eisenbahnangestellten, die für ihre Tätigkeit entsprechend honoriert wurden. Es kann davon ausgegangen werden, dass es sich hier um eine reine Werbemaßnahme der Berliner Verkehrsbuchhandlung handelte, denn die Aufwandskosten dürften den Ertrag neutralisiert haben.

---

446 Allgemeine Buchhändlerzeitung, 19. Jg., Nr. 11 vom 14. März 1912, S. 124.

447 Ebd.

448 Bbl. Nr. 63 vom 18. März 1914, S. 414.

449 Stilke betrieb zwischen 1913 und 1919 Bücherautomaten auf den hessischen Bahnhöfen und bürokratisch bedingte Missverständnisse zwischen dem zuständigen Großherzoglichen Kreisamt Bensheim und dem Berliner Unternehmen machten einen umfangreichen Briefverkehr erforderlich. Vgl. Acten des Großherzoglichen Kreisamts Bensheim betr. der Ausführung des Urkundenstempelgesetzes hier die Besteuerung der Bücher-Automaten der Firma Georg Stilke. Hessisches Staatsarchiv Darmstadt Sign.: G 15 Bensheim H 73.

450 Ebd.

Nach dem Ersten Weltkrieg musste das gesamte Automatengeschäft in Deutschland neu aufgebaut werden. Um 1917 unterhielt der Reclam-Verlag ca. 2.000 Automaten, deren Absatz zwischen 1913 und 1923 jährlich eine bis eineinhalb Millionen Bände betrug.[451] Reclam warb auch im Sortiment für seine Automaten. Bereits der Verkauf von täglich zehn Bänden kompensierte die anfallenden Kosten, wie z.B. die Mietgebühr für Sortimenter. Ein wichtiges Erfolgskriterium für den Automatenabsatz war der Ort seiner Aufstellung, aber auch die regelmäßige Wartung; so kümmerte sich ein Team von Monteuren um die Instandhaltung der Bücherautomaten.

Einen vorübergehenden Rückgang erlebten die Reclam-Bücherautomaten während der Inflationsjahre, weil kein Hartgeld mehr im Umlauf war. Doch bereits mit Einführung der Rentenmark 1924 erfreuten sich die Automaten wieder derselben Popularität wie vor dem Krieg.[452] Die ersten Bücherautomaten wurden Ende des Jahres 1924 in den Hauptbahnhöfen Leipzig, Dresden und Berlin aufgestellt.[453] 1927 diskutierten die Automatenbetreiber die Aufstellung von Automaten auch in den Eisenbahnzügen, eine Überlegung, die von der Reichsbahn aber offenbar nicht weiter verfolgt wurde.[454]

Außerdem wurden die Bücherautomaten des Reclam-Verlags jetzt auch zunehmend an Bord der transatlantischen und europäischen Linienschiffe installiert. Das *Börsenblatt* berichtete im November 1929 in seiner Notiz *Das Buch als Reisebegleiter auf dem Meere*, dass die Aufstellung mehrerer Bücherautomaten an Bord von Schiffen mit großem Erfolg praktiziert werde.[455] Ende der zwanziger Jahre fanden jetzt auch vermehrt Zeitungsautomaten Einsatz im Verkehrsbuch- und Straßenhandel. Diese Idee wurde aus Amerika importiert. Das Fachorgan *Der Bahnhofsbuchhandel* warb bei seinen Mitgliedern für die Aufstellung solcher Automaten, um den Umsatz von Presseartikeln zu steigern. Die Zeitungsautomaten konnten an den Bahnsteigen und in den Warteräumen des Bahnhofs aufgestellt werden und waren dadurch 24 Stunden auch von Reisenden, die noch spät abends ankamen oder abfuhren, benutzbar, ohne dass die Verkehrsbuchhändler hohe Kosten investieren müssten.[456] Die Zeitungsautomaten gab es in verschiedenen Ausführungen. Es konnten eine oder bis zu drei Zeitungen gegen entsprechenden Geldeinwurf bezogen werden. Die Zeitungsauswahl war durch eine spezielle Auslage für den Interessenten von außen sichtbar. Die Automaten konnten aufgestellt oder aufgehängt werden und nahmen deshalb wenig Raum ein. Außerdem konnten die Automaten für Zeitungen und Zeitschriften unterschiedlichen Umfangs und Gewichts genutzt werden. Ein auf dem Potsdamer Platz in Berlin zur

451 Bücher aus dem Automaten. In: Frankfurter Rundschau Nr. 213 vom 12. September 1992, S. 20; Stöckle: Buchabsatz mit Automaten, S. 17.

452 Vgl. auch Akten der Reichsbahndirektion Augsburg. Bahnhofsbuchhandel. Jg. 1928–1931. Bayerisches Staatsarchiv. Sign.: Verkehrsmuseum Archiv. Nr. 53061, o.P.

453 Bbl. Nr. 297 vom 19. Dezember 1924, S. 19121.

454 Vgl. Staatsministerium des Aeußern. Gewerbebetrieb auf Bahnhöfen. Bahnhofsverkaufsstellen. 1927–1938. Bayerisches Hauptstaatsarchiv. Sign.: Mwi 3059, o.P.

455 Bbl. Nr. 271 vom 23. November 1929, S. 1236.

456 BHB Nr. 9/10 vom 1. Juni 1929, S. 88.

Probe aufgestellter Automat habe sich bewährt – so das Verbandsorgan – und sei von den Kunden positiv aufgenommen worden.[457]

Der Bahnhofsbuchhandel prognostizierte dem Verkehrsbuchhandel erhebliche Mehreinnahmen im Bereich der Presseartikel. Die Anschaffungskosten für die Automaten wären deshalb innerhalb kurzer Zeit amortisiert.[458] Im Sommer 1930 berichtete die Hauptverwaltung der Deutschen Reichsbahndirektionen Berlin und Karlsruhe darüber, dass der Einsatz von Zeitungsautomaten an ihren Bahnhöfen erfolgreich war und sah keinen Grund, die flächendeckende Aufstellung dieser Automaten im gesamten Reichsgebiet zu untersagen.[459] Hergestellt wurden die Automaten von der 1929 gegründeten Zeitungs-Automaten-Gesellschaft Artur Heiland und Emil Domcke in Berlin, die sich die Konstruktion patentieren ließen.[460]

Der Buchverkauf über Automaten blieb aber trotz seiner zunehmenden Verbreitung in den Vorkriegsjahren eine eher marginale Erscheinung. So wurde die Entwicklung dieser Form von Literaturbeschaffung zwar von den Sortiments- wie auch von den Bahnhofsbuchhändlern mit Argwohn verfolgt, doch der Automatenverkauf an sich stellte zu keinem Zeitpunkt eine ernsthafte Konkurrenz für die herkömmlichen Vertriebssysteme dar.

Dagegen eröffnete sich im frühen 20. Jahrhundert vor dem Hintergrund eines zunehmenden Ausbaus von öffentlichen Nahverkehrssystemen für die Bahnhofs- und Verkehrsbuchhändler ein weiteres, aus ökonomischer Sicht ausgesprochen lukratives Betätigungsfeld. Diese überzogen durch die systematische Einrichtung von Zeitungskiosken an wichtigen Haltepunkten der Straßen- und Untergrundbahnen, an besonders gut frequentierten Straßenkreuzungen und öffentlichen Plätzen die Großstädte mit einem engmaschigen Versorgungsnetz. Die Kioske boten hauptsächlich Presseartikel. Ein zusätzliches Aktionsfeld entstand den Bahnhofs- und Verkehrsbuchhändlern außerdem durch die Kur- und Badeorte; auch hier hielten die Kioskinhaber neben Reiseandenken, Schmuckwaren u.ä. hauptsächlich in- und vor allem ausländische Zeitungen für das internationale Badepublikum bereit. Für die Bahnhofsbuchhändler lag die zusätzliche Unterhaltung von Kiosken auf der Hand, denn Zeitungen und Zeitschriften zählten zu ihren wichtigsten Verkaufsartikeln. Deshalb bietet sich ein abschließender Blick auf dieses, für den Bahnhofs- und Verkehrsbuchhandel kaum zu unterschätzende, Vertriebsmodell an.

5.10.3 Kioske und Trinkhallen als Buch- und Presseverkaufsstellen

Die Bahnhofs- und Verkehrsbuchhändler bauten sich mit der systematischen Übernahme des Straßenhandels in den verschiedenen Großstädten und der Gründung von Kioskgesellschaften ein eigenes Vertriebssystem für Presseartikel auf und machten sich dadurch auch von Zwischenhändlern unabhängig. Federführend auf diesem Sektor waren die Berliner

457 Vgl. auch Akten der Reichsbahndirektion Augsburg. Bahnhofsbuchhandel. Jg. 1928–1931. Bayerisches Hauptstaatsarchiv. Sign.: Verkehrsmuseum Archiv. Nr. 53061, o.P.

458 BHB Nr. 9/10 vom 1. Juni 1929, S. 88.

459 Bbl. Nr. 151 vom 3. Juli 1930, S. 627.

460 BHB Nr. 9/10 vom 1. Juni 1929, S. 89.

und Heidelberger Verkehrsbuchhandlungen Georg Stilke und Carl Schmitt. Der Bahnhofsbuchhandel war maßgebliches Vorbild für den Straßenhandel, weil dieser die Absatzkapazitäten für Presseartikel im Einzelverkauf überhaupt erst offenbarte.

Nach der Jahrhundertwende entwickelte sich deshalb der Straßenhandel neben dem Bahnhofsbuchhandel zu einer der wichtigsten Vertriebsinstanzen für Presseprodukte. Allerdings lag der Straßenhandel nicht ausschließlich in der Hand der Verkehrsbuchhändler. Während sich das Unternehmen Stilke das Monopol auf den Kioskhandel in Berlin sicherte, gründeten große Pressekonzerne, wie z.B. der Ullstein-Verlag, ein eigenes Vertriebssystem und der Straßenhandel florierte nicht nur an belebten Straßenkreuzungen, sondern zum Ärger der Bahnhofsbuchhändler inzwischen auch auf den Bahnhofsvorplätzen.

Erste Hinweise auf den Einzelverkauf von Presseartikeln außerhalb des Bahnhofsbuchhandels liegen für Berlin vor.[461] Als Vorbild dienten die Großstädte Paris, London und New York. Im Ausland dominierte der Straßenverkauf von Anfang an den Abonnementsbezug von Presseartikeln.[462] Hier endete der Zuständigkeitsbereich des Zeitungsverlags mit der Herstellung. Sein Presseprodukt ging an Grossisten und Kleinhändler, die auch den Kontakt zum Kunden gewährleisteten. Seit dem letzten Drittel des 19. Jahrhunderts wurde der Zeitungshandel auch nebenbei von Friseuren oder Inhabern von Tabakläden betrieben.[463] Der Beruf des Straßenhändlers war ein begehrtes Wirkungsfeld für Invaliden, die wegen Unfall- oder Kriegsverletzungen zu anderen Arbeiten nicht mehr in der Lage waren. Der Vorteil des Zeitungshandels war, dass nur ein geringes Eigenkapital und keine Branchen- oder Geschäftskenntnisse notwendig waren.[464] Die Händler hatten meist günstige Einkaufskonditionen und ihre Gewinnspanne betrug ca. fünfzig Prozent.[465]

Die Tätigkeit des Straßenverkäufers entwickelte sich um 1900 allmählich vom nebenberuflichen Erwerbszweig zum Hauptberuf. 1907 gründeten die Straßenhändler einen eigenen Verband und eine Fachzeitschrift, die unter dem Titel *Zeitungshändler. Organ der Zeitungs- und Druckschriftenhändler* erschien und regelmäßig an ca. 700 Straßenhändler versandt wurde. [466] Allerdings fand diese Entwicklung hin zum professionellen Gewerbe hauptsächlich in den Großstädten, insbesondere in Berlin statt. In den kleineren und mittleren Städten wurden nur die Extrablätter – diese boten neben der Abonnementzeitung aktuelle Nachrichten aus besonderen Anlässen – auf der Straße verkauft. In München war der Straßenhandel bis 1908 sogar gänzlich untersagt.[467]

---

461 Vgl. Dorn/Vogel: Geschichte des Pressevertriebs, S. 65.

462 Vgl. Ingenkamp: Der großstädtische Straßenhandel, S. 68. Karl Bücher betonte in seinem Artikel *Der Vertrieb von Zeitungen* (1924), dass das Abonnement als stehende Vertriebsform nur in Deutschland, Österreich und der Schweiz praktiziert wurde. In den anderen Ländern Europas dominierte der Einzelverkauf. Vgl. Bücher: Der Vertrieb von Zeitungen, S. 222.

463 Vgl. Nahnsen: Der Straßenhandel, S. 38.

464 Ebd. S. 51. Die Zahl der Zeitungshändler stieg deshalb nach dem Ersten Weltkrieg sprunghaft an, als die Kriegsinvaliden auf diesem Sektor ihr Auskommen suchten.

465 Vgl. Nahnsen: Der Straßenhandel, S. 39.

466 Ebd. S. 40.

467 Vgl. Dorn/Vogel: Geschichte des Pressevertriebs, S. 76.

Ein wichtiger Vorreiter im Straßenhandel war der Berliner Pressekonzern Ullstein. Um 1900 – der Ullstein Verlag gab neben der Morgen- und Abendausgabe seiner *Berliner Zeitung* inzwischen auch eine Mittagsausgabe heraus – verzichtete das Presseunternehmen zunehmend auf die Abonnements, die einen aufwändigen Speditionsapparat notwendig machten, und ging dazu über, seine Zeitungen im Einzelverkauf auf der Straße zu vertreiben.[468] Mit der Gründung der *B.Z. am Mittag* – nach Aussagen des Verlags eines der ersten Boulevardblätter Deutschlands – im Jahr 1904 stellte der Ullstein-Verlag die *Berliner Zeitung* als Abonnementsblatt im April 1905 ganz ein.[469]

Mit der *B.Z. am Mittag* wurde in Deutschland erstmals eine Tageszeitung geschaffen, die sich nicht auf einen festen Abonnentenstamm stützte, sondern durch ihre äußere und inhaltliche Gestaltung sowie durch ihre Aktualität sich täglich neue Leser erschließen musste.[470] Aus Gründen der Kostenreduzierung schuf sich der Pressekonzern einen eigenen Händlerapparat. Über 2.000 für Ullstein tätige Zeitungsjungen priesen die *BZ am Mittag* in den Berliner Straßen, in den Restaurants und Cafés an.[471] Während die Tageszeitungen meist von „fliegenden Händlern" vertrieben wurden, führten die festen Verkaufskioske auch Zeitschriften, u.a. Illustrierte und Fachblätter sowie Fahrpläne oder Kursbücher.[472] Neben Ullstein engagierten sich auch die Pressekonzerne August Scherl und Rudolph Mosse im Berliner Zeitungshandel.

Der Straßen- und Kioskhandel war in Berlin von den üblichen Bestimmungen des Ladenschlusses weitgehend befreit. Während nach Paragraf 139e, Absatz 4 der Straßenhandel außerhalb der vereinbarten Verkaufszeiten verboten war, schuf die Ortspolizeibehörde in Berlin eine Ausnahme, wonach der Straßenhandel mit „Zeitungen, Zeitschriften, warmen Würstchen, Streichhölzern und geringwertigen Gebrauchsgegenständen" erlaubt wurde. Voraussetzung war lediglich, dass die Händler über sechzehn Jahre alt waren, ihre Ware nur auf eigene Rechnung feilboten und aus Behältnissen verkauften, die sie am Körper trugen, d.h. der Einsatz von Verkaufswagen war untersagt. Sonn- und Feiertags konnten die Zeitungshändler ihr Gewerbe von halb sieben bis halb zehn Uhr morgens ausüben.[473]

Eine wichtige Voraussetzung für die Verkehrsbuchhändler, im Straßenhandel aktiv zu werden, war die zunehmende Erschließung des Nahverkehrs in den Großstädten.[474] Die

---

468 Vgl. 50 Jahre Ullstein 1877–1927, S. 50.

469 Ebd. S. 50f, und Hundert Jahre Ullstein 1877–1977, Bd. 1, S. 79.

470 Vgl. Hundert Jahre Ullstein 1877–1977, Bd. 1, S. 80; vgl. auch Stöber: Zeitungsstadt Berlin, S. 34ff.

471 Vgl. Hundert Jahre Ullstein 1877–1977, Bd. 2, S. 51.

472 Vgl. Nahnsen: Der Straßenhandel, S. 11.

473 Ebd. S. 26f.

474 Die technischen Innovationen im Bereich der Fortbewegung inspirierten die Anbieter von Reiselektüre zu neuen und oftmals kuriosen Formen von literarischem Service. Die Einführung von unterirdischen Verkehrssystemen in den europäischen Großstädten förderte z.B. die Ausbildung einer eigenen Gesetzen folgenden Subkultur. Die Benutzer von Untergrundbahnen fanden nur wenige Jahre nach Eröffnung der Streckennetze im Untergrund weitläufige Einkaufspassagen, Cafés, Bücherkioske und Buchläden vor. Die Regelung, wonach die Fahrkarten am Ausgang der Untergrundbahnstationen ihre Gültigkeit verloren und die Fahrgäste für den Kauf von Leseware deshalb den Untergrundbereich nicht verlassen konnten, inspirierte 1907 die Betreiber der Londoner Untergrundbahnen zu der Idee,

Versorgung der Passagiere von Stadt- und Untergrundbahnen entwickelte sich für die Verkehrsbuchhändler zu einem neuen wichtigen Wirkungsfeld. In Berlin wurde zwischen 1871 und 1877 die Ringbahn gebaut, welche jetzt die Fernbahnhöfe verband. 1882 eröffnete die Stadtbahn ihr Streckennetz und schuf eine wichtige Ost-West-Verbindung innerhalb Berlins. Seit 1895 verkehrte zudem die elektrische Straßenbahn.

Das Unternehmen Georg Stilke organisierte im großen Stil die literarische Versorgung der Benutzer des Nahverkehrs.[475] Stilke errichtete seine Kioske auf einem von der Stadt oder Gemeinde zur Verfügung gestellten Gelände. Voraussetzung war, dass die Kioske sich dem Straßenbild anpassten, eine Fernsprechzelle mit Berliner Adressbuch, eine Schreibeinrichtung und Schreibgerät und ein Gehäuse zur Anbringung einer Normaluhr besaßen. Die Freiflächen im unmittelbaren Umfeld des Kiosks konnte Stilke für Reklamezwecke nutzen oder verpachten. Stilke übernahm die Unterhaltskosten der Kioske (Beleuchtung, Beheizung und Instandhaltung). Gewöhnlich verpflichteten die Verträge zum Ausschluss von sog. „Schmutz- und Schundliteratur" sowie zum Verkauf von Zeitungen und Zeitschriften unabhängig ihrer parteipolitischen Ausrichtung. Stilke zahlte für seine Kioske eine Standgebühr, die je nach Attraktivität des Standorts zwischen sechzig und 500 Mark lag. Die für Stilke tätigen Verkäufer wurden am Umsatz beteiligt.[476] Dieses Verfahren sollte die Verkaufsmotivation der Kioskbetreiber fördern.

Eine flächendeckende Bestückung der zahlreichen Kioske in der ganzen Stadt vor allem mit aktueller Tagespresse erforderte ein professionelles zeit- und arbeitsökonomisches Distributionskonzept, das auch unbedeutende Stadt- und Untergrundbahnstationen zweibis dreimal täglich mit neuen Presseartikeln belieferte. Zur Optimierung der städtischen Vertriebssysteme gründete das Unternehmen Stilke deshalb nach skandinavischem Vorbild 1905 die Deutsche Kiosk-Gesellschaft.[477] Ihre Aufgabe war die Aufstellung und Betreuung von geschmackvollen und zweckmäßigen Kiosken. Die neu gegründete Gesellschaft beauftragte das Berliner Kunstgewerbemuseum mit der architektonischen Konzeption von einheitlichen Stilke-Kiosken an den Stadt- und Untergrundbahnstationen sowie an stark kundenfrequentierten städtischen Plätzen; so wurde einer der bereits im selben Jahr hergestellten 15 Kioske mitten im Kundenstrom und in unmittelbarer Nähe des Warenhauses Wertheim installiert.

---

ihren zwei Millionen Fahrgästen eine spezielle Zeitung mit dem bezeichnenden Titel *Der Maulwurf* zu offerieren, die ausschließlich im Untergrund gedruckt und vertrieben wurde.

475 Bevor Stilke die literarische Versorgung des Nahverkehrs im Jahr 1882 übernahm, gewährleisteten ambulante Händler, die sich auf verkehrsreichen Plätzen und Straßen postierten, den Zeitungsverkauf. In Berlin soll es Mitte der achtziger Jahre mehrere Hundert Zeitungshändler gegeben haben, die neben den Presseartikeln auch geringwertige Gebrauchsgegenstände verkauften. Seit 1901 war der Straßenverkauf auch nach dem Ladenschluss erlaubt. Neben den ambulanten Händlern engagierten sich Zeitungsspediteure für den Einzelverkauf von Zeitungen und Zeitschriften. Hierbei handelte es sich um selbstständige Zustellfirmen, die den Verkauf von Presseartikeln über Boten betrieb. Vgl. Dorn/Vogel: Geschichte des Pressevertriebs, S. 65f.

476 Vgl. Nahnsen: Der Straßenhandel, S. 72f.

477 Bbl. Nr. 199 vom 28. August 1905, S. 7487; Amstad: Der Bahnhofsbuchhandel, S. 94f., sowie 50 Jahre Ullstein, S. 20.

Die Deutsche Kiosk-Gesellschaft organisierte den nationalen Vertrieb von in- und ausländischer Presse und bot den Kioskkunden außerdem die Benutzung von Fernsprechautomaten und Schreibbüros an. Nur wenige Jahre später, 1909/1910, kaufte das Unternehmen Stilke die 1859 gegründete Gesellschaft der Berliner Trinkhallen auf und firmierte ab sofort als die Vereinigte Deutsche Kiosk- und Berliner Trinkhallen-Gesellschaft mbH, die alle 23 Berliner Trinkhallen in Zeitschriften- und Bücherkioske umwandelte. Der Erfolg war überwältigend und schon zwei Jahre später erwarb Stilke sämtliche Kioske der Mineralwasserfabrik Berolina,[478] die er in das Pressevertriebssystem integrierte. Innerhalb von nur fünf bis sechs Jahren betreute das Unternehmen allein in Berlin nahezu einhundert Standorte.

Es dauerte allerdings erwartungsgemäß nicht lange, bis sich der reguläre Buchhandel in Berlin über den florierenden Kioskhandel beschwerte, der ihm zu einer ernstzunehmenden Konkurrenz heranwuchs. Bei der Konzessionsvergabe für die Unterhaltung von Zeitungskiosken wurde zwar vereinbart, dass diese ausschließlich Presse- und literarische Gebrauchsartikel verkaufen dürften, doch die Realität sah offenbar anders aus:

> Wie es in Wirklichkeit damit aussieht, zeigen die Auslagen in diesen [Kiosken, C.H.]. Belletristik, insbesondere aktuelle sogenannte Schlager, liegen an bevorzugter Stelle zur Ansicht. Es ist doch selbstverständlich, daß der Käufer es vorzieht, da zu kaufen; er braucht keine Ladentür aufzumachen und keine Höflichkeitsformeln auszutauschen. Das Kursbüchergeschäft ist für den Sortimenter schon so ziemlich ausgeschaltet, vorher durch den Bahnhofsbuchhandel außerhalb der Bahnsteigsperre, nun noch durch die Kioske. Der Ladeninhaber, der häufig eine zehnfach höhere Miete bezahlt als der Kioskunternehmer, hat das Nachsehen; er kann sich bei seiner Vertretung im Stadtparlament, die die Genehmigung zur Aufstellung der Kioske erteilt hat, bedanken.[479]

Die Proteste blieben aber ohne Resonanz.

Seit 1907 konnten die Fahrgäste der Berliner Straßenbahnen nach englischem und amerikanischem Vorbild außerdem Zeitungen und Zeitschriften direkt während der Fahrt von hierfür legitimierten Zeitungsjungen erwerben. Das Unternehmen Straßenbahn-Zeitungsvertrieb, das am 1. Juli 1907 gegründet wurde, erwarb gegen eine beträchtliche Pachtsumme das Recht, Zeitungen und Zeitschriften in den Straßenbahnwaggons zu verkaufen. Die uniformierten Zeitungsjungen stiegen an den Haltestellen zu und verließen die Wagen an der nächsten Station. Zum Verkauf gelangten Tageszeitungen, Wochenschriften und Witzblätter. Der Vertrieb begann um sieben Uhr morgens und endete in den späten Abendstunden. Die polizeiliche Genehmigung wurde nur unter Vorbehalt erteilt. Die Konzession

---

478 Der Ausschank von alkoholfreien Getränken war ein wichtiger Teil des Straßenhandels. Der Straßenhandel mit Mineralwasser und sonstigen Erfrischungen wurde hauptsächlich über feste Verkaufsstände betrieben. Die Seltersbuden durften ihre alkoholfreien Getränke aber nur mit einer entsprechenden Schankerlaubnis ausgeben. Für die Öffnungszeiten der Mineralwasserbuden galt die Polizeistunde, nicht der allgemeine Ladenschluss. Im Interesse der Ladengeschäfte wurde den Betreibern von Seltershäuschen der Verkauf von Süßigkeiten und ähnlichen Waren, z.B. auch Tabak, untersagt. Vgl. Ingenkamp: Der großstädtische Straßenhandel, S. 63f.

479 Bbl. Nr. 56 vom 8. März 1911, S. 2938.

konnte zurückgezogen werden, für den Fall, dass sich Kunden über die Zudringlichkeit der Zeitungsjungen beschwerten oder es zu anderen Störungen des Fahrtbetriebs kam.

In den ersten Jahrzehnten des 20. Jahrhunderts setzten sich auch in anderen Städten Deutschlands der Einzelverkauf von Presseartikeln sowie die Gründung von Kioskgesellschaften durch. In Bremen eröffnete das Unternehmen Carl Offermann 1901 seine ersten Zeitungsverkaufsstände. In Hannover unterhielt Curt Segler seit 1904 zehn Kioske im Stadtgebiet. In den zwanziger und dreißiger Jahren setzte eine Gründungswelle von Kioskketten ein, die jetzt auch überregional wirksam wurden. Die Stadtkiosk GmbH z.B. unterhielt Kioske in Frankfurt/M., Darmstadt, Kassel, Essen, Gelsenkirchen und Duisburg. Das Berliner Verlagsunternehmen Ullstein war Mitgesellschafter der Stadtkiosk GmbH.[480] Im süddeutschen Raum bildete sich der organisierte Straßenhandel erst nach dem Ersten Weltkrieg aus: Am 6. November 1919 gründeten die Gesellschafter der Firma Carl Schmitt Centraleisenbahnbuchhandlung die Badische Kiosk-Gesellschaft Keye & Co. Die Kioskgesellschaft sollte die Verluste kompensieren, die der Firma durch den Wegfall der Bahnhofsbuchhandlungen im Elsass und in Lothringen entstanden waren. Teilhaber des Unternehmens war außerdem der Dresdner Bahnhofsbuchhändler Jaçques Bettenhausen. Hinzu kamen Niederlassungen in renommierten Hotels sowie auf Postämtern.[481] Dem Kioskunternehmen gelang es jedoch nicht, Gewinne zu erwirtschaften und es belastete zunehmend die Bilanzen der Bahnhofsbuchhandlung. Deshalb wurde die GmbH 1923 aufgelöst und ein Nachfolgeprojekt kreiert.

Im selben Jahr eröffneten die Firmen Schmitt und Bettenhausen gemeinsam das Handelshaus für Reise und Verkehr in Stuttgart. Sitz des Unternehmens war Heidelberg. Hierbei handelte es sich um eine Art Zentrale für den Handel mit Presseartikeln, Andenken, Schokolade, Rauchwaren in Hotels, Kiosken, Wartehallen sowie auf Straßen und Bahnhöfen.[482] 1924/1925 übernahmen Adam Eckert und Wilhelm Pappritz – Letzterer war Geschäftsführer der Bahnhofsbuchhandlung Schmitt – die Leitung des Unternehmens. Im Januar 1925 expandierte das Handelshaus für Reise und Verkehr und eröffnete Filialen in Stuttgart und Würzburg. Im Februar desselben Jahres wurde der Geschäftssitz von Heidelberg nach Stuttgart verlegt. Das Geschäft im Heidelberger Bahnhof wurde als Zweigniederlassung weitergeführt. Doch das Unternehmen war nicht liquide und wieder sprang Jaçques Bettenhausen finanziell bei: Am 29. März 1926 erfolgte die Übertragung der Anteile Keyes am Handelshaus für Reise und Verkehr an den Dresdner Verkehrsbuchhändler.[483] In den 1930er Jahren ging aus dem Handelshaus für Reise und Verkehr die Süddeutsche Zeitungszentrale hervor, die im großen Stil den Stuttgarter Kioskhandel belieferte.[484]

Mit der Gründung eines Grosso-Unternehmens, dem Buch- und Zeitschriften-Großvertrieb GmbH, schuf der Inhaber Keye Ende der zwanziger Jahre eine weitere wichtige ver-

480 Vgl. Dorn/Vogel: Die Geschichte des Pressevertriebs, S. 70.
481 Vgl. Schmitt/Hahn: Unsere Firmengeschichte, S. 145.
482 Ebd. S. 145; Dorn/Vogel: Geschichte des Pressevertriebs, S. 62.
483 Vgl. Schmitt/Hahn: Unsere Firmengeschichte, S. 146.
484 Dorn/Vogel: Geschichte des Pressevertriebs, S. 62.

triebstechnische Basis für die Expansion seines Verkehrsbuchhandels. Das Unternehmen Buch- und Zeitschriften-Großvertrieb GmbH wurde ursprünglich 1919 von dem Frankfurter Sortimentsbuchhändler Gustav Behlert gegründet. Behlert eröffnete 1924 eine Filiale in Mannheim und 1928 eine weitere Niederlassung in Heidelberg. 1929 begann die Zusammenarbeit zwischen Gustav Behlert und der Firma Carl Schmitt Centraleisenbahnbuchhandlung. Der Zeitschriftenvertrieb wurde als Tochterfirma der Bahnhofsbuchhandlung geführt. Als sich Gustav Behlert 1932 aus dem gemeinsamen Unternehmen zurückzog, wurde die Bahnhofsbuchhandlung Schmitt Alleininhaberin. Im selben Jahr eröffnete Schmitt neue Filialen in Karlsruhe, Freiburg und Pforzheim sowie 1935 in Baden-Baden.[485] Gegen die Ausweitung des Presseunternehmens in Heidelberg protestierten große Zeitungskonzerne, weil sie eine Monopolbildung befürchteten. So verweigerte z.B. der Hugenberg-Konzern über drei Jahre die Belieferung des Heidelberger Unternehmens. Erst 1932 entschied sich das Unternehmen für eine Kooperation. Unterstützung erfuhr die Buch- und Zeitschriften-Großvertrieb GmbH durch den Berliner Ullstein-Verlag, der das Unternehmen maßgeblich förderte.[486]

Das wirtschaftliche Wachstum und die Konsolidierungsphase des Bahnhofs- und Verkehrsbuchhandels wurden erst durch den Ausbruch des Ersten Weltkriegs gebremst. Ein zentrales Problem waren die massiven militärischen Eingriffe in das Verkehrswesen des Buchhandels. Diese behinderten nachhaltig die Kommunikations- und Arbeitsabläufe im gesamten Verlags- und Buchhandelsgeschäft; als besonders schwierig erwies sich die Aufrechterhaltung der Auslieferungssysteme für Bücher und Presseartikel, zumal die Eisenbahnen in den ersten Kriegsmonaten hauptsächlich für militärische Zwecke, z.B. für den Truppentransport, genutzt wurden. Das nur noch geringe zivile Reiseaufkommen führte vor allem im Bahnhofs- und Verkehrsbuchhandel zu beträchtlichen Umsatzeinbußen. Doch während sich in den ersten Kriegsmonaten zunächst Umsatzrückgänge abzeichneten, gelang es der Branche schon 1915/1916, wieder Gewinne zu erzielen: Sie hatte ihr Wirkungsfeld erfolgreich um den Feldbuchhandel erweitert.[487]

485 Kurz nach der Machtübernahme der Nationalsozialisten verfügte die Reichsschrifttumskammer, dass im Buch- und Verlagswesen keine anonymen Gesellschafter tätig sein dürften. Die Firma wurde deshalb in Buch- und Zeitschriften-Großvertrieb Schmitt KG umbenannt. Vgl. Schmitt/Hahn: Unsere Firmengeschichte, S. 144; Hahn: Unsere Firmengeschichte 1919–1994, S. 41ff.

486 Vgl. Schmitt/Hahn: Unsere Firmengeschichte, S. 144; Hahn: Unsere Firmengeschichte 1919–1994, S. 48.

487 Die wichtigste Quelle war das Börsenblatt der Deutschen Buchhändler, das sich zwischen 1914 und 1918 in über 300 Artikeln mit der Literaturversorgung von Frontsoldaten auseinander setzte. Darüber hinaus erschienen während des Weltkriegs diverse Büchervorschlagslisten und Ratgeber für Feldbuchhändler. Vgl. auch Welt: Bücher ins Feld!.

6 Ausbildung des Feld- und Verkehrsbuchhandels im Ersten Weltkrieg

Der Beginn des Ersten Weltkrieges beeinflusste den gesamten Buchhandel nachhaltig. In der buchhändlerischen Fachpresse wurde intensiv über die Auswirkungen des Krieges auf die Branche diskutiert. Ein großes Problem insbesondere für den Bahnhofs- und Verkehrsbuchhandel war die strenge Militärzensur. Die Verordnung über den „Zustand der drohenden Kriegsgefahr" vom 31. Juli 1914 räumte den Garnisonskommandanten das Recht ein, politisch oder militärisch unerwünschte Verlagsartikel zu beschlagnahmen.[1] Während das ausgeprägte Informationsbedürfnis der politisch erregten Bevölkerung dazu beitrug, dass die Nachfrage nach Zeitungen, Zeitschriften und Büchern deutlich anstieg, durften gängige Verlagsartikel, u.a. Reiseführer und Reisehandbücher oder Kartenmaterial vorläufig nicht mehr verkauft werden; die drastische Zensur von in- und ausländischen Presseartikeln traf den Verkehrsbuchhandel besonders hart:

> Naturgemäß waren die Zeitungen aus neutralen Ländern begehrt. Aber auch hier kamen nur die uns freundlich gesinnten Zeitungen in Betracht, von italienischen z.B. La Sera und La Stampa, auch Italia-Mailand, von schweizerischen die Neue Zürcher Zeitung und der Berner „Bund". Dagegen blieben Secolo und Corriere della Sera und andere vom Verkaufe auf deutschen Bahnhöfen ausgeschlossen. Es ist keine Frage, daß diese aus vaterländischen Rücksichten natürlich gern geübte Beschränkung drückend auf den Geschäftsgang einwirken mußte.[2]

Doch nicht nur der Verkehrsbuchhandel war vom Kriegsgeschehen geprägt; sowohl der Auslands- als auch Antiquariatsbuchhandel litt unter dem Abbruch der internationalen Handelsbeziehungen. Für das Sortiment stellten vor allem die längeren und teureren Beförderungswege für Buchpakete eine große Schwierigkeit dar.[3]

Ein anderes Problem zeichnete sich im Bereich der Fortsetzungslieferungen ab, da den Abonnenten von belletristischen und wissenschaftlichen Zeitungen oder Lieferungswerken die Werke nicht an die Front nachgeschickt werden konnten und zudem zahlreiche Abon-

---

1 Bbl. Nr. 197 vom 26. August 1914, S. 1303.

2 Hack: Marginalien, Nachrichten und Dokumente, S. 13.

3 Die Auswirkungen des Krieges auf den Buchhandel und die Ausbildung spezieller Distributionssysteme zur Versorgung von Soldaten an der Front – der Verkehrsbuchhandel war nur ein Bestandteil des Gesamtvertriebs – kann an dieser Stelle nicht aufgearbeitet werden, obwohl das Thema des Feldbuchhandels insbesondere während des Ersten Weltkriegs noch immer ein wichtiges Desiderat ist. Diese Darstellung beschränkt sich auf die Beschreibung der Rolle des Verkehrsbuchhandels bei der Literaturversorgung an der Front und in den besetzten Gebieten.

nements mit Kriegsbeginn gekündigt wurden. Das betraf vor allem den Reise- und Versandbuchhandel. Einen weiteren massiven Eingriff bedeutete der Einzug des männlichen Personals zum Militär. Diese drastische Personalreduzierung gerade auch im Bereich der leitenden Angestellten konnte von mittleren Firmen kaum kompensiert werden. Heftige Kritik übten die Buchhändler vor allem an den Leipziger Kommissionären, die auf die besondere Situation im Buchhandel keine Rücksicht nahmen und durch Portoerhöhungen sowie Nachnahmegebühren den verbreitenden Buchhandel wirtschaftlich nachhaltig hemmten.[4] Zum Ärger vieler Bahnhofsbuchhändler lieferten viele Verlage, mit denen in der Vorkriegszeit eine erfolgreiche Geschäftsverbindung bestanden hatte, seit Ausbruch des Krieges jetzt nur noch gegen Postnachnahme oder Vorauskasse.[5]

Eine wesentliche Voraussetzung für die Entwicklung des Gesamtbuchhandels während des Krieges, insbesondere für den kommerziellen Feldbuchhandel, war das dichte Eisenbahnnetz in Deutschland, das nicht nur eine schnelle Truppenbewegung erlaubte, sondern auch die Belieferung der Feldbuchhandlungen über die Bahnhöfe in den besetzten Gebieten sicherstellte. Die Feld- und Verkehrsbuchhandlungen entlang der Bahnstrecken unterstanden dem Chef des Eisenbahnwesens, die Verkaufsstände in militärischem Gebiet dagegen der Obersten Heeresleitung.

Der Verkehrsbuchhandel litt zwar während des Krieges insbesondere am Rückgang des zivilen Reiseaufkommens, konnte aber durch die Erweiterung seines Wirkungsfeldes um den Feldbuchhandel einen großen Teil der entstandenen Verluste in der Heimat kompensieren. Während sich die zivilen Reisenden weiterhin an den Verkaufsständen der Verkehrsbuchhändler mit Lektüre versorgten, hatten Soldaten vielfältige Möglichkeiten, in den Besitz von Lesestoff zu kommen: Neben den von konfessionellen Vereinen organisierten Leiheinrichtungen (Schützengrabenbibliotheken, fahrbare Kriegsbüchereien, Gefangenen- und Lazarettbibliotheken) etablierten sich in der zweiten Kriegshälfte, mit dem Übergang des Bewegungskriegs zum Stellungskrieg in den Jahren 1915/1916, jetzt zunehmend auch Verkehrsbuchhändler auf dem Sektor des kommerziellen Feldbuchhandels. Die Verkaufsstände der Feldbuchhändler befanden sich – im Gegensatz zu den Verkehrsbuchhandlungen – entweder in den besetzten Gebieten oder direkt am Frontverlauf. Vor allem die Bahnhofs- und Verkehrsbuchhandlungen Karl Schmitt in Heidelberg und Hermann Stilke in Berlin wurden auf diesem sich neu eröffneten Markt aktiv. Innerhalb von nur wenigen Monaten gelang es ihnen, durch die flächendeckende Einrichtung von Verkaufsstellen, ihren Aktionsradius beträchtlich zu erweitern und eine Monopolstellung im Feldbuchhandel einzunehmen.

Die beinahe lückenlose Versorgung der Soldaten und Verwundeten mit Literatur während des Krieges gelang durch eine effektive Kombination von verschiedenen Vertriebsmodellen. Neben dem kommerziellen Feldbuchhandel war vor allem das Engagement der Inneren Mission der deutschen evangelischen Kirche von großer Bedeutung. Auf deren

4 Bbl. Nr. 197 vom 26. August 1914, S. 1303ff.
5 Hack: Marginalien, Nachrichten und Dokumente, S. 10.

Anregung ging die Gründung der Organisation Gesamtausschuss für die Verteilung von Lesestoffen im Felde und in Lazaretten zurück, von großer Bedeutung. Der Gesamtausschuss schuf ein flächendeckendes Distributionsnetz für Literatur und die Mehrzahl der Schützengraben- und Lazarettbibliotheken sowie der fahrbaren Feldbüchereien wurde aus den gespendeten Buchbeständen des in Berlin ansässigen Gesamtausschusses versorgt. Die massenhaften Schenkungen von Volksbildungsvereinen, Kirchen – für die katholische Kirche spielte der Borromäusverein eine wichtige Rolle – bedingten latente Konflikte mit den Sortimentsbuchhändlern, die sich um ihr Geschäft betrogen sahen.

6.1 Entwicklung des Verkehrsbuchhandels während des Ersten Weltkriegs

Für den Verkehrsbuchhandel bedeutete der Kriegsausbruch – zudem mitten in der Reisezeit – immense wirtschaftliche Einbrüche. Die Reisenden unterbrachen abrupt ihre Urlaubsfahrten und Badeaufenthalte. Der zivile Personenverkehr ging drastisch zurück, und die Eisenbahnen transportierten fortan hauptsächlich Soldaten in die Kriegsgebiete. Die Verkehrsbuchhändler und Kioskinhaber in den Bade- und Kurorten sowie in den Wintersportgebieten mussten ihre Niederlassungen schließen:

> Die schlimmsten Tage waren die der Mobilmachung. Wer nicht reisen mußte, blieb daheim und tat gut daran. Denn die Schwierigkeiten waren ungeheuer. Die Personenzüge oder besser gesagt „Militär-Lokalzüge“, soweit sie überhaupt Zivilpersonen beförderten, verkehrten nur ganz spärlich und fuhren mit einer Langsamkeit, die den berüchtigsten Sekundärbahnen Ehre gemacht hätten. An den Bahnhofseingängen standen Militärposten und übten scharfe Kontrollen über die Passanten aus. Die Bahnsteige, auf denen sich vielfach Verkaufsstände der Buchhändler befanden, wurden teils ganz, teils zeitweise für das Publikum gesperrt, der freie Verkehr also nach jeder Richtung hin behindert oder unterbunden. Alle diese Maßnahmen mußten lähmend auf das Geschäft der Bahnhofsbuchhändler wirken, wenn sie es nicht ganz aufhoben.[6]

In den ersten Kriegstagen stieg die Nachfrage nach Zeitungen und Landkarten enorm, denn der Informationsbedarf bei der Bevölkerung war hoch. Doch die Verkehrsbuchhändler hatten enorme logistische Probleme, die Nachfrage nach diesen Produkten zu befriedigen: Eine flächendeckende Versorgung von Kunden mit Zeitungen und Zeitschriften, den jetzt gangbarsten Artikel des Verkehrsbuchhandels, scheiterte am Zusammenbruch der herkömmlichen Vertriebswege: „[D]ie Bahnhöfe gesperrt für die Truppen, keine auswärtigen Zeitungen oder so veraltet, dass sie nicht mehr zu verkaufen waren, die Zeitschriften eben-

6 Hack: Marginalien, Nachrichten und Dokumente, S. 11.

falls mit arger Verspätung oder gar nicht eintreffend, der Umsatz fast gänzlich darniederliegend", so der Grundtenor des Bahnhofsbuchhandels in den ersten Kriegswochen.[7]

Zeitungsverleger organisierten den Zeitungsverkauf zum Nachteil des Bahnhofsbuchhandels vermehrt über den Straßenhandel. Zum Ärger der Bahnhofsbuchhändler postierten sich Zeitungsverkäufer direkt auf den Vorplätzen der Bahnhöfe, um ihre Presseartikel Passanten wie auch Reisenden anzubieten.[8]

Der Verein Deutscher Bahnhofsbuchhändler wurde von seinen Mitgliedern schon vier Wochen nach Kriegsausbruch aufgefordert, die Bahnverwaltungen mit Rücksicht auf die dramatische Wirtschaftslage zur Reduzierung der Pachtsummen zu bewegen. Der Verein Deutscher Bahnhofsbuchhändler rief seine Mitglieder auf, Materialien, die ihre wirtschaftlichen Einbrüche dokumentierten, an den Vorstand zu senden. Dieser sicherte seinen Mitgliedern zu, mit den Bahnverwaltungen einvernehmliche Regelungen bezüglich der Pachten herbeizuführen. Am 1. März 1915 beurteilte der *Bahnhofsbuchhandel* die wirtschaftliche Lage der Branche zunächst kritisch:

> [N]ach wie vor legt sich das Publikum große Zurückhaltung im Reisen auf und beschränkt sich nur auf das Allernotwendigste. Angesichts der Opfer, die der Krieg, die Liebestätigkeit, die Teuerung der Lebensmittel, der gestörte Gang der Geschäfte usw. dem einzelnen auferlegen ist, ist an Personenverkehr zum Zwecke der Erholung oder Vergnügung vorläufig gar nicht zu denken.[9]

Der Bahnhofsbuchhandel rechnete nicht mit einer wirtschaftlichen Stabilisierung der Branche. Die Stilllegung des zivilen Personenverkehrs reduzierte die Erträge der Bahnhofsbuchhändler auf ein Minimum. Als noch gangbare Ware schätzten die Bahnhofsbuchhändler Gebrauchsartikel, wie Kursbücher, Postkarten, Novitäten aus dem Bereich der Kriegsliteratur und preiswerte Unterhaltungsreihen, z.B. *Lutz' Kriminalromane*, ein. Das Buchprogramm des Verkehrsbuchhandels musste sich den neuen politischen Gegebenheiten anpassen. Die Verkehrsbuchhändler gingen davon aus, dass ihre billigen Romanreihen weiterhin auf Interesse stoßen würden und ergänzten ihr Angebot um Kriegsliteratur, die innerhalb weniger Wochen den Markt überschwemmte:

> Der Buchhändler ist außerstande, der Sucht des Lesepublikums nach dem Aktuellen wirksam zu begegnen, obwohl nicht geleugnet werden soll, dass einzelne Menschen gerade in der nervenaufreibenden Zeit dieses Krieges das Bedürfnis fühlen, sich mit Hilfe des Buches in eine bessere und ruhigere Welt zurückzuversetzen. So ist die Kriegsliteratur Trumpf geworden und wird es noch lange bleiben, ohne dass der Buchhändler selbst imstande ist, viel dagegen zu tun.[10]

---

7 Ebd. S. 10.
8 Ebd. S. 11.
9 Ebd.
10 Ebd. S. 17.

Die Zeitschriften gaben Kriegs-Sondernummern heraus, neue Kriegszeitungen wurden gegründet. Ein gutes Geschäft machten die Bahnhofsbuchhändler mit Kriegskarten, Feldpostkarten und Feldbriefbögen oder Gesangbüchern mit patriotischen Liedern.[11] Bestseller auch während des Krieges blieben die Eine-Mark-Romane des Ullstein-Verlags. Die Serie *Ullstein-Kriegsbücher* begann ihr Erscheinen mit Paul Oskar Höckers Kriegstagebuch aus Belgien und Frankreich, das unter dem Titel *An der Spitze meiner Kompagnie* auf den Markt kam. Die erfolgreichsten Titel der Kriegsreihe waren Gunther Plüschows Abenteuer des *Fliegers von Tsingtau* und Manfred Richthofens *Der rote Kampfflieger*.[12] Die Auflage betrug jeweils über 500.000 Exemplare.[13] Die Werke von Löns, Hemel, Höcker, Dehmel oder Herzog wurden als besonders kriegsgeeignete Literatur beworben. Andere Verlage, z.B. Reclam und Langen, gaben spezielle Feldbuchreihen heraus oder wandelten ihre Reisebibliotheken in Feldbibliotheken um.[14] Reclam legte den inhaltlichen Schwerpunkt seines erfolgreichen Magazins *Reclams Universum* auf die Kriegsberichterstattung.[15]

Regen Absatz fand – trotz der anhaltenden Debatten über „Schundliteratur“ – an der Front auch der billige Heftroman. Angeboten wurden u.a. die Titel *Räuberhauptmann Einhand, der Satan von Schlesien, Vierzigfach verheiratet* oder *Das Opfer des berüchtigten Frauenjägers von New York* und *Ernst Adolf Schilling, genannt die Blutdogge, der furchtbarste und gewaltigste Räuberhauptmann Deutschlands und Österreichs. Geschichtlicher Volksroman aus der Zeit Augusts des Starken.*[16] Die Verkehrsbuchhändler mussten dagegen die bei Reisenden beliebte ausländische Literatur aus dem Programm nehmen. Im Februar 1915 wurde eine entsprechende „schwarze Liste“ aufgestellt, an die sich auch der Verkehrsbuchhandel zu halten hatte.[17]

Ein Erlass des Eisenbahnministeriums im Herbst 1915 verpflichtete die Verkehrsbuchhändler, eine je nach Standort und Ladengröße angemessene Auswahl an preiswerten, qualitativ anspruchsvollen belletristischen Kollektionen zu führen und mit entsprechender Plakatwerbung auf diesen Verkaufsartikel aufmerksam zu machen.[18] Die Anweisung wurde notwendig, weil die Verkehrsbuchhändler wegen der zunehmenden Reduzierung der Rabatte durch die Verleger, die auf diesem Weg an einem günstigen Ladenpreis festhalten wollten, vermehrt auf dieses Produkt verzichteten.[19] Die Verkehrsbuchhändler protestierten gegen den Erlass und wiesen auf das Problem der Überproduktion auf dem Sektor der belletristischen Kriegskollektionen hin: Kein Verkehrsbuchhändler sei in der Lage, die Gesamtheit der angebotenen Buchreihen zu führen.[20]

---

11 Ebd. S. 10f.
12 Vgl. 50 Jahre Ullstein 1877–1927, S. 89.
13 Ebd. S. 90f.
14 BHB Nr. 4/5 vom 1. März 1915, S. 46ff.
15 Hack: Marginalien, Nachrichten und Dokumente, S. 9.
16 Vgl. Klemperer: Curriculum vitae, Bd. 2, S. 472.
17 BHB Nr. 2/3 vom 8. Februar 1915, S. 10.
18 BHB Nr. 18/19 vom 15. Oktober 1915, S. 111.
19 Zit. n. Hack: Marginalien, Nachrichten und Dokumente, S. 16; vgl. auch Bbl. Nr. 219 vom 21. September 1915, S. 1288.
20 BHB Nr. 21/22 vom 27. November 1917, S. 161.

Der Bahnhofsbuchhandel beklagte generell eine Überproduktion von Kriegsliteratur und verwies auf seine nur begrenzten Auslagemöglichkeiten an den Verkaufsständen. Die Bahnhofsbuchhändler konzentrierten sich deshalb auf diejenigen Kriegsschriften, die hinsichtlich ihrer äußeren Ausstattung und der Preisgestaltung für den Verkauf an Reisende geeignet waren. Zudem warnten sie zu Recht vor einer Überproduktion auf dem Gebiet der Kriegsliteratur, weil sie befürchteten, dass mit der Dauer des Krieges die Nachfrage nach diesen Schriften zwangsläufig stagnieren würde.[21]

Während die Artikel im *Bahnhofsbuchhandel* im Jahr 1915 vor allem Zukunftsvisionen abdruckten, wie sich die Branche nach dem Krieg reorganisieren könnte, wich die euphorische Siegesstimmung 1916 zunehmend der Resignation, weil der Krieg nicht in ein paar Wochen überstanden war. Noch im Sommer 1915 erhofften sich die Verkehrsbuchhändler nach dem Kriegsende die Übernahme aller Feldbuchhandlungen in den besetzten Gebieten und ihre Rücküberführung in zivile Unternehmen. Die Branche ging von einer Erschließung der ehemaligen Kriegsgebiete für die Wirtschaft wie auch für den Tourismus aus, z.B. durch Einrichtung von Denkmälern und Erinnerungsstätten auf den Schlachtfeldern:

> Was wir aber heute schon für die Zukunft des Friedens in Rechnung ziehen müssen, das ist eine wesentliche Umformung des europäischen Reiseverkehrs überhaupt. Die [...] Erschließung des neuen Wirtschaftsweges nach dem Osten erfordert unsere volle Aufmerksamkeit. Nicht allein, daß sich auf dieser Straße ein lebhafter, vom deutschen Element stark durchsetzter Handelsverkehr entwikkeln [sic] wird. Der Weg führt auch zum größten Teile durch Länder, an deren Sympathie für deutsches Wesen und deutsche Kultur wir nicht zu zweifeln brauchen.[22]

Doch bereits wenige Wochen später verflüchtigte sich der Optimismus: Noch im Jahr 1915 konstatierte der Verein Deutscher Bahnhofsbuchhändler, „daß die diesjährige Reisezeit nicht viel besser werden wird als die vorjährige, kurz: wir müssen wieder mit erheblichen geschäftlichen Ausfällen rechnen.“[23] Die zunehmende wirtschaftliche Not in der Bevölkerung verursache „eine geradezu katastrophale Verschlechterung des Reise- und Sommerverkehrs.“[24] Als besonderes Handikap beschrieben die Bahnhofsbuchhändler die dezentrale Ausgabe von Lebensmittelmarken, die den Bewegungsfreiraum des Einzelnen stark beeinträchtigten:

> Zu der notwendigen Information vor Antritt einer Reise reicht heute das Studium eines Reiseführers bei weitem nicht mehr aus. Viel wichtiger und nötiger ist die Kenntnis über Art und Zahl der Ernährungsmarken und die gesetzlichen Bestimmungen der betreffenden Bezirke.[25]

---

21 Hack: Marginalien, Nachrichten und Dokumente, S. 15f.
22 BHB Nr. 20/21 vom 15. November 1915, S. 125f.
23 Hack: Marginalien, Nachrichten und Dokumente, S. 14.
24 Ebd. S. 23.
25 Ebd.

Die Kriegsfolgen machten sich in der Buchbranche auch in Gestalt des Papiermangels immer stärker bemerkbar. Die Erhöhung der Papierpreise bedingte die Steigerung der Herstellungskosten, die sich wiederum auf den Verkaufspreis negativ auswirkten. Preiserhöhungen waren vor allem im Bereich der Presse bemerkbar.[26] Der Verein Deutscher Bahnhofsbuchhändler appellierte an die Presseunternehmen und ihre Zwischenhändler, die Lage im deutschen Verkehrsbuchhandel nicht durch Preiserhöhungen und die Einschränkung des Remissionsrechts zu verschärfen. Besonders schwerwiegend war der Umstand, dass die Verkehrsbuchhändler keine ausländischen Zeitungen und Zeitschriften mehr absetzten.[27]

Neben den Eingriffen in das Pressewesen klagten die Verkehrsbuchhändler seit 1917 auch über die drastische Kürzung der Verlegerrabatte. So teilte eine Gruppe schönwissenschaftlicher Verleger am 27. August 1917 mit, dass die Rabattsätze deutlich eingeschränkt werden müssten. Ein Rundschreiben der Verleger am 27. Oktober 1917 informierte darüber, dass die Remittenden auf zehn Prozent reduziert würden und Kommissionslieferungen gänzlich eingestellt werden sollten. Außerdem planten die Verlage die drastische Kürzung von Zahlungszielen.[28] Damit verschärften sich die Bezugsbedingungen für die Bahnhofsbuchhändler. Die Verleger lieferten gewöhnlich nur noch gegen feste Rechnung und forderten Barzahlung. Der Bahnhofsbuchhandel war dadurch gezwungen, ein umfassenderes Lager zu unterhalten, was seine Betriebskosten beträchtlich erhöhte.[29]

Trotz der wirtschaftlich schwierigen Lage des Verkehrsbuchhandels erklärte sich der Verein Deutscher Bahnhofsbuchhändler bereit, einen Teil des Vereinsvermögens für Kriegszwecke zur Verfügung zu stellen. Die Branche wollte ihren Beitrag zur Unterstützung von Kriegsversehrten und deren Angehörigen leisten.[30] Auf der Hauptversammlung der Verkehrsbuchhändler im Mai 1916 drängte der Vorsitzende Theodor Schnitzler die Mitglieder, vermehrt in den Feldbuchhandel zu investieren, da es nicht abzusehen war, ab wann sich der zivile Reiseverkehr wieder normalisierte. Wenige Monate später bestätigten die Branchenmitglieder einen leichten Konjunkturaufschwung.

Doch nicht nur der verbreitende Buchhandel an sich musste sich mit den schwierigen Gegebenheiten des Krieges arrangieren; auch die Verleger waren durch den Kriegsbeginn gezwungen worden, auf die besonderen Lesebedürfnisse und Lektürepräferenzen von Soldaten schnell zu reagieren. Analog zu den organisierten Reise- und Eisenbahnbibliotheken entstanden schon kurz nach Kriegsausbruch spezielle Buchreihen nur für Soldaten. Die Produzenten von Reiselektüre wandelten häufig ihre Reiseserien, deren Absatz in den Kriegsjahren stagnierte, durch die Entfernung der bunten, illustrierten Einbände zu Gunsten von grauen, uniformen Einbänden in Feldbuchreihen um.

---

26 Ebd. S. 17f.
27 Ebd. S. 13ff.
28 BHB Nr. 21/22 vom 27. November 1917, S. 161.
29 Hack: Marginalien, Nachrichten und Dokumente, S. 27.
30 Bbl. Nr. 224 vom 26. September 1914, S. 1452.

6.2 Lesestoff an der Front – Buchreihen und Presseartikel für Soldaten

Neben der inhaltlichen Zusammensetzung des Lektüreangebots – gewöhnlich handelte es sich wie auch bei der Reiselektüre um leichte Unterhaltungsliteratur – spielte im Feldbuchhandel, wie auch im Verkehrsbuchhandel, die äußere Ausstattung der Bücher eine zentrale Rolle. Diejenige Literatur, die unmittelbar an der Front in den Schützengräben ihre Verbreitung fand, musste sich hinsichtlich ihres Gewichtes und Formats an die Besonderheiten einer Frontlektüre anpassen, denn die im Kampf stehenden Soldaten hatten in ihrem Handgepäck nur begrenzten Raum für eigene Bücher.

6.2.1 Feld- und Schützengrabenbibliotheken

Die Beantwortung der Frage nach den Lektürepräferenzen gestaltete sich insofern schwierig, da ein vielfältiges Lesebedürfnis zu befriedigen war. Die Soldaten bildeten hinsichtlich ihrer sozialen Herkunft ein ausgesprochen heterogenes Publikum und stellten für den Feldbuchhandel eine besondere Herausforderung dar.

Wie auch bei der Reiselektüre handelte es sich bei Feld- und Frontbibliotheken gleichfalls um eine Publikations- und Vertriebsform. Die bereits als Reiselektüre sehr populären belletristischen Buchreihen fanden auch im Ersten Weltkrieg bei den Soldaten besondere Resonanz. Es erschienen Reihen mit Serientiteln, die auf die Zielgruppe der Soldaten hinwiesen, z.B. *Tornister-Bibliotheken* oder *Schützengraben-Bibliotheken.* Die optimale Feldlektüre passte sich den Besonderheiten ihres Verwendungszwecks an und war deshalb wenig umfangreich, leicht an Gewicht und handlich im Format. Umfangreichere Bücher wurden nur in den Lazaretten gelesen, wo das Platz- und Zeitproblem gewöhnlich keine Rolle spielte.

Nachdem die Soldaten erkannten, dass der Krieg länger als ursprünglich angenommen dauern würde, wurde ihre Lektüreauswahl kritischer. Witzblätter und Polemiken gegen die feindlichen Truppen, also Kriegspropaganda, wurden kaum noch gelesen. Des Weiteren lehnten die Soldaten zunehmend Kriegsliteratur ab. In zahlreichen Mitteilungen an die Redaktion des *Börsenblatts* wurde darauf hingewiesen, dass Literatur über den Krieg und Darstellungen über das Kampfgeschehen bei den Soldaten keine große Resonanz mehr fänden.

Begehrt waren hingegen die verschiedenen Buchreihen, die eigens für den Frontsoldaten konzipiert waren und ihnen die Buchauswahl abnahmen. Die Verleger Langen und Ullstein reagierten auf diese Nachfrage mit der Herausgabe spezieller Kriegsbüchereien. Der Insel-Verlag gab innerhalb seiner erfolgreichen Reihe *Insel-Bücherei* eine spezielle Abteilung mit Feldbüchern heraus. Im Herbst 1915 erschien ein Verzeichnis *Insel-Bücherei für Feld und Lazarett*, das Buchhändler und Soldaten über die Auswahl informierte. Die kartonierten Kriegsausgaben des Insel-Verlags wurden mit großem Aufwand hergestellt. Sie erschienen als Fadenheftung, das Titelbild war aufgeklebt.[31] Die speziellen Buchreihen für Frontsoldaten passten sich den Versandbedingungen der Feldpost an. Die kleinformatigen Bände aus der Reihe *Feld-Bücher* kosteten drei Mark und wogen nur 48 Gramm; des-

31 Kirbach/Bühler: Insel-Bücher für Feld und Lazarett, S. 17ff.

halb konnten die Bücher portofrei als geschlossener Feldpostbrief an die Front geschickt werden.[32] Die durchschnittlichen Preise lagen meist unter der Fünf-Mark-Grenze, die Mehrzahl der Reihen wurde aber für 25 bis 30 Pfennig angeboten. Der Umfang der einzelnen Bände überschritt selten 150 bis 200 Seiten. Die Reihen boten Erzählungen und Romane von Franz Grillparzer, Friedrich Kürnberger, Johannes Schuler, Friedrich Marx und Martin Wutte, Clara Viebig, Paul Oskar Höcker, Ida Boy oder Karl Ferdinand Gutzkow, Joseph Viktor von Scheffel und Hermann Hesse.

Axel Thierry Preyer: Von New York nach Jerusalem durch die Wüste.
Berlin/Wien: Verlag Ullstein & Co. 1916 (Ullstein Kriegsbücher).

32 Feld-Bücher. Hrsg. Friedrich von Schack im Auftrag des Deutschen Künstlerhilfsbunds 1915/1916. Berlin: Verlag Künstlerdank Gesellschaft mbH 1915/1916 [Deutsche Bücherei Leipzig. Sign.: SA 10644].

Im ersten Kriegsjahr waren vonseiten des Militärs, der Regierungsstellen oder der volksbildnerischen Institutionen nur vereinzelt Eingriffe in das Literaturangebot zu vermerken. Es kursierten zwar Bücherlisten, die Vorschläge für Qualität und Quantität von Bücheranschaffungen in Schützengraben- und Lazarettbibliotheken machten, doch die Oberste Heeresleitung achtete zunächst nicht auf deren gewissenhafte Umsetzung. Erst seit 1916/1917 kamen vermehrt literarische Ratgeber auf den Markt, deren lesepädagogische Intentionen auch selektiv wirkten. Die Büchervorschlagslisten warben primär für die deutsche Literatur des 19. Jahrhunderts wie auch für zeitgenössische Romane. Diverse Bücherlisten unterschieden die potenziellen Adressaten in „einfache Leser", „gebildete Leser" und „Studenten"; letzterer Zielgruppe wurden die Zeitschriften von Westermann und Velhagen & Klasing empfohlen. Die Broschüre *Die Kleine Feldbücherei. Praktischer Ratgeber für Private, Behörden und Buchhändler* (Leipzig 1916) ergänzte die Vorschlagslisten um eine technisch-praktische Idee:

> [...] Wir bieten in unserer Gesamtliste 100 verschiedene Hefte im Gesamtumfang von über 10.000 Druckseiten. Dieser Umfang wird in den weitaus meisten Fällen auch dann vollständig ausreichen, wenn der einzelne Leser nicht auf jedes einzelne der Hefte „anbeißt". Sind etwa 100 Leser vorhanden, so kann jedes der 100 Hefte einmal geschenkt werden und durch den Tausch hat jeder Anteil an dem gesamten Bestande. Sind größere Massen zu bedenken, so kann die Einheit der Hundert-Bände-Bücherei entsprechend oft geschenkt werden, ohne daß doch die Mannigfaltigkeit und Fülle für den Einzelnen dadurch eingeschränkt würde.[33]

Die *Hundert-Bände-Bibliothek* favorisierte das „Lebensvolle", das „Kräftige" und „Volkstümliche" in der Literatur und berücksichtigte, dass die Frontsoldaten stärkeren Erregungen und Eindrücken ausgesetzt waren als der Heimatleser.[34] Die zehn Rubriken boten deshalb einfache, humoristische und volkstümliche Erzählungen, Meisterprosa der Weltliteratur, historische Abhandlungen über die deutsche Geschichte, Literatur über das Deutschtum sowie Naturwissenschaft und Technik. Die Preise für eine Heftreihe bewegten sich zwischen 3,60 Mark und vier Mark. Der Grundbestand von zehn Bänden konnte nun abhängig von der Interessenslage und dem finanziellen Budget ergänzt werden.[35]

Georg Schwab verfasste 1917 den Ratgeber *Gute und billige Bücher aus den Feldbuchhandlungen der 1. Armee Charlesville*.[36] Das Verzeichnis führte vor allem Unterhaltungsliteratur. Der Ladenpreis der vorgeschlagenen Bände lag zwischen 25 Pfennig und zwei Mark. Wichtige Auswahlkriterien für die Schützengrabenbibliotheken waren neben dem literarischen Unterhaltungswert die Kürze der Texte und der geringe Umfang der Bücher;

---

33 Die Kleine Feldbücherei. Praktischer Ratgeber für Private, Behörden und Buchhändler. Leipzig: Theodor Thomas Verlag 1916. Schriften der Zentralstelle für volkstümliches Büchereiwesen. Bd. 3. [Deutsche Bücherei Leipzig. Sign.: SB 1536].

34 Ebd.

35 Ebd.

36 Georg Schwab: Gute und billige Bücher aus den Feldbuchhandlungen der 1. Armee Charlesville 1917 (Vorwort). [Deutsche Bücherei Leipzig. Sign.: 1929 B 928].

deshalb wurden bevorzugt Novellen- und Prosabände in Taschenformat in den Schützengräben verteilt.[37] Die Soldaten griffen aber auch gerne auf Heftliteratur zurück. Im Gegensatz zu den konfessionellen und volksbildnerischen Vereinen tolerierten Militär und Regierung in den letzten Kriegsjahren den Konsum derartigen Unterhaltungsliteratur.

6.2.2 Ausbildung des kommerziellen Feldbuchhandels

Die ersten Feldbuchhandlungen entwickelten sich 1915/1916 aus den Zeitungsvertriebsstellen, die bereits kurz nach Kriegsbeginn entlang der Frontverläufe eingerichtet worden waren; dort übernahmen die ortsansässigen Buchhändler die Literaturversorgung auch der deutschen Soldaten, die sich nach den ersten Kampfphasen vorübergehend in einer Ruhestellung befanden.

Aus geografischen und rechtlichen Gründen breiteten sich die Feldbuchhandlungen an der Westfront schneller aus als im Osten.[38] Das westliche Kriegsgebiet war überschaubarer und die Infrastruktur, z.B. das Eisenbahnnetz, noch weitgehend intakt. Wegen der nicht allzu streng gehandhabten Einfuhrkontrollen erreichten die Bücherlieferungen in dem besetzten Gebiete Frankreichs darüber hinaus deutlich schneller ihr Ziel als in den Ostgebieten.

Der Romanist Victor Klemperer, der von der Militärbehörde mit der Zensur beauftragt wurde und die Belieferung der Feldbuchhandlungen an der Ostfront überwachte, berichtete in seiner Autobiografie *Curriculum vitae* über die Lieferschwierigkeiten des Feldbuchhandels im Osten. Ein Feldbuchhändler in Mitau z.B. war nach vielen Gutachten und Attesten in den Besitz einer Einfuhrerlaubnis gekommen und bestellte sein Bücherkontingent in Leipzig. Die Lieferung blieb dann aber in Königsberg liegen. Inzwischen erließ die Militärzensur neue Einfuhrverordnungen, die den Feldbuchhändler zwangen, ein zweites Mal auf neuen Formularen eine entsprechende Erlaubnis zur Einfuhr seiner Bücherlieferung zu erwirken.[39] Der umständliche Vorgang nahm mehrere Wochen in Anspruch.

Im kommerziellen Feldbuchhandel betätigten sich hauptsächlich Verleger und Verkehrsbuchhändler, die neben ihren Hauptniederlassungen auch in den Kriegsgebieten Buchverkaufsstellen einrichteten. Die Sortimentsbuchhändler waren im Feldbuchhandel nicht sehr stark vertreten. Im Gegensatz zu den Verkehrsbuchhandlungen, die bereits über ein weit verbreitetes Filialsystem verfügten, scheiterten die Sortimentsbuchhändler häufig an der notwendigen Infrastruktur. Das führte zu einer Konkurrenzsituation, in der sich die Sortimenter stark benachteiligt fühlten. Die Betreiber von Feldbuchhandlungen bekannten sich gewöhnlich zum ertragsorientierten Aspekt ihrer Unternehmungen; nur wenige Firmen engagierten sich aus patriotischen Gründen auf ehrenamtlicher Basis.

Ein Beispiel hierfür war der Leipziger Verleger Hermann Hillger, der im Feldbuchhandel eine wichtige Rolle spielte.[40] Hillger richtete bereits kurz nach Kriegsbeginn Verkaufs-

37 Bbl. Nr. 221 vom 23. September 1914, S. 1436.
38 Vgl. Welt: Bücher ins Feld, S. B 6.
39 Vgl. Klemperer: Curriculum vitae, Bd. 2, S. 472.
40 Vgl. die spärlichen Angaben über das Unternehmen Hillger bei Hermann Hillger: 25 Jahre deutscher

stellen in den Kriegsgebieten ein und den finanziellen Erlös spendete er an das Rote Kreuz. Als ehrenamtlich tätiger Feldbuchhändler leitete er an beiden Fronten bis Ende 1915 über 50 Feldbuchhandlungen. 1916/1917 war Hillger bereits Besitzer von über 300 Feldbuchhandlungen und entwickelte sich dadurch zu einem ernst zu nehmenden Konkurrenten des Berliner Verkehrsbuchhändlers Hermann Stilke.

Die Vergabe von Konzessionen für den Buchverkauf an und hinter der Front erfolgte durch die Oberste Heeresleitung. Eine wichtige Voraussetzung für die Einrichtung eines Ladens war, dass dieser vor Bombenangriffen weitgehend geschützt war, um die materiellen Schäden kalkulierbar zu halten. Viele Feldbuchhandlungen entstanden in Scheunen, aufgelassenen Läden, an Bahnhöfen und Straßenbahnkiosken oder in bombensicheren Kellerräumlichkeiten. Im Laufe des Jahres 1915 bildeten sich verschiedene Varianten von Buchverkaufsstellen heraus: So entstanden z.B. von den Armeeeinheiten eigenverantwortlich verwaltete Militärbuchhandlungen; sie wurden vor allem in den vom Kriegsgeschehen stark geprägten Regionen eingerichtet, in denen man keine Zivilisten den Kriegsgefahren aussetzen wollte. Diese Buchhandlungen, die meist von zumindest literaturkundigen Kriegsinvaliden unterhalten wurden, besaßen kein Kommissionsrecht und konnten nur bei den heimischen Sortimentsbuchhandlungen ihre Bücher beziehen. Da die Sortimentsbuchhändler keinen Rabatt gewähren konnten, warfen die Militärbuchhandlungen kaum Gewinn ab. Somit handelte es sich bei diesen Buchgeschäften um keine kommerziellen Unternehmungen. Darin unterschieden sie sich vom eigentlichen Feldbuchhandel.

Erlöse aus dem Buchverkauf konnten nur erzielt werden, wenn die Verlagsartikel direkt bei den Verlagen bezogen wurden. Diese sind gewöhnlich an gemeinnützige Verbände, an Lazarette, Soldatenheime usw. weitergeleitet worden, kamen also den Soldaten wieder zugute.[41] Der Verein der Buchhändler zu Leipzig z.B. beteiligte sich an der Gründung einer Armeebuchhandlung der 1.Armee GmbH, deren Organisation der Verleger F. Volckmar übernahm. Die Armeebuchhandlung wurde mit großem Erfolg betrieben. Der Verein der Buchhändler zu Leipzig erhielt einen anteiligen Reingewinn von 50.000 Mark ausbezahlt. Der Gewinn wurde als Stiftung des Verlagshauses Volckmar behandelt und in eine Kriegsanleihe umgewandelt. Das Gesamtergebnis dieser „Volckmar-Stiftung" war ein Betrag in Höhe von 150.000 Mark.[42] Bei Militärbuchhandlungen handelte es sich also ebenfalls um nicht kommerzielle Unternehmungen.

Im Gegensatz zu den Militärbuchhandlungen wurden die kommerziellen Feldbuchhandlungen seit 1915/1916 vor allem von Verkehrsbuchhändlern betrieben. Manchmal erteilten die Armeeoberkommandierenden die Lizenz zum Bücherverkauf zusätzlich an kleine Zeitungsverkaufsstellen und Schreibwarenhandlungen. Die Armeeeinheiten verpachteten analog zu den Bahnverwaltungen bevorzugt ihr gesamtes Gebiet an ein Unternehmen, gewöhnlich an große Verkehrsbuchhandlungen, weil dieses Verfahren – wie auch im zivilen

Buchhändler. In: Bbl. Nr. 180 vom 22. August 1919, S. 726f. sowie die Einträge im Adreßbuch für den Deutschen Buchhandel für den Berichtszeitraum.

41 Vgl. Welt: Bücher ins Feld, S. B 7.

42 Hohlfeld: Hundert Jahre Verein der Buchhändler zu Leipzig, S. 108f.

Verkehrsbuchhandel der Vorkriegszeit – Verwaltungskosten reduzierte und die Organisation vereinfachte. Das Militär benötigte für seine zwölf Armeeeinheiten mindestens genauso viele Feldbuchhändler. Allerdings teilten sich manche Feldbuchhändler auch eine Armeeeinheit. Die im Feldbuchhandel stark unterrepräsentierten Sortimentsbuchhändler und kleineren Verkehrsbuchhandlungen beschwerten sich erfolglos über diese Vergabepraxis.

Der Feldbuchhändler richtete in dem ihm zugewiesenen Gebiet eine Hauptniederlassung im Etappenhauptort ein und gliederte ein kleines Lager an. Die Organisation des Buchvertriebs fand in dieser Hauptniederlassung statt; von hier aus wickelte der Buchhändler die Bestellungen und ankommenden Lieferungen ab. Neben der Hauptniederlassung unterhielt er noch Filialen im Armeegebiet. Die großzügigen Öffnungszeiten der Feldbuchhandlungen lassen auf eine starke Kundenfrequenz schließen. Die Läden waren pro Tag durchschnittlich zehn Stunden geöffnet und sogar sonntags konnten die Soldaten zu bestimmten Zeiten Bücher kaufen. Die monatlichen Einkünfte beliefen sich je nach Lage der Buchhandlung und den militärischen Entwicklungen vor Ort zwischen 600 Mark und 30.000 Mark, der Mittelwert lag bei 9.000 Mark bis 10.000 Mark. Das Militär beanspruchte für den Standort eine Pachtgebühr, die ca. 25 Prozent bis fünfzig Prozent des Umsatzes betrug; die Verkaufsräumlichkeiten dagegen waren meist kostenlos.[43]

Im militärischen Wirkungsbereich der 1. und 2. Armee etablierte sich die 1863 gegründete und seit 1903 auch im Schiffsbuchhandel tätige Bremer Firma Franz Leuwer. Die 3. Armee versorgte in den ersten Kriegsjahren der renommierte Münchener Verlag Albert Langen.[44] Der Verlag prosperierte während des Kriegs, und Langen sah in der Versorgung der Soldaten mit guten und preiswerten Büchern eine wichtige Aufgabe. Gegen seine Tätigkeit als Feldbuchhändler protestierten die Sortimenter, denn Langen war im ausgehenden 19. Jahrhundert der Verleger des berüchtigten und im Verkehrsbuchhandel verbotenen politisch-satirischen Blattes *Simplicissimus*. Der für die 3. Armee zuständige Oberbefehlshaber beteuerte, er habe nicht gewusst, dass es sich um den Verleger der obrigkeitskritischen Satirezeitschrift handelte, und sorgte dafür, dass dem Langen-Verlag die Lizenz für den Feldbuchhandel wieder entzogen wurde.[45]

Die frei gewordene Konzession wurde an Hillger vergeben, der bereits die 5. Armee mit Literatur versorgte. Die 4. Armee wurde seit Juni 1916 von der alteingesessenen, bereits im ausgehenden 17. Jahrhundert gegründeten Stuttgarter Buchhandlung Stahl betreut. Das Gebiet teilte sich der Buchhändler Stahl offenbar mit der Firma Hans Volckmar.[46] Die Feldbuchhandlungen in der 6. Armee betrieb der Kölner Verkehrsbuchhändler Schmitz. Die 7. Armee übernahm Hermann Stilke.[47] Die 9. und 10. Armee fiel in den

43 Vgl. Welt: Bücher ins Feld, S. B 8f.

44 Vgl. Meyer: Der Verleger des Simplicissimus. Die Studie informiert ausführlich über die Entwicklung des Buchprogramms und die schnelle Anpassung des Verlags an die neuen Lesebedürfnisse während des Ersten Weltkrieges, berücksichtige aber die Tätigkeit Langens als Feldbuchhändler nicht.

45 Welt: Bücher ins Feld, S. B 10.

46 Vgl. Welt: Bücher ins Feld, S. B 13.

47 Die Materiallage erlaubt keine Aussagen darüber, wer die 8., 10. und 12. Armee betreute. Ebd. S. B 12.

Zuständigkeitsbereich des Berliner Verkehrs- und Feldbuchhändlers Alexander Steinmetz. Das Ehepaar Alexander und Gertrud Steinmetz gründeten ihr Unternehmen, das im *Allgemeinen Adreßbuch für den Deutschen Buchhandel* unter dem Eintrag „Bahnhofs- und Feldbuchhandlungs GmbH Berlin" firmierte, erst am 20. Mai 1916 und schien sich als „Newcomer" in der Branche erfolgreich zu etablieren, denn das Unternehmen bestand über den Krieg hinaus bis 1924.

Als besonderes Problem der Feldbuchhändler erwiesen sich die nur mangelhafte Branchenübersicht und die eingeschränkte Kommunikation zwischen den Unternehmen. Auch dem Börsenverein gelang es nicht, aktuelles Adressenmaterial über die Feldbuchhandlungen zu sammeln. Das Militär sicherte zwar im Dezember 1915 die Mitteilung von Adressen zu, löste dieses Versprechen aus Sicherheitsgründen jedoch nicht ein. Das Risiko, dass Informationen über deutsche Standorte in die Hände des Gegners fallen könnten, war den verantwortlichen Militärs zu groß.[48] Aus diesem Grund wurde den Feldbuchhändlern auch im *Adreßbuch für den deutschen Buchhandel* keine eigene Rubrik zugeordnet.

Die Beschwerden der Sortimentsbuchhändler über die Vergabe von Feldbuchhandlungen an Großunternehmen wie auch über die hohen Rabatte, die viele Verleger den Feldbuchhändlern einräumten, nahmen seit 1915/1916 stark zu. Ähnlich wie in der Auseinandersetzung mit dem Verkehrsbuchhandel wurde der neue Konkurrent vor allem mit dem Vorwurf des Vertriebs von „sittenwidriger" Literatur denunziert. Der in der Fachpresse ausgetragene Streit drang bis zum Kriegsministerium durch, dem an einer reibungslosen Literaturversorgung der Truppen gelegen war.

Am 24. Dezember 1915 lud deshalb das Kriegsministerium alle wichtigen Vereinigungen des Buchhandels und der Verlage ein, um eine Neuregelung des Buch- und Zeitschriftenhandels im Felde zu treffen. Im Zeitraum vom 28. bis 31. Dezember 1915 erörterten Arthur Meiner für den Deutschen Verlegerverein, Franz Ullstein für die illustrierten Zeitschriften, Robert Bachem für den Verein der Zeitungsverleger und Karl Siegismund für den Börsenverein der Deutschen Buchhändler die Lage.[49] Am Schluss der Beratung standen die vom Generalquartiermeister der Westfront erlassenen *Leitsätze für die Einrichtungen von Buchhandlungen auf dem Kriegsschauplatz zur Befriedigung der Truppen mit Lesestoff (Bücher, Zeitungen, Zeitschriften), Ansichtskarten und Schreibmaterialien.* Die Neuregelungen des Feldbuchhandels, die bei den Sortimentern auf Ablehnung stießen, wurden auszugsweise im *Börsenblatt* veröffentlicht. Die *Leitsätze* gewährleisteten den Verkauf aller Verlagsprodukte mit Ausnahme von politisch und sittlich diskreditierten Schriften.

Das Militär versuchte, die Anzahl von Zivilisten in den Kampfgebieten möglichst gering zu halten; deshalb wurde auch nach der Verabschiedung der Leitsätze weiterhin eine Armeeeinheit nur an ein Unternehmen vergeben, das für die Lagerverwaltung und den Verkauf in allen Feldbuchhandlungen seines Bezirks verantwortlich war. Der Betrieb der Buchhandlungen sollte weitgehend ohne finanzielle und logistische Unterstützung des

48 Vgl. Welt: Bücher ins Feld, S. B 12.
49 Ebd. S. B 7f.

Militärs vonstatten gehen. Der Feldbuchhändler war jedoch befugt, die Feldpost zu nutzen. Die Bücher und Zeitschriften mussten zu den von den Verlagen festgelegten Preisen verkauft werden. Die Führung der Feldbuchhandlung und ihrer Filialen sollte nur von Fachkräften übernommen werden. Das Personal erhielt zusätzlich zu seinem Wehrsold eine Aufwandsentschädigung in Höhe von fünfzig Pfennig bis einer Mark pro Tag.[50] Der Börsenverein erreichte insofern eine Mitwirkung, als er in die Suche nach geeigneten Feldbuchhändlern eingebunden war.

Bei der Pachtfestlegung und der Rabattgewährung durch die Verlage war zu berücksichtigen, dass die Räumlichkeiten – hier im Gegensatz zum Verkehrsbuchhandel – meist kostenlos und damit die Betriebskosten einer Feldbuchhandlung geringer waren. Entstand dem Buchhändler ein hoher materieller Verlust unmittelbar durch Kriegseinwirkungen, hatte er die Chance auf Teilerstattung des Schadens durch das Militär; ansonsten trug er für seine Unternehmungen das alleinige Risiko.[51] Der Verkehrsbuchhandel unterlag denselben Regelungen, doch unterstand dieser nicht den Armeeoberkommandierenden, sondern unmittelbar dem Chef des Eisenbahnwesens, da es sich bei den Verkehrsbuchhandlungen auch während des Krieges um einen Nebenbetrieb der deutschen Eisenbahnverwaltungen handelte.

Die nicht am Feldbuchhandel beteiligten Sortimentsbuchhändler waren enttäuscht über den Ausgang der Verhandlungen. Im Mittelpunkt ihrer Kritik standen die umfangreichen Aktivitäten Hermann Stilkes, der nicht nur den Verkehrsbuchhandel dominierte, sondern auch zunehmend den Feldbuchhandel im Westen und Osten okkupierte. Ein Hauptvorwurf gegen Stilke – wie auch gegen Hillger – war, dass die beiden Unternehmen hauptsächlich eigene Verlagsartikel vertreiben würden, ein Einwand, den die beiden Buchhändler vehement bestritten, indem sie auf die zahlreichen belletristischen Kollektionen aus bis zu dreißig verschiedenen Verlagen in ihren Sortimenten verwiesen.

Seit November 1916 wurde die Auseinandersetzung zwischen Sortiments- und Feldbuchhandel schärfer, als fünf Abgeordnete aller wichtigen Parteien sich mit einer Stellungnahme über den Verkauf von „Schmutz- und Schundliteratur“ in den Feldbuchhandlungen direkt an den Reichskanzler wandten. Sie forderten eine sofortige Zusammenarbeit des Feldbuchhandels mit Volksbildungsvereinen, um die Literaturqualität in den Truppen zu erhöhen. Doch der Reichskanzler sah zu diesem Zeitpunkt keinen Handlungsbedarf und verwies lediglich auf die erlassenen Leitsätze.[52]

Wenige Monate später warnte auch der Verkehrsbuchhandel vor einer zu massiven Regulierung des Unterhaltungsmarktes und der Verunglimpfung von Autoren wie Karl May, Eugenie Marlitt oder Natalie Eschstruth. Die Mehrzahl der Soldaten wie auch der Reisenden wollten lediglich unterhalten werden: „Was an unseren Ständen verlangt wird, ist das

50 Bbl. Nr. 9 vom 13. Januar 1916, S. 37f.
51 Ebd.
52 Vgl. Welt: Bücher ins Feld, S. B 10f.

Neue und Neueste der Belletristik“, und die Werke von Goethe, Storm und Keller fanden dagegen nur geringen Absatz.[53]

Eines im Verlauf der Auseinandersetzung zwischen Sortimentsbuchhändlern und Feldbuchhändlern am heftigsten kritisierte Unternehmen war die Berliner Bahnhofs- und Verkehrsbuchhandlung Stilke. Das kapitalstarke Unternehmen hatte sich innerhalb nur weniger Monate auf dem neuen Markt erfolgreich durchgesetzt und eine unerschütterliche Monopolstellung eingenommen. Verleger und Sortimentsbuchhändler versuchten erfolglos, den Bahnhofs- und Verkehrsbuchhändler Hermann Stilke wegen des massenhaften Vertriebs von „Schmutz- und Schund“ zu diskreditieren. Der so heftig attackierte Buchhändler reagierte auf die Angriffe mit einem klugen Schachzug: Er unterstrich seine Uneigennützigkeit und seine der Volksbildung verpflichtete Positionierung im Feldbuchhandel durch die Einrichtung einer Stiftung, die dem Gesamtwohl der Buchhandelsbranche zugedacht war, wie im Folgenden gezeigt wird.

6.2.3 Das Stiftungsprojekt des Unternehmens Hermann Stilke 1917/1918

Als höchstbietendes Unternehmen erhielt Stilke 1915 den Zuschlag für die Einrichtung und Organisation des Feldbuchhandels zunächst an Abschnitten der Westfront. In diesem Zusammenhang diente Brüssel nicht nur der Militäreisenbahndirektion als Hauptsitz; auch Stilke entschied sich aus organisatorischen Gründen dafür, hier seine Zentrale einzurichten. Am 1. Februar 1915 begann Stilkes Prokurist Ferdinand Wolf mit der systematischen Einrichtung von Verkaufsstellen. Zuerst wurden Feldbuchhandlungen in Brüssel, Lüttich, Löwen, Namur, Gent und Courtray eröffnet; es folgten weitere Niederlassungen in Arlon, Cambrai, Charlesville, Sedan und anderen Städten. Neben den Verkehrsbuchhandlungen richtete Stilke auch Zeitungskioske ein. Im Rahmen der Neuorganisation des Feldbuchhandels im Jahr 1917 musste Stilke allerdings die Feldbuchhandlungen im Befehlsbereich der 3., 4. und 6. Armee an andere Feldbuchhändler abtreten. Die Versorgung der 7. Armee blieb ihm jedoch erhalten. Im Juli 1918 besaß Stilke 74 Verkehrs- und 95 Feldbuchhandlungen sowie 41 Buchhandlungen und Kioske in allen größeren Städten der westlichen Gebiete.

Im Jahr 1917 wurde Hermann Stilke, inzwischen Rittmeister eines Ulanenregiments, das im Januar 1915 von der Somme nach Russland verlegt worden war, von der dortigen Militärbehörde aufgefordert, auch in den Ostgebieten einen flächendeckenden Literaturvertrieb aufzubauen.[54] Das ihm zugewiesene Wirkungsfeld reichte von Grodno bis nach Kurland an die Ostsee (Libau, Windau). Auch in Warschau war er mit dem Zeitungs- und Zeitschriftenvertrieb betraut; hierfür gründete er die „Deutsche Zeitungs-Vertriebsstelle GmbH“. Damit war der Nordosten an den Berliner Verkehrsbuchhändler vergeben; im Südosten dagegen operierten andere Firmen.

Stilke bereiste mit dem Automobil die ihm zugewiesene Region und inspizierte diese auf günstige Niederlassungsorte. Nach der Inspektion entschied sich Stilke für Filialgrün-

53 BHB Nr. 7 vom 22. April 1917, S. 50.
54 Häring: Georg Wilhelm Stilke, S. 77.

dungen in den Städten Suwalki, Grodno, Wilna, Kowno und Libau. Der große Erfolg seiner Presseverkaufsstellen ermutigte Stilke dazu, sein Programm auch um Bücher und Schreibwaren zu erweitern. Hierfür erhielt er die Genehmigung des Oberbefehlshabers Ost und die Militärbehörde schloss mit Stilke einen entsprechenden Vertrag ab.[55] Der Verkehrsbuchhändler bemühte sich um eine optimale Literaturversorgung der Militäreinheiten auch in den unmittelbaren Kampfabschnitten. Die Feldbuchhandlungen rückten daher mit den Soldaten an die Front vor; eigens angestellte Bücherläufer brachten die Literatur unmittelbar in die Schützengräben. Die Hauptgeschäftsstelle in Berlin versorgte inzwischen die Hauptniederlassungen in Mitau, Wilna, Biaystok und Slonim.

Darüber hinaus erhielt Stilke den Auftrag, deutsche und russische Zeitungen zu drukken. Es erschienen in kurzer Folge die *Wilnaer Zeitung* und die Zeitung *Homan* (Volksstimme) sowie eine litauische Zeitung. Trotz der Umstrukturierung des Verkehrsbuchhandels in diesem Gebiet blieb Stilke im Besitz von fünfzig Niederlassungen. Die Zahl erhöhte sich bis zum Kriegsende beträchtlich: Im Oktober 1918 bestanden im Osten drei Hauptniederlassungen und 127 Feldbuchhandlungen mit 41 Zweigstellen. Nach Kriegsende gingen diese Buchhandlungen im Westen wie auch im Osten allerdings weitgehend verloren. Neben den Feldbuchhandlungen verlor das Unternehmen außerdem über fünfzig Bordbuchhandlungen, weil nach dem Eintritt der Vereinigten Staaten in den Krieg sämtliche deutschen Schiffe beschlagnahmt wurden. Der Schaden, den die Firma dadurch erlitt, war zwar beträchtlich, doch die während des Krieges erzielten Umsätze ermöglichten dem Unternehmen, die Verluste weitgehend zu kompensieren.[56]

Stilke erwirtschaftete noch während des Krieges mit seinen Buchgeschäften so hohe Gewinne, dass er mit dem Börsenverein in Verhandlungen über eine zu gründende „Stilke-Stiftung“ trat und anbot, einen Teil seines Reinerlöses aus dem Feldbuchhandel aus patriotischen Gründen einer gemeinnützigen Einrichtung innerhalb des Börsenvereins zu spenden. Der eigentliche Grund für dieses generöse Angebot war allerdings strategischer Natur: Stilke wollte den Börsenverein für sich gewinnen, um eine entsprechende Unterstützung gegen die andauernden Anfeindungen wegen des angeblichen Vertriebs von minderwertigem Lesestoff hauptsächlich seitens der Sortimentsbuchhändler zu erreichen.

Federführend in der Auseinandersetzung über den Vertrieb von so genannter „Schmutz- und Schundliteratur“ durch Feldbuchhandlungen waren die Münchener Verleger. Vor allem der Verleger und Herausgeber der Zeitschrift *Zwiebelfisch* Hans von Weber griff in einem Beitrag den Verkehrs- und Feldbuchhandel wegen des Verkaufs von „Schmutz- und Schundliteratur“ massiv an. Der Neid auf die guten Umsätze im Feldbuchhandel, das eigentliche Ärgernis für die Verleger, wurde mit patriotischen Floskeln verbrämt:

> Der Krieg wird nicht dazu geführt, damit die Herren Stilke, Ullstein, Hillger, Enders Multimillionäre werden, sondern er geht für die Genesung der Welt durch das, was

55 Ebd. S. 78.
56 Ebd. S. 80.

> wir jetzt den deutschen Gedanken nennen, der siegen soll, nicht nur nach außen hin, sondern auch im Innern![57]

Weber versuchte mithilfe der Vereinigung Münchener Verleger 1914 e.V. den Generalquartiermeister der deutschen Armee Ludendorff zum Handeln zu zwingen. Drastisch beschrieb er die in seinen Augen so unerfreuliche Literaturlage an der Front, die auch von den Soldaten selbst beklagt werde:

> Tausende unserer gebildetsten Männer, die im Felde stehen und keine Gelegenheit haben, auf dienstlichem Wege ihre Wünsche geltend zu machen, klagen in Briefen über die „Ullstein-Pest", über die berüchtigte Sammlung „Romanperlen" (von Stilke vertrieben), den minderwertigen Kürschnerschen Bücherschatz (Verlag Hermann Hillger, der selben ebenso wie sein Kommissionär Hermann Zieger zu jenen Pächtern gehört), und über die erbärmlichen Ansichtskarten.[58]

Weber schlug vor, dass buchhändlerische Vereinigungen den Buchhandel an der Front zentral organisieren sollten. Eine hierfür zu gründende Firma „Deutscher Buchhandel, Kriegsgesellschaft m.b.H" sollte den Feldbuchhandel unter die Aufsicht der Orts- und Kreisvereine stellen. Für den Sortimentsbuchhändler bestand die Möglichkeit, Anteile an dieser GmbH zu erwerben. Weber schlug die Ausgabe von Anteilscheinen in Höhe von 500 Mark vor und innerhalb kurzer Zeit fand die Idee des Münchener Verlegers Resonanz: Zahlreiche Sortimentsbuchhändler, die jetzt endlich eine Chance sahen, am Feldbuchhandel zu partizipieren, zeichneten für eine Gesamtsumme von 34.500 Mark. Mit den Anteilen der Münchener Unternehmen stieg der Betrag auf 300.000 Mark. Der Verein Deutscher Bahnhofsbuchhändler lehnte die Idee Webers, den Feldbuchhandel in eine GmbH umzuwandeln, allerdings ab. Der Versuch, das Verkaufsmonopol des Verkehrsbuchhändlers Hermann Stilke im Feldbuchhandel zu brechen – denn darum ging es Weber allein –, mündete in das Projekt zur Gründung einer „Stilke-Stiftung".[59] Die Bahnhofsbuchhändler räumten durchaus ein, dass der Feldbuchhandel im Vorfeld hätte besser organisiert werden können; sie wehrten sich aber gegen die pauschale Diskreditierung ihres Literaturangebots:

> Die Verteilung der Feldbuchhandlungen hätte eine andere, das Sortiment in stärkerem Maße herangezogen, auf die Auswahl der Bücher und die Berücksichtigung aller guten Verleger mehr Sorgfalt verwendet werden können. Keineswegs waren aber die Verhältnisse derart, daß sich eine solche Hetze gegen den Feldbuchhandel rechtfertigen ließ [...].[60]

Die harsche Kritik der Münchener Verleger an Stilkes literarischen Aktivitäten im Feldbuchhandel veranlasste den Börsenverein zu einer Inspektionsreise in die Ostgebiete. Am 5.

---

57 Zit. n. Hack: Marginalien, Nachrichten und Dokumente, S. 21.
58 Zit. n. ebd.
59 Akte: Stilke-Stiftung. Feldbuchhandel. In: Sächsisches Staatsarchiv Leipzig. Sign.: Bestand Börsenverein der deutschen Buchhändler (I)75ff.
60 Hack: Marginalien, Nachrichten und Dokumente, S. 22.

Juli 1917 kehrten Hans Volckmar, der Schatzmeister des Börsenvereins, und Friedrich Brandstetter von ihrer Reise zurück und erstatteten Bericht.

Die Überprüfung fiel allerdings zu Gunsten des Verkehrsbuchhändlers aus. Die Gutachter kamen zu dem Ergebnis, dass die Feldbuchhandlungen von Stilkes Mitarbeitern vorzüglich geführt würden und keinerlei Anlass zur Kritik bestünde.[61] Die Größe der Feldbuchhandlungen war je nach Standort unterschiedlich. In den größeren Städten hatte Stilke reich ausgestattete Läden eingerichtet; in den kleineren Ortschaften dienten häufig aufgelassene Bauernhäuser als Verkaufsörtlichkeiten. Der Wert der Waren in den kleineren Buchhandlungen betrug durchschnittlich 2.000 Mark.

Ausdrücklich hielten die beiden Vertreter des Börsenvereins fest, dass die Stilke'sche Buchhandlungen ein breit gefächertes Angebot an belletristischen Kollektionen führten, u.a. die Reihen von Reclam und Engelhorn, die Inselbücherei, Fischers Bibliothek und die preiswerte Eine-Mark-Reihe des Ullstein-Verlags. Aber auch teuere und schwieriger absetzbare Werke waren im Sortiment zu finden, z.B. Titel aus den Verlagen Cotta, K. Wolff, S. Fischer und der Deutschen Verlagsanstalt. Ebenso war Erbauungsliteratur stark vertreten. Die beiden Inspektoren erkannten die Notwendigkeit, vermehrt buchhandelserfahrene Mitarbeiter im Feldbuchhandel zu beschäftigen, um das literarische Niveau der Buchauswahl zu gewährleisten. Dieses Defizit lasteten sie aber nicht Stilke an, sondern appellierten vielmehr an die Heeresverwaltung, diesem Aspekt mehr Aufmerksamkeit zu schenken:

> Im grossen ganzen muss man den Stilke'schen Feldbuchhandlungen nachrühmen, dass sie äusserlich fast durchweg einen guten und sauberen Eindruck machen. Sie würden auch literarisch sicher auf einer höheren Stufe stehen, wenn der Firma von der Heeresverwaltung mehr Buchhändler als Verkäufer zur Verfügung gestellt werden könnten.[62]

Diejenigen Buchläden, die von gelernten Buchhändlern geleitet wurden, wiesen eine sorgfältige und professionelle Buchausstattung vor. Im Juni 1917 empfahl deshalb der Börsenverein, die Feldbuchhandlungen in dem umstrittenen Territorium in den Händen Stilkes zu belassen und keine eigene Gesellschaft für die Unterhaltung von Feldbuchhandlungen zu gründen, wie es der Verleger Hans von Weber vorgeschlagen hatte. An der im Gegenzug angekündigten Stiftung äußerte der Börsenverein allerdings großes Interesse.

Stilke agierte sehr geschickt. Anfangs schien er einer Übernahme seiner Feldbuchhandlungen in den Ostgebieten durch eine Buchhandelsgesellschaft, an der die Sortimentsbuchhändler Anteile erwerben konnten, nicht abgeneigt. Er machte dem Börsenverein ein attraktives Angebot, in dem er sich bereit erklärte, der neu zu gründenden Gesellschaft seine kompletten Lagerbestände mit einem Preisnachlass von vierzig Prozent zu überlassen. Sogar ein Remissionsrecht räumte er seinem potenziellen Nachfolger ein. Der Übernahme-

61 Akte: Stilke-Stiftung. Feldbuchhandel. In: Sächsisches Staatsarchiv Leipzig. Sign.: Bestand Börsenverein der deutschen Buchhändler (I)75ff, S. 14.

62 Ebd.

wert belief sich zu diesem Zeitpunkt nach Stilkes eigenen Schätzungen auf ca. 100.000 Mark. Stilke prognostizierte, dass in seinem Wirkungsbereich ein Zeitschriftenumsatz von 20.000 Mark und ein Buchumsatz in Höhe von 40.000 Mark im Monat möglich seien, zugleich relativierte Stilke geschickt die Erfolgsaussichten der geplanten GmbH: Er wies darauf hin, dass die Arbeitsbedingungen eines Feldbuchhändlers in den Ostgebieten wesentlich schwieriger waren als an der Westfront. Die Einfuhrkontrollen gestalteten sich strenger, und die Feldbuchhandlungen unterlagen hier der Gewerbesteuer. Zudem waren die Verkaufsräumlichkeiten – im Gegensatz zum Westen – gewöhnlich nicht kostenlos: Die Feldbuchhändler bezahlten Miete und übernahmen die Kosten für Licht und Heizung.[63] Die Pachtgebühren waren, wie auch im Verkehrsbuchhandel, an den Jahresumsatz gekoppelt.

Stilke nutzte die positive Wende der Auseinandersetzung und forderte die Vereinheitlichung der Pachtbedingungen in den West- und Ostgebieten. Allererst sollten die Mieten abgeschafft und die Aufwendungen für Licht und Beheizung von den zuständigen Militäreinheiten übernommen werden.[64] Stilke machte dem Börsenverein aber auch deutlich, dass die erfolgreiche Fortführung der Feldbuchhandlungen nur durch einen erfahrenen Feldbuchhändler gewährleistet war. Gegenüber dem Börsenverein streute Stilke geschickt Zweifel, ob eine erst zu gründende Gesellschaft zur Übernahme des Feldbuchhandels dieses Erfahrungspotenzial überhaupt einbrachte. Stilke schlug deshalb dem Börsenverein vor, den Feldbuchhandel in den fraglichen Gebieten in eigener Regie fortzuführen, um die Kontinuität einer professionellen Literaturversorgung zu gewährleisten. Im Gegenzug warb er für die Gründung einer Stiftung, an die ca. fünf Prozent seines Jahresumsatzes aus seinem gesamten Feldbuchhandel, nicht nur aus seinem Wirkungsraum im Osten, fließen sollte. Die Stiftungsgelder könnten vom Börsenverein für wohltätige Zwecke verwendet werden.[65]

Im Juni 1917 empfahl der Börsenverein in der Tat, die Feldbuchhandlungen in den erfahrenen Händen Stilkes zu belassen und dem Stiftungsvorschlag zuzustimmen. Stilke wurde schließlich am 6. Juni 1917 über das positive Gutachten unterrichtet, das intern im Vorstand sowohl als auch in den Kreis- und Ortsverbänden sowie Verlegerverbänden zirkulierte.

Nachdem die Lage der Literaturversorgung im Osten grundsätzlich geklärt war, wurden erste Vorschläge formuliert, wie die Mittel der in Aussicht gestellten „Stilke-Stiftung" eingesetzt werden können. Der Monatsumsatz der Stilke'schen Unternehmen wurde allein in den Ostgebieten auf ca. 120.000 bis 140.000 Mark geschätzt. Die an die Stiftung abzuführenden Beträge würden sich demnach auf mindestens 6.000 bis 7.000 Mark belaufen.[66] Bereits am 15. Juni 1917 verschickte der Vorsteher des Börsenvereins, Artur Seemann, an die Verleger- und Sortimenterverbände ein Rundschreiben *Vorschläge für die Verwendung der Georg Stilke-Stiftung* und stellte dieses in der Branche zur Diskussion. Es wurden mehrere Vorschläge gemacht. Interesse an einer Spende bekundete z.B. die Deutsche Bücherei,

63 Ebd. S. 8.
64 Ebd. S. 9.
65 Ebd. S. 12.
66 Ebd. S. 82.

die sich vermehrt darüber beschwerte, dass die Verleger keine kostenlosen Belegexemplare mehr ablieferten. Die Spende sollte für Bücherneuanschaffungen verwendet werden.[67] Ein zweiter Vorschlag plante die finanzielle Förderung eines neu zu gründenden Buchhandels- und Werbeamts, eine Wirtschaftsstelle, deren Aufgabe statistische Erhebungen und Auswertungen innerhalb der Buchbranche sein sollte.

Doch die Rückmeldungen aus den Verleger- und Sortimentervereinigungen waren durchweg negativ. Allererst wurde die Namensgebung „Stilke-Stiftung" und der Versuch des umstrittenen Verkehrsbuchhändlers, sich damit ein Denkmal zu setzen, vehement abgelehnt. Stilke habe die Stiftung schließlich nicht freiwillig, sondern auf Druck des Sortiments angeboten – so die einhellige Meinung. Die Vereinigung der Berliner Mitglieder des Börsenvereins der Deutschen Buchhändler schlug daher vor, die eingehenden Gelder erst einmal anzulegen und nicht an feste Projekte zu binden.[68]

Bis auf elf Buchhändlervereine hatten alle angeschriebenen 31 Berufsverbände, auf die Frage, ob sie die geplante Stiftung befürworten und für welche Zwecke das Geld eingesetzt werden sollte, schriftlich beantwortet.[69] Diese Resonanz zeigte, dass innerhalb der Buchbranche bezüglich der weiteren Entwicklung des Stiftungsprojekts großes Interesse bestand. Der Grundtenor der verschiedenen Buchhändler- und Verlegervereine war, dass die Stiftungsgelder den Kriegsinvaliden innerhalb der Buchbranche zukommen müssten.[70]

Der Vorstand des Börsenvereins der Deutschen Buchhändler erklärte sich nach diesen Umfrageergebnissen sofort damit einverstanden, die Stiftungsgelder ausschließlich wohltätigen Zwecken zuzuführen. Immerhin waren Vertreter des Börsenvereins gegen die Gründung einer Gesellschaft zur Fortführung des Feldbuchhandels und mussten dem möglichen Vorwurf, von der Stiftung unmittelbar zu profitieren, im Vorfeld energisch begegnen.

Nachdem die Voten der einzelnen Verbände eingeholt worden waren, entschied sich der Vorstand des Börsenvereins zur Veröffentlichung des positiven Gutachtens über die Stilke'schen Feldbuchhandlungen im *Börsenblatt.* Stilke erklärte sich mit der Publikation am 22. Juni 1917 einverstanden, drängte aber darauf, zukünftig vom Börsenverein gegen die Angriffe aus Sortiment und Verlag verteidigt zu werden. Insofern erwies sich die Stiftungsidee, mit der er sich innerhalb der Branche Sympathien hatte erwerben wollen, als eine kluge Strategie.

Stilke nahm den Börsenverein hier auch schnell in die Pflicht. Denn schon wenige Wochen später sah sich der Börsenverein wegen der neuerlichen Angriffe auf den Feldbuchhandel gezwungen, eine zweite Inspektionsreise vorzunehmen, die diesmal an die Westfront führte. Doch das Resultat der Begutachtung fiel wiederum zu Gunsten Stilkes aus und

67 Ebd. S. 81ff.

68 Ebd. 108f.

69 Ebd. S. 132–139. Der Buchhändlerverein der Provinz Brandenburg, der Elsaß-Lothringische Buchhändler-Verein, der Verein der Buchhändler in Frankfurt a.M., der Mitteldeutsche Buchhändler-Verband, der Buchhändlerverband Kreis Norden, der Kreisverein Ost- und Westpreußischer Buchhändler, der Posener Provinzial-Buchhändler-Verband und der Provinzialverein der Schlesischen Buchhändler reagierten auf die Anfrage des Börsenvereins der Deutschen Buchhändler nicht.

70 Ebd. S. 120f.

Klagen über den Verkauf von „Schundliteratur“ und unzureichenden Kaufmöglichkeiten für Soldaten wurden jetzt auch in den inspizierten westlichen Territorien abgewiesen. Das Prüfungsergebnis erschien im *Börsenblatt* Nr. 167 vom 20. Juli 1917.[71]

Doch der Münchener Verleger Weber gab sich mit diesem Resultat nicht zufrieden und agierte jetzt massiv gegen den Börsenverein, dem er durch die Annahme der „Stilke-Stiftung“ inzwischen unverhohlen Bestechlichkeit vorwarf.[72] Stilke forderte den Börsenverein auf, dieser Diffamierung umgehend adäquat und öffentlich, z.B. durch eine Berichtigung in der *Frankfurter Zeitung*, zu begegnen.[73] Im August 1917 sicherte der Vorstand des Börsenvereins dem Berliner Verkehrsbuchhändler angemessene Schritte gegen Webers Kampagne zu.[74] Die Auseinandersetzung mit Hans von Weber hatte 1917/1918 mit dem Vorwurf der Bestechlichkeit des Vorstands des Börsenvereins der Deutschen Buchhändler eine neue Dimension erreicht.

Weber versuchte jetzt, auf der Hauptversammlung des Börsenvereins Stimmung gegen die geplante „Stilke-Stiftung“ zu machen. Stilke selbst verband jetzt – über die Kampagnen gegen sein Unternehmen offensichtlich verärgert – die Einrichtung seiner Stiftung mit Forderungen. Am 19. März 1918 ließ der Berliner Verkehrsbuchhändler den Vorstand des Börsenvereins wissen, dass er die Stiftung nur einrichten werde, wenn es auf der Jahreshauptversammlung zu einer 2/3 Mehrheit kommen würde. Sollte diese Mehrheit verfehlt werden, plane er, die Stiftungsgelder einem Verband außerhalb des Buchhandels zur Verfügung zu stellen.[75] Die Überlegungen des Vorstands, wie mit diesem heiklen Problem umzugehen sei, bilden das letzte Dokument in der 500 Seiten umfassenden Akte über die „Stilke-Stiftung“. Die Stiftung kam letztendlich doch nicht zustande, zudem sich allmählich das Ende des Krieges abzuzeichnen begann.

Im April 1918 wollte Kurt Loele, der Redakteur des *Bahnhofsbuchhandels*, die Realität des verlorenen Krieges dennoch nicht wahrhaben und sprach noch immer vom bevorstehenden Endsieg Deutschlands. Trotz der massiven wirtschaftlichen wie auch politischen Einschränkungen des Verkehrs- und Feldbuchhandels bescheinigte Loele dem Gesamtbuchhandel mit patriotischem Tenor eine wirtschaftlich gestärkte Position: „Man kann heute schon sagen: Der deutsche Buchhandel hat den Krieg überstanden und ist gerüstet, seine zentrale Stellung im Weltbuchhandel wieder einzunehmen, sobald die Zeit für ihn gekommen ist“.[76]

Grundsätzlich bleibt festzuhalten, dass der deutsche Buchhandel mit allen seinen Teilbranchen, also nicht nur der Sortimentsbuchhandel, sondern auch der Verkehrs- und Feldbuchhandel trotz der zunehmenden Inflation finanziell nicht geschwächt aus dem Krieg hervorging. Während des Krieges stieg das Lesebedürfnis stark an, nicht nur unter den

---

71 Ebd. S. 180, 222.

72 Bbl. Nr. 197 vom 24. August 1917, S. 1005.

73 Akte: Stilke-Stiftung. Feldbuchhandel. In: Sächsisches Staatsarchiv Leipzig. Sign.: Bestand Börsenverein der deutschen Buchhändler (I)75ff, S. 295f.

74 Ebd. S. 297.

75 Ebd.

76 Hack: Marginalien, Nachrichten und Dokumente, S. 27.

Soldaten, sondern auch in der Heimat. Während die Feldbuchhändler am Verkauf von Unterhaltungsliteratur für Soldaten gut verdienten, machten die Sortimentsbuchhandlungen hinter der Front verlässliche Umsätze durch den Verkauf von Kriegsliteratur und Kriegsmaterialien. Verlustreich und problematisch blieb dagegen die Wirtschaftslage für den internationalen Buchhandel, den Exportbuchhandel und das Antiquariat, da sich die Handelsbeziehungen zwischen Deutschland und den benachbarten Ländern in den Nachkriegsjahren nur langsam normalisierten.[77]

Mit dem Vorrücken der feindlichen Truppen mussten die zahlreichen Feldbuchhandlungen aufgelöst werden. Der Rückzug gestaltete sich chaotisch, und die Buchbestände waren im ganzen Kriegsgebiet zerstreut. Eisenbahnzüge, die oftmals noch in Kisten verpackte Literatur transportierten, wurden beschossen und geplündert. Diejenigen Buchbestände, die nicht verloren gingen, wurden an den Gesamtausschuss zurückgegeben. Zum großen Ärger der Sortimentsbuchhandlungen bildeten sich jetzt nichtbuchhändlerische Verkaufsstellen, die diese Bücherreste weit unter dem Ladenpreis verkauften. Den Buchhändler- und Verlegervereinen gelang es nicht, diese massenhafte Verramschung ernsthaft zu unterbinden.[78]

Das wichtigste Ziel der Bahnhofs- und Verkehrsbuchhändler nach dem Ende des Ersten Weltkriegs war eine zügige Reorganisation ihrer Branche. Der Bahnhofs- und Verkehrsbuchhandel sah sich nach Kriegsende mit neuen Schwierigkeiten konfrontiert; vordergründige Probleme waren die Unsicherheiten im Verkehrs- und Eisenbahnwesen und das nur schwache zivile Reiseaufkommen bis in die Mitte der 1920er Jahre. Der Wiederaufbau eines internationalen Verkehrssystems war deshalb die vordringlichste Aufgabe der Bahnhofs- und Verkehrsbuchhändler sowie ihres Berufsverbandes.

77 Bbl. Nr. 283 vom 6. Dezember 1915, S. 1594.
78 Vgl. auch Welt: Bücher ins Feld, S. B 14f.

7 Der Verkehrsbuchhandel zur Zeit der Weimarer Republik

Im Oktober 1918 war die militärische Lage für Deutschland hoffnungslos geworden, und die deutsche Regierung erklärte sich zu einem Waffenstillstand bereit, der am 11. November 1918 unterschrieben wurde. Die wirtschaftliche Lage im Deutschen Reich war nach dem Kriegsende katastrophal. Unter dem Druck der Alliierten musste das Deutsche Reich den leidenschaftlich diskutierten „Kriegsschuldartikel" 231 im Versailler Vertrag unterschreiben. Das bedeutete die Anerkennung der Kriegsschuld und das Aufkommen für alle aus dem Krieg entstandenen Verluste und Schäden.[1]

Schon 1919/1920 erlebte die deutsche Bevölkerung eine Welle extremer Preiserhöhungen. Nach einer kurzen Stabilisierung der Währung zwischen dem Frühjahr 1920 und dem Frühjahr 1921 setzte sich der Währungsverfall im Sommer 1921 fort. Die Einleitung der Hyperinflation war eine Folge der wirtschaftlichen Entwicklungen im Kontext der Ruhrbesetzung.[2] Am 11. Januar 1923 hatten französische und belgische Truppen das Ruhrgebiet mit der Begründung besetzt, dass Deutschland seinen Verpflichtungen gegenüber den Alliierten nicht in vollem Umfang nachkam.[3] Deutschland reagierte auf diese Okkupation mit einer Politik des passiven Widerstands. Dieser entwickelte sich für die deutsche Wirtschaft jedoch zu einem Fiasko, und die Hyperinflation war nicht mehr zu bremsen.[4]

Deutschland verlor die Auseinandersetzung, denn die französische Regierung bestand auf dem Abbruch des passiven Widerstands, bevor sie wieder mit Deutschland in Verhandlung trat. Doch erst am 26. September 1923 verkündeten der Reichspräsident und die Reichsregierung unter der Regierung Stresemanns, nach dem Sturz des Kabinetts Cuno am 13. August 1923, das Ende des passiven Widerstands.[5] Seit Ende November desselben Jahres wurde im Ruhrgebiet wieder gearbeitet.

7.1 Die wirtschaftliche Lage des Verkehrsbuchhandels in der Nachkriegszeit

Trotz der wirtschaftlich sehr angespannten Lage des Buchhandels nach dem Ende des Ersten Weltkriegs bilanzierte das Verbandsorgan *Der Bahnhofsbuchhandel* im November 1919, dass der Gesamtbuchhandel finanziell kaum geschwächt aus dem Krieg hervorgegangen sei. Der Absatz von Unterhaltungsliteratur in den Feldbuchhandlungen florierte wäh-

1 Winkler: Deutsche Geschichte vom Ende des Alten Reiches, S. 399.

2 Vgl. Grieser: Buchhandel und Verlag in der Inflation, S. 6f.

3 Vgl. Winkler: Deutsche Geschichte vom Ende des Alten Reiches, S. 435 und Kolb: Weimarer Republik, S. 45f.

4 Vgl. Winkler: Deutsche Geschichte vom Ende des Alten Reiches, S. 435 und Kolb: Die Weimarer Republik, S. 50.

5 Vgl. Kolb: Die Weimarer Republik, S. 51.

rend des Krieges; zudem erschlossen sich mehrere Verlage durch die Produktion von patriotischen Werken und spezieller Kriegsliteratur einen zusätzlichen Markt. Kriegsbedingte Absatzrückgänge konnten daher weitgehend kompensiert werden:

> Was die Geschäfte des Buchhandels anbelangt, so hatte sich ihnen der Krieg eher förderlich als nachteilig erwiesen. Der Krieg war einer der besten Bücherverkäufer – nicht allein dies: auch der Schöpfer einer neuen Literatur. Diese günstige Lage des Buchhandels dehnte sich auch auf die Zeit der Revolution aus. Auch diese Bewegung förderte den Absatz und schuf ein neues Literaturgebiet an Stelle der Kriegsliteratur, von der niemand mehr etwas wissen wollte.[6]

Verkehrsbuchhändler, die sich auch im Feldbuchhandel betätigt hatten, konnten die nicht unerheblichen Verluste, die ihnen durch die Aufgabe ihrer Niederlassungen in den besetzten Gebieten entstanden, offenbar problemlos neutralisieren.

Schwierig wurde die Lage des Verkehrsbuchhandels somit erst nach Beendigung des Krieges.[7] Wie auch im Sortimentsbuchhandel stiegen die Geschäftskosten für Löhne und Gehälter, Frachten, Porto, Beleuchtung und Heizung in den unmittelbaren Nachkriegsjahren stark an. Die Unzuverlässigkeit der Post führte häufig zur verspäteten Zustellung von Presseartikeln, die den Verkehrsbuchhändlern dann als Remittenden liegen blieben. Die Verlage kürzten ihre Rabatte, eine Maßnahme, die den Verkehrsbuchhandel besonders hart traf, da dieser bislang mit attraktiven Sonderkonditionen hatte rechnen können.[8]

Ein Hauptgrund für die Umsatzeinbrüche war allerdings das schwache Reiseaufkommen. Kurt Loele beurteilte die wirtschaftlich schwierige Nachkriegssituation für den Verkehrsbuchhandel in seiner Artikelserie *Am Strome der Zeit* sehr pessimistisch:

> Das Wiederaufleben des Personenverkehrs läßt auf sich warten. Die Reisekosten schrecken das Publikum ab. Eine Vermehrung der Züge, verbunden mit entsprechenden Erleichterungen, scheint noch in weiter Ferne zu liegen. Es ist fraglich, ob der teure Preis des einzelnen Buches einen Ersatz für den ausfallenden Mehrverkauf von Büchern zu bieten vermag. Die Gewinnmöglichkeiten sind durch Rabattverkürzungen und Spesenbelastungen verringert. Teile des Zeitungs- und Zeitschriftenmarktes geben überhaupt keine ausreichenden Verdienstmöglichkeiten mehr. Billige Bücher beginnen zu fehlen. Ob weitere Verkehrsunterbrechungen und Verkehrsstörungen, Streiks u. dergl. eintreten, wissen wir nicht, können aber mit ziemlicher Sicherheit darauf rechnen, auch darauf, daß wir die vereinbarten Pachtsummen in ungekürzter Höhe bezahlen müssen.[9]

6 BHB Nr. 20 vom 1. November 1919, S. 260f.

7 Vgl. auch die Artikelserie Am Strome der Zeit in BHB Nr. 12/13 vom 1. Juli 1920, S. 136ff; BHB Nr. 15 vom 1. August 1920, S. 173ff, und BHB Nr. 19 vom 1. Oktober 1920, S. 226f.

8 Bbl. Nr. 121 vom 28. Mai 1918, S. 295.

9 Bbl..Nr. 12/13 vom 1. Juli 1920, S. 138.

Die Verkehrsbuchhändler appellierten an die Eisenbahnverwaltungen und an das Reichsverkehrsministerium, die besondere Lage ihrer Branche zu berücksichtigen und auf eine Pachterhöhung zu verzichten.[10] Die Währungskrise führte dazu, dass vormals fest vereinbarte Pachten nicht mehr bezahlt werden konnten. Der Verein Deutscher Bahnhofsbuchhändler forderte deshalb, dass die Pachten bei kleinen und mittleren Unternehmen auf höchstens zwei Prozent bis fünf Prozent des Jahresumsatzes veranschlagt werden sollten.[11]

Zur Kompensation der Umsatzeinbrüche erschloss sich der Verkehrsbuchhandel zusätzliche Einnahmequellen. In manchen Regionen erlaubte die Reichsbahnverwaltung jetzt den zusätzlichen Verkauf von Kleinkunstwaren. Die Breslauer Reichsbahndirektion stellte ihren Buchhändlern die hierfür notwendige Verkaufsfläche sogar kostenlos zur Verfügung. Der Verkehrsbuchhandel plante, die Sortimentsergänzung auf das gesamte Reichsgebiet auszuweiten. Das Personal sollte entsprechend geschult werden, damit nicht billiger Kitsch und Souvenirs verkauft würden, sondern qualitativ wertvolle Produkte der Heimindustrie. Der erweiterte Verkauf würde, so argumentierten die Verkehrsbuchhändler, manche kleine Buchhandlung vor dem Konkurs bewahren.[12]

Im Herbst 1923 trat der Verein Deutscher Bahnhofsbuchhändler an das Reichsverkehrsministerium mit der Bitte heran, dass der Verkehrsbuchhandel neben Büchern und Presseartikeln auch Reiseutensilien verkaufen dürfe, da der Buchumsatz in einem bedrohlichen Umfang zurückgegangen sei. Das Reichsverkehrsministerium teilte in einem Schreiben vom 4. Oktober 1923 mit, dass gegen den Verkauf von Reisebedarfsartikeln keine Einwände bestünden. Ausgeschlossen seien aber diejenigen Artikel, die in Bahnhofsgaststätten verkauft würden, um eine unmittelbare Konkurrenz zu vermeiden. Dem Verkehrsbuchhandel wurde deshalb z.B. untersagt, Süßigkeiten zu verkaufen. Auch die Einrichtung von besonderen Pavillons für den Verkauf von Druckwaren und Reiseartikeln wurde genehmigt, vorausgesetzt, sie passten sich dem Gesamtbild des Bahnhofs an.[13] So erlaubte die bayerische Bahndirektion ihren Verkehrsbuchhandlungen die Einrichtung eines Touristenmagazins, das ein breites Sortiment an Reiseartikeln, u.a. Aluminiumgeschirr oder Spirituskocher, bereithielt.[14]

Der Verein Deutscher Bahnhofsbuchhändler ermunterte seine Mitglieder, neben dem Buch- und Zeitschriftenverkauf auch Aktenmappen, Notizbücher, Pack- und Toilettenbedarf, Füllfederhalter und Kugelschreiber, Handtücher, Hängematten, Heftpflaster, Hosenträger, Kämme, Kochgeschirre, Parfüms, Rasierapparate, Reiseandenken, Schirm- und Stockhüllen sowie Taschenmesser und Thermosflaschen oder Nähzeug zu verkaufen. Der

10 BHB Nr. 20/21 vom 15. November 1922, S. 67f.

11 BHB Nr. 1/3, Januar/Februar 1923, S. 1f.

12 BHB Nr. 18/19 vom 15. Oktober 1922, S. 61f.

13 BHB Nr. 18/19 vom 27. Oktober 1923, S. 105.

14 Vgl. auch Akten der Deutschen Reichsbahn-Gesellschaft. Gruppenverwaltung Bayern. Bahnhofsbuchhandlungen. Jg. 1913–1923. 2. Bd. Bayerisches Hauptstaatsarchiv. Sign.: Verkehrsmuseum Archiv 10314/10315, o. P.

Inseratteil der Verbandszeitschrift *Der Bahnhofsbuchhandel* wurde dem erweiterten Verkaufsprogramm seiner Mitglieder durch Einrichtung der Rubrik „Reiseartikel" gerecht.[15]

Als ein besonders gängiger Artikel wurden Schreibwaren angesehen. Die Schreibwarenindustrie bot inzwischen hochwertige Schreibgeräte. Der Drehbleistift und der Füllfederhalter erfreuten sich großer Beliebtheit. Das Branchenblatt *Der Bahnhofsbuchhandel* warb explizit für die Zusammenarbeit mit dem Dossenheimer Unternehmen Böhler & Co., das nicht nur günstige Lieferkonditionen bot, sondern den Verkauf von Schreibutensilien auch aktiv durch Bereitstellung von speziellen Schränken und Regalen förderte. Die Schreibgeräte wurden dadurch zur Geltung gebracht, waren aber zugleich auch wirkungsvoll vor Diebstahl gesichert.[16]

Je schwieriger die eigene wirtschaftliche Lage war, umso energischer ging der Verkehrsbuchhandel gegen mögliche Übergriffe auf sein Ressort vor. Als im Frühsommer die Bahnhofsmissionen dazu übergingen, auch Postkarten zu verkaufen, und den Erlös wohltätigen Zwecken zukommen ließen, protestierten die Verkehrsbuchhändler gemeinsam mit den Bahnhofswirtschaften.[17]

Als weitaus größere Konkurrenz erwies sich seit dem Beginn der zwanziger Jahre allerdings der Straßenhandel, der vor allem von Kriegsbeschädigten betrieben wurde. Die Regierung schritt hier nicht ein, weil sie den zahlreichen Erwerbslosen und Invaliden die bescheidenen Einkünfte nicht nehmen wollte. Dem Verkehrsbuchhandel war der Straßenverkauf aber ein Dorn im Auge. Er litt besonders unter dem im Grunde illegalen Handel auf den Bahnhofsvorplätzen, wo die Straßenhändler die Reisenden bereits mit Lektüre versorgten, bevor diese die Verkaufsstände der Verkehrsbuchhändler überhaupt erreichten. Der Verkehrsbuchhandel forderte deshalb eine strenge Reglementierung des Straßenhandels und die Begrenzung dieses Nebenmarktes. Doch erst 1924/1925 wurde im Rahmen einer neuen Verkehrsordnung der Straßenhandel eingeschränkt.[18]

Insgesamt war der Verkehrsbuchhandel während der Weimarer Republik einerseits von Reformbemühungen – auch die Sozialisierungsideen[19] standen im Kontext einer generellen Reform des Buch- und Verlagshandels –, andererseits von einer zunehmenden rechtlichen Standardisierung der Konzessions- und Arbeitsbedingungen geprägt, z.B. die Regelung des Ladenschlusses und der Arbeitszeiten. In diesem Zusammenhang konnten die Verkehrsbuchhändler gegenüber der Deutschen Reichsbahn und dem Reichsverkehrsministerium große Erfolge verbuchen. Ein wichtiges Verhandlungsergebnis zwischen der Deutschen

15 BHB Nr. 3/4 vom 19. Februar 1924, S. 21f.

16 BHB Nr. 14/15 vom 9. August 1924, S. 305ff.

17 BHB Nr. 11 vom 5. Juni 1924, S. 229ff.

18 BHB Nr. 5 vom 7. März 1925, S. 85f.

19 Die Frage nach der Form der Friedenswirtschaft entwickelte sich in den ersten Monaten nach Kriegsende zu einem wichtigen Streitpunkt zwischen Unternehmen und Reichsleitung. Die Befürworter der Sozialisierung des deutschen Wirtschaftssystems waren der Überzeugung, dass der Wiederaufbau des Staates auf veränderten gesellschaftlichen und ökonomischen Grundlagen stattfinden müsste. Die Sozialisierungsdebatte sorgte auch in der Buch- und Verlagsbranche, insbesondere beim Verkehrsbuchhandel, für erhebliche Unruhe.

Reichsbahn, dem Reichsverkehrsministerium und diversen buchhändlerischen Interessensorganisationen war der Erlass der *Allgemeinen Bedingungen für die Zulassung der Bahnhofsbuchhandlungen* im Jahr 1922, ein Jahr nach der Gründung der Deutschen Reichsbahn. Die Branche manifestierte damit ihren Sonderstatus als Nebenbetrieb der Reichsbahn in gewerberechtlicher Sicht; die wichtigste Errungenschaft war aber die Liberalisierung der Ladenöffnungszeiten.

Das Reichsverkehrsministerium arbeitete an einer Vereinheitlichung der Pachtbedingungen im Reichsgebiet, was die grenzübergreifende Expansion großer Unternehmen erleichterte, und führte erstmals den dynamischen Pachtzins ein, der sich am Jahresumsatz orientierte. Vordringlichste Aufgabe war jedoch, den zunehmenden Verfall des Ladenpreises durch die Inflation zu stoppen.

7.1.1 Inflationsjahre und die Einführung des Teuerungszuschlags

Ein zentrales Problem des Buchhandels im Zeitraum von 1917 bis 1923 war die zunehmende Auflösung des festen Ladenpreises. Um den Folgen der fortschreitenden Inflation wirkungsvoll zu begegnen, wurden 1918 eine Notstandsverordnung und die Einführung eines Teuerungszuschlags veranlasst, der die Verluste der Buchhändler mildern sollte.[20] Die Einführung des Teuerungszuschlags war in den buchhändlerischen Vereinen heftig umstritten, denn der Zuschlag konnte sich, da er eine Erhöhung des Ladenpreises mit sich brachte, längerfristig als Absatz hemmend erweisen. Zudem wurden die Zuschläge seit 1916 zwar vielfach erhoben, aber nicht einheitlich praktiziert.

Auf die rapide Geldentwertung reagierte der Börsenverein im April 1922 mit der Einführung von Grund- und Schlüsselzahlen zur Preisberechnung. Die Verleger waren aufgefordert, die Preise künftig in Grundzahlen festzulegen. Am 8. September 1922 wurde die Schlüsselzahl auf sechzig festgelegt. Die Einführung des Systems der Grund- und Schlüsselzahlen war dem verbreitenden Buchhandel vom Verlegerverein und Börsenverein lediglich empfohlen, nicht vorgeschrieben. Doch das System der gleitenden Preisfestsetzung fand im Laufe der folgenden Monate vom Buchhandel zunehmend Akzeptanz.[21]

Mitte der zwanziger Jahre wurde der Teuerungszuschlag immer mehr zurückgenommen, obwohl nach Einschätzung des verbreitenden Buchhandels die Konsolidierung der Branche noch nicht abgeschlossen war. 1925 konnte die Preisbindung im Buchhandel wieder hergestellt und die Teuerungszuschläge schrittweise abgebaut werden. Mit der Einführung der Rentenmark stabilisierten sich das deutsche Wirtschaftsleben und damit auch der Buchhandel. Schon das Weihnachtsgeschäft 1923 verlief erfolgreich und nach der Währungsstabilisierung verzeichnete auch der Verkehrsbuchhandel erstmals wieder leichte Umsatzsteigerungen.[22]

---

20 Vgl. Grieser: Buchhandel und Verlag in der Inflation, S. 24ff.

21 Zur Ermittlung des Ladenpreises wurde die Grundzahl mit einer vom Börsenverein festgelegten Schlüsselzahl multipliziert. Die Formel für die Ladenpreisberechnung lautete: „Grundzahl des Verlegers x Schlüsselzahl = Ladenpreis + Sortimentszuschlag". Grieser: Buchhandel und Verlag in der Inflation, S. 78ff.

22 BHB Nr. 3/4 vom 19. Februar 1924, S. 21f.

Der Verkehrsbuchhandel hatte im Gegensatz zum Warenhausbuchhandel, der die Bücher so billig als möglich verkaufen wollte[23], die Einführung des Teuerungszuschlags von Anfang an akzeptiert und praktiziert. Die Verkehrsbuchhändler forderten sogar die Verlängerung des Teuerungszuschlags nach 1920.[24] Sie räumten zwar ein, dass der Teuerungszuschlag ein „unhaltbarer Zustand" sei, erkannten in diesem aber nicht zuletzt eine für ihre Existenzsicherung notwendige Maßnahme.[25] Grundsätzlich beschwerte sich der Verkehrsbuchhandel darüber, dass der Börsenverein offenkundig die Interessen des Sortimentsbuchhandels berücksichtige und die besonderen Probleme der anderen buchhändlerischen Geschäftszweige, d.h. des Verkehrsbuchhandels, des Buch- und Zeitschriftenhandels sowie des Reise- und Straßenhandels nicht in ihre Überlegungen mit einbeziehe. Geplant war deshalb die Gründung einer Arbeitsgemeinschaft, die sich insbesondere mit den Preis- und Rabattfragen des Zeitschriftenhandels auseinandersetzen sollte.[26]

Da der Buchabsatz im Verkehrsbuchhandel zu Gunsten des Einzelverkaufs von Zeitungen und Zeitschriften nach der Jahrhundertwende deutlich zurückgegangen war, forderten die Verkehrsbuchhändler jetzt Teuerungszuschläge auch für Zeitungen und Zeitschriften. Diese Forderung führte zu einer Auseinandersetzung mit dem Verein von Verlegern Deutscher illustrierter Zeitschriften, der den Zuschlag ablehnte. Die Erhebung eines Teuerungszuschlags für Presseartikel im Verkehrsbuchhandel war deshalb so problematisch, weil die Notstandsverordnung diese nicht zwingend vorschrieb, sondern die Orts- und Kreisvereine beauftragte, eine einheitliche Regelung in ihrem Zuständigkeitsbereich herbeizuführen.[27]

7.1.2 Erhöhung der Bezugskosten von Presseartikeln

Für den Verkehrsbuchhandel war die Erhöhung des Einzelverkaufspreises für Presseartikel – analog zum Teuerungszuschlag für Bücher – ein wichtiges Anliegen.[28] Um Deckungsmittel für die gestiegenen Kosten zu finden, war eine Erhöhung der Einzelverkaufspreise von Tageszeitungen und Zeitschriften unbedingt erforderlich geworden.

Der Verkehrsbuchhandel hatte nach Kriegsende dieselben wirtschaftlichen Probleme wie die Sortimentsbuchhändler. Neben den steigenden Geschäftskosten (Gehälter, Löhne, Fracht, usw.) trug der Verkehrsbuchhändler außerdem die Kosten für die Unterhaltung seines Verkaufsstands (Beleuchtung, Beheizung, Reparatur, usw.).

Die Verleger von Zeitungen und Zeitschriften wurden daher aufgefordert, die Presseartikel einheitlich um fünf Pfennig zu erhöhen, um die gestiegenen Betriebskosten im Ver-

---

23 Der Warenhausbuchhandel distanzierte sich vom Teuerungszuschlag, da der Verlust einer wenig gewinnträchtigen Buchabteilung im Warenhaus problemlos durch andere erfolgreichere Abteilungen kompensiert werden konnte. Die anderen Teilbranchen des verbreitenden Buchhandels konnten sich diese Preispolitik nicht leisten. Vgl. Haug: Warenhausbuchhandels.

24 BHB Nr. 15 vom 1. August 1920, S. 175.

25 BHB Nr. 16 vom 15. August 1920, S. 193f., hier S, 194.

26 BHB Nr. 19 vom 1. Oktober 1920, S. 227.

27 BHB Nr. 9 vom 1. Mai 1920, S. 92ff., hier S. 94f.

28 Vgl. auch BHB Nr. 15 vom 1. August 1920, S. 175.

kehrsbuchhandel wenigstens teilweise zu kompensieren.[29] Der Central-Verein Deutscher Buch- und Zeitschriftenhändler richtete eine Wirtschaftskommission ein, die die Frage nach den Vor- und Nachteilen eines Teuerungszuschlags auch für Zeitschriften behandelte. Während dem Zuschlag im Einzelverkauf formal nichts im Wege stand, war der Teuerungszuschlag bei Abonnenten rechtlich problematisch, weil er gegen die abgeschlossenen Abonnentenvereinbarungen verstieß.[30] Die Gelegenheitskäufer von Presseartikeln an Bahnhöfen oder in Kiosken dagegen, „die heute eine Nummer von diesem, morgen eine von jenem Blatte erwerben, pflegen die Preissprünge meist als etwas Selbstverständliches, schlimmstenfalls als ein notwendiges Uebel, anzusehen".[31] Die Wirtschaftskommission schlug deshalb 1917/1918 vor, den Teuerungszuschlag beim Nummernverkauf zu erheben und beim Abonnementsbezug darauf zu verzichten. Der Central-Verein instruierte seine Mitglieder, „bei allen Verkäufen von Gegenständen des Buchhandels, soweit sie nicht irgendein Abonnementsverhältnis betreffen, dessen Abmachungen Aufschläge nicht zulassen, ein Teuerungszuschlag von zehn Prozent zu erheben".[32] Die Erhebung eines Teuerungszuschlags für Presseartikel wurde jetzt also nicht mehr empfohlen, sondern verbindlich vorgeschrieben.

Die Zeitungskonzerne entsprachen weitgehend der Forderung des Verkehrsbuchhandels, weil diese Branche Hauptabnehmer und wichtigste Absatzquelle von Presseartikeln war.[33] Der Verkehrsbuchhandel war sich dieser starken Marktposition durchaus bewusst. Die Zeitungsverleger sicherten zwar die Erhöhung des Verkaufspreises um fünf Pfennig zu, versuchten aber auf der anderen Seite, die Rabatte entsprechend zu kürzen, um den Preisaufschlag zu neutralisieren.[34] Die Verkehrsbuchhändler drohten jetzt offen mit Boykottmaßnahmen.[35]

Am 10. September 1919 protestierte der Verein von Verlegern Deutscher illustrierter Zeitschriften energisch gegen den vereinbarten Zuschlag auf Tages- und Wochenzeitungen und drohte dem Verkehrsbuchhandel mit einer entsprechenden Eingabe an die Eisenbahnbehörden.[36] Die Verkehrsbuchhändler beriefen sich auf eine Anordnung des Ministers der öffentlichen Arbeiten vom 25. November 1919, wonach dem Verkehrsbuchhandel die Erhebung eines Teuerungszuschlags in Höhe von zehn Prozent zugestanden wurde, sofern dies auch die anderen örtlichen Buchhändler praktizierten.[37]

Während der Verein von Verlegern Deutscher illustrierter Zeitschriften unter Berufung auf ein Rechtsgutachten die Ansicht vertrat, die Verkehrsbuch- und Straßenhändler seien nicht die Eigentümer, sondern nur eine Art von Kommissionären für Presseartikel – argu-

29 BHB Nr. 5/6 vom 25. März 1919, S. 87ff.
30 Vgl. Elsner: Beiträge und Dokumente, Bd. 2, S. 57.
31 Ebd. Bd. 2, S. 129.
32 Ebd. Bd. 2, S. 5ff.
33 BHB Nr. 12 vom 1. Juli 1919, S. 123f.
34 BHB Nr. 4 vom 15. Februar 1920, S. 33f., hier S. 33.
35 BHB Nr. 13 vom 15. Juli 1919, S. 143f.
36 BHB Nr. 19 vom 15. Oktober 1919, S. 249–250, hier S. 249.
37 BHB Nr. 23/24 vom 15. Dezember 1919, S. 313.

mentiert wurde hier mit dem Remissionsrecht – und deshalb nicht berechtigt, den Verkaufspreis zu bestimmen, vertrat der Justiziar des Vereins Deutscher Bahnhofsbuchhändler die Position, dass die Verkäufer von Zeitungen und Zeitschriften, sofern sie Mitglied im Börsenverein waren, an die Bestimmungen der Notstandsverordnung gebunden waren.[38] Der § 21 des Gesetzes über das Verlagsrecht vom 19. Juni 1901 (Festsetzung des Ladenpreises durch die Verleger) sei von der Notstandsverordnung nicht berührt, weil der vorgeschriebene Teuerungszuschlag nach Ansicht des Justiziars des Vereins Deutscher Bahnhofsbuchhändler keine eigenmächtige Erhöhung des Ladenpreises, sondern lediglich einen Zuschlag auf den Verkaufspreis von Presseartikeln darstellte.[39]

Mit dem Central-Verein Deutscher Buch- und Zeitschriftenhändler gewannen die Verkehrsbuchhändler einen starken Partner bei der Durchsetzung ihrer Interessen gegenüber den Zeitungskonzernen.[40] Allerdings plädierte der Central-Verein dafür, dass bei Presseartikeln, die mit einem Mindestrabatt von 45 Prozent geliefert würden, kein Zuschlag erhoben werden sollte.[41]

Ende Februar 1920 einigten sich der Central-Verein Deutscher Buch- und Zeitschriftenhändler, der Reichsbund deutscher Papier- und Schreibwarenhändler, die Firma Stilke und die Freie Vereinigung der Zeitungs- und Druckschriftenhändler auf eine einheitliche Regelung, wonach auf Wochenschriften, die mit relativ günstigem Rabatt geliefert würden, ein Zuschlag von zehn Prozent erhoben werden sollte.[42] Bei Halbmonats- und Monatsschriften dagegen, die nur mit einem geringen Rabatt ausgeliefert wurden, sollte der Teuerungszuschlag in Höhe von zwanzig Prozent eingeführt werden. Diese Vereinbarung unterschrieben die Vereinigte Kiosk- und Trinkhallen-Gesellschaft (Georg Stilke), der Verein der Berliner Buch- und Zeitschriftenhändler, der Reichsbund Deutscher Papier- und Schreibwarenhändler sowie die Freie Vereinigung der Deutschen Zeitungs- und Druckschriftenhändler.[43]

Der Jahresbericht des Central-Vereins informierte 1919/1920 darüber, dass der Teuerungszuschlag auf Zeitschriften im Verkehrsbuchhandel, in den Zeitungskiosken, im Papier- und Schreibwarenhandel und im Straßenhandel im Raum Berlin eingeführt wurde.[44] Die Berliner Organisationen plädierten dafür, dass diese Regelung auch in anderen Bundesstaaten eingeführt werden sollte. Der Verein Deutscher Bahnhofsbuchhändler setzte sich darüber hinaus dafür ein, dass der Zuschlag auch im Straßenverkauf – hier waren die Betriebskosten geringer – durchgesetzt wurde.[45] Die Verkehrsbuchhändler drohten unverhohlen mit dem Boykott der Artikel aller Mitglieder des Vereins von Verlegern Deutscher

---

38 Ebd. S. 314.
39 BHB Nr. 19 vom 15. Oktober 1919, S. 249.
40 Ebd. S. 249ff.
41 BHB Nr. 5 vom 1. März 1920, S. 49.
42 Vgl. auch Nahnsen: Der Straßenhandel, S. 68.
43 Vgl. Elsner: Beiträge und Dokumente, Bd. 2, S. 170.
44 Ebd.
45 BHB Nr. 13 vom 15. Juli 1919, S. 143f.

illustrierter Zeitschriften sowie mit der Erhebung eines speziellen „Bahnzuschlags" für den Fall, dass die Zeitungskonzerne den Teuerungszuschlag abschafften.[46]

Neben der Beibehaltung des Teuerungszuschlags für Presseartikel war die restriktive Handhabe der Zeitungsverlage bei den Remittenden ein zentrales Problem geworden.[47] Während die Zeitungsverleger mit den steigenden Papierkosten hier lediglich zu einer begrenzten Rücknahme von Presseartikeln bereit waren, blieb der Verkehrsbuchhandel wegen des kaum kalkulierbaren Kaufverhaltens der Reisenden häufig auf Restposten sitzen. Außerdem war es den Verkehrsbuchhändlern von den Bahnverwaltungen – hier im Gegensatz zu den Straßenverkäufern – untersagt, einzelne Zeitungen an den Bahnsteigen auszurufen und damit einen günstigen Einfluss auf den Absatz einzelner Artikel zu nehmen.[48] Die Hervorhebung einzelner Presseartikel durch Ausrufen stieß schon in den Vorkriegsjahren auf Kritik; so beschwerten sich u.a. die der Zentrumspartei nahe stehenden Verleger über die mangelnde Präsenz ihrer Presseartikel an deutschen Bahnhöfen. Im Gegensatz zu Preußen war das Ausrufen von Zeitungen im süddeutschen Raum erlaubt, eine Regelung, die dazu führte, dass in vielen süddeutschen Städten, z.B. in Mannheim, die Organe der Zentrumspartei gar nicht geführt wurden.[49] Das Verbot des öffentlichen Ausrufens konnte aber auch ganz pragmatische Gründe haben; so beschwerten sich Reisende zunehmend darüber, dass die Zeitungsverkäufer ihre Leseware an den Bahnsteigen so laut und aufdringlich ausriefen, dass eine Verständigung zwischen Passagieren und Schaffner nicht mehr möglich war.[50]

1922 nahm der Ausschuss zur Erörterung von Fragen des Verkehrsbuchhandels im Reichsverkehrsministerium seine Tätigkeit auf und gründete einen Unterausschuss, der sich mit der Frage des Zeitungs- und Zeitschriftenverkaufs auseinandersetzte.[51] Dieser Unterausschuss entwickelte Ende des Jahres 1922 die Idee, eine Vereinigung von Verlegern zu gründen, die hauptsächlich den Verkehrsbuchhandel belieferte. Der geplante Verband sollte sich auf einen allgemeinen Geschäftskodex einigen, der auch die Interessen des Verkehrsbuchhandels berücksichtigte. Es wurde vorgeschlagen, die Zeitungen für den Preis zu verkaufen, der auch aufgedruckt war. Der Rabatt für Presseartikel, die nicht vor Ort erschienen, durfte vierzig Prozent nicht übersteigen; die Remittenden waren auf zwanzig Prozent der Bezugsmenge limitiert. Um Porto und Versandkosten zu sparen, genügte es, dass nur die Titelblätter der zu remittierenden Zeitungen zurückgeschickt wurden. Die Abrechnung erfolgte jeweils zum 15. des Monats.

---

46 BHB Nr. 19 vom 15. Oktober 1919, S. 250, und BHB Nr. 23 vom 1. Dezember 1921, S. 65ff.

47 BHB Nr. 22 vom 19. November 1921, S. 61f.

48 BHB Nr. 3/4 vom 20. Februar 1922, S. 5f.

49 Vgl. Akten des Kgl. Bayer. Staatsministeriums für Verkehrsangelegenheiten. Bahnhofsbuchhandlungen. Jg. 1907–1912. Bd. 1. Bayerisches Hauptstaatsarchiv. Sign.: Verkehrsmuseum Archiv Nr. 8680, o. P.

50 Vgl. Akten der Deutschen Reichsbahn-Gesellschaft. Gruppenverwaltung Bayern. Bahnhofsbuchhandel. Jg. 1924 ff., Bd. 3. Bayerisches Hauptstaatsarchiv. Sign.: Verkehrsmuseum Archiv Nr. 10316, o. P.

51 BHB Nr. 22/24 vom 27. Dezember 1922, S. 133f, hier S. 133.

Doch das Projekt einer Vereinigung der Verleger scheiterte am Widerstand der Verkehrsbuchhändler, die ihre eigenen Interessen nicht ausreichend berücksichtigt sahen.[52] Der Konflikt mit den Zeitungsverlegern dauerte an und war stets ein Tagesordnungspunkt auf den jährlichen Hauptversammlungen des Vereins Deutscher Bahnhofsbuchhändler.[53]

Den Bahnhofs- und Verkehrsbuchhändlern gelang es immer wieder, ihre Interessen in den wirtschaftlich so schwierigen Nachkriegsjahren gegenüber anderen Branchen und Berufsverbänden erfolgreich durchzusetzen. Dagegen erwiesen sich die Sozialisierungspläne als fundamentale Bedrohung der gesamten Buchbranche. Gerade der Bahnhofs- und Verkehrsbuchhandel mit seinem weit reichenden Filialsystem erschien den Anhängern von Sozialisierungsideen als geradezu prädestiniert für die Überführung in eine kollektive Gesellschaftsform.

7.2 Sozialisierungspläne im Verkehrsbuchhandel 1918/1919

Unmittelbar nach der Revolution setzte eine rege Debatte über die Neuorganisation des Buchgewerbes auf sozialisierter Grundlage ein, an der sich Buchhändler, Verleger sowie die Vertreter der Schriftstellerverbände und der Volksbildung beteiligten.

„Sozialisierung" war eines der populärsten Schlagworte der Nachkriegsjahre, und der Buchmarkt wurde mit einer Vielzahl von Schriften überschwemmt, die sich mit diesen Ideen auseinandersetzten. Der Begriff „Sozialisierung" entbehrte jedoch im Bereich des Buchhandels jeglicher theoretischen Verankerung und wurde wenig differenziert für jede neue Reformidee benutzt.[54] Eine klassische Sozialisierung überführte das Privateigentum in den Besitz der Allgemeinheit. Im Buch- und Verlagswesen handelte es sich gewöhnlich um Teilsozialisierungen, die starke Affinitäten zu einer planwirtschaftlichen Organisation aufwiesen.[55]

Auch im *Börsenblatt* wurde die Diskussion über die Sozialisierung des Buch- und Verlagswesens lebhaft geführt.[56] Der Börsenverein der Deutschen Buchhändler lehnte – wie die meisten seiner Mitglieder auch – die Überführung von Buch- und Verlagsunternehmen in gemeinwirtschaftliche Organisationsformen generell ab. Die für das Buchgewerbe projektierten Sozialisierungsmaßnahmen, z.B. der Sozialisierungsentwurf von Walther Borgius, sahen u.a. die Ausschaltung des Sortiments als Vertriebsinstanz vor. Diese Forderung konnten die Sortimentervertretungen nicht unterstützen.

Das am 23. März 1919 von der Weimarer Koalition erlassene Sozialisierungsgesetz führte zu einer Verunsicherung des Gesamtbuchhandels, obwohl das Gesetz die Sozialisie-

52 Ebd.
53 BHB Nr. 9 vom 15. Mai 1923, S. 35ff.
54 Vgl. Brohm: Das Buch in der Krise, S. 201.
55 Vgl. Zickfeldt: Die Umgestaltung des Buchmarktes, S. 33f.
56 Vgl. Bbl. Nr. 279 vom 3. Dezember 1918, S. 726f., Bbl. Nr. 285 vom 10. Dezember 1918, S. 741ff, Bbl. Nr. 5 vom 8. Januar 1919, S. 17.

rung nicht zwingend vorschrieb.[57] Ein grundlegendes Problem war die politische Instabilität der neuen Regierung. Das *Buchhändlergilde-Blatt* äußerte sich am 15. April 1919 besorgt über die nicht absehbaren wirtschaftspolitischen Entwicklungen, die langfristig möglicherweise auch den Mittelstand betreffen würden:

> Ebenso ist die Sozialisierung des Kleingewerbes und des Kleinhandels vorläufig noch nicht beabsichtigt. Da man aber in dieser gährenden [sic] Zeit heute nicht wissen kann, was der morgige Tag bringen wird, und da heute als gemäßigt angesehen wird, was gestern noch als radikal galt, so muß auch der selbständige Mittelstand sich darauf gefaßt machen, ebenfalls noch unter das Schlachtmesser zu kommen.[58]

Die Diskussion über die Sozialisierung von Buch- und Verlagshandel war eng verquickt mit der Frage einer systematischen Literaturkontrolle. Aktive Befürworter von Sozialisierungsprojekten, die wie z.B. Walther Borgius zwar in der Tradition der Reformpädagogik standen, deren Argumente aber rein ökonomisch begründet waren, nutzten die Debatte, um dem seit Jahrzehnten beklagten Vertrieb von „Schmutz- und Schundliteratur" vor allem im Verkehrsbuchhandel endgültig beizukommen. Für eine Sozialisierung des Buchhandels und Verlagswesens sprachen sich deshalb vor allem Vertreter der Volksbildung aus, die in der Überführung der Buchbranche in gemeinwirtschaftliche Projekte die Chance erkannten, den Markt für Unterhaltungsliteratur neu zu organisieren und den Druck und die Verbreitung von „Schundliteratur" zu unterbinden. In diesem Kontext tauchte 1919 die Idee auf, das Leihbibliothekswesen und den Verkehrsbuchhandel – die beiden wichtigsten Distribuenten von belletristischer Literatur – in einer neuen Organisationsform von Literaturvermittlung zu verbinden. Ziel einer Sozialisierung des Verkehrsbuchhandels war die flächendeckende Verbreitung von preiswerten, literarisch aber hochwertigen Büchern.

Im Buchhandel – insbesondere im Verkehrsbuchhandel – wurde die Sozialisierungsdebatte durch die Broschüre *Zur Sozialisierung des Buchwesens* (1919) des Nationalökonomen Walther Borgius angestoßen.[59] Eine Sozialisierung des nach kapitalistischen Grundsätzen organisierten Buchwesens befürwortete er – anders als in der Industrie – aus rein kulturpolitischen Interessen, die er aber nicht näher verifizierte.[60] Eine zentrale Forderung der Schrift war die Organisation der Konsumenten, nicht die Überführung von Produktionsmitteln in Gemeinschaftsbesitz. Bei der projektierten Konsum-Produktiv-Genossenschaft

---

57 Paragraf 2 des Sozialisierungsgesetzes ermächtigte das Reich, Unternehmen, die sich für eine Sozialisierung eigneten, z.B. im Bereich der Gewinnung und Verarbeitung von Bodenschätzen, in eine Gemeinwirtschaft zu überführen. Absatz 2 verfügte, „im Falle dringenden Bedürfnisses die Herstellung und Verteilung wirtschaftlicher Güter gemeinwirtschaftlich zu regeln". Die Sortiments- und Verkehrsbuchhändler anerkannten jedoch das „dringende Bedürfnis" für ihre Branche nicht. Vgl. BHB Nr. 16 vom 15. August 1920, S. 210.

58 Buchhändlergilde-Blatt Nr. 4 vom 15. April 1919, S. 73ff, hier zit. n. Brohm: Das Buch in der Krise, S. 203.

59 Walther Borgius war vor dem Krieg Geschäftsführer des Handelsvertragsvereins und leitete Fachkurse für Buchhändler über allgemeine Wirtschaftsfragen. Vgl. Brohm: Das Buch in der Krise, S. 194.

60 Vgl. Borgius: Zur Sozialisierung des Buchwesens, S. 4.

handelte es sich daher um einen genossenschaftlichen Sozialismus.[61] Die Umgestaltung der Unternehmensform zielte auf eine optimale und kontrollierte Bedürfnisbefriedigung der Leserschaft, in der Profitdenken keine Rolle spielen sollte.[62] Als Begründung führte Borgius an, dass der rein ökonomisch denkende Verleger nur rentable Bücher drucke und dieses Verhalten bedinge,

> Bücher auf den Markt zu werfen, die ihres aktuellen, sensationellen, pikanten Inhalts bezw. des Titels oder der Berühmtheit, öffentlichen Stellung etc. ihres Verfassers wegen leicht absetzbar erscheinen, auch wenn sie das Geistesleben nicht oder nur wenig bereichern, während andererseits häufig genug wertvolle Geisteserzeugnisse unveröffentlicht bleiben [...].[63]

Der Nationalökonom ging davon aus, dass durch eine Sozialisierung der Buchbranche diverse Missstände im Buchgewerbe abgeschafft werden könnten. Seine Hauptkritik richtete sich gegen die fortschreitende Industrialisierung des Literaturbetriebs, die zu einer literarischen Überproduktion führte. Er monierte vor allem, dass Verlage aus werbestrategischen Gründen zunehmend dazu übergingen, belletristische und populärwissenschaftliche Buchreihen herauszugeben, ohne auf die Qualität des Einzelwerkes zu achten. Ein weiteres Gebiet industrieller Verlagstätigkeit erkannte der Verfasser in der Massenproduktion von Zeitschriften.[64] Die Kritik an preiswerten belletristischen und populärwissenschaftlichen Kollektionen sowie am massenhaften Zeitschriftenvertrieb zielte auf das Literaturangebot vor allem des Verkehrsbuchhandels.

Voraussetzung für die Sozialisierung der Produktion war die Organisation des Konsums. An die Stelle des freien Marktes sollte eine fest begrenzte und hinsichtlich des Bedürfnisumfangs und der Bedürfnisintensität genau kalkulierbare Konsumentenmenge treten. Eine exakte Kalkulation der Abnahme gewährleiste außerdem niedrige Ladenpreise. Weil diese Zielsetzung für den belletristischen Markt mit seinem sehr heterogenen Publikum – das galt vor allem für die Laufkundschaft des Verkehrsbuchhandels – nur schwer umsetzbar war, forderte Borgius zunächst die Überführung des wissenschaftlichen Verlags in eine Konsum-Produktiv-Genossenschaft, weil hier der Abnehmerkreis eingrenzbar war. Sozialisierungsprojekte wurden auch für den Schulbuchverlag diskutiert.

Borgius hielt die Sozialisierung des belletristischen Buchhandels für realistisch, obwohl hier kein übersehbarer, organisatorisch zusammengefasster Abnehmerkreis anzunehmen

61 Borgius wählte den genossenschaftlichen Sozialismus. Darunter verstand man die Vereinigung einer Mehrheit von Personen zur Produktion und Herstellung von Gebrauchsgegenständen auf gemeinsame Rechnung; in diesem Falle handelte es sich um eine Produktionsgenossenschaft. Das Pendant dazu, die Konsumgenossenschaft, organisierte den gemeinsamen Einkauf von Waren. Bei beiden Genossenschaftsformen handelte es sich nicht um eine Sozialisierung, sondern um eine Abwandlung der individuellen Wirtschaftsordnung. Ziel war die Ausschaltung des Unternehmergewinns bzw. die Ausschaltung des Zwischenhandels und damit verbunden die Verbilligung der Gebrauchsgüter. Vgl. Tyszka: Die Sozialisierung des Wirtschaftslebens, S. 47.

62 Vgl. auch Zickfeldt: Die Umgestaltung des Buchmarktes, S. 35.

63 Borgius: Zur Sozialisierung des Buchwesens, S. 5.

64 Ebd. S. 15.

war. Leser von belletristischer Literatur, so seine Ausgangsposition, waren weniger am persönlichen Buchbesitz interessiert als der akademische Leser. Deshalb erkannte der Verfasser gerade im kommerziellen Leihbibliothekswesen ein sinnvolles Sozialisierungsprojekt. Für die Umwandlung von Leihbüchereien in eine neue Organisationsform kam eine Kommunalisierung oder Verstaatlichung in Betracht. Allererst würde dieser Bereich der Leserversorgung einer grundlegenden Reform unterzogen und jede Form von „Unterhaltungskitsch“ aus den Beständen entfernt werden müssen. Außerdem plante Borgius die Erhöhung der Leihgebühren, „denn nur, was fühlbare Kosten macht, wird bekanntlich geschätzt, aber demgemäß auch sorgfältiger durchgearbeitet“.[65]

Ziel einer Sozialisierung des Leihbibliothekswesens war eine qualitative Verbesserung der Buchbestände sowie eine lesepädagogische, in der Tradition der Volksbildung stehende Erziehung der Benutzer. Die Ausstattung der Leihbibliothek und die Gestaltung der Buchbestände orientierten sich an den Zielsetzungen der Volksbibliotheken und Bücherhallen. Zwischen den einzelnen Leihbibliotheken plante Borgius einen Austauschverkehr, um Schwankungen von Angebot und Nachfrage auszugleichen. So würde im Sommer bevorzugt in den Seebädern oder in den Luftkurorten im Gebirge, im Winter vor allem Zuhause in den Großstädten gelesen.[66] Durch die Verschiebung von Literaturbeständen sollte die jeweilige Bedürfnislage der Konsumenten vor Ort befriedigt werden.

Ein viel versprechendes Sozialisierungsprojekt sah Borgius im Verkehrsbuchhandel. Für eine Umwandlung der Unternehmensform in eine Gemeinwirtschaft sprach, dass es sich bei vielen Verkehrsbuchhandlungen, z.B. den Unternehmen Stilke in Berlin und Bettenhausen in Dresden, um kapitalkräftige Großunternehmen mit einem weit reichenden Filialsystem handelte. Während Kursbücher, Fahr- und Stadtpläne sowie Reisehandbücher als unverzichtbare Gebrauchsartikel für die Reise weiterhin verkauft werden sollten, schlug Borgius für den Vertrieb von Unterhaltungsliteratur ein im Verkehrsbuchhandel integriertes Leihmodell vor: Die Reisenden sollten ihre Reiselektüre am Abfahrtort gegen Entgelt entleihen und am Zielort in den Verkehrsbuchhandlungen zurückgeben können.[67]

Während der Verkehrsbuchhandel also als wesentliches Vertriebssystem für Unterhaltungsliteratur weitgehend ausgeschaltet werden sollte, sah Borgius in dessen dichtem Filialsystem einen großen Vorteil für sein projektiertes Leihmodell. Das Distributionssystem sollte auch in Kleinstädten und ländlichen Provinzen expandieren; hierbei spielte der Verkehrsbuchhandel mit seinen zahlreichen Filialen eine führende Rolle. Der Zugriff auf belletristische Literatur wäre dadurch praktisch auch in jeder Klein- und Provinzstadt gewährleistet gewesen, an deren Bahnhöfen Buchverkaufsstellen existierten. Borgius ging daher davon aus, dass langfristig das gesamte belletristische Angebot des deutschen Buchmarkts

---

65 Ebd. S. 37.

66 Ebd.

67 Die Idee war nicht neu; sie war bereits kurz nach der Jahrhundertwende von den Hotelleihbüchereien praktiziert worden, und Vertreter der Volksbildungsbewegung hatten schon in den Vorkriegsjahren die Installation von Reiseleihsystemen geplant, die direkt vom Verkehrsbuchhandel hätte organisiert werden sollen.

allein über Leihbüchereien und entsprechend umgestaltete Verkehrsbuchhandlungen absetzbar sein würde:

> Nach meinen Informationen haben wir in Deutschland insgesamt schätzungsweise 900–1000 Leihbibliotheken und 200–250 Bahnhofsbuchhandlungen, zusammen 1100 bis 1250. Rechnen wir als durchschnittlichen Bedarf für jede derselben nur 2–3 Exemplare eines neu erschienenen Romans (was natürlich für gangbare und zugkräftige Werke viel zu wenig wäre), so ergibt dies eine Basis, auf der jedes Verlagsrisiko sich getrost aufbauen kann, zumal auch hier die Erfahrung bald ergeben dürfte, auf einen wie großen ungefähren Überschußabsatz durch sonstigen Verkauf etwa noch gerechnet werden kann.[68]

Neben Walther Borgius plädierte auch der Hannoveraner Buchhändler Walter Dette in seiner Schrift *Die Sozialisierung der Buchproduktion und des Buchhandels* (1919) für eine behutsame Überführung der gesamten Buchbranche in eine kollektivistische, planwirtschaftliche Organisationsform. Aussichtsreich erschien ihm dieser Schritt aber erst nach Abschluss der Sozialisierung aller privatwirtschaftlichen Unternehmen in Deutschland und – hier im Gegensatz zu Borgius – durch eine staatliche Unterstützung.

Dettes Kritik am zeitgenössischen Buchhandel setzte ebenfalls an der literarischen Überproduktion an. Die Profitinteressen der Verlage förderten – so Dette – die Distribution von „übler Sumpfliteratur".[69] In Deutschland sollten ca. 20 Auslieferungslager eingerichtet werden, denen ein Vertriebsrat, bestehend aus Buchhändlern, Grossisten und institutionellen Vertretern der Volksbildungbewegung, vorstand. Der Vertriebsrat organisierte die Auslieferung zwischen Verlagsgruppen und Auslieferungslager, die Abrechnung zwischen Produktions- und Absatzort und beobachtete neue Entwicklungen auf dem Buchmarkt, um dem Produktionsrat beratend zur Seite zu stehen.[70]

Im Gegensatz zu Borgius setzte sich der Hannoveraner Buchhändler jedoch für den Erhalt der Sortimente als unverzichtbare Kleinvertriebsstellen ein. Während Borgius den direkten Verkehr mit den Konsumenten durch den Direktvertrieb favorisierte, wies Dette dem Sortiment die Aufgabe zu, die Bedürfnisse der Leserschaft auf dem regionalen Markt festzustellen und darüber hinaus regelmäßig dem Produktions- und Vertriebsrat zu berichten.[71]

Seit Frühsommer 1920 wurde vermehrt über die Sozialisierung des Verkehrsbuchhandels diskutiert. Der Verkehrsbuchhandel galt bei den Beförderern der Sozialisierungsbewegung als viel versprechender Zweig des verbreitenden Buchhandels für eine erfolgreiche Überführung in eine gemeinwirtschaftliche Organisationsform. Vor allem wegen der rechtlichen Zusammengehörigkeit mit der Reichsbahn, die im selben Jahr am 1. April verstaat-

68 Borgius: Zur Sozialisierung des Buchwesens, S. 38.
69 Vgl. Dette: Die Sozialisierung der Buchproduktion, S. 7.
70 Ebd. S. 6.
71 Vgl. auch Zickfeldt: Die Umgestaltung des Buchmarktes, S. 42.

licht worden war, sei dieser Nebenbetrieb der deutschen Eisenbahnen für eine Sozialisierung prädestiniert.[72]

Im *Vorwärts* vom 21. Mai 1920 erschien ein Artikel, der die Sozialisierung zunächst des Verkehrsbuchhandels forderte.[73] Die Idee wurde im Juni 1920 erneut aufgegriffen, als die Angestellten der Firma Stilke wegen Lohndifferenzen in Streik traten, und jetzt auch der Angestelltenverband des Buch- und Zeitungsgewerbes nachdrücklich die Sozialisierung des Unternehmens forderte.[74]

Der Lohnstreit in der Firma Stilke veranlasste den Angestelltenverband des Buch- und Zeitungsgewerbes, der Forderung nach einer Sozialisierung des gesamten Verkehrsbuchhandels Nachdruck zu verleihen. Ziel war nicht die Verstaatlichung der Unternehmen, sondern die Gründung einer Eisenbahnbuchhandlungsgesellschaft als selbstständige juristische Person, um einem staatlichen Machtmissbrauch bei der inhaltlichen Gestaltung des Literaturangebots vorzubeugen. In der Gesellschaft sollten die Leiter der Verkehrsbuchhandlungen, die Betriebsräte und die Eisenbahngesellschaft vertreten sein. Hauptintentionen waren die Zahlung von angemessenen Löhnen für die Angestellten sowie die Rückführung von erzielten Gewinnen an die Gesamtheit des Unternehmens.[75]

Der Buchwirtschaftler Gerhard Menz rügte im *Börsenblatt* vom 24. Juli 1920 daraufhin, dass die Sozialisierung des Verkehrsbuchhandels in diesem Fall aus rein wirtschaftlichen Gründen gefordert werde, nämlich zur Einkommensverbesserung der Verkäufer, und der kulturelle Auftrag der Branche gar nicht zur Sprache kam. Er warnte nachdrücklich davor, dass die Sozialisierung die Möglichkeit zu einer rigorosen Zensur des Buch- und Zeitschriftenprogramms im verbreitenden Buchhandel bot. Sie fördere zwar die Unterbindung des Vertriebs von „minderwertiger“ Literatur, berge aber die Gefahr der Unterdrükkung der Meinungsfreiheit. Als negatives Vorbild zog Menz die Verhältnisse in Russland heran, wo der Buchhandel für parteipolitische Zwecke missbraucht wurde.[76]

Selbst die Kommunistische Partei warnte in ihrem Organ *Rote Fahne* vor einer übereilten Sozialisierung nur eines Geschäftszweiges des Gesamtbuchhandels, zumal dadurch die Verbesserung der Einkommensverhältnisse der Angestellten nicht dauerhaft gewährleistet sei. Vielmehr appellierte sie an die Solidarität aller Arbeiter und Angestellten und verurteilte Einzelaktionen, wie sie die Verkäufer im Verkehrsbuchhandel praktizierten.[77]

Die Eingabe des Angestelltenverbandes des Buch- und Zeitungsgewerbes an das Reichsverkehrsministerium war Anlass für ein Treffen von Vertretern des Angestelltenverbandes, des Vereins Deutscher Bahnhofsbuchhändler und des Börsenvereins der Deutschen Buchhändler am 17. August 1920 in Berlin.[78] Initiator dieser Besprechung war das

---

72 Bbl. Nr. 286 vom 18. Dezember 1920, S. 1508.

73 Der Vorwärts plante die Gründung einer Eisenbahnbuchhandlungsgemeinschaft, die den Angestellten tarifgerechte Löhne und Schutz vor Kündigung bieten sollte. Vorwärts vom 21. Mai 1920, o. P.

74 Bbl. Nr. 133 vom 19. Juni 1920, S. 626.

75 Vgl. auch Vorwärts vom 21. Mai 1920, o. P.

76 Bbl. Nr. 163 vom 24. Juli 1920, S. 241.

77 Bbl. Nr. 286 vom 18. Dezember 1920, S. 1508.

78 BHB Nr. 16 vom 15. August 1920, S. 210ff.

Reichsverkehrsministerium. Wichtigster Tagesordnungspunkt war die Gründung einer Eisenbahnbuchhandelsgesellschaft. Der Vertreter des Angestelltenverbandes, der die Löhne in der Branche als völlig unzureichend kritisierte, plädierte nicht mehr für eine Sozialisierung, sondern vielmehr für eine Demokratisierung und Rationalisierung des Verkehrsbuchhandels, bei der die Grundstrukturen der Branche erhalten bleiben sollten:

> Bei der Gründung einer Eisenbahnbuchhandels-Gemeinschaft sei keineswegs an eine Bürokratisierung, sondern im Gegenteil an eine weitere Ausdehnung einer rein kaufmännischen und in diesem Sinne durchaus rationellen Betriebsführung gedacht. Durch die Ausschaltung der von den bisherigen Unternehmern gemachten Zwischengewinne könnten unrentabel gewordene Betriebe rentabel gemacht und eine Erhöhung der Einnahmen der Eisenbahn einerseits und eine Verbesserung der Lage der Angestellten andererseits erreicht werden. Es sei durchaus nicht nötig, die bisher bestehenden Organisationsformen zu beseitigen. Vielmehr könnten sie alle oder doch ein Teil von ihnen die Grundlage für die neue Betriebsform werden.[79]

Karl Siegismund, der die Interessen des Börsenvereins vertrat, argumentierte gegen eine solche Umstrukturierung des Verkehrsbuchhandels. Er wies daraufhin, dass es sich bei bis zu 300 deutschen Verkehrsbuchhandlungen um mittelständische Betriebe handele, deren Sozialisierung in letzter Konsequenz den Ruin des deutschen Verkehrsbuchhandels bedeute. Die Lohnforderungen der Angestellten verwarf er als überhöht, und Stilke schloss sich diesen Ausführungen dankbar an. Er verwies darauf, dass die Löhne seines Verkaufspersonals durch örtliche Tarife geregelt seien. Ein Einheitslohn könne im Verkehrsbuchhandel auf Grund der unterschiedlichen örtlichen Voraussetzungen gar nicht bezahlt werden.[80]

1921 scheiterten Bemühungen der Gewerkschaften um die Einführung eines Reichstarifs für die Beschäftigten im Verkehrsbuchhandel.[81] Der Rechtsvertreter des Vereins Deutscher Bahnhofsbuchhändler sah die Voraussetzungen für eine Sozialisierung des Verkehrsbuchhandels als nicht mehr gegeben. Ein „dringendes Bedürfnis für eine Sozialisierung“, wie sie das Sozialisierungsgesetz in §2, Abschnitt 2 vorschrieb, hätte der Vertreter des Angestelltenverbands schließlich nicht nachweisen können.[82]

Selten waren sich der Sortiments- und der Verkehrsbuchhandel so einig wie in der Ablehnung der Sozialisierung. Der Börsenverein fürchtete, sollte eine Sozialisierung des Verkehrsbuchhandels durchgesetzt werden, die Fortsetzung dieser Bestrebungen auch im Sortimentsbuchhandel. Deshalb solidarisierte sich der Vorsteher des Börsenvereins zumindest in dieser Frage mit dem Verein Deutscher Bahnhofsbuchhändler und erklärte den Verkehrsbuchhandel erstmals in der Öffentlichkeit zu einem unverzichtbaren Teilbereich des verbreitenden Buchhandels.

---

79 Ebd. S. 210.
80 Ebd. S. 211.
81 Vgl. auch Wissell: Zur Geschichte und Entwicklung des Bahnhofsbuchhandels, S. 336.
82 BHB Nr. 16 vom 15. August 1920, S. 211.

Als sich schon nach wenigen Monaten abzeichnete, dass die Weimarer Republik keine Ambitionen hatte, ein sozialistischer Staat zu werden, erlosch die Debatte über Konsumvereine, Genossenschaften und Verstaatlichungspläne im deutschen Buch- und Verlagswesen. Bereits 1921 resümierte Wilhelm Moufang in seinem Bericht *Die gegenwärtige Lage des deutschen Buchwesens*, dass die zahlreichen Sozialisierungsideen aus den Jahren 1918/1919 nicht mehr länger verfolgt würden.[83]

Nach der Beendigung der Sozialisierungsdebatte in Deutschland wandte sich der Verkehrsbuchhandel wieder anderen drängenden Problemen zu. So nahm der Verein Deutscher Bahnhofsbuchhändler die Gründung der Deutschen Reichsbahn zum Anlass, für seine Mitglieder reichseinheitliche Pachtkonditionen auszuhandeln. Einen wichtigen Impuls für eine generelle Neuregelung der Vergabe von Konzessionen auf Reichsebene lieferte ein im Sommer 1922 in der Presseöffentlichkeit geführter Streit zwischen dem Berliner Medienkonzern Leopold Ullstein und Hermann Stilke, in dessen Verlauf Ullstein das Konkurrenzunternehmen erneut wegen seiner Monopolstellung attackierte.

7.2 Die „Allgemeinen Bedingungen für die Zulassung der Bahnhofsbuchhandlungen" im Jahr 1922

Eine wesentliche Voraussetzung für die Schaffung einheitlicher Bestimmungen bei der Vergabe von Konzessionen war die Gründung der Deutschen Reichsbahn, die eine zentrale Organisation des Verkehrsbuchhandels in Deutschland überhaupt erst ermöglichte. Mit den „Allgemeinen Bedingungen" wurde erstmals seit Bestehen des Verkehrsbuchhandels eine für das gesamte Reichsgebiet gültige einheitliche Vertragsgrundlage für die Verpachtung von Verkehrsbuchhandlungen geschaffen.[84]

Ullstein warf Stilke vor, dieser erwirtschafte durch die Zahlung von unverhältnismäßig niedrigen Pachtgebühren in Höhe von nur 2,51 Prozent (die durchschnittliche Pacht lag gewöhnlich zwischen sechs bis elf Prozent des Umsatzes) Millionengewinne. Darüber hinaus favorisiere Stilke mindestens auf zehn Jahre festgelegte Pachtverträge. Seine Monopolstellung – Ullstein ging davon aus, dass Stilke gut fünfzig Prozent aller deutschen Bahnhofsbuchhandlungen gehörten[85] – missbrauche der Berliner Verkehrsbuchhändler, indem er

83 Vgl. Moufang: Die gegenwärtige Lage des deutschen Buchhandels, S. 47.

84 Die Entwicklung des Streites zwischen Ullstein und Stilke sowie die Ausarbeitung der „Allgemeinen Bedingungen für die Zulassung von Bahnhofsbuchhandlungen" sind hervorragend dokumentiert in der Akte: Reichsministerium des Innern. Akten betr. Beaufsichtigung des Bahnhofsbuchhandels. Berichtszeitraum 1922/1923. In: Bundesarchiv Berlin. Abt. Deutsches Reich und DDR. Sign.: R/1501, Archivsignatur 113539.

85 Der Bahnhofsbuchhandel recherchierte 560 Bahnhofsbuchhandlungen in Deutschland, die sich auf etwa 250 große, mittlere und kleinere Unternehmen verteilten. Stilke besaß hiervon 236 Pachtungen. Bei 68 Verkaufsstellen handelte es sich aber nicht um Bahnhofsbuchhandlungen, sondern um Verkaufsschränke, die von Bahnhofswirten gegen eine Beteiligung von 20 bis 25 Prozent aufgestellt und betreut wurden. Obwohl diese Auflistung als Argument gegen eine Monopolbildung der Berliner Verkehrsbuchhandlung dienen sollte, war der Anteil der Stilke'schen Unternehmen in den späten zwanzi-

vor allem Presse- und Verlagsartikel derjenigen Verleger verkaufe, die ihm den günstigsten Rabatt einräumten.[86]

Der aggressive Vorstoß des Ullstein-Konzerns resultierte möglicherweise aus dessen erfolglosen Bemühungen, selbst in den Besitz von Verkehrsbuchhandlungen im Berliner Raum zu kommen. Stilke war auf diesem Sektor sein größter und gefährlichster Konkurrent. Ullstein hatte inzwischen durch die Gründung eines eigenen Reisebüros sowie den Einsatz von Bücherbussen für die literarische Versorgung von Ostseereisenden seine Bemühungen verstärkt, auf dem Reisemarkt Fuß zu fassen. Der Erwerb von Standorten für den Betrieb einer Verkehrsbuchhandlung hätte für Ullstein also eine attraktive Erweiterung seines Tätigkeitsfelds bedeutet.

Die Verkehrsbuchhändler warfen Ullstein wiederum vor, sich skrupellos Mittelsmänner zu bedienen, um an die begehrten Konzessionen zu gelangen. Dem Berliner Buchhändler Georg Arnold wurde z.B. unterstellt, er habe mit finanzieller Unterstützung des Ullstein-Verlags versucht, durch ein überhöhtes Pachtangebot Berliner Verkehrsbuchhandlungen zu übernehmen. Erhärtet wurde der Verdacht durch den Nachweis personeller und geschäftlicher Verflechtungen beider Unternehmen; so waren z.B. die Gesellschafter der Firma Georg Arnold ausnahmslos auch Mitglieder des Aufsichtsrats in der Ullstein-Aktiengesellschaft.[87]

Das Reichsverkehrsministerium nahm diese Auseinandersetzung zum Anlass, die Idee von einheitlichen Pachtverträgen für das gesamte Reichsgebiet endlich in Angriff zu nehmen.[88] Das Ministerium berief für den 24. Juli 1922 eine Versammlung ein, an der neben dem Verein Deutscher Bahnhofsbuchhändler acht weitere Verlegerverbände teilnahmen.[89] Auf diesem Treffen einigten sich die anwesenden Vertreter der Buchhandelsorganisationen mit Ausnahme des Schutzverbands Deutscher Schriftsteller[90] darauf, dass die bestehenden Verträge mit Großunternehmen unangetastet blieben und davon Abstand genommen wurde, Konzessionen an Kleinbetriebe zu vergeben, denn:

---

ger Jahren beachtlich. Vgl. BHB Nr. 14/15 vom 15. August 1922, S. 44f.

86 Berliner Tagblatt vom 20. Juni 1922. In Akte: Reichsministerium des Innern. Akten betr. Beaufsichtigung des Bahnhofsbuchhandels. Berichtszeitraum 1922/1923. In: Bundesarchiv Berlin. Abt. Deutsches Reich und DDR. Sign.: R/1501, Archivsignatur 113539, S. 3.

87 Vgl. BHB Nr. 14/15 vom 15. August 1922, S. 49.

88 Schreiben des Reichsverkehrsministeriums an den Schutzverband Deutscher Schriftsteller am 23. Juni 1922. In Akte: Reichsministerium des Innern. Akten betr. Beaufsichtigung des Bahnhofsbuchhandels. Berichtszeitraum 1922/1923. In: Bundesarchiv Berlin. Abt. Deutsches Reich und DDR. Sign.: R/1501, Archivsignatur 113539, S. 13.

89 Auf derselben Versammlung wurden die Pachtregelungen im deutschen Buchhandel behandelt. Vgl. auch die Berichterstattung über den Sitzungsverlauf in BHB Nr. 14/15 vom 15. August 1922, S. 44ff., sowie BHB Nr. 16/17 vom 15. September 1922, S. 56ff.

90 Den öffentlich ausgetragenen Streit zwischen den beiden Großunternehmen nutzte der Schutzverband Deutscher Schriftsteller für eine Attacke gegen Stilke, um seine Unzufriedenheit mit dem literarischen Angebot an den Berliner Verkaufsständen zum Ausdruck zu bringen, die hauptsächlich gängige Massenliteratur zum Nachteil der deutschen Schriftsteller führten. Vgl. Frankfurter Zeitung vom 22. Juni 1922, hier zit. nach Akte: Reichsministerium des Innern. Akten betr. Beaufsichtigung des Bahnhofsbuchhandels. Berichtszeitraum 1922/1923. In: Bundesarchiv Berlin. Abt. Deutsches Reich und DDR. Sign.: R/1501, Archivsignatur 113539, S. 5.

> gerade bei den kleinen nichtkapitalkräftigen Pächtern besteht die besondere Gefahr, dass sie minderwertige Literatur verkaufen oder in geschäftliche und finanzielle Abhängigkeit vom Verleger geraten. Der buchhändlerisch vorgebildete kapitalkräftige Grossunternehmer kann die Interessen auch der Verleger und Schriftsteller besser wahren und bei der Auswahl des gebotenen Lesestoffes den Anforderungen entsprechen.[91]

Vor allem die Verlegerverbände plädierten für die Konzessionsvergabe an größere Unternehmen, da sich die Abwicklung der Geschäftsvorgänge in diesem Fall erheblich einfacher gestaltete.[92] Die Konzession sollte allerdings denjenigen Unternehmen verwehrt werden, deren Verlag hauptsächlich Schriften für den Verkauf im Verkehrsbuchhandel herstellten, um unerwünschte Monopolbildungen im Vorfeld zu vermeiden. Mit diesem Schritt sollte die Vielfalt des literarischen Angebots an den Verkaufsständen gewährleistet werden.

Für den 17. August 1922 wurde ein weiteres Treffen vereinbart, an dem 47 Vertreter der verschiedenen Berufsverbände des Buchhandels wie auch der Parteien teilnahmen.[93] Tenor dieses Treffens war, dass eine befristete Vergabe von Konzessionen der Entwicklung des Verkehrsbuchhandels ebenso im Wege stand wie eine zu strenge Zensur. Stilke sicherte in seiner Eigenschaft als Vorsteher des Vereins Deutscher Bahnhofsbuchhändler den Volksbildungsvereinen zu, dass er deren Bücherverzeichnisse prüfen und seinen Kollegen empfehlen werde.

Grundsätzlich verliefen die Gespräche zur Zufriedenheit der Verkehrsbuchhändler. Die Branche konnte drei große Erfolge verbuchen: 1) Eine Standardisierung der Pachtbedingungen, 2) die Ablösung fester Pachtsummen durch den dynamischen Pachtzins und 3) die Einführung von unbefristeten Pachtverträgen. Die Konsequenz aus den beiden Treffen war der Entwurf eines Einheitsvertrags zwischen dem Reichsverkehrsministerium und den Verkehrsbuchhändlern. Die „Allgemeinen Bedingungen“ gründeten sich weiterhin auf dem Konzept der Dezentralisierung. Die Vertragsabschlüsse und die Aufsicht über die Verkehrsbuchhandlungen übernahmen die einzelnen Reichsbahndirektionen.

Die „Allgemeinen Bedingungen“ gliederten sich in die Rubriken „Vertrag“, „Vertragszins“, „Geschäftsbetrieb“ und „Besondere Rechte und Vorbehalte der Reichsbahnverwaltung“. Insgesamt bestanden die „Allgemeinen Bedingungen“ aus zwanzig Paragrafen, die u.a. die Zuweisung von Standorten in den Bahnhofshallen, die Anzahl der Verkaufsstellen, die Kündigungsfristen, die Klärung von Schadensersatzansprüchen, die Höhe des Pachtzinses und die Zahlungsmodalitäten der Jahrespacht regelten. Die Vergabe von Konzessionen erfolgte jetzt erstmals unbefristet, wobei den Vertragspartnern eine Kündigungsfrist von sechs Monaten eingeräumt wurde:

91 Niederschrift über die Sitzung am 24. Juli 1922 über die Neuregelung des Bahnhofsbuchhandlungswesens. Ebd. S. 43.

92 BHB Nr. 14/15 vom 15. August 1922, S. 46.

93 Niederschrift über die Sitzung am 17. August 1922 über die neuen Bedingungen für die Zulassung des Bahnhofsbuchhandels, S. 27ff.

Paragraf 1 der Rubrik „Geschäftsbetrieb“ sicherte dem Verkehrsbuchhändler die Zuweisung eines geeigneten Verkaufsstandes auf dem Gelände der Reichsbahn zu. §2 regelte die dem Verkehrsbuchhändler entstehenden laufenden Betriebskosten. So musste der Pächter selbst für die Heizung und Beleuchtung sowie die Unterhaltung der notwendigen Anschlüsse und für die Installation eines Gas- sowie Stromzählers aufkommen. Auch die laufenden Kosten für die Unterhaltung und Renovierung der Verkaufsstände hatte der Verkehrsbuchhändler zu tragen. Benötigte die Reichsbahnverwaltung die verpachtete Fläche für eigene Zwecke, musste der Verkehrsbuchhändler seinen Verkaufsstand auf eigene Kosten entfernen lassen. Für die gesonderte Aufstellung von Automaten bedurfte es der Genehmigung der Reichsbahnverwaltung.

Paragraf 15 regelte das alleinige Verkaufsrecht für Zeitungen, Zeitschriften und Bücher, wobei der Bahnhofsbuchhandel bei der Auswahl des Lesestoffes auf kulturelle und volksbildnerische Aspekte zu achten hatte. Außerdem war er angehalten, die Zeitungen aller politischen Parteien zur Auswahl bereitzuhalten. Während der Verkauf von „Schmutz- und Schundliteratur“ generell untersagt war, zählten die amtlichen Kursbücher wiederum zu den Pflichtartikeln. Darüber hinaus war der Pächter angehalten, eine Preisliste der Zeitungen und Zeitschriften öffentlich auszuhängen. Presseartikel durften weder in den Zügen verkauft werden, noch war es den Verkäufern erlaubt, einzelne Zeitungen an den Bahnsteigen auszurufen.

Die Reichsbahnverwaltung behielt sich ein weit reichendes Mitspracherecht vor, selbst bei der Einstellung von Personal. So mussten z.B. Kriegsinvaliden bevorzugt eingestellt werden, eine Regelung, die bei den Verkehrsbuchhändlern auf heftigen Widerstand stieß. Zwar schrieben die Bestimmungen des Kriegsfürsorgegesetzes die Bevorzugung von Kriegsbeschädigten bei gleicher Eignung vor, der Verkehrsbuchhandel wies aber darauf hin, dass im zunehmenden Konkurrenzkampf ein eingespieltes und fähiges Verkäuferteam ein wichtiges Kriterium für das erfolgreiche Bestehen einer Verkehrsbuchhandlung sei. Die Mehrzahl der Kriegsbeschädigten besaßen dagegen weder die notwendigen literarischen Vorkenntnisse noch die bei den harschen Witterungsverhältnissen, denen die Angestellten häufig ausgesetzt waren, notwendige körperliche Konstitution.[94]

Der Verkehrsbuchhändler haftete außerdem für jeden Schaden, der durch seine Verkäufer verursacht wurde, und hatte keinerlei Schadensersatzansprüche gegenüber der Reichsbahn. Selbst wenn ein Mitarbeiter bei Ausübung seines Berufes auf dem Gelände der Reichsbahn tödlich verunglückte, musste der Verkehrsbuchhändler für Schadensersatzansprüche gegenüber den Hinterbliebenen aufkommen. Zum Schutz vor solchen Schadensersatzleistungen war der Verkehrsbuchhändler deshalb aufgefordert, eine entsprechende Versicherung abzuschließen.

Das wichtigste Kontrollinstrument der Bahndirektionen waren jedoch die Geschäftsbücher. Die Verkehrsbuchhandlungen wurden hierfür in drei Größenkategorien eingeteilt. Als kleinere Betriebe fasste man diejenigen mit einem Jahresumsatz von 15.000 Reichsmark,

---

94 BHB Nr. 11 vom 8. Juni 1921, S. 25f.

mittlere Betriebe erwirtschafteten bis zu 100.000 Reichsmark, und zu den Großbetrieben zählten die Unternehmen, die über 100.000 Reichsmark Gewinn pro Jahr verbuchen konnten. Je nach Größe des Betriebs unterschieden sich die Vorschriften für die Buchführung. Die kleinen Verkehrsbuchhandlungen hatten lediglich ein Einnahmen- und Ausgabenbuch zu führen, die mittleren Betriebe Kassenbuch sowie Rechnungseingangs- und Inventarbuch; den Großbetrieben dagegen wurde die doppelte Buchführung und Führung eines Inventarbuchs sowie eines Verzeichnisses der Einrichtungsgegenstände zur Aufgabe gemacht. Um ihren Mitarbeitern die Kontrollausübung zu erleichtern, hatte die Deutsche Reichsbahn eine dienstinterne „Anleitung zur Ermittlung des Ertrages von Bahnhofsbuchhandlungen“ als Leitfaden für die Eisenbahndirektionen herausgegeben.[95]

Obwohl die „Allgemeinen Bedingungen“ dem Verkehrsbuchhändler das alleinige finanzielle Risiko seiner Unternehmung zuwiesen und die Aufwendungen der Deutschen Reichsbahn für den Literaturservice auf ihren Bahnhöfen sehr gering hielt, stimmten die Verkehrsbuchhandlungen diesem Entwurf zu. Die sehr restriktiven Bestimmungen resultierten aus der besonderen Rolle des Verkehrsbuchhändlers als Pächter eines Nebenbetriebs der Eisenbahngesellschaft. Diese waren der Aufsicht der Bahnverwaltungen unterworfen; es handelte sich also um eine Art Dienstverhältnis.[96] Die „Allgemeinen Bedingungen“ erleichterten jetzt großen Filialunternehmen eine überregionale Expansion; ein weiterer wichtiger Pluspunkt des Einheitsvertrags war zudem die unbefristete Vergabe der Konzession, die der Schutzverband Deutscher Schriftsteller und diverse Volksbildungsvereine vehement abgelehnt hatten, um ein wichtiges Druckmittel auf den Verkehrsbuchhandel nicht aus der Hand zu geben. Ein großer Erfolg für die Verkehrsbuchhändler war außerdem die Einführung des dynamischen, also umsatzabhängigen Pachtzinses.

Ein drittes Treffen des Reichsverkehrsministers mit den Berufsorganisationen des Buch- und Verlagshandels wurde für den 31. Oktober 1922 anberaumt.[97] Diesmal nahmen 22 Vertreter aus dem Reichsverkehrsministerium und den verschiedenen Buchhändler- und Verlegerverbänden teil. Im Mittelpunkt der Versammlung stand die Gründung eines Ausschusses, der der Reichsbahnverwaltung auf dem Gebiet des Verkehrsbuchhandels beratend zur Seite stehen sollte. Neben einer Beratungsaufgabe hatte der Ausschuss auch eine schlichtende Funktion bei Streitfällen zwischen Verlegern, Schriftstellern und Verkehrsbuchhändlern.[98] Der Ausschuss sollte ein wichtiges Bindeglied zwischen der Reichsbahnverwaltung, den Verkehrsbuchhändlern und der Öffentlichkeit sein. Die Anrufung des Ausschusses konnte durch das Reichsverkehrsministerium oder durch eine der vertretenen Organisationen erfolgen. Einzelmitglieder hatten sich zuerst an ihre eigenen Interessen-

---

95 Vgl. Der Vertrieb Nr. 14 vom 7. April 1936, S. 154.

96 Fuchs: Die gewerberechtliche Behandlung der Bahnhofsbuchhandlung, S. 22.

97 Schreiben des Reichsverkehrsministeriums an die Mitglieder des Ausschusses für Buchhandel am 8. Oktober 1922. In Akte: Reichsministerium des Innern. Akten betr. Beaufsichtigung des Bahnhofsbuchhandels. Berichtszeitraum 1922/1923. In: Bundesarchiv Berlin. Abt. Deutsches Reich und DDR. Sign.: R/1501, Archivsignatur 113539, S. 89.

98 Schreiben des Reichsverkehrsministeriums an die Mitglieder des Ausschusses für Buchhandel am 8. Oktober 1922. Ebd. S. 89.

verbände zu wenden.[99] Der Ausschuss hatte jedoch keinerlei Mitspracherecht beim Verbot von politischen Schriften an den Verkaufsständen und konnte in dieser Angelegenheit nicht einberufen werden.[100]

Ende des Jahres 1930 zeichnete sich eine Aktualisierung der „Allgemeinen Bestimmungen" ab. Am 25. November 1930 wurden im *Bahnhofsbuchhandel* „Die neuen allgemeinen Bedingungen für die Bahnhofswirtschaften" abgedruckt, die in weiten Teilen auch den Verkehrsbuchhandel betrafen.[101] Am 6. Januar 1932 lud die Reichsbahndirektion Berlin die Vertreter des Verkehrsbuchhandels zur Besprechung der Arbeitsgemeinschaft über den Entwurf der neuen allgemeinen Bedingungen ein,[102] und schon ein Jahr später, am 1. Januar 1933, trat die Neufassung der „Allgemeinen Bedingungen" in Kraft. Die an sich nur wenigen Veränderungen bedeuteten dennoch eine deutliche Verschärfung der Pachtkonditionen.[103] Vor allem die Überprüfung der Verkehrsbuchhandlungen wurde perfektioniert. So konnte jetzt bereits bei irreführenden Angaben über den Umsatz und Geschäftsbetrieb die fristlose Kündigung erfolgen; die Fassung von 1922 dagegen sah diese drastische Maßnahme nur bei grob fahrlässigen oder absichtlich herbeigeführten fehlerhaften Angaben vor.[104]

Als Umsatz galt die gesamte Geschäftseinnahme ohne Abzüge von entstandenen Kosten. Insgesamt wurde die Buchführung komplizierter; zudem sahen die neuen Bestimmungen eine schärfere Kontrolle der Finanzen vor.[105] Intention der verschärften Buchführung war die lückenlose Überprüfung der Entwicklung des Betriebes über ein ganzes Jahr hinweg. Neu war auch die Einführung eines Rechnungsbuches, das einen Überblick über die noch offenen Verpflichtungen des Verkehrsbuchhändlers und somit über seine Liquidität bot.[106]

Die aktualisierten „Allgemeinen Bedingungen" bemühten sich außerdem um eine Vereinfachung der Buchprüfung zumindest bei Großbetrieben mit mehreren Filialen. Bislang hatten Reichsbahndirektionen die Niederlassungen in ihren Zuständigkeitsbereichen einzeln kontrolliert, nun wurde lediglich am Hauptgeschäftssitz des Unternehmens eine Ertragsberechnung für das Gesamtunternehmen zu Grunde gelegt. Die Berechnung der Betriebsergebnisse sowie die damit verbundenen Pachtvorschläge wurden an die einzelnen Reichsbahndirektionen, die für die Filialen zuständig waren, geschickt. Sie konnten die Angaben entsprechend der örtlichen Verhältnisse korrigieren.[107] Die dynamische Pachtfestsetzung

99 Niederschrift über die erste Sitzung des Ausschusses für den Bahnhofsbuchhandel am 31. Oktober 1922. Ebd. S. 95ff.
100 Schreiben des Reichsverkehrsministers an den Reichsminister des Innern am 24. November 1922. Ebd. S. 98.
101 BHB Nr. 20/21 vom 25. November 1930, S. 137f.
102 BHB Nr. 1 vom 18. Januar 1932, S. 1.
103 Vgl. auch [Anonym]: Pachtverträge in historischer Sicht, S. 41f.
104 BHB Nr. 11 vom 15. November 1932, S. 127–130, hier S. 127.
105 Vgl. BHB Nr. 3 vom 15. März 1933, S. 18ff.
106 BHB Nr. 3 vom 15. März 1933, S. 18.
107 Ebd. S. 22.

blieb zwar erhalten, der Reichsbahn wurde jedoch das Recht auf einen Jahresmindestpachtzins eingeräumt.

Außerdem konnte ein Pächter seine Konzession zur Führung einer Verkehrsbuchhandlung jetzt auf Dauer verlieren, wenn er nach den §§ 184 und 184a des Reichsstrafgesetzbuches (Verkauf von „sittenwidrigen“ Schriften) rechtskräftig verurteilt worden war. Neu hinzugekommen war auch das Verbot von Druckschriften, die das „nationalsozialistische Kulturwollen“ gefährdeten. Bei Nichtbeachtung dieses unter §15, Ziffer 9 der „Allgemeinen Bedingungen“ geregelten Verbots drohte dem Verkehrsbuchhändler die fristlose Kündigung.[108]

Die „Allgemeinen Bedingungen für die Zulassung der Bahnhofsbuchhandlungen“ von 1922 manifestierten grundsätzlich den Sonderstatus der Verkehrsbuchhändler im Gewerberecht, der jetzt eindeutig dem Verkehrswesen zugeordnet worden war; deshalb waren diese von den Bestimmungen des §6 der Reichsgewerbeordnung weiterhin ausgenommen.[109] Diese Sonderbehandlung blieb daher ein andauernder Konfliktpunkt zwischen Sortiment und Verkehrsbuchhandel auch noch im Nationalsozialismus.[110]

7.4 Verkehrsbuchhandel und Gewerberecht

Nebenbetriebe der Bahnen waren alle Einrichtungen, die im weitesten Sinne über den eigentlichen Beförderungszweck hinaus den Reiseverkehr förderten. Zu den wichtigsten Nebenbetrieben gehörten z.B. die Schlaf- und Speisewagen, die im Auftrag der MITROPA-Aktiengesellschaft fuhren, Auskunftsbüros, Fundbüros und die Gepäckabfertigung, demnach Betriebe, die nach der Lösung von den Eisenbahnunternehmen nicht mehr existent waren. Darüber hinaus zählten die Bahnhofswirtschaften, die Büffets auf den Bahnsteigen, Friseure, der Verleih von Reisekissen und -decken sowie die Buch- und Zeitschriftenverkaufsstände dazu, also Einrichtungen, die den Reisekomfort erhöhten. Eine wesentliche Voraussetzung dafür, dass diese Unternehmungen als Nebenbetrieb galten, war der räumli-

108 BHB Nr. 11 vom 15. November 1932, S. 127–128.

109 Paragraf 6 der Reichsgewerbeordnung nahm die Gewerbebetriebe der Eisenbahnunternehmungen explizit aus dem Regelwerk der Reichsgewerbeordnung heraus. Dabei war es unerheblich, ob es sich um Privat- oder Staatsbahnen handelte. Allerdings zählte der Gesetzgeber die Bahnhofsbuchhandlung nicht ausdrücklich zu den Gewerbebetrieben der Bahn. Vgl. Fuchs: Die gewerberechtliche Behandlung der Bahnhofsbuchhandlung, S. 11, und Genest: Die rechtlichen Grundlagen der Nebenbetriebe der Bundesbahn, insbesondere des Bahnhofsbuchhandels, S. 321, sowie BHB Nr. 8 vom 18. August 1932, S. 91f, BHB Nr. 6/7 vom 3. Mai 1931, S. 25f.

110 Die Eisenbahnunternehmung selbst genoss eine gewerberechtliche Sonderstellung. Die Intention dieses besonderen Status' zielte auf die freie und ungehemmte Entwicklung des Verkehrssystems. Außerdem hätte eine Unterordnung der Eisenbahnunternehmungen unter das Gewerberecht den Arbeitern im Zeitraum vor der Reichsverfassung 1919 ein Streikrecht eingeräumt. Dies galt es, im Interesse der Verkehrsentwicklung wie auch der Landesverteidigung zu vermeiden. Vgl. Fuchs: Die gewerberechtliche Behandlung der Bahnhofsbuchhandlung, S. 12.

che Zusammenhang mit der Eisenbahngesellschaft, d.h. die Verkaufsstände mussten sich ausnahmslos auf dem Gelände der Bahnhöfe befinden.[111]

Die andauernden Attacken der Interessenverbände der Sortimenter gegen den Verkehrsbuchhandel und Forderungen nach Aberkennung des Sonderstatus' bewog den Verein Deutscher Bahnhofsbuchhändler mit allem Nachdruck, an die Deutsche Reichsbahn und die Regierung zu appellieren, dass die Anwendung des Gewerberechts auf den Verkehrsbuchhandel den Konkurs der gesamten Branche bedeuten würde:

> Die Folgen für uns wären katastrophal, die geschäftlichen Ausfälle unberechenbar. Man denke z.B. an den Oster-, Pfingst- und Weihnachtsverkehr, der sich an den Feiertagen abspielt, aber auch an die Sonntage mit den reicher ausgestatteten Zeitungsausgaben, an die Abendstunden nach sieben Uhr, die vieler Orts wichtige Abendblätter bringen! Eine nicht unbeträchtliche Zahl von Eisenbahnbuchhandlungen würde unrentabel, viele Angestellten, die bisher noch in Schichten beschäftigt werden konnten, würden brotlos werden.[112]

Im Gegensatz zu der Rechtsunsicherheit in dieser Frage noch im ausgehenden 19. Jahrhundert, die ihren Ausdruck in disparaten und regional völlig unterschiedlichen Gerichtsentscheidungen fand, bemühte sich das Reichsverkehrsministerium jetzt um eine einheitliche Regelung auf Reichsebene. Nach der Gründung der Reichsbahn und dem Erlass des Reichsbahngesetzes im Reichstag und Reichsrat setzte eine lebhafte Debatte über die umstrittene Sonderstellung der Verkehrsbuchhändler ein. 1924 wurde im Reichstag ein Antrag eingebracht, nach dem dieser beschließen möge, den Sonderstatus der Bahnhofsverkaufsstände zu beenden und diese der Reichsgewerbeordnung zu unterwerfen. Am 25. Februar 1925 beschloss der Reichstag jedoch einstimmig folgenden Gesetzesentwurf:

> Diejenigen auf dem Gelände von Eisenbahnunternehmungen betriebenen Gewerbe, welche nicht auf die Eisenbahnbeförderung von Personen und Gütern abzielen, rechnen nicht zu den Betrieben von Eisenbahnunternehmungen, indessen kann die höhere Verwaltungsbehörde für die Bahnhofsschankwirtschaften und andere auf dem Gelände der Eisenbahnunternehmungen betriebenen Gewerbe auf Widerruf Ausnahmen von den Bestimmungen über Arbeitszeit, Polizeistunde, Sonntagsruhe und Ladenschluß bewilligen, soweit dies zur Befriedigung der Bedürfnisse der die Eisenbahn in Anspruch nehmenden Bevölkerungskreise geboten erscheint.[113]

Ende der zwanziger Jahre erschienen vermehrt Schriften, die sich mit dem Rechtscharakter und der gewerberechtlichen Sonderstellung der Verkehrsbuchhandlungen auseinandersetzten. Der Geheime Oberregierungsrat Kienitz, der frühere Referent für den Bahnhofsbuchhandel im Reichsverkehrsministerium und Verfasser der Schrift *Die gewerbliche Freiheit des Bahnhofsbuchhandels* (um 1930), argumentierte, dass Regelungen, die das gesamte

111 Ebd. S. 13ff, und BHB Nr. 8 vom 18. August 1932, S. 91.
112 BHB Nr. 10 vom 1. Juli 1927, S. 126.
113 Fuchs: Die gewerberechtliche Behandlung der Bahnhofsbuchhandlung, S. 40.

Eisenbahnwesen beträfen, zwangsläufig auch für die Nebenbetriebe Gültigkeit besäßen. Das Eisenbahnwesen werde zu Recht aus der Gewerbeordnung herausgenommen, weil es besondere Bedürfnisse der Allgemeinheit befriedige: „Im modernen Personenverkehr wenigstens ist – um zunächst nur dem wichtigsten Nebenbetrieb zu gedenken – ein Reisen bei Verhinderung der körperlichen oder geistlichen Nahrung praktisch nicht mehr recht denkbar“.[114]

Wichtig für die Debatte über Sonderregelungen für die Nebenbetriebe der Bahn war die Forderung nach Überordnung der Reichsgesetze gegenüber den verschiedenen Landesgesetzen. Zweifel an der Rechtmäßigkeit des Sonderstatus’ der Nebenbetriebe richteten sich stets gegen die Unmöglichkeit, Reisende von den Nichtreisenden zu trennen. Die Sortimenter ärgerten sich vor allem über Nichtreisende, die sonntags ihren Lektürebedarf im Bahnhofsbuchhandel deckten, und sahen hierin eine finanzielle Benachteiligung ihrer Stadtbuchhandlungen. Trotz unterschiedlicher Rechtsprechungen auf Landesebene stellte das Reichsgericht in den zwanziger Jahren unmissverständlich fest, „daß, sofern nur der eigentliche Zweck des Nebenbetriebes gegeben sei und erfüllt werde, jede andere Erwägung jener Art als unbeachtlich beiseite treten müsse“.[115] Der Verkehrsbuchhandel wurde zu den wichtigsten Nebenbetrieben gezählt, weil er Reisende mit Artikeln versorgte, die diese vor Antritt der Reise nicht ohne Weiteres besorgen konnten.

So galt es für die Verkehrsbuchhändler, zwei Sachverhalte zu klären: Die Frage, ob es sich bei dieser Branche um einen Nebenbetrieb der Eisenbahnverwaltungen handelte; dies wurde eindeutig auf Reichsebene bestätigt. Die zweite Frage zielte darauf, ob Reiselektüre tatsächlich einen unverzichtbaren Reiseartikel darstellte. Begründet wurde diese Feststellung damit, dass der Reisende sich auf langen Fahrten ausschließlich an den Verkaufsständen der Verkehrsbuchhändler vor allem mit aktuellem Tagesschrifttum eindecken konnte, denn die nur kurze Aufenthaltsdauer in den Bahnhöfen machte einen Besuch der Stadtbuchhandlung schließlich unmöglich.[116]

Verschiedene Eingaben der Landtage an den Reichsrat zwangen diesen, einen Ausschuss mit Vertretern der Preußischen Ministerien des Innern und für Handel und Gewerbe und der Reichsbahnhauptverwaltung zu gründen, der einheitliche Richtlinien in dieser Fragestellung erarbeitete. Das Ergebnis dieses Ausschusses waren die „Richtlinien für die Behandlung der Bahnhofswirtschaften und Bahnhofsverkaufsstellen“ vom 21. Februar 1927.[117]

Die Richtlinien schrieben vor, dass die Bahnhofsverkaufsstellen sich generell an den örtlichen Ladenschluss zu halten hatten, räumten aber eine Ausnahmeregelung ein, über die auf Antrag die Reichsbahndirektion in Einvernahme mit der höher geordneten Verwaltungsbehörde zu entscheiden hätte. Maßgebend für eine Ausnahmeregelung war, dass es sich bei den Verkaufsartikeln grundsätzlich um Reisebedarf handelte; dazu zählten neben

114 Kienitz: Die gewerbliche Freiheit des Bahnhofsbuchhandels, S. 6.
115 Ebd. S. 9.
116 Vgl. Fuchs: Die gewerberechtliche Behandlung der Bahnhofsbuchhandlung, S. 9f.
117 Vgl. auch Genest: Die rechtlichen Grundlagen der Nebenbetriebe, S. 322.

Rauchwaren, Lebens- und Genussmitteln sowie Blumen unstrittig Zeitungen und Zeitschriften, nicht zuletzt auch Reiselektüre.[118]

Die „Richtlinien“ wurden vom Reichsrat angenommen und den Länderregierungen zur Annahme empfohlen.[119] Die Neuregelungen erklärten die Reiselektüre zweifelsfrei zum notwendigen Reisebedarf, damit also zu einem Artikel, der auch außerhalb der gewerberechtlich vorgeschriebenen Ladenöffnungszeiten verkauft werden durfte.[120] Die „Richtlinien“ vom 21. Januar 1927 bildeten die Grundlage für die Neufassung der „Allgemeinen Bedingungen für die Zulassung von Bahnhofsbuchhandlungen“, die am 1. Januar 1933 erlassen wurden und die Fassung von 1922 jetzt ablösten. Der Sonderstatus des Verkehrsbuchhandels als Nebenbetrieb der Deutschen Reichsbahn wurde auch hier bestätigt.[121] Grundsätzlich wurde dem Einzelhandel, der sich hartnäckig gegen die Liberalisierung der Ladenöffnungszeiten im Verkehrsbuchhandel wehrte, ein weiteres Mal eine klare Absage erteilt.

Doch nicht nur die Reichsgewerbeordnung berücksichtigte den Sonderstatus der Nebenbetriebe: Auch das Reichsbahngesetz vom 30. August 1924 bestimmte in §16, Absatz 5 nochmals, „daß die Vorschriften der Gewerbeordnung auf den ‚Betrieb der Deutschen Reichsbahn‘ nicht anzuwenden“ seien.[122] Damit bestätigte das Reichsbahngesetz die Reichsgewerbeordnung und einzig die Reichsregierung war formalrechtlich noch in der Lage, dem Verkehrsbuchhandel seinen Sonderstatus zu entziehen. Doch an einer solchen Maßnahme war der Reichsregierung wie auch der Deutschen Reichsbahn kaum gelegen, waren sie doch beide an einem funktionierenden Verkehrsbuchhandel interessiert.[123]

Die Verkehrsbuchhandlungen unterstanden allerdings dem Gewerberecht in den Bereichen, die den Reiseverkehr und die Bedürfnisse der Eisenbahngesellschaften nicht unmittelbar tangierten. Die Verkaufsstände wurden in der Reichsgewerbeordnung als stehendes Gewerbe beurteilt und unterlagen deshalb dem §14 der Gewerbeordnung (z.B. Anzeigepflicht seines Unternehmens gegenüber den örtlichen Behörden nach Betriebsaufnahme

---

118 Vgl. auch Bbl. Nr. 18 vom 22. Januar 1927, S. 91.

119 Vgl. Genest: Die rechtlichen Grundlagen der Nebenbetriebe, S. 322.

120 Abdruck der „Richtlinien vom 21. Januar 1927“ in Fuchs: Die gewerberechtliche Behandlung der Bahnhofsbuchhandlung, S. 42f. Die „Richtlinien“, die übrigens keinen Gesetzescharakter besaßen, regelten die Ladenöffnungszeiten der Bahnhofsverkaufsstellen über eine Sondererlaubnis durch die Reichsbahn im Einvernehmen mit höheren Verwaltungsstellen. Vgl. BHB Nr. 6/7 vom 3. Mai 1931, S. 25.

121 Vgl. Fuchs: Die gewerberechtliche Behandlung der Bahnhofsbuchhandlung , S. 44f.

122 Ebd. S. 25.

123 Für die Reichsbahn betrugen die Einnahmen aus dem Verkehrsbuchhandel im Jahr 1919 1.147.656 M, 1922 121.004.976 M, 1925 nach der Inflation ca. 1,5 Millionen RM, 1926 rund 1,7 Millionen RM. 1930 steigerten sich die Einnahmen auf rund 2,4 Millionen RM. An einer Beschränkung und Behinderung des Verkehrsbuchhandels konnte die Reichsbahn deshalb nicht interessiert sein. Das Reichsbahngesetz vom 4. Juli 1939 erwähnte im Paragraf 16 erstmals die Nebenbetriebe besonders: „1. Die Deutsche Reichsbahn ist kein Gewerbebetrieb; 2. Für den Reichsbahnbetrieb einschließlich der Nebenbetriebe, die den Bedürfnissen von Betrieb und Verkehr der Deutschen Reichsbahn zu dienen bestimmt sind, gelten nicht die Gewerbeordnung und das Gaststättengesetz vom 28.4.1930“. Vgl. Genest: Die rechtlichen Grundlagen der Nebenbetriebe, S. 322.

und Anbringen eines Firmenschildes mit dem Namen des Inhabers).[124] Der Verkehrsbuchhändler war auch hinsichtlich der Ausbildung von Lehrlingen – der Inhaber musste über die notwendigen Qualifizierungen als Ausbilder verfügen – der Gewerbeordnung unterworfen.

Der Sonderstatus des Verkehrsbuchhandels als Nebenbetrieb der deutschen Bahnen zeigte sich nicht nur allein bei den Ladenöffnungszeiten und beim Arbeitsschutzgesetz, sondern auch beim speziellen Pachtverhältnis, dem sich dieser unterzuordnen hatte. In der Gründungsphase des Bahnhofsbuchhandels wurden Pachtgebühren regional unterschiedlich von den einzelnen Eisenbahngesellschaften – teilweise recht willkürlich – bestimmt. Deshalb war es ein wesentlicher Fortschritt in den 1920er Jahren, dass der zu zahlende Pachtzins auf Reichsebene mit der Deutschen Reichsbahn und dem Reichsverkehrsministerium weitgehend vereinheitlicht und ein Übergang von festen zu dynamischen, d.h. vom Jahresumsatz abhängigen, Pachtgebühren vereinbart wurde.

7.4.1 Einführung des dynamischen Pachtzinses

Unmittelbar verknüpft mit dem Problem der allgemeinen Kostensteigerung im Verkehrsbuchhandel nach dem Ersten Weltkrieg war bis 1922 mit der Einführung der Einheitsverträge die noch immer ungelöste Frage nach einheitlichen Pachtzinsen. Der Verkehrsbuchhandel erhoffte sich von der Gründung der Deutschen Reichsbahn eine Vereinheitlichung der Pachtbedingungen. Im Frühjahr 1921 gründete der Verein Deutscher Bahnhofsbuchhändler deshalb eine Kommission, die sich zusammen mit dem Reichsverkehrsministerium in dieser Frage um eine einvernehmliche Lösung bemühen sollte. Der Kommission gehörten die einflussreichsten Verkehrsbuchhändler Deutschlands an, unter ihnen Hermann Stilke, August Vaternahm, Jaçques Bettenhausen und Theodor Ackermann. Die Kommissionsmitglieder beklagten das anhaltende Problem der überhöhten Pachten im Verkehrsbuchhandel, das manche Verkehrsbuchhändler dazu zwinge, hauptsächlich leicht verkäufliche Literatur im Programm zu führen und dabei ihren kulturellen Auftrag zu vernachlässigen.[125] Die Verkehrsbuchhändler, die mit ihren immensen Pachtangeboten bei Bewerbungen um die Konzessionen an der Situation nicht ganz unschuldig waren, argumentierten geschickt, es läge doch auch im Interesse des Reichsverkehrsministeriums, dass in den Verkehrsbuchhandlungen keine „minderwertige“ Massenware verkauft werde.

Auf die Erhöhung der Pachten in Bayern reagierte die Kommission mit der Drohung, ihre Geschäfte aufzugeben und damit großen Konzernen die Konzession zuzuspielen. Der deutsche Verkehrsbuchhandel warnte hier offen vor einer unaufhaltsamen „Amerikanisierung“ der Branche, die weder im Interesse des Reichsverkehrsministeriums noch der Verleger sein könne.[126] Eine wesentliche Forderung des Vereins Deutscher Bahnhofsbuchhändler war die Koppelung des Pachtzinses an den Jahresumsatz, also die Einführung eines dynamischen Pachtzinses, und nicht, wie bisher gehandhabt, als feste und häufig am Reiseaufkommen veranschlagte Pacht.

---

124 Vgl. Fuchs: Die gewerberechtliche Behandlung der Bahnhofsbuchhandlung, S. 34f.
125 BHB Nr. 7 vom 5. April 1921, S. 11.
126 BHB Nr. 12 vom 25. Juni 1921, S. 29ff.

Das Reichsverkehrsministerium reagierte auf den Vorstoß der Verkehrsbuchhändler und berief eine Versammlung für den 24. Juli 1922 ein (auf demselben Treffen wurden bereits die ersten Entwürfe eines Einheitspachtvertrags diskutiert).[127] Besprochen wurde die Festlegung einer Pachtform, „die den schwankenden Geldverhältnissen zu folgen geeignet ist".[128] Das Problem sollte auf einer breiten Grundlage diskutiert werden; deshalb wurden alle am Verkehrsbuchhandel partizipierenden Vereine und Interessengemeinschaften angeschrieben. Die Einladung ging somit nicht nur an den Verein Deutscher Bahnhofsbuchhändler, sondern auch an den Börsenverein der deutschen Buchhändler in Leipzig, den Deutschen Verlegerverein, die Vereinigung schönwissenschaftlicher Verleger in Berlin, die Vereinigung großstädtischer Zeitungsverleger in Berlin, die Vereinigung von Verlegern Deutscher illustrierter Zeitschriften in Leipzig, den Schutzverband Deutscher Schriftsteller in Berlin und den Verband Deutscher Erzähler in Berlin.[129] Darüber hinaus wurde der Reichsminister des Innern zu den Beratungen hinzugezogen.[130]

Das Thema einer Neuregelung des Pachtzinses im Verkehrsbuchhandel stieß auf reges Interesse und es erschienen insgesamt vierzig Vertreter der verschiedenen Organisationen.[131] Die Verleger und Schriftsteller verständigten sich u.a. darauf, dass die Pachtfestsetzungen realistischer veranschlagt werden müssten, denn überzogene Pachtforderungen würden sich auf die Rabatte niederschlagen, und eine solche Entwicklung schade nicht zuletzt dem Verlag und den Schriftstellern. In den „Allgemeinen Bedingungen" wurde nun unter §8 die Zahlung des Pachtzinses neu geregelt. Fortan wurde, gemäß den Forderungen der Verkehrsbuchhändler, der Jahreszins am Umsatz festgemacht. Der Pachtzins war vierteljährlich im Voraus zum Ersten jeden Quartals zu entrichten. Der Pächter hatte bis zum 15. des ersten Quartals der Reichsbahndirektion einen Umsatznachweis aus dem zurückliegenden Vierteljahr vorzulegen.[132] Die Berechnung des Jahresumsatzes erfolgte dabei nach festen Kriterien:

> Die Berechnung der Prozente vom Umsatz hat auf folgender Grundlage zu erfolgen: Der Bahnhofsbuchhändler ist an feste Verkaufspreise gebunden, zu denen gegenwärtig Teuerungszuschläge von 10 Prozent oder 20 Prozent erhoben werden. Die

127 Bereits im März 1922 fand eine dieser Thematik gewidmete außerordentliche Vorstandssitzung der Verkehrsbuchhändler in Berlin statt. Hier wurde die Einführung dynamischer Pachtzinsen diskutiert, die anfangs auf den Widerstand der Bahnhofsbuchhändler stieß. Doch die Folgen des Krieges und die Inflation machten eine Neuregelung der Pachtgebühren und ihre Anpassung an die schwankenden wirtschaftlichen Verhältnisse notwendig. Vgl. BHB Nr. 7 vom 1. April 1922, S. 13f.

128 Akte: Reichsministerium des Innern. Akten betr. Beaufsichtigung des Bahnhofsbuchhandels. Berichtszeitraum 1922/1923. In: Bundesarchiv Berlin. Sign. R/1501, Archivsignatur 113539, S. 10.

129 Einladung des Reichsverkehrsministers, Berlin, den 12. Juli 1922. Ebd.

130 Schreiben des Reichsverkehrsministers an den Reichsminister des Innern vom 19. Juli 1922. Ebd. S. 12.

131 Niederschrift über die Sitzung am 24. Juli 1922 über die Neuregelung des Bahnhofbuchhandlungswesens. Ebd. S. 42.

132 Allgemeine Bedingungen für die Verpachtung der Bahnhofsbuchhandlungen. In Akte: Reichsministerium des Innern. Akten betr. Beaufsichtigung des Bahnhofsbuchhandels. Berichtszeitraum 1922/1923. Ebd. S. 75.

Drucksachen werden mit bestimmten Rabattsätzen geliefert, so dass der Überschuß aus den durch den Verkauf der Druckschriften erzielten Einnahmen über die Einkaufspreise die insgesamt gewährten Rabatte oder den Rohgewinn ergibt.[133]

Die handelsüblichen Rabattsätze betrugen zwischen 25 Prozent und vierzig Prozent, und die Teuerungszuschläge erhöhten entsprechend die Gewinnspanne. Die Verkehrsbuchhändler konnten zudem Geschäftskosten, wie z.B. Verluste durch Schmutz, Wind und Regen sowie durch Ladendiebstahl in Abzug bringen. Darüber hinaus war die Standzahl, der Personalumfang, die Dauer der täglichen Verkaufszeiten sowie die Verpackungs- und Transportkosten zu berücksichtigen. Fünf Prozent des Reingewinnes mussten an die Reichsbahn abgeführt werden.[134]

Der Vorteil des neuen Pachtsystems war, dass es auf die wirtschaftlichen Schwankungen innerhalb der Branche reagieren konnte. Die Bahn war jetzt in der Lage, den Pachtsatz neu festzulegen, wenn es der Geschäftsverlauf erlaubte. Im Gegenzug war der Verkehrsbuchhändler berechtigt, eine Reduzierung des Pachtzinses einzufordern, sollte das Geschäftsjahr mit Gewinneinbrüchen einhergehen. Eine einheitliche Regelung des Pachtzinses war damit noch nicht vollständig gegeben, weil die Bahnverwaltung den Jahreszins je nach Größe und Umfang der Unternehmen nach oben oder unten korrigieren konnte. Außerdem wurden mancherorts noch jährlich fixe Garantiesummen, eine Art Mindestpacht, verlangt.[135] Dennoch war eine Regelung geschaffen worden, die den Interessen des Verkehrsbuchhandels in stärkerem Maße gerecht wurde als die häufig willkürlichen Pachtbestimmungen in der Gründungsphase der Branche.

Ende des Jahres 1926 beschwerten sich die Verkehrsbuchhändler bei der Hauptverwaltung der Deutschen Reichsbahn erneut über die geplante Erhöhung der Pachtgebühren. Die Bahn reagierte damit offenbar auf die Zunahme des Reiseverkehrs seit Mitte der zwanziger Jahre. Die Hauptverwaltung, die eine Unruhe in der Branche vermeiden wollte, sicherte

---

133 Beispielrechnung. Ebd. S. 79f.

134 Die Berechnung des Gewinnprozentsatzes vom Gesamtverkaufspreis erfolgte nach der Formel 100 + Z: (r + z) = 100: x; Z stand für den Teuerungszuschlag und für den normalen Rabattsatz. Bei einem Rabattsatz von 30 Prozent und einem Teuerungszuschlag von 20 Prozent ergab sich folgender Dreisatz: x = (30 + 20) x 100: 100 + 20 = 41,66 Prozent. Die Berechnung des Gewinnprozentsatzes musste wegen der unterschiedlichen Rabatte für jede Rubrik, z.B. Zeitungen, Zeitschriften, Bücher und Kursbücher, separat erfolgen. Das Ergebnis konnte aber nur ein Anhaltspunkt sein, weil vorausgesetzt wurde, dass der Absatz der Waren komplett erfolgte. Unter Abzug von ca. dreißig Prozent der veranschlagten Unkosten ergab sich ein durchschnittlicher Überschussprozentsatz in Höhe von ca. 10 Prozent. Dieser wurde generell mit geringfügigen Abweichungen je nach Größe und Standort der Verkehrsbuchhandlung der Pachtzinsveranschlagung zu Grunde gelegt. Die Hälfte dieser 10 Prozent war als Pachtzins an die Reichsbahnverwaltung abzuführen. Ebd. S. 79f.

135 Ende des Jahres 1927 unternahm der Verein Deutscher Bahnhofsbuchhändler einen Vorstoß bei der Hauptverwaltung der Deutschen Reichsbahngesellschaft und regte die Wiedereinführung von festen Pachten für kleinere Bahnhofsbuchhandlungen an, die kaum konjunkturellen Schwankungen unterliegen würden. Doch die Hauptverwaltung teilte am 8. November 1927 mit, dass wegen der unsicheren Wirtschaftslage – unabhängig von der Größe der Buchhandlung – die Rückkehr zu einer festen Pacht nicht ratsam sei. Die Idee wurde vom Verein Deutscher Bahnhofsbuchhändler offenbar nicht wieder aufgegriffen. Vgl. BHB Nr. 19/20 vom 1. Dezember 1927, S. 206.

eine nochmalige Überprüfung ihres Vorhabens zu.[136] Die allgemeine Buchpreiserhöhung sowie die zunehmende Verbreitung von Radio und Kino, die auch dem Verkehrsbuchhandel zunehmend Kunden entzog, veranlasste den Verein Deutscher Bahnhofsbuchhändler, beim Reichsverkehrsministerium auf eine Reduzierung der Pachtgebühren zu drängen.[137] Der Verband argumentierte mit der Wetter- und Konjunkturabhängigkeit der Branche und forderte die generelle Abschaffung der jährlichen Garantiesumme. Der Deutschen Reichsbahn wurde zu Recht vorgeworfen, mit der Beibehaltung der Garantiesumme das Absatzrisiko ausschließlich auf den Verkehrsbuchhandel abzuwälzen.[138] Mindestpachten könnten allenfalls von großen Filialunternehmen aufgebracht werden.[139]

Auch in den Jahren 1928 und 1929 sah sich der Verkehrsbuchhandel der drohenden Gefahr von Pachterhöhungen ausgesetzt. Kritisiert wurden Großunternehmen, die bei der Bewerbung um Konzessionen der Deutschen Reichsbahn immense Pachtsummen in Aussicht stellten, um den Zuschlag zu erhalten.[140] Der neuerliche Streit über die Höhe der Pachtgebühren entzündete sich an der Neuausschreibung der Bahnhofsbuchhandlung in Breslau. Eine Firma bot hier der Deutschen Reichsbahn zehn Prozent des Jahresumsatzes und eine Mindestpachtgarantie, die die jährliche Pachtsumme auf 18 Prozent erhöhte.[141] Der Bahnhof in Halle dagegen wurde zu einer Mindestpacht von 280.000 M im Jahr vergeben, ein ungewöhnliches Vorgehen, da umsatzunabhängige feste Pachten in der Branche inzwischen unüblich waren.[142] Die Beispiele zeigen, dass trotz der Festlegung der „Allgemeinen Bedingungen" von 1922 Reichsbahnverwaltungen noch immer eigene Wege gingen und mit eigenmächtigen Forderungen vom Einheitspachtvertrag abwichen.

7.4.2 Liberalisierung der Ladenöffnungszeiten

Die Auseinandersetzung über die differenten Ladenöffnungszeiten prägte bereits Mitte des 19. Jahrhunderts das Verhältnis zwischen Sortiments- und Verkehrsbuchhandel. In der Gründungsphase versorgten die Bahnhofsbuchhändler die Reisenden zunächst nur an Wochenenden und später – mit Einführung der Nachtzüge – auch in den Abendstunden mit Reiselektüre; ebenso an Feiertagen, an denen das Verkehrsaufkommen gewöhnlich besonders hoch war. Diese liberalen Verkaufszeiten im Verkehrsbuchhandel kollidierten zunehmend mit den Regelungen des Ladenschlusses im Einzelhandel.

Schon 1891 wurde das erste Ladenschlussgesetz erlassen, wonach die Arbeitnehmer am ersten Weihnachtstag sowie am Oster- und Pfingsttag überhaupt nicht, an den Sonn- und Feiertagen nicht länger als fünf Stunden beschäftigt werden durften. Die Verkaufsstellen mussten daher geschlossen bleiben. Die Gewerbeordnungsnovelle aus dem Jahr 1900 begrenzte erstmals die Ladenöffnungszeiten im Einzelhandel auf neun Uhr abends. Verein-

136 BHB Nr. 2 vom 5. Februar 1927, S. 10.
137 BHB Nr. 8/9 vom 15. Juni 1927, S. 92ff.
138 BHB Nr. 11 vom 15. Juli 1927, S. 125ff.
139 BHB Nr. 15 vom 5. September 1928, S. 133f.
140 BHB Nr. 9/10 vom 1. Juni 1929, S. 82.
141 Ebd. S. 84.
142 Ebd.

barten Dreiviertel der örtlichen Ladenbesitzer einen Ladenschluss auf acht Uhr abends, so war diese Regelung auch für diejenigen Ladenbesitzer bindend, die dagegen gestimmt hatten.[143] Vor allem die Inhaber kleinerer Geschäfte waren mit diesem Verfahren einverstanden. Sie schätzten den Verkaufsertrag am Abend eher als gering ein und waren am Zugewinn von Freizeit selbst interessiert. Diese frühen Regelungen bildeten später auch die Ausgangsbasis für die gesetzliche Beschränkung der Ladenöffnungszeiten während der Novemberrevolution und während der Weimarer Republik.

1915/1916 einigten sich Ladenbesitzer in verschiedenen Städten Deutschlands wegen der kriegsbedingten Warenknappheit freiwillig auf den 19-Uhr-Ladenschluss. Ein weiteres Argument für die Verkürzung der Ladenöffnungszeiten während des Krieges zielte außerdem auf die Einsparung von elektrischer Energie für die Beleuchtung. 1916 wurde deshalb nicht nur der 19-Uhr-Ladenschluss gesetzlich geregelt, sondern auch die Dauer der Schaufensterbeleuchtung.[144]

Ende der zwanziger Jahre erreichte die Kaufkraft allmählich wieder den Stand der Vorkriegszeit. In diesem Kontext verstärkten sich die Angriffe auf die Sonntagsschließung;[145] die Ausnahmeregelungen für die Sonntagsöffnung nahmen wieder zu und höhlten die gesetzlichen Regelungen zunehmend aus.

Der Verkehrsbuchhandel fiel wegen seines Sonderstatus' als Nebenbetrieb der deutschen Bahnen nicht unter diese Verordnungen über den Ladenschluss. Zahlreiche Eingaben des Einzelhandels und seiner Interessenvertretungen stellten den Sonderstatus des Verkehrsbuchhandels in den Nachkriegsjahren immer wieder zur Disposition[146], blieben jedoch mit ihren Forderungen erfolglos.

Die „Verordnung über Sonntagsruhe im Handelsgewerbe und in Apotheken" vom 5. Februar 1919 sicherte dem Verkehrsbuchhandel seinen Sonderstatus weiterhin zu. Die Erlasse des Ministers für Handel und Gewerbe vom 10./11. November 1919 regelte die Sonn- und Feiertagsöffnung einheitlich auf Reichsebene. Auch hier wurde dem Verkehrs-

---

143 Vgl. hierzu grundsätzlich Achten: Die Geschichte des Ladenschlusses, hier S. 247.

144 Vgl. Akte: Der Schutz der Angestellten in offenen Verkaufsstellen. Die von der Eisenbahnverwaltung im Interesse des Reiseverkehrs getroffenen Einrichtungen von Bahnhofswirtschaften, Automaten, Bahnhofsbuchhandel usw. 1896–1934, 1902–1930. Akte in: Geheimes Staatsarchiv Berlin. Sign.: I, HA, Rep. 120 (M) BBIX. 1/Nr. 17 (o. P.).

145 Achten: Die Geschichte des Ladenschlusses, S. 14.

146 Der Preußische Landtag hatte sich zwischen 1918 und 1934 mit zahlreichen Eingaben des Einzelhandels zu beschäftigen. Neben der Diskussion über die „Schmutz- und Schundliteratur" im Bahnhofsbuchhandel waren die Ladenöffnungszeiten wichtigster Streitpunkt. Vgl. hierzu auch Preußischer Landtag. Akten betreffend über den Bahnhofsbuchhandel. November 1918 bis 30. Januar 1934. Geheimes Staatsarchiv Berlin. Sign.: I, HA, Rep. 169 (M)/D Xlp, F/Nr. 5, sowie Akte: Der Schutz der Angestellten in offenen Verkaufsstellen. Die von der Eisenbahnverwaltung im Interesse des Reiseverkehrs getroffenen Einrichtungen von Bahnhofswirtschaften, Automaten, Bahnhofsbuchhandel usw. 1896–1934, 1902–1930. Akte in: Geheimes Staatsarchiv Berlin. Sign.: I, HA, Rep. 120 (M) BBIX. Nr. 1/Nr. 17. Die Eingaben der Einzelhändler zielten vor allem auf ein generelles Verkaufsverbot an Sonn- und Feiertagen außerhalb der Bahnsteigsperren, um zu gewährleisten, dass es sich bei den Käufern wirklich nur um Reisende handelte.

buchhandel nachdrücklich seine Sonderstellung bestätigt.[147] Während in der Vorkriegszeit sich vor allem die Sortimenter gegen die Sonderbehandlung des Verkehrsbuchhandels gewehrt und die Sonntags- und Feiertagsöffnung generell abgelehnt hatten, engagierten sich in der Nachkriegszeit die Verkehrsbuchhändler für eine weitere Liberalisierung der Verkaufsverordnungen. Den Verkehrsbuchhändlern lag daran, ihre Ware an den Sonn- und Feiertagen auch außerhalb der Bahnsperre zu verkaufen. Die damit verbundene Möglichkeit für Nichtreisende, sich auch an den Sonn- und Feiertagen mit Lektüre zu versorgen, blieb für die Sortimentsbuchhandlungen aber ein stetes Ärgernis. Allerdings war die Rechtsprechung in dieser Detailfrage in der Tat disparat. Nicht nur dem Verkehrsbuchhandel, sondern auch den Bahnverwaltungen lag daher an einer Vereinheitlichung dieser Regelung auf allen Bahnhöfen Deutschlands.

Die Stadtbuchhändler gaben ihren Widerstand jedoch nicht auf. Mitte der zwanziger Jahre entfachte sich der Streit zwischen Sortiments- und Verkehrsbuchhandel erneut. Der Abgeordnete der demokratischen Reichstagsfraktion Johannes Büll aus Hamburg forderte 1925 die generelle Schließung der Verkaufsstände sowie die Einstellung des Automatenbetriebs an den Bahnhöfen an Sonn- und Feiertagen. Eine Ausnahme dürften seiner Meinung nach nur die Zeitungskioske darstellen.[148]

Doch die Reichsbahn hatte an einer Beschränkung des Verkehrsbuchhandels kein Interesse. Ihren Sonderstatus begründeten die Verkehrsbuchhändler nicht mehr allein damit, ein Nebenbetrieb der Deutschen Reichsbahn zu sein, sondern sie wiesen auch auf die besonderen Bedürfnisse der Reisenden hin, die allein der Verkehrsbuchhandel zu befriedigen in der Lage sei.[149] Wegen der zunehmenden Zahl von Abend- und Nachtzügen wurde die Diskussion über die Sonn- und Feiertagsöffnung um die Verlängerung der täglichen Öffnungszeiten erweitert. Gerade die Nachtreisenden hätten besondere Ansprüche an die Dienstleistungen der Reichsbahn, zumal andere Einrichtungen, z.B. die Bahnhofswirtschaften, dann geschlossen seien:

> Der Bahnhofsbuchhandel ist ein Instrument des Reiseverkehrs, die Stadtbuchhandlungen der subtilen literarischen Beratung und Versorgung eines festen Kundenstamms, den der Bahnhofsbuchhändler nicht hat. Sein Geschäft ist ein reines „Laufgeschäft" und rentiert sich eben nur dann, wenn die Verkaufszeiten wahrgenommen werden, die der stärkere Verkehr an den Sonntagen und unter Umständen der Nacht- und Schnellzugverkehr mit sich bringt. Diese scharf unterscheidenden Merkmale müssen berücksichtigt werden, will man das Absurde der Gleichstellung beider Geschäftszweige vermeiden.[150]

Im Sommer 1926 erhielt der Verkehrsbuchhandel massive Unterstützung seitens der Vertreter des Fremdenverkehrs, der in der zweiten Hälfte der zwanziger Jahre zunehmend an

147 Bbl. Nr. 23 vom 29. Januar 1920, S. 94.
148 BHB Nr. 3 vom 2. Februar 1925, S. 37ff.
149 BHB Nr. 5 vom 7. März 1925, S. 85f.
150 BHB Nr. 2 vom 23. Januar 1926, S. 17f.

ökonomischem Gewicht gewann. In der Zeitschrift *Germania* vom 23. Juni 1926 unterstrich ein Beitrag die enge Verflechtung von Fremdenverkehr und Verkehrsbuchhandel und forderte nochmals die generelle Sonn- und Feiertagsöffnung für Buch- und Zeitschriftenverkaufsstände auf dem gesamten Gelände des Bahnhofs im Interesse des Tourismus:

> Zu den Bequemlichkeiten der Reisenden jeder Gattung gehört es, wenn sie an Orten starker Verkehrsfrequenz, an den Zentren oder wichtigeren Punkten des Fremdenverkehrs Bedürfnisse befriedigen können, die nun einmal beim Reisen immer sich naturnotwendig einstellen werden. Man spricht kurz vom Reisebedarf. Es muß die Möglichkeit vorhanden sein, ihn in bestimmter Weise zu decken. Unterhaltung, geistige Nahrung, sonstige körperliche Annehmlichkeiten fallen unter den sogenannten Begriff. Man kann wohl sagen, daß die Eisenbahnverwaltung bisher stets im Sinne einer solchen Förderung des Verkehrs sich betätigt hat. [...] Erst in den bequemen Reisemöglichkeiten mit allem, was drum und dran hängt, liegt die Verlockung zum Reisen. Das hat wohl schon jeder am eigenen Leibe verspürt: die Wohltat, wenn solche Bequemlichkeiten vorhanden sind, und das Unbehagen bzw. den Ärger, wenn sie an gewissen Orten fehlen.[151]

Der Verfasser appellierte in dieser Angelegenheit an Verkehrsvereine und Verkehrsverbände, den Verkehrsbuchhandel in seiner Forderung nach Liberalisierung der Ladenöffnungszeiten nachhaltig zu unterstützen. Trotz der massiven Unterstützung ihrer Interessen erlitten die Verkehrsbuchhändler allerdings um den Jahreswechsel 1926/1927 einen Rückschlag: Die „Richtlinien für die Behandlung der Bahnhofswirtschaften und Bahnhofsverkaufsstellen“ von 1927 regelten den Betrieb von Bahnhofsverkaufsstellen – hierunter fielen auch die Bahnhofsbuchhandlungen – dahingehend, dass die Sonntags- und Feiertagsöffnung fortan nicht mehr generell genehmigt werde, sondern von der Bahnhofsgröße und Kundenfrequenz abhängig gemacht werden sollte. Wurde die Sonn- und Feiertagsöffnung erlaubt, dann galt dies allerdings auch für die Verkaufsstände außerhalb der Bahnsteigsperren. Alle Verkaufsstände außerhalb des Personenbahnhofs dagegen unterlagen dem Gewerberecht und mussten geschlossen gehalten werden.[152]

Im Frühjahr desselben Jahres gründete sich der Reichsverband der Bahnhofspächter, um den Forderungen nach Liberalisierung der Ladenöffnungszeiten an den Bahnhöfen Nachdruck zu verleihen.[153] Obwohl der Verein Deutscher Bahnhofsbuchhändler mit dem neuen

---

151 BHB Nr. 15/16 vom 25. Juli 1926, S. 177f.

152 BHB Nr. 1vom 15. Januar 1927, S. 2f.

153 „Die deutschen Bahnhofspächter haben sich nicht zusammengeschlossen, um gewissermaßen einen neuen Berufsstand zu bilden und für diesen Sonderrechte durchzusetzen, sondern sie sind sich in ihrer Gesamtheit voll der Tatsache bewusst, dass die ihnen tatsächlich eingeräumte Sonderstellung lediglich und insoweit ihre Berechtigung findet, als dieselbe den Bedürfnissen des Verkehrs entspricht, der sich in den deutschen Bahnhöfen vollzieht“. Der Reichsverband Deutscher Bahnhofspächter intendierte – so sein Selbstverständnis, das ihm sicherlich die Sympathie der Deutschen Reichsbahn einbrachte – die optimale Versorgung der Reisenden: „Nur für den Reiseverkehr sind die Bahnhofsgeschäfte gedacht, nur an ihn wendet sich sein Angebot, nur auf die Befriedigung seiner Bedürfnisse ist der Wille des Bahnhofspächters gerichtet. Das Bedürfnis des Reiseverkehrs allein ist der Maßstab für

Verband sympathisierte, entschied er sich gegen eine unmittelbare Kooperation, ermunterte aber seine Einzelmitglieder, sich auch im Reichsverband der Bahnhofspächter zu organisieren.[154]

Die Befürchtungen des Verkehrsbuchhandels, seinen Sonderstatus zu verlieren, schienen sich in den zwanziger und dreißiger Jahren nicht zu bestätigen. Aktuelle Gerichtsurteile und eine Stellungnahme des Reichsverkehrsministeriums stärkten den Verkehrsbuchhandel in seiner Rechtsauffassung; so wurde z B. im November 1928 der Deutschen Automaten-Gesellschaft in einem Gerichtsurteil die Genehmigung für den Betrieb ihrer Automaten am Steglitzer Bahnhof auch nach zwanzig Uhr erteilt.[155] Im Juni 1929 zählten das Reichsarbeitsministerium und Reichsverkehrsministerium den Verkehrsbuchhandel offiziell zum Verkehrsgewerbe; damit galt die Sonn- und Feiertagsruhe in dieser Branche nicht.

Die Verkehrsbuchhändler verteidigten diesen Status quo im Verbund mit dem Reichsverband Deutscher Bahnhofspächter erfolgreich.[156] Dieser startete 1929 eine regelrechte Kampagne gegen die Forderungen des Einzelhandels nach Abschaffung des Sonderstatus' der Bahnhofshändler.[157] Er organisierte im Sommer 1929 – also mitten in der Reisezeit – eine Unterschriftenaktion an einzelnen Bahnhöfen: Über 100.000 Reisende votierten für verlängerte Ladenöffnungszeiten im Bahnhofshandel.[158] Von dieser engagierten Öffentlichkeitsarbeit profitierten zweifelsohne auch die Verkehrsbuchhändler.

Als in den frühen dreißiger Jahren die Diskussion über den 19-Uhr-Ladenschluss nochmals aufflammte[159], erhielten die Verkehrsbuchhändler sogar Unterstützung von der Vereinigung schönwissenschaftlicher Verleger. Diese prognostizierte im Falle einer Verkürzung der Ladenöffnungszeiten nicht nur einen erheblichen Rückgang des Umsatzes im Verkehrsbuchhandel und dadurch eine Erhöhung der Arbeitslosigkeit in dieser Branche – die Zahl der von Kündigung betroffenen Angestellten wurde in diesem Zusammenhang mit über 1.200 Arbeitslosen veranschlagt[160] –, sondern befürchtete auch einen eklatanten Rückgang der Umsätze vor allem bei den belletristischen Verlagen selbst.[161] Es herrschte Einig-

---

die Sonderregelung des Verkaufsbetriebes auf den Bahnhöfen, nicht das geschäftliche Interesse der Bahnhofsgeschäfte und auch nicht das Interesse der Eisenbahn an einer nutzbringenden Verwertung ihrer Räume". Der Bahnhofspächter Nr. 10 vom 15. September 1929, S. 3f.

154 BHB Nr. 7 vom 16. Mai 1927, S. 82, und BHB Nr. 8/9 vom 15. Juni 1927, S. 92ff.

155 BHB Nr. 18/19 vom 15. November 1928, S. 177.

156 BHB Nr. 9/10 vom 1. Juni 1929, S. 86.

157 Vgl. u.a. Der Bahnhofspächter Nr. 7 vom 22. Juni 1929, S. 1ff; Nr. 10 vom 15. September 1929, S. 3ff.

158 Vgl. Der Bahnhofspächter Nr. 8 vom 20. Juli 1920, S. 1ff, hier S. 2.

159 Am 10. November 1930 trafen sich Vertreter der Reichsbahn, die Berliner Verkehrs-Gesellschaft, der Verband der Bahnhofspächter und der Verein Deutscher Bahnhofsbuchhändler und debattierten erneut über den 19-Uhr-Ladenschluss. Es wurde einvernehmlich beschlossen, dass die Beschränkung der Ladenöffnungszeiten im Bahnhofsbuchhandel unvertretbare soziale und wirtschaftliche Folgen nach sich zöge (Arbeitslosigkeit der Angestellten, Umsatzrückgänge im Bahnhofsbuchhandel sowie in den Buch- und vor allem Zeitschriftenverlagen). Vgl. BHB Nr. 22/24 vom 15. Dezember 1930, S. 149ff; Abdruck des Gesetzes in: BHB Nr. 4/5 vom 4. April 1931, S. 18.

160 BHB Nr. 3 vom 15. März 1932, S. 20.

161 BHB Nr. 3 vom 15. Februar 1931, S. 9f.

keit darüber, dass der Buch- und Zeitschriftenverkauf uneingeschränkt möglich sein musste, solange auch Züge verkehrten.[162] Der Grund für die stets virulente Diskussion über den Ladenschluss auch noch in den dreißiger Jahren lag in den hartnäckigen Eingaben des Einzelhandels an die entsprechenden Regierungsstellen begründet.[163]

Ein Reichstagsbeschluss vom 13. Dezember 1929 sorgte nochmals für Aufregung. Der Reichstag verfügte, dass Verkehrsbuchhandlungen wenigstens am 24. Dezember um 17 Uhr zu schließen hätten. Die Verkehrsbuchhändler wehrten sich mit dem Argument, dass sich doch gerade in den Abendstunden das Reiseaufkommen nochmals erhöhe, weil viele Reisende zu ihren Familien führen. Der Einspruch blieb aber erfolglos, die Verkaufsstände blieben damit am Weihnachtsabend 1929 geschlossen.[164] Auch eine weitere Verfügung vom 19. Dezember 1930 bestätigte diese Regelung.[165]

Der Streit über die Ladenöffnungszeiten war kein singuläres Problem. Die anhaltende Auseinandersetzung über dieses Thema auch noch in den zwanziger Jahren bedeutete den Kampf der im Einzelhandel und verbreitenden Buchhandel Beschäftigten um die Verbesserung ihrer Arbeitszeiten.[166] Die Ladenschlussfrage war deshalb eng mit der gesetzlichen Regelung des Arbeitsschutzes verknüpft. Der Verkehrsbuchhandel kämpfte also nicht nur für eine Ausnahmestellung hinsichtlich der Verkaufszeiten, sondern forderte zwangsläufig auch eine flexible Handhabung des Arbeitsschutzes und der Arbeitszeiten. Grundsätzlich spekulierte der Einzelhandel darauf, dass der Sonderstatus der Bahnhofsgeschäfte, somit auch des Verkehrsbuchhandels, spätestens durch den geplanten Erlass des Arbeitsschutzgesetzes erfolgreich untergraben werden könne.

7.4.3 Arbeitsschutz und Arbeitszeitgesetz für Angestellte

Das Arbeitsrecht hatte sich auf dem Hintergrund der Industrialisierung im 19. Jahrhundert zu einem eigenständigen Rechtsgebiet entwickelt. Ein wichtiges Segment war der Achtstundentag für Arbeiter und Angestellte sowie das Verbot der Sonn- und Feiertagsarbeit.[167] Doch hatte Bismarck im Rahmen seiner Sozialreformen nachdrücklich auf die Erweiterung des Arbeitsschutzes und damit auf eine dauerhafte Humanisierung der Arbeitswelt verzichtet.[168]

---

162 BHB Nr. 3 vom 15. März 1932, S. 20.

163 Auf Wunsch seiner Mitglieder stellte die Verbandszeitschrift Der Bahnhofspächter 1928 eine Liste mit Gerichtsurteilen über den Ladenschluss im Bahnhofshandel zusammen. Sämtliche Gerichtsentscheidungen bestätigten den Sonderstatus des Bahnhofshandels, zum dem auch der Bahnhofsbuchhandel gehörte, als Nebenbetrieb der Deutschen Reichsbahn. Vgl. Der Bahnhofspächter Nr. 1 vom 15. September 1928, S. 3ff.

164 BHB Nr. 1/2 vom 20. Januar 1930, S. 1, und BHB Nr. 11/12 vom 25. Juni 1930, S. 85f.

165 Vgl. BHB Nr. 1/2 vom 20. Januar 1930, S. 1f., und BHB Nr. 12 vom 15. Dezember 1934, S. 110.

166 Vgl. hierzu Adrian: Die erste Buchhändler-Gewerkschaft, S. 95ff.

167 Vgl. Wehler: Deutsche Gesellschaftsgeschichte 1849 bis 1914, S. 907ff.

168 So blieben – hier im Gegensatz zur Sozialpolitik z.B. in England – die Verkürzung der täglichen Arbeitszeit, das Verbot der Sonntagsarbeit, die Einschränkung von Frauen- und Kinderarbeit, die Garantie von Mindestlöhnen und die Verbesserung des Arbeitsvertragsrechts weiterhin Tabuthemen. Vgl. auch Bischoff: Arbeitszeitrecht in der Weimarer Republik, S. 25.

In den Vorkriegsjahren setzte sich die Sonntagsruhe nur zögerlich durch und wurde durch zahlreiche Ausnahmeregelungen unterhöhlt. Der Achtstundentag im Handel wurde erst in Verbindung mit der Novemberrevolution 1918 für Arbeiter und 1919 für Angestellte umgesetzt.[169] Seit 1919 setzten sich neben dem gesetzlich festgelegten Ladenschluss immer mehr tarifvertragliche Beschränkungen der Arbeitszeit für Beschäftigte auch im Einzelhandel durch.[170]

Erst in den zwanziger Jahren nahm die Reichsregierung eine grundsätzliche Neuregelung des Arbeitsschutzes in Angriff. Nach dem Ersten Weltkrieg regulierten die Demobilmachungsverordnungen aus den Jahren 1918 und 1919 zumindest die Arbeitszeiten der Angestellten.[171] Doch diese Verordnungen besaßen wegen ihrer zeitlichen Befristung nur provisorischen Charakter.[172] Erst mit der Arbeitszeitverordnung vom 1. Januar 1924 wurde in der Geschichte der deutschen Arbeiterschutzgesetzgebung der Achtstundentag Teil der ordentlichen Gesetzgebung.[173] Während sich gegen Ende der zwanziger Jahre die Angriffe auf die Sonntagsruhe und die Ausnahmeregelungen vermehrten, war der Achtstundentag in den verschiedenen Entwürfen der Arbeitszeitordnungen jetzt gesetzlich garantiert.

Für den Verkehrsbuchhandel war die Frage der Arbeitszeit unmittelbar mit den Regelungen der Ladenöffnungszeiten verflochten: Einerseits solidarisierten sich einzelne Angestelltenverbände mit den Beschäftigten im Einzelhandel in der Frage des Ladenschlussgesetzes, weil diese Regelung ihre sozialpolitischen Interessen nach einer Verkürzung der täglichen Arbeitszeit Rechnung trug; andererseits fürchteten die Angestellten gerade im Verkehrsbuchhandel um ihre Arbeitsplätze, sollte der 19-Uhr-Ladenschluss in ihrer Branche bindend werden. Die Verkehrsbuchhandlungen in allen größeren Bahnhöfen arbeiteten ohne Ausnahme im Schichtbetrieb, der nach Einführung des 19-Uhr-Ladenschlusses und dem Verbot der Sonntagsarbeit entfallen und entsprechend Personal freisetzen würde.

Gerade der Verkehrsbuchhandel war auf Wochenend- und Nachtarbeitszeiten seiner Angestellten vor allem an den großen Bahnhöfen Deutschlands angewiesen. Deshalb kämpfte die Branche darum, auch von den gesetzlichen Regelungen des Arbeitsschutzes ausgenommen zu werden. Während der Status des Verkehrsbuchhandels als Nebenbetrieb der Deutschen Reichsbahn in Sachen Ladenöffnungszeiten in diesem Kontext unstrittig war, stand die Ausnahmeposition der Branche hinsichtlich der Einführung eines einheitlichen Arbeitsschutzgesetzes jetzt erneut zur Diskussion.[174]

---

169 Vgl. auch Bischoff: Arbeitszeitrecht in der Weimarer Republik, S. 30f., und Achten: „... denn was uns fehlt, ist Zeit“, S. 26f.

170 1919 legte die Leipziger Gehilfenschaft erstmals durch einen Streik den buchhändlerischen Verkehr still. Auf diesem Wege versuchten sie, Lohnsteigerungen durchzusetzen. Vgl. BHB Nr. 18 vom 1. Oktober 1919, S. 229ff.

171 Die Demobilmachungsverordnung von 1918 schrieb z.B. den Achtstundentag und eine maximale Wochenarbeitszeit von 48 Stunden vor. Die sich anschließende Verordnung von 1919 stellte die Angestellten hinsichtlich der Arbeitszeitregelung den gewerblichen Arbeitern gleich. Vgl. Feldman/Steinisch: Die Weimarer Republik zwischen Sozial- und Wirtschaftsstaat, S. 356f.

172 Ebd. S. 358.

173 Bischoff: Arbeitszeitrecht in der Weimarer Republik, S. 100.

174 BHB Nr. 9/10 vom 1. Juni 1929, S. 82ff., hier S. 84ff. Vgl. Leibl: Die Arbeitsschutzgesetzgebung, S. 60ff.

Die frühen Entwürfe des Arbeitsschutzgesetzes sahen zuerst keine Ausnahmen für die Reichsbahn und ihre Nebenbetriebe mehr vor. Die von Reichstag und Reichsrat entwickelten Entwürfe sahen eine umfassende, systematische und einheitliche Neuordnung des Arbeitsschutzes auch für das Verkehrsgewerbe vor.

Im ersten Entwurf wurde unter dem Stichpunkt Verkehrsgewerbe der Reichsbahn und ihren Nebenbetrieben ihre Sonderstellung aberkannt, zugleich den Bahnhofsverkaufsstellen aber Ausnahmeregelungen eingeräumt. Nach §28 des ersten Entwurfs war die Beschäftigung von Arbeitnehmern an Sonn- und Feiertagen dann zulässig, wenn sich der Reichsarbeitsminister, der Reichsausschuss für Arbeitsschutz und der Reichsverkehrsminister in ihren Ausführungsbestimmungen einvernehmlich darauf verständigten, die Verkaufsstelle eindeutig dem Verkehrsgewerbe zuzuordnen. Die Wochenarbeitszeit durfte in diesem Falle allerdings 60 Stunden nicht überschreiten.

Aus der Begründung der §§39 und 40 ergab sich, dass die Bestimmungen über den Ladenschluss an Werktagen sowie an Sonn- und Feiertagen für die dem Verkehrsgewerbe zuzuordnenden Verkaufsstellen nicht galten. Zu klären war also, ob der Verkehrsbuchhandel zum Verkehrsgewerbe zählte oder nicht. Der Reichswirtschaftsrat fertigte deshalb ein Teilgutachten an, das das bereits im letzten Drittel des 19. Jahrhunderts gängige Argument aufgriff, dass diejenigen Verkaufsstände, die innerhalb der Bahnhofssperre lagen, zum Verkehrsgewerbe zählten und deshalb Zeitungen, Zeitschriften und Reiselektüre auch außerhalb der üblichen Ladenöffnungszeiten verkaufen durften. Auch die Verkaufsstände der Stadt-, Ring- und Untergrundbahnen sollten entsprechend geöffnet sein.

Diesem Gutachten folgte der Reichsrat allerdings nicht und schlug vor, dass die dem Verkehrswesen zuzuordnenden Verkaufsstellen unabhängig von ihrer Lage Ausnahmebestimmungen mit dem Reichsarbeitsminister, dem Reichsrat und dem Reichsverkehrsminister vereinbaren sollten. Nach §43 des zweiten Entwurfs waren nun Verkaufsstellen, die eindeutig dem Verkehrsgewerbe zuzurechnen waren, von den Bestimmungen des Ladenschlusses und damit auch von der Arbeitszeitordnung befreit.

Der Verein Deutscher Bahnhofsbuchhändler kämpfte darum, die Ausnahmebestimmungen für den Verkehrsbuchhandel im Arbeitsschutzgesetz nunmehr gesetzlich zu regeln. Der Verkehrsbuchhandel versicherte, dass er seine Angestellten keinem rechtsfreien Raum aussetzen wolle, doch es gelte, die Besonderheiten des Gewerbes zu berücksichtigen:

> Das soll natürlich nicht dazu führen, daß die Angestellten des Bahnhofsbuchhandels außerhalb jedes Arbeitsschutzes gestellt werden sollen. Auch die Arbeitnehmer der Eisenbahnunternehmungen sind ja vom Arbeitsschutz als solchen nicht ausgenommen, aber die Rücksicht auf den unaufhörlich weiterlaufenden Verkehr der Bahnen erfordert auch für sie eine besondere Regelung. Und wie bisher trotz der Herausnahme der Bahnen aus der Gewerbeordnung ein genügender Schutz der Arbeitnehmer der Bahnen gewährleistet war, so wird dies auch für die Nebenbetriebe der

> Bahnen durchaus möglich sein, wie ja auch die eingangs erwähnten Richtlinien einen durchaus gangbaren Weg eingeschlagen haben.[175]

Ein rechtsfreier Raum bestand allerdings weiterhin hinsichtlich tarifvertraglicher Regelungen, denn die Verkehrsbuchhändler waren nicht Mitglied in den Arbeitgeberorganisationen. Außerdem waren die Angestellten im Verkehrsbuchhandel kaum in Arbeitnehmervertretungen organisiert.[176] Tarifrechtliche Bestimmungen konnten damit in der Branche nicht durchgesetzt werden. Die Zugeständnisse der Verkehrsbuchhändler hinsichtlich der Arbeitsbedingungen, Entlohnung und Arbeitszeiten bestanden vorläufig auf freiwilliger Basis. Allerdings orientierten sich die Verkehrsbuchhändler an den gültigen Tarifverträgen. Das Unternehmen Stilke hielt sich z.B. an den für Berlin abgeschlossenen Tarifvertrag des Einzelhandels. So sollten an den Sonntagen ausreichend Ruhepausen und ein entsprechender Sonntagszuschlag gewährt werden. Auch konnte der Betrieb der Verkehrsbuchhandlung an Sonntagen oder am 24. Dezember reduziert werden, indem von mehreren Verkaufsständen nur einer geöffnet wurde.

1930 war über den Gesetzesentwurf noch immer nicht entschieden.[177] Im September 1931 starteten die Angestellten im Verkehrsbuchhandel eine Unterschriftenaktion mit der Forderung an die Reichsregierung, verlängerte Ladenöffnungs- und Wochenendarbeitszeiten im Verkehrsbuchhandel zuzulassen, da sonst wenigstens 700 Verkäufer arbeitslos würden und ca. 200 Verkehrsbuchhandlungen geschlossen werden müssten.[178] Die Angestellten sorgten sich inzwischen um ihre Arbeitsplätze, zumal wegen der wirtschaftlich schwierigen Lage auf dem Arbeitsmarkt kaum Hoffnung auf eine Neuanstellung bestand.

Die Auseinandersetzung über eine weitgehende Flexibilisierung der Arbeitszeiten blieb zwar weiterhin virulent, doch der Verein Deutscher Bahnhofsbuchhändler hatte immerhin eine weitgehende Formalisierung der Pachtbedingungen wie auch eine gewerberechtliche Manifestation der branchenspezifischen Besonderheiten im Geschäftsablauf durchsetzen können. Doch bereits seit der Mitte der 1920er Jahre sah sich die Branche mit neuen Problemen konfrontiert, denn das nur schwache Reiseaufkommen in Deutschland und die vermehrte Konkurrenz von Automobilen, vor allem aber von Omnibussen, entzogen dem Verkehrsbuchhandel jetzt zunehmend an Kaufkraft, und die Branche geriet in eine ernsthafte wirtschaftliche Krise.

---

175 BHB Nr. 9/10 vom 19. Mai 1930, S. 66.
176 Vgl. BHB Nr. 18 vom 1. Oktober 1919, S. 230.
177 BHB Nr. 4/5 vom 4. April 1931, S. 18.
178 BHB Nr. 13 vom 21. September 1931, S. 85.

7.5 Wirtschaftliche Entwicklung des Verkehrsbuchhandels seit der Mitte der 1920er Jahre

Während die deutsche Bevölkerung auf Grund der Wirtschaftskrise kaum noch in der Lage war, In- oder gar Auslandsreisen anzutreten, profitierte der Verkehrsbuchhandel Anfang der zwanziger Jahre immerhin von der wachsenden Anzahl von ausländischen Touristen.[179] Schon im Sommer 1922 erwarteten die Verkehrsbuchhändler wegen der für Ausländer besonders günstigen Valuta einen großen Andrang in den Kur- und Badeorten. Der Verkehrsbuchhandel bemühte sich, auf die Reisewelle mit entsprechender Literatur vorbereitet zu sein:

> Er [der Verkehrsbuchhandel, C.H.] steht zum ersten Male vor der gewiß nicht leichten Aufgabe, ein Publikum bedienen zu müssen, dessen Wünsche und Besonderheiten er nicht kennt. Wenn wir erfahren, daß sich nicht weniger als 300.000 Amerikaner mit der Absicht tragen, einen friedlichen Einfall in unser Land zu unternehmen, so möchten wir wohl im Besitze jeglicher Kenntnis sein, die sich auf die literarischen Neigungen dieser Gäste bezieht. Sind es die englischen und amerikanischen Zeitungen und Zeitschriften, die in den Vordergrund gestellt werden müssen, oder ist es das Buch des englisch-amerikanischen Literaturkreises, das die größere Aussicht auf Absatz bietet? Wie werden sich die Geschäfte der deutschen Zeitung und dem deutschen Buche gegenüber verhalten? Soll man die ersten Wogen dieser Fremdenflut erst an sich heranschlagen lassen und damit ihre geistigen Bedürfnisse kennen lernen oder ist es besser, gerüstet dazustehen und sogleich alles zu bieten, was sie von uns erwartet? Letzteres dürfte nicht leicht sein und schließt sich die Übernahme eines gewissen Risikos ein.[180]

Die Verkehrsbuchhändler wappneten sich gegen den erwarteten Ansturm englischsprachiger Kunden mit der Bereitstellung der *Tauchnitz-Edition.* Diese aus ca. 4.500 fremdsprachigen Bänden bestehende Reihe war schon immer stark von ausländischen Reisenden frequentiert worden. Der Verlag bot den Verkehrsbuchhändlern Sonderkonditionen, die nicht nur günstige Lieferungsbedingungen umfassten, sondern auch dem Verkehrsbuchhändler vor Ort die inhaltliche Zusammenstellung der Reihe überließ. Darüber hinaus warben die Verlage mit leicht verkäuflichen Artikeln zu günstigen Rabatten. Die Verleger von Reiseführern wiederum bemühten sich um eine ausreichende Anzahl von fremdsprachigen Reisehandbüchern. Auch ausländische Zeitungen und Zeitschriften wurden vermehrt in das Verkaufsprogramm aufgenommen. Der Verkehrsbuchhandel ging davon aus, dass der Sommer 1922 unter dem Zeichen des „ausländischen“ Buches stehe. Als problematisch erwies sich allerdings die schwache Personalsituation. Für die Sommermonate wurde mehr Personal benötigt, das aber nur mit auf eine Saison befristeten Arbeitsverträgen eingestellt werden konnte.

---

179 BHB Nr. 15 vom 1. August 1920, S. 173.
180 BHB Nr. 9 vom 5. Mai 1922, S. 22.

Im Januar 1923 konstatierten die Verkehrsbuchhändler zwar eine leichte Zunahme des Reiseaufkommens, das sich allmählich dem Stand der Vorkriegszeit annäherte, aber der Verkauf von Reiselektüre verlief weiterhin nur zögerlich, da die Bücher auf Grund der hohen Rohstoff- und Papierpreise immens teuer waren:

> Der Buchverkauf, der sonst einen beträchtlichen Teil des Umsatzes ausmachte, ist sichtlich im Rückgange begriffen. Selbst der Reisende, dem das Geld oft lockerer in der Tasche sitzt, als daheim, ist vorsichtig geworden und hält sich zurück. Bücher in höherer Preislage warten infolgedessen vielfach vergeblich auf Käufer, während der Absatz im Preise niedriger Werke allein niemals die Gewähr für die Erhaltung unserer stark belasteten Betriebe zu geben vermag.[181]

Der Verkehrsbuchhandel würdigte im Sommer 1923 die Leistungen der Deutschen Reichsbahn, deren Fahrplan und Pünktlichkeit sowie andere Serviceleistungen sich ständig verbesserten. Die Reichsbahn investierte in die Sicherheit und Attraktivität der Bahnreise. Ein wichtiges Kriterium für den Reisekomfort war die Steigerung der Reisegeschwindigkeit. Dennoch blieb der Verkehrsbuchhandel skeptisch gegenüber den Prognosen eines wirtschaftlichen Aufschwungs für die Reisesaison 1924/1925. Die hohen Lebenshaltungskosten und die wirtschaftlich unsichere Situation sowie die Arbeitslosigkeit hemmten weiterhin den Reiseverkehr innerhalb Deutschlands. Die Bevölkerung sparte an den Reisen wie auch am Lesestoff, eine Kombination, die den Verkehrsbuchhandel besonders hart traf. Doch die Bedenken zerstreuten sich im August 1923, die Witterungsbedingungen waren günstig, und der Reiseverkehr entwickelte sich entgegen den ursprünglichen Prognosen schließlich sehr rege.[182]

Auch in den Folgejahren klagten die Verkehrsbuchhändler auf ihren Jahreshauptversammlungen unvermindert über die nur schwachen Umsätze und die Versuche der Reichsbahn, die Pachten zu erhöhen.[183] Während in den Jahren unmittelbar nach dem Ende des Krieges der große Informationsbedarf am tagespolitischen Geschehen wenigstens einen regen Absatz von Zeitungen und Zeitschriften gewährleistet hatte, konstatierten die Verkehrsbuchhändler seit der Mitte der 1920er Jahre nunmehr auch einen kritischen Rückgang der Nachfrage nach Presseartikeln.[184] Das innerdeutsche Reiseaufkommen war insgesamt noch schwach ausgebildet und die wohl situierten Reisenden seien inzwischen offensichtlich auf Automobile umgestiegen, während die finanziell schwächer gestellten Bahnreisenden, die sich keinen eigenen Kraftwagen leisten konnten, auch kaum das Geld für Reiselektüre besäßen.[185]

---

181 BHB Nr. 1/3, Januar/Februar 1923, S. 2.

182 BHB Nr. 14/15 vom 15. August 1923, S. 83f.

183 Vgl. Bbl. Nr. 92 vom 21. April 1925, S. 877, Bbl. Nr. 85 vom 13. April 1926, S. 451, und Bbl. Nr. 99 vom 29. April 1926, S. 539.

184 Bbl. Nr. 92 vom 21. April 1925, S. 877, und Bbl. Nr. 85 vom 13. April 1926, S. 451, sowie Bbl. Nr. 99 vom 29. April 1926, S. 539.

185 Bbl. Nr. 92 vom 21. April 1925, S. 877.

Das vermehrte Aufkommen von Automobilen seit der Mitte der 1920er Jahre erwies sich für den Verkehrsbuchhandel in der Tat als ernsthaftes Problem. Der Verein Deutscher Bahnhofsbuchhändler erwog deshalb, dass die Verkehrsbuchhändler wieder vermehrt Verkaufsstände in Hotels einrichten sollten, um an ihr Kundenklientel heranzukommen, zumal die Zeitungs- und Zeitschriftenverleger diese Absatzlücke bereits entdeckt hatten und Hotels mit ihren Presseartikeln unter Gewährung von großzügigen Rabatten direkt belieferten.[186] Die Verkehrsbuchhändler ärgerten sich vor allem darüber, dass die Zeitungs- und Zeitschriftenverleger sich im Vorfeld nicht erkundigt hatten, ob dieser Service nicht auch vom örtlichen Verkehrsbuchhandel hätte übernommen werden können, zumal dieser den Hotelbuchhandel nach der Jahrhundertwende eingeführt hätte:

> Gerade was die Hotels anbetrifft, ist es der Bahnhofsbuchhandel gewesen, der die dort vorhandenen Geschäftsmöglichkeiten für Buch, Zeitung und Zeitschrift zuerst erkannt und wahrgenommen hat. Vielfach scheint der Verlag gar nicht zu wissen, daß von Angehörigen unseres Berufes zahlreiche Hotelbuchhandlungen betrieben werden. Was sollen die Hotelbesitzer denken, wenn ihnen auf einmal durch die unüberlegte Propaganda der Zeitungs- und Zeitschriftenverleger der Weg zur eigenen Bewirtschaftung von Buchhandlungen gewiesen wird? Und was würde der Verlag davon haben, wenn es ihm gelingen sollte, die Hotelbesitzer zu Buchhändlern zu machen? Glaubt er wirklich, daß die Verkehrsbuchhändler die Hände in den Schoß legen und ruhig zusehen, wie ihnen das Wasser abgegraben wird.[187]

Die Heidelberger Verkehrsbuchhandlung Schmitt reagierte auf den zunehmenden Automobilverkehr nicht nur mit der Errichtung von Hotelbuchhandlungen, sondern platzierte jetzt auch vermehrt Zeitungskioske an belebten Straßenkreuzungen.[188] In den Folgejahren verstärkten sich die Klagen über das vermehrte Kraftfahrzeugaufkommen, aber auch über die zunehmende Nutzung von Flugzeugen, die der Eisenbahn inzwischen Konkurrenz machten.[189] Der Verfasser des Artikels *Der zunehmende Kraftwagenverkehr und der Bahnhofsbuchhandel* (1927) prognostizierte der Branche ein hohes Maß an Wandlungsfähigkeit, um fortexistieren zu können:

> Vielleicht stehen in 10-20 Jahren unsere Verkaufsstände gar nicht mehr an den Bahnhöfen, sondern an den Einfalltoren und Knotenpunkten des Kraftwagenverkehrs, vielleicht auch in den Hotels oder Luftschiffhäfen. Das ist keine Utopie, sondern das Ergebnis nüchterner und folgerichtiger Betrachtung.[190]

Doch nicht nur das Automobil war Ursache für den Rückgang des Reiseaufkommens auf den Bahnen. Viele Reisende, die nur über ein begrenztes Reisebudget verfügten, nutzten

186 BHB Nr. 16/17 vom 15. September 1924, S. 329.
187 BHB Nr. 6 vom 21. März 1924, S. 106.
188 Vgl. Schmitt: Unsere Firmengeschichte, S. 70.
189 BHB Nr. 8/9 vom 15. Juni 1927, S. 92ff.
190 BHB Nr. 19/20 vom 1. Dezember 1927, S. 206.

inzwischen auch das vielfältige Angebot an Omnibusausflügen. Der Omnibus entwickelte sich rasch zu einem Massentransportmittel, dessen Streckennetz in den zwanziger Jahren enorm expandierte. Den Ausflugsangeboten der Omnibusunternehmen setzte zwar die Reichsbahn ein eigenes Programm an Sonderfahrten und Kurzausflügen entgegen, doch diese Bemühungen zeigten keinen spürbaren Erfolg. Von der leichten Steigerung der Reiseintensität seit der Mitte der zwanziger Jahre profitierte der Verkehrsbuchhandel deshalb nur wenig, obwohl in diesem Zeitabschnitt die Zahl der Firmenneugründungen um zwanzig Unternehmen stieg.[191] Die Reichsbahn arbeitete 1928 mit insgesamt 838 Verkehrsbuchhandlungen (einschließlich der Filialen) zusammen.[192]

Die Bahnhofs- und Verkehrsbuchhändler litten aber nicht nur unter der allgemeinen Konjunkturschwäche des Reisemarkts; sie waren auch unmittelbar von innen- und außenpolitischen Entscheidungen der deutschen Regierung betroffen. So führte z.B. die Ruhrbesetzung in den Jahren 1923/1924 durch französische und belgische Truppen – eine Maßnahme, die von der deutschen Regierung provoziert worden war – dazu, dass der dort ansässige Verkehrsbuchhandel vorübergehend seine Existenzgrundlage verlor.

Die dort ansässigen Verkehrsbuchhändler mussten Hals über Kopf ihre Verkaufsstände im Stich lassen, wie das Verbandsorgan feststellte.[193] In den ersten Monaten hielt sich der Verein Deutscher Bahnhofsbuchhändler mit kritischen Kommentaren zurück, um Einzelverhandlungen zwischen den betroffenen Verkehrsbuchhändlern mit der französischen Eisenbahnverwaltung nicht zu behindern. Der Vorstand drückte auf seiner Hauptversammlung am 30. April 1923 den betroffenen Geschäftskollegen lediglich sein Bedauern aus.[194]

Der von der deutschen Regierung geforderte passive Widerstand gegen die Besatzer brachte den Personenverkehr vollständig zum Erliegen; in der Folge litten die deutschen Verkehrsbuchhändler unter massiven Umsatzeinbrüchen und waren zeitweise auf die Förderung aus den Unterstützungskassen angewiesen. Die Standorte der deutschen Bahnhofsbuchhandlungen wurden von dem französischen Presseunternehmen Hachette übernommen. Die Firma Georg Stilke, die in Wiesbaden eine Filiale unterhielt, wurde – wie viele andere Verkehrsbuchhändler auch – von den französischen Bahnhofsvorstehern aufgefordert, ihren Verkaufsraum bis zum 20. Juni 1923 zu räumen.[195] Ein weiteres prominentes Opfer der Ruhrbesetzung war das Düsseldorfer Unternehmen Theodor Schnitzler. Aber auch die Mainzer Firma E. Steiniger, die am 1. Juni 1884 in Bingerbrück gegründet worden war und bereits kurze Zeit später Niederlassungen in Mainz, Darmstadt und Worms betrieb, verlor während der Ruhrbesetzung mit Ausnahme von Darmstadt sämtliche Filialen. Immerhin wies das Eisenbahnministerium dem dadurch schwer geschädigten Unternehmen eine Ersatzniederlassung im Wuppertaler Bahnhof zu.[196]

---

191 Von Wissell: Zur Geschichte des Bahnhofsbuchhandels, S. 210.

192 BHB Nr. 18/19 vom 15. November 1928, S. 177.

193 Vgl. BHB Nr. 9/10 vom 19. Mai 1930, S. 53ff. Rückblick auf die Folgen der Ruhrgebietsbesetzung im Jubiläumsartikel Fünfundzwanzig Jahre Verein Deutscher Bahnhofsbuchhändler.

194 BHB Nr. 9 vom 15. Mai 1923, S. 35ff.

195 BHB Nr. 5/6 vom 15. März 1924, S. 54ff.

196 Ebd. S. 299.

Am 7. Januar 1924 leitete der Reichsminister für die besetzten Gebiete eine diplomatisch formulierte Eingabe des Vereins Deutscher Bahnhofsbuchhändler an den Reichsverkehrsminister weiter, „mit der Bitte, die Behörden des besetzten Gebietes von den Wünschen des durch die Franzosen aus den Bahnhöfen verdrängten deutschen Bahnhofsbuchhandels in geeigneter Weise zu verständigen".[197] Der Verein Deutscher Bahnhofsbuchhändler beklagte die wirtschaftlich prekäre Situation der vertriebenen Geschäftskollegen:

> Wie aus dem gefälligen Schreiben des Herrn Reichsverkehrsministers vom 7. Dezember 1923 – E.VI.68.Nr.10382 – hervorgeht, besteht wenig Aussicht dafür, dass die französisch-belgische Eisenbahnregie Mainz den Eisenbahnbuchhändlern im besetzten Gebiet die ihnen geraubten Buchhandlungen wieder zurückgibt. Eine diesbezügliche Eingabe ist seitens unseres Vorstandes an die französisch-belgische Eisenbahnregie in Mainz am 10. Dezember 1923 abgesandt worden, jedoch ist eine Antwort bisher nicht eingetroffen. Dieselbe wird, wenn sie überhaupt erfolgt, dem Herrn Reichsverkehrsminister sogleich zur Kenntnis gebracht werden. Inzwischen sind die Verhältnisse der Bahnhofsbuchhändler im besetzten Gebiet immer drückender geworden; jede Möglichkeit, ihr Geschäft wieder zu betreiben, ist ihnen seitens der Franzosen und Belgier genommen worden.[198]

Auch weitere Eingaben des Reichsverkehrsministeriums und des Vereins Deutscher Bahnhofsbuchhändler bei der französischen Regierung blieben erfolglos.[199] Zur Empörung des deutschen Verkehrsbuchhandels verkaufte Hachette in den ersten Monaten ausschließlich französische Literatur. Diese Maßnahme erlebten deutsche Reisende als politische Provokation.[200]

Die deutschen Verkehrsbuchhändler begannen damit – gedacht als propagandistische Gegenmaßnahme –, vor den Bahnhöfen Verkaufspavillons zu installieren und hier deutsche Literatur und Presseartikel zu verkaufen. Als Verkaufsfläche nutzten die Verkehrsbuchhändler das unmittelbar an das Bahngelände angrenzende Terrain, das in die Zuständigkeit der Stadtverwaltungen fiel und nicht in die der französischen Eisenbahnregie.[201] Da die Stadtverwaltungen dieses Vorgehen aber nicht unterstützten, forderte der Verein Deutscher Bahnhofsbuchhändler den Reichsverkehrsminister auf, auf diese entsprechend einzuwirken.[202] Die Akten sagen nichts mehr darüber aus, ob die betroffenen Verkehrsbuchhändler ein entsprechendes Gelände für den Verkauf deutscher Artikel zugesprochen bekamen.

---

197 Akte: Reichsministerium des Innern. Akten betr. Beaufsichtigung des Bahnhofsbuchhandels. Berichtszeitraum 1922/1923. Akte in: Bundesarchiv Berlin. Sign.: R/1501, Archivsignatur 113539, S. 114.

198 Ebd. o. P., zwischen S. 114 und 115.

199 BHB Nr. 1/2 vom 19. Januar 1924, S. 2.

200 Akte: Reichsministerium des Innern. Akten betr. Beaufsichtigung des Bahnhofsbuchhandels. Berichtszeitraum 1922/1923. Akte in: Bundesarchiv Berlin. Sign.: R/1501, Archivsignatur 113539, S. 115.

201 Ebd.

202 Ebd. S. 115f.

Inzwischen hatte das französische Presseunternehmen Hachette – allein schon aus kommerziellen Gründen – den Verkauf von deutschsprachiger Literatur, Zeitungen sowie Zeitschriften wieder eingeführt. Der Verein Deutscher Bahnhofsbuchhändler rief die deutschen Verleger auf, das französische Unternehmen nicht mit Verlagsartikeln zu beliefern.[203] Doch die Maßnahme zeitigte keine Wirkung, denn den Hauptteil seiner deutschen Presseartikel bezog Hachette von der Internationalen Zeitungszentrale in Frankfurt/M., die sich dem Boykottaufruf widersetzte. Daraufhin drängten die deutschen Verkehrsbuchhändler das Reisepublikum, den französischen Konkurrenten zu meiden.[204] Die Reichsbahndirektion wies bereits am 24. Juli 1924 ihre Direktionen in Koblenz, Trier, Köln, Essen und Mainz an, nach Beendigung des Ruhrkampfs die vormaligen deutschen Verkehrsbuchhändler wieder als Pächter einzusetzen, um Neuausschreibungen der Bahnhöfe vorzubeugen.

Im November 1924 kapitulierte die deutsche Regierung. Im selben Monat kündigten die französischen Eisenbahnverwaltungen in den besetzten Gebieten ihrem Verkehrsbuchhändler Hachelte die Standorte auf, und die deutschen Verkehrsbuchhändler konnten zurückkehren. Ab dem 16. November 1924 eröffneten die deutschen Vorbesitzer wieder ihre Verkaufsstände.[205] Auf ihrer Jahreshauptversammlung 1925 bestätigte der Verein Deutscher Bahnhofsbuchhändler, dass die Verkaufsstände in den vormals besetzten Gebieten wieder in deutscher Hand seien. Allererst galt es jetzt, die Kunden wieder zurückzugewinnen, die während der französischen Besetzung das Unternehmen Hachette boykottiert hatten.[206]

Während die Ruhrbesetzung vor allem die dort ansässigen Bahnhofs- und Verkehrsbuchhandlungen betraf, litt die Branche an sich weiterhin an den wirtschaftlichen Folgen des nur geringen Reiseaufkommens. Die Bahnhofs- und Verkehrsbuchhändler entschieden sich deshalb dafür, vermehrt mit den Anbietern der Reise- und Tourismusbranche zu kooperieren und sich als unverzichtbares Segment des Reisemarkts zu positionieren. Diese Maßnahmen zur wirtschaftlichen Konsolidierung der Branche wurden von modernen Werbe- und Marketingmethoden flankiert.

7.5.1 Verkehrsbuchhandel als Segment des Reise- und Verkehrsgewerbes

Die wirtschaftlichen Folgen des Ersten Weltkriegs zwangen das Reich, die Kommunen, das Transport- sowie Beherbergungswesen und nicht zuletzt den Verkehrsbuchhandel zu einer Neubewertung des Fremdenverkehrs und der Unternehmensstrategien im Personenverkehr. Die Touristikwirtschaft erlebte daher in den Jahren der Weimarer Republik einen tief greifenden Strukturwandel, der auch Einfluss auf die Entwicklung des Verkehrsbuchhandels nahm, denn Reiseanbieter und Verkehrsbuchhändler suchten jetzt vermehrt gemeinsame Wirkungsfelder. Ein wichtiges Ziel aller am Tourismus partizipierenden Unternehmen war

203 BHB Nr. 1/2 vom 19. Januar 1924, S. 2.
204 BHB Nr. 5/6 vom 15. März 1924, S. 54ff.
205 BHB Nr. 19 vom 15. Oktober 1924, S. 381f.
206 Vgl. Bbl. Nr. 92 vom 21. April 1925, S. 877.

die Erschließung neuer Kundenschichten für den Reisemarkt. An die Stelle des herkömmlichen zahlungskräftigen Reisepublikums der besitzenden Mittel- und Oberschichten trat der „neue Mittelstand“ der Beamten sowie Angestellten und in kleinerem Umfang auch die Arbeiter.

Die vorrangigste Aufgabe der Deutschen Reichsbahn, der Schiffsreedereien und anderer Tourismusanbieter (Reisebüros und Verkehrsvereine) sowie des Verkehrsbuchhandels nach dem Krieg war die Wiederbelebung und Erhöhung des Verkehrsaufkommens in Deutschland. Die Verkehrsbuchhändler machten für ihre sinkenden Umsätze vor allem den Rückgang der Zahl von Reisenden verantwortlich. Deshalb war die Branche unmittelbar von den Bemühungen der Deutschen Reichsbahn und anderen Reiseanbietern zur Steigerung des Personenverkehrs abhängig und setzte auf Kooperation. Der bereits um die Jahrhundertwende in der Reisebranche einsetzende Konzentrationsprozess und ihre internationalen Aktivitäten wurden daher in den Jahren der Weimarer Republik intensiviert.

Der Verkehrsbuchhandel öffnete sich jetzt auch gegenüber fremden Branchen und arbeitete nicht mehr nur mit der Deutschen Reichsbahn und Schiffsreedereien zusammen, sondern auch vermehrt mit Versicherungen, Reiseagenturen, Ferienorganisationen (u.a. Arbeitervereinen) und dem Hotelgewerbe. Der Verkehrsbuchhandel verstand sich in den Weimarer Jahren also nicht nur als wichtige Teilbranche des verbreitenden Buchhandels, sondern zunehmend auch als wesentliches Segment der Tourismusbranche und entwickelte sich zu einem konstituierenden Element des modernen Massentourismus. Große Verkehrsbuchhandlungen waren inzwischen regelmäßig mit eigenen Ausstellungsflächen auf den jährlich stattfindenden Verkehrsausstellungen vertreten und präsentierten sich hier als unverzichtbarer Bestandteil des Reisemarkts.

Eine Folge dieses Konzentrationsprozesses war, dass sich die Wirkungsbereiche der einzelnen Reisebranchen zunehmend überschnitten. Der Verkauf von Reiselektüre war nicht mehr die alleinige Domäne des Verkehrs- und Sortimentsbuchhandels. Die Distribution von Reiselektüre fand jetzt auch außerhalb der vom Verkehrsbuchhandel unterhaltenen Serviceeinrichtungen statt. Die Buchreihen für Reisende zählten z.B. zu den erfolgreichsten literarischen Saisonartikeln der Buchabteilungen und Leihbüchereien in den Warenhäusern, die jetzt auch vermehrt als Reiseveranstalter auftraten. Die Reedereien und Reisebüros gliederten ihren Unternehmen aus Gründen der Kostenersparnis Verlagsanstalten an, die die Herstellung von Reise- und Verkehrszeitungen, von Reisehandbüchern wie auch von Prospektmaterial übernahmen.

Die Hamburg-Amerika-Linie GmbH Berlin hatte bereits 1905 eine Sortimentsbuchhandlung mit dem Spezialgebiet Reiseführer und Reiseliteratur gegründet. Das international agierende Reiseunternehmen Carl Stangen gab im eigenen Verlag schon 1884 die Zeitschrift *Der Tourist* heraus, die seit 1894 unter dem Titel *Carl Stangens Verkehrszeitung* zu einem wichtigen Werbe- und Informationsblatt der Touristikbranche avancierte. [207] Das Berliner Reisebüro Karl Riesel integrierte in sein Unternehmen einen Verlag und gab die

207 Vgl. Fuß: Geschichte des Reisebüros, S. 58.

Zeitschrift *Karl Riesels Verkehrsreiseblätter* und die Buchreihe *Karl Riesels Hotelführer* heraus, die eine jährliche Auflage von 15.000 Exemplaren erlebten.[208] Dem Verkehrsbuchhandel bot sich dadurch die Gelegenheit, die Tourismus- und Verkehrszeitungen als Werbeträger zu benutzen. Aber auch die Verkehrsbuchhändler versuchten, ihre Bilanzen durch die Einrichtung von Verlagsanstalten aufzubessern. Das Unternehmen Karl Schmitt z.B. gab seit Mitte der zwanziger Jahre im eigenen Verlag Fremdenverkehrszeitschriften heraus.[209]

Während die Reiseagenturen auch als Verleger aktiv wurden, etablierten sich große Presse- und Verlagsunternehmen vermehrt als saisonal aktive Reiseanbieter. In der Sommerzeit betätigten sich z.B. große Zeitungsverlage, u.a. die Konzerne Ullstein und Stinnes, im Reisegeschäft und richteten Reiseagenturen ein.[210] Das kurz vor Ausbruch des Ersten Weltkriegs gegründete Ullstein-Reisebüro sah seine Aufgabe in der Reiseberatung für die Leserinnen und Leser der *Vossschen Zeitung*. Die Reiseagentur war bei der Reiseplanung behilflich und empfahl ihren Kunden Erholungsstätten; darüber hinaus förderten spezielle Reisebeilagen der *Vossschen Zeitung* den Informations- und Erfahrungsaustausch zwischen den Reisenden. Mit Anschluss an das Mitteleuropäische Reisebüro war Ullstein jetzt in der Lage, auch Fahrkarten zu verkaufen.[211] Der Ullstein-Konzern propagierte in den zwanziger Jahren Wochenendfahrten, Gesellschaftsreisen, Studienreisen sowie Gruppenfahrten und Sonderzüge. Populär waren die Sonderreisen zu großen Sportereignissen. Gemeinsam mit dem Norddeutschen Lloyd organisierte das Ullstein-Reisebüro außerdem Schiffsreisen. Ende der zwanziger Jahre bot Ullstein auch Flugtickets für den nationalen wie auch internationalen Flugverkehr an.

In den Jahren der Weimarer Republik trugen auch die Aktivitäten der Verkehrsvereine maßgeblich zur Belebung des Tourismus in Deutschland bei. Von ihren Werbeaktionen profitierte auch der Verkehrsbuchhandel, sodass sich das Verhältnis zwischen Verkehrsvereinen und Verkehrsbuchhandel in den Nachkriegsjahren zu entspannen schien. Die Verkehrsvereine hatten sich z.B. schon in der Auseinandersetzung über die verlängerten Ladenöffnungszeiten im Verkehrsbuchhandel für diese Branche stark gemacht und sahen in ihr weniger Konkurrenz als einen wichtigen Partner. Ein gemeinsames Wirkungsfeld entwickelte sich auf dem Sektor der immer professionelleren Verkehrswerbung.

7.5.2 Kooperation zwischen Verkehrsbuchhandel und Verkehrsvereinen

Nach dem Ersten Weltkrieg gewannen die Verkehrs- und Fremdenverkehrsvereine auf dem Reisemarkt immer mehr an Gewicht. In den Vorkriegsjahren hatte sich das Verhältnis zwischen den Verkehrsbuchhändlern und den Verkehrsvereinen noch als sehr schwierig erwiesen, da die Verkehrsvereine zunehmend dazu übergingen, eigene Verlagsaktivitäten zu

---

208 Vgl. Berktold-Fackler/Krumbholz: Reisen in Deutschland, S. 39f, und Fuß: Geschichte des Reisebüros, S. 56.

209 Vgl. Schmitt: Unsere Firmengeschichte, S. 70.

210 Vgl. Fuß: Geschichte der Reisebüros, S. 44, 258.

211 Vgl. 50 Jahre Ullstein 1877–1927, S. 361f.

entwickeln. Sie boten eine reichhaltige Auswahl von Reise- und Städteführern, die sie kostenlos an die Reisenden verteilten. Die Reiseführer waren sehr professionell gestaltet und entsprachen vor allem hinsichtlich ihrer augenfälligen äußeren Gestaltung den Anforderungen an eine Reklameschrift: Die bunten Schutzumschläge präsentierten farbenprächtige Landschaftsbilder, interessante Bauwerke und Denkmäler der beworbenen Region.[212] Das ansprechende Äußere sowie die Informationsfülle machten den handelsüblichen Reiseführern Konkurrenz, zumal die Verkehrsvereine ihre Reklamebücher kostenlos oder zu extrem niedrigen Preisen vertrieben.

Die Reiseanbieter reagierten auf die wirtschaftliche Stagnation in der ersten Hälfte der zwanziger Jahre mit innovativen Werbekampagnen. Im Verbund mit den kommunalen Fremdenverkehrsämtern und der Reichsbahn wurden Werbemaßnahmen zur Förderung des Reiseaufkommens gestartet. Als erster Schritt wurde 1920 die „Reichsbahnzentrale für deutsche Verkehrswerbung“ in Berlin[213], das Mitteleuropäische Reisebüro (MER) und eine „Reichsbahnzentrale für den Deutschen Reiseverkehr“ sowie ein „Reichsausschuss für Fremdenverkehr“ eingerichtet.[214] Aufgabe dieser Organisationen war die Förderung des Auslandstourismus und des innerdeutschen Reiseverkehrs.[215]

Im Sommer 1928 startete die Reichsbahn eine neuerliche Werbeoffensive. Der Pressedienst der Reichsbahn gab insgesamt vier Broschüren heraus, die für die Vorzüge einer Bahnreise warben. Die Hefte mit den Titeln *Abfahren*, *Anschluss verpasst*, *Signal auf Halt* und *Die Reise der Kiste* boten neben einer kurzweiligen literarischen Unterhaltung auch Informationen rund um die Eisenbahn. Die Verkehrsbuchhändler wurden angewiesen, die Broschüren in ausreichender Menge und gut sichtbar auszulegen. Die Reichsbahn bot im Gegenzug neben moderaten Remissionsbedingungen beträchtliche Anreizrabatte bis zu 50 Prozent.[216]

Die Reichsbahn und die Reedereien engagierten sich vermehrt als Reiseveranstalter und warben mit einem vielfältigen Angebot an preiswerten Pauschalreisen, Sonder- und Wochenendfahrten sowie Vergnügungsreisen vor allem für finanziell schwächer gestellte Bevölkerungsschichten. Den Schiffsreedereien gelang eine Vermehrung des Fahrgastaufkommens durch die Einführung der Touristenklasse. Die Reiseanbieter nutzten die neuen Medien intensiv für ihre Werbung. In den Vorprogrammen der Kinos liefen Fremdenverkehrsfilme, und der Hörfunk informierte über attraktive Reiseziele in Deutschland. Die Einführung der Leuchtreklame ermöglichte außerdem in den Städten eine augenfällige Werbung.

Neben den Reisebüros galten die Bahnhöfe – vor allem die mitten im Kundenstrom platzierten Verkaufskioske der Verkehrsbuchhändler – als lukrativer Ort für Plakatwerbung

212 Allgemeine Buchhändlerzeitung Nr. 39 vom 26. September 1907, S. 468, und Allgemeine Buchhändlerzeitung Nr. 15 vom 10. April 1913, S. 175ff.

213 Vgl. zur Entwicklung der Verkehrswerbung Reinhardt: Von der Reklame zum Marketing, S. 289ff.

214 1928 wurde der Verband durch die „Reichsbahnzentrale für den Deutschen Reiseverkehr“ abgelöst.

215 Vgl. auch Hundert Jahre deutsche Eisenbahnen, S. 318ff.

216 Akten der Reichsbahndirektion Augsburg. Bahnhofsbuchhandel. Jg. 1928–1931. Bayerisches Hauptstaatsarchiv. Sign.: Verkehrsmuseum Archiv. Nr. 53061, o. P.

und Leuchtreklame.[217] So holten deutsche Reedereien und Fluggesellschaften bei der Reichsbahn die Genehmigung ein, ihre Fahrpläne an Bahnsteigen und in den Wartehallen der Bahnhöfe aufzuhängen. Anfragen nach bahneigenen Werbeflächen kamen auch seitens der Verkehrs- und Verschönerungsvereine, die den ankommenden Bahnreisenden bereits am Bahnhof einen ersten Überblick über die Stadt oder Region bieten wollten. Aber auch Reiseführer-Verlage nutzten zunehmend bahneigene Werbeflächen, um auf ihre Verlagsprodukte aufmerksam zu machen. So bat z.B. der Berliner Verlag Grieben um die Erlaubnis, seine Stadtpläne in Bahnhöfen anbringen zu dürfen.[218]

Die Verkehrsbuchhändler kritisierten zunächst die Werbemaßnahmen der Reichsbahn auf dem Bahnhofsgelände. Einmal glaubten sie, dass die „schrille" Reklame die Kunden vom Buch- und Zeitschriftenkauf ablenke; zum anderen handelte es sich um eine rechtlich strittige Frage, denn die Reichsbahn verpachtete die eigentlich zu den Räumlichkeiten des Verkehrsbuchhandels gehörenden Wandflächen an fremde Reklamegesellschaften, ohne dem Buchhändler ein entsprechendes Entgelt zukommen zu lassen. Die Reklamegesellschaften favorisierten Reklameflächen, die von Reisenden gut frequentiert wurden, und darunter rechneten sie gerade die Bücherpavillons. Die Verkehrsbuchhändler protestierten gegen diese Form von Doppelvermietung und verwiesen auf die Regelungen ihrer Pachtverträge.[219]

Die Reichsbahn präsentierte sich aus Werbezwecken zudem auf Fachausstellungen, z.B. auf der „Internationalen Presseausstellung Köln 1928", um die Nähe des Verkehrsunternehmens zum Pressewesen zu demonstrieren. Der Verkehrsbuchhandel beteiligte sich an der Ausstellung mit einem Musterverkaufsstand der Düsseldorfer Firma Schnitzler, „um den sich Verkaufsgeräte (Wagen, Reclam-Automaten usw.) des Bahnhofsbuchhandels gruppierten, und ein Diorama, das einen Ausschnitt aus dem Leben und Treiben auf dem Bahnsteig zeigte".[220]

In den zwanziger Jahren entwickelte sich die Reklame zu einer wichtigen Einnahmequelle der Deutschen Reichsbahn, die ihre Reklameflächen jetzt gegen entsprechende Pachtgebühren an professionelle Firmen vermietete. Die Deutsche Reichsbahn kooperierte auf diesem Gebiet mit örtlichen Buchhändlern und Verlegern. So schlossen z.B. die Eisenbahnverwaltungen 1918 mit dem Berliner Verlagsbuchhändler Reimar Hobbing (1874–1919) einen für Preußen, Hessen, Mecklenburg und Oldenburg geltenden „Eisenbahn-Reklame-Monopol-Vertrag". Hobbing besaß als langjähriger Pressechef des Norddeutschen Lloyd reichhaltige Erfahrung im Tourismusgeschäft.[221] Bei den Werbemitteln handelte es

217 Vgl. Keitz: Reisen als Leitbild, S. 103.

218 Vgl. Akten der Deutschen Reichsbahn-Gesellschaft. Gruppenverwaltung Bayern. Gebührenfreier Aushang von Plakaten. Jg. 1927ff. 2. Bd. Bayerisches Hauptstaatsarchiv. Sign.: Verkehrsmuseum Archiv. Nr. 10314/10315, o. P.

219 BHB Nr. 13 vom 15. Juli 1924, S. 286.

220 Der Vertrieb Nr. 11 vom 12. März 1938, S. 118.

221 Reimar Hobbing gründete 1903 einen Verlag in Berlin, der sich innerhalb von wenigen Jahren zu einem renommierten Wissenschaftsverlag entwickelte. Nach dem Tod Hobbings im Jahr 1919 ging sein Verlagsunternehmen an den Konzern Hugo Stinnes. Vgl. Reimar Hobbing GmbH.

sich vor allem um Plakate und Schaukästen auf den Bahnhöfen sowie Plakate in den Eisenbahnwagen.[222] Aber auch die Fahrscheine selbst wurden zu Werbeträgern. 1921 nannte sich die Hobbing GmbH um in Deutsche Eisenbahn-Reklame GmbH, deren Anteile sich mehrheitlich in der Hand des Stinnes-Konzerns befanden.[223] Das Unternehmen war so erfolgreich, dass im selben Jahr die dem Vertrag noch nicht beigetretenen Eisenbahngesellschaften eine eigene Gesellschaft, die Süddeutsch-Sächsische Eisenbahnreklame GmbH, gründeten. Die Pachtverträge schufen die Voraussetzung für eine flächendeckende, professionelle und einheitliche Verkehrswerbung auf den deutschen Bahnen.

Mit den sinkenden Verkaufszahlen im Buchhandel gewann das Thema Buchwerbung immer mehr an Gewicht. Der Verein Deutscher Bahnhofsbuchhändler drängte seine Mitglieder, mehr in Werbung zu investieren. Das Sortiment habe inzwischen die Gefahr des Rückgangs der Umsatzzahlen erkannt und organisiere nunmehr gezielt Werbekampagnen, z.B. durch Schaufensterwettbewerbe oder mit der Gründung der Werbezeitschrift *Nimm und lies*. Außerdem sei das Sortiment dazu übergegangen, in der Tagespresse regelmäßig für seine Buchauswahl zu werben.[224] Da die Verkehrsbuchhändler nur über eine begrenzte Auslagefläche verfügten, sollten sie mit farbigen Plakaten und durch die Auslage von Büchern mit besonders augenfälligen Buchumschlägen auf ihren Stand aufmerksam machen: „Waren, die dem Publikum nicht zu Gesicht kommen, werden in den meisten Fällen auch nicht verkauft", so die Einschätzung des Vereins Deutscher Bahnhofsbuchhändler.[225] Wichtige Kriterien waren aber auch die Beleuchtung und Sauberkeit der Stände, um sich von dunklen, rußgeschwärzten Bahnhofsräumen positiv abzusetzen.[226] Hohe Erwartungen setzten die Verkehrsbuchhändler u.a. auch in die Eisenbahnstreckenwerbung:

> Wenn der Eisenbahnzug längere Zeit durch eine reizlose Gegend fährt und plötzlich auf Wiesen oder Feldern in nächster Nähe der Schienenstränge ein großes, an Pfählen befestigtes Schild sichtbar wird, auf dem eine Zeitschrift empfohlen wird; wenn die Wagen eines Kleinbahnzuges unter Führung ihrer Lokomotive ein waldiges Gebirgstal emporkeuchen, wenn der Forst sich plötzlich lichtet und auf naher lieblicher Au ein großes Plakat erscheint, das auf einen bedeutsamen Roman hinweist: wer wollte einer solchen Propaganda nicht einen besonderen Reiz zugestehen?[227]

Auch die Eisenbahnzüge selbst konnten als Werbeträger eingesetzt werden, wenn ansprechende Plakate in den Abteilen für Gebrauchsartikel, wie z.B. Fahrpläne, Kursbücher oder Stadtpläne, warben. Die Buchbranche bediente sich außerdem der innovativen, erst seit den 1870er Jahren praktizierten Giebelwerbung. In den Großstädten galten Hausgiebel entlang

---

222 Akten der Deutschen Reichsbahn-Gesellschaft. Gruppenverwaltung Bayern. Gebührenfreier Aushang von Plakaten. Jg. 1927ff. 2. Bd. Bayerisches Hauptstaatsarchiv. Sign.: Verkehrsmuseum Archiv 10314/10315, o. P.

223 Vgl. Reinhardt: Von der Reklame zum Marketing, S. 289ff., hier S. 290f.

224 BHB Nr. 16/17 vom 15. September 1924, S. 329.

225 BHB Nr. 15 vom 1. August 1920, S. 89.

226 Ebd.

227 Bbl. Nr. 78 vom 31. März 1928, S. 78.

von Bahnstrecken als attraktive Werbeflächen, die von den Reisenden bei Einfahrt in die Bahnhöfe bemerkt würden.[228] Diese Art Werbung war aber nur erfolgreich, wenn sie für populäre Literaturartikel, die auf den Massenabsatz zugeschnitten waren, eingesetzt wurde:

> Ein Verlagsbuchhändler, der sich die teure Giebelreklame leisten kann, wird sie vernünftigerweise nur zur Empfehlung solcher Werke benutzen, die nicht bloß für einen kleinen Liebhaberkreis zugeschnitten sind und denen nicht nur eine vorübergehende Bedeutung zukommt. In Frage kommen demnach hauptsächlich Klassiker-Ausgaben, Kalender, Sammlungen, Lexika und gewisse Zeitschriften.[229]

Diese Werbeaktionen sollten schwerpunktmäßig in den Reisemonaten durchgeführt werden. Die Verkehrsbuchhandlungen und die Buchhandlungen in Kur- und Badeorten mussten im Vorfeld über die auf diesem Weg beworbenen Verkaufsartikel informiert werden, damit sie diese auch vorrätig hätten.[230] Im Frühjahr 1929 appellierte der Verein Deutscher Bahnhofsbuchhändler an seine Mitglieder, sich aktiv am „Tag des Buches" zu beteiligen und mit den Reklameunternehmen der Reichsbahnverwaltungen entsprechende Arrangements zu treffen, um für das Buch- und Zeitschriftenangebot im Verkehrsbuchhandel zu werben.[231]

Die intensiven Werbeaktivitäten brachten allerdings nicht den erwarteten Erfolg. Die leichte Konjunktur auf dem Reisemarkt und die allmähliche Steigerung der Reiseintensität hielten nur wenige Jahre an. Einen erneuten Einbruch erlebten die Reisebranche und damit auch der Verkehrsbuchhandel durch die Weltwirtschaftskrise 1929/1930.

7.5.3 Weltwirtschaftskrise und Verkehrsbuchhandel

1929 beklagte der Verein Deutscher Bahnhofsbuchhändler auf seiner Hauptversammlung die rapide Verschlechterung der wirtschaftlichen Situation im Verkehrsbuchhandel. Als einen der Gründe für den Rückgang der Geschäfte nannte der stellvertretende Vorsitzende Bruno Neumann neben der allgemeinen Weltwirtschaftskrise weiterhin die Konkurrenz des Auto- und Luftverkehrs.[232] Die Reichsbahn plante trotz der Belastungen des Verkehrsbuchhandels eine Erhöhung der Pachtgebühren und führte rigorose Buchprüfungen in den einzelnen Verkehrsbuchhandlungen durch.[233] Die Reichsbahn begründete diese Maßnahmen mit Umsatzeinbrüchen von bis zu 150 Millionen Reichsmark allein im Personenverkehr.[234]

---

228 Die Giebelreklame war in Deutschland erst im letzten Drittel des 19. Jahrhunderts eingeführt worden. Vorreiter war die Schokoladefabrik Stollwerck, die in Köln bereits 1867 Werbeplakate auf Giebel aufmalen ließ. In den 1880er Jahre erkannte auch der Medienkonzern Scherl in der Giebelwerbung eine wirkungsvolle Werbemaßnahme. Das Unternehmen warb entlang der Berliner Stadtbahnen für seine Produkte. Für Hausbesitzer stellte die Giebelreklame eine lukrative Einnahmequelle dar. Vgl. Lamberty: Reklame in Deutschland, S. 202ff.

229 Bbl. Nr. 78 vom 31. März 1928, S. 78.

230 Vgl. Bbl. Nr. 78 vom 31. März 1928, S. 78.

231 BHB Nr.3/4 vom 5. März 1929, S. 17f.

232 BHB Nr. 9/10 vom 1. Juni 1929, S. 82.

233 Ebd.

234 BHB Nr. 1/4 vom 10. Februar 1930, S. 9f.

Während die Verkehrsbuchhändler im Sommer 1929 noch leicht steigende Umsatzzahlen verzeichneten, trotz der Klagen über gestiegene Geschäftskosten und Pachtgebühren, reduzierten sich bereits 1931 das Reiseaufkommen sowie die Umsätze des Verkehrsbuchhandels beträchtlich.[235] Der Rechenschaftsbericht über die Deutsche Reichsbahn für das erste Quartal des Jahres 1930 nannte die Gründe für den neuerlichen drastischen Rückgang des Verkehrsaufkommens. Die Reichsbahn machte für die Umsatzeinbrüche jetzt vor allem die hohen Arbeitslosen- und Kurzarbeiterzahlen verantwortlich:

> Im Personenverkehr führten die schlechten wirtschaftlichen Verhältnisse mit ihrer fortschreitenden Steigerung der Arbeitslosenziffern zu einem Rückgang des Reise- und insbesondere des Berufsverkehrs. Schnell-, Eil- und Fernzüge waren im Allgemeinen kaum mittelmäßig besetzt. Im November belebte lediglich der zurückflutende Strom der Landarbeiter den Verkehr in einzelnen Verbindungen. Erst im Dezember setzte im Nahverkehr nach den Großstädten wegen der Weihnachtseinkäufe eine leichte Belebung ein. Der Weihnachtsverkehr im ganzen blieb indessen hinter den Erwartungen zurück. Im Zusammenhang mit der ungünstigen Wirtschaftslage nahm die Ausgabe der Kurzarbeiterwochenkarten zu, dagegen wurde die Polsterklasse in geringerem Umfange benutzt.[236]

Der Verein Deutscher Bahnhofsbuchhändler führte eine Befragung der großen, mittleren und kleineren Mitgliedsfirmen durch, um die Reichsbahnverwaltung davon zu überzeugen, dass die Bezahlung der geforderten Pachterhöhung für den Verkehrsbuchhandel unmöglich sei. Das Ergebnis der Umfrage zeigte einen erheblichen Umsatzrückgang bei den großen Firmen um bis zu 25 Prozent. Der Verein kritisierte, dass die Reichsbahn wegen ihrer eigenen wirtschaftlich prekären Situation vermehrt von den Bestimmungen der „Allgemeinen Richtlinien für die Zulassung von Bahnhofsbuchhandlungen" des Jahres 1922 abwich und Pachterhöhungen von bis zu fünfzehn Prozent durchsetzte.[237] Neben der Verringerung des Reiseverkehrs und der Erhöhung von Pachtsummen nahmen jetzt auch noch wichtige Zeitschriftenverleger, u.a. die Konzerne Ullstein und Scherl, massive Rabattkürzungen vor. Ullstein war dazu übergegangen, die Remittenden nicht mehr mit vollem Preis zu erstatten.[238]

Die wirtschaftlich schwierige Lage gerade der mittelständischen Verkehrsbuchhändler führte zu Überlegungen, die führenden Unternehmen Deutschlands mehr zu belasten. An Stilke (Berlin), Bettenhausen (Dresden), Schnitzler (Düsseldorf), Schmitt (Heidelberg), Vaternahm (Frankfurt/M.), Schmitz (Köln), Wittwer (Stuttgart) und Steiniger (Mainz) erging deshalb am 3. März 1931 die Aufforderung, sich einer neuerlichen Wirtschaftsprüfung zu unterziehen und ihre Umsätze offen zu legen. Die Zusammenstellung der Umsatzzahlen verwies zwar auf nicht unbeträchtliche Jahresumsätze, doch insgesamt waren für die Geschäftsjahre 1930/1931 Umsatzrückgänge bis zu achtzehn Prozent zu verzeichnen:

---

235 BHB Nr. 9/10 vom 1. Juni 1929, S. 82.
236 BHB Nr. 3 vom 15. Februar 1931, S. 14.
237 BHB Nr. 8/9 vom 21. Mai 1931, S. 46.
238 BHB Nr. 14 vom 17. Oktober 1931, S. 93.

Reichsbahndirektion	**Bahnhofsbuchs-handlungen**	**Umsatzrückgänge**	**Jahresumsatz in RM**
Stilke (Altona)	60	10,8 Prozent	1.196.983
Stilke (Augsburg)	7	13,2 Prozent	31.443
Stilke (Berlin)	170	8,0 Prozent	2.546.593
Bettenhausen (Dresden)	20	18,6 Prozent	180.642
Schnitzler (Düsseldorf)	18	17,6 Prozent	488.382
Vaternahm (Frankfurt/M.)	10	17,7 Prozent	445.172
Schmitt (Karlsruhe)	32	10,1 Prozent	677.007
Stilke (Königsberg)	65	6,7 Prozent	155.147
Stilke (Schwerin)	11	11,9 Prozent	114.785
Stilke (Opeln)	9	11,1 Prozent	127.687
Stilke (Frankfurt/Oder)	18	13,4 Prozent	99.742

Während Bettenhausen in Dresden die höchsten Umsatzeinbußen verbuchte, gelang es dem Konkurrenten Stilke durch seine zahlreichen Standorte und sein dichtes Filialnetz, das ihn von der regionalen Wirtschaftsentwicklung unabhängig machte, sich weiterhin als Marktführer zu behaupten. Das Ansinnen der Reichsbahn, Großunternehmen überproportional zu belasten, um den Mittelstand zu entlasten, wurde letztendlich aber nicht umgesetzt.[239]

Am 2. Mai 1932 fand die Jahreshauptversammlung des Vereins Deutscher Bahnhofsbuchhändler statt, die allerdings nur schwach besucht war. Die Anwesenden konstatierten, dass das Geschäftsjahr 1931 wirtschaftlich eines der schlechtesten gewesen sei. Die Zahl der Eisenbahnpassagiere war dramatisch zurückgegangen und das Personenaufkommen 1931 gegenüber dem Vorjahr um 20 Millionen im Monat gesunken. Aber auch die zunehmende Verminderung der Kaufkraft machte der Branche zu schaffen. Gehälter und Löhne wurden abgebaut und die Notverordnung vom 9. Dezember 1931 schrieb eine Absenkung der Ladenpreise insbesondere für Markenartikel um zehn Prozent vor. Als neue Belastung kam die Ausgleichssteuer dazu, die zu einer Verteuerung der ausländischen Bücher, Zeitschriften und Zeitungen um zwei Prozent führte.[240]

1932 ging der Umsatz im gesamten deutschen Verkehrsbuchhandel von 22.995.290 Mark im Jahr 1931 auf 18.523.863 Mark zurück.[241] Trotz der zunehmenden Belastungen für die Verkehrsbuchhändler verweigerte die Reichsbahn jedoch eine Senkung der Jahrespacht. Nur in der Frage der Mindestpachten kam die Reichsbahn ihren Verkehrsbuchhänd-

239 Akten der Reichsbahndirektion Augsburg. Bahnhofsbuchhandel. Jg. 1928–1931. Bayerisches Hauptstaatsarchiv. Sign.: Verkehrsmuseum Archiv. Nr. 53061, o. P.

240 Vgl. Der Vertrieb Nr. 24 vom 10. Juni 1939, S. 273ff., hier S. 274.

241 Vgl. Bbl. Nr. 276 vom 28. November 1933, S. 917.

lern entgegen. Überstieg die Mindestpacht den prozentualen Umsatz, konnten Anträge auf Senkung der Mindestpacht gestellt werden. Manche Eisenbahndirektionen, z.B. Stettin, schafften die Mindestpachten sogar ganz ab.[242]

Im Januar 1933 gab sich die Branche verzweifelt. Viele kleinere Verkehrsbuchhändler arbeiteten inzwischen mit Verlusten und litten darüber hinaus an den kontinuierlichen und peniblen Buchführungskontrollen, die häufig in der Reisezeit durchgeführt wurden und Personal, das im Verkauf gebraucht wurde, unnötig band.[243]

Einige Unternehmen versuchten, die Umsatzeinbrüche im Verkehrsbuchhandel durch die Angliederung von Verlagen wenigstens teilweise zu kompensieren. Kluge Verkehrsbuchhändler, wie z.B. Stilke, erkannten im Luftverkehr nicht nur eine ernste Konkurrenz zur Eisenbahn, sondern nunmehr auch neue Erwerbsmöglichkeiten, und eröffneten seit den frühen dreißiger Jahren vermehrt Buchverkaufsstände an den Luftschifflandeplätzen und Flughäfen.

7.6 Luftschiff- und Flughafen Ein neues Wirkungsfeld des Verkehrsbuchhandels

Auf das zunehmende Angebot an Zeppelin- und Flugreisen in den späten zwanziger und dreißiger Jahren reagierten die Verkehrsbuchhändler prompt mit der Einrichtung von Verkaufsständen an Lufthäfen und der Betreuung von kleinen Bordbüchereien – die Letzteren wurden aber nicht als Erwerbsquelle, sondern primär als Werbemaßnahme betrachtet. Während es sich bei den frühen Bordbüchereien in den Luftschiffen um Mannschaftsbibliotheken gehandelt hatte, die für das Personal neben Fachliteratur und Karten eine kleine Auswahl von Unterhaltungsliteratur bereitgestellt hatten, standen den Passagieren jetzt hauptsächlich Klassikerbibliotheken zur Verfügung.

In den zwanziger Jahren sorgten die Luftschiffe „Hindenburg“ und „Graf Zeppelin“ für einen regelmäßigen Luftschiff-Passagierverkehr über den Atlantik, und die Bestückung der Bordbüchereien wurde nun von Buchhändlern übernommen. Wegen des nur begrenzten Raums und der strikten Gewichtslimitierung beschränkte sich das Angebot auf die Bereitstellung von ein oder zwei kleineren Buchreihen. Die Bordbibliothek fand in einem kleinen, fest montierten Bücherschrank Platz, der im Schreib- und Lesezimmer angebracht war. Die Wände des Schreib- und Lesezimmers des Luftschiffs „Hindenburg“ waren mit Darstellungen aus der Geschichte des Verkehrs geschmückt. Stühle und Tische mussten fest am Boden verankert werden.[244] Die kleine Leseauswahl im Luftschiff LZ 126 stiftete die Buchhandlung Benz & Gen. in Überlingen am Bodensee; sie bestand lediglich aus vier *Benz-Bänden* in Ganzleder. Die *Benz-Bände* waren in der Bodenseeregion wegen ihrer gediege-

242 Vgl. Der Vertrieb Nr. 24 vom 10. Juni 1939, S. 273.
243 BHB Nr. 1 vom 15. Januar 1933, S. 159.
244 Vgl. die Abbildung in Kleinheins: Die großen Zeppeline, S. 176.

nen und geschmackvollen Handanfertigung ihrer Einbände durch Kunsthandwerker sehr geschätzt. Die Bordbibliothek wog nur 2.000 Gramm.[245]

Die regelmäßige Versorgung der Passagiere mit Zeitungen und Zeitschriften – wie sie auf den Überseeschiffen üblich war – war an Bord der Luftschiffe nicht möglich. Die Reisenden mussten sich am Abflug- oder Zielort mit entsprechender Lektüre eindecken. Aber auch beim persönlichen Gepäck gab es Gewichtsbegrenzungen; so durfte jeder Passagier nur 30 Kilogramm Gepäck an Bord bringen.

Offenbar waren die Lesebedürfnisse während der Zeppelinreise nicht so ausgeprägt, was daran liegen mochte, dass die meist zahlenmäßig überschaubare Reisegruppe die Unterhaltung der Lektüre vorzog. Das Lese- und Schreibzimmer wurde deshalb vor allem zur Erledigung des Schriftverkehrs genutzt. Besonders populär war die Versendung von Ansichtspostkarten – in manchen Bücherschränken war ein Postkartenautomat integriert –, die den Originalpoststempel des benutzten Zeppelins trugen.[246] Die Post wurde über dem Atlantik abgeworfen, von Postschiffen eingesammelt und erreichte somit ihren Zielort – und dies war der eigentliche Reiz – noch vor Beendigung der Luftreise.

Mit zunehmendem Flugverkehr entwickelten sich Buch- und Zeitschriftenverkaufsstände auf den Flughäfen als zusätzliche Einnahmequelle für Verkehrsbuchhändler. Die Flughafenanlagen gingen aus den Lufthäfen, die für die Zeppeline gebaut worden waren, hervor (z.B. das Rebstockgelände in Frankfurt oder Johannisthal in Berlin). Bereits 1928 erhielt Karl Schmitt in Heidelberg von der Lufthansa Mannheim die Konzession für den Betrieb eines Verkaufsstands auf dem dortigen Flughafen.[247] 1929 eröffnete das Unternehmen Stilke seine erste Flughafenbuchhandlung in Berlin.[248]

Wie auch an den Bahnhöfen schlossen die Buchhändler mit den Fluggesellschaften entsprechende Pachtverträge ab. Die Öffnungszeiten der Flughafenbuchhandlungen richteten sich nach der Intensität des Reiseverkehrs. Vermutlich unterstanden die Verkehrsbuchhändler auch auf dem Flughafengelände nicht dem geltenden Gewerberecht. Auf dem Frankfurter Flughafen am Rebstockgelände erhielten z.B. Restaurantbetreiber – analog zu den Bahnhofswirtschaften – Pachtverträge mit Fluggesellschaften. Die Restaurants, Cafés oder auch die Aussichtsplattform warben nicht so sehr um Reisende – deren Zahl war zu diesem Zeitpunkt noch zu gering –, sondern um Besucher des Flughafens.[249] Seit dem Zweiten Weltkrieg gehören Buchhandlungen und Zeitschriftenkioske zu den gängigen Erscheinungsbildern eines jeden Flughafens.

Eine allmähliche Überwindung der Konjunkturschwäche im Verkehrsbuchhandel wie auch auf dem Reisemarkt an sich zeichnete sich erst nach der Machtübernahme durch die Nationalsozialisten ab. Diese förderten zunächst den Bahnhofs- und Verkehrsbuchhandel, weil er in ihren Augen ein wichtiges Aushängeschild für ausländische Touristen und damit

245 Bbl. Nr. 253 vom 27. Oktober 1924.
246 Vgl. auch die verschiedenen Reiseberichte in: Meighörner: Giganten der Lüfte.
247 Vgl. Schmitt/Hahn: Unsere Firmengeschichte, S. 175.
248 Der Ausschnitt vom 18. Dezember 1971, o. P.
249 Vgl. 60 Jahre Flughafen Frankfurt.

für Deutschland war. 1936 konstatierte der Verkehrsbuchhandel eine allmähliche Zunahme des Buchverkaufs sowie leichte Umsatzsteigerungen im Bereich des Zeitungs- und Zeitschriftenverkaufs, obwohl ausländische Magazine inzwischen weitgehend aus dem Programm der Verkehrsbuchhandlungen verschwunden waren.[250] Vor allem die nationalsozialistische Reiseorganisation „Kraft durch Freude" belebte das Reiseaufkommen Mitte der dreißiger Jahre nachhaltig. Bis zum Ausbruch des Krieges erlebte der Verkehrsbuchhandel zwar einen bemerkenswerten Wirtschaftsaufschwung, doch mit Kriegsbeginn reduzierte sich das Verkehrsaufkommen wieder drastisch, und in den vierziger Jahren mussten viele Verkaufsstände geschlossen werden, weil das Personal zum Militärdienst eingezogen wurde.[251]

Bereits wenige Monate nach der Machtübernahme der Nationalsozialisten wurden jüdische Pächter von Verkehrsbuchhandlungen gekündigt. Großunternehmen, u.a. Hermann Stilke, der mit einer Jüdin verheiratet war, wurden „politisch zuverlässigen" Buchhändlern übertragen. Die Reichsbahn erklärte sich allerdings mit dem rigiden Vorgehen der neuen Machthaber nicht immer einverstanden. So protestierte die bayerische Reichsbahngesellschaft erfolgreich gegen die Kündigung ihres traditionsreichen Bahnhofsbuchhändlers Schrag in Nürnberg, zudem beide Inhaber, Carl Schrag und Ernst Hopf, arischer Abstammung seien. Der Kündigungsgrund war die nur mangelhafte Präsenz von nationalsozialistischen Presseartikeln.[252]

Der Verkehrsbuchhandel war allerdings nicht nur in Kriegszeiten oder während der faschistischen Diktatur massiven Eingriffen in interne Arbeitsabläufe und literarische Programmgestaltung ausgesetzt. Schon in der Gründungsphase der Branche beobachteten Eisenbahngesellschaften und Polizeibehörden den wirtschaftlich prosperierenden und wegen der hohen Umschlaggeschwindigkeit des Literaturangebots kaum zu kontrollierenden Geschäftszweig mit Argwohn. Die Debatte über Notwendigkeit und Umfang der Literaturkontrolle an den Bahnhöfen blieb daher bis in die Jahre der Weimarer Republik virulent, allerdings mit unterschiedlicher Vehemenz: So verschärfte sich um 1900 die Auseinandersetzung über den Verkauf von „Schundliteratur" z.B. vor dem Hintergrund der zunehmenden Einflussnahme von Sittlichkeitsvereinen auf den Literaturbetrieb. Ein abschließender Blick gilt deshalb der Einführung und Wirksamkeit von Zensur im Bahnhofs- und Verkehrsbuchhandel von seinen Anfängen um 1850 an bis zur Machtübernahme der Nationalsozialisten.

---

250 Vgl. Der Vertrieb Nr. 14 vom 7. April 1936, S. 154.

251 Vgl. Der Vertrieb Nr. 13 vom 15. Juli 1942, S. 98.

252 Akten der Deutschen Reichsbahn-Gesellschaft. Gruppenverwaltung Bayern. Bahnhofsbuchhandel. Jg. 1932f. 2. Bd. Bayerisches Hauptstaatsarchiv. Sign.: Verkehrsmuseum Archiv. Nr. 10851, o. P.

8 Zensur und Verkehrsbuchhandel – Das gesetzliche Instrumentarium gegen die Verbreitung von politisch diskreditierter und normverletzender Literatur

Der Bahnhof war von jeher ein Ort des Transfers. Die permanente Abfahrt und Ankunft von Eisenbahnzügen, die hohe Fluktuation von Reisenden und die dadurch gewährleistete Anonymität des Einzelnen prädestinierten die Bahnhöfe für den raschen Umschlag von politisch unerwünschtem und normverletzendem Lesestoff. Dieser konnte vor Reiseantritt unauffällig erworben, während der Reise gelesen und in den Eisenbahnabteilen diskret zurückgelassen werden.

Die besondere Kauf- und Lesesituation in den Bahnhofshallen und auf den Bahnsteigen machte es Eisenbahnbehörden und staatlichen Institutionen gleichermaßen schwer, eine engmaschige und wirkungsvolle Literaturkontrolle zu installieren. Gewöhnlich war der beanstandete Lesestoff, der an den Verkaufsständen der Bahnhofsbuchhändler nur eine kurze Verweildauer hatte, längst im Handel, bevor die Verfolgungsbehörden den weiteren Vertrieb unterbinden konnten. Besonders schwierig war die Aufsicht über Presseartikel; diese lagen bereits wenige Stunden nach ihrem Erscheinen bei den Bahnhofsbuchhändlern aus.

Die Expansion der Eisenbahnen stimulierte schon mit Eröffnung der ersten Städteverbindungen in den 1850er und 1860er Jahren einen zügigen und grenzüberschreitenden Literaturvertrieb. Das neue Verkehrsmittel beschleunigte den Transport von Büchern und Presseartikeln quer durch Deutschland; die Lieferungen wurden von den Bahnhofsbuchhändlern direkt nach der Ankunft des Zuges vor Ort entgegengenommen und innerhalb von nur wenigen Stunden in Umlauf gebracht. So trug die Eisenbahn bereits in den Revolutionsjahren 1848 maßgeblich zur schnellen Verbreitung von Flugblättern, Broschüren und Protestschriften bei. Ein Zeitgenosse stellte treffend fest: „Per Bahn reiste [...] (die) verbotene Lektüre schneller und unauffälliger über die Landesgrenzen als in den Felleisen der wandernden Gesellen".[1] 1848 forderten die anonymen Absender der politischen Flugschrift *An das ausgesogene Volk in Deutschland* die in der Illegalität aktiven Agenten explizit zur intensiven Nutzung aller Verkehrsmittel auf: „Benützt alle möglichen Gelegenheiten, Fuhrleute, Omnibusse, Condukteurs, Eisenbahnen usw. – nur auf den Posten seid behutsam".[2]

Die Bekämpfung von politisch unerwünschten, normverletzenden Druckerzeugnissen oblag im Deutschen Reich verschiedenen Institutionen, u.a. dem Staat, den Regierungs- und Verwaltungsstellen, den örtlichen Polizeibehörden und Staatsanwaltschaften, den Schulbehörden und Lehrervereinen sowie den kirchlichen Verbänden. Die Anhänger der

1 Hier zit. n. Moser: Demokratisierung des Reisens, S. 442.
2 Hier zit. n. Schenda: Volk ohne Buch, S. 137f.

Volksbildungsbewegung warfen den staatlichen Behörden vor, ihre rechtlichen Möglichkeiten im „Schundkampf" nicht vollständig auszuschöpfen; sie griffen daher zur Selbsthilfe. Die Vielzahl der Einrichtungen, die sich an der Literaturkontrolle beteiligten, war allerdings ein Grund für die seitens der Sortimenter und Bahnhofsbuchhändler so häufig beklagte Disparität der Verbotsregelungen, denn die Kommunikation zwischen den zuständigen Behörden und Institutionen blieb unzulänglich. Diese Situation führte dazu, dass an manchen Bahnhöfen Literatur verkauft wurde, die in benachbarten Bundesländern bereits verboten war.

Anliegen aller an dieser Debatte beteiligten Gruppierungen war eine reichseinheitliche Lösung des Problems, die sich aber erst Mitte der 1920er Jahre mit dem „Gesetz zur Bewahrung der Jugend vor Schmutz- und Schundschriften" abzeichnete. Während staatliche Stellen sich um eine gesetzliche Einschränkung des Vertriebs von „minderwertiger" Literatur bemühten, investierten konfessionelle Verbände und Volksbildungsvereine in die Prävention und machten sich auch die Förderung von literarisch „wertvollen" Werken zur Aufgabe, die längerfristig die literarisch „wertlosen" Schriften ersetzen sollten.[3]

Hierbei setzten sie auch auf die Kooperation mit dem Verkehrsbuchhandel; der Dresdner Jaçques Bettenhausen z.B. initiierte gemeinsam mit dem Volksbildungs- und Leserverband „Dürerbund" eine „Mittelstelle für Volksschriften". Mehrere Vertreter der Volksbildungsbewegung warnten vor zu strengen gesetzlichen Maßnahmen, weil dadurch die zu bekämpfende Literatur in das viel schwieriger zu kontrollierende Submilieu abtauchen würde.[4] Reglementierung und Verbot von „Schundliteratur" und „Schmutzliteratur" wurden schließlich in zwei verschiedenen Gesetzbüchern geregelt. Während das Reichsstrafgesetzbuch den öffentlichen Verkauf von „sittenwidriger Schmutzliteratur" – hierbei handelte es sich hauptsächlich um erotisch-pornografische Druckerzeugnisse – in den §§184 (Unzuchtsparagraf) und 184a generell unter Strafe stellte, regelte die Gewerbeordnung im §56, Ziffer 12, die Einschränkung des Vertriebs von „Schundliteratur".[5] Hierunter fielen vor allem die nach 1900 massenhaft in Serien produzierten Detektiv- und Wildwestgeschichten.

In den Jahren der Weimarer Republik ließen die bestehenden Gesetze zur Kontrolle der öffentlichen Meinung den Verfolgungsbehörden nur wenig Spielraum für eine Verschärfung der Zensur. Neben den Gesetzen zum Staats- und Republikschutz galten die Grenzen durch das Lichtspielgesetz vom 12. Mai 1920 und das „Gesetz zur Bewahrung der Jugend vor Schund- und Schmutzschriften" vom 18. Dezember 1926 als ausgereizt. Allerdings eröffnete das Gesetz gegen Landes- und Hochverrat den polizeilichen Behörden und Eisenbahnverwaltungen neue Möglichkeiten, gerade auf dem Sektor des Pressewesens, politische Zensur auszuüben. Trotz der Einrichtung von Reichsbehörden für die Koordination der Meinungskontrolle erwies sich die Handhabung der gesetzlichen Regelungen in der Praxis auch in den Jahren der Weimarer Republik als nicht einheitlich. Die Arbeit der Polizeistel-

---

3 Jäger: Der Kampf gegen Schmutz und Schund, S. 178.
4 Vgl. Schultze: Die Schundliteratur, S. 58.
5 Bensen: Grundsätzliches zum Problem der Schundliteratur, S. 22.

len war stark abhängig von der jeweiligen innenpolitischen Gemengelage.[6] Die je nach Behörde und Region dezentrale Organisation der Literatur- und Meinungskontrolle erschwerte nicht nur den Bahnhofsbuchhändlern, sondern dem verbreitenden Buchhandel in seiner Gesamtheit die Arbeit.

Die Verkehrsbuchhändler litten zunehmend unter den Repressalien der Behörden auf dem Sektor der Presseaufsicht. Eine wichtige Zäsur in der Handhabe der Literatur- und Meinungskontrolle in Deutschland war das Reichspressegesetz vom 7. Mai 1874, das erstmals eine reichseinheitliche Lösung der Zensurproblematik anstrebte. Das Reichspressegesetz garantierte zwar Pressefreiheit und hob die noch bestehenden Präventivmaßnahmen auf, doch die liberalisierende Intention des Gesetzes wurde bereits wenige Jahre später durch die Bestimmungen des Sozialistengesetzes ausgehöhlt.[7] Nach zwei Attentaten auf Kaiser Wilhelm I. – beide wurden zu Unrecht den Sozialdemokraten angelastet – gelang es Bismarck, die Sozialistengesetze durchzusetzen, die bis 1890 in Kraft blieben und die gesetzliche Grundlage für eine unnachgiebige Zensur boten.

8.1 Auswirkungen des Sozialistengesetzes auf den Pressevertrieb

Das Sozialistengesetz[8] verursachte erhebliche Einschnitte in das Pressewesen, von denen hauptsächlich diejenigen Verkehrsbuchhändler betroffen waren, die bislang das umfassende Angebot an sozialistischen Zeitungen und Zeitschriften in ihrem Sortiment geführt hatten; vor allem sozialdemokratische Satireblätter, u.a. *Der Wahre Jakob*, hatten an den Bahnhöfen stets einen guten Absatz gefunden. Noch im Jahr des Inkrafttretens des neuen Gesetzes wurden vierzig periodische und 213 nichtperiodische Druckschriften verboten.

Schon kurze Zeit nach Inkrafttreten des Sozialistengesetzes erschienen die ersten Verbotslisten. Nicht nur die Werke selbst, auch Druckplatten und -formen wurden vernichtet. Zwischen 1878 und 1881 fielen 58 inländische und 27 ausländische Zeitungen, ferner 184 Bücher und Flugschriften dem Verbot anheim.[9] Ein besonderes Augenmerk hatte die Regierung auf die Verbreitung von Presseartikeln: So wurden 1898 beinahe nur noch Periodika aus dem Verkauf genommen – eine Maßnahme, die wiederum vor allem dem Bahnhofsbuch- und Kioskhandel wirtschaftliche Nachteile verschaffte.[10]

Auch nach Aufhebung des Sozialistengesetzes versuchten die Polizeibehörden, die Produktion und Distribution von politisch unerwünschten, meist linksliberale Presseartikel,

---

6 Vgl. Petersen: Zensur in der Weimarer Republik, S. 12ff.

7 Vgl. Ziegler: Literarische Zensur in Deutschland, S. 179f.

8 1878 wurde das „Gesetz gegen die gemeingefährlichen Bestrebungen der Sozialdemokratie" erlassen. Demnach waren „Druckschriften, in welchen sozialdemokratische, sozialistische oder kommunisti sche auf den Umsturz der bestehenden Staats- oder Gesellschaftsordnung gerichtete Bestrebungen in einer den öffentlichen Frieden, insbesondere die Eintracht der Bevölkerungsklassen gefährdeten Weise zu Tage treten", verboten. Ebd. S. 101.

9 Vgl. Ziegler: Literarische Zensur in Deutschland, S. 180.

10 Vgl. Siemann/Graf: Recht, Staat und Öffentlichkeit, S. 103.

einzudämmen. Spektakulär waren die über Jahre anhaltenden Interventionen der Verfolgungsbehörden, die darauf zielten, Herstellung und Vertrieb der politisch-satirischen Zeitschrift *Simplicissimus* zu behindern; denn Witzblätter – insbesondere der populäre *Simplicissimus* – zählten zur gangbarsten Ware an den Bahnhöfen.

8.2 Verfolgung von politisch-satirischen Witzblättern an deutschen Bahnhöfen

Witz- und Satireblätter waren wegen ihrer politischen Aktualität, ihres kurzweiligen Unterhaltungsangebots und wegen der Verbindung von Text und Illustrationen eine besonders begehrte Reiselektüre. Die Verleger warben von Anbeginn an um die Zielgruppe der Reisenden; ihre Konzeption war auf den massenhaften Absatz im Bahnhofsbuchhandel ausgerichtet. Viele Witzblätter brachten daher regelmäßig zur Urlaubssaison Sondernummern zum Thema Reisen und Tourismus heraus, eine Praxis, die sich bis in die Jahre der Weimarer Republik bewährte. So bot z.B. 1924 das als Nachfolgeorgan der Zeitschrift *Der wahre Jakob* gegründete Witzblatt *Lachen links. Ein republikanisches Witzblatt* bot seiner Leserschaft regelmäßig Ferienausgaben an. Die Sondernummern wurden aufwändiger gestaltet als die üblichen Ausgaben. Während die herkömmlichen Hefte gewöhnlich zweifarbig gedruckt wurden, waren die Sonderhefte durchgängig mehrfarbig illustriert.[11]

Gerade die geschickte Kombination von Text und Illustration gewährleistete nicht nur eine verständliche und schnelle Rezeption, sondern hatte auch einen werbenden, verkaufsfördernden Effekt. Die politisch-satirischen Zeitschriften *Kladderadatsch* (gegründet 1848), *Fliegende Blätter* (gegründet 1844), die Gratisbeilage *Ulk* des *Berliner Tagblatts* (1872–1933/1935), *Die Lustigen Blätter* (1886–1944) oder *Der Wahre Jakob* (gegründet 1877),[12] um nur wenige Beispiele zu nennen, waren an den deutschen Bahnhöfen stets präsent. Auch der wöchentliche Erscheinungsturnus prädestinierte die Witzblätter für den Verkauf an Bahnhöfen, da sie, hier im Gegensatz zur Tageszeitung, auch noch vier oder fünf Tagen nach ihrem Erscheinen aktuell waren.[13] Weitere Gründe für die gute Verkäuflichkeit der Witzblätter an den Bahnhofs- und Straßenkiosken waren der Einzelnummernverkauf, ihr handliches Format sowie der niedrige Verkaufspreis, der gewöhnlich nur zehn bis zwanzig Pfennige pro Ausgabe betrug. Der kundenfreundliche Bezugspreis war durch die hohen Auflagen möglich, die um 1900 durchschnittlich 50.000 bis 70.000 Exemplare erreichten.[14]

Die Verleger achteten außerdem auf eine gewisse Fernwirkung ihrer Titelblattgestaltung, um den Blick der Reisenden auf ihre neuesten Ausgaben zu lenken. Charakteristisch war die plakative, volkstümliche Titelgebung, z.B. *Berliner Krakehler* oder *Berliner Groß-*

11 Achten (Hg.): Lachen links, S. 8f.
12 Der Wahre Jakob. Illustrierte Zeitschrift für Satire, Humor und Unterhaltung. Berlin: Dietz 1877 1883, 1884–1923, 1927–1933.
13 Vgl. Schulz: "Kladderadatsch", S. 171.
14 Allen: Satire and Society, S. 3.

maul, und die vorwiegend schrillen Illustrationen.[15] Die 1886 von Otto Eysler in Hamburg gegründeten *Die Lustige Blätter* setzten dagegen provozierende erotische Illustrationen sowie farbige Titelblätter als Agitationsmittel ein.[16]

Die Medien Witzblätter und Reiselektüre wiesen jedoch nicht nur hinsichtlich ihrer außerliterarischen Merkmale starke Affinitäten auf. Beide Publikationsformen favorisierten Prosagattungen, u.a. Aphorismen, Skizzen, Essays, Novellen und Humoresken, also modische literarische Gattungen, die ein kurzweiliges Lesevergnügen gewährleisteten. Eine weitere Konstante war die Autorenauswahl. Die Verleger von *Reisebibliotheken* gewannen für ihre Reihen Redakteure und Mitarbeiter von Witzblättern, die durch ihre Popularität – unter ihnen Adolf Glasbrenner (1810–1876) oder Karl Ludwig Ernst Kossak (1814–1880) – den Absatz von Reiselektüre zudem stimulierten.

Die Zensurpolitik der Behörden wie auch die Einflussnahme der Bahnverwaltungen auf das Programm der Bahnhofsbuchhändler soll nun an zwei konkreten Beispielen veranschaulicht werden: Die Zeitschriften *Kladderadatsch* und *Simplicissimus* gehörten zu den populärsten und weit verbreiteten politischen Witzblättern in Deutschland und wurden deshalb von der Polizei und den Eisenbahnbehörden unnachgiebig verfolgt.

8.2.1 Der „Kladderadatsch" – ein marktbeherrschendes Witzblatt (1848–1944)

Im Frühjahr 1848 gründeten David Kalisch (1820–1872), Mitglied des Redaktionskomitees der *National-Zeitung*, und der Verleger Albert Hofmann das Witzblatt *Kladderadatsch*, das sich innerhalb von wenigen Jahren zu einer Zeitschrift mit internationalem Renommee entwickelte.[17] Die am 7. Mai 1848 erschienene erste Nummer, die über „fliegende Buchhändler" und Straßenhändler in der ganzen Stadt angeboten wurde, fand einen reißenden Absatz. Schon am Abend war die Erstlingsauflage in Höhe von 4.000 Exemplaren vergriffen.[18] Das Witzblatt erschien sonntags – der Verlag warb pointiert mit der Ankündigung „das Wochenblatt erscheint täglich mit Ausnahme der Wochentage" – und kostete im Einzelbezug eineinhalb Silbergroschen. In der Gründungsphase hatte der *Kladderadatsch* einen Umfang von vier Seiten; im Laufe der Jahre steigerte sich dieser und erreichte kurz vor Beginn des Ersten Weltkriegs zwanzig Seiten.[19] War die erste Ausgabe noch in Eigenregie von David Kalisch entstanden, erweiterte sich die Redaktion bereits wenige Wochen später um die Illustratoren Wilhelm Scholz (1824–1893), Adalbert Müller (1820–

---

15 Vgl. Heinrich-Jost: Kladderadatsch, S. 10ff.

16 Die Verleger integrierten – sehr zum Ärger des herkömmlichen Buchhandels – von Anbeginn an den Auchbuchhandel in ihr Vertriebskonzept. Die buntfarbigen Titelblätter dominierten daher nicht nur die Verkaufsauslagen der Straßen- und Kioskhändler oder Bahnhofsbuchhändler, sondern die Witzblätter waren auch in Milch-, Obst-, Zigaretten- und Schreibwarengeschäften erhältlich. Vgl. Koch: Von A wie Absinth, S. 8f., und Koch: Der Teufel in Berlin, S. 263.

17 Das umgangssprachliche Wort Kladderadatsch stand für Zusammenbruch. Angesichts der revolutionären Entwicklungen und der zunehmenden Auflösung des alten Systems handelte es sich um einen sehr zeitnahen Zeitschriftentitel. Vgl. Heinrich-Jost: Kladderadatsch, S. 16. Über das Verlagshaus Hofmann vgl. Kap. 4. 2.1.

18 Vgl. Koch: Der Teufel in Berlin, S. 84f.

19 Vgl. Heinrich-Jost: Kladderadatsch, S. 20.

1881), Ernst Dohm (1819–1883) und Rudolf Löwenstein (1819–1891). Der *Kladderadatsch* beschäftigte sich beinahe ausschließlich mit dem innen- und außenpolitischen Geschehen. Hauptintention des *Humoristisch-satirischen Wochenblatts*, wie der Untertitel lautete, war nicht die Vermittlung von Sachinformationen, sondern die geistreiche Unterhaltung der Leser durch Text- und Bildsatiren.[20] Der *Kladderadatsch* entwickelte sich daher zum wichtigsten Publikationsorgan der bürgerlichen Revolutionsbewegung.[21]

Es verwundert somit nicht, dass der *Kladderadatsch* von Erscheinungsbeginn an regelmäßig mit der Polizei in Konflikt geriet. Die Zeitschrift, die das jüngste politische Geschehen in Deutschland und Europa schon in der nächsten Ausgabe kommentierte und dadurch eine besondere Aktualität beanspruchen konnte, wurde in Preußen intensiv überwacht. Den Behörden war sie nicht nur wegen ihrer politischen Positionen ein stetes Ärgernis; dem *Kladderadatsch* wurden außerdem Frivolität und eine demoralisierende Wirkung unterstellt. Obwohl öffentlichkeitswirksame Beschlagnahmungen und Strafverfahren gegen die Redakteure für das Blatt einen beträchtlichen Werbeeffekt darstellten und bei besonders spektakulären Ereignissen die Auflagen in die Höhe trieben, schädigten die andauernden Repressalien schließlich doch die wirtschaftliche Solidität des Verlagsunternehmens.[22]
Ein wesentlicher Grund für die andauernde Verfolgung des Blattes war neben seiner politischen Brisanz seine massenhafte Verbreitung. Die Verlegerentscheidung, das Witzblatt hauptsächlich im Verkehrsbuchhandel zu vertreiben, war demnach auch politisches Kalkül: Die Verleger von oppositionellen Druckerzeugnissen bedienten sich ganz bewusst der besonders lesernahen Publikations- und Vertriebsform *Reiselektüre* sowie ihrer speziellen Distributionswege, um einen möglichst hohen Verbreitungsgrad für ihre politisch brisanten Verlagsprodukte zu erzielen.

Es ist daher nicht verwunderlich, dass die ebenso politische wie auch nach kommerziellen Erwägungen entwickelte Verlagsstrategie des Verlegers Hofmann bald Nachahmer fand. So konzipierte z.B. der Münchner Verlag Albert Langen sein politisch-satirisches Blatt *Simplicissimus* ebenfalls für den Absatz auf Bahnhöfen. Der Münchner Verleger versprach sich mit diesem bewährten Konzept nicht nur eine hohe Verkaufsquote; er spekulierte auch darauf, auf diesem Weg das Witzblatt dem wirkungsvollen Zugriff der Zensur zu entziehen.

---

20 Koch: Der Teufel in Berlin, S. 17f.

21 Heinrich-Jost: Kladderadatsch, S. 21.

22 Die Zahl der Abonnenten sank innerhalb von wenigen Monaten von knapp 7.000 auf etwa 800; auch die Verweigerung der preußischen Postämter, den Kladderadatsch zu befördern, traf das Unternehmen hart. Die polizeilichen Interventionen hielten an. So wurden 1852 die beiden Redaktionsmitglieder David Kalisch und Rudolf Löwenstein während des Besuches des russischen Zaren Nikolaus I. sogar ausgewiesen. Allein zwischen 1860 und 1870 wurde das Blatt zehn Mal beschlagnahmt. Hauptvorwurf war gewöhnlich die Beleidigung von politischen Repräsentanten und Kritik an den gesellschaftlichen Zuständen in Preußen. Koch: Der Teufel in Berlin, S. 120f.

8.2.2 Die polizeiliche Verfolgung der satirisch-politischen Zeitschrift *Simplicissimus* – ein Präzedenzfall

Mit dem *Simplicissimus* erschien ein prononciert politisches Witzblatt. Im Frühjahr 1896 präsentierte Langen seine erste Ausgabe.[23] Innerhalb von nur wenigen Jahren entwickelte sich das Witzblatt zu einem der erfolgreichsten Europas. Gerade in den Vorkriegsjahren beschäftigte sich das Blatt zunehmend mit internationalen Themen, die es auch im benachbarten Ausland lesenswert machten.[24] Während die Redaktion ihren Sitz in München hatte, wurde die Zeitschrift in Leipzig und nach 1898 in Stuttgart hergestellt. Zur Redaktion zählten neben Albert Langen der Schriftsteller Frank Wedekind (1864–1918), der Karikaturist Thomas Theodor Heine (1867–1948) und seit 1898 der Literat und Jurist Ludwig Thoma (1867–1921), der 1900 Chefredakteur wurde. Teil des Konzepts war die Gewinnung junger, demokratisch gesinnter Künstler und Literaten für eine dauerhafte Mitarbeit an diesem politisch progressiven Zeitschriftenprojekt. Langen gelang es 1899, Thomas Mann als Ressortleiter für die Rubrik „Novellistik" zu gewinnen; regelmäßiger Beiträger war auch sein Bruder Heinrich Mann, von dessen Roman *Der Untertan* Auszüge im *Simplicissimus* erschienen.[25]

Langen machte es sich bereits mit den ersten Nummern zur Aufgabe, die Lektürebedürfnisse breiter Bevölkerungsschichten zu befriedigen. Er reagierte prompt auf modische Trends auf dem Gebiet der Literatur und lieferte seiner Leserschaft besonders populäre Literaturgattungen, u.a. Humoresken; darüber hinaus favorisierte der Verleger Kurz- und Serientexte, die eine kurzweilige Gestaltung des Blattes gewährleisteten und die Leserbindung förderten. Einen hohen Bekanntheitsgrad erzielte z.B. der politisch brisante Filser-Briefwechsel von Ludwig Thoma, in denen er unmittelbar auf tagespolitische Ereignisse reagierte und dadurch ein Maximum an Aktualität erzielte.[26]

Ein weiterer Bestandteil des Marketingkonzepts waren die Illustrationen. Mit seinen farbigen Umschlägen und Illustrationen profilierte sich das Blatt gegenüber Konkurrenzunternehmen. Gerade für den Verkauf an Bahnhöfen und im Straßenhandel war es wichtig, dass die Titelblätter mit ihren plakativen Lettern und Illustrationen schon auf Distanz wirkten.[27] Darüber hinaus boten die zahlreichen Versuche der Eisenbahnbehörden, den Vertrieb von Witzblättern an ihren Bahnhöfen zu unterbinden, dem Reisenden, der sich der Unbotmäßigkeit seiner Lektüre durchaus bewusst war, einen zusätzlichen Kaufanreiz.

Langen spekulierte von der ersten Ausgabe an auf einen erfolgreichen Absatz seiner Zeitschrift im Verkehrsbuchhandel.[28] Als Maximilian Harden sich gegenüber Björnstjerne Björnson, dem Schwiegervater Albert Langens und Förderer des *Simplicissimus*, skeptisch über die Marktfähigkeit des neuen Witzblattes äußerte, widersprach Björnson energisch:

---

23 Vgl. hierzu Abret/Keel: Im Zeichen des Simplicissimus, sowie dies.: Die Majestätsbeleidigungsaffäre.
24 Vgl. auch Jegorow: Die satirische Zeitschrift Simplicissimus, S. 132, 147f.
25 Ebd. S. 133.
26 Vgl. Horn: Prosa im Simplicissimus, S. 160.
27 Ebd. S. 53ff., 277ff.
28 Vgl. auch Allen: Satire and Society, S. 46.

„Albert Langen giebt [sic] nicht auf. Er rechnet auf eisenbahnverkauf und reklame dabei im sommer“.[29]

Der Verlag warb zudem durch die Aufnahme von touristischen Themen, Reisenovellen und Sommergeschichten gezielt um Reisende. Es erschienen Beiträge über Kuraufenthalte in deutschen Badeorten oder an der Riviera, Bildungsreisen in den Süden Europas, über Sommerfrische und Alpintouren. Das Reisespektrum wurde auch durch Artikel über exotische Fernreisen, z.B. nach Asien, bereichert. Die Verfasser der touristischen Beiträge sparten nicht mit Spott und Ironie über die zeitgenössische Reisekultur, und die Texte wurden von zahlreichen Karikaturen begleitet. In den Nachkriegsjahren wurden auch kulturkritische Stimmen gegen den Massentourismus und die damit verbundene Umweltzerstörung laut. Über die inhaltliche Thematisierung des Fremdenverkehrs hinaus spielte die Tourismusbranche als wirtschaftlicher Faktor eine wichtige Rolle für die Entwicklung des Satireblatts. Ein beträchtlicher Teil der Inserate, die für die Finanzierung des Blattes eine nicht unerhebliche Rolle spielten, stammte von den Anbietern von Reisen wie auch von Reiseartikeln; sie warben für Reiseziele, Reiseutensilien und Wanderausrüstungen, sogar für Sektmarken, die speziell den Sommerfrischlern und Touristen empfohlen wurden. Der Verlag sorgte dafür, dass die touristischen Beiträge pünktlich zur Sommer- und Wintersaison erschienen. Neben den regulären Ausgaben gab Langen auch Spezialhefte heraus, z.B. die Sonderhefte *Ins Bad* (August 1907) und *Sommerfrische* (August 1909).[30]

Langen, der viel mit der Eisenbahn reiste, achtete übrigens sorgfältig darauf, ob sein *Simplicissimus* an den Bahnhöfen und wichtigen Verkehrsknotenpunkten auch gut sichtbar auslag. Bei seinen Aufenthalten versäumte er es nicht, sich bei den örtlichen Buchhändlern nach dem Verkaufserfolg seines Blattes zu erkundigen. Im Winter 1896 berichtete er in einem Brief an seine Frau zufrieden darüber, den *Simplicissimus* am Mainzer Bahnhof entdeckt zu haben.[31] Der Verlag kooperierte also ganz gezielt mit dem Verkehrsbuchhandel. So unterhielt Langen z.B. enge Geschäftsbeziehungen mit Stilke, dessen Kiosksystem und Verkaufsstände an den Berliner Bahnhöfen einen besonders wichtigen Umschlagplatz für sein Presseprodukt darstellten. Er setzte sich nicht nur für den Verkauf seines *Simplicissimus'* ein, sondern intervenierte auch energisch in die Programmgestaltung des Bahnhofsbuchhändlers. So drängte Langen Stilke in einem persönlichen Brief vom 3. Juli 1898, endlich auch die Bücher des französischen Erfolgsautors Marcel Prévost (die in deutscher Übersetzung bei Albert Langen erschienen) in sein Programm aufzunehmen, die gerade wegen ihrer Vorliebe fürs Pikante an den Verkaufsständen in den Bahnhöfen einen regen Absatz erlebten.[32] Langen hielt sich auch mit Kritik über die nur mangelnde Präsenz seiner Verlagsartikel an den Berliner Bahnhöfen nicht zurück:

---

29 Hier zit. n. Abret: Albert Langen, S. 57.

30 Hackl: „Sommerfrischler“ und „Eingeborene“, S. 162f.

31 Abret/Keel: Im Zeichen des Simplicissimus, S. 170.

32 Prévost erzielte mit seinen Romanen beachtliche Erfolge. Der 1906 erschienene Titel Monsieur und Madame Moloch wurde im Erscheinungsjahr 50.000 Mal verkauft. Drei Jahre später gelangte das Werk in deutscher Übersetzung durch Albert Langen auf den deutschen Buchmarkt. Vgl. Abret: Albert Langen, S. 353.

> So erfreulich unsere Simplicissimus-Verbindung geworden ist, so bedauerlich ist der verhältnismäßig kleine Umsatz, den Sie mit meinen Verlagswerken erzielen. Das kommt daher, weil Sie nicht die Bücher von Marcel Prévost führen. Und warum nicht? Sie sind beinahe die einzige Eisenbahnbuchhandlung, die die Werke von Prévost nicht führt und sich ein ganz bedeutendes Geschäft dadurch entgehen lässt. Auf den Kölner–Münchener etc. Bahnhöfen gehen die Bücher wie frische Semmel.[33]

Die Titel *Halbe Unschuld*, *Pariserinnen*, *Der verschlossene Garten*, *Liebesbeichte*, *Camilla*, *Chouchette*, *Der Skorpion* oder *Späte Liebe* deklarierte Langen als unverzichtbare Artikel einer jeden Bahnhofsbuchhandlung, zumal er seinen Büchern hinsichtlich ihrer Ausstattung und Preisgestaltung eine hervorragende Verkäuflichkeit attestierte.[34]

Langen drängte auch den Münchner Verkehrsbuchhändler Theodor Ackermann nachdrücklich zur Aufnahme seiner Verlagsprodukte ins Sortiment. In einem Brief vom 26. August 1898 prangerte er die mangelnde Zivilcourage Ackermanns an, der vermutlich wegen der zahlreichen preußischen „Eisenbahnverbote" vorsichtig geworden war und den *Simplicissimus* vorsorglich aus dem Programm genommen hatte:

> Wir brauchen die Gerichtsverhandlung in meiner Klage gegen die M.N.N. nicht abzuwarten, um zu wissen, daß sich das preußische Eisenbahnverbot des Simplicissimus nicht auf die bayerischen, insbesondere auf den Münchner Bahnhof erstreckt. Ein solches Verbot hat nie existiert. Seit 2 ½ Jahren bemühe ich mich vergeblich, Sie zum Verkauf des Simplicissimus auf dem hiesigen Bahnhof zu bewegen. Die Tatsache, daß ein weltbekanntes, in München erscheinendes, hochangesehenes Blatt am Bahnhof dieser Stadt nicht zu haben ist [...], ist ein himmelschreiender Mißstand – und abgesehen von dem materiellen Schaden – auch geeignet, das Ansehen dieses Blattes herabzuwürdigen.[35]

Von der kulturellen Bedeutung seiner Zeitschrift vollkommen überzeugt, drängte Langen den Münchner Bahnhofsbuchhändler zur regelmäßigen Abnahme von wenigstens 800 bis 1.000 Exemplaren. Auch bei anderen Bahnhofsbuchhändlern wurde der Verleger vorstellig. Er verschickte Verlagskataloge, in denen er diejenigen Titel markierte, die er für den Eisenbahnverkauf als besonders geeignet einschätzte.[36] Trotz der gelegentlichen Differenzen schien jedoch die Zusammenarbeit zwischen Albert Langen und dem Bahnhofsbuchhandel grundsätzlich zufrieden stellend.

Auch die Verfolgungsbehörden erkannten im Bahnhofsbuchhandel ein wirkungsmächtiges Distributionssystem. Ein Indiz für die effektive Verbreitung der Zeitschrift über Bahnhofskioske waren die regelmäßigen Verkaufsverbote, die sich, unterstützt durch die Eisenbahnbehörden, direkt an die Adresse des Bahnhofs- und Verkehrsbuchhandels richteten. Die preußische Eisenbahnbehörde verhängte mehrmals spezielle „Eisenbahnverbote";

33 Zit. n. ebd. S. 353.
34 Koch: Albert Langen. Ein Verleger in München, S. 91.
35 Ebd. S. 68.
36 Ebd. S. 70.

die Bahnhofs- und Verkehrsbuchhändler wurden unter Strafandrohung aufgefordert, die Zeitschrift komplett aus ihrem Programm zu nehmen.

Während die Polizeibehörden nur einzelne anstößige Ausgaben konfiszieren durften, untersagte die Preußische Eisenbahndirektion 1898 ihren Bahnhofsbuchhändlern grundsätzlich den Verkauf des *Simplicissimus'* innerhalb des Bahnhofsgeländes. Anlass für das erste „Eisenbahnverbot" war der Abdruck von Liedern des Schriftstellers Frank Wedekind. Langen kommentierte den Vorgang in der Folgenummer lapidar: „Die Kolportage der Nummern in der [!] sich das erste und zweite Lied befanden, wurde auf den Bahnhöfen von Berlin wegen dieses Liedes verboten".[37] Die Redaktion nahm das „Eisenbahnverbot" mit Gelassenheit und schätzte den finanziellen Schaden als gering ein. Geschickt nutzte Langen die Konfiskation für Reklamezwecke. Im Heft 19 aus dem Jahr 1898 beschäftigte sich die Redaktion ironisch mit dem eigentlichen Nutzen von Eisenbahnen:

> Um die Menschen sicher und schnell von einem Ort zum anderen zu führen – oder lösen wir eine Fahrkarte, damit die preußische Eisenbahnverwaltung während der Dauer dieser Fahrt unser geistiges Wohl in Obhut nimmt? Ist die Eisenbahn eine großartige Verkehrseinrichtung oder eine Riesen-Kinderbewahranstalt mit tausend Filialen im ganzen Land? [...] Wen glaubt man eigentlich mit einer solchen Verfügung zu treffen? Den *Simplicissimus*? Nein! Der steht Gott sei Dank fester auf seinen Beinen als ein preußischer Staatsminister.[38]

Im Januar 1898 reiste Langen eigens nach Berlin, um dort den Eisenbahnminister Karl von Thielen von der Notwendigkeit einer Rücknahme des Eisenbahnverbots zu überzeugen.[39] Seine Reise war erfolgreich: Mit Unterstützung des von den Verkaufsverboten mit betroffenen Stilke gelang es Langen, ein generelles Verbot seiner Zeitschrift abzuwenden, doch die Interventionen durch die Polizei nahmen kein Ende. Die rigide Konfiszierungspraxis der Preußischen Eisenbahnbehörde stieß jetzt auch in den Medien zunehmend auf Kritik. Die *Frankfurter Zeitung* vom 20. Januar 1898 prangerte das eigenmächtige Handeln der Eisenbahnbehörden ohne jede Rechtsgrundlage sowie ihre verstärkte Einflussnahme auf das Angebot an Presseartikeln in den Bahnhöfen an:

> Die Praxis, auf dem Verwaltungswege zu erzwingen, was man nicht durch Gesetz erzielen kann, stellt sich in diesem unscheinbaren Beispiele in ihrer ganzen inneren Ungesetzlichkeit dar. Und das wäre die missverständliche Begründung eines solchen Gewaltaktes, wenn man das Hausrecht der Eisenbahnbehörde innerhalb der Bahnhöfe so auslegen wollte, daß die kraft dessen willkürlich zu bestimmen hätte, was dort verkauft werden dürfte, und was nicht, ganz unabhängig davon, daß dieselbe Lektüre nach den allgemeinen Staatsgesetzen erlaubt ist.[40]

---

37 Abret/Keel: Die Majestätsbeleidigungsaffäre, S. 16.
38 Zit. n. Sailer: Glanz und Elend des Simplicissimus, S. 41.
39 Vgl. Abret: Albert Langen, S. 65.
40 Hier zit. n. Abret/Keel: Im Zeichen des Simplicissimus, S. 51.

Die Repressalien dauerten an. Deshalb konsultierte Albert Langen 1901 den Schriftsteller und Rechtsanwalt Ludwig Thoma, der gegen die wiederholten „Eisenbahnverbote“ juristisch vorgehen sollte.[41] Thoma riet zu einer öffentlichkeitswirksamen Kampagne. Er warb bei in- und ausländischen Schriftstellern um positive Gutachten für den *Simplicissimus*; u.a. wurden namhafte Autoren wie Ibsen, Tolstoi und Zola angesprochen. Thoma unterstrich in seiner Eingabe mit Nachdruck, „daß die Regierung kein Recht habe, das beste Kunstblatt zu boykottieren“.[42] Die für das Witzblatt günstigen Umfrageergebnisse wurden auch an das sächsische Justizministerium weitergeleitet. Insofern diente die Kampagne nicht nur Reklamezwecken, sondern sollte auch Druck auf die sächsische Regierung ausüben.[43]

Das trotz aller Unterdrückungsmaßnahmen beharrliche Erscheinen des *Simplicissimus'* blieb den Behörden auch in den Vorkriegsjahren ein besonderes Ärgernis. Im Oktober 1909 löste ein polemischer Bericht über den bayerischen Kronprinzen Ludwig III. in Bayern erneut einen spektakulären Prozess gegen die Redaktion des *Simplicissimus'* aus. Am 1. Oktober 1909 beklagte das Staatsministerium für Verkehrsangelegenheiten, dass das Satireblatt erneut „die verschiedensten staatlichen Einrichtungen u. dergl. fortgesetzt und systematisch in der gröblichsten Weise verspottet und verächtlich zu machen sucht [...]“.[44] Auf Druck des Innenministers sprach der Verkehrsminister wiederum ein generelles Verkaufsverbot an den Bahnhöfen aus. Dagegen protestierten namhafte Schriftsteller und Beiträger des *Simplicissimus'*, u.a. auch Ludwig Thoma. Unbeeindruckt von dem Verbot reagierte die Redaktion auf das Vorgehen der bayerischen Behörden mit einer Karikatur in der Folgenummer: Sie zeigte eine riesige Bulldogge, die gerade einen Eisenbahnzug anfiel.[45]

In den Vorkriegsjahren starteten die Vertreter konservativer Parteien erneut eine Offensive gegen den *Simplicissimus*. Sie forderten eine engmaschigere, effizientere Kontrolle des Pressemarkts – an erster Stelle stand wieder Langens Satireblatt. Der Ton seitens des Bahnhofsbuchhandels wurde jetzt gereizter. Unterstützung fanden die Bahnhofsbuchhändler dabei nicht zuletzt bei ihren Kunden. Ein Reisender echauffierte sich über die andauernde staatliche Meinungskontrolle:

> In dem Augenblick, wo Staat oder Reich an mir verdienen, wo ich meinen Obolus für das Ticket entrichte, kommt dieselbe Behörde und kontrolliert mich in bezug auf meine Lektüre! Für ein solches Verhalten fehlt mir das Verständnis! Man vergesse doch nicht, daß die Reichsbahnen täglich Tausende von Zeitungsexemplaren jeder Art befördern und befördern müssen; da erscheint es doch doppelt lächerlich, den Verkauf von Einzelexemplaren auf den Bahnhöfen zu verbieten.[46]

---

41 Ebd. S. 229.

42 Abret: Albert Langen, S. 179.

43 Ebd.

44 Vgl. Akten des Kgl. Bayer. Staatsministeriums für Verkehrsangelegenheiten. Bahnhofsbuchhandlungen. Jg. 1907–1912. Bd. 1. Bayerisches Hauptstaatsarchiv. Sign.: Verkehrsmuseum-Archiv. Nr. 8680. o.P.

45 Weichenstellungen. Eisenbahnen in Bayern 1835–1920, S. 88.

46 Hack: Marginalien, Nachrichten und Dokumente, S. 11.

In den Nachkriegsjahren litt der *Simplicissimus,* wie viele andere Zeitungen und Zeitschriften auch, unter den Folgen der Inflation. Erst nach der Einführung der Rentenmark 1923 stabilisierte sich die wirtschaftliche Situation des Blattes, und die Auflage stieg auf 30.000 bis 35.000 Exemplare wieder leicht an.[47]

8.3 Verkehrsbuchhandel und Unterhaltungsliteraturdebatte Die Rolle des Verkehrsbuchhandels im Vertrieb von „Schmutz- und Schundliteratur"

Der Bahnhofsbuchhandel stand wie keine andere Teilbranche des verbreitenden Buchhandels im Fokus der über mehrere Jahrzehnte andauernden Unterhaltungsliteraturdebatte. Ein besonderes Problem für die polizeilichen Behörden war neben dem Vertrieb von literarisch wenig anspruchsvoller Massenliteratur der Verkauf von erotisch-pornografischen Druckerzeugnissen und Abbildungen, die gerade an den Verkaufsständen an Bahnhöfen einen regen Absatz erlebten.

Die Produktion von erotisch-pornografischen Werken hatte im ausgehenden 19. Jahrhundert ein beachtliches Ausmaß angenommen. Die Vertreter der Sittlichkeitsbewegung prangerten in Zeitschriften und Broschüren die zunehmende Kommerzialisierung und Industrialisierung von Pornografie an.[48] Die Zunahme pornografischer Verlagsprodukte um 1900 war Folge einer generellen Erotisierung der Medien. Dazu rechneten die Gegner nicht nur anzügliche, provozierende Druckerzeugnisse, auch die Verbreitung von medizinischen Ratgebern und Informationsbroschüren über Empfängnisverhütung, Abtreibung und Geschlechtskrankheiten wurde sanktioniert.[49] Die Gegner von pornografischer Literatur standen – wie schon beim Textkorpus der „Schmutz- und Schundliteratur" an sich – vor dem Problem einer eindeutigen begrifflichen Klärung von Pornografie. Handelte es sich bei der Pornografie primär um die kommerzielle Ausbeutung von Sexualität, wurden erotische Darstellungen und Illustrationen oftmals ästhetisiert und der Kunst zugeordnet.

Neben erotisch-pornografischen Büchern erlebten auch pornografische Zeitschriften und Magazine auf dem europäischen Buchmarkt einen beachtlichen Aufschwung.[50] Die einschlägigen Periodika fanden hauptsächlich über den Bahnhofsbuchhandel ihren Absatz. Dieser entwickelte sich zu einem wichtigen Multiplikator vor allem von pornografischen Zeitschriften aus dem benachbarten Frankreich, die jetzt in großer Auswahl auch den Reisenden auf deutschen Bahnhöfen zur Verfügung standen. Auf den Indizierungslisten der

---

47 Koch: „Bestes Witzblatt der Welt", S. 134.

48 Vgl. hierzu Faulstich: Pornografie, S. 10.

49 Vgl. Gebhardt: „Halb kriminalistisch, halb erotisch", S. 184ff.

50 Seit den 1880er Jahre kursierten außerdem „unzüchtige" Fotos auf dem Pornografiemarkt. Ende der 1920er Jahren erweiterte sich die Produktpalette auf dem Sektor der Pornografie um Porno-Comics, die sich für den Verkauf an Bahnhöfen besonders gut eigneten. Insofern entwickelte sich Pornografie spätestens in den Jahren der Weimarer Republik zunehmend zu einem medienübergreifenden Genre.

Eisenbahnbehörden tauchten daher seit der Jahrhundertwende vermehrt französischsprachige pornografische Titel auf.

Als geeigneter Leseort erschien den Konsumenten dieser Art Literatur das Eisenbahnabteil. Dieses gewährleistete einen intimen Entfaltungsraum für erotische Fantasien, die durch eine begleitende Lektüre von sexuell stimulierenden erotischen Darstellungen oder Illustrationen bedingt ausgelebt werden konnten. Der permanente Wechsel der Mitreisenden und die räumliche Geschlossenheit des Abteils schufen eine zwanglose Atmosphäre, die der ungestörten, heimlichen Lektüre von verpönter Literatur geradezu Vorschub leistete. Den Konsumenten von pornografischen Werken war es außerdem möglich, ihre Lektüre hinter seriösem Lesestoff, der dadurch für eine außerliterarische Schutzfunktion missbraucht wurde, zu verbergen. Die an den Bahnhöfen diskret erworbenen Magazine konnten nach Beendigung der Reise unauffällig im Abteil zurückgelassen werden. Sigmund Freud analysierte schon um die Jahrhundertwende die auffällige Wechselwirkung zwischen moderner Reiseerfahrung und sexuellen Fantasien: Die mechanische Erschütterung bedingte nach Freud eine Steigerung von Sexualempfindungen. Der Psychoanalytiker ging in seinem Beitrag *Die infantile Sexualität* (1904/1905) davon aus, dass die rhythmische Erschütterung in der Eisenbahn die Passagiere sexuell stimulierte und Lustempfindungen hervorrief: „Der Zwang zu solcher Verknüpfung des Eisenbahnfahrens mit der Sexualität geht offenbar von dem Lustcharakter der Bewegungsempfindungen aus".[51] Dieses Erleben nahm vor allem bei männlichen Passagieren auf die Wahl der Reiselektüre Einfluss. Ein wichtiger Programmpunkt im Sortiment des Bahnhofsbuchhändlers war daher pornografische Literatur, die sich gerade wegen der Anonymität des Verkaufsakts eines lebhaften Absatzes erfreute.

Als Folge der massenhaften – in den Augen der Kritiker kaum mehr zu kontrollierenden – Produktion von anstößiger Unterhaltungsliteratur konstituierte sich im ausgehenden 19. Jahrhundert die Volksbildungsbewegung, die sich den Kampf gegen „Schmutz und Schund" auf die Fahnen schrieb, und die Auseinandersetzung über die Zensur an Bahnhöfen und Straßenkiosken verschärfte sich. Der „Schundkampf" war eine Reaktion auf die zunehmende Dominanz einer von kommerziellen Erwägungen gesteuerten Populärkultur.[52]

Ein wichtiger Grund, warum die Diskussion über den Vertrieb von „Schmutz und Schund" um 1900 erneut mit einer solchen Vehemenz geführt wurde, war u.a. die Ablösung des Lieferungsromans durch das Serienheft, das jetzt an öffentlichen Plätzen ausgestellt und

---

51 Freud: Drei Abhandlungen zur Sexualtheorie, S. 73f.

52 Im letzten Drittel des 19. Jahrhunderts hatte sich ein kultureller Massenmarkt herausgebildet, der sich an den Bedürfnissen breiter Bevölkerungsschichten orientierte. Die Unterschichten verfügten zunehmend über Freizeit sowie Kaufkraft und entwickelten sich zu einer wichtigen Zielgruppe der modernen Kulturindustrie. Die Auseinandersetzung mit „Schmutz" und „Schund" reduzierte sich deshalb nicht nur auf die Kolportageromane, Serien- und Groschenhefte; ins Blickfeld der Sittlichkeitsverfechter gerieten auch Kino und Unterhaltungsmusik. Es galt, die von Kommerz bestimmten Massenwaren einzudämmen und sukzessive durch ästhetisch überlegene Produkte zu ersetzen. Diese Aufgabe übernahmen die zahlreichen Volksbildungs- und Sittlichkeitsvereine in Deutschland. Vgl. auch Maase: Grenzenloses Vergnügen, S. 16f.

an Bahnhofs- und Straßenkiosken zu erwerben war. Die Populärliteratur der Kaiserzeit unterschied sich von der Trivialliteratur des 18. Jahrhunderts durch ihre industrielle Herstellung. Der wachsende Alphabetisierungsgrad in der deutschen Bevölkerung, die Einführung neuer Gewerbeordnungen und innovative Reproduktionstechniken gewährleisteten eine massenhafte Verbreitung des modernen Industrieprodukts.[53] Das Geschäft mit der „minderwertigen" Literatur wurde fortan nicht mehr auf der Hintertreppe der Mietskasernen, sondern auf offener Straße betrieben. Die grellfarbigen Serienhefte, die hauptsächlich Zielscheibe harscher Kritik seitens der Lesepädagogen waren, lagen jetzt an den Verkaufsständen der Bahnhofsbuchhändler sowie in den Auslagen der Straßenkioske gut sichtbar aus. Ernst Schultze, einer der engagiertesten Verfechter der Volksbildungsbewegung, beklagte diesen Übergangsprozess in seiner Schrift *Die Schundliteratur*:

> Was in den letzten Jahren vor allem die Aufmerksamkeit auf die Schundliteratur gelenkt hat, das war der Umstand, daß sie, die früher das Licht des Tages scheute und nur auf Hintertreppen und in den elendsten kleinen Verkaufsläden vertrieben wurde, sich in der letzten Zeit in die breiteste Öffentlichkeit vorgewagt hat.[54]

Während die Kontrolle des Kolportagebuchhandels, der bis zur Jahrhundertwende die Lieferungsromane ausschließlich vertrieb, über die Gewerbeordnung weitgehend möglich war, scheiterte eine effiziente Beobachtung des Bahnhofsbuchhandels und vor allem des Straßenhandels. Die Serienromane fanden aber auch über Schreibwaren- und Papierhandlungen, Zigaretten-, Traffic- oder Milchläden einen ungehinderten Absatz. Die Vielfalt der Vertriebswege gewährleistete eine weite Verbreitung dieser Schriften in allen Bevölkerungsschichten, eine neue Dimension, die ihren Gegnern auf heftigen Widerstand stieß.

Der Bahnhofsbuchhandel war sich allerdings trotz der Jahrzehnte andauernden, vehementen Angriffe seitens der Volksbildungsvereine seiner kulturpolitischen Aufgaben durchaus bewusst und bemühte sich selbst, den Verkauf von „Schmutz und Schund" durch eine strenge Selbstkontrolle zu unterbinden. Renommierte Bahnbuchhändler, wie z.B. das Heidelberger Unternehmen Schmitt & Bangel, formulierten schon früh eine brancheninterne Berufsethik, die durch strikte Selbstzensur auf den Verkauf von politischen, religiösen und sittenwidrigen Schriften verzichtete und im Angebot von literarisch niveauvollen, aber preiswerten Büchern eines der wichtigsten Erfolgskriterien ihrer Branche erkannte.[55] Schmitt wies nachdrücklich darauf hin, dass er um seine kulturelle Verantwortung als Bahnhofsbuchhändler wusste:

> Ich bin jedoch bestrebt, auch innerhalb dieser Beschränkung den Culturinteressen zu dienen und der Verbreitung guter Literatur Vorschub zu leisten. Dies geschieht: durch sorgfältige Auswahl, wobei das kaufmännische Interesse dem literarischen

53 Vgl. auch Jekeli: Erregte Zeiten. Internetpublikation: http://parapluie.de/archiv/unkultur/schund/.
54 Schultze: Die Schundliteratur, S. 8.
55 Vgl. Literatur im Industriezeitalter, Bd. 1, S. 258f.

> untergeordnet wird, durch Ausscheidung werthloser Fabrikate und namentlich durch Ausschluss sittlich-anstössiger Bücher.[56]

Anlässlich der Gründung des Vereins Deutscher Bahnhofsbuchhändler 1905 wurde in der Satzung eigens ein Statut aufgenommen, das die Verbreitung von sittenwidriger Literatur durch Verbandsmitglieder unter Androhung eines Vereinsausschlusses untersagte.[57] Darüber hinaus appellierte der Bahnhofs- und Verkehrsbuchhandel als wichtigste Vertriebsinstanz von Presseartikeln an die Zeitungs- und Zeitschriftenverleger, sittenwidrige und unzüchtige Darstellungen und Abbildungen aus ihren Produkten fern zu halten.[58] Der Verkauf von „Schundliteratur", worunter seit der Jahrhundertwende vor allem die Heftromane gerechnet wurden, fanden ihren Hauptabsatz hauptsächlich an den Straßenkiosken entlang der Hoch- und Untergrundbahnen sowie an belebten öffentlichen Plätzen in den deutschen Großstädten. Insofern war der Bahnhofs- und Verkehrsbuchhandel am Vertrieb dieser Schriften beteiligt, weil, wie z.B. in Berlin, große Bahnhofsbuchhandlungen auch die Verkaufsstände an den Haltepunkten der öffentlichen Nahverkehrsmittel unterhielten. Die Kontrolle der zahllosen Straßenkioske war sehr viel schwieriger als die der Bahnhofsverkaufsstände, die einer regelmäßigen Inspektion durch Bahnverwaltungen und örtlichen Polizeidienststellen unterlagen.

Doch es wäre falsch, die Auseinandersetzung über „Schmutz und Schund" auf den Verkauf von Heftliteratur und pornografischen Werken zu reduzieren. Bereits im letzten Drittel des 19. Jahrhunderts äußerten sich politisch progressive Kräfte kritisch über die Kampagne und warnten davor, dass sich unter dem Deckmantel der „Schmutz- und Schunddebatte" ein Angriff auf die literarische und künstlerische Freiheit verberge. Die Sorge schien nicht unberechtigt, denn bereits auf der Konferenz der deutschen Sittlichkeitsvereine im Jahr 1904 wurde das Verbot von Werken der Weltliteratur diskutiert, u.a. Flauberts *Madame Bovary* oder der Romane Emile Zolas.[59] Die politische Dimension der „Schmutz- und Schunddebatte" zeichnete sich allerdings schon um 1890 ab. Die Auseinandersetzung von Kirche und Staat mit der Massenliteratur intensivierte sich just in dem Jahr, in dem die Sozialistengesetze aufgehoben wurden. Der Aufstieg der Populärkultur war also eng mit Demokratisierungsprozessen verflochten und wurde deshalb von reaktionären Kräften grundsätzlich als Bedrohung der „alten Ordnung" erlebt, zumal sich die Massenliteratur zunehmend der staatlichen und kirchlichen Kontrolle entzog.[60]

---

56 Ebd. S. 257.

57 Hack: Marginalien, Nachrichten und Dokumente, S. 6.

58 Vgl. auch Akten des Kgl. Bayer. Staatsministeriums für Verkehrsangelegenheiten. Bahnhofsbuchhandlungen. Jg. 1907–1912. Bd. 1. Bayerisches Hauptstaatsarchiv. Sign.: Verkehrsmuseum Archiv. Nr. 8680, o.P.

59 Vgl. Füssel: Vom Schaufenstergesetz zur Bücherverbrennung, S. B 57.

60 Das Begriffspaar „Schmutz und Schund" avancierte um die Jahrhundertwende zu einem populären und propagandistischen Schlagwort Vgl. Maase: Einleitung: Schund und Schönheit, S. 13f; vgl. auch Maase: „Schundliteratur" und Jugendschutz im Ersten Weltkrieg. Internetpublikation: kommunikation@gesellschaft, Jg. 3, Beitrag 3, 2002. In seiner Studie *Grenzenloses Vergnügen* (1997) beschreibt Maase die Massenkultur in ihrer Gesamtheit als wesentliches Element der Demokratisierungsprozesse

So formierte sich in den 1920er Jahren eine Protestbewegung gegen die „Schundgesetzgebung“, die mehrheitlich von den Intellektuellen des Landes – u.a. von Kurt Tucholsky und Heinrich Mann – getragen wurde. Zahlreiche Vertreter aus Kunst, Literatur und Wissenschaft befürchteten vor allem wegen des rechtlich so diffusen Begriffspaars „Schmutz“ und „Schund“ drastische Beschränkungen der Pressefreiheit.[61] Am 12. Oktober 1926 gingen mehrere Intellektuelle mit ihrer Forderung nach Abschaffung des „Schmutz- und Schundparagraphen“ an die Öffentlichkeit. In den Berliner Tageszeitungen erschien eine Anzeige unter der Federführung der prominentesten Schriftsteller der Republik, unter ihnen Bert Brecht, Alfred Döblin und Georg Grosz. Die Anzeige wandte sich gegen das soeben erlassene „Gesetz zur Bewahrung der Jugend vor Schmutz und Schund“.[62]

Gerade für den Verkehrsbuchhandel war es von großem Nachteil, dass die Kritiker von Unterhaltungsliteratur bereits die äußere Aufmachung von Unterhaltungsliteratur als konstituierendes Merkmal von „Schmutz und Schund“ monierten.[63] Das Verbot der öffentlichen Zurschaustellung dieser Art Literatur traf den Verkehrsbuchhandel besonders hart, weil er wegen seiner besonderen Verkaufssituation auf eine augenfällige Auslage seiner Produkte angewiesen war. Umsonst versuchte Kurt Loele, der Redakteur des Organs *Der Bahnhofsbuchhandel*, gegen diese Pauschalverurteilung anzukämpfen. In seinem Beitrag *Vom Markte der Detektiv- und Kriminalromane* (1922), in dem er seriöse Kriminalromanreihen von den serienmäßig produzierten Detektivgeschichten abgrenzte, verteidigte Loele die öffentliche Auslage der Leseware als wesentliche Voraussetzung für den erfolgreichen Verkauf an den Verkaufsständen der Bahnhofsbuchhändler und warb für die größtenteils gute typografische Ausstattung und die wirkungsvollen, farbigen, plakatartigen Umschläge der Reiselektüre.[64]

---

der Moderne: „Seit der Industrialisierung identifizierte man Rummel und Groschenlektüre, Tingeltangel und Kino mit den neuen städtischen Unterschichten. Der Aufstieg der Populärkultur wurde – gerade, weil er auf den hartnäckigen Widerstand der Besitzenden und der Bildungsschichten traf – zum Symbol für den Gleichstellungsanspruch der ‚Massen'. An der Verbreitung des populären Geschmacks las man ab, wie weit die ‚einfachen Leute' sich durchgesetzt hatten“. Insofern ist es nicht verwunderlich, dass Zensur und ideologische Überfrachtung eine Begleiterscheinung der Massenkultur war. Maase: Grenzenloses Vergnügen, S. 18.

61 Ein wichtiges Anliegen der „Schundkämpfer“ war daher eine unmissverständliche Definition von „Schmutz und Schund“, denn ein wesentliches Defizit der Gesetzgebung war von Anbeginn an die nur mangelhafte Beschreibung und Eingrenzung von „Schmutz- und Schundschriften“ und deren nur unzulängliche Abgrenzung von der zeitgenössischen modernen Literatur. Die Folge dieses Ansinnens war eine Flut von einschlägigen Schriften seit 1900, die sich um eine eindeutige Beschreibung dieses Textkorpus zwar bemühten, dabei aber stets auf das Problem stießen, die Verschiedenartigkeit der inhaltlichen wie auch äußeren Merkmale der „Schmutz- und Schundliteratur“ in einen klaren Begriff zu fassen. Vgl. hierzu die grundlegende Studie von Storim: Ästhetik im Umbruch.

62 Grotjahn: Meinungslenkung im Ausnahmezustand, S. 85ff.

63 Moritz Band polemisierte in seinem Beitrag Unsere Volks-Literatur (1907) gegen die sensationsheischende Aufmachung des Heftromans: „grellfarbige Umschläge geben dem Plunder ein so verzweifeltes Aussehen, dass wahrlich ein schon sehr verdorbener typographischer Geschmack dazu gehört, solche Erzeugnisse der Buchdruckerkunst und des Buchhandels einer Betrachtung zu würdigen“. Band: Unsere Volks-Literatur, S. 276.

64 Loele: Vom Markte der Detektiv- und Kriminalromane, S. 10.

Ein andauerndes Problem der Literaturkontrolle im Deutschen Reich blieb ihre regional unterschiedliche Praxis. Immer wieder wurden deshalb Versuche unternommen, die Zensur im Reichsgebiet zu vereinheitlichen: Um dem grenzübergreifenden Handel mit „minderwertiger“ Literatur wirkungsvoll zu begegnen, richtete Preußen z.B. bereits 1895 drei staatsanwaltliche Instanzen zur Kontrolle von „Schmutz- und Schund“ ein. Die Institutionen hatten ihren Sitz in Frankfurt/M. mit dem Wirkungsraum Schweiz und Italien, in Köln mit dem Wirkungsraum in Holland, Belgien, Luxemburg und den USA, in Potsdam mit dem Wirkungsraum Frankreich, Ungarn und die übrigen Länder. Diese drei Instanzen standen in regelmäßigem Austausch und erstatteten jährlich einen Bericht an das Justizministerium.[65] Dennoch war die Informationspolitik zwischen den Prüfstellen schleppend, und die Rechtssprechung sowie die Voraussetzungen für eine Konfiszierung je nach Bundesland blieben different.

In Bayern z.B. oblag die Kontrolle der Bahnhofsbuchhändler im letzten Drittel des 19. Jahrhunderts den Eisenbahnverwaltungen und den Orts- sowie Distriktpolizeibehörden. Die Zulassung des Verkaufs von Zeitungen und Druckschriften in den Bahnhöfen, Stations- und Halteplätzen regelte an bayerischen Bahnhöfen zunächst die betreffende Bahnbehörde. Die Konzessions- und Verkaufsbedingungen orientierten sich an der Gewerbeordnung. Der Bahnhofsbuchhandel wurde in Bayern mit dem Kolportagebuchhandel gleichgestellt, weshalb die Verkäufer an den Bahnhöfen eine Erlaubnis der Ortspolizeibehörde benötigten. Über das Literaturangebot war eine Liste anzufertigen, die der Eisenbahnverwaltung zur Genehmigung vorgelegt werden musste. Bei der Prüfung der fraglichen Verzeichnisse hatten die zuständigen Behörden nach freiem Ermessen, jedoch mit Umsicht und Takt zu verfahren. Zu verbieten waren auch anstößige Produkte, z.B. moralwidrige Romane oder die „Revolverpresse“.[66] In den 1890er Jahren mehrten sich die Klagen über den Verkauf von „schlüpfriger” Literatur an den bayerischen Bahnhöfen, und das Staatsministerium forderte eine engmaschige und regelmäßige Kontrolle der Bahnhofsverkaufsstände „mit größtmöglichster Sorgfalt“ durch die Distrikts- und Ortspolizeibehörden.[67]

Manche Landesregierungen, z.B. die Pfalz, bemühten sich um Kooperation mit anderen Bundesländern. Die pfälzische Regierung, die sich hinsichtlich der Zensur an Bahnhöfen bisher an Bayern orientiert und den Bahnhofsbuchhandel mit dem Kolportagehandel gleichsetzt hatte, stellte 1896 Überlegungen an, ob sie die Verordnungen von Preußen über-

65 Jäger: Der Kampf gegen Schmutz und Schund, S. 179.

66 München, den 1. März 1881. Betreff: Die Kolportage von Zeitungen und Druckschriften in den Eisenbahnbahnhöfen. Ad.num. 11426 X. In: General-Akt des Bezirksamtes Pirmasens. Betreff: Kolportagebuchhandel. 1873–1921. In: Landesarchiv Speyer. Sign.: H 42. Nr. 2274, o. P.. Die Praxis der Literaturkontrolle an bayerischen Bahnhöfen ist mit geringen Abweichungen auch dokumentiert in dem Aktenkonvolut: Buchhandel. Herausgeber historischer Schriften und sonstiger Werke. Colportage und anstößige Veröffentlichungen in Bahnhöfen 1881–1912. In: Stadtarchiv Donauwörth. Sign.: 68/8 N.F.

67 Nr. 11426 X. Regierung der Pfalz. Kammer des Innern. An sämtliche Bezirksämter der Pfalz. K. Bezirksamt Zweibrücken. Speyer, den 2. August 1890. Betreff: Der Verkauf von Druckschriften auf den Bahnhöfen. Ebd. o. Pag.

nehmen sollte.[68] Doch bis in die Jahre der Weimarer Republik blieb eine länderübergreifende Zusammenarbeit auf dem Gebiet der Literaturkontrolle der Einzelinitiative der Länder überlassen.

Zu einem grundsätzlichen Problem entwickelte sich der praktisch ungehinderte Import von erotisch-pornografischen Zeitschriften aus dem benachbarten Ausland. Seit 1895 beschwerten sich einzelne Länderregierungen zunehmend über die unkontrollierte Einfuhr von „unzüchtigen" Druckwerken nach Deutschland.[69] Die Ursache für die Steigerung des Imports von Presseartikeln vor allem aus Frankreich, aber auch aus den osteuropäischen Ländern, lag in den strengen Zensurbestimmungen Deutschlands begründet, wo Herstellung und Vertrieb dieser Art Periodika generell unter Strafe gestellt waren. Mangelnde Sprachkenntnisse bei Zollbeamten wie auch bei Bahnhofsbuchhändlern oder Kioskbesitzern erschwerten eine präventive Beurteilung der fraglichen Presseartikel. Am zweckmäßigsten erschien es den Behörden, wenn die jeweilige Zollbehörde die Literaturprodukte bereits bei der Einfuhr kontrollierte und die anstößigen Schriften in Deutschland erst gar nicht in den Handel kamen.[70]

Im Herbst 1897 bemühte sich das Reichsamt des Innern im Verbund mit sämtlichen Bundesstaaten erneut um eine grenzübergreifende Literaturkontrolle an deutschen Bahnhöfen. Eine Idee zur Optimierung des Informationstransfers über verbotene Druckwerke war der überterritoriale Austausch von Gesamtverzeichnissen derjenigen Schriften, die an den Bahnhöfen durch die Lokalbehörden nach Paragraf 56, Absatz 3 und 4 der Reichsgewerbeordnung aus dem Verkauf ausgeschlossen waren. Die Gesamtverzeichnisse sollten die genauen Titel der Druckwerke oder Illustrationen, den Namen des Verfassers oder Zeichners, Namen und Ort des Verlegers, Ort und Zeitpunkt des Erscheinens, Datum des Verbots sowie die genaue Angabe der abweisenden Behörde nennen.[71] Doch auch dieses System erwies sich als unzulänglich, weil die Verbote in anderen Bundesländern nicht schnell genug griffen.

Die um die Jahrhundertwende so engagiert geführte Diskussion unter den Bahnhofs- und Verkehrsbuchhändlern über den Verkauf von „jugendgefährdenden" und „sittenwidrigen" Schriften fand 1911 ein vorläufiges Ende. Der Verein Deutscher Bahnhofsbuchhänd-

---

68 Ad. Num. 13917 D.K.B. Regierung der Pfalz, Kammer des Innern. Speyer, den 12. August 1896. An sämtliche k. Bezirksämter der Pfalz. K. Bezirksamt Zweibrücken. Betreff: Beaufsichtigung des Kolportagehandels gemäß Paragraf 56 Abs. 4 der Gewerbeordnung. In: General-Akt des Bezirksamtes Pirmasens. Betreff: Kolportagebuchhandel. 1873–1921. In: Landesarchiv Speyer. Sign.: H 42. Nr. 2274, o.Pag.

69 Schreiben des Finanz-Ministeriums an die Regierungen der Länder. Berlin, den 5. Oktober. In: Buchhandel. Herausgeber historischer Schriften und sonstige Werke; Colportage und anstößige Veröffentlichungen in Bahnhöfen 1881–1912. In: Stadtarchiv Donauwörth. Sign.: 68/8 N.F. o. Pag, und Ad. Num. 21217 C.K.B. Regierung der Pfalz, Kammer des Innern. Speyer, den 24. Dezember 1895. An sämtliche k. Bezirksämter der Pfalz. K. Bezirksamt Zweibrücken. Betreff: Die Einfuhr von unzüchtigen Bildern und Schriften aus dem Ausland. In: General-Akt des Bezirksamtes Pirmasens. Betreff: Kolportagebuchhandel. 1873–1921. In: Landesarchiv Speyer. Sign.: H 42. Nr. 2274.

70 Ebd.

71 Ebd.

ler setzte im Reichstag durch, dass die bestehenden Schutzbestimmungen in den Paragrafen 184 und 184a des Strafgesetzbuchs auch für den Bahnhofs- und Verkehrsbuchhandel ausreichend seien.[72] Kurz vor Ausbruch des Ersten Weltkriegs wehrten sich die Bahnhofsbuchhändler gegen eine erneute Verschärfung der Zensur und wandten sich am 25. April 1914 mit einer Eingabe gegen die von der Regierung geplanten Erweiterung der Paragrafen 43 und 149 der Gewerbeordnung, die dem Jugendschutz galt. Danach durften keine Schriften, Darstellungen und Abbildungen öffentlich ausgestellt werden, die ein Ärgernis darstellen konnten. Die Bahnhofsbuchhändler wehrten sich hauptsächlich gegen die dehnbare Auslegung der erweiterten Paragrafen, denn das Empfinden von Ärger über bestimmte Schriften sei schließlich äußerst subjektiv. Die Bahnhofsbuchhändler fürchteten zu Recht Willkürmaßnahmen:

> Die Bahnhöfe als Stätten des Verkehrs führen Menschen aller Bildungsgrade, aller politischen und konfessionellen Richtungen zusammen. Pflicht des Bahnhofsbuchhändlers ist es, auf die Bedürfnisse des reisenden Publikums nach jeder Richtung hin Rücksicht zu nehmen. Seine Auslagen sind demnach der Betrachtung und Beobachtung aller Reisenden in ihren verschiedenen gegensätzlichen Anschauungen fortwährend ausgesetzt, also auch der Gefahr des Ärgernisnehmens des Einzelnen je nach dessen Bildung, Geschmack oder momentaner Empfindung.[73]

Die Branche ging davon aus, dass bei der unklaren Begriffsbestimmung der Handlungsspielraum des Bahnhofsbuchhändlers um ein Weiteres eingeschränkt würde. Der Verein Deutscher Bahnhofsbuchhändler forderte deshalb die Regierung auf, den Gesetzesentwurf in Gestalt der Zusätze zu den Paragrafen 43 und 149 der Gewerbeordnung abzulehnen.[74] Unterstützung erfuhr der Bahnhofsbuchhandel seitens der Verlage und Sortimentsbuchhändler. Das renommierte Verlagshaus Walter de Gruyter kommentierte den neuen Gesetzesentwurf und seine Folgen für den Buchmarkt sarkastisch:

> Ungeschickte Seelensamariter, Puritaner, ehrliche oder lüsterne Zeloten, überängstliche Väter und Mütter, die von der Abhärtung nichts, von der Verweichlichung alles halten, persönliche Neider, gehässige Gegner in Konfession und Politik werden unter dem Schutz des § 43a auch für den guten und soliden Buchhandel eine Plage werden.[75]

Der Ausbruch des Ersten Weltkrieges verhinderte die Novellierung des Gesetzes, doch auch während der Kriegsjahre riss die Debatte über die „Schund- und Schmutzliteratur" nicht ab. Das „Gesetz über den Belagerungszustand" vom 4. Juni 1850, das durch den

---

72 157. Sitzung des Reichstages vom 23. März 1911. Hier zit. n. Hack: Marginalien, Nachrichten und Dokumente, S. 13.

73 BHB Nr. 9 vom 1. Mai 1914, S. 86.

74 Ebd.

75 Bbl. Nr. 114 vom 19. Mai 1914, S. 817.

Kriegsbeginn wieder in Kraft trat, räumte den Militärs einen beträchtlichen Handlungsspielraum auf dem Sektor der Literaturkontrolle ein.

Im Juni 1925 beklagte der Reichsminister des Innern in einem Schreiben an die Regierungen der Länder erneut die Ineffizienz bei der Bekämpfung unzüchtiger Schriften im Bahnhofsbuchhandel. Die Klagen über die Verbreitung von erotischen Zeitschriften und „insbesondere darüber, daß derartige Zeitschriften auch in den Bahnhofsbuchhandlungen in weitem Umfang öffentlich ausgelegt und so dem Publikum nahe gebracht werden", nahmen deutlich zu. Wegen der besonderen Verkaufssituation an den Bahnhöfen bestand keine wirkungsvolle Handhabe zur Unterbindung des Vertriebs, denn „die Bahnhöfe werden täglich von zahllosen Personen aus allen Kreisen der Bevölkerung und jeden Alters betreten; viele Bahnhofsbesucher vertreiben sich die Zeit damit, die Auslagen der Bahnhofsbuchhändler anzusehen".[76] Der Reichsminister schlug deshalb vor, dem Übel mittels einer Verwaltungsmaßnahme abzuhelfen: Bei der Verpachtung von Zeitungsständen an Bahnhöfen sollte vertraglich festgelegt werden, dass Zeitschriften, die wiederholt gegen die Paragrafen 184 und 184a des Strafgesetzbuches verstießen, dauerhaft vom Verkauf an den Kiosken ausgeschlossen werden konnten.[77] Als Vorbild für andere Städte galt hierbei Berlin, wo bereits im Mai 1925 einvernehmlich zwischen der Deutschen Reichsbahn-Direktion, dem Magistrat und der Polizeibehörde der Stadt sowie der Berliner Hochbahngesellschaft und dem Verein Deutscher Bahnhofsbuchhändler ein gemeinsames Vorgehen gegen das Angebot von „Schmutz- und Schundschriften" an Bahnhöfen und Straßenkiosken beschlossen wurde.[78] Die Deutsche Reichsbahn erklärte sich bereit, das Berliner Pilotprojekt auch im restlichen Reichsgebiet einzuführen. Geplant war ein dichtes Kommunikationsnetz zwischen allen Institutionen:

> Die Deutsche Zentralpolizeistelle zur Bekämpfung unzüchtiger Bilder, Schriften und Inserate wird künftig alle nach dem 1. Juni 1925 rechtskräftig werdenden, periodische Druckschriften betreffenden Entscheidungen auf Grund von §§184, 184a StGB der Hauptverwaltung der Deutschen Reichsbahn-Gesellschaft, dem Magistrat und der Hochbahngesellschaft in Berlin mit dem Antrag zugehen lassen, die betreffenden Druckschriften auf 3 bis 6 Monate vom Verkauf in den von ihnen kontrollierten Vertriebsstätten auszuschliessen. Die Hauptverwaltung verständigt die Reichsbahn-

---

76 Akten des Staatsministeriums des Äußern. A.V. XIX. Polizeiwesen. Titel 3. Bekämpfung unzüchtiger Schriften im Bahnhofsbuchhandel. 1925–1932. Bayerisches Hauptstaatsarchiv. Sign.: B. HstA. München, Abt. II. Geheimes Staatsarchiv. MA 100435, o.Pag. Unerwartete Unterstützung erhielt das Ministerium durch die Freikörperkulturbewegung, die Wert darauf legte, „daß ihre Bestrebungen nicht durch solche unsauberen Geschäftsmethoden, die sie selbst entschieden bekämpften, Mißdeutungen ausgesetzt werden". Vgl. Akten der Reichsbahndirektion Augsburg. Bahnhofsbuchhandel. Jg. 1928–1931. Bayerisches Hauptstaatsarchiv. Sign.: Verkehrsmuseum Archiv. Nr. 53061, o.Pag.

77 Schreiben des Reichsministers des Innern an die Regierungen der Länder. Berlin, den 10. Juni 1925. In: Akten des Ministeriums, Abteilung des Innern zu Neustrelitz betreffend die Bekämpfung unzüchtiger Schriften im Bahnhofsbuchhandel. 1925–1932. Staatsarchiv Schwerin. Mecklenburg-Strelitz. Ministerium Abteilung des Innern 1123. Sign.: 4.12.–3/1, S. 2.

78 Ebd., S. 3.

> direktionen, die ihrerseits die Magistrate der grösseren Städte und die örtlichen Polizeibehörden in Kenntnis setzt.[79]

Hermann Stilke unterstrich als Vorsitzender des Vereins Deutscher Bahnhofsbuchhändler das lebhafte Interesse der Branche am Verbot dieser Literatur. Er äußerte allerdings Bedenken über die Funktionsfähigkeit und Effizienz des geplanten Informationssystems für Presseartikel. Sollten die anstößigen Periodika aus dem Bahnhofsbuchhandel entfernt werden, würden sie zwangsläufig im Straßenhandel, der nicht so effektiv überwacht werden konnte, wieder auftauchen.[80] Dadurch aber würde der Verkehrsbuchhandel in seinen wirtschaftlichen Interessen benachteiligt. Die Besprechung endete mit der Vereinbarung, dass das gemeinsame Vorgehen gegen den Vertrieb von „Schmutz und Schund" ab dem 1. Juni 1925 in Kraft trete und für das gesamte Deutsche Reich Geltung besitzen sollte.[81]

Doch schon nach kurzer Laufzeit des neu eingeführten Informationssystems teilten die beteiligten Institutionen die schon von Stilke formulierten Bedenken, da die Mitteilungen über verbotene Periodika bei den Reichsbahndirektionen je nach Standort mit zeitlicher Verzögerung eingingen und dadurch die beanstandeten Zeitschriften in manchen Städten länger im Verkauf verblieben als in anderen:

> Eine solche Uneinheitlichkeit erscheint ebenso bedenklich in ihrer Wirkung auf das reisende Publikum, das die auf einer Station verbotene Zeitschrift auf einer anderen unbeanstandet vorfinden würde, wie in ihrer Wirkung auf die Händler selbst, die in dieser Ungleichmässigkeit eine Ungerechtigkeit erblicken könnten.[82]

Um zeitliche Verzögerungen zukünftig zu vermeiden, schlug der Reichsminister des Innern vor, die Ausschlussfristen von beanstandeten Zeitschriften bereits mit der Veröffentlichung der rechtskräftigen gerichtlichen Verurteilungen bekannt zu machen.[83] Diese Maßnahme sollte den Informationstransfer beschleunigen. Der Verwaltungsapparat, der eine zeitgleiche Unterrichtung der einzelnen Reichsbahndirektionen gewährleisteten sollte, schien weitgehend reibungslos zu funktionieren. Das Kontrollsystem griff vor allem im Bahnhofs-

---

79 Ebd. S. 4.

80 Niederschrift über die Besprechung am 5. Mai 1925 über die Bekämpfung von Schund- und Schmutzschrifttum auf den Bahnhöfen. Ebd. S. 1ff.

81 Voraussetzung für die Konfiszierung war die rechtsgültige Verurteilung einer Schrift nach den Paragrafen 184 und 184a des Strafgesetzbuches. Eine Verbotsliste vom 10. Oktober 1925 führte vor allem zahlreiche Nummern von französischen Zeitschriften auf, z.B. Le Sourire. Journal humoristique illustré (Paris, 1899–1908, 1909 ff.) oder La Vie Parisienne (Paris, 1863–1939, 1940–1943), Le Journal Amusant (Paris, 1856–1933), wobei sich das Verbot nicht nur auf erotische Periodika, sondern auch auf die Witzblätter, z.B. die Zeitschrift Le Rire, im benachbarten Frankreich erstreckte. Aber auch zahlreiche deutschsprachige Zeitschriften kamen auf den Index. Schreiben des Reichsministers des Innern an die Regierungen der Länder. Berlin, den 10. Oktober 1925. In: Akten des Ministeriums, Abteilung des Innern zu Neustrelitz betreffend die Bekämpfung unzüchtiger Schriften im Bahnhofsbuchhandel. 1925–1932. Staatsarchiv Schwerin. Mecklenburg-Strelitz. Ministerium Abteilung des Innern 1123. Sign.: 4.12.–3/1, S. 1ff.

82 Schreiben des Reichministers des Innern an die Regierungen der Länder. Berlin, den 17. Dezember 1925. Ebd. o. Pag.

83 Ebd.

buchhandel, während die hier verbotenen Artikel häufig im Straßenhandel noch erwerbbar waren.

Im März 1929 beschwerte sich der Verein Deutscher Bahnhofsbuchhändler beim Reichsministerium über diese Ungerechtigkeit und verwies auf die geschäftsschädigende Wirkung. Das Reichsministerium hatte das Problem offenbar schon erkannt und richtete sein Augenmerk zumindest in Berlin vermehrt auf den Kioskhandel. Es war geplant, „den Straßenhändlern bei Erteilung eines Standscheins die Bedingung aufzuerlegen, erotische Zeitschriften, die – anreisserisch und abstoßend – auf den Umschlagseiten nackte oder halb bekleidete Körpcr darstellen, nicht öffentlich zum Aushang zu bringen“.[84] Zudem wurde dem Auchbuchhandel, z.B. Friseuren, Masseuren und Lebensmittelhändlern, der Verkauf von Druckschriften generell untersagt.[85] Insofern wurde dem Anliegen des Vereins Deutscher Bahnhofsbuchhändler zumindest in Preußen Rechnung getragen.

Mit dem „Gesetz zur Bewahrung der Jugend vor Schund- und Schmutzschriften“ vom 18. Dezember 1926 reagierte die Regierung auf die neuerliche Konjunktur von Trivialliteratur in der zweiten Hälfte der zwanziger Jahre. Die Zunahme von preiswerter Unterhaltungsliteratur rief auch wieder die Volksbildungsvereine auf den Plan.[86] Die Gegner von „Schmutz- und Schundliteratur“ setzten große Erwartungen in das Reichsgesetz. Bis zur endgültigen Novellierung des „Gesetzes zur Bewahrung der Jugend vor Schund und Schmutz“ wurden die Eisenbahnverwaltungen aufgefordert, bei der Programmgestaltung ihrer Bahnhofsbuchhändler hart durchzugreifen.[87] Am 24. Dezember 1926 wurde die endgültige Fassung des „Gesetzes zur Bewahrung der Jugend vor Schund- und Schmutzschriften“ verabschiedet.[88]

---

84 Schreiben des Reichsministers des Innern an die Regierungen der Länder. Berlin, den 16. März 1929. Ebd. o. Pag.

85 Bensen: Grundsätzliches zum Problem der Schundliteratur, S. 23.

86 Eine populäre Publikationsform blieb auch weiterhin die Serienliteratur. Die Westernreihe *Billy* Jenkins – der Cowboy-König (Vereinigte Verlagsgesellschaft Werner Dietsch Verlag, Leipzig, um 1930) z.B. entwickelte sich im Bahnhofsbuchhandel und Straßenhandel zu einem Verkaufsschlager. Auch die Detektiv- und Kriminalreihen, u.a. *Tom Shark – Der König der Detektive* (Verlagshaus Freya, Heidenau bei Dresden, 1928–1939) erlebten in den 1920er und 1930er Jahren bemerkenswerte Auflagen. Neben den Detektiv- und Wildwestreihen etablierte sich auch die erotisch-pornografische Heftliteratur. In den beiden ersten Jahrzehnten des 20. Jahrhunderts erschienen Serien mit bewusst anzüglichen und deshalb verkaufsfördernden Titeln, so z.B. die Serien *Intime Geschichten* (Berliner Roman Verlag, 1903–1910), *Intimes* (Verlag moderne Lektüre GmbH, Berlin, 1919/1920), Aus dem Sumpfe der Großstadt (Metropol Verlag, Berlin, um 1908) oder die Liebfrauenromane (Verlag moderne Lektüre, 1924–1927). Doch diese Art Literatur erschien nicht nur in Gestalt von preiswerter Heftliteratur, sondern zusätzlich auch als Liebhaberausgabe in kostbarer Ausstattung und in begrenzter Auflage, um ihre Exklusivität zu unterstreichen. Vgl. Füssel: Vom Schaufenstergesetz zur Bücherverbrennung, S. B 60., und Schultze: Die Schundliteratur, S. 18.

87 Bensen: Grundsätzliches zum Problem der Schundliteratur, S. 25.

88 Das neue Gesetz sah eine reichseinheitliche Prüfstelle für Literatur vor, die regional unterschiedliche Entscheidungen auf dem Sektor der Literaturkontrolle vermeiden sollte. Die zentralen Prüfstellen hatten ihren Sitz in Berlin und München und bestanden jeweils aus einem Vorsitzenden und acht Sachverständigen, die über praktische Erfahrungen im Literaturbetrieb verfügten. Je zwei Gutachter waren im Bereich der Literatur und Kunst beschäftigt, zwei gehörten dem Buch- und Kunsthandel an, je zwei vertraten die Jugendwohlfahrt, die Lehrerschaft und die Volksbildungsvereine. Eine Indizierung einer

Das Gesetz sah vor, dass keine Schrift wegen ihrer politischen, sozialen, religiösen, ethischen oder weltanschaulichen Tendenz verboten werden durfte. Einer pauschalen Verurteilung von Literatur wegen ihrer Massenhaftigkeit oder ihrer Vertriebswege beugte das Gesetz inzwischen vor. Das innovative Moment und wesentliche Merkmal des „Gesetzes zur Bewahrung der Jugend vor Schmutz- und Schundschriften" von 1926 war also, dass die „Schund- und Schmutzliteratur" nicht pauschal verboten worden war; außerdem richtete sich das Gesetz nicht explizit gegen den Bahnhofsbuchhandel oder den Kolportage- und Straßenhandel. Die von einem Verbot betroffenen Autoren oder Verleger konnten sogar innerhalb von zwei Wochen Beschwerde bei der Prüfstelle einreichen.[89] Ein von den Prüfstellen erlassenes Verbot hatte dann aber im gesamten Reich Geltung.[90]

Bis zu diesem Zeitpunkt sahen sich die Verkehrsbuchhändler aber nicht nur mit einer Vielzahl von staatlichen Kontroll- und Zensurmaßnahmen konfrontiert. Die komplizierte, unübersichtliche Gesetzgebung wurde von einer wirkungsmächtigen ideologischen Bewegung flankiert.[91] Bereits Ende des 19. Jahrhunderts hatte sich auch in Deutschland die Sittlichkeitsbewegung konstituiert. Die Sittlichkeitsvereine hielten die staatlichen Maßnahmen gegen die Verbreitung von „Schmutz" und „Schund" für unzulänglich und ermächtigten sich dazu, den Lesegeschmack breiter Bevölkerungsschichten zu bevormunden.[92]

Schrift konnte nur dann erfolgen, wenn wenigstens sechs der acht Gutachter sich dafür aussprachen. Die Oberprüfstelle hatte ihren Sitz in Leipzig. Der Vorsitzende und zwei Beisitzer wurden vom Reichsrat gewählt. Zusätzlich amtierten noch vier Beisitzer, die – analog zu den Prüfstellen in München und Berlin – aus dem Bereich der Volksbildung kamen.

89 Vgl. Bbl. Nr. 4 vom 6. Januar 1927, S. 17ff.

90 Bbl. Nr. 4 vom 6. Januar 1927, S. 19.

91 Lektüreberatung und die Steuerung von Lesepräferenzen war nur ein Bestandteil aus dem Gesamtbereich der Volksbildung. Die Volksbildungsbewegung, die seit den frühen 1920er Jahren vermehrt die Medien Film und Rundfunk für ihre Zwecke nutzte, machte sich die Lösung der sozialen Frage in Deutschland zur Aufgabe. Die Kultivierung der Massen sollte sich längerfristig auf die innere Nationenbildung auswirken. Vgl. Langewiesche: „Volksbildung" und „Leserlenkung". Internetpublikation: http://iasl.uni-muenchen.de/register/langewie.html.

92 Maase spricht sogar von einer „Erziehungsdiktatur". Bildungsorientierte Minderheiten stigmatisierten und entmündigten die Schundkonsumenten. Die Sittlichkeitsvereine beanspruchten für sich das Recht auf Selbsthilfe, in dem Moment, wo der Staat rechtsstaatliche Prinzipien, z.B. Gewerbefreiheit und Meinungsfreiheit, über das Volksempfinden stellte. Vgl. Maase: Schundkampf und Demokratie, S. 10.

8.3.1 Die Sittlichkeitsbewegung – Trägerin der Kampagne gegen „Schmutz- und Schundliteratur“

Die Volksbildungs- und Sittlichkeitsvereine, die über ein grenzübergreifendes Kommunikationsnetz und ebensolche Organisationsstrukturen verfügten, entwickelten sich seit der Jahrhundertwende zu einem der einflussreichen Gegner der Verkehrsbuchhändler. Ein wesentlicher Arbeitsschwerpunkt der Sittlichkeitsvereine lag auf der Öffentlichkeitsarbeit. Ihre Hauptaufgabe sahen sie in der Beobachtung des Literaturbetriebs und in der Durchführung von Informationsveranstaltungen.[93]

Ein zentrales Anliegen der verschiedenen Verbände war die Gründung einer Dachorganisation, die einzelne Aktionen gegen die „Schmutz- und Schundliteratur“ koordinierte. 1904 hielten deutsche Verbände in Köln eine medienwirksame Konferenz ab. Der Kongress machte es sich zur Aufgabe, die Arbeit der Sittlichkeitsverbände überparteilich und überkonfessionell zu organisieren. Doch die Anschauungen über den Begriff der Sittlichkeit waren sehr disparat, und das eigentliche Ziel der Kölner Konferenz, eine Sammelbewegung zu werden, scheiterte bereits in der Planungsphase. Das Handlungsrepertoire der deutschen Sittlichkeitsvereine war vielseitig und reichte von Petitionen und Eingaben an die Regierung bis zu gezielten Boykottaufrufen gegen einzelne Firmen.[94]

Der Gesamtheit der Vereine gelang es durchaus, der Unterhaltungsindustrie finanziellen Schaden zuzufügen und die Verkäufer und Käufer dieses Lesestoffs öffentlich unter Druck zu setzen.[95] Gemeinsames Anliegen der Volksbildungsbewegung blieb die allmähliche Verdrängung der „Schmutz- und Schundliteratur“ durch literarisch wertvolle Schriften; der Grundtenor war: „Denn nur in dem Maße, wie wir dem Volke das Echte, Gesunde und Starke zugänglich machen, graben wir dem Gemeinen, Krankhaften und Entsittlichenden das Feld ab“.[96]

Auch wenn die Vereinigungen in letzter Konsequenz nicht gegen die wirtschaftlich starken Produzenten von „Schmutz- und Schund“ ankamen, so übten sie doch einen besonderen Druck auf die Leser und Leserinnen dieser Art Literatur aus: Vielfach schämten sich die Konsumenten, ihrer Lektüre in der Öffentlichkeit, z.B. in den Eisenbahnen oder Nah-

---

93 Die Sittlichkeitsbewegung, in der sich zahlreiche kirchliche und volksbildnerische Vereine organisierten, nahm ihren Anfang in Genf in den Achtzigerjahren des 19. Jahrhunderts. 1889 wurde hier die „Association suisse contré la littérature immorale“ gegründet. Eine internationale Konferenz, die im September 1893 tagte, gründete ein „Internationales Informations-Bureau gegen die unsittliche Literatur“. Probates Kampfmittel der beiden Verbände war eine erfolgreiche Öffentlichkeitsarbeit durch Konferenzen und mittels Broschüren und Zeitungsbeiträgen. Der Einfluss dieser Verbände darf nicht unterschätzt werden. Dem „Informations-Bureau“ gelang es, bei der General-Direktion der Bundesbahnen die Verlängerung des Pachtvertrags der Bahnhofsbuchhandlung Cäsar Schmidt in Zürich erfolgreich zu sabotieren. Dem Unternehmen wurde unterstellt, vornehmlich anstößige Literatur zu verkaufen. Vgl. hierzu Storim: Ästhetik im Umbruch, S. 111f., und Jäger: Der Kampf gegen Schmutz und Schund, S. 180.

94 Jäger: Der Kampf gegen Schmutz und Schund, S. 181ff.

95 Ebd.

96 Heckscher: Kampf gegen die literarische Volksvergiftung, S. 362.

verkehrsmitteln, zu frönen. Das schlechte Gewissen, das sich mit der Lektüre von Schundheften einstellte, führte zu kuriosen Auswüchsen. So installierten Kioskbesitzer z.B. in unmittelbarer Nähe ihrer Verkaufsstände zusätzliche Papierkörbe. Hier konnten die augenfälligen grellen Einbände vom eigentlichen Text gelöst und unauffällig entsorgt werden.[97] Aber es wurde in deutschen Großstädten auch zu rigoroseren Maßnahmen gegriffen; z.B. veranstalteten die Schundgegner Autodafés und verbrannten die als minderwertig eingeschätzte Literatur medienwirksam.[98]

Ein wichtiges Tätigkeitsfeld blieb die Empfehlung von literarisch qualitätsvollen Büchern und Buchserien. Für diesen Zweck konstituierten sich entsprechende Organisationen, die sich die Herstellung und den Vertrieb von sittlich einwandfreier Literatur zur Aufgabe machten. So wurde 1889 der „Verein für Massenverbreitung guter Schriften" in Weimar gegründet und 1905 folgte der „Verein für Massenverbreitung guter Volksliteratur" in Berlin.[99] Um ihre Zielgruppe zu erreichen, wählten die Verbände dieselben Vertriebswege wie der Kolportagebuchhandel.[100]

Die zahlreichen Gesetze und Verfügungen gegen die Verbreitung von „Schmutz" und „Schund" stellten die Bahnhofs- und Verkehrsbuchhändler vor kaum zu überwindende Probleme bei der Umsetzung der aktuellen Rechtsprechung. Die erlassenen Gesetze korrespondierten nicht mit den zügigen, durchorganisierten Arbeitsabläufen an den Verkaufsständen und waren deshalb auch nur begrenzt wirksam. Der Bahnhof war ein Ort des schnellen Durchgangsverkehrs.[101] Eine Kundenbindung oder Beratungsgespräche konnten an den Verkaufsständen nicht stattfinden. Nicht nur die Verweildauer von Kunden, sondern auch die von Druckerzeugnissen war an den Verkaufsstellen sehr kurz, zumal sich die

---

97 Vgl. Galle: Populäre Lesestoffe, S. 79.

98 Ebd.

99 Jäger: Der Kampf gegen Schmutz und Schund, S. 187. Eine Liste von Volksbildungsvereinen befindet sich in Schultze: Die Schundliteratur, S. 113.

100 Auf den Leselisten der Volksbildungsvereine standen u.a. die Wiesbadener Volksbücher (Verlag des Volksbildungs-Vereins Wiesbaden, seit 1900), die Quellen-Bücher zur Freude und Förderung (hrsg. von Heinrich Wolgast, Verlag der Jugendblätter, München) oder die Bunten Jugendbücher (hrsg. von der Freien Lehrervereinigung für Kunstpflege, Berlin). Der Grundsatz, jedem schlechten Buch ein gutes entgegenzustellen, war auch das Motto der Bücherhallenbewegung, die im letzten Jahrzehnt des 19. Jahrhunderts ihren Anfang nahm. Die Bücherhallen wurden von den Kommunalverbänden und unter staatlicher Förderung für alle Kreise der Bevölkerung eingerichtet und befriedigten auch das Bedürfnis nach populärer Unterhaltungsliteratur. Vgl. Schultze: Die Schundliteratur, S. 96, und Jäger: Der Kampf gegen Schmutz und Schund, S. 186f.

101 Doch nicht nur die an Bahnhöfen feilgebotene Literatur unterstand einer strengen Kontrolle. Der Bahnhof als Durchgangsort zog auch „unseriöse" Subjekte an und galt bereits im 19. Jahrhundert als Sammelpunkt für Kriminelle, Arbeits- und Wohnungslose. Die zunehmende Kriminalität, vor allem Eigentumsdelikte, führte dazu, dass unmittelbar an den Bahnhöfen Polizeistationen eingerichtet wurden. Gesetze untersagten auch Frauen, die unter sittenpolizeilicher Aufsicht standen, den Zugang zu Bahnhöfen. Zur Disziplinierung des Bahnhofs waren verschiedene soziale Kontrollen notwendig. Während aus sozialem Engagement um 1890 die Bahnhofsmissionen entstanden, die sich vor allem um den Schutz von alleinreisenden Frauen und Mädchen kümmerten, wurden kurz vor dem Ende des Ersten Weltkriegs die ersten mit Schusswaffen ausgestatteten Bahnpolizisten zur Sicherung der Bahnhöfe eingesetzt. Vgl. Fürmetz: „Im Interesse der Sicherheit und der Sittlichkeit im hiesigen Bahnhof", S. 420ff.

Bahnhofs- und Verkehrsbuchhändler allein schon aus Platzgründen keine Lagerhaltung leisten konnten. Die gewöhnlich mit der Eisenbahn angelieferte Leseware wurde umgehend dem Verkauf zugeführt. Für eine präventive Inspektion der Druckschriften fanden die Verkehrsbuchhändler gewöhnlich keine Zeit. Deshalb war es den Bahnhofs- und Verkehrsbuchhändlern selbst bei gutem Willen schier unmöglich, literarisch „minderwertige" Ware konsequent von ihren Verkaufsständen fern zu halten.

Obwohl die Praxis zeigte, dass „minderwertige" Literatur nur schwer aus dem Programm der Bahnhofsbuchhändler zu verbannen war, wurde der Bahnhofs- und Verkehrsbuchhandel im Sinne der Volksbildung tätig. Dies geschah nicht nur durch die Artikulation einer brancheninternen Berufsethik, sondern auch durch die Kontaktaufnahme mit den Verlegern, die aufgefordert wurden, ihre Produkte frei von „Schmutz" und „Schund" sowie von anzüglichen Titelblättern und Illustrationen zu halten. Damit delegierten sie die Verantwortung für die äußere und inhaltliche Gestaltung der Druckmedien an die Verlagskonzerne. Die Produzenten von literarischer Massenware waren sich durchaus darüber im Klaren, dass der Bahnhofs- und Verkehrsbuchhandel einer ihrer wichtigsten Abnehmer war; insofern gelang es den Bahnhofsbuchhändlern, in begrenztem Umfang die Programmgestaltung der Verleger günstig zu beeinflussen.

Vor ein besonderes Problem sah sich der Bahnhofsbuchhändler bei fremdsprachigen Druckerzeugnissen gestellt, da sie mangels Sprachkenntnissen den Inhalt nicht überprüfen konnten. Der Verein Deutscher Bahnhofsbuchhändler plante deshalb die Einrichtung einer Kommission, die Schriften, die für den Absatz im Bahnhofsbuchhandel bestimmt waren, vor ihrem Verkauf kontrollieren sollte. Es war geplant, die Bücherlisten regelmäßig in der Verbandszeitung abzudrucken.[102]

Grundsätzlich betonten die Bahnhofsbuchhändler ihren kulturpolitischen Auftrag, nur literarisch wertvolle Schriften an ihren Verkaufsständen zu vertreiben. Insofern beklagten sich viele Branchenmitglieder nicht so sehr über die Literaturkontrolle an sich als über die Art und Weise, wie gegen den Bahnhofsbuchhandel vorgegangen wurde. Vor allem die disparate Rechtsprechung beim Vertrieb von „Schmutz und Schund" verunsicherte die Bahnhofsbuchhändler im praktischen Umgang mit dieser Art von Literatur:

> Ein Buch, das unangefochten in Kiel vertrieben werden kann, wird in Breslau verboten, und was in München als erlaubt gilt, wird in Posemuckel unter Strafe gestellt. Das muß der Buchhändler wissen: woher, mögen die Götter ihm sagen. Und er muß, dem ahnungsvollen Engel gleich, auch rechtzeitig darüber orientiert sein, was morgen oder übermorgen verboten, vier Wochen später aber – weil auch Staatsanwälte irren können, ohne allerdings dabei zu Schaden zu kommen – wieder erlaubt ist. Daß das unhaltbare Zustände sind, wird jeder zugeben müssen, der den Buchhändler den Polizeiorganen gegenüber nicht als vogelfrei ansieht und zwischen der ‚Sorgfalt eines ordentlichen Kaufmanns' und den Schwierigkeiten der Wertung literarischer Dinge zu unterscheiden vermag. Ist ein Buch unzüchtig, so verbiete man es,

102 BHB Nr. 20 vom 1. Juni 1906, S. 241.

> verstopfe die Bezugsquelle und mache das Verbot bekannt. Dann mag jeder, der für seinen Vertrieb noch einen Finger rührt, bestraft werden von Rechts wegen.[103]

Die preußische Regierung ging im Vergleich zu anderen Bundesländern rigoros gegen den Bahnhofsbuchhandel vor. Vor allem Stilke, der allein schon wegen seiner unstrittigen Monopolstellung den Behörden ein Dorn im Auge war, sah sich immer wieder massiven Angriffen seitens des preußischen Abgeordnetenhauses ausgesetzt. Aber auch Volksbildungsvereine und Verleger initiierten immer wieder Anti-Schund-Kampagnen. So erschien im Dezember 1906 im *Börsenblatt* ein Beitrag des Berliner Verlegers Wilhelm Süsserott, der den Bahnhofsbuchhandel in Berlin öffentlich des Verkaufs von „unsittlicher“ Literatur beschuldigte und mit dieser Denunziation eine heftige Kontroverse mit dem Verein Deutscher Bahnhofsbuchhändler auslöste.[104] Der Berufsverband reagierte auf diese Vorwürfe sofort und verwies nachdrücklich auf eine Vereinbarung zwischen diversen Zeitschriftenverlegern und Bahnhofsbuchhandlungen, wonach die Verleger gebeten wurden, in ihren Zeitschriften „den Inhalt in gegebenen Grenzen zu halten, so dass es auch dem Bahnhofsbuchhandel möglich ist, dasselbe zu führen“ – eine Verständigung, die die lesepädagogische und volkserzieherische Intention des Bahnhofsbuchhandels nochmals hervorhob.[105] Außerdem erinnerten Hermann Stilke und Berta Heye, inzwischen Inhaberin der Schmitt'schen Bahnhofsbuchhandlung in Heidelberg, an die strenge Literaturkontrolle seitens der Eisenbahnverwaltungen sowie an die Selbstkontrolle der Bahnhofsbuchhändler im Rahmen ihrer Möglichkeiten. Der scharfe Protest der Bahnhofsbuchhändler zwang Süsserott zum Einlenken. Schließlich räumte er ein, sein Vorwurf basiere ausschließlich auf einer anstößigen Schrift, die er in einem Berliner Kiosk an einer Untergrundbahnstation entdeckt hatte; dennoch ging er zugleich zum erneuten Angriff über. Sein Unmut richtete sich hauptsächlich gegen den Berliner Verkehrsbuchhändler Stilke und seine Programmgestaltung:

---

103 Hier zit. n. Hack: Marginalien, Nachrichten und Dokumente, S. 10. 1906 kam es zu einem Musterprozess gegen eine Zeitungsverkäuferin, die in zweiter Instanz wegen des Vertriebs von unsittlichen Schriften für schuldig befunden wurde. Der Ausgang des Prozesses wurde vom Verein Deutscher Bahnhofsbuchhändler aufmerksam verfolgt. Das Gericht erwartete von der Zeitungsverkäuferin die penible Überprüfung ihres Sortiments. Die Verteidigung wies erfolglos darauf hin, dass ein solches Vorgehen in der Praxis unmöglich sei: „Die Zeitungsfrau aber zum Zensor zu machen, würde doch ein sonderbares Beginnen sein. Auch seien Form und Pointe in allen Artikeln derart verschleiert, dass sie wohl für den Strafrichter, keineswegs aber für Nichtkenner verständlich seien“. Die Bahnhofs- und Verkehrsbuchhändler erhielten Unterstützung seitens der politisch-satirischen Wochenschrift Funken (München, Verlag der Funken, 1904–1905/1906), die das erweiterte Aufgabenfeld des Bahnhofsbuchhändlers spöttisch kommentierte: „Erstens muß er [der Bahnhofsbuchhändler, C.H.] scharfe Augen haben. Er muß imstande sein, einen ansehnlichen Posten von Drucksachen in dem Bruchteil einer Stunde der ihm zwischen Anlieferung und Auslieferung der Zeitung etwa verbleibt, vollständig und sorgfältig durchzuschmökern“. BHB Nr. 15 vom 15. März 1906, S. 175, und BHB Nr. 17 vom 15. April 1906, S. 199f.

104 Bbl. Nr. 287 vom 11. Dezember 1906, S. 12880.

105 Bbl Nr. 51 vom 2. März 1907, S. 2356; vgl. auch Hack: Vom Bahnhofsbuchhandel, S. 271f.

> Herr Stilke aber kann sich vor dem Vorwurf nicht retten, daß seine Firma an einer Stelle Bücher vertreibt, die an anderer Stelle verboten sind. Als ob das Publikum an den Untergrundbahnhöfen etwas Schlechteres oder Besseres wäre, als das auf den Staatsbahnhöfen.[106]

Im Frühjahr 1908 agierte auch das Mitglied des preußischen Abgeordnetenhauses Brütt massiv gegen die Branche. Gegen den Widerspruch der freisinnigen und nationalliberalen Parteien am 6. April 1908 wurde versucht, die Pachtverträge von Bahnhofsbuchhändlern nur noch auf höchstens drei Jahre zu befristen.[107] Diese Befristung sollte einer Monopolisierung im Bahnhofsbuchhandel vorbeugen und zielte vor allem auf den starken Einfluss des Berliner Unternehmens Stilke in Berlin. Der Verein Deutscher Bahnhofsbuchhändler berief umgehend eine außerordentliche Generalversammlung ein, die am 2. Mai 1908 in Berlin stattfand und zu einer Vielzahl von Resolutionen gegen die preußische Regierung führte, die von den öffentlichen Medien solidarisch mitgetragen wurden. Hermann Stilke profilierte sich auf der Mitgliederversammlung mit einer gut vorbereiteten Gegendarstellung, die Brütts Informationen vielfach als falsch entlarvten. Klug argumentierte Stilke, der in seinem Unternehmen über 200 Mitarbeiter beschäftigte, mit der Sicherung von Arbeitsplätzen in der Branche, die bei einer Befristung der Pachtverträge zur Disposition standen.[108] Ein besonders polemischer Kommentar über Brütts Kampagne erschien am 17. Mai 1908 in der Wochenschrift *Das nationale Deutschland* unter dem Titel *Herr Brütt und die Henne mit den goldenen Eiern, eine Betrachtung für Eisenbahnreisende*. Otto Neumann-Hofer, der Verfasser, verwarf Brütts Ansinnen als „gesetzgeberischen Dilettantismus“ und protestierte im Namen der Eisenbahnreisenden:

> Uns, den Eisenbahnreisenden, droht die Gefahr, daß uns unsere Reiselektüre verschandelt wird, heute ein wichtiger, nicht zu entbehrender Bestandteil des Reisekomforts, und daraus erklärt es sich, daß alle Blätter aller Parteirichtungen diesem geringfügigen Bestandteil des Eisenbahnetats teils mahnende, teils entrüstete Artikel widmen. Die Gefahr ist nicht so weit entfernt. [...] Was geschähe, wenn der Antrag Brütt Gesetz würde? An die Stelle der heutigen zuverlässigen und leistungsfähigen Buchhändler träten die in jeder öffentlichen Konkurrenz unbedingt meistbietenden Desperados. Diese hätte nur das eine Interesse: während der kurzen Zeit ihrer Pachtung so viel wie möglich herauszuschlagen. Dazu bietet der Kolportage- und Ramschbuchhandel die geeigneten Wege. Ganze Bibliotheken alter Schmöker kann man da zu Makulaturpreisen ankaufen, um sie auf den Bahnhöfen Stück für Stück an die Reisenden zu verhökern, die viel zu große Eile haben, um den Schund zu prüfen, der ihnen angeboten wird.[109]

---

106 Bbl. Nr. 85 vom 13. April 1907, S. 3850.
107 Bbl. Nr. 109 vom 12. Mai 1908, S. 5303.
108 Vgl. Hack: Marginalien, Nachrichten und Dokumente, S. 7.
109 Neumann-Hofer: Herr Brütt und die Henne mit den goldenen Eiern, hier zit. n. Hack: Marginalien, Nachrichten und Dokumente, S. 8.

Neumann-Hofer glaubte in der preußischen Gesetzesvorlage einen eklatanten kultur-literarischen Rückschritt im Handel mit Reiselektüre zu erkennen und erinnerte an die 1880er Jahre,

> wo der Begriff "Eisenbahnliteratur" jeden Menschen von feinerem Geschmack mit Schauder erfüllte [und] die Bahnhöfe den beschämenden, uns vor dem Ausland kompromittierenden Anblick darboten, daß sie die Verkaufsbörsen für die jämmerlichste Kolportage- und Anekdotenware abgaben.[110]

Der Grund dafür, warum sich die Presse so stark für den Bahnhofsbuchhandel einsetzte, lag auf der Hand: Der Bahnhofsbuchhandel war die wichtigste Vertriebsinstanz für Zeitungen und Zeitschriften.

Brütts Eingabe war kein Erfolg beschieden, und eine Wiedervorlage im Abgeordnetenhaus wurde abgelehnt. Die aktuellen Maßnahmen gegen den Vertrieb von „minderwertiger" Leseware an Bahnhöfen wurden von den Abgeordneten als vollkommen ausreichend eingestuft.[111] Letztendlich verbarg sich hinter dem hartnäckigen Vorwurf, der Verkehrsbuchhandel sei für den massenhaften Vertrieb „minderwertiger" Literatur verantwortlich, ein tiefes Misstrauen gegenüber einem wirtschaftlich prosperierenden Wirtschaftszweig, der sich einer wirkungsvollen Kontrolle entzog. Insofern intendierten die Schundkampfaktionen hauptsächlich die öffentliche Stigmatisierung einer ganzen Branche.

8.3.2 Das Engagement des Dürerbundes gegen die Verbreitung von „Schmutz und Schundliteratur"

Trotz der Vielzahl bereits bestehender Sittlichkeits- und Volksbildungsvereine in Deutschland gelang dem Sittlichkeitskämpfer Ferdinand Avenarius (1856–1923) im Jahr 1902, mit dem Dürerbund einen einflussreichen, vor allem schlagkräftigen Verein zu gründen. Der Verband, der sich auch als Leserorganisation verstand, lieferte sich mit den Verkehrsbuchhändlern über viele Jahre hinweg heftige Gefechte. Die Schundkampagne wurde hauptsächlich vom Dürerbund getragen. Dennoch gelang dem Dresdner Jaçques Bettenhausen in Dresden im Jahr 1913, ausgerechnet den Dürerbund für sein Projekt einer „Mittelstelle für Volksschriftten" zu interessieren. Avenarius erkannte sofort die sich bietende Gelegenheit, mittels eines erfahrenen Verkehrsbuchhändlers seinen Wirkungsraum zu erweitern, obwohl die kommerziellen Interessen Bettenhausens ganz offensichtlich waren.

Der Dürerbund war ein überregionaler Zusammenschluss von einzelnen Mitgliedern wie auch von volksbildnerischen Verbänden. Hier organisierten sich vor allem Mitglieder der gebildeten Mittelschichten, hauptsächlich Lehrer und Geistliche, und die Zahl der Mitglieder erreichte innerhalb der ersten zehn Jahre 300.000. Der Verein gewann prominente Vorstandsmitglieder, u.a. den Freiburger Historiker Friedrich Meinecke (1862–1954) oder den Heidelberger Theologen Ernst Troeltsch (1865–1923). Der Dürerbund erlangte zunehmend Bedeutung und fungierte inzwischen als Dachorganisation für 329 Vereine aus dem

110 Ebd. S. 9.
111 Bbl. Nr. 123 vom 1. Juni 1909, S. 6537f.

Bereich der Natur- und Heimatschutzbewegung, der Lebensreformbewegung sowie der Volksbildungsvereine.[112] Der Verband vertrieb Hunderttausende von Lebensreformromanen, Flugschriften, Bücherlisten und Buchratgebern oder Heimatkalendern. Der Gründung des Dürerbundes ging die Herausgabe der Zeitschrift *Der Kunstwart* im Jahr 1887 voraus, erschienen im Verlag G.D. Callwey in München. Es handelte sich um eine „Familienrundschau-Zeitschrift für alle Bereiche der Kunst",[113] eine Rundschau über alle Gebiete des Schönen.[114] Während die Anfangsauflage von 400 Exemplaren noch eher gering war, schnellte die Zahl nach einer Reorganisation der Zeitschrift von 1897 bis 1900 auf 20.000 Exemplare.[115] *Der Kunstwart* vertrat einen „nationalen Sozialismus im Sinne einer darwinistisch grundierten Volksgemeinschaftsideologie"[116] und beabsichtigte, eine Normenkontrolle über jede Form von öffentlichem Verhalten auszuüben.[117] Die Zeitschrift entwickelte sich zu einem wichtigen Sprachrohr der Leserorganisation, die jetzt die praktische Umsetzung der Volksbildung übernahm.

Die Wirkungsmacht des Vereins beeindruckte auch ihre Gegner. Theodor Heuss äußerte sich in seinen *Erinnerungen 1905–1933* fasziniert über den Einfluss des Verbandes: „Man sah es in jener Zeit an den Pfarrer- und Lehrerwohnungen, den Einrichtungen von Postsekretären und Amtsrichtern, ob hier ein Bezieher des *Kunstwarts* hause. Das hat es vergleichbar vorher und nachher in Deutschland nicht gegeben".[118] Doch nach dem Ersten Weltkrieg verlor der Dürerbund schließlich an Einfluss. Sein Gründer Ferdinand Avenarius war 1923 gestorben. Der Dürerbund gab in den zwanziger Jahren zwar weiterhin Bücher und Flugschriften heraus, sein Tätigkeitsfeld reduzierte sich aber auf die Organisation eines Leserings mit nur noch 2.000 Mitgliedern. Damit verkleinerte sich auch die Lesergemeinde des *Kunstwarts* beträchtlich.[119]

8.3.3 Die „Mittelstelle für Volksschriften" unter der Regie des Verkehrsbuchhändlers Jaçques Bettenhausen (Dresden)

Während die Debatte über „Schmutz" und „Schund" die Sittlichkeits- und Volksbildungsvereine, aber auch die Verkehrsbuchhändler in zwei Lager spaltete, zeichnete sich mit dem Projekt einer „Mittelstelle für Volksliteratur" erstmals ein gemeinsames Vorgehen beider Interessengruppen ab. Bettenhausen hatte im Volksbildungsbestreben offenbar ein neues Absatzpotenzial für sein eigenes Unternehmen erkannt. Er instrumentalisierte unverhohlen die Volksbildungsbewegung für seine wirtschaftlichen Interessen und schlug im Verbund mit dem Dürerbund die Gründung einer „Mittelstelle für Volksschriften" vor, deren Organisation und Leitung er selbst übernehmen wollte. Bettenhausen spekulierte darauf, mittels

112 Vgl. Kratzsch: Kunstwart und Dürerbund, S. 371.
113 Ebd. S. 429.
114 Ebd. S. 377.
115 Bruch: Kunstwart und Dürerbund, S. 429f.
116 Ebd. S. 430, und Kratzsch: Kunstwart und Dürerbund, S. 381.
117 Vgl. Kratzsch: Kunstwart und Dürerbund, S. 382.
118 Hier zit. n. Bruch: Kunstwart und Dürerbund, S. 430f.
119 Ebd. S. 391.

dieser Einrichtung seine Monopolstellung im deutschen Bahnhofsbuchhandel beträchtlich ausbauen zu können.

Im April 1913 gingen Avenarius und Bettenhausen mit der Idee, eine „Mittelstelle für Volksschriften" zu gründen, erstmals an die Öffentlichkeit und lösten damit vor allem im Bahnhofsbuchhandel Verärgerung und energischen Widerstand aus. Die Geschäftsbeziehungen der beiden Initiatoren beruhten vermutlich auf persönlichen Kontakten, denn beide wirkten zu diesem Zeitpunkt in Dresden. In der Aprilnummer 1913 der Zeitschrift *Der Kunstwart* warben sie für ihr innovatives Vorhaben:

> Wir haben [...] unter dem fachmännischen Betrieb der in solcher Arbeit längst bewährten Firma J. Bettenhausen in Dresden eine „Mittelstelle für Volksschriften" gegründet, und wir meinen: sie ist geeignet, den Kampf gegen die Schundliteratur auf der ganzen Linie unter den denkbar günstigen Bedingungen zu fördern.[120]

Die beiden Initiatoren planten die Einrichtung eines Lektorats, das Literatur auf ihre literarische Qualität und Eignung für volksbildnerische Zwecke begutachtete und fiel das Urteil positiv aus, die jeweiligen Werke mit einem Stempel versahen:

> Die neue „Mittelstelle für Volksschriften" stellt sich unter die Auswahl-Bedingungen des Dürerbundes und versieht alle von diesem zugelassenen Schriften mit einem Stempel, der das gesetzlich geschützte Dürerbundzeichen umgeben von den Worten bringt: ‚Empfohlen vom Dürerbunde'. Dadurch hat die große alte und junge Leserschaft, auch wenn sie nicht näher Bescheid weiß, die Gewähr, nur anständige Sachen zu erhalten. Der Stempel des Dürerbundes wirkt an Ort und Stelle des Verkaufs als auszeichnende sogenannte „Qualitätsmarke", sagen wir deutsch: als „Wertmarke".[121]

Die Organisatoren setzten sich – wie auch schon andere Volksbildungsverbände zuvor – zwei Arbeitsschwerpunkte: zum einen galt es „minderwertige" Literatur auszusortieren und aus dem Verkauf zu verbannen, andererseits arbeiteten sie daran, die „Schundliteratur" sukzessive durch geeignete Schriften zu ersetzen. Neben der inhaltlichen Qualität achtete die Mittelstelle auch auf die Preisgestaltung, denn der Dürerbund ging davon aus, dass nur diejenige Literatur gut verkäuflich sei, deren Verkaufspreis unter einer Mark lag.[122]

Intention der „Mittelstelle für Volksschriften" war nicht nur die Überprüfung und Auszeichnung geeigneter Literatur, sondern auch die Erschließung von neuen Vertriebswegen. Avenarius projektierte ein Distributionssystem im großen Stil, das – erwartungsgemäß zum Ärger des herkömmlichen Buchhandels – auch branchenfremde Unternehmen, z.B. Gaststätten, Kantinen, Schulen, Gerichtsgebäude oder Sparkassen, mit einbezog.[123] Die Litera-

---

120 Hier zit. n. Allgemeine Buchhändlerzeitung Nr. 17 vom 24. April 1913, S. 206.

121 BHB Nr. 9 vom 1. Mai 1913, S. 104.

122 Allgemeine Buchhändlerzeitung Nr. 17 vom 24. April 1913, S. 207; vgl. auch Kunstwart, Dürerbund, Buchhandel, S. 5.

123 Vgl. Kunstwart, Dürerbund, Buchhandel, S. 5.

turauswahl sollte an diesen öffentlichen Plätzen augenfällig an speziellen Verkaufsständen oder in Automaten angeboten werden, die sich mit der Aufschrift „Guter billiger Lesestoff, empfohlen vom Dürerbund" gegenüber anderen preiswerten Buchreihen profilierten:

> Die den örtlichen Verhältnissen, den Zeitumständen usw. angepasste Auswahl aus guten Heften und Büchern wird auf besondern gleichfalls gesetzlich geschützten und geschmackvoll hergerichteten Staffeleien oder Automaten ausgestellt, welche die Aufschrift tragen: „Guter billiger Lesestoff, empfohlen vom Dürerbunde". Wer sie aufstellt, verpflichtet sich, sie ausschließlich für die Schriften mit der Dürerbundmarke zu benützen.[124]

Einen der wirkungsmächtigsten Vertriebswege erkannte der Dürerbund im Bahnhofsbuchhandel. Als Bettenhausen mit seiner Idee an den Dürerbund herantrat, zögerte Avenarius nicht, das ambitionierte Unternehmen sofort zu unterstützen. Bettenhausen erkannte als Geschäftsmann schnell die damit für seine Firma verbundenen geschäftlichen Vorteile einer solchen Zusammenarbeit. Der Bahnhofsbuchhändler hatte sich bereits vorsorglich, noch vor der offiziellen Unterrichtung seiner Geschäftskollegen über das geplante Unternehmen, bei den zuständigen Eisenbahngesellschaften das alleinige Aufstellungsrecht für Dürerbund-Staffeleien an den wichtigsten Bahnhöfen Deutschlands gesichert. Der Dresdner Bahnhofsbuchhändler plädierte dafür, dass an kleineren Bahnhöfen, an denen keine Bahnhofsbuchhändler wirkten, Gastwirte und Postämter den Verkauf von Volksliteratur übernehmen sollten.[125] Das Unternehmen selbst machte es sich zur Aufgabe, für den Vertrieb von volksbildnerischen Schriften systematisch neue Absatzwege zu erschließen, die über die Wirkungsmöglichkeiten des Bahnhofsbuchhandels weit hinausgehen sollten, denn „an Gelegenheiten, gute Schriften zu verbreiten, gibt es weit mehr, als man bisher benutzt hat".[126]

Bettenhausen stieß mit seinem Projekt gerade in der eigenen Branche auf Befremden. Der Verein Deutscher Bahnhofsbuchhändler reagierte auf den Vorstoß ihres Vorstandsmitglieds empört, zumal Bettenhausen sich noch wenige Wochen zuvor engagiert gegen das Bestreben von Bahnhofswirten, am Literaturverkauf an Bahnhöfen zu partizipieren, gewandt hatte. Bettenhausen stellte – so der nicht unberechtigte Hauptvorwurf – als Vorstandsmitglied des Vereins Deutscher Bahnhofsbuchhändler seine persönlichen Wirtschaftsinteressen über die Interessen der Branche. Die wirtschaftlichen Absichten des Dresdner Kollegen waren zu offensichtlich und wurden innerhalb der Branche entsprechend sarkastisch kommentiert:

> Die Firma Bettenhausen, die wir zum ersten Male in Verbindung mit einem gemeinnützigen Unternehmen wie dem des Dürerbundes genannt sehen, ist uns nicht unbekannt. Ihre philanthropischen Neigungen sind uns neu. Wir wissen, dass sie, wie ein

124 Allgemeine Buchhändlerzeitung Nr. 17 vom 24. April 1913, S. 207.
125 Vgl. auch Kunstwart, Dürerbund, Buchhandel, S. 6.
126 BHB Nr. 9 vom 1. Mai 1913, S. 105.

> ähnliches großes Berliner Unternehmen, eine Art Monopol im Betriebe von Bahnhofsbuchhandlungen anstrebt, das eine ständige Gefahr für die Selbständigkeit der mittleren und kleineren Existenzen dieses Zweiges unsres Berufs bildet.[127]

Bettenhausen ging es allerdings nicht um Gewinnmaximierung, denn der Erlös aus dem Verkauf der Schriften floss allein dem Dürerbund zu, sondern vielmehr um den Ausbau seiner Monopolstellung und Ausweitung seines Wirkungsraums in ganz Deutschland. Darüber hinaus konnte die mit Gütestempel versehene Literatur nur über die Mittelstelle, die seiner alleinigen Leitung unterstand, bezogen werden. Die Mittelstelle sei nichts anderes als ein Barsortiment für geprüfte und gestempelte Volksschriften, so der Einwand des Vereins Deutscher Bahnhofsbuchhändler.[128] Die Buchhändler konnten die gestempelten Schriften nicht mehr direkt bei den Verlagen bestellen, sondern waren von der Auslieferung durch Bettenhausen abhängig, der auch die Bestellmodalitäten, z.B. Rabatte, diktierte. Zahlreiche Bahnhofsbuchhändler und Sortimenter wussten, dass die Idee einer „Mittelstelle für Volksschriften" ursprünglich nicht vom Dürerbund, sondern von Bettenhausen selbst ausging:

> Mit dem Dürerbund im Gefolge und von Avenarius und seinen Leuten unterstützt, wird es ihm leicht sein, alle Widerstände, die sich ihm bisher noch auf dem Wege zu einer Monopolisierung des Bahnhofsbuchhandels entgegengestellt haben, siegreich zu überwinden.[129]

Auf der Jahreshauptversammlung 1913 diskutierten die Bahnhofsbuchhändler die Auswirkungen der „Mittelstelle" für ihre Branche und sahen hier gravierende Probleme,

> einerseits in dem Zwang für uns, diese vom Dürerbund zensierten Bücher auch bei uns zu führen, denn dafür werde schon die Leitung sorgen, und weiter in der Tatsache, daß uns in den Gastwirten eine Menge neuer Konkurrenten entstehen, die uns unter allen Umständen den regulären Verdienst schmälern. Weiter sei es als unerträglich zu betrachten, daß Herr Bettenhausen Sortiment und Bahnhofsbuchhandel zwingen wollte, von seiner „Mittelstelle" zu beziehen, da nur von dieser die mit dem Dürerbundzeichen versehenen Bücher geliefert würden und das Publikum sich infolge der gewiß einsetzenden Agitation bald gewöhnen werde, alles andere, was nicht so gekennzeichnet sei, als minderwertig zu betrachten und nicht mehr zu kaufen.[130]

Die Auseinandersetzung zwischen dem Verein Deutscher Bahnhofsbuchhändler und ihrem Vorstandsmitglied Bettenhausen eskalierte, und in der Folge legte der Dresdner Bahnhofsbuchhändler sein Vorstandsamt nieder.[131]

---

127 Allgemeine Buchhändlerzeitung Nr. 17 vom 24. April 1913, S. 207.
128 Vgl. Kunstwart, Dürerbund, Buchhandel, S. 8f.
129 Hier zit. n. Hack: Marginalien, Nachrichten und Dokumente, S. 4.
130 BHB Nr. 9 vom 1. Mai 1913, S. 105.
131 Ebd. S. 106.

Der Verein Deutscher Bahnhofsbuchhändler war aber nicht nur über das eigenmächtige Vorgehen seines Mitglieds verärgert. Der Vorstand warnte vor der Interessenspolitik und Einflussnahme des Dürerbundes auf den gesamten Literaturvertrieb. Das Dürerbund-Unternehmen sei ein Versuch, „das Selbstbestimmungsrecht der Verlage und des Buchhandels zu untergraben unter Vortäuschung allgemeiner Interessenvertretung".[132] Das Gütesiegel schaffe eine Art „Markenartikel", dessen Verkaufsmonopol beim Dürerbund liege. Das Dürerbund-Unternehmen pflege „Machtgelüste [...] zugunsten ihres eigenen geschäftlichen Vorteils und zum Schaden des ganzen Buchhandels".[133] Der Redakteur der Verbandszeitung *Der Bahnhofsbuchhandel* Kurt Loele appellierte deshalb an die Verleger, gegen die offenkundige Interessenspolitik des erfolgreichen Volksbildungsvereins massiv vorzugehen:

> Aber wenn der Verleger vermeiden will, ganz in Abhängigkeit von diesen Leuten zu gelangen, so muß er sich aufs schärfste gegen die geplante Abstempelung wenden, die seine Erzeugnisse einer Zensur unterwirft, die zu dem Stärksten gehört, was jemals dem Buchhandel seitens der an den Volksbildungsbestreben interessierten Kreise und Unternehmungen geboten worden ist.[134]

Aber nicht nur der Bahnhofsbuchhandel erkannte in dem geplanten Projekt eine Gefahr. Auch die Sortimenter- und Verlegervereine forderten schon wenige Wochen nach Veröffentlichung der Pläne ein energisches Vorgehen des Börsenvereins gegen das ambitionierte Unternehmen. Am 16. Mai 1913 bezog der Börsenverein auf Druck seiner Mitglieder erstmals öffentlich Stellung. So lehnte der Berufsverband eine Zensur durch den Dürerbund und die Einbindung des Auchbuchhandels kategorisch ab und warnte gleichfalls vor einer bedenklichen Monopolstellung Bettenhausens, der wegen seiner besonderen Stellung auch Preissteigerungen und dem Sortiment nachteilige Lieferungsmodalitäten, z.B. Ablehnung eines Remissionsrechts, durchsetzen konnte. Wichtiges Anliegen des Börsenvereins war insbesondere die nachhaltige Ausschaltung von nichtbuchhändlerischen Verkaufsstellen, denn der Dürerbund plante, so der Vorwurf des Interessenverbands, die Literatur „auf die Straße und in die Kneipe" zu tragen[135], wo doch gerade der Auchbuchhandel auf dem Sektor der Billigliteratur seine Geschäfte mache:

> Solche geschäftstüchtige Elemente, denen der Büchervertrieb durch die Dürerbund-Staffelei nahegelegt wird, werden bald herausgefunden haben, daß in tabak- und alkoholgeschwängerter Atmosphäre das bunte Abenteuerbuch der lockendere Artikel ist.[136]

---

132 BHB Nr. 9 vom 1. Mai 1913, S. 118.
133 Allgemeine Buchhändlerzeitung Nr. 17 vom 24. April 1913, S. 207.
134 BHB Nr. 10 vom 20. Mai 1913, S. 118.
135 Kunstwart, Dürerbund, Buchhandel, S.13ff.
136 Ebd. S. 24f.

Wegen des vehementen Widerstands bemühte sich der Dürerbund jetzt um Verbündete in Sortiment und Verlag, und nahm u.a. Kontakt mit dem Deutschen Verlegerverein auf. Außerdem kam er den Verlegern und Sortimentsbuchhändler entgegen, indem er Abstand davon nahm, Auch- und Nichtbuchhändler in sein Vertriebssystem zu integrieren.[137] Außerdem sollte der Prüfungsausschuss paritätisch mit Vertretern der Volksbildungsbewegung und des Buchhandels besetzt werden.[138] Trotz des Entgegenkommens des Dürerbundes reagierte der Verein Deutscher Bahnhofsbuchhändler zunächst mit der Gründung einer „Kommission zur Abwendung der Gefahr der Bevormundung und Zensur durch den Dürerbund“. Unterstützung erfuhren die Bahnhofsbuchhändler außerdem von der Interessenvertretung der Sortimenter, die eine Monopolstellung Bettenhausens auf dem Sektor der Volksbildung fürchteten. Auf die Boykottaufrufe seitens der Verlage, den Dürerbund nicht mehr mit Büchern zu beliefern, drohte dieser prompt mit der Gründung eines eigenen Verlags.[139] Die öffentlich wirksam ausgetragene Debatte über die „Mittelstelle für Volksliteratur“ zog sich bis Ende des Jahres 1913 hin. Doch der Dürerbund selbst hatte seine Wirkungsmöglichkeiten auf deutschen Bahnhöfen trotz der Unterstützung durch Bettenhausen offenbar schon in der Planungsphase des Projekts als nicht sehr realistisch eingeschätzt. Denn er ging davon aus, dass der Volksbildungsverein letztendlich doch nur einen Bruchteil der an den Bahnhöfen angebotenen Schriften kontrollieren könne:

> Wir glauben, an keinem Platze wird das Angebot derart durch die Nachfrage reguliert wie an den Bahnhöfen [...]. Es ist daher noch sehr die Frage, ob die Staffeleien und Automaten des Dürerbundes an den Bahnhöfen den erhofften Zuspruch finden werden, wenn auch die beteiligten Unternehmer sich und anderen ein Bedürfnis dafür zu suggerieren versuchen.[140]

Auch der Verein Deutscher Bahnhofsbuchhändler sah das Projekt einer „Mittelstelle für Volksschriften“ – nachdem sich die erste Aufregung gelegt hatte – eher nüchtern, denn das Angebot des Dürerbundes korrespondierte schließlich nicht mit dem besonderen Lesegeschmack von Reisenden:

> [A]n keinem Platze wird das Angebot derart durch die Nachfrage reguliert wie an den Bahnhöfen. Die sogenannte Reiselektüre ist in ihrer Art viel weniger ein Produkt der Verleger als ein solches des Publikums, das nicht gewillt ist, sich mit schweren Problemen auf der Reise zu befassen. Für den Vertrieb durch den Bahnhofsbuchhandel kommen nur ganz bestimmte Erscheinungen in Frage, die sich von den Erzeugnissen des Dürerbundes und ähnlichem wesentlich unterscheiden.[141]

137 Vgl. Hack: Marginalien, Nachrichten und Dokumente, S. 4.

138 Kunstwart, Dürerbund, Buchhandel, S. 14.

139 Vgl. Hack: Marginalien, Nachrichten und Dokumente, S. 5; vgl. auch Kunstwart, Dürerbund, Buchhandel, S. 33.

140 Bbl. Nr. 99 vom 2. Mai 1913, S. 4622.

141 BHB Nr. 10 vom 20. Mai 1913, S. 119.

Die eher nüchterne Einschätzung eines Erfolges der „Mittelstelle für Volksschriften" durch die Organisatoren sowie der massive Widerstand seitens des Buchhandels und der Verleger führten letztendlich dazu, dass das ambitionierte Projekt letztendlich wieder aufgegeben werden musste.

8.3.4 Bahnhofsleihbüchereien und Leihbibliotheken in Eisenbahnzügen – alternative Modelle der Volksbildungsbewegung

Die Sittlichkeitsverbände investierten jedoch nicht nur in einen flächendeckenden, kontrollierten Verkauf von literarisch gehobenen Druckerzeugnissen an den Bahnhöfen. Nach dem Ersten Weltkrieg, als die wirtschaftliche Situation breiter Bevölkerungsschichten angespannt war und der private Bucherwerb in den Hintergrund trat, engagierten sich diverse Verbände auch für die Installation von Leihbüchereien und Lesesälen an den Bahnhöfen sowie in den Eisenbahnzügen selbst. Doch beiden Projekten, Bahnhofsleihbüchereien wie auch mobile Eisenbahnbibliotheken, war kein Erfolg beschieden.

1924 unternahm das Reichsverkehrsministerium im Verbund mit diversen Volksbildungsvereinen einen neuerlichen Versuch, Alternativen zum Vertriebssystem des Verkehrsbuchhandels zu schaffen. Ein Vorschlag war die Einrichtung von Bahnhofslesehallen, die über eine komfortable Ausstattung verfügen und neben Lesestoff auch Schreibgelegenheiten, Telefon, Schreibmaschinenzellen für Geschäftsreisende sowie Adressbücher bieten sollten.[142] Geplant war eine Tag- und Nachtöffnung, wobei die Räumlichkeiten vom Bahnpersonal rund um die Uhr kontrolliert würden. Damit diente die Leseeinrichtung auch als „Schutzraum" vor allem für allein reisende Damen und Jugendliche. Darüber hinaus war die Einrichtung von Raucher- und Nichtraucherzimmern geplant. Während der Benutzung der Lesehalle konnten sich die Reisenden von der Bahnhofswirtschaft verköstigen lassen. Zwischen Leseraum und Bahnhofswirtschaft sollte ein Schalter eingerichtet werden, der die Essens- und Getränkeausgabe organisierte. Der Bahnhofsbuchhandel räumte der Einrichtung nur wenige Überlebenschancen ein, da die laufenden Kosten für die 24stündige Beheizung, Beleuchtung und Bewachung immens waren. Aber auch die Reichsbahn stand diesen Projekten skeptisch gegenüber. Im Oktober 1924 lehnte sie das Ersuchen eines Regierungsbaumeisters in Vaihingen (Minden/Westfalen), im Bahnhof von Hannover eine Lesehalle einrichten zu dürfen, ab. Als Begründung verwies die Reichsbahn auf den Raummangel im Bahnhof; außerdem war die Reichsbahn nicht daran interessiert, ihrem Bahnhofsbuchhändler ein Konkurrenzunternehmen zur Seite zu stellen.[143] Mit derselben Begründung wies die Reichsbahn im Januar 1932 ihre Reichsbahndirektionen schließlich an, die Einrichtung von Bahnhofsleiheinrichtungen grundsätzlich abzulehnen.[144]

---

142 BHB Nr. 23/24 vom 15. Dezember 1924, S. 498ff.

143 Akten der Deutschen Reichsbahn-Gesellschaft. Gruppenverwaltung Bayern. Bahnhofsbuchhandel. Jg. 1924f. Bd. 3. Bayerisches Hauptstaatsarchiv. Sign.: Verkehrsmuseum Archiv. Nr. 10316, o.Pag.

144 Akten der Deutschen Reichsbahn-Gesellschaft. Gruppenverwaltung Bayern. Bahnhofsbuchhandel. Bd. 2. Bayerisches Hauptstaatsarchiv. Verkehrsmuseum Archiv. Nr. 10851.

Neben der Installation von Lesehallen dachten die Organisatoren auch über die Einrichtung von speziellen Leseabteilen in den Zügen nach. In den normalen Reiseabteilen fühlten sich lesende Passagiere häufig durch Mitreisende und Skatrunden oder kleine Kinder gestört. Das Leseabteil sollte als ruhiger Rückzugsort dienen. Diese sollten mit Leselampen ausgestattet werden, damit auch Abend- und Nachtreisende sich ungestört ihrer Lektüre widmen konnten. Der Bahnhofsbuchhandel reagierte auf diese Idee nur mit Polemik:

> Mit anderen Worten heißt es, den Lesesaal des Bahnhofs auf den Eisenbahnzug zu übertragen. Wenn wir uns vergegenwärtigen, wieviel Sonderabteile wir in den Personenzügen schon haben, Abteile für Raucher und Nichtraucher, Abteile für Frauen und Kriegsbeschädigte, Dienstabteile und Abteile für Reisende mit Hunden, so werden wir, wenn wir endlich auch noch „Leseabteile“ bekommen, überhaupt nicht mehr wissen, wo wir einsteigen dürfen. Hier würde die Bequemlichkeit zur Unbequemlichkeit, zur Belästigung und Freiheitsberaubung des reisenden Publikums ausarten.[145]

Doch auch dieses Projekt fand keine Umsetzung. 1931 wurde die Idee ein letztes Mal aufgegriffen. Geplant war die Einrichtung von Bahnhofsleihbibliotheken, aber auch dieses Unternehmen scheiterte bereits in der Vorbereitungsphase.[146] Ebenfalls abgelehnt wurde das Ersuchen einer Zeitungs-Vertriebs-Gesellschaft im April 1926, direkt in den Zügen Zeitungen und Zeitschriften anzubieten. Das Unternehmen warb dafür, Reisenden diejenigen Presseartikel zu offerieren, die während der Fahrt erschienen waren, zudem die Passagiere erst kurz vor Abfahrt des Zuges auf den Bahnhof eilten und daher keine Zeit fanden, die aktuelle Tagespresse noch am Bahnhofskiosk zu erwerben. Die Reichsbahn wie auch die Volksbildungsvereine standen diesem ambitionierten Unternehmen mit Skepsis gegenüber, da sich der Verkauf in den Zügen beinahe vollständig der Kontrolle der Reichsbahndirektionen entzog. Darüber hinaus fürchtete die Reichsbahn eine Belästigung ihrer Passagiere durch aufdringliche Verkäufer; zudem wurde der ambulante Verkauf noch immer mit dem gerade wegen seiner offensiven Verkaufspraktiken als unseriös eingestuften Kolportagehandel assoziiert. Die Reichsbahn kam dem Ansinnen der Zeitungs-Vertriebs-Gesellschaft insofern entgegen, als sie alternativ die Einrichtung von festen Verkaufskiosken zumindest in Schnellzügen, die von den Verkäufern aber nicht verlassen werden durften, erlaubte. Die Zeitungs-Vertriebs-Gesellschaft war aber offenbar an dieser Variante nicht interessiert.[147]

Die Sittlichkeits- und Volksbildungsbewegung engagierte sich also nicht nur auf dem Sektor des privaten Bucherwerbs, sondern initiierte und förderte darüber hinaus Projekte zu

---

145 BHB Nr. 23/24 vom 15. Dezember 1924, S. 499f., vgl. auch Hack: Marginalien, Nachrichten und Dokumente, S. 26f.

146 Vgl. BHB Nr. 13 vom 21. September 1931, S. 88.

147 Akten der Deutschen Reichsbahn-Gesellschaft. Gruppenverwaltung Bayern. Bahnhofsbuchhandel. Jg. 1924f. Bd. 3. Bayerisches Hauptstaatsarchiv. Sign.: Verkehrsmuseum Archiv. Nr. 10316, o.Pag.

alternativen Buchbeschaffungssystemen, die auch finanziell weniger gut situierten Eisenbahnreisenden oder Reisenden, die sich nicht mit privat mitgeführtem Lesestoff belasten wollten, den Zugriff auf literarisch qualitätsvolle Reiselektüre garantieren sollten. Die in Sittlichkeitsvereinen organisierten Schundkämpfer verstanden ihr Engagement auf diesem Gebiet als Investition in die Prävention und als eine Art von Selbsthilfe, da sie die von Polizei und Eisenbahnbehörden praktizierte Literaturkontrolle gerade mit Blick auf den Bahnhofs- und Verkehrsbuchhandel als unzulänglich erachteten. Es verwundert daher nicht, dass sich die Sittlichkeits- und Volksbildungsbewegung in Deutschland im letzten Drittel des 19. Jahrhunderts gerade vor dem Hintergrund einer fortschreitenden Expansion und Professionalisierung des Verkehrsbuchhandels konstituiert hatte.

9 Fazit und Ausblick

Intention der vorliegenden Studie war es, die Wechselbeziehungen zwischen der fortschreitenden Kommerzialisierung des Reisemarkts vor dem Hintergrund einer fortschreitenden Industrialisierung und Urbanisierung des Gesellschafts- und Wirtschaftslebens in Deutschland seit der zweiten Hälfte des 19. Jahrhunderts und der Entstehung und Ausbreitung einer neuen Teilbranche des verbreitenden Buchhandels zu beschreiben. Mit dem Bahnhofs- und Verkehrsbuchhandel entstand ein buchhändlerischer Geschäftszweig, der sich mit einer Vielfalt von innovativen Ideen auf eine professionelle Versorgung von Reisenden und Touristen mit Lesestoff spezialisierte.

Trotz der zunächst schwierigen und wenig Erfolg versprechenden Quellen- und Forschungslage – als ein wichtiges Verdienst rechnet sich deshalb die Studie die erstmalige Erschließung völlig neuer Quellen in internationalen Archiven und Bibliotheken an – wurde schnell sichtbar, in welchem Umfang das moderne Verkehrsmittel Eisenbahn den Buchmarkt in vielerlei Hinsicht zu revolutionieren vermochte. So lieferte die Eisenbahn nicht nur die entscheidenden Impulse für die Entstehung des Bahnhofs- und Verkehrsbuchhandels; sie beschleunigte auch die Arbeitsabläufe und Vertriebswege im gesamten Buchhandel und bot zudem günstigere Transportkonditionen und Tarife als die herkömmlichen Verkehrsmittel.

Der umfangreiche Hauptteil der Untersuchung, nämlich die historische Rekonstruktion der Entstehung und Entwicklung des Bahnhofs- und Verkehrsbuchhandels von seinen Anfängen um 1850 bis zum Ende der Weimarer Republik, wurde zur besseren Strukturierung der Materialfülle in einem Modell dargestellt, das die Entwicklungsgeschichte der Branche in drei Entwicklungsphasen unterteilt. Diese drei Entwicklungsphasen sollen an dieser Stelle nochmals kurz resümiert werden:

(1) Die Etablierung des Bahnhofs- und Verkehrsbuchhandels in Deutschland als selbstständiger Zweig des verbreitenden Buchhandels vollzog sich in seiner Gründungsphase von 1850 bis 1905 als konsequenter Abgrenzungsprozess von den konkurrierenden Branchen, u.a. vom herkömmlichen Sortimentsbuchhandel, der diesen wirtschaftlich prosperierenden Handelszweig massiv bekämpfte. Im Gegensatz zu ihren west- und nordeuropäischen Geschäftskollegen (England, Frankreich, Skandinavien) waren die deutschen Bahnhofsbuchhändler dezentral organisiert, d.h. die Pächter von Verkaufsständen schlossen mit den regionalen Eisenbahngesellschaften der jeweiligen Streckenabschnitte Pachtverträge über die Einrichtung von Buchverkaufsstellen und deren Ausstattung ab.

Die rechtlichen Besonderheiten dieses Teilbereiches des verbreitenden Buchhandels, die branchenspezifischen Handelspraxen und Verkaufsmodalitäten, z.B. eine privilegierte Rabattierung durch die Verleger und dem Reiseverkehr angepasste Ladenöffnungszeiten, zur Folge hatten, führten in den siebziger Jahren zu vermehrten Konflikten mit dem traditionellen Sortimentsbuchhandel. Die frühe Artikulation eines eigenen, vom traditionellen

Sortiment differenten beruflichen Selbstverständnisses und Berufsethos', die fortschreitenden Bemühungen um eine branchenimmanente Strukturierung und Organisation sowie der enorme Diskussionsbedarf innerhalb dieser buchhändlerischen Teilbranche dokumentiert sich in den zahlreichen Gründungen von Fachperiodika seit dem Ende der 1870er Jahre.

Vor dem Hintergrund dieses Abgrenzungsprozesses wurden in der vorliegenden Studie die für den Bahnhofsbuchhandel typischen, diesen konstituierenden und vom herkömmlichen Sortimentsbuchhandel differenten Organisations- und Vertriebsstrukturen aufgezeigt. Das Augenmerk richtete sich dabei auf den rechtlichen Sonderstatus des Bahnhofsbuchhandels als Nebenbetrieb der Eisenbahnunternehmen nach dem Gewerberechts. Wie der Streitverlauf in den buchhändlerischen Fachblättern dokumentiert, führten die brancheninternen kontroversen Diskussionen über die rechtlichen Besonderheiten des Bahnhofsbuchhandels und seine Auswirkungen auf die literarische Kommunikation und Distribution zu einem beträchtlichen Innovationsschub im bestehenden Gewerbe- wie auch Arbeitsrecht (z.B. Liberalisierung des Ladenschlussgesetzes, Neuregelungen der Wochen- und Wochenendarbeitszeiten oder Ausgleich von Mehrarbeit).

Die neuartigen Vertriebsmodelle des Bahnhofsbuchhandels revolutionierten darüber hinaus die Buchwerbung, z.B. durch den Einsatz von Leuchtreklame und die Präsentation der Bücher in beleuchteten Schaukästen im Zusammenhang mit der fortschreitenden Elektrifizierung von Bahnhöfen. In diesem Kontext galt es, die für den Bahnhofsbuchhandel spezifische Verkaufsbedingungen aufzuzeigen, nämlich die Auswirkungen des anonymen und in Eile vonstatten gehenden Verkaufsaktes auf die Erhöhung der Umschlaggeschwindigkeit von Büchern und Zeitschriften. Der schnelle Bücherumschlag führte zu einer bevorzugten Rabattgewährung durch die Verleger, die im Bahnhofsbuchhandel einen verlässlichen Partner für einen zügigen Absatz ihrer Produkte erkannten. Die vorteilhaften Lieferbedingungen waren eine Ursache für die Verschärfung des Konflikts zwischen Sortiments- und Bahnhofsbuchhandel im letzten Drittel des 19. Jahrhunderts.

(2) Als Konsolidierungsphase des Bahnhofsbuchhandels wurde der Zeitraum von 1905 – denn hier gründeten die Bahnhofsbuchhändler mit dem Verein Deutscher Bahnhofsbuchhändler eine eigene Standesvertretung – bis zum Beginn des Ersten Weltkriegs beschrieben. Gleichzeitig mit der Verbandsgründung erschien die erste nur an den Bahnhofsbuchhandel gerichtete Fachzeitschrift *Der Bahnhofsbuchhandel. Fachzeitung für den gesamten Verkehrsbuchhandel. Reichsverband Deutscher Bahnhofsbuchhändler* (Leipzig 1905–1935). Mit der Namengebung „Verkehrsbuchhandel" trug der Verein Deutscher Bahnhofsbuchhändler dem erweiterten Wirkungsfeld seiner Mitglieder Rechnung, die mit Beginn des 20. Jahrhunderts in Zusammenarbeit mit der zunehmend expandierenden Fremdenverkehrs- und Touristikbranche ein engmaschiges und grenzübergreifendes Vertriebsnetz unterhielten. Aus diesem Grund erwies es sich als zweckmäßig, nach 1900 nicht mehr allein von Bahnhofsbuchhandel, sondern auch von Verkehrsbuchhandel zu sprechen. Bedeutende Medienkonzerne der Jahrhundertwende, so etwa u.a. die Berliner Verlagshäuser Leopold Ullstein und Hermann Stilke, erschlossen sich vor dem Hintergrund der Entste-

hung des Seetourismus neue Käuferschichten, indem sie z.B. Badebücherbusse zur literarischen Versorgung der Sommerfrischler an der Ostsee einrichteten.

Die fortschreitende Erschließung von innerstädtischen Verkehrssystemen führte darüber hinaus zur Einrichtung von Zeitungs- und Bücherkiosken sowie Bücherautomaten an gut frequentierten Haltepunkten der Straßen- und Untergrundbahnen. Der Nahverkehr trug somit maßgeblich zur Expansion des Kioskhandels bei, der ebenfalls vom Bahnhofs- und Verkehrsbuchhandel dominiert wurde. Der Verein Deutscher Bahnhofsbuchhändler, dessen hauptsächlicher Arbeitsschwerpunkt bislang auf der Verteidigung und Durchsetzung von Interessen gegenüber dem Sortimentsbuchhandel lag, wandte sich nun vermehrt brancheninternen Problemen zu, z.B. der zunehmenden Konzentrationsbewegung (Monopolbildung und Zusammenschluss wirtschaftlich potenter Bahnhofsbuchhändler in Aktiengesellschaften), die mittelständische Unternehmen bei der Vergabe von Pachtverträgen erheblich benachteiligte.

Mit dem Ausbruch des Ersten Weltkriegs erlebte der Verkehrsbuchhandel wegen des eklatanten Rückganges des zivilen Reiseverkehrs und militärpolitisch begründeten Einschränkungen der Buch- und Zeitschriftendistribution zwar einen Konjunktureinbruch; doch den Verkehrsbuchhändlern gelang es schnell, die durch den Krieg entstandenen finanziellen Einbußen durch die Einrichtung von Feldbuchhandlungen entlang der Front und in den besetzten Gebieten zu kompensieren. Die Produzenten von Reiselektüre wandelten die Reisebibliotheken in Feldbüchereien um; die für Reiseserien typischen mehrfarbigen Bucheinbände wurden durch graue Feldschutzumschläge ersetzt. Der Bahnhofs- und Verkehrsbuchhandel ging daher wirtschaftlich gestärkt aus dem Krieg hervor.

(3) Die Phase einer fortschreitenden Professionalisierung und Internationalisierung des Verkehrsbuchhandels setzte nach dem Ende des Weltkriegs ein. Die Kriegsfolgen (Reparationsleistungen, Inflation) zwangen das Reich, die Kommunen und das Transport- und Beherbergungsgewerbe zu einer Neubewertung des Fremdenverkehrs und der Unternehmensstrategien im Personenverkehr. Wurde im Kaiserreich lediglich die vorhandene Nachfrage befriedigt, mussten die Verkehrsträger in der Weimarer Republik nunmehr neue Bevölkerungsschichten für den Reisemarkt erschließen.

In den zwanziger Jahren öffnete sich daher der Verkehrsbuchhandel gegenüber fremden Branchen und kooperierte mit der Deutschen Reichsbahn, mit Schiffsreedereien, Versicherungen und Reiseagenturen. Die branchenübergreifende Kooperation war notwendig, weil die wirtschaftliche Entwicklung des Verkehrsbuchhandels in den Jahren der Weimarer Republik stagnierte (Inflationsjahre, Rückgang des Reiseaufkommens, Weltwirtschaftskrise 1929/1930). Ein wichtiges gemeinsames Tätigkeitsfeld zwischen der Deutschen Reichsbahn und dem Verkehrsbuchhandel entwickelte sich z.B. auf dem Gebiet der Verkehrswerbung.

Der Bahnhofs- und Verkehrsbuchhandel galt schon in seiner Entstehungsphase als wirkungsmächtigstes Distributionssystem für Gebrauchsliteratur, das sogar den Kolportagebuchhandel spätestens nach der Jahrhundertwende endgültig vom Markt drängte. Es verwundert daher nicht, dass der Bahnhofs- und Verkehrsbuchhandel von Anbeginn an einer massiven Kritik seitens der Sittlichkeits- und Volksbildungsvereine ausgesetzt war. Die Branche war ein unverzichtbarer Bestandteil der über mehrere Jahrzehnte anhaltenden und mit äußerster Polemik geführten Unterhaltungsliteraturdebatte. Doch das Motiv für die scharfen Attacken vor allem seitens des traditionellen Sortimentsbuchhandels lag weniger in einer ethisch-moralischen Position begründet, als vielmehr in wirtschaftlichen Interessen. Die Sortimentsbuchhändler sahen in dem so erfolgreichen und hinsichtlich des geltenden Gewerbe- und Arbeitsrechts privilegierten Bahnhofs- und Verkehrsbuchhandel eine geschäftsschädigende Konkurrenz. Doch die vom Sortimentsbuchhandel differente Programmgestaltung der Bahnhofs- und Verkehrsbuchhändler legt vielmehr nahe, dass der Bahnhofs- und Verkehrsbuchhandel dem Sortiment keine Kaufkraft entzog, sondern im Gegenteil diesem neue Käuferschichten zuzuführen vermochte.

Das rationell und daher sehr effizient durchorganisierte Distributionsmodell des Bahnhofs- und Verkehrsbuchhandels lieferte auch entscheidende Impulse für eine Neuorganisation von Teilbereichen des gesamten Buchhandels in Deutschland. Die besondere Verkaufssituation an den Verkaufsständen der Bahnhofs- und Verkehrsbuchhändler führte nicht zuletzt zu einer fundamentalen Neuorganisation des Pressevertriebs. So förderte der Bahnhofs- und Verkehrsbuchhandel die allmähliche Ablösung des herkömmlichen Abonnementwesens durch den Einzelnummerverkauf. In der Folge gründeten Bahnhofs- und Verkehrsbuchhändler eigene Pressevertriebsgesellschaften, die eine zuverlässige und Kosten sparende Belieferung ihrer Verkaufskioske mit aktuellen Presseartikeln sicherstellten. Die Presseunternehmen wiederum reagierten auf die neue Nachfrage mit der Neukonzeption von speziellen und auf die Bedürfnisse von Reisenden ausgerichteten Presseprodukten. Die Eisenbahn förderte somit indirekt auch die Entstehung von neuen Zeitschriftentypen, wie am Beispiel der politischen Witzblätter dargestellt werden konnte.

Die Eisenbahn nahm zudem maßgeblichen Einfluss auf das individuelle Kauf- und Leseverhalten von Reisenden. So brachte das moderne Verkehrsmittel neue Publikationsformen hervor und stimulierte die Nachfrage nach reisetauglichen Literaturgattungen. Die organisierten Buchreihen erlebten erst mit der Etablierung des Bahnhofs- und Verkehrsbuchhandels eine beachtliche Konjunktur, zudem die Reiseserien u.a. durch den Einzelbezug der Bände auf die besonderen Bedürfnisse von Reisenden direkt zugeschnitten waren. Nach der systematischen Auswertung von Reisereihen gelang der Nachweis, dass z.B. die Literaturgattungen der Humoreske und des Kriminalromans vor dem Hintergrund der fortschreitenden Ausbreitung des modernen Verkehrswesens um die Jahrhundertwende beträchtliche Absatzerfolge verzeichneten. Insofern wirkten die neuen Personenbeförderungsmittel auch auf die literarische Geschmacksbildung der Passagiere ein.

Deshalb verwundert es nicht, dass innovative Verleger schnell auf die neu entstandene Nachfrage nach preiswerter und unterhaltender Gebrauchsliteratur reagierten und mit speziell für Reisende konzipierte Reisebuchreihen auf den Markt gingen. Bei der organisierten Reiselektüre handelte es sich um eine rein funktionale Literaturform, die ein spezielles kulturelles Bedürfnis befriedigte. So stellt die bibliografische Recherche und Rekonstruktion der speziellen Reiseserien insofern eine unerlässliche Grundlagenarbeit dar, als diese

Publikations- und Vertriebsform hier erstmals als wichtiges Segment der Populärliteratur in den Fokus einer buch- und literaturgeschichtlichen Betrachtung gerückt wurde. Mit Hilfe von zeitgenössischen buchhändlerischen Nachschlagewerken und Katalogen gelang es, bislang immerhin über fünfzig solcher Reise- und Eisenbahnbibliotheken zu rekonstruieren. Wie an keiner anderen Publikations- und Vertriebsform konnten am Beispiel der organisierten Reiselektüren die Spezifika einer Literaturform aufgezeigt werden, dass ihr äußeres wie auch inhaltliches Erscheinungsbild in unmittelbarer Wechselwirkung mit dem fortschreitenden Industrialisierungsprozess stand. Daher handelt es sich bei der Rekonstruktion von organisierten Reiselektüren um eine grundlegende Pionierarbeit, die Aufschluss über das Kauf- und Leseverhalten wie auch über die Ausbildung neuer Geschmacksformen auf dem Gebiet der Populärkultur im ausgehenden 19. und frühen 20. Jahrhundert geben konnte.

Der besondere Status, den die organisierte Reiselektüre als Segment der populären Unterhaltungsliteratur hatte, lässt es sogar zweckmäßig erscheinen, dieses in der Literatur- und Buchwissenschaft kaum beachtete Textkorpus bibliografisch zu erfassen. Ähnlich der Kolportage- und Heftromane zählten auch die Reise- und Eisenbahnbibliotheken zu der Sorte von Gebrauchsliteratur, die in der Regel weder Eingang in die öffentlichen Bibliotheken noch in Bibliografien gefunden haben; im Antiquariatshandel gelten einzelne Exemplare in ihrer Originalausstattung als Rarität. Die ergänzende Erarbeitung einer solchen Bibliografie hätte allerdings den Rahmen der vorliegenden Untersuchung gesprengt und muss deshalb einem Folgeprojekt vorbehalten bleiben.

Die zeitliche Begrenzung des Untersuchungszeitraums bis zur Machtübernahme der Nationalsozialisten hat sich auch im Nachhinein wegen der Komplexität der nationalsozialistischen Literatur- und Kulturpolitik bewährt, die auch im Verkehrsbuchhandel zu einer repressiven Neuorganisation (u.a. die Einbindung des Verkehrsbuchhandels in das „Kraft durch Freude"-Programm) sowie zur „Arisierung" von wirtschaftlich bedeutenden und international agierenden Unternehmen, z.B. die Berliner Verkehrsbuchhandlung Georg Stilke, führte. Auch der internationale Pressekonzern W.E. Saarbach Köln, der als einer der bedeutendsten Pressegroßhändler für den Bahnhofsbuchhandel eine eminent wichtige Rolle spielte, wurde im Rahmen der „Arisierung" ebenfalls in einen staatlichen Monopolbetrieb „Auslandszeitungshandel" überführt und damit zugleich die Kontrolle des Presseimports durch die neuen Machthaber gewährleistet.

Nach der Kapitulation Deutschlands im Mai 1945 untersagten die Alliierten zunächst Druck und Vertrieb von Presseprodukten generell. Im November desselben Jahres erhielt Max Sussmann in München als erster Bahnhofsbuchhändler eine Lizenz für den Betrieb einer Buchhandlung im Münchner Hauptbahnhof. In der sowjetischen Besatzungszone und später in der DDR nahm die Entwicklung des Bahnhofsbuchhandels einen völligen anderen Verlauf als in Westdeutschland. Hier lag der gesamte Pressevertrieb in staatlicher Hand. Der bereits bestehende Zeitungsdienst der Deutschen Post wurde mit den verlagseigenen Vertriebsabteilungen organisatorisch zusammengelegt, wodurch die Verantwortung für den kompletten Zeitungsvertrieb in der DDR nunmehr an die Deutsche Post übertragen wurde.

Das posteigene Händlernetz unterhielt über 6.200 Kioske, Läden und Postschalter und belieferte etwa 9.040 HO- und Konsumläden, Buchhandlungen und 426 MITROPA-Einrichtungen und Reisebüros in der DDR.[1] Das zentralistisch organisierte Pressevertriebssystem in der DDR verfolgte hauptsächlich politische Ambitionen und galt als wichtiger Bestandteil der Literaturkontrolle. Die Organisations- und Vertriebsstrukturen unter diesen politischen und wirtschaftlichen Systemvoraussetzungen aufzuarbeiten, stellt noch immer ein dringendes Desiderat der Buch- und Presseforschung dar – dies gilt im Übrigen auch für die Geschäftszweige des Warenhaus-, Reise- und Versandbuchhandels.

Wichtigste und folgenreichste Zäsuren in der Entwicklung des Bahnhofsbuchhandels seit den 1990er Jahren waren zunächst die Wiedervereinigung Deutschlands und schließlich die Privatisierung der Deutschen Bundesbahn 1993. Ziele der Privatisierung und der damit einhergehenden Bahnreform war die Deregulierung der Unternehmensorganisation und Entflechtung der Bürokratie und Kompetenzbereiche. Mit der Gründung des Ressorts „DB-Station & Service AG" verbesserte sich der Servicebetrieb an den Bahnhöfen ständig. Die neu eingesetzten Bahnhofsmanager waren an einer maximalen kommerziellen Nutzung des Bahngeländes interessiert und förderten eine optimale Vermarktung ihrer Bahnhöfe, die Miet- und Pachteinnahmen maßgeblich zu steigern vermochte.[2]

Vor dem Hintergrund der massiven Konzentrationsprozesse innerhalb der Branche entwickelte sich der Bahnhofsbuchhandel zwar zum unverzichtbaren Geschäftspartner der Deutschen Bahn AG, doch steigende Pachten, sinkende Rabatte und rückläufige Umsätze stellen die Bahnhofsbuchhändler vor neue Probleme. Die Branchenmitglieder reagierten auf die neue Marktsituation mit der Erweiterung ihres Sortiments und dem Angebot an Spezialsortimenten (Eisenbahnliteratur, Computer-Magazine oder Comics) – beide Maßnahmen zielten auf einen Imagezugewinn als Fachhändler. Die Einrichtung des Premiumladens für Modepresse im Münchner Hauptbahn mit einem exklusiven Angebot an exotischen und hochpreisigen Haute Couture-Magazinen, Fashion-Katalogen und Hochglanzjournalen bezeichnet 2005 der Branchenkenner und Verfasser der Verbandspublikation *Bahnhofsbuchhandel* Peter Brummund als einen der Höhepunkte der Spezialisierung im Bahnhofsbuchhandel.[3] So wird dem Bahnhofsbuchhandel ein hohes Maß an Flexibilität und Innovationspotenzial abgefordert – Eigenschaften, die bereits seit der Entstehung der Branche Mitte des 19. Jahrhunderts zu den konstituierenden Merkmalen gehören.

---

1 Schöll: Zur Vereinigung der Postdienste, S. 36.
2 Vgl. auch Brummund: Bahnhofsbuchhandel, S. 11ff.
3 Ebd. S. 26f.

10 Literatur

10.1 Archivalien

Berlin: Bundesarchiv Berlin

Bundesarchiv Berlin. Abt. Deutsches Reich und DDR. Beaufsichtigung des Bahnhofsbuchhandels 1922–1924. Sign.: R 1501/13539.

Berlin: Geheimes Staatsarchiv, Preußischer Kulturbesitz

Der Schutz der Angestellten in offenen Verkaufsstellen. Die von der Eisenbahnverwaltung im Interesse des Reiseverkehrs getroffenen Einrichtungen wie Bahnhofswirtschaften, Automaten, Bahnhofsbuchhandel usw. 1902–1930. Sign.: I. HA, Rep. 120 (M) BB IX, 1/Nr. 17.

Bahnhofsbuchhandel 1914–1918. Sign.: I,HA,Rep. 169 (M)/C 28/Nr. 220.

Bahnhofsbuchhandel 1925–1932. Sign.: I,HA, Rep. 169 (M)/D Xlp, F/Nr. 5.
Gründung und Organisation; Stilkes Beitritt in die Kaiser-Wilhelm-Gesellschaft. Sign.: I,HA,Rep. 92, Schmidt-Ott D/Nr. 12.

Berlin: Landesarchiv Berlin

Auskunfterteilung über den Verlagsbuchhändler Georg Stilke und seinen Sohn Hermann 1894–1916. Sign.: Pr.Br.Rep. 30 Berlin C Nr. 13.512.

Das Gesuch F.W. Georg Stilkes um Konzession als Buchhändler. 1862. Sign.: Pr.Br.Rep. 30, Berlin C Nr. 14.473.

Kontrolle der Schaufensterauslagen der Verlagshandlung Stilke, Dorotheenstraße 65, 1928, 1933. Sign.: Pr.Br.Rep. 30 Berlin C Nr. 16.974.

Darmstadt: Hessisches Staatsarchiv Darmstadt

Acten des Großherzoglichen Kreisamts Bensheim betr. der Ausführung des Urkundenstempelgesetzes hier die Besteuerung der Bücher-Automaten der Firma Georg Stilke Berlin. Hessisches Staatsarchiv Darmstadt. Sign.: G 15 Bensheim H 73.

Donauwörth: Stadtarchiv Donauwörth

Buchhandel. Herausgeber historischer Schriften und sonstige Werke; Colportage und anstößige Veröffentlichungen in Bahnhöfen 1881–1912. Sign.: 68/8 N.F.

Gera: Stadtarchiv Gera

Ausübung des Bahnhofsbuchhandels auf den Reußischen Bahnhof durch die Firma J. Bettenhausen und von der selben Firma auf dem Gemeinschafts-Bahnhof. 1912–1913. Sign.: III/B/192.

Koblenz: Bundesarchiv Koblenz

Hermann Stilke – Verleger. 1919–1921. Repertorium, S. 98. Sign.: N 1062/102.
Nachlaß Harden. Sign. NL 62/102 fol.1, Heft 6, S. 1–12.

Leipzig: Staatsarchiv Leipzig

Deutscher Verlegerverein, u.a. Feldbuchhandel 1921–1922. Sign.: Börsenverein der Deutschen Buchhändler (I)/531.

Stilke-Stiftung. Sign.: Börsenverein der Deutschen Buchhändler (I)/75–77.

Leipzig: Deutsches Buch- und Schriftmuseum der Deutschen Nationalbibliothek

Dossier: Vaternahm, Otto; Vaternahm, August. Bahnhofsbuchhandel in Magdeburg. (Familienbiographie, Firmengeschichte, Nachrufe, Porträts). Sign.: 97/72–97, 97/72–98.

Dossier: Ladendorf's Reiseleihbibliothek. Briefwechsel und Zeitungsveröffentlichungen betreffend die Ladendorf'sche Reiseleihbibliothek. Sign.: 72/40–71.

Dossier: Buchvertrieb mittels Automaten betr. Vertrag zwischen Ph. Reclam Leipzig und dem Hamburg-Altonaer Buchhändler Verein. Sign.: 52/45.

Dossier: Buchhändlerische Geschäftsrundschreiben; Atlantic-Buchhandlung und Reisebureau F. W. Starke in Berlin. Eröffnung der Firma. Die Leitung übernimmt Hans Levin, die des Reisebüros F. W. Starke. Die Vertretung in Leipzig übernimmt F. Volckmar. Inhaber: F. W. Starke. Berlin 1909, IX. Sign.: Bö–GR/A/515.

Bangel & Schmitt, Universitätsbuchhandlung, Heidelberg. Verkauf des Sortiments an Wilhelm Hoffmann. F.: Bangel & Schmitt (W. Hoffmann), Universitätsbuchhandlung. Fortsetzung der Central-Eisenbahnbuchhandlung u.d.F. Bangel & Schmitt. Separat-Conto: Inhaber: Carl Schmitt. Universitätsbuchhandlung von Bangel & Schmitt. Heidelberg, 1877. V. 15. Sign.: Bö–GR/B/188.

Bangel & Schmitt, Separat-Conto. Heidelberg. N.F.: Carl Schmitt, Central-Eisenbahnbuchhandlung. Inhaber: Carl Schmitt/Bangel & Schmitt, Separat-Conto. Heidelberg, 1877. VII. 24. Sign.: Bö–GR/B/187.

J.A. Bergson-Sonenberg, Leipzig. Gründung der Verlagsbuchhandlung. Kauft von Carl B. Lorck den Verlag der „Eisenbahnbücher". Inhaber: J.A. Bergson-Sonenberg. Leipzig 1861. VIII. 31. Sign.: Bö–GR/B/735.

J. Bettenhausen, Gera. Verlegung der Firma nach Dresden. Gründung einer Zweigniederlassung in Wien. Inhaber: J. Bettenhausen. Gera, 1904. Sign.: Bö–GR/B/851.

M. Lubarsch & Co, Berlin. Eröffnung einer Verlags- und Kunsthandlung und Ankauf des Kunstverlages der Firma Georg Stilke. August Bohl erhält Prokura. Kommission: L.A. Kittler/Martin Lubarsch. Berlin 1881. X.1. Sign.: Bö–GR/L/1176.

O. Haering, Berlin. Errichtung einer Verlagsbuchhandlung durch Übernahme der „Zukunft" von Georg Stilke. Kommission: L.A. Kittler in Leipzig/O. Haering. Berlin 1893. IX.1. Sign.: Bö–GR/H/313.

München: Bayerisches Hauptstaatsarchiv München

Akten über die Kolportage von Zeitungen auf Bahnhöfen. Jahrgang: 1873–1888. Sign.: Verkehrsmuseum Archiv. Nr. 9257.

Akten des Kgl. Bayer. Staatsministeriums für Verkehrsangelegenheiten. Bahnhofsbuchhandlungen. Jahrgang: 1907–1912. Bd. 1. Sign.: Verkehrsmuseum Archiv. Nr. 8680.

Akten der Deutschen Reichsbahn-Gesellschaft. Gruppenverwaltung Bayern. Bahnhofsbuchhandlungen. Jg. 1913–1923. Bd. 2. Sign.: Verkehrsmuseum Archiv. Nr. 10314/10315.

Bekämpfung unzüchtiger Schriften im Bahnhofsbuchhandel 1925–1929. Abt. II. Neuere Bestände 19/20. Jahrhundert. Sign.: MA/100 435.

Akten der Deutschen Reichsbahn-Gesellschaft. Gruppenverwaltung Bayern. Bahnhofsbuchhandel. Jahrgang: 1924f. Bd. 3. Sign.: Verkehrsmuseum Archiv. Nr. 10316.

Akten der Deutschen Reichsbahn-Gesellschaft. Gruppenverwaltung Bayern. Gebührenfreier Aushang von Plakaten. Jahrgang: 1927f. Bd. 2. Sign.: Verkehrsmuseum Archiv. Nr. 10314/10315.

Georg Stilke – Verleger. 1927–1929. Abt. Nachlässe V und Sammlungen. Sign.: Slg Personen/11194.
J. Bettenhausen. Bahnhofsbuchhandlung 1927-1937. Abt. V. Nachlässe und Sammlungen. Sign.: Slg. Personen/P 9234.

Staatsministerium des Aeußern. Gewerbebetrieb auf Bahnhöfen. Bahnhofsverkaufsstellen. 1927–1938. Sign.: Mwi 3059.

Akten der Reichsbahndirektion Augsburg. Bahnhofsbuchhandel. Jahrgang: 1928–1931. Teil 1. Sign.: Verkehrsmuseum Archiv. Nr. 53061.

Akten der Reichsbahndirektion Augsburg. Bahnhofsbuchhandel. Jahrgang: 1931–1935. Sign.: Verkehrsmuseum Archiv. Nr. 53062.

Akten der Deutschen Reichsbahn-Gesellschaft. Gruppenverwaltung Bayern. Bahnhofsbuchhandel. Jahrgang: 1932f. Bd. 2. Sign.: Verkehrsmuseum Archiv. Nr. 10851.

Schwerin: Landeshauptarchiv Schwerin

Bekämpfung unzüchtiger Schriften im Bahnhofsbuchhandel 1925–1932. Sign.: 4.12–3/1 Mecklenburg-Strelitzsches Ministerium, Abt. der Innern, Nr. 1123.

Speyer: Landesarchiv Speyer

General-Akt des Bezirksamtes Pirmasens. Betreff: Kolportagebuchhandel. 1873–1921.
LA Speyer Sign.: H 42. Nr. 2274.

Stuttgart Hauptstaatsarchiv Stuttgart

Bekämpfung unzüchtiger Schriften im Bahnhofs- und Straßenhandel sowie an Zeitungskiosken, vor allem: Mitteilungen der Deutschen Zentralpolizeistelle über die aufgrund rechtskräftiger gerichtlicher Verurteilungen ausgeschlossener Schriften im Bahnhofsbuchhandel. 1925–1932. Sign.: Staatsministerium, E 130b/2710.

Innen- und Wirtschaftsverwaltung. 14. Schiffahrt und Wasserstraßen. 14. Deutsche Handelsflotte-Schiffahrtslinien-Postdampferverbindungen. 1937 Bücherei für das Motorschiff „Schwabenland". Sign.: E 130b/3438.

Würzburg: Staatsarchiv Würzburg

Pressewesen, Verunglimpfungen von Behörden durch die Presse. Bahnhofsbuchhandel 1849–1921. Sign.: LRA Miltenberg 1959.

10.2 Buchhändlerische Adressbücher, Fachzeitschriften und Nachschlagwerke

Adreßbuch des deutschen Buchhandels. Bearb. von der Adreßbuch-Redaktion des Börsenvereins der Deutschen Buchhändler zu Leipzig. Leipzig: Verlag des Börsenvereins 1889–1949.

Adreßbuch deutscher Colportage- und Eisenbahnbuchhändler nebst Colportage-Verlags-Katalog und Geschäftsanzeiger. Berlin: Malzahn. 1 (1883)–2 (1884), 4 (1893) [?], 1888–1889.

Bolm's Börsenblatt für den Deutschen Colportage-Buchhandel (1871); seit 1876: Bolm's Börsenblatt für den Colportage- und Eisenbahnbuchhandel. Berlin: August Bolm 1871–1876ff; zuletzt: Bolm's Börsenblatt für den Sortiments-, Colportage- und Eisenbahn-Buchhandel. Berlin: bis 1883.

Anzeiger für die Colportage-Buchhandlungen von hervorragenden Werken und Kunstsachen, von Colportage- und Eisenbahn-Litteratur, Papier- und Schreibwaren. Berlin: Verlag Issler (Gustav Schuhr) 1884–1892.

Special-Fach- und Schutzblatt. Central-Organ und Anzeiger für den Colportage- und Eisenbahnbuchhandel. Berlin: Malzahn 1880.

Börsen-Zeitung für den Colportage- und Eisenbahnbuchhandel. Special-Organ und Anzeiger für den Buch- und Kunsthandel, Buchbindereien, Papier- und Schreibmaterialien-Handlungen. Berlin: 1885–1888.

Der Bahnhofsbuchhandel. Fachzeitung für den gesamten Verkehrsbuchhandel. Reichsverband Deutscher Bahnhofsbuchhändler. Leipzig: 1(1905) – 30 (1935).

Börsenblatt für den Deutschen Buchhandel. Leipzig: Börsenverein 1835ff (seit 1945: Börsenblatt für den deutschen Buchhandel. Frankfurter Ausgabe. Frankfurt/M.: Buchhändler-Vereinigung 1945ff; Börsenblatt für den deutschen Buchhandel. Fachzeitschrift für Verlagswesen und Buchhandel. Leipzig: Verlag für Buchhandel und Bibliothekswesen 1945–1990).

Wilhelm Heinsius: Allgemeines Bücher-Lexikon oder vollständiges alphabetisches Verzeichnis aller erschienenen Bücher, welche in Deutschland und in den durch Sprache und Literatur damit verwandten Ländern gedruckt worden sind. Leipzig: Brockhaus 1700–1889.

Hinrich's Halbjahrs-Katalog der im deutschen Buchhandel erschienenen Bücher, Zeitschriften, Landkarten usw. Hrsg. und verlegt von der J.C. Hinrichs'schen Buchhandlung in Leipzig. Leipzig: Hinrichs 206.1901–235.1915/1916.

Hinrich's fünfjähriger Bücher-Catalog: Verzeichnis der in der 2. Hälfte des 19. Jahrhunderts im deutschen Buchhandel erschienenen Bücher und Landkarten. Leipzig: Hinrichs 3.1861–85.1886.

Christian Gottlob Kayser's vollständiges Bücher-Lexikon: ein Verzeichnis der seit dem Jahre 1750 im deutschen Buchhandel erschienenen Bücher und Landkarten. Leipzig: Tauchnitz 1877–1911.

10.3 Forschungsliteratur

[Anonym]: Die Büchereien der Hamburg-Amerika-Linie. In: Blätter für Volksbibliotheken und Lesehallen 10 (1909), S. 49–51.
–: Epochenschwelle. In: Frankfurter Allgemeine Zeitung vom 22. August 1997.
–: Pachtverträge aus historischer Sicht. In: Der neue Vertrieb. Mai 4/76. Sonderheft.
–: Railway Literature. In: The Dublin University Magazine. September 1849, S. 280–281.
–: Reiseleben und Reiselektüre. In: Unsere Zeit. Jahrbuch zum Conversations-Lexikon. Bd.1. Leipzig: Brockhaus 1857, S. 535.
–: Schmutz und Schund als soziopathologische Erscheinung. Münster: Verlag der Aschendorff'schen Verlagsbuchhandlung 1926.
–: Turbinen-Schnelldampfer Imperator. Hg. v. Literarischen Bureau der Hamburg-Amerika-Linie. Hamburg: Hapag 1913.
–: Wie und was auf See gelesen wird. In: Hamburger Beiträge. Nr. 444 vom 5. November 1908.
100 Jahre Insel Verlag 1899–1999. Begleitbuch zur Ausstellung. Hg. v. der Deutschen Bibliothek und dem Insel Verlag. Frankfurt/M.: Insel 1999.
125 Jahre Bernhard Tauchnitz-Verlag. Festschrift bearbeitet von Werner Jäckh. Stuttgart: Tauchnitz 1962.
125 Jahre Ullstein. Presse- und Verlagsgeschichte im Zeichen der Eule. Berlin: Axel Springer Verlag AG 2002.
150 Jahre Reclam. Daten, Bilder und Dokumente zur Verlagsgeschichte. 1828–1978. Stuttgart: Reclam 1978.
50 Jahre Ullstein 1877–1927. Berlin: Ullstein 1927.
60 Jahre Flughafen Frankfurt. Geschichte eines europäischen Verkehrshafens. 1936–1996. Hg. v. Flughafen Frankfurt/Main AG. Presse und Publikationen. Frankfurt/M.: Flughafen Frankfurt Main AG 1996.
75 Jahre abr. Rückschau und Ausblick. München: o.V. 1985.
2000 Jahre Rheinschiffahrt: Begleitpublikation zur Ausstellung des Landesmuseums Koblenz und des Rhein-Museums e.V. Hrsg. v. Ulrich Löber und Claus Rost. Koblenz: Landesmuseum 1991.

Abret, Helga: Albert Langen. Ein europäischer Verleger. München: Langen-Müller 1993.
Abret, Helga/Keel, Aldo: Die Majestätsbeleidigungsaffäre des „Simplicissimus"-Verlegers Albert Langen. Briefe und Dokumente zu Exil und Begnadigung 1898–1903. Frankfurt/M.: Peter Lang 1985.
–: Im Zeichen des Simplicissimus. Briefwechsel Albert Langen. München/Wien: Dagny Björnson 1987.
Achten, Udo (Hg.): Lachen links. Das republikanische Witzblatt 1924 bis 1927. Berlin/Bonn: Verlag J.H.W. Dietz Nachfolger GmbH 1985.
–: „... denn was uns fehlt, ist Zeit". Geschichte des arbeitsfreien Wochenendes. Köln: Bund Verlag 1988.
–: Geschichte des Ladenschlusses. Dokumente, Bilder, Lieder. Düsseldorf: WI-Verlag 1988.
Achtzig Jahre 1887–1967 W. E. Saarbach GmbH. Export, Import, Zeitungen, Zeitschriften, Bücher. Köln: Saarbach 1967.
Adrian, Werner: Die erste deutsche Buchhändler-Gewerkschaft. Die Geschichte der „Allgemeinen Vereinigung Deutscher Buchhandlungs-Gehilfen" und ihre Vorläufer. In: Archiv für Geschichte des Buchwesens 36 (1991), S. 95–163.
Aktiebolaget Svenska Pressbyrån. En kort redogörelse för bolagets tillkomst, organisation och verksamhet under åren 1899–1942. Stockholm: Tryckerei A.B. thule 1943.
Alewyn, Richard: Die Lust an der Angst. In: Ders.: Probleme und Gestalten. Essays. Frankfurt/M.: Insel Verlag 1974, S. 307–330.

Alle Zeit der Welt. Von Uhren und anderen Zeitzeugen. Katalog zur Ausstellung des Landesmuseums für Technik und Arbeit in Mannheim in Kooperation mit der Deutschen Gesellschaft für Chronometrie e.V. 26. Oktober 2002 bis 30. März 2003. Mannheim: Deutsche Gesellschaft für Chronometrie und Landesmuseum für Technik und Arbeit 2002.

Allen, Ann Taylor: Satire and Society in Wilhelmine Germany. Kladderadatsch & Simplicissimus 1890–1914. Kentucky: University Press of Kentucky 1984.

Allen, James Smith: In the Public Eye. A History of Reading in Modern France, 1800–1940. Princeton/New Jersey: Princeton University Press 1991.

Allgemeine deutsche Real-Encyklopädie für die gebildeten Stände (Conversations-Lexikon). 15 Bde. 11. Auflage. Leipzig: Brockhaus 1864–1868.

Altenhofer, Norbert: Harzreise in die Zeit. Zum Funktionszusammenhang von Traum, Witz und Zensur in Heines früher Prosa. Düsseldorf: Heinrich Heine-Gesellschaft 1972.

American News Company: Covering a Continent. A Story of Newsstand Distribution and Sales. New York: American News Company 1930.

Amstad, Ernst H.: Der Bahnhofsbuchhandel. In: Mainer Gespräche 1953/1954, S. 93–104.

Andriopoulos, Stefan: Unfall und Verbrechen. Konfigurationen zwischen juristischem und literarischem Diskurs um 1900. Pfaffenweiler: Centaurus Verlagsgesellschaft 1996 (Hamburger Studien zur Kriminologie. 21).

Archiv für Eisenbahnwesen. Hg. v. der Hauptverwaltung der Deutschen Reichsbahn. Heidelberg: Springer Verlag 1 (1878)–66 (1943).

Arnold, Armin (Hg.): Reclams Kriminalromanführer. Stuttgart: Reclam 1978.

Aschenbeck, Nils: 100 Jahre Buch- und Kunsthandlung Franz Leuwer. Mit einem Grußwort von Erwin Miedtke. Bremen: Donat Verlag 2003.

Avery, Derek: The complete history of North American Railways. London: Brian Todd Publishing 1989.

Bach, Wilhelm Carl: Zum Kampfe gegen die Schundliteratur. Bielefeld: Heinrich 1909 (Pädagogische Abhandlungen. 113).

Bachleitner, Norbert: "Spekulanten auf die menschlichen Kloaken-Instinkte" oder "Pioniere der Cultur"? Der Wiener Kolportagebuchhandel um die Jahrhundertwende. In: Leipziger Jahrbuch zur Buchgeschichte 9 (1999), S. 181–203.

–: Der englische und französische Sozialroman des 19. Jahrhunderts und seine Rezeption in Deutschland. Amsterdam: Atlanta 1993.

–: Kleine Geschichte des deutschen Feuilletonromans. Tübingen: Narr 1999 (Narr-Studienbücher).

–: Littérature industrielle. Bericht über Untersuchungen zum deutschen und französischen Feuilletonroman im 19. Jahrhundert. In: Internationales Archiv für Sozialgeschichte und Literatur. Forschungsreferate. 3. Folge. 6. Sonderheft. Tübingen: Niemeyer 1994, S. 159–223.

Badewonnen: gestern – heute – morgen. Köln: DuMont 1993.

Baetzing, Werner: Die Alpen. Die Entstehung und Gefährdung einer europäischen Kulturlandschaft.

Bagger, Wolfgang: Arbeiterkultur und Arbeitertourismus im Kaiserreich. In: Zur Sonne, zur Freiheit! Beiträge zur Tourismusgeschichte. Hg. v. Hasso Spode. Berlin: Verlag für universitäre Kommunikation 1991, S. 33–46. Berichte und Materialien 11.

Balint, Michael: Angstlust und Regression. Mit einer Studie von Enid Balint. Stuttgart: Klett-Cotta ^{5}1999.

Band, Moritz: Unsere Volks-Literatur. In: Deutsche Buchhändler-Akademie. Organ für die geistigen Interessen des Buchhandels (5) 1888, S. 224–229; S. 274–281.

Baroli, Marc (Ed.): Ligues et lettres. Anthologie littéraire des chemins de fer. Paris: Hachette 1978.

Barsch, Achim: "Populäre Literatur" als Forschungsproblem einer empirischen Literaturwissenschaft. In: Wirkendes Wort 41 (1991), S. 101–119.

Baumbach, Karl: Der Kolportagebuchhandel und seine Widersacher. Berlin: Verlag Leonhard Simion 1894.

Baumgarten, Peter: Nachwort in Karl Baedeker: Rheinreise von Basel nach Düsseldorf. Dortmund: Harenberg 1978 (Reprint der 6. Auflage, 1849).

Bausinger, Hermann: Bürgerliches Massenreisen um die Jahrhundertwende. In: Gyr, Ueli (Hg.): Soll und Haben. Alltag und Lebensformen bürgerlicher Kultur. Festgabe für Paul Hugger zum 65. Geburtstag. Zürich: Offizin Verlag 1995, S. 131–147.

–: Grenzenlos. Ein Blick auf den modernen Tourismus. In: Ders.: Reisekultur – von der Pilgerfahrt zum modernen Tourismus. München: Beck 1991, S. 343–353.

Becher, Ursula A. J.: Geschichte des modernen Lebensstils. München: C.H. Beck 1990.

Beck, Hanno: Geographie und Reisen im 19. Jahrhundert. Prolegomena zu einer allgemeinen Geschichte des Reisens. In: Petersmanns Geographische Mitteilungen 101 (1957), S. 1–14.

Beebe, Lucius: Mr. Pullman's Elegant Palace Car. New York: Doubleday & Company 1961.

Bell, Bill: Bound for Australia: shipboard reading in the nineteenth century. In: Myers, Robin/Harris, Michael (Hg.): Journeys through the market. Travel, Travellers and the Book Trade. Kent: OAK Knoll Press 1999, S. 119–140.

Bengen, Etta/Wördemann, Wilfried: Badeleben. Zur Geschichte der Seebäder in Friesland. Oldenburg: Isensee Verlag 1992.

Benjamin, Walter: Das Passagen-Werk. Hg. v. Rolf Tiedemann. 2 Bde. Frankfurt/M.: Suhrkamp 1983.

–: Kriminalromane auf Reisen. In: Ders.: Gesammelte Schriften. Bd. IV/1. Kleine Prosa. Hg. v. Rolf Tiedemann/Herrmann Schweppenhäuser. Frankfurt/M.: Suhrkamp 1980, S. 381–383.

Bensen, Heinrich: Grundsätzliches zum Problem der Schundliteratur. In: Schmutz und Schund als soziopathologische Erscheinung. Münster: Verlag der Aschendorff'schen Verlagsbuchhandlung 1926, S. 1–32.

Bentley, Judith: "Dear Friend". Thomas Garett & William Shill – Collaborators in the Underground Railroad. New York: Cobblehill Books 1997

Berger, Manfred: Hauptbahnhof Leipzig. Geschichte, Architektur und Technik. Berlin: Transpress 1995.

Bergmann, Klaus/Ockenfus, Solveig (Hrsg.): Neue Horizonte. Eine Reise durch die Reisen. Reinbek bei Hamburg: Rowohlt 1984 (rororo 7811).

Berktold-Fackler, Franz/Krumbholz, Hans: Reisen in Deutschland. Eine kleine Tourismusgeschichte. München/Wien: Oldenbourg 1997.

Berwing, Margit/Köstlin, Konrad (Hgg.): Reise-Fieber. Begleitheft zur Ausstellung des Lehrstuhls für Volkskunde der Universität Regensburg. Regensburg. Universität Regensburg 1984 (Regensburger Schriften zur Volkskunde. 2).

Beyrer, Klaus (Hg.): Zeit der Postkutschen. Drei Jahrhunderte Reisen 1600–1900. Eine Publikation des Deutschen Postmuseums, Frankfurt am Main anläßlich der gleichnamigen Ausstellung. Karlsruhe: G. Braun 1992.

–: Das Reisesystem der Postkutsche. Verkehr im 18. und 19. Jahrhundert. In: Ausstellungskatalog Zug der Zeit – Zeit der Züge. Hg. v. der Eisenbahnjahr Ausstellungsgesellschaft mbH. Nürnberg. Bd. 1. Berlin: Siedler 1985.

–: Die Postkutschenreise. Tübingen: Tübinger Vereinigung für Volkskunde e.V. 1985.

–: Im Coupé. Vom Zeitvertreib der Kutschenfahrt. In: Bausinger, Hermann/Beyrer, Klaus/Korff, Gottfried (Hgg.): Reisekultur. Von der Pilgerfahrt zum modernen Tourismus. München: C.H. Beck 1991, S. 137–146.

Biddle, Gordon: Victorian stations. Railway stations in England and Wales, 1830–1923. New Abbot/London/North Pomfret: David & Charles 1986.

Biesalski, Ernst Peter: Die Mechanisierung der deutschen Buchbinderei. 1850–1900. In: Archiv für Geschichte des Buchwesens 36 (1991), S. 1–94.

Bischoff, Sabine: Arbeitszeitrecht in der Weimarer Republik. Berlin: Duncker & Humblot 1987 (Schriften zum Sozial- und Arbeitsrecht. 89).

Bloch, Ernst: Philosophische Ansicht des Detektivromans. In: Vogt, Jochen (Hg.): Der Kriminalroman. Politik, Theorie, Geschichte. München: Fink 1998, S. 38–51.

Bogeng, Gustav A. E.: Der Bucheinband. Ein Handbuch für Buchbinder und Bücherfreunde. Halle: Knapp 1951 (Reprint: Hildesheim, Olms 1969).

Böhme, Helmut/Viefhaus, Marianne: Druck und Papier. Anmerkungen zu klassischen Kommunikationstechniken von der Reformation bis heute. Darmstadt: Lehrdruckerei der Technischen Hochschule 1984.

Bohnsack, Petra/Foltin, Hans-Friedrich (Hgg.): Lesekultur. Populäre Lesestoffe von Gutenberg bis zum Internet. Marburg: Universitätsbibliothek Marburg 1999 (Schriften der Universitätsbibliothek Marburg. 93).

Bohrmann, Hans: Illustrierte Zeitschrift. In: Corsten, Severin/Füssel, Stephan/Pflug, Günther (Hgg.): Lexikon des gesamten Buchwesens. LGB^2. Bd. 3. Stuttgart: Hiersemann 1991, S. 570.

Boljahn, Otto: Die Schiffsbibliotheken der Flotte des Norddeutschen Lloyd in Bremen. In: Blätter für Volksbindung und Lesehallen 12 (1911), S. 174–177.

Borgius, Walther: Zur Sozialisierung des Buchwesens. Berlin: Verlag neues Vaterland 1919.

Bourdieu, Pierre: Die feinen Unterschiede. Kritik der gesellschaftlichen Urteilskraft. Frankfurt/M.: Suhrkamp ^{11}1999 (stw 685).

Bracht, Klaus: Der Bau der ersten Eisenbahnen in Preußen. Eine Untersuchung der rechtlichen Grundlagen und der bei der Gründung und dem Grunderwerb aufgetretenen Rechtsprobleme. Berlin: Duncker & Humblot 1998.

Braeunlich, Jürgen F.: Bäderdampfer auf der Ostsee. Die Reederei Brauenlich und ihre Flotte. Hamburg: Koehler 1999.

Brenner, Peter J. (Hg.): Der Reisebericht. Die Entwicklung einer Gattung in der deutschen Literatur. Frankfurt/Main: Suhrkamp 1989.

–: Der Reisebericht in der deutschen Literatur. Ein Forschungsüberblick als Vorstudien einer Gattungsgeschichte. Tübingen: Niemeyer 1990 (Internationales Archiv für Sozialgeschichte der deutschen Literatur. Sonderheft 2).

Breuer, Dieter: Geschichte der literarischen Zensur in Deutschland. Heidelberg: Quelle & Meyer 1982 (UTB 1208).

Brilli, Attilio: Als Reisen eine Kunst war. Vom Beginn des modernen Tourismus: Die „Grand Tour". Berlin: Wagenbach 1997 (Wagenbach Taschenbuch. 274).

Brilli, Attilio: Das rasende Leben. Die Anfänge des Reisens mit dem Automobil. Berlin: Wagenbach 1999 (Wagenbach Taschenbuch. 354).

Brockhaus Konversations-Lexikon. 16 Bde. 13. Auflage. Leipzig: Brockhaus 1892–1895.

Brockhaus, Heinrich (Hg.): F. A. Brockhaus in Leipzig. Vollständiges Verzeichnis der von der Firma F. A. Brockhaus in Leipzig seit ihrer Gründung durch Friedrich Arnold Brockhaus im Jahre 1805 bis zu dessen hundertjährigen Geburtstage im Jahre 1872 verlegten Werke. Leipzig: Brockhaus 1872–1875.

Brockhaus, Heinrich Eduard: Die Firma F. A. Brockhaus von der Begründung bis zum hundertjährigen Jubiläum 1805–1905. Leipzig: Brockhaus 1905.

Brockhaus, Heinrich: Aus den Tagebüchern von Heinrich Brockhaus. Leipzig: Brockhaus 1884–1887.

Brohm, Berthold: Das Buch in der Krise. Studien zur Buchhandelsgeschichte der Weimarer Republik. In: Archiv für Geschichte des Buchwesens 51 (1999), S. 189–331.

Brown, Bill: Reading the West. An Anthology of Dime Western. Boston/New York: Bedford Books 1997.

Bruch, Rüdiger vom: Kunstwart und Dürerbund. In: Krebs, Deithart /Reulecke, Jürgen (Hgg.): Handbuch der deutschen Reformbewegungen 1880–1933. Wuppertal: Peter Hammer 1998, S. 429–438.

Brummund, Peter: Bahnshofsbuchhandel. Von der Versorgung mit Reiseliteralien zum Premiumhandel für Zeitungen und Zeitschriften. München: K.G. Saur 2005 (Dortmunder Beiträge zur Zeitungsforschung. 61).

Brunner, Karl: Unser Volk in Gefahr! Ein Kampfruf gegen die Schundliteratur. Pforzheim: Verlag der Volkstümlichen Bücherei 1910.

Bry, Carl Christian: Buchreihen. Fortschritt oder Gefahr für den Buchhandel. Gotha: Perthes Verlag 1917.

Bücher, Karl: Der Vertrieb der Zeitungen. In: Zeitschrift für die gesamte Staatswissenschaft 78 (1924), S. 221–258.

–: Zur Geschichte des Zeitungs-Abonnements. In: Zeitschrift für die gesamte Staatswissenschaft 78 (1924), S. 3–18.

Buch-Service für Vergeßliche. Partnerschaftsaktion der Deutschen Bundesbahn und der Stiftung Lesen. In: BuchMarkt 10 (1997), S. 236.

Buddemeier, Heinz: Panorama, Diorama, Photographie. Entstehung und Wirkung neuer Medien im 19. Jahrhunderts. Untersuchungen und Dokumente. München: Fink 1970 (Theorie und Geschichte der Literatur und der Schönen Künste. Texte und Abhandlungen. 7).

Bündgen, Eduard: Die Personenschiffahrt auf dem Rhein: vom Schaufelraddampfer zum Kabinenschiff. Freiburg: EK-Verlag 1987.

Burckhardt, Martin: Metamorphosen von Raum und Zeit. Eine Geschichte der Wahrnehmung. New York/Frankfurt/M.: Campus 1994.

Büscher, Gustav: Vom Hundersten ins Tausendste. In: Jacques, Norbert (Hg.): Die frohe Reise. München: Knorr & Hirth 1939, S. 28–33.

Cars, Jean des/Caracalla, Jean Paul: 100 Jahre Orient-Express. Zürich: Orell Füssli 1984.

Cazden, Robert E.: Der Nachdruck deutschsprachiger Literatur in den Vereinigten Staaten 1850–1918. In: Archiv für Geschichte des Buchwesens 31 (1988), S. 193–202.

Christie, Agatha: Der blaue Express (Original: The Mysteries of the Blue Train). Bern/München/Wien: Scherz 2000.

Clark, Thomas: Travel Account's. Guide and Gazetters. In: Encyclopaedia of library and information science. Bd. 38. Suppl. 3, S. 387–391.

Colby, Robert A.: What He Who Rides May Read. W. H. Smith's & Son's Railway Library. In: Wilson Library Bulletin 27 (1952), S. 300–306.

Conrad, Horst: Die literarische Angst. Das Schreckliche in Schauerromantik und Detektivgeschichte. Düsseldorf: Bertelsmann Universitätsverlag 1974.

Corbin, Alain: Meereslust. Das Abendland und die Entdeckung der Küste. Berlin: Wagenbach 1990.

Cottrell, Stanley John Ambrose: Curiosities of Railway Literature. Birmingham: Cottrell & Co 1931.

Culler, Jonathan: The Semiotics of Tourism. In: Ders.: Framing the Sign. Critism and its Institutions. Oxford: Blackwell 1988, S. 153–167.

Curwen, Henry: A history of booksellers. The old and new. London: Chatto & Windus 1873.

Daly, Nicholas: Railway Novels: Sensation Fiction and the Modernization of the Senses. In: English Literary History 66 (1999), 2, S. 461–487.

DeMarco, Eileen S.: Reading and Riding. Hachette's Railroad Bookstore Network in Nineteenth-Centruy France. Bethlehem/USA: Lehigh University Press 2006.

DeMarco, Eileen S.: Cultural Business. Marketing the „Bibliothèque des Chemins de Fer". In: Leipziger Jahrbuch zur Buchgeschichte 14 (2005), S. 109–123.

Der Verlag Bernhard Tauchnitz. 1837–1912. Mit Auszügen aus den Briefen englischer und amerikanischer Autoren. Leipzig: Bernhard Tauchnitz 1912.

Dette, Walter: Die Sozialisierung der Buchproduktion und des Buchhandels. Hannover: Banas & Dette o.J.

Deutsches Reisebüro (Hrsg.): 70 Jahre Deutsches Reisebüro. Frankfurt/M.: Deutsches Reisebüro 1987.

Die Alpen. Entstehung der Alpen. Geschichte der Alpen und des Alpinismus. Hg. unter Mitarbeit zahlreicher Wissenschaftler und Alpinisten. Frankfurt/M.: Umschau-Verlag 1994.

Dietsche, Klaus: Reisebüro und Bahnreise. Die Entwicklung des Bahntourismus. In: Eisenbahnjahr Ausstellungsgesellschaft mbH Nürnberg (Hg.): Zug der Zeit – Zeit der Züge. Deutsche Eisenbahn 1835–1985. 2 Bde. Bd. 2. Berlin: Siedler 1985, S. 753–756.

Dilts, James D.: The Great Road. The Building of the Baltimore & Ohio, the Nation's first Railroad, 1828–1853. Stanford/California: Stanford University Press 1993.

Doehlemann, Martin: Langeweile? Deutung eines verbreiteten Phänomens. Frankfurt/M.: Suhrkamp 1991 (edition suhrkamp. 1641).

Dollhoff, Josef: Rheinschiffahrt. Ausflüge in die Geschichte des großen Stroms. Hamburg: Koehlers Verlagsgesellschaft mbH 1999.

Dorn, Margit/Vogel, Andreas: Geschichte des Pressevertriebs in Deutschland. Mit einem Schwerpunkt auf der Entwicklung des Pressehandels. Baden-Baden: Nomos 2001.

Dotzler, Bernhard J./Müller, Ernst (Hgg.): Wahrnehmung und Geschichte. Markierungen zur Aisthesis materialis. LiteraturForschung. Berlin: Akademie-Verlag 1995.

Douglas, George H.: All Aboard! The Railroad in American Life. New York: Marlowe & Company 1992.

Douglas, Mary: Purity and Danger: an analysis of concepts of pollution and taboo. London: Routeledge & Kegan Paul 1966.

Droege, John A.: Passenger Terminals and Trains. New York: McGraw-Hill Book Company 1916.

Dumke: Eisenbahn und Buchhandel. In: Der neue Vertrieb, 7 (1955), 148, S. 350.

Ebel, Wilhelm: Die praktische Bekämpfung der Schundliteratur durch den Katholizismus. In: Schmutz und Schund als soziopathologische Erscheinung. Münster: Verlag der Aschendorff'schen Verlagsbuchhandlung 1926, S. 33–50.

Eckstein, Ernst: Beiträge zur Geschichte des Feuilletons. 2 Bde. Leipzig: Johann Friedrich Hartknoch 1876.

Eder, Klaus: Klassentheorie als Gesellschaftstheorie. Bourdieus dreifache Brechung der traditionellen Klassentheorie. In: Eder, Klaus (Hg.): Klassenlage, Lebensstil und kulturelle Praxis. Beiträge zur Auseinandersetzung mit Pierre Bourdieus Klassentheorie. Frankfurt/M.: Suhrkamp 1989, S. 15–43.

Edler, Erich: Die Anfänge des sozialen Romans und der sozialen Novelle in Deutschland. Frankfurt/M.: Klostermann 1977 (Studien zur Philosophie und Literatur des neunzehnten Jahrhunderts. 34).

Eichendorff, Joseph von: Erlebtes. Autobiographische Prosa. Aus dem literarischen Nachlasse. Paderborn: Verlag 1866, Vorwort. In: Deutsche Literatur von Lessing bis Kafka. Studienausgabe. Berlin: Digitale Bibliothek 2000.

Eichler, Jürgen: Luftschiffe und Luftschiffahrt. Berlin: Brandenburgisches Verlagshaus 1993.

Eisenbahnjahr Ausstellungsgesellschaft mbH Nürnberg (Hrsg.): Zug der Zeit – Zeit der Züge. Deutsche Eisenbahn 1835–1985. 2 Bde. Berlin: Siedler 1985.

Elias, Norbert: Über den Prozeß der Zivilisation. Soziogenetische und psychogenetische Untersuchungen. 2 Bde. Frankfurt/M.: Suhrkamp 1981 (stw 158).

Elm, Theo/Hiebel, Hans H.: Medien und Maschinen. Literatur im technischen Zeitalter. Freiburg: Rombach 1991.

Elsner, Friedrich: Beiträge und Dokumente zur Geschichte des werbenden Buch- und Zeitschriftenhandels. 2 Bde. Gütersloh: Mohn 1961.

Engelhard, Viktor: Die Kunst zu reisen in alter und neuer Zeit wie sie sich in Reisehandbüchern/Reiseanwendungen/Reisekarten und Postfahrplänen aus allen Jahrhunderten sowie Kursbüchern/Autostraßen- und Flugkarten der Gegenwart darstellt. Berlin: Waggonfabrik Talbot 1937.

Enzensberger, Hans Magnus: Einzelheiten I. Bewußtseins-Industrie. Frankfurt/M.: Suhrkamp 1964, S. 135–136 (edition suhrkamp 63).

Enzyklopädie des Eisenbahnwesens. Hg. v. Victor Röll. 10 Bde. (Reprint). Braunschweig: Archiv-Verlag 1912–1921.

Ernst, Martina: Phantastische Eisenbahn. Ein komparatistischer Blick auf Erscheinungsformen und Funktion der Schienenwelt vornehmlich in der kurzen Erzählprosa. Frankfurt/M: Peter Lang 1992.

Esch, Rudolf Julius: Über den Einfluss der Geschwindigkeit der Beförderung auf die Selbstkosten der Eisenbahnen. Jena: Gustav Fischer 1911.

Essbach, Wolfgang: Der schmutzige Kampf gegen Schmutz und Schund. Massenliteratur und Literaturpädagogik. In: Richter, Dieter/Vogt, Jochen (Hgg.): Die heimlichen Erzieher. Kinderbücher und politisches Lernen. Reinbek bei Hamburg: Rowohlt 1974, S. 108–128.

Estermann, Alfred: "Die besten Bücher aller Zeiten und Litteraturen". Studien zu einer Umfrage aus dem Jahre 1889 mit einem Anhang. In: Archiv für Geschichte des Buchwesens 31 (1988), S. 259–312.

–: Die deutschen Literatur-Zeitschriften. 19 Bde. München: K.G. Saur 1978–1989.

–: Inhaltsanalytische Bibliographien deutscher Kulturzeitschriften des 19. Jahrhunderts (IBDK). 10 Bde. München/New Providence/London/Paris: K.G. Saur 1995–1996.

Estermann, Monika/Füssel, Stephan: Belletristische Verlage. In: Jäger, Georg (Hg.): Geschichte des deutschen Buchhandels im 19. und 20. Jahrhundert. Bd. 1, Tl. 2: Das Kaiserreich 1871–1918. Frankfurt/M.: MVB Marketing- und Verlagsservice des Buchhandels GmbH 2003, S. 164–299.

Estermann, Monika/Jäger, Georg: Voraussetzungen und Entwicklungstendenzen. In: Geschichte des deutschen Buchhandels im 19. und 20. Jahrhundert. Bd. 1, Tl. 1: Das Kaiserreich 1971–1918. Frankfurt/M.: Buchhändler-Vereinigung GmbH 2001, S. 17–41.

Estermann, Monika: „Geschichte des deutschen Buchhandels im 19. und 20. Jahrhundert". Ein Projekt der Historischen Kommission. In: Buchhandelsgeschichte 1 (1997), S. B1–B5.

–: Ältere Fachzeitschriften des Buchhandels. In: Buchhandelsgeschichte 1 (1999), S. B41–B43.

Falck, Lennhart: Sprachliche „Klischees" und Rezeption. Empirische Untersuchung zum Trivialitätsbegriff. Bern/Frankfurt/M.: Peter Lang 1992.

Fallbacher, Karl Heinz (Hg.): Taschenbücher im 19. Jahrhundert. Ausstellung im Schiller-Nationalmuseum Marbach zwischen November 1992 und Februar 1993. Marbach: Deutsche Schillergesellschaft 1992 (Marbacher Magazin. 62/1992).

Faulstich, Werner: Pornografie. Geschichte, Medien, Ästhetik, Markt, Bedeutung. Bardowick: Wissenschaftler-Verlag 1994.

Feather, John: A History of British Publishing. London/New York: Routledge [2]1991.

Feldman, Gerald/Steinisch, Irmgard: Die Weimarer Republik zwischen Sozial- und Wirtschaftsstaat. Die Entscheidung gegen den Achtstundentag. In: Archiv für Sozialgeschichte 18 (1978), S. 353–439.

Fendl, Elisabeth/Löffler, Klara: Utopiazza. Städtische Erlebnisräume in Reiseführern. In: Zeitschrift für Volkskunde 88 (1992), S. 33–48.

Fischer, Ernst/Haug, Christine: Reisebibliotheken. In: Corsten, Severin/Füssel, Stephan/Pflug, Günther (Hgg.): Lexikon des gesamten Buchwesens. LGB[2]. Bd. 6. Stuttgart: Hiersemann 2001, S. 253–254.

Fischer, Ernst: Bestseller in Geschichte und Gegenwart. In: Leonhard, Joachim-Felix/Ludwig, Hans-Werner/Schwarze, Dietrich/Straßner, Erich (Hgg.): Medienwissenschaft. Ein Handbuch zur Entwicklung der Medien und Kommunikationsformen. Tl. 1. Berlin/New York: de Gruyter 1999, Sp. 764–776.

Fischer, Heinrich: Reiselectüre. In: Lexikon der Reise- und Abenteuerliteratur. (Verlage). 6. Erg.-Lief., Juli, Meitungen: Corian 1990, S. 1–8.

–: Verlag Adolf Kröner Stuttgart. In: Lexikon der Reise- und Abenteuerliteratur. Tl. 2 (Themen und Aspekte). Meitungen: Corian 1988.
Fischer, Heinz-Dieter: Pressekonzentration und Zensurpraxis im Ersten Weltkrieg. Berlin: Spiess 1973.
Fiske, John: Lesarten des Populären. Wien: Löcker GmbH 2003 (Cultural Studies. 1).
Flaubert, Gustave: Correspondence. Paris: Gallimard 1929.
Fontane, Theodor: Studien über England 1860. Die Londoner Tagespresse. In: Ders.: Sämtliche Werke. Bd. 19. Politik und Geschichte. Hg. v. Charlotte Jolles, Kurt Schreinert. München: Nymphenburger Verlagshandlung 1969, S. 163–247.
Franke-Schulte: Studien zur Landschaftsbeschreibung in Harzreise-Berichten des 18. und 19. Jahrhunderts. In: Harz-Zeitung 34 (1981), S. 61–116.
Franz, Lutz: Die Konzentrationsbewegung im deutschen Buchhandel. Buchhändlerische Zusammenschlüsse in ihrer Projektion auf Assoziationstendenzen allgemeinen Charakters. Heidelberg: Druckerei Winter 1927.
Freud, Sigmund: Drei Abhandlungen zur Sexualtheorie. Frankfurt/M.: S. Fischer 1977 (Fischer Taschenbuch 6044).
Frey, Olga: Großstadtluft und Meereslust. Eine Reise nach Berlin und an die Ostsee 1900. Zürich: Limmat 1997.
Frey, Robert L.: Encyclopedia of American Business History and Biographie. Railroads in the Nineteenth Century. New York/Oxford: Bruccoli Clark Laymann 1988.
Freyburg, W. Joachim/Wallenberg, Hans (Hgg.): Hundert Jahre Ullstein 1877–1977. 4 Bde. Berlin: Ullstein 1977.
Friedell, Egon: Kulturgeschichte der Neuzeit: die Krisis der europäischen Seele von der schwarzen Pest bis zum 1. Weltkrieg. München: C.H. Beck 1984.
Friesen, Gerhard: „Es ist schwere Sache mit der Belletristik". Karl Gutzkows Briefwechsel mit Otto Janke 1864–78. In: Archiv für Geschichte des Buchwesens 22 (1981), S. 1–206.
Fuchs, Anne/Harden, Theo (Hgg.): Reisen im Diskurs. Modelle der literarischen Fremderfahrung von den Pilgerberichten bis zur Postmoderne. Tagungsakten des internationalen Symposions zur Reiseliteratur. University College Dublin vom 10.–12. März 1994. Heidelberg: C. Winter 1995.
Fuchs, Anne: Der touristische Blick. Elias Canetti in Marrakesch. Ansätze zu einer Semiotik des Tourismus. In: Fuchs, Anne/Theo Harden, Theo (Hgg.): Reisen im Diskurs. Modelle der literarischen Fremderfahrung von den Pilgerberichten bis zur Postmoderne. Tagungsakten des internationalen Symposions zur Reiseliteratur. University College Dublin vom 10.–12. März 1994. Heidelberg: C. Winter 1995, S. 71–86.
Fuchs, Karl: Die gewerberechtliche Behandlung der Bahnhofsbuchhandlung unter besonderer Berücksichtigung der Verhältnisse bei der Reichsbahn. Burg b. M.: August Hopfer [um 1930].
Fuchs, Konrad: Zur Geschichte der Eisenbahnen und der Autobahnen in Deutschland von den Anfängen bis zur Gegenwart. Versuch eines kritischen Vergleichs. In: Scripta Mercaturae 19 (1985), S. 113–184.
Fünfzig Jahre der Verlagshandlung Bernhard Tauchnitz, 1837–1887. Leipzig: Bernhard Tauchnitz 1887.
Funke, Fritz: Buchkunde. Die historische Entwicklung des Buches von der Keilschrift bis zur Gegnwart. Sonderausgabe und erg. Auflage 150 Abbildungen. 6. Auflage. Wiesbaden: VMA-Vertriebsgesellschaft 2005.
Fürmetz, Gerhard: „Im Interesse der Sicherheit und der Sittlichkeit im hiesigen Bahnhofe": Passagiere, soziale Randgruppen und Ordnungskräfte auf Eisenbahnhöfen im Königreich Bayern. In: Weichenstellungen. Eisenbahnen in Bayern 1835–1920. Eine Ausstellung des Bayerischen Hauptstaatsarchivs. 29. November 2001 bis 3. Februar 2002. München: Bayerisches Hauptstaatsarchiv 2001, S. 420–439.
Fuss, Karl: Geschichte des Reisebüros. Darmstadt: Erwin Jäger 1960.

Füssel, Stephan: Vom Schaufenstergesetz zur Bücherverbrennung. Zur Kontinuität der „Schmutz- und Schunddebatte". In: Buchhandelsgeschichte 2 (1993), S. B55–B65.

Gajek, Bernhard: Kritik am Simplicissimus: Ludwig Kemmer und Ludwig Thoma. In: Rösch, Gertrud Maria (Hg.): Simplicissimus. Glanz und Elend der Satire in Deutschland. Regensburg: Universitätsverlag Regensburg 1996, S. 49–60.

Gajek, Bernhard: Literatur und Moral. Überlegungen zu Kunstfreiheit und Zensur. In: Gutenberg-Jahrbuch 69 (1994), S. 229–240.

Gall, Lothar/Pohl, Manfred: Die Eisenbahn in Deutschland. Von den Anfängen bis zur Gegenwart. München: C.H. Beck 1999.

Galle, Heinz J.: Eisenbahnliteratur. In: Schegk, Friedrich (Hg.): Lexikon der Reise- und Abenteuerliteratur. Tl. 2 (Themen und Aspekte). Meitungen: Corian 1988, S. 1–20.

–: Groschenhefte. Die Geschichte der deutschen Trivialliteratur. Frankfurt/M./Berlin: Ullstein 1988.

–: Populäre Lesestoffe. Groschenhefte, Dime Novels und Penny Dreadfuls aus den Jahren 1850 bis 1950. Köln: Universitäts- und Stadtbibliothek 2002 (Kleine Schriften der Universitäts- und Stadtbibliothek. Bd. 10).

Gaulis, Louis/Creux, René (Hgg.): Schweizer Pioniere der Hôtellerie. Paudex: Ed. De Fontainemore 1976.

Gay, Peter: Die Macht des Herzens. Das 19. Jahrhundert und die Erforschung des Ich. München: Siedler 1999.

–: Erziehung der Sinne. Sexualität im bürgerlichen Zeitalter. München: C.H. Beck 1986.

Gebhardt, Hartwig: „Halb kriminalistisch, halb erotisch": Presse für die „niederen Instinkte". Annäherungen an ein unbekanntes Kapitel deutscher Mediengeschichte. In: Maase, Kaspar/Kaschuba, Wolfgang (Hgg.): Schund und Schönheit: populäre Kultur um 1900. Köln/Weimar/Wien: Böhlau 2001, S. 184–217.

–: Illustrierte Zeitschriften in Deutschland am Ende des 19. Jahrhunderts. In: Buchhandelsgeschichte (1983), 2, B41–B65.

Geistbeck, Michael: Weltverkehr. Die Entwicklung von Schiffahrt, Eisenbahn, Post und Telegraphie bis zum Ende des 19. Jahrhunderts. Reprogaphischer Nachdruck der Ausgabe Freiburg/Breisgau 1895. Hildesheim: Gerstenberg 1986.

Genest Alfred: Die rechtlichen Grundlagen der Nebenbetriebe der Bundesbahn, insbesondere des Bahnhofsbuchhandels. In: Der neue Vertrieb 7 (1955), 148, , S. 321–326.

Gerlach, Reinhard/Hartmann, Hans-Jürgen: Literaturmarkt und Unterhaltungsliteratur in Frankreich. Von der „littérature de colportage" zum „roman d'erasion" im Taschenbuchformat. In. Zeitschrift für Germanistik 11 (1990), S. 565–580.

Gesamtverzeichnis des deutschsprachigen Schrifttums (GV). 163 Bde. München (u.a.): K. G. Saur 1979–1987.

Giedion, Siegfried: Geschichte des Bades. Hamburg: Europäische Verlagsanstalt 1998.

Ginzrot, Johann Christian: Die Wagen und Fuhrwerke von der Antike bis zum 19. Jahrhunderts, nebst Bespannung, Zäumung und Verzierung der Zug-, Reit- und Lasttiere. Gütersloh: Prisma Verlag 1981.

Glaser, Hermann: Maschinenwelt und Alltagsleben. Industriekultur in Deutschland vom Biedermeier bis zur Weimarer Republik. Frankfurt/M.: Büchergilde Gutenberg 1981.

Göbel, Wolfram: Sozialisierungstendenzen expressionistischer Verlage nach dem ersten Weltkrieg. In: Internationales Archiv für Sozialgeschichte der Literatur 1 (1976), S. 178–200.

Gordon, Sahrah: Passage to Union: How the Railroads Transformed American Life, 1829–1919. Chicago: Dee 1996.

Görisch, Stephan: Die gedruckten „Ratgeber" für Auswanderer. Zur Produktion und Typologie eines literarischen Genres. In: Hessische Blätter für Volks- und Kulturforschung. Neue Folge der Hessischen Blätter für Volkskunde 17 (1985), S. 51–70.

Gorsemann, Sabine: Bildungsgut und touristische Gebrauchsanweisung. Produktion, Aufbau und Funktion von Reiseführern. Münster/New York: Waxmann 1995.

Gottwaldt, Alfred B./Bündgen, Eduard: Der Rheingold-Express. Eine Fahrt mit dem Salonwagenzug der Deutschen Reichsbahn. Stuttgart: Motorbuch Verlag ^{2}1981.

Gottwaldt, Alfred B.: Deutsche Reichsbahn. Kulturgeschichte und Technik. Spezialausgabe. Berlin: Transpress 2000.

Gräf, Holger Th./Pröve, Ralf: Wege ins Ungewisse. Eine Kulturgeschichte des Reisens 1500–1800. Frankfurt/M.: S. Fischer 1997 (Fischer Taschenbuch 15081).

Grant, Roger (Ed.): We got there on the train. Railroads in the lives of free American people. Washington D.C.: National Council on the Aging 1989.

–: Detroit to Chicago in 1888. In: Railroad History 165 (1991), S. 99–108.

Graves, Carl R./Graves, Kathryn A.: „A Bath, a Book, and an Entertainment“: The Santa Fe Railway and its Reading Rooms. In: Railroad history 169 (1993), S. 5–33.

Gretton, John R./Lister, W. B.: Mariana Starke. In: Antiquarian Book Monthly Review 18 (1991), S. 398–407.

–: Murray' Portugal. The Publishing History of a Victorian Guide Book. In: Antiquarian Book Monthly Review 16 (198), S. 128–139.

Gretton, John R.: Baedeker's Guidebooks. A checklist of English-language editions 1859–1939. Norfolk: Darleham Books 1994.

Grieder, Karl: Zeppelin – Dornier – Junkers. Markantes aus der deutschen Luftfahrtgeschichte. Disentis: Desertina Verlag 1989.

Griep, Wolfgang: Der freie Blick. Über Fußreisen am Ende des 18. Jahrhunderts. In: Forschungsschwerpunkt „Spätaufklärung“ (Hg.): Reiseliteratur aus dem 18. Jahrhundert. Eine Ausstellung aus den Beständen der Staats- und Universitätsbibliothek Bremen. Bremen: Staats- und Universitätsbibliothek Bremen 1983, S. 5–11.

–: Sehen und Beschreiben. Europäische Reisen im 18. und frühen 19. Jahrhundert. Erstes Eutiner Symposion vom 14. bis 17. Februar 1990. Heide: Westholsteinische Verlagsanstalt Boyens & Co 1991 (Eutiner Forschungen. 1).

Grieser, Thorsten: Buchhandel und Verlag in der Inflation. Studien zu wirtschaftlichen Entwicklungstendenzen des deutschen Buchhandels in der Inflation nach dem Ersten Weltkrieg. In: Archiv für Geschichte des Buchwesens 51 (1999), S. 1–187.

Grimm, Jakob und Wilhelm: Deutsches Wörterbuch. 33 Bde. München: Deutscher Taschenbuchverlag 1984 (Nachdruck).

Grossklaus, Götz/Lämmert, Eberhard: Literatur in einer industriellen Kultur. Stuttgart: Cotta 1989.

Grossman, Peter: The Dynamics of a stable cartel: The Railroad Express 1851–1913. In: Economic inquiry 34 (1996). Nr. 2, S. 220–236.

Grotjahn, Karl: Meinungslenkung im Ausnahmezustand – „Gute Stimmung“, Zensur und Propaganda im Deutschen Reich während des Ersten Weltkriegs. In: Bücher-Markt 12 (1993) 2, S. 43–48.

Grünert, Alexandra-Henri: Die Professionalisierung des Buchhandels im Kaiserreich. In: Archiv für Geschichte des Buchwesens 49 (1998), S. 267–350.

Gutzkow, Karl Ferdinand: Eine Eisenbahn-Bibliothek: In: Unterhaltungen am häuslichen Herd. 3 (1855), 28, S. 448.

Gutzkow, Karl Ferdinand: Eisenbahn-Bibliotheken. In: Unterhaltungen am häuslichen Herd. 3 (1855), 51, S. 815–816.

Haack, R./Busley, C.: Die technische Entwicklung des Norddeutschen Lloyds und der Hamburg-Amerikanischen Paketfahrt-Aktiengesellschaft (HAPAG). Erstmaliger Reprint des Sonderdrucks aus der Zeitschrift des Vereins Deutscher Ingenieure. Jg. 1890–1892; erschienen im Jahre 1893. Hg. und eingeleitet von Lars U. Scholl. Düsseldorf: VDI-Verlag 1986.

Haacke, Wilmont: Genesis und Stil des „Magazins“. In: Publizistik 11 (1966), S. 235–247.

Hack, Berthold/ Vaternahm, August: August Vaternahm 1874–1974. Kassel: Vaternahm 1974.

Hack, Berthold: Der Bahnhofsbuchhandel vor und im 1. Weltkrieg. Marginalien, Nachrichten und Dokumente aus der Geschichte des Bahnhofsbuchhandels. In: Der neue Vertrieb 24 (1972), 551, 24 (1972), 553.

–: Vom Bahnhofsbuchhandel. Unter besonderer Berücksichtigung des Zensur-Problems. In: Pflug, Günther/Eckert, Britt/Friesehahn, Heinz (Hgg.): Bibliothek – Buch – Geschichte. Kurt Köster zum 65. Geburtstag. Frankfurt/M.: Klostermann 1977, S. 269–279.

Hackl, Wolfgang: „Sommerfrischler“ und „Eingeborene“. Eine kulturgeschichtliche Lektüre des Simplicissimus. In: Rösch, Gertrud Maria (Hg.): Simplicissimus. Glanz und Elend der Satire in Deutschland. Regensburg: Universitätsverlag Regensburg 1996, S. 161–173.

–: Eingeborene im Paradies. Die literarische Wahrnehmung des alpinen Tourismus im 19. und 20. Jahrhundert. Tübingen: Niemeyer 2004 (Studien und Texte zur Sozialgeschichte der Literatur 100).

Hagel, R. v.: F. A. Brockhaus Verlag Leipzig. In: Schegk, Friedrich (Hg.): Lexikon der Reise- und Abenteuerliteratur. Tl. 4: Verlage. Meitungen: Corian 1988, S. 1–16.

Hahn, Ulrich: Unsere Firmengeschichte 1919–1994. Heidelberg: Buch- und Zeitschriften-Großvertrieb Schmitt KG 1994.

Hampshire, Cecil A.: Seagoing Libraries. In: Library Review 24 (1973/1974), S. 153–154.

Hanebutt-Benz, Eva-Maria: Die Kunst des Lesens. Lesemöbel und Leseverhalten vom Mittelalter bis zur Gegenwart. Frankfurt/M.: Museum für Kunsthandwerk 1985.

–: Studien zum deutschen Holzstich im 19. Jahrhundert. In: Archiv für Geschichte des Buchwesens 24 (1983), S. 581–1266.

Hansen, Clas Broder: Die deutschen Passagierschiffe von 1816 bis heute. Hamburg: Koehler 1999.

Hapke, Laura: Down there on a visit. Late-Nineteenth Century Guidebooks. In: Journal of Popular Culture 20 (1986/1987), 2, S. 41–55.

Häring, Oskar: Georg Stilke. Denkschrift und Arbeitsbericht. Berlin: Stilke 1927.

Hartmann, Andreas: Reisen und Aufschreiben. In: Bausinger, Hermann/Beyrer, Klaus/Korff, Gottfried (Hgg.): Reisekultur. Von der Pilgerfahrt zum modernen Tourismus. München: C.H. Beck 1991, S. 152–159.

Hartmann, Peter H.: Lebensstilforschung. Darstellung, Kritik und Weiterentwicklung. Opladen: Leske u. Budrich 1999.

Hartmann, Silvia: Fraktur oder Antiqua. Der Schriftstreit von 1881 bis 1941. Frankfurt/M./Berlin, u.a.: Peter Lang 1998 (Theorie und Vermittlung der Sprache. 28).

Harvey, Amalia: Books on the Upper Deck. In: Wilsons Library Bulletin 6 (1955), S. 783.

Haskell, Daniel C.: A Tentative Checklist of Early European Railway-Literature 1831–1848. Boston: Havard Grad. School of Business Administ., Baker Library 1955.

Haubner, Barbara: Nervenkitzel und Freizeitvergnügen. Automobilismus in Deutschland 1886–1914. Göttingen: Vandenhoeck 1998 (Sammlung Vandenhoeck).

Hauenstein, Werner: Wegweiser durch Meyers Reisebücher 1862–1936. Bibliographie. Einführung von Alex W. Hinrichsen. Stadtoltendorf: Hinrichsen 1993.

Haug, Christine/Kruse, Natalie: Geschichte des Versandbuchhandels von seinen Anfängen in den 1860er Jahren bis in die Gegenwart. Hg. v. Bundesverband der Deutschen Versandbuchhändler e.V. Wiesbaden: Harrassowitz 2004.

Haug, Christine/Rüdiger, Bettina: Carl Berendt Lorck. In: Digitale Edition der Werke von Karl Ferdinand Gutzkow.

Haug, Christine: „Das halbe Geschäft beruht auf Eisenbahnstationen“. Zur Entstehungsgeschichte der Eisenbahnbibliotheken im 19. Jahrhundert. In: Internationales Archiv für Sozialgeschichte der deutschen Literatur 23 (1998), 2, S. 70–117.

–: „Ein Buchladen auf Stationen, wo sich zwei Linien kreuzen, müßte gute Geschäfte machen“ – Der deutsche Bahnhofs- und Verkehrsbuchhandel von 1850 bis zum Ende der Weimarer Republik im internationalen Vergleich. In: Burri, Monika/Elsasser, Killian T./Gugerli, David (Hgg.): Die In-

ternationalität der Eisenbahn 1850–1970. Zürich: Chronos 2004, S. 71–89 (Interferenzen. Studien zur Kulturgeschichte der Technik. 7).
–: „Kriminalromane, auf Reisen". Kriminal- und Detektiverzählungen als populäre Reiselektüre um 1900. In: Roland Berbig/Martina Lauster/Rolf Parr (Hgg.): Zeitdiskurse. Reflexionen zum 19. und 20. Jahrhundert als Festschrift für Wulf Wülfing. Heidelberg: Synchron Verlag 2004, S. 239–257.
–: „Populäres auch populär vertreiben" – Karl Gutzkows Vorschläge zur Reform des Buchhandels und zur Beschleunigung des Buchabsatzes. Ein Beitrag zur Geschichte der Buchdistribution und Buchwerbung im 19. Jahrhundert. In: Frank, Gustav/Kopp, Detlev (Hgg): Gutzkow lesen! Beiträge zur Internationalen Konferenz des Forum Vormärz Forschung vom 18. bis 20. September 2000 in Berlin: Bielefeld: Aisthesis 2001, S. 385–416.
–: „Reiselectüre" – eine populäre Buchreihe des Stuttgarter Verlagskonzerns Adolf Kröner. In: Aus dem Antiquariat (2000), S. A 220–A 234.
–: Schiffsbibliotheken. In: Corsten, Severin/Füssel, Stephan/Pflug, Günther (Hgg.): Lexikon des gesamten Buchwesens. LGB^2. Lieferung 45. Stuttgart: Hiersemann 2002, S. 540–541.
–: Schiffsbuchhandlungen. In: Corsten, Severin/Füssel, Stephan/Pflug, Günther (Hrsg.): Lexikon des gesamten Buchwesens. LGB^2. Lieferung 45. Stuttgart: Hiersemann 2002, S. 541.
–: Der Bahnhofs- und Verkehrsbuchhandel. In: Jäger, Georg (Hg.): Geschichte des deutschen Buchhandels im 19. und 20. Jahrhundert. Bd. 1. Tl. 2: Das Kaiserreich 1871–1918. Frankfurt/M.: MVB Marketing- und Verlagsservice des Buchhandels GmbH 2003, S. 594–620.
–: Der Triester Handelskonzern „Österreichisch-ungarische Lloyd" – Eine internationale Versicherungsgesellschaft, Reederei und Verlagsanstalt im 19. Jahrhundert. Ein Beitrag zur Entstehung des Eisenbahn- und Dampfschiffbuchhandels in der Habsburgermonarchie. In: Lengauer, Hubert/Kucher, Primus Heinz (Hgg): Bewegung im Reich der Immobilität. Revolutionen in der Habsburgermonarchie 1848-49. Literarisch-publizistische Auseinandersetzungen. Wien/Köln/Weimar: Böhlau 2001, S. 167–198.
–: Die politische Dimension von Eisenbahnlektüre im 19. Jahrhundert. Albert Heinrich Hofmanns „Humoristische Eisenbahn- und Reise-Bibliothek" (1853–1896). In: Katrin Callsen/Regina Eickelkamp/Martin Jörg Schäfer/Christian Berkemeier (Hgg.): Von hier nach „Medium". Reisezeugnis und Mediendifferenz. Münster: LIT-Verlag 2004, S. 125–141.
–: „Tretet uns bei, damit ihr durch uns, wir durch euch stark werden"! 100 Jahre Verband Deutscher Bahnhofsbuchhändler (Rezension über: Peter Brummund: Bahnhofsbuchhandel. Von der Versorgung mit Reiseliteralien zum Premiumhandel für Zeitungen und Zeitschriften. München: K.G. Saur 2005. In: IASLonline [24.11.2005].
–: Warenhausbuchhandel. In: Geschichte des deutschen Buchhandels im 19. und 20. Jahrhundert. Bd. 3: Weimarer Republik. Frankfurt/M.: MVB Marketing- und Verlagsservice des Buchhandels GmbH (in Vorbereitung).
Haupt, Wilhelm: Feldbuchhandlungen. In: Corsten, Severin/Pflug, Günther/Schmidt, Friedrich Adolf (Hgg.): Lexikon des gesamten Buchwesens (^{2}LGB). Bd. 2. Stuttgart: Hiersemann 1989, S. 563–564.
Haupt, Wilhelm: Feldpostausgaben. In: Corsten, Severin/Pflug, Günther/Schmidt, Friedrich Adolf (Hg.): Lexikon des gesamten Buchwesens (^{2}LGB). Bd. 2. Stuttgart: Hiersemann 1989, S. 564.
Haupt, Wilhelm: Feldzeitungen. In: Corsten, Severin/Pflug, Günther/Schmidt, Friedrich Adolf (Hgg.): Lexikon des gesamten Buchwesens (^{2}LGB). Bd. 2. Stuttgart: Hiersemann 1989, S. 565.
Hayes, Kevin J.: Railway Reading. In: Proceedings of the American Antiquarian Society. A Journal of American History and Culture 106/2 (1996), S. 301–326.
Heckscher, Siegfried: Kampf gegen die literarische Volksvergiftung. In: Preußische Jahrbücher. 130 (1907), 2, S. 362–366.
Heidelberg, Wilhelm: Zeitungs- und Zeitschriftenvertrieb in den deutschen Seebädern. In: Börsenblatt für den Deutschen Buchhandel. Jg (1921) 83, S. 500–503.

Heideler, Irmgard: Der Verleger Eugen Diederichs und seine Welt (1896–1930). Wiesbaden: Harrassowitz 1998 (Mainzer Studien zur Buchwissenschaft. 8).

Heinimann, Alfred Ch.: Technische Innovation und literarische Aneignung. Die Eisenbahn in der deutschen und englischen Literatur des 19. Jahrhunderts. Textübersicht und vergleichende Analyse. München: K.G. Saur 1991.

Heinrich-Jost, Ingrid (Hg.): Kladderadatsch. Die Geschichte eines Witzblattes von 1848 bis ins Dritte Reich. Köln: Informationspresse Leske 1982.

Hennig, Christoph: Reiselust. Touristen, Tourismus und Urlaubskultur. Frankfurt/M.: Insel 1997.

Hermand, Jost: Die touristische Erschließung und Nationalisierung des Harzes im 18. Jahrhundert. In: Reise und soziale Realität am Ende des 18. Jahrhunderts, S. 169–187.

Heyse, Paul: Feenkind. In: Ders.: Gesammelte Werke. 2. Reihe. Bd. 5. Stuttgart: Cotta 1924.

Hiess, Peter/Lunzer, Christian: Mord-Express. Die größten Verbrechen in der Geschichte der Eisenbahn. Wien/München: Franz Deuticke Verlagsgesellschaft 2000.

Hinrichsen, Alex W.: Baedeker. Ein Name wird zur Weltmarke. Die Geschichte des Verlages. Ostfildern: Karl Baedeker 1998.

Hinrichsen, Alex W.: Baedeker's Reisehandbücher 1832–1990. Bibliographie 1832–1944. Verzeichnis 1948–1990. Verlagsgeschichte mit Abbildungen und zusätzlichen Übersichten. Bevern: Hinrichsen 1991.

Hippel, Wolfgang von, u.a. (Hgg.): Eisenbahn-Fieber. Badens Aufbruch ins Eisenbahnzeitalter. Ubstadt-Weiher: verlag regionalkultur 1990.

Hoeges, Dirk: Alles veloziferisch. Die Eisenbahn – Vom schönen Ungeheuer zur Ästhetik der Geschwindigkeit. Reinbach: CMZ-Verlag 1985.

Hohendahl, Peter Uwe: Literarische Kultur im Zeitalter des Liberalismus 1830–1870. München: C.H. Beck 1985.

Hohendahl, Peter Uwe: Literarischer Kommerz. Zum Verhältnis von Trivialliteratur und Kulturindustrie. In: Schöwerling, Rainer/Steinecke, Hartmut (Hgg.): Die Fürstliche Bibliothek Corvey. Ihre Bedeutung für eine neue Sicht der Literatur des frühen 19. Jahrhunderts. Beiträge des 1. Internationalen Corvey-Symposions 25.–27. Oktober 1990 in Paderborn. München: Fink 1992, S. 35–49.

Hohlfeld, Johannes: Hundert Jahre Verein der Buchhändler zu Leipzig. Leipzig: Verlag des Vereins der Buchhändler zu Leipzig 1933.

Holzmann, Gabriela: Schaulust und Verbrechen. Eine Geschichte des Krimis als Mediengeschichte. Stuttgart: Metzler 2001.

Holzner, Johann: Humoreske. In: Fricke, Harald (Hg.): Reallexikon der deutschen Literaturwissenschaft. Neubearbeitung des Reallexikons der deutschen Literaturgeschichte gemeinsam mit Georg Braungart, Klaus Grubmüller, Jan-Dirk Müller, Friedrich Vollhardt und Klaus Weimar. Bd. 2. Berlin/New York: de Gruyter 2000, S. 103–105.

Hömberg, Erentraud: Reisen – Zwischen Kritik und Analyse. In: Zeitschrift für Kulturaustausch 28 (1978), 3, S. 36–41.

Hood, Clifton: 722 Miles. The Building of the Subways and How They Transformes New York. Baltimore/London: The Johns Hopkins University Press 1995.

Horn, Beate: Prosa im Simplicissimus. Zur Entwicklung literarischer Gattungen im Kontext von Zeitschrift, Bild und Satire. Frankfurt/M.: Peter Lang 2000 (Regensburger Beiträge zur deutschen Sprach- und Literaturwissenschaft. Reihe B/Untersuchungen. 75).

Horse-Power applied to Railways at higher rates of speed than by ordinary draught. London: Ollivier 1844.

Hovde, David M.: Sea Colportage: The Loan Library System of the American Seamen's Friend Society 1859–1967. In: Libraries & Culture 29 (1994), 1, S. 389–414.

Hübscher, Arthur: Hundertfünfzig Jahre F. A. Brockhaus. 1805–1955. Wiesbaden: Brockhaus 1955.

Huck, Gerhard: Der Reisebericht als historische Quelle. In: Huck, Gerhard/Reulecke, Jürgen (Hg.): „... und reges Leben ist überall sichtbar“. Neustadt an der Aisch: Schmidt 1978, S. 27–44.

Hügel, Hans-Otto (Hg.): Die Leiche auf der Eisenbahn. Detektivgeschichten aus deutschen Familienzeitschriften. Darmstadt: Luchterhand 1981.
–: Die deutsche Detektivgeschichte im neunzehnten Jahrhundert. Ein Beitrag zu ihrer Gattungstheorie und ihrer Geschichte. Mainz: Inaugural-Dissertation 1976.
Hundert Jahre deutsche Eisenbahnen. Jubiläumsschrift zum hundertjährigen Bestehen der deutschen Eisenbahnen. Hg. v. der Hauptverwaltung der Deutschen Reichsbahn 1935.
Hundert Jahre Ullstein 1877–1977. Hg. v. Joachim Freyburg und Hans Wallenberg. 4 Bde. Berlin: Ullstein 1977.

Ilgen, Volker: „Sei sparsam Brigitte, nimm Ullstein-Schnitte!“ In: 125 Jahre Ullstein. Presse- und Verlagsgeschichte im Zeichen der Eule. Berlin: Axel Springer Verlag AG 2002, S. 54–61.
Imm, Konstantin/Linder, Joachim: Verdächtige und Täter. Zuschreibung von Kriminalität in Texten der „schönen“ Literatur am Beispiel des Feuilletons der Berliner Gerichts-Zeitung, der Romanreihe Eisenbahn-Unterhaltungen und Wilhelm Raabes Horacker und Stopfkuchen. In: Häntzschel, Günter/Ormrod, John/Renner, Karl. N. (Hgg.): Zur Sozialgeschichte der deutschen Literatur von der Aufklärung bis zur Jahrhundertwende. Einzelstudien. Tübingen: Niemeyer 1985, S. 21–96.
Ingenkamp, Franz: Der großstädtische Straßenhandel. Köln: Wirtsch.- u. sozialwiss. Diss. 1928.
Innerhofer, Roland: Deutsche Science Fiction 1870–1914. Rekonstruktion und Analyse der Anfänge einer Gattung. Wien/Köln/Weimar: Böhlau 1996 (Literatur in der Geschichte. Geschichte in der Literatur. 38).

Jäger, Georg/Valeska, Rudek: Die deutschen Leihbibliotheken zwischen 1860 und 1914/1918. Analyse der Funktionskrise und Statistik der Bestände. In: Zur Sozialgeschichte der deutschen Literatur im 19. Jahrhundert. Einzelstudien. Teil II. Hg. im Auftrag der Münchener Forschergruppe „Sozialgeschichte der deutschen Literatur 1770–1900” von Monika Dimpfl und Georg Jäger. Tübingen: Niemeyer 1990, S. 198–225 (Studien und Texte zur Sozialgeschichte der Literatur. 28).
Jäger, Georg: Feuilleton. In: Walther Killy: Literaturlexikon. Begriffe, Realien, Methoden. Bd. 13. Gütersloh/München: Bertelsmann Lexikon Verlag 1992, S. 301–302.
–: Fortsetzungsroman. In: Killy, Walther: Literaturlexikon. Begriffe, Realien, Methoden. Bd. 13. Gütersloh/München: Bertelsmann Lexikon Verlag 1992, S. 312–313.
–: Der Kampf gegen Schmutz und Schund. Die Geschichte der Deutschen Reaktion der Gebildeten auf die Unterhaltungsindustrie. In: Archiv für Geschichte des Buchwesens 31 (1988), S. 163–192.
–: Der Verlagsbuchhandel. In: Ders. (Hg.): Geschichte des deutschen Buchhandels im 19. und 20. Jahrhundert. Bd. 1. Tl. 1: Das Kaiserreich 1870–1918. Frankfurt/M.: Buchhändler-Vereinigung GmbH 2001, S. 197–338.
–: Historische Lese®forschung. In: Arnold, Werner/Dittrich, Wolfgang/Zeller, Bernhard (Hgg.): Die Erforschung der Buch- und Bibliotheksgeschichte in Deutschland. Wiesbaden: Harrassowitz 1987, S. 485–507.
–: Leihbibliotheken, Lesegesellschaften und Buchmarkt im 18. und 19. Jahrhundert. In: Aus dem Antiquariat 6 (1986), S. A 245–A 254.
–: Reclams Universal-Bibliothek bis zum Ersten Weltkrieg. Erfolgsfaktoren der Programmpolitik. In: Bode, Dietrich (Hg.): Reclam. 125 Jahre Universal-Bibliothek. 1867–1992. Verlags- und buchgeschichtliche Aufsätze. Stuttgart: Reclam 1992, S. 29–45.
Jahn, Franz: Der deutsche Kolportagebuchhandel. Würzburg: Gebrüder Memminger 1928.
Jahrbuch des österreichischen Alpenvereins; Fortsetzung: Zeitschrift des Deutschen und Österreichischen Alpenvereins 7 (1871), 17 (1886), 19 (1888), 21 (1890), 24 (1893), 26 (1895) – 68 (1937).
Jakoby, Ruth: Massenliteratur und ihre wissenschaftliche Bewältigung. Überlegungen zu „Der französische Feuilletonroman”. Die Entstehung der Serienliteratur im Medium der Tageszeitung. Darmstadt: Wissenschaftliche Buchgesellschaft 1986.
Jefcoate, G. P.: Longman Group. In: Severin Corsten, u.a. (Hg.): Lexikon des gesamten Buchwesens. LGB[2] Bd. 4 . Stuttgart: Hiersemann 1995, S. 603.

Jegorow, Oleg: Die satirische Zeitschrift Simplicissimus (1896–1914). In: Schneider, Peter-Paul (Hg.): Siegfried Sudhof (1927–1980) zu gedenken. Lübeck: Hansestadt Lübeck, Amt für Kultur 1981, S. 130–152.

Jekeli, Ina: Erregte Zeiten – Schmutz und Schund im Kaiserreich. Internetpublikation

Jensen, Oliver: The American Heritage History of Railroads in America. New York: American Hermitage Publishing 1975.

Jeremias, Günther: Das billige Buch. Entwicklungs- und Erscheinungsformen. Berlin: Triltsch & Huther 1938.

Jones, Bernard: William Banre's Guide to Dorchester. In: The book collector 35 (1986), S. 326–363.

Jost, Erdmut: Landschaftsblick und Landschaftsbild. Wahrnehmung und Ästhetik im Reisebericht 1780–1820. Sophie von LaRoche – Friederike Brun – Johanna Schopenhauer. Freiburg i. Br.: Rombach Verlag 2005 (Rombach Wissenschaften. Reihe Litterae. 122).

Kantcleff, Christophe: Bahnhofsliteratur. In: Laurentius. Von Menschen, Büchern, Bibliotheken 13 (1996), 1, S. 5–9.

Kanzog, Klaus: Literarische Zensur. In: Kohlschmidt, Werner/Mohr, Wolfgang (Hg.): Reallexikon der deutschen Literaturgeschichte. Bd. 4. Berlin/New York: de Gruyter 1984, S. 998–1049.

Kapp, Friedrich/Goldfriedrich, Johann: Geschichte des Deutschen Buchhandels. Im Auftrag des Börsenvereins der Deutschen Buchhändler herausgegeben von der Historischen Kommission. 4 Bde. Leipzig: Verlag des Börsenvereins der Deutschen Buchhändler 1886–1913.

Keitz, Christine: Grundzüge einer Sozialgeschichte des Tourismus in der Zwischenkriegszeit. In: Brenner, Peter J. (Hg.): Reisekultur in Deutschland. Von der Weimarer Republik zum „Dritten Reich". Tübingen: Niemeyer Verlag 1997, S. 49–71.

–: Reisen als Leitbild. Die Entstehung des modernen Massentourismus in Deutschland. München: Deutscher Taschenbuchverlag 1997 (dtv 30626).

Kellen, Tony: Der Massenvertrieb der Volksliteratur. In: Preußische Jahrbücher 98 (1899), S.77–103.

–: Die literarische Produktion der Welt. Eine statistisch-wirtschaftliche Untersuchung der Bücher-, Zeitungs- und Zeitschriften-Produktion aller Kulturländer. In: Börsenblatt für den Deutschen Buchhandel, 23. Mai 1903, S. 4128; 27. Mai 1903, S. 4235–4237; 29. Mai 1903, S. 4299–4301; 30. Mai 1903, S. 4331–4333; 2. Juni 1903, S. 4364–4369.

Kessel, Martina: Balance der Gefühle. Langeweile im 19. Jahrhundert. In: Historische Anthropologie 4. (1996), S. 234–255.

–: Langeweile. Zum Umgang mit Zeit und Gefühlen in Deutschland vom späten 18. bis zum frühen 20. Jahrhundert. Göttingen: Wallstein 2001.

Kienitz, Roderich von: Die gewerberechtliche Freiheit des Bahnhofsbuchhandels. Berlin: Georg Stilke [um 1930].

Kierkegaard, Sören: Die Wiederholung. In: Ders.: Die Wiederholung. Die Krise. Werke II. Reinbek bei Hamburg: Rowohlt 1961 (Rowohlt Klassiker 81).

Kießhauer, Inge: Otto Friedrich Wigand (1795–1870). In: Leipziger Jahrbuch zur Buchgeschichte 1 (1991), S. 155–188.

Killy, Walther: Literaturlexikon. Begriffe, Realien, Methoden. 15 Bde. Gütersloh/München: Bertelsmann Lexikon Verlag 1992.

Kilton, Tom D.: The American Railroad as Publisher, Bookseller and Librarian. In: The Journal of Library History, Philosophy & Comparative Librarianship 7 (1982), 1, S. 39–64.

Kirbach, Klaus/Bühler, Hans-Eugen: Insel-Bücher für Feld und Lazarett. Eine erste Bestandsaufnahme der Insel-Bücherei im Ersten Weltkrieg. In: Insel-Bücherei 8 (1993), S. 6–27.

Kleinheins, Peter (Hg.): Die großen Zeppeline. Die Geschichte des Luftschiffbaus. Düsseldorf: VDI Verlag 1985.

Klemperer, Victor: Curriculum vitae. Erinnerungen 1881–1918. 2 Bde. Berlin: Aufbau 1996 (Aufbau Taschenbuch 5500/1+2).

Klinckowstroem, Carl Graf von: Die älteste Eisenbahnlektüre. In: Börsenblatt für den Deutschen Buchhandel. Frankfurter Ausgabe. Nr. 81 vom 8. Oktober 1957, S. 1265–1266.

Kludas, Arnold: Die CAP-Schnelldampfer der Hamburg-Süd. Königinnen des Südatlantiks. Hamburg: Koehlers 1996.

–: Die Geschichte der deutschen Passagierschiffahrt. 4 Bde. Hamburg: Kabel 1987.

–: Die Schnelldampfer „Bremen“ und „Europa“. Höhepunkt einer Epoche. Hamburg: Köhler 1996.

Klussmann, Paul Gerhard/Mix, York-Gothart (Hgg.): Literarische Leitmedien. Almanach und Taschenbuch im kulturwissenschaftlichen Kontext. Wiesbaden: Harrassowitz 1998 (Mainzer Studien zur Buchwissenschaft. 4).

Klussmann, Paul Gerhard: Das Taschenbuch im literarischen Leben der Romantik und Biedermeierzeit: Begriff, Konzeption, Wirkung. In: Klussmann, Paul Gerhard/Mix, York-Gothart (Hgg.): Literarische Leitmedien. Almanach und Taschenbuch im kulturwissenschaftlichen Kontext. Wiesbaden: Harrassowitz 1998 (Mainzer Studien zur Buchwissenschaft. 4), S. 47–64.

Knappenberger, Silke: Reclam und die Arbeiterbildung in Kaiserreich und Weimarer Republik, In: Bode, Dietrich (Hg.): Reclam. 125 Jahre Universal-Bibliothek 1867–1992. Verlags- und kulturgeschichtliche Aufsätze. Stuttgart: Reclam 1992.

Knäusel, Hans G.: Zeppelin. Die Geschichte der Zeppelin-Luftschiffe. Konstrukteure – Technik – Unternehmen. Oberhaching: AVIATIC Verlag GmbH 2000.

Knoll, Gabriele M.: Reisen als Geschäft – Die Anfänge des organisierten Tourismus. In: Bausinger, Hermann/Beyrer, Klaus/Korff, Gottfried (Hgg.): Reisekultur. Von der Pilgerfahrt zum modernen Tourismus. München: C.H. Beck 1991, S. 336–342.

Koch, Ernestine: Albert Langen. Ein Verleger in München. München/Wien: Georg Müller Verlags GmbH 1969.

Koch, Ursula E./Behmer, Markus (Hgg): Grobe Wahrheiten – Wahre Grobheiten – Feine Striche – Scharfe Stiche. Jugend, Simplicissimus und andere Karikaturen. Journale der Münchner „Belle Epoque“ als Spiegel und Zerrspiegel der kleinen wie der großen Welt. Katalog der Ausstellung des Instituts für Kommunikationswissenschaft der LMU. München: Verlag Reinhard Fischer 1996.

Koch, Ursula E.: „Bestes Witzblatt der Welt“ oder „Ware von vorgestern“? Der Simplicissimus in der Weimarer Republik (1918–1933). In: Rösch, Gertrud Maria (Hg.): Simplicissimus. Glanz und Elend der Satire in Deutschland. Regensburg: Universitätsverlag Regensburg 1996, S. 126–148.

–: Der Teufel in Berlin. Von der Märzrevolution bis zu Bismarcks Entlassung. Illustrierte politische Witzblätter einer Metropole 1848–1890. Köln: informationspresse – c.w.leske 1991.

–: Von A wie Absinth bis Z wie Zickzack. In: Koch, Ursula E./Behmer, Markus (Hgg.): Grobe Wahrheiten – Wahre Grobheiten – Feine Striche – Scharfe Stiche. Jugend, Simplicissimus und andere Karikaturen. Journale der Münchner „Belle Epoque“ als Spiegel und Zerrspiegel der kleinen wie der großen Welt. Katalog der Ausstellung des Instituts für Kommunikationswissenschaft der LMU. München: Verlag Reinhard Fischer 1996, S. 8–36.

Köhler, Tilo: Sie werden platziert! Die Geschichte der MITROPA. Berlin: Transit Buchverlag 2002.

Kolb, Eberhard: Die Weimarer Republik. München: Oldenbourg ^{5}2000 (Oldenbourg Grundriss der Geschichte. 16).

König, Wolfgang: Bahnen und Berge. Verkehrstechnik, Tourismus und Naturschutz in den Schweizer Alpen 1870–1939. Frankfurt/M./New York: Campus 2000.

Konrad, Ruprecht: Politische Zielsetzungen und Selbstverständnis des „Simplicissimus“. In: Simplicissimus. Eine satirische Zeitschrift München 1896–1944. Katalog zur Ausstellung auf der Mathildenhöhe Darmstadt 24. Juni bis 13. August 1978. München: Thiemig AG 1978, S. 88–109.

Kosch, Günter/Nagl, Manfred: Der Kolportageroman. Bibliographie 1850 bis 1960. Mit einer Beilage: Der Kolportagehandel. Praktische Winke von Friedrich Streissler (1887). Stuttgart: Metzler 1993.

Kramer, Dieter: Aspekte der Kulturgeschichte des Tourismus. In: Zeitschrift für Volkskunde 78 (1982), S. 1–13.

Kramer, Fritz: Verkehrte Welten. Zur imaginären Ethnographie des 19. Jahrhunderts. Frankfurt/M.: Syndikat 1977.

Krantz, Olle: Swedish Railway Building in the 19th Century in an international Perspective. Umeå: Umeå University 1992.

Kratzsch, Gerhard: Kunstwart und Dürerbund. Ein Beitrag zur Geschichte der Gebildeten im Zeitalter des Imperialismus. Göttingen: Vandenhoeck & Ruprecht 1969.

Krempien, Petra: Geschichte des Reisens und des Tourismus. Ein Überblick von den Anfängen bis zur Gegenwart. Limburgerhof: FBV-Medien-Verlag 2000.

Kretschmer, Winfried: Geschichte der Weltausstellungen. New York/Frankfurt/M.: Campus 1999.

Krohn, Heinrich: Welche Lust gewährt das Reisen. München: Prestel ²1987.

Kubisch, Ulrich (Hg.): Omnibus. Haltestelle für alle. Bahnbrechendes von Postkutschen, Trolleys, Doppeldeckern, Überlandbussen und Luxuslinern. Berlin: Elefanten Press 1986.

Kuchenbuch, Thomas: Die Welt um 1900. Unterhaltungs- und Technikkultur. Stuttgart: Metzler 1992.

Kullander, Björn: Sveriges Järnvägs Historia. O.O.: Selbstverlag des Autors 1994.

Kundera, Milan: Die Identität. Frankfurt/M.: Büchergilde Gutenberg 1999.

Kunstwart, Dürerbund und Buchhandel. Denkschrift und Protest gegen die Mittelstelle für Volksschriften vom Börsenverein der Deutschen Buchhändler zu Leipzig. Leipzig: Geschäftstelle des Börsenvereins der Deutschen Buchhändler 1913.

Kunze, Horst: Von den alten Reisebibliotheken zum modernen Reiseroman. In: Der Jungbuchhandel, 13 (1959), 10, S. 352–364.

Kupka, P.F.: Amerikanische Eisenbahnen. Wien: Lehmann & Wentzel 1877.

Kurth, Karl: Die deutschen Feld- und Schützengrabenzeitungen des Weltkrieges. Leipzig: Noske 1937 (Wesen und Wirkungen der Publizistik. 8).

Küster, Christian L.: Mit der Bahn an die See. In: Altonaer Museum in Hamburg/Norddeutschen Landesmuseum (Hg.): Saison am Strand. 200 Jahre Badeleben an Nord- und Ostsee. Ausstellungskatalog. Herford: Koehler 1986.

Kutter, Uli: Apodemiken und Reisehandbücher. Bemerkungen und ein bibliographischer Versuch zu einer vernachlässigten Gattung. In: Das achtzehnte Jahrhundert 4 (1980), S. 116–131.

Lamberty, Christiane: Reklame in Deutschland 1890–1914. Wahrnehmung, Professionalisierung und Kritik der Wirtschaftswerbung. Berliner: Duncker & Humblot 2000.

Langenbucher, Wolfgang R.: Die Demokratisierung des Lesens in der zweiten Leserevolution. In: Göpfert, Herbert G./Meyer, Ruth/Muth, Ludwig/Rüegg, Walter (Hgg.): Lesen und Leben. Frankfurt/M.: Buchhändler-Vereinigung GmbH 1975, S. 12–35.

–: Der aktuelle Unterhaltungsroman. Beiträge zu Geschichte und Theorie der massenhaft verbreiteten Literatur. Bonn: Bouvier 1964.

Langewiesche, Dieter: „Volksbildung“ und „Leserlenkung“ in Deutschland von der wilhelminischen Ära bis zur nationalsozialistischen Diktatur. Internetpublikation: IASL online Archiv: Langewiesche.

Larson, L. E.: The bureaucratic characteristics of late 19th. Century railroad organization. In: International Journal of public administration 19 (1996), 8, S. 1289–1313.

Lau, Thaddäus: Modernes Schriftstellerthum. In: Kritisches Blätter für Literatur und Kunst. 1 (1858), 11, S. 235.

Lauterbach, Burkhard: „Von den Einwohnern“. Alltagsdarstellungen im Spiegel des Reiseführers. In: Zeitschrift für Volkskunde 88 (1992), S. 46–66.

–: Baedeker und andere Reiseführer. Eine Problemskizze. In: Zeitschrift für Volkskunde 85 (1989), S. 206–233.

Leed, Erich J.: Die Erfahrung der Ferne. Reisen von Gilgamesch bis zum Tourismus unserer Tage. Frankfurt/M./New York: Campus 1993.

Lehmstedt, Mark/Herzog, Andreas (Hgg.): Das bewegte Buch. Buchwesen und soziale, nationale und kulturelle Bewegungen um 1900. Wiesbaden: Harrassowitz 1999.

Lehnert, Detlef: Die Weimarer Republik. Parteienstaat und Massengesellschaft. Stuttgart: Reclam 1999 (RUB 17018).

Leibl, Richard: Die Arbeitsschutzgesetzgebung. Ihre geschichtliche Entwicklung und ihr heutiger Stand. In: Der Bahnhofsbuchhandel. Nr. 9/10 vom 19. Mai 1930, S. 60–66.

Lesen in der Bahn. Hg. v. Stiftung Lesen. Hamburg: Spiegel Verlag 1999.

Liesegang, Erich: Die Bücherei des Linienschiffs Nassau. In: Blätter für Volksbibliotheken und Lesehallen 11 (1910), S. 116–121.

–: Die Büchereien der Hamburg-Amerika-Linie. In: Blätter für Volksbibliotheken und Lesehallen 10 (1909), S. 49–51.

Literatur im Industriezeitalter. Eine Ausstellung des Deutschen Literaturarchivs im Schiller-Nationalmuseum Marbach am Neckar 2 Bde. Marbach: Deutsche Schillergesellschaft 1987 (Marbacher Kataloge. 42/1–2).

Löber, Ulrich (Hg.): 2000 Jahre Rheinschiffahrt: Begleitpublikation zur Ausstellung des Landesmuseums Koblenz und des Rhein-Museums e.V. Koblenz: Landesmuseum 1991.

Loele, Kurt: Vom Markte der Detektiv- und Kriminalromane. In: Der Bahnhofsbuchhandel Nr. 5/6 vom 15. März 1922, S. 10–11.

Lohe, Annegret: Typologie von Reiseführern. Eine vergleichende Beschreibung. In: Buch- und Bibliothek 42 (1990), S. 452–460.

Lorck, Carl Berendt [Nekrolog]. In: Börsenblatt für den deutschen Buchhandel. Nr. 250 vom 26. Oktober 1905, S. 9721–9722.

–: Johann Jacob Weber. In: Börsenblatt für den deutschen Buchhandel. Nr. 43 vom 31. März 1880, S. 1318–1320.

–: Die Zukunft des Buchgewerbes. In: Börsenblatt für den Deutschen Buchhandel. Nr. 250 vom 26. Oktober 1905, S. 9721–9722.

Löschburg, Winfried: Von Reiselust und Reiseleid. Eine Kulturgeschichte. Frankfurt/M.: Insel 1977.

Low, Sampsons: Index to the British Catalogue of Books. Published during the year 1837 to 1857. Reprint. New York: Kraus 1963.

Lowndes, William Thomas: The Bibliographer's Manual of English Literature. London: Bells and Sons 1884.

Maase, Kaspar: „Schundliteratur“ und Jugendschutz im Ersten Weltkrieg – Eine Fallstudie zur Kommunikationskontrolle in Deutschland. Internetpublikation: kommunikation@gesellschaft, 3 (2002), 3.

Maase, Kaspar: Einleitung: Schund und Schönheit. Ordnungen des Vergnügens um 1900. In: Maase, Kaspar/Kaschuba, Wolfgang (Hgg.): Schund und Schönheit: populäre Kultur um 1900. Köln/Weimar/Wien: Böhlau 2001, S. 9–28.

Maase, Kaspar: Grenzenloses Vergnügen. Der Aufstieg der Massenkultur 1850–1970. Frankfurt/M.: S. Fischer 1997 (Fischer Taschenbuch 60143).

–: Schundkampf und Demokratie. In: Prädikat wertlos. Der lange Streit um Schmutz und Schund. Tübingen: Tübinger Vereinigung für Volkskunde 2001, S. 8–17.

Maeder, Uli: Vom Kolonialismus zum Tourismus. Von der Freizeit zur Freiheit. Zürich: Rotpunktverlag 1987.

Mahr, Johannes: Eisenbahnen in der deutschen Dichtung. Der Wandel eines literarischen Motivs im 19. und beginnenden 20. Jahrhundert. München: Fink 1982.

Maiken, Peter T.: Night Trains. The Pullman System in the golden Years of American Rail Travel. Chicago: Lakme Press 1989.

Mann, Thomas: Meerfahrt mit Don Quijote. In: Ders.: Gesammelte Werke. 13 Bde. Nebst Supplementband. Bd. 9. Frankfurt/M.: S. Fischer 1960.

Marckwardt, Wilhelm: Die Illustrierten der Weimarer Republik. Publizistische Funktion, ökonomische Entwicklung und inhaltliche Tendenzen (unter Einschluß einer Bibliographie dieses Pressetypus 1918–1932). München: Minvera 1982.
Margot, Max: Die Geschwindigkeit der Schnellzüge. In: Über Land und Meer 4 (1892/1893), S. 852–860.
Martin, Albro: Railroads Triumphant. The Growth, Rection & Rebirth of a Vital American Force. New York/Oxford: Oxford University Press 1992.
Martino, Alberto: Die deutsche Leihbibliothek. Geschichte einer literarischen Institution (1755–1914). Mit einem zusammen mit Georg Jäger erstellten Verzeichnis der erhaltenen Leihbibliothekskataloge. Wiesbaden: Harrassowitz 1990.
Mast, Peter: Künstlerische und wissenschaftliche Freiheit im Deutschen Reich 1890–1901. Rheinfelden: Schäuble Verlag 1980.
Mathieu, Jon: Geschichte der Alpen. 1500–1900. Wien: Böhlau 1998.
–: Sanierung der Volkskultur. Massenmedien, Medizin und Hygiene 1850–1900. In: Medizin, Gesellschaft und Geschichte 12 (1993), S. 101–146.
Mattenklott, Gert: Tödliche Langeweile. In: Merkur. Deutsche Zeitschrift für europäisches Denken 41 (1997), 455/456.
Maxtone-Graham, John: Der Weg über den Atlantik. Die einzige Verbindung zwischen Europa und Amerika. Die goldene Ära der großen Luxusliner. München: Heyne 1998.
Maxwell, Herbert: Life and Times of the Right Honourable William Henry Smith. Edinghburg/London: Blackwood and Son 1893.
McClain, William H./Kurth-Voigt, Lieselotte E.: Karl Gutzkows Briefe an Hermann Costenoble. In: Archiv für Geschichte des Buchwesens 13 (1973), S. 1–235.
McInnes, Robert: The Isle of Wight illustratet. A survey of illustrated guide-books 1750–1920. In: Antiquarian Book Monthly Review 11 (1984), S. 306–309.
Hemphill, Anita: W. H. Smith and Son. In: Dictionary of Literary Biography. Bd. 106. British Literary Publishing Houses: 1820–1880.
Meighörner, Wolfgang/Vagedes Desemona/Wrage, Klaus-Jürgen: Das Jahrhundert der Zeppeline. Frankfurt/M.: Deutsche Post/Zentrale 2000.
Meighörner, Wolfgang: Giganten der Lüfte. Geschichte und Technik der Zeppeline in ausgewählten Berichten und zahlreichen Fotos. Mit einem aktuellen Beitrag über die Entwicklung des neuen Zeppelins. Luxembourg: Hasso Ebeling 1997.
Mendelsohn, Peter de: S. Fischer und sein Verlag. Frankfurt/M.: S. Fischer 1970.
Mengel, Ewald: The Railway Through Dicken's World. Texts from Household Words and All the Year Round. Frankfurt/M.: Peter Lang 1989.
Mentzel-Reuters, Arno: „Reading as many Books as You desire". Der englische Preisbindungskrieg 1906–1908. In: Leipziger Jahrbuch zur Buchgeschichte 10 (2000), S. 61–80.
–: Das schöne Buch und das Meer. Bücher im Dienst der Passagierschiffahrt der Belle époque. In: Leipziger Jahrbuch zur Buchgeschichte 11 (2001/2002), S. 81–113.
Mester, Bernt: Partikularismus der Schiene. Die Entwicklung einzelstaatlicher Eisenbahnsysteme bis 1870. In: Eisenbahnjahr Ausstellungsgesellschaft mbH Nürnberg (Hg.): Zug der Zeit – Zeit der Züge. Deutsche Eisenbahn 1835–1985. 2 Bde. Bd. 1. Berlin: Siedler 1985, S. 196–218.
Meyer, Andreas: Der Verleger des Simplicissimus und seine Nachfolger. Tl. 1: Vom Tod des Verlagsgründers bis zum Ende des Ersten Weltkriegs. In: Buchhandelsgeschichte 3 (1988), S. B81–B106; Tl. 2: Von der Inflation bis zum Verkauf des Verlags. In: Buchhandelsgeschichte 1(1989), S. B1–B29.
Meyer, Jochen: Über den Umgang mit Erstausgaben. Begriffe, Beispiele, Besonderheiten. In: Philobiblon. Eine Vierteljahresschrift für Buch- und Graphiksammler. 30 (1986), 2, S. 112–128.
Meysenburg, Malwida von: Memoiren einer Idealistin. Stuttgart 1876. In: Lehmstedt, Mark (Hrsg.): Deutsche Literatur von Frauen. Berlin: Digitale Bibliothek 2001.

Mierzejewski, Alfred C: A history of the German National Railway. Vol. 1: 1920–1932. North Carolina: The University of Carolina Press 1999.
Miles, George: So West and Grow up with the Country Guides to the American West. In: Proceedings of the American Antiquarian Society 101 (1991), S. 127–164.
Mistler, Jean: La Librairie Hachette de 1826 à nos jours. Paris: Hachette Éditeur o. J.
Mittelstädt, Fritz-Gerd: Der Badeort Norderney im 19. Jahrhundert als gesellschaftliche Fiktion der Oberschicht. In: Beiträge zur deutschen Landeskunde 59 (1985), S. 461–493.
Moldenhauer, Gustav: Deutsche Büchercollectionen in ihrer Bedeutung für Litteratur und Buchhandel. In: Deutsche Buchhändler-Akademie 1 (1884), S. 164–171, 221–231, 271–291, 372–375, 385–401, 454–474, 519–541.
Mommsen, Wolfgang J.: Die Urkatastrophe Deutschlands. Der Erste Weltkrieg 1914–1918. Gebhardt Handbuch der deutschen Geschichte. Bd. 17. Stuttgart: Klett-Cotta 2002 (10. völlig neu bearbeitete Auflage).
Montanus, Hermann: Taschenbuch und Bahnhofsbuchhandel. In: Almanach. Das 75. Jahr S. Fischer Verlag. Frankfurt/M.: S. Fischer 1961, S. 141–146.
Morel, Julian: Pullman. The Pullman Car Company – it service, cars, and traditions. Newton Abbot/London: David & Charles 1983.
Moser, Dietz-Rüdiger: Demokratisierung des Reisens. Die Eisenbahn in der zeitgenössischen Literatur und Publizistik vornehmlich aus Bayern (1835–1920). In: Weichenstellungen. Eisenbahnen in Bayern 1835–1920. Eine Ausstellung des Bayerischen Hauptstaatsarchivs München, 29. November 2001 bis 3. Februar 2002. München 2001, S. 440–455.
Moufang, Wilhelm: Die gegenwärtige Lage des deutschen Buchwesens. Eine Darstellung der Spannungen und Reformbewegungen am Büchermarkt. Berlin/Leipzig: Schweitzer Verlag 1921.
Mühlbrecht, Otto: Das Haus Hachette & Co in Paris. In: Börsenblatt für den deutschen Buchhandel. Nr. 233 und Nr. 235, Jg. 38, 1871, S. 3206–3209.
Müller, Ernst: „Der Einsame, der die Fahrt eines Eisenbahnzuges gestört hat“. Wahrnehmungs-, Kommunikations- und Bewegungstechniken bei Kierkegaard. In: Dotzler, Bernhard J./Müller, Ernst (Hgg.): Wahrnehmung und Geschichte. Markierungen zur Aisthesis Materialis. Berlin: Akademie Verlag 1995, S. 43–80.
Müller, Hans-Peter: Sozialstruktur und Lebensstile. Der neue theoretische Diskurs über soziale Ungleichheit. Frankfurt/M.: Suhrkamp 1992 (stw 982).
Müller, Marcel: Die „Deutsche Dichter-Gedächtnis-Stiftung“. In: Archiv für Geschichte des Buchwesens 26 (1986), S. 131–215.
Müller, Monika: Zwischen Kunst und Technik. Eisenbahnwaggons und ihre Ausstattung. In: Eisenbahnjahr Ausstellungsgesellschaft mbH Nürnberg (Hg.): Zug der Zeit – Zeit der Züge. Deutsche Eisenbahn 1835–1985. 2 Bde. Bd. 2. Berlin: Siedler 1985, S. 563–576.
Mumby, Frank Arthur: The House of Routledge 1843–1934. With a history of Kegan Paul, Trench, Trübner and other associated firms. London: Routledge 1934.
Mundt, Jörn W.: Einführung in den Tourismus. München/Wien: Oldenbourg 2001 (2. erg. Auflage).

Nahnsen, Otto: Der Straßenhandel mit Zeitungen und Druckschriften in Berlin. Essen: Wirtschaftl. Nachrichten aus dem Ruhrbezirk 1922.
Neumann, Peter: Herstellungstechnik und Buchgestaltung. In: Jäger, Georg (Hg.): Geschichte des deutschen Buchhandels im 19. und 20. Jahrhundert. Bd. 1. Tl. 1: Das Kaiserreich 1870–1918. Frankfurt/M.: Buchhändler-Vereinigung GmbH 2001, S. 170–196.
Neuschäfer, Hans-Jörg: Populärromane im 19. Jahrhundert von Dumas bis Zola. München: Wilhelm Fink 1976 (UTB 524).
Nicolai, Friedrich: Beschreibung einer Reise durch Deutschland und die Schweiz, im Jahre 1781. Nebst Bemerkungen über Gelehrsamkeit, Industrie, Religion und Sitten. 12 Bde. Berlin: Friedrich Nicolai 1783–1796.

Nies, Fritz: Bahn und Bett und Blütenduft. Eine Reise durch die Welt der Lesebilder. Darmstadt: Wissenschaftliche Buchgesellschaft 1991.

Nipperdey, Thomas: Deutsche Geschichte. 1866–1918. 3 Bde. München: C.H. Beck 1998.

Norton, Charles B.: Reading for the Rail. In: Norton's Literary Gazette 2 (1852), S. 108.

Nussbaum, Uwe: Brücke über die Ostsee. Der Seedienst Ostpreußen 1920–1944. Hamburg: Koehler 1999.

Nusser, Peter: Der Kriminalroman. Stuttgart: Metzler 1992 (Sammlung Metzler. 191).

–: Entwurf einer Theorie der Unterhaltungsliteratur. In: Sprache im technischen Zeitalter 1 (1982), 1, S. 28–58.

–: Trivialliteratur. Stuttgart: Metzler 1991 (Sammlung Metzler. 262).

Nutz, Walter: Massenliteratur. In: Glaser, Horst Albert (Hg.): Deutsche Literatur. Eine Sozialgeschichte. Bd. 9. Weimarer Republik – Drittes Reich: Avantgardismus, Parteilichkeit, Exil 1918–1945. Reinbek bei Hamburg: Rowohlt 1989, S. 200–211 (rororo 6258).

Oesterle, Günter: „Unter dem Strich". Skizze einer Kulturpoetik des Feuilletons im neunzehnten Jahrhundert. In: Barkhoff, Jürgen/Carr, Gilbert/Paulin, Roger (Hgg.): Das schwierige neunzehnte Jahrhundert. Germanistische Tagung zum 65. Geburtstag von Eda Sagarra im August 1998. Tübingen: Niemeyer 2000, S. 229–250.

Oriard, Michael: Popular Literature. In: Cayton, Mary Kupiec/Gorn, Elliot J./Williams, Peter W.: Encyclopaedia of American Social History. 3 Vol. New York: Charles Scribner's Son 1993, S. 1727–1742.

Otness, Harold M.: Passenger Ship Libraries. In: Journal of Library History 14 (1979), 4, S. 486–475.

Ottmüller-Wetzel, Birgit: Auswanderung über Hamburg. Die H.A.P.A.G. und die Auswanderung nach Nordamerika 1870–1914. Berlin/Hamburg: Inaugural-Dissertation zur Erlangung der Würde eines Doktors der Philosophie an der Freien Universität Berlin 1986.

Peddie, Robert Alexander: Railway Literature 1556–1830. A Handlist. London: Grafton 1931.

Petersen, Klaus: Literatur und Justiz in der Weimarer Republik. Stuttgart: Metzler 1988.

–: Zensur in der Weimarer Republik. Stuttgart: Metzler 1995.

Pfaff, Robert: Eine Schweizerreise mit der Eisenbahn und dem Dampfschiff im Jahr 1866. In: Schaffhauser Beiträge zur Geschichte Schaffhausens 71 (1994), S. 163–180.

Pfeiffer, Helmut/Jauß, Hans Robert /Gaillard, Francois (Hgg.): Art social und art industriel. Funktionen der Kunst im Zeitalter der Industrialisierung. München: Fink 1987.

Phillips, Samuel: The literature of the rail. Republished, by permission, from „The Times" of Saturday, 9th August 1851. London: John Murray 1851.

Pierson, John S.: Ship's Libraries, their need and usefulness. 1878.

Planz, Gabriele: Langeweile. Ein Zeitgefühl in der deutschsprachigen Literatur der Jahrhundertwende. Marburg: Tectum Verlag 1996.

Popp, Helmut: In der Kutsche durch Europa. Von der Lust und Last des Reisens im 18. und 19. Jahrhundert. Nördlingen: Greno 1989.

Prahl, Hans-Werner/Steinecke, Albrecht: Tourismus. Stuttgart: Reclam 1981 RUB 9564).

Pressbyrån 75 år. Stockholm. Utgivare AB Svenska Pressbyrån 1974.

Pressler, Karl H.: Die Tauchnitz-Edition: Anfang und Ende einer berühmten Reihe. In: Aus dem Antiquariat. Beilage zum Börsenblatt für den Deutschen Buchhandel. Frankfurter Ausgabe. Nr. 95 vom 28. November 1978, S. A 405 – A 415.

Pretzel, Ulrike: Die Literaturform Reiseführer im 19. und 20. Jahrhundert. Untersuchungen am Beispiel des Rheins. Frankfurt/M.: Peter Lang 1995 (Europäische Hochschulschriften Reihe 1: Deutsche Sprache und Literatur. 1531).

Prignitz, Horst: Vom Badekarren zum Strandkorb. Zur Geschichte des Badewesens an der Ostseeküste. Leipzig: Koehler & Amelang 1977.

Pudney, John: Alles inbegriffen. Die Geschichte des Hauses Cook. Stuttgart: Tauchnitz 1955.

Radkau, Joachim: Angst und Angstabwehr als Regulative der Technikgeschichte. Gedanken zu einer Heuristik der Furcht. In: Kerner, Max (Hg.): Technik und Angst. Zur Zukunft der industriellen Zivilisation. Aachen: Thonet 1997, S. 53–72.

–: Das Zeitalter der Nervosität. Deutschland zwischen Bismarck und Hitler. München: C. Hanser 1998.

–: Die wilhelminische Ära als nervöses Zeitalter, oder: die Nerven als Netz zwischen Tempo- und Körpergeschichte. In: Geschichte und Gesellschaft 20 (1994), 2, S. 211–241.

–: Technik im Temporausch der Jahrhundertwende In: Salewski, Michael/Stölken-Fitschen, Ilona (Hgg.): Moderne Zeiten. Technik und Zeitgeist im 19. und 20. Jahrhundert. Stuttgart 1994, S. 61–75.

Rae, W. Fraser: Das Reisegeschäft. Ein Rückblick auf 50jährige Tätigkeit (Org.: Business of travel). Wien: Cook 1891.

Rarisch, Ilsedore: Industrialisierung und Literatur. Buchproduktion, Verlagswesen und Buchhandel in Deutschland im 19. Jahrhundert in ihrem statistischen Zusammenhang. Berlin: Colloquium Verlag 1976 (Historische und Pädagogische Studien. 6).

Rehbein, Elfriede: Zu Wasser und zu Lande. Die Geschichte des Verkehrswesens von den Anfängen bis zum Ende des 19. Jahrhunderts. München. C.H. Beck 1984.

Reichard, Heinrich A.O.: Der Passagier auf Reisen. Ein Reisehandbuch für Jedermann (1814). Berlin: Herbig 1858.

Reimann, Hans: Der Kriminalroman. In: Die Weltbühne 25 (1929). Vollständiger Nachdruck der Jahrgänge 1918–1933. Königstein/T.: Athenäum Verlag 1978, S. 827–829.

Reinhardt, Dirk: Von der Reklame zum Marketing. Geschichte der Wirtschaftswerbung in Deutschland. Berlin: Akademie-Verlag 1993.

Reiter, Michael: Rheinpanoramen – Reiseschriften und Souvenirs. In: Aus dem Antiquariat. Nr. 51 vom 29. Juni 1993, S. A 220–A223.

Reul, Georg: Planung und Gründung der Deutschen Lufthansa AG 1949 bis 1955. Köln: Botermann & Botermann 1995.

Reulecke, Jürgen: Vom blauen Montag zum Arbeitsurlaub. Vorgeschichte und Entstehung des Erholungsurlaubs für Arbeiter vor dem Ersten Weltkrieg. In: Archiv für Sozialgeschichte 16 (1976), S. 205–248.

Richards, Jeffrey/Mackenzie, John M.: The Railway Station. A social history. Oxford: Oxford Univ. Press 1986.

Richie, John Frances: Railroad Reading Rooms and Libraries in Ohio 1865–1900. Ohio: Kent State University 1965 (Association of College and Research Libraries; Microcard Nr. 149).

Riegel, Robert Edgar: The Story of the Western Railroads. From 1852 through the Reign of the Giants. Lincoln/London: University of Nebraska Press 1964.

Röll, Victor von (Hg.): Enzyklopädie des Eisenbahnwesens. Wien: Carl Gerold's Sohn 1891.

Rosenberg, Douglas: Die Entwicklungsgrundlage eines Weltbades. Heidelberg: Maschinenschriftliche Diss. Heidelberg 1923.

Roth, Ralf: Das Jahrhundert der Eisenbahn. Die Herrschaft über Raum und Zeit 1800–1914. Ostfildern: Thorbecke Verlag 2005.

Rüschemeyer, Dietrich: Professionalisierung. Theoretische Probleme für die vergleichende Geschichtsforschung. In: Geschichte und Gesellschaft. Zeitschrift für Historische Sozialwissenschaft, 6 (1980), 3, S. 311–325.

–: Professions. Historisch und kulturell vergleichende Überlegungen. In: Albrecht, Günter/Daheim, Hansjürgen/Sack, Fritz (Hgg.): Soziologie. Sprache, Bezug zur Praxis, Verhältnis zu anderen Wissenschaften. René König zum 65. Geburtstag. Opladen: Westdeutscher Verlag 1973, S. 250–260.

Saalfeld, Diedrich: Materialien zur Beurteilung der Buchpreise und Leihgebühren im Rahmen der allgemeinen Preisentwicklung und der Lebenshaltungskosten des 19. Jahrhunderts. In: Jäger, Georg: Die Leihbibliothek als Institution des literarischen Lebens im 18. und 19. Jahrhunderts. Organisationsformen, Bestände und Publikum. Hamburg: Hauswedell 1980, S. 63–88 (Wolfenbütteler Schriften zur Geschichte des Buchwesens. 3).

Sachsse, Hans (Hg.): Technik und Gesellschaft. München: Dokumentation München 1975/1976 (UTB 473, 570, 622).

Sailer, Anton: Glanz und Elend des „Simplicissimus". In: Simplicissimus. Eine satirische Zeitschrift München 1896–1944. Katalog zur Ausstellung auf der Mathildenhöhe Darmstadt 24. Juni bis 13. August 1978. München: Thiemig AG 1978, S. 35–52.

Sarkowski, Heinz: Der Insel Verlag. Eine Bibliographie, 1899–1969. 2. Aufl., überarbeitet und ergänzt von Heinz Sarkowski. Leipzig/Frankfurt/M.: Insel 1999.

Sautermeister, Gert: Reiseliteratur als Ausdruck der Epoche. In: Ders./Schmid, Ulrich/ (Hgg.): Hanser Sozialgeschichte der deutschen Literatur vom 16. Jahrhundert bis zur Gegenwart. Bd. 5. Zwischen Restauration und Revolution 1815–1848. München: C. Hanser 1998, S. 116–150.

Schaefer, Helma: Die Wirksamkeit und Bedeutung Carl Berend Lorcks für das Buchgewerbe, für das Verlagswesen und die Anfänge der modernen Buchkunstbewegung in der 2. Hälfte des 19. Jahrhunderts in Leipzig. In: Beiträge zur Geschichte des Buchwesens 6 (1973), S. 91–138.

Scheidt, Gabriele: Der deutsche Kolportagebuchhandel 1869–1905. Eine systemtheoretische Rekonstruktion. Stuttgart: M & P 1994.

Schenda, Rudolf: Volk ohne Buch. Studien zur Sozialgeschichte der populären Lesestoffe 1770–1910. München: Deutscher Taschenbuchverlag 1977 (dtv 4282).

Schick, Frank L.: The Paperbound Book in America. The History of Paperbacks and Their European Background. New York: R.R. Bowker Company 1958.

Schieck, Hans: Die Behandlung der Sozialisierungsfrage in den Monaten nach dem Staatsumsturz. In: Kolb, Eberhard (Hg.): Vom Kaiserreich zur Weimarer Republik. Köln: Kiepenheuer & Witsch 1972, S. 138–164.

Schivelbusch, Wolfgang: Geschichte der Eisenbahnreise. Zur Industrialisierung von Raum und Zeit im 19. Jahrhundert. Frankfurt/M: S. Fischer 1995 (Fischer Taschenbuch 4414).

Schivelbusch, Wolfgang: Lichtblicke. Zur Geschichte der künstlichen Helligkeit im 19. Jahrhundert. München: C. Hanser 1983.

Schliebusch, Fritz: Die deutsche Eisenbahn im Spiegel ihrer Zeit, vornehmlich der Literatur und der Presse. Köln: Verlag 1928.

Schmidt, Rudolf: Deutsche Buchhändler, Deutsche Buchdrucker. Beiträge zu einer Firmengeschichte des deutschen Buchgewerbes. Reprint. Hildesheim/New York: Olms Verlag 1979.

Schmitt, Karl/Hahn, Ulrich: Unsere Firmengeschichte 1841–1991 zum 150jährigen Jubiläum. Heidelberg: Karl Schmitt 1991.

Schmitt, Karl: Unsere Firmengeschichte 1841–1966. Heidelberg: Karl Schmitt & Co. 1966.

Schöll, Franz: Zur Vereinigung der Postdienste der Deutschen Bundespost und der Deutschen Post. 1. Fortsetzung. In: Postpraxis 44 (1993), 2, S. 36.

Schön, Erich: Der Verlust der Sinnlichkeit oder die Verwandlung des Lesers. Mentalitätswandel um 1800. Stuttgart: Klett-Cotta 1987.

Schönert, Jörg: Kriminalgeschichten in der deutschen Literatur zwischen 1770 und 1890. Zur Entwicklung des Genres in sozialgeschichtlicher Perspektive. In. Vogt, Jochen (Hg.): Der Kriminalroman. Politik, Theorie, Geschichte. München: Fink 1998, S. 322–339.

Schöwerling, Rainer/Steinecke, Hartmut (Hgg.): Die Fürstliche Bibliothek Corvey. Ihre Bedeutung für eine neue Sicht der Literatur des frühen 19. Jahrhunderts. Beiträge des 1. Internationalen Corvey-Symposions. 25.–27. Oktober 1990 in Paderborn. München: Fink 1992.

Schrenner, Doris: Die Harzer Bergwerke – Wirtschaftszweig und romantisches Reiseziel. In: Silvio Vietta (Hgg.): Romantik in Niedersachsen. Der Beitrag des protestantischen Nordens zur Entstehung der literarischen Romantik in Deutschland. Hildesheim: Olms 1986, S. 61–73.

Schücking, Levin: Von Minden nach Köln. Schilderungen und Geschichten: Leipzig: Brockhaus 1856 (Reisebibiliothek Eisenbahn und Dampfschiffe).

Schultze, Ernst: Die Gefahren der Schundliteratur und ihre Bekämpfung durch die Schule. Langensalza: Julius Beltz 1910.

Schulz, Gerd: Das Klassikerjahr 1867 und die Gründung von Reclams Universal-Bibliothek. In: Bode, Dietrich (Hgg.): Reclam. 125 Jahre Universalbibliothek: 1867–1992. Verlags- und kulturgeschichtliche Aufsätze. Stuttgart: Reclam 1992, S. 11–28.

Schulz, Klaus: „Kladderadatsch". Ein bürgerliches Witzblatt von der Märzrevolution bis zum Nationalsozialismus 1848–1944. Bochum: Studienverlag Dr. N. Brockmeyer 1975 (Bochumer Studien zur Publizistik- und Kommunikationswissenschaft. 2).

Schütz, Hans J.: Verbotene Bücher. Eine Geschichte der Zensur von Homer bis Henry Miller. C.H. München: Beck 1990 (Beck'sche Reihe 415).

Schwipps, Werner: Schwerer als Luft. Die Frühzeit der Flugtechnik in Deutschland. Koblenz: Bernhard & Graefe 1984.

Seegers, Lu: Uhu, Koralle, Die Dame und das Blatt der Hausfrau. In: 125 Jahre Ullstein. Presse- und Verlagsgeschichte im Zeichen der Eule. Berlin: Axel Springer Verlag AG 2002, S. 62–69.

Segeberg, Harro (Hg.): Technik in der Literatur. Ein Forschungsüberblick und zwölf Aufsätze. Frankfurt/M.: Suhrkamp 1987 (stw 655).

–: Literarische Technik-Bilder. Studien zum Verhältnis von Technik- und Literaturgeschichte im 19. und frühen 20. Jahrhundert. Tübingen: Niemeyer 1987 (Studien und Texte zur Sozialgeschichte der Literatur. 17).

Seitz, Gabriele: Wo Europa den Himmel berührt. Die Entdeckung der Alpen. München/Zürich Artemis-Verlag 1987.

Sellmann, Adolf: Der Kampf gegen Schmutz und Schund von evangelischer Seite. In: Schmutz und Schund als soziopathologische Erscheinung. Münster: Verlag der Aschendorff'schen Verlagsbuchhandlung 1926, S. 51–65.

Siebe, Michaele: Von der Revolution zum nationalen Feindbild. Frankreich und Deutschland in der politischen Karikatur des 19. Jahrhunderts. „Kladderadatsch" und „Le Charivari". Münster/Hamburg: Lit Verlag 1995.

Siegert, Elvira: Bald nannte man ihn „den illustrierten Weber". Ein Beitrag zum 100. Todestag des Leipziger Verlegers Johann Jakob Weber. In: Börsenblatt für den deutschen Buchhandel. Leipziger Ausgabe. Nr. 51/52 vom 16.12.1980, S. 986–992.

Siemann, Wolfram/Graf, Andreas: Recht, Staat und Öffentlichkeit. In: Jäger, Georg (Hrsg.): Geschichte des deutschen Buchhandels im 19. und 20. Jahrhundert. Bd.1. T. 1. Frankfurt/M.: Buchhändler-Vereinigung GmhB 2001, S. 87–121.

Siemann, Wolfram/Zimmermann, Verena/Grünert, Alexandra: „Inventar archivalischer Quellen zur Geschichte des deutschen Buchhandels- und Verlagswesens im 19. und 20. Jahrhundert". In: Buchhandelsgeschichte 2 (1998), S. B 104–B 106.

Sigaux, Gilbert: Geschichte des Tourismus. Lausanne: Ed. Recontre 1966.

Simmel, Georg: Die Großstädte und das Geistesleben. In: Ders.: Soziologische Ästhetik. Darmstadt: Wissenschaftliche Buchgesellschaft 1998, S. 119–133.

Simmel, Georg: Soziologie der Sinne. In: Ders.: Soziologische Ästhetik. Darmstadt: Wissenschaftliche Buchgesellschaft 1998, S. 135–149.

–: Soziologie. Untersuchungen über die Formen der Vergesellschaftung. Frankfurt/M.: Suhrkamp 1992 (st 811).

Skallerup, Harry R.: Books afloat & ashore. A history of books, libraries, and reading among seamen during the age of sail. Hamden/Conn.: Archon Books 1974.

Smith, Richard V.: Travel and Vacations. In: Cayton, Mary Kupiec/Gorn, Peter J./Williams, Peter W.: Encyclopaedia of American Social History. 3 Vol. New York: Charles Scribner's Son 1993, S. 1677–1688.

Sölch, Werner: Orient-Express. Glanzzeit, Niedergang und Wiedergeburt eines Luxuszuges. Düsseldorf: Alba [4]1998.

Soennecken, Friedrich: Das deutsche Schriftwesen und die Notwendigkeit seiner Reform. Bonn/Leipzig: Soennecken 1881.
Spael, Wilhelm: Das Buch im Geisteskampf. 100 Jahre Borromäusverein. Bonn: Borromäusverein 1950.
Spielhagen, Friedrich: Die epische Poesie unter dem wechselnden Zeichen des Verkehrs. In: Ders.: Neue Beiträge zur Theorie und Technik der Epik und Dramatik. Leipzig: Verlag Staackmann 1898, S. 17–51.
Spode, Hasso: Der moderne Tourismus – Grundlinien seiner Entstehung und Entwicklung vom 18. bis zum 20. Jahrhundert. In: Storbeck, Dietrich (Hg.): Moderner Tourismus. Tendenzen und Aussichten. Trier: Selbstverlag der Geographischen Gesellschaft Trier 1988.
–: Ein Seebad für zwanzigtausend Volksgenossen. Zur Grammatik und Geschichte des fordistischen Urlaubs. In: Brenner, Peter J.: (Hg.): Reisekultur in Deutschland: Von der Weimarer Republik zum „Dritten Reich“. Tübingen: Niemeyer Verlag 1997, S. 7–47.
–: Zur Geschichte des Tourismus. Eine Skizze der Entwicklung der touristischen Reisen in der Moderne. Starnberg: Studienkreis für Tourismus e.V. 1987.
Stach, Reiner: 100 Jahre S. Fischer Verlag 1886–1986. Kleine Verlagsgeschichte. Frankfurt/M.: S. Fischer 1986.
Stangen, Carl: Eine Reise um die Erde 1878/1879. Leipzig: A. Krüger ^{2}1880.
Stangen, Carl: Entstehung und Entwicklung von Carl Stangen's Reise-Bureau mit kurzer Erwähnung der gleichartigen Reise-Unternehmen. Berlin: C. Stangen 1900.
Stark, D. Gary: Pornographie, Society, and the law in imperial Germany. In: Central European History XIV (1981), 3, S. 200–229.
Starke, Gerhard: Bildungsbestreben und Schundkampf der Sozialdemokratie. In: Schmutz und Schund als soziopathologische Erscheinung. Münster: Verlag der Aschendorff'schen Verlagsbuchhandlung 1926, S. 66–77.
Stein, Conrad R.: The transcontinental Railroad in America history. Springfield, NJ.: Enslow Publishers 1997.
Sternberger, Dolf: Panorama oder Ansichten vom 19. Jahrhundert. Frankfurt/M.: Suhrkamp 1974 (st 179).
Stevens, Margret: Baltimore and Ohio Railroad Company Library. In: Special Libraries 35 (1944), July–August S. 299–304.
Stevens, Margret: Want to be a Railroad Librian. In: Library Journal 69 (1944), S. 635–636.
Stöber, Rudolf: Zeitungsstadt Berlin – Überschätzt, Unterschätzt, Vergessen? In: 125 Jahre Ullstein. Presse- und Verlagsgeschichte im Zeichen der Eule. Berlin: Axel Springer Verlag AG 2002, S. 34–39.
Stöckle, Wilhelm: Buchabsatz mit Automaten. Hamburg: Verlag für Buchmarkt-Forschung 1970.
Storim, Mirjam: „Einer, der besser ist, als sein Ruf“. Kolportageroman und Kolportagebuchhandel um 1900 und die Haltung der Buchbranche. In: Maase, Kaspar/Kaschuba, Wolfgang (Hgg.): Schund und Schönheit: Populäre Kultur um 1900. Köln/Weimar/Wien: Böhlau 2001, S. 252–282.
Storim, Mirjam: Ästhetik im Umbruch. Zur Funktion der „Rede über Kunst“ um 1900 am Beispiel der Debatte um Schmutz und Schund. Tübingen: Niemeyer 2002.
–: Literatur und Sittlichkeit. Die Unterhaltungsliteraturdebatte um 1900. In: Lehmstedt, Mark/Herzog, Andreas (Hgg.): Das bewegte Buch. Buchwesen und soziale, nationale und kulturelle Bewegungen um 1900. Wiesbaden: Harrassowitz 1999, S. 369–396.
Stover, John F.: History of the Baltimore and Ohio Railroad. West Lafayette/Indiana: Purdue University Press 1995.
Strindberg, August: Bland Franska bönder. Avd. II. 1885/1886. Stockholm, 1985 (Edition: Strindbergprojektet Stockholm Universitet. Literaturvetenskapliga institutionen).
Suerbaum, Ulrich: Text, Gattung, Intertextualität. In: Fabian, Bernhard (Hg.): Ein anglistischer Grundkurs. Einführung in die Literaturwissenschaft. 8. durchgesehene und ergänzte Auflage. Berlin: Erich Schmidt Verlag 1998, S. 81–122.

Sundin, Staffan: Från bokförlag till mediekoncern. Huset Bonnier 1909–1929. Göteborg: Graphic Systems 1996.

–: From Book Publishing Company to Media Group. The House of Bonnier 1909–1929. Göteborg: Publications of the Department of Economic History, University of Gothenburg 1996.

–: Konsolidering och expansion 1930–1954. Bonniers-en mediefamilj. Stockholm: Bonnier 2002.

Svedjedal, Johan: The literary Web. Literature and Publishing in the Age of Digital Production. A Study in the Sociology of Literature. Publishing from the Section for Sociology of Literature at the Department of Literature, Uppsala University. Stockholm: Kungl. Biblioteket 2000.

Svendsen, Lars: Kleine Philosophie der Langeweile. Frankfurt/M.: Insel Verlag 2002.

Svenska Pressbyrån 1899–1923. Verksamhets – översikt. Efter 25:te Arbetsårets utgång. Stockholm: Cederquists Grafiska Aktiebolag 1924.

Sveriges Järnvägar hundra år. 1856–1956. Minnesskrift. Utgiven ar Kungl. Järnvägstyrelsen med Anledning ar Statens Järnvägars. 100–Årsjubileum 1956.

Tavenrath, Simone: So wundervoll sonnengebräunt. Kleine Kulturgeschichte des Sonnenbadens. Marburg: Jonas 2000.

Tebbel, John: A History of Book Publishing in the United States. Vol. 2: The Expansion of an Industry 1865–1919. New York/London: Bowker 1972.

The Time Machine. Sveriges Järnvägsmuseum. Swedish Railway Museum. Gävle: Sandvikens Tryckerei 1999.

Then, Volker: Eisenbahnen und Eisenbahnunternehmer in der Industriellen Revolution. Göttingen: Vandenhoeck & Ruprecht 1997 (Kritische Studien zur Geschichtswissenschaft. 120).

Tilghman, Granville: The Seabord Air Line Railway Free Traveling Library System. In: Southeastern Librarian 10 (1960), Fall, S. 126–136.

Toeppfer, Georg: Die Bordbuchhandlungen auf den deutschen Überseedampfern. In: Börsenblatt für den Deutschen Buchhandel Nr. 70 vom 22. März 1928, S. 317–318.

Topp, Chester W.: Victorian Yellwobacks & Paperbacks 1849–1905. 5 Bde. Denver/Colorado: Hermitage Antiquarian Bookshop 1993–2003.

Turbinen-Schnelldampfer Imperator. Hamburg: Hamburg-Amerika-Linie 1913.

Tyszka, Carl von: Die Sozialisierung des Wirtschaftslebens. Grundsätzliches über Möglichkeiten und Notwendigkeiten. 2. neubearbeitete Auflage. Jena: Gustav Fischer 1922.

Ukena, P.: Magazin. In: Corsten, Severin/Füssel, Stephan/Pflug, Günther (Hgg.): Lexikon des gesamten Buchwesens. LGB². Bd. 5. Stuttgart: Hiersemann 1999, S. 18–19.

Ulbricht, Justus H./Werner, Meike G.: Romantik, Revolution und Reform: Der Eugen Diederichs Verlag im Epochenkontext 1900–1949. Göttingen: Wallstein 1999.

Ullrich, Volker: Die nervöse Großmacht 1871–1918. Aufstieg und Untergang des deutschen Kaiserreichs. Frankfurt/M.: S. Fischer 1999 (Fischer Taschenbuch. 11694).

Umlauff, Ernst: Beiträge zur Statistik des Deutschen Buchhandels. Leipzig: Verlag des Börsenvereins der Deutschen Buchhändler 1934.

Urry, John: The Tourist Gaze. Leisure and Travel in Contempary Societies. London/Newbury Park/New Delhi: Sage 1990.

Vaternahm, August: Die Bahnhofsbuchhandlung August Vaternahm 1874–1974. Kassel: Vaternahm 1974.

Verein der Leihbibliothek für das reisende Publikum. In: Deutsche Schriftsteller-Zeitung 2 (1886), S. 116–117.

Vincent, William: Seen from the Railway Platform. Fifty Years' Reminiscences. London: T. Fisher Unwin LTD 1919.

Vogel, Martin: Die Geschichte des Urheberrechts im Kaiserreich. In: Archiv für Geschichte des Buchwesens 31 (1988), S. 203–220.

Vogt, Jochen (Hg.): Der Kriminalroman. Politik, Theorie, Geschichte. München: Fink 1998, S. 322–339.

Vorsteher, Dieter: Bildungsreisen unter Dampf. In: Bausinger, Hermann/Beyrer, Klaus/Korff, Gottfried (Hgg.): Reisekultur. Von der Pilgerfahrt zum modernen Tourismus. München: C.H. Beck 1991, S. 304–311.

Vorsteher, Dieter: Reisen mit der Eisenbahn. Von der Kutsche zur „Reisemaschine“. In: Eisenbahnjahr Ausstellungsgesellschaft mbH Nürnberg (Hg.): Zug der Zeit – Zeit der Züge. Deutsche Eisenbahn 1835–1985. 2 Bde. Bd. 2. Berlin: Siedler 1985, S. 404–432.

Voßkamp, Wilhelm: Gattungen als literarisch-soziale Institutionen. Zu Problemen sozial- und funktionsgeschichtlich orientierter Gattungstheorie und –historie. In: Hinck, Walter (Hg.): Textsortenlehre – Gattungsgeschichte. Heidelberg: Quelle & Meyer 1977, S. 27–44.

Wagner, Monika: Der flüchtige Blick. Geschwindigkeitsdarstellungen im 19. Jahrhundert. In: Eisenbahnjahr Ausstellungsgesellschaft mbH Nürnberg (Hg.): Zug der Zeit – Zeit der Züge. Deutsche Eisenbahn 1835–1985. 2 Bde. Bd. 2. Berlin: Siedler 1985, S. 529–536.

Wanjek, Peter: Der deutsche Heftroman. Ein Handbuch der zwischen 1900 und 1945 im Deutschen Reich erschienenen Romanhefte. Wilfendorf: Ganzbiller 1993.

Weber, Heinz-Dieter: Harzreise und der Tourismus. In: Der Deutschunterricht 38 (1986), 1, S. 51–64.

Weber, Max Maria von: Die Schule des Eisenbahnwesens. Kurzer Abriß der Geschichte, Technik, Administration und Statistik der Eisenbahnen. Leipzig: Weber 1857.

Weber, Wolfhard: Verkürzung von Zeit und Raum. Techniken ohne Balance zwischen 1840 und 1880. In: Propyläen Technikgeschichte. Bd. 4: Netzwerke, Stahl und Strom 1840 bis 1914. Berlin: Ullstein 1997.

Wehler, Hans-Ulrich: Das Deutsche Kaiserreich 1871–1918. Göttingen: Vandenhoeck & Ruprecht ^{7}1994 (Deutsche Geschichte. 9).

–: Deutsche Gesellschaftsgeschichte 1849–1914. Bd. 3: Von der „Deutschen Doppelrevolution“ bis zum Beginn des Ersten Weltkriegs 1849–1914. München: C.H. Beck 1995.

Weichenstellungen. Eisenbahnen in Bayern 1835–1920. Eine Ausstellung des Bayerischen Hauptstaatsarchivs. 29. November 2001 bis 3. Februar 2002. München: Bayerisches Hauptstaatsarchiv 2001.

Weihrauch, Franz-Josef: Geschichte der Rheinreise 1770–1860. Politik, Kultur, Ästhetik und Wahrnehmung im historischen Prozeß. Marburg: Univ. Diss. 1989.

Wellershoff, Dieter: Vorübergehende Entwirklichung. Zur Theorie des Kriminalromans. In: Vogt, Jochen (Hg.): Der Kriminalroman. Politik, Theorie, Geschichte. München: Fink 1998, S. 499–522.

Welt, Birgit: Bücher ins Feld! Die literarische Versorgung der Soldaten im Ersten Weltkrieg. In: Buchhandelsgeschichte 1 (1995), S. B1–B16.

Welten, Oscar: Der Verein der Leihbibliothek für das reisende Publikum. In: Deutsche Schriftsteller-Zeitung 2 (1886), 29, Sp. 116–117.

Wendt, Bernhard: Abriß einer Geschichte der älteren buchhändlerischen Fachpresse und ihre Quellen. In: Aus dem Antiquariat 30 (1950), S. A 309–A 328.

Westerdiek, Ulrich: Aufbruch in das Industriezeitalter. Die Eisenbahn im 19. Jahrhundert. In: Eisenbahnjahr Ausstellungsgesellschaft mbH Nürnberg (Hg.): Zug der Zeit – Zeit der Züge. Deutsche Eisenbahn 1835–1985. 2 Bde. Bd. 1. Berlin: Siedler 1985, S. 102–134.

Wiborg, Susanne/Wiborg, Klaus: 1847–1997. Unser Feld ist die Welt. 150 Jahre Hapag-Lloyd. Hamburg: Hapag-Lloyd 1997.

Wickram, Georg: Das Rollwagenbüchlein. In: Ders: Sämtliche Werke. Hg. v. Hans-Gert Roloff. Bd. 7. Berlin/New York: de Gruyter 1973.

Wiese, Leopold von: Die Sozialisierung des Buchverlags. In: Sinzheimer, Ludwig (Hg.): Die geistigen Arbeiter. Tl. 1. München/Leipzig: Freies Schriftstellertum und Literaturverlag 1922, S. 387–414 (Schriften des Vereins für Sozialpolitik. 152).

Wilke, Jürgen: Die periodische Presse im Kaiserreich. In: Archiv für Geschichte des Buchwesens 31 (1988), S. 221–230.

Winkler, Heinrich August: Deutsche Geschichte vom Ende des Alten Reiches. Der Untergang der Weimarer Republik. München: C.H. Beck 2000.

Winter, Calvin: The Libraries in the Transatlantic Liners. In: Bookman 33 (1911), June, S. 368–375.

Winterroll, Michael: LeseReise. Stuttgart-Hamburg. Berlin: Argon Verlag GmbH 1997.

Winterscheidt, Friedrich: Deutsche Unterhaltungsliteratur der Jahre 1850–1860. Bonn: Bouvier 1970.

Wissell, Karl von: Zur Geschichte des Bahnhofsbuchhandels. In: Der neue Vertrieb. 52 (1952), 75, S. 208–210.

Witthöft, Hans Jügen: Norddeutscher Lloyd Bremen. Hamburg: Koehlers 1977 (3. überarbeitete Auflage).

Witthöft, Hans Jürgen: HAPAG Hamburg-Amerika Linie. Hamburg: Koehler ^{3}1997.

Wittmann, Reinhard: Buchmarkt und Lektüre im 18. und 19. Jahrhundert. Beiträge zum literarischen Leben 1750–1880. Tübingen: Niemeyer 1982 (Studien und Texte zur Sozialgeschichte der Literatur. 6).

–: Der Sortimentsbuchhandel im Kaiserreich. Bemerkungen „Allgemeinen Wahlzettel für den deutschen Buchhandel". In: Archiv für Geschichte des Buchwesens 31 (1988), S. 231–246.

–: Die frühen Buchhändlerzeitschriften als Spiegel des literarischen Lebens. In: Archiv für Geschichte des Buchwesens 13 (1973), S. 613–932.

–: Geschichte des deutschen Buchhandels. München: C.H. Beck 1995 (2. überarbeitete und erweiterte Auflage).

Wolf, Winfried: Eisenbahn und Autowahn. Personen- und Gütertransport auf Schiene und Straße. Geschichte, Bilanz, Perspektiven. Hamburg/Zürich: Rasch & Röhrig 1987.

Wülfing, Wulf: Junges Deutschland. Texte, Kontexte, Abbildungen, Kommentar München: C. Hanser 1978 (Reihe Hanser. 244).

–: Medien der Moderne: Londons Straßen in den Reiseberichten von Johanna Schopenhauer bis Theodor Fontane. In: Fuchs, Anne/Harden, Theo (Hgg.): Reisen im Diskurs. Modelle der literarischen Fremderfahrung von den Pilgerberichten bis zur Postmoderne. Tagungsakten des internationalen Symposions zur Reiseliteratur. University College Dublin vom 10.–12. März 1994. Heidelberg: C. Winter 1995, S. 470–492.

–: Reiseliteratur und Realitäten im Vormärz. Vorüberlegungen zu Schemata und Wirklichkeitsfindung im frühen 19. Jahrhundert. In: Griep, Wolfgang/Jäger, Hans-Wolf (Hgg.): Reise und soziale Realität am Ende des 18. Jahrhunderts. Heidelberg: Winter 1983, S. 371–394.

Zickfeldt, Kurt: Die Umgestaltung des Buchmarktes durch Buchgemeinschaften und Fachvereinsverlage im Zusammenhang mit den Plänen und Versuchen der Sozialisierung und Verstaatlichung des Buchwesens. Osterwieck am Harz: Verlag A.W. Zickfeldt 1927.

Ziegler, Edda: Literarische Zensur in Deutschland. 1819–1848. Materialien, Kommentare. München: C. Hanser 1983 (Hanser Literatur-Kommentare. 18).

Zimmer, Albert: Schiffsbibliotheken-Hotelbibliotheken. In: Börsenblatt für den Deutschen Buchhandel Nr. 69 vom 22. März 1930, S. 276.

Zöckler, Paul: 50 Jahre Knaur-Bücher. Festschrift zum 50jährigen Jubiläum des Knaur Buches und zum 5jährigen Bestehen der Droemerschen Verlags-Anstalt. München: Droemer 1951.

Register

Das Register enthält die Orts- und Personennamen sowie die im Text genannten Firmen, Institutionen und Verbände.